5,-

F. Rudolph
Nr. 3

BASTEI
LÜBBE

JOHN SINCLAIR Jubiläums-Bände
im BASTEI-LÜBBE-Programm:

73 901 Willkommen in der Hölle
73 902 Zeit der Monster
73 903 In Satans Diensten
73 904 Flüche aus dem Jenseits

JASON DARK

JOHN SINCLAIR

In Satans Diensten

Acht spannende Grusel-Abenteuer

JUBILÄUMSBAND

BASTEI LÜBBE

BASTEI-LÜBBE-TASCHENBUCH
Band 73 903

Erste Auflage:
Juli 1993
Zweite Auflage:
November 1993

Lektorat: Rainer Delfs
Titelillustration: Ferraz
Innenillustrationen:
Fabian Fröhlich
Umschlaggestaltung:
Quadro Grafik, Bensberg
Satz: VID Verlags- und
Industriedrucke GmbH & Co. KG,
Villingen-Schwenningen
Druck und Verarbeitung:
Brodard & Taupin, La Flèche,
Frankreich
Printed in France

ISBN 3-404-73903-5

Inhalt

Liebe Grusel-Freunde,

es ist vollbracht – zwanzig Jahre John Sinclair. Ein Wahnsinn, unglaublich, nicht zu fassen.

Das schoß mir durch den Kopf, als ich darüber nachdachte. Ich konnte es zuerst nicht glauben. Wo ist nur die Zeit geblieben?

War es gestern, als ich den ersten Sinclair-Roman ›Die Nacht des Hexers‹ schrieb? Beinahe kommt es mir so vor, doch mittlerweile sind zwanzig Jahre vergangen. Ich habe mich verändert, aus den blonden wurden graue Haare, und auch an John und seinen Freunden ist die Zeit nicht spurlos vorübergegangen. Was haben sie nicht alles erlebt? Aber sie haben sich gut gehalten und ihren Humor nicht verloren.

Als kleines Extra und in limitierter Auflage erscheinen nun vier Taschenbücher mit jeweils acht Heftromanen pro Band. Es sind die ersten zweiunddreißig Heftromane mit John Sinclair – im ersten Band plus der Geschichte aus dem Paperback HEXENKÜSSE, in der John und Bill Conolly sich kennenlernen. Ein einmaliges Jubiläumsgeschenk für die unzähligen Sinclair-Fans im mittlerweile vereinten Deutschland.

Was bringt die Zukunft? Noch einmal zwanzig Jahre John Sinclair? Ich weiß es nicht, ich will es auch nicht beschwören. Stattdessen möchte ich mit dem Satz aufhören, den ich mir immer sage, wenn ich einen Roman beendet habe:

Auf ein Neues!

In diesem Sinne grüßt Sie alle sehr herzlich und in tiefer Dankbarkeit für ihre Lesetreue

Ihr

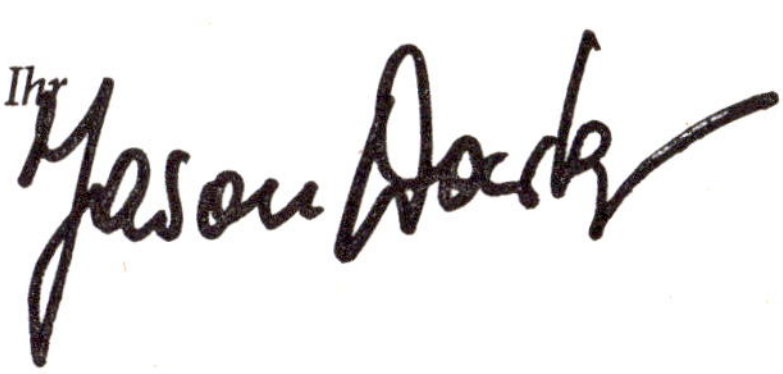

FH 93
Amoklauf
der Mumie

Phil Lester, der junge Archäologe, keuchte vor Aufregung. Die schwere Stablampe in seiner Hand zitterte. Unruhig tanzte der Lichtstrahl über die riesigen Steinquader. Phil Lester hatte sein Ziel erreicht. Er hatte An Chor Amons Grab gefunden! Das Grab, nach dem jahrelang viele Wissenschaftler aus aller Welt vergeblich gesucht hatten.

Zögernd betrat Phil Lester die Grabkammer. Wenige Schritte trennten ihn noch von der Mumie.

Und da geschah es!

Urplötzlich gab der Boden unter Lesters Füßen nach. Als der junge Wissenschaftler einen Entsetzensschrei ausstieß, raste er schon in die gähnende Tiefe . . .

Abrupt blieb Professor Cornelius stehen. So plötzlich, daß die hinter ihm gehende Tessa Mallay fast gegen ihn geprallt wäre.

»Was ist, Profe . . .«

Mit einer heftigen Armbewegung stoppte Cornelius die Frage seiner Assistentin.

»Da war doch eben ein Schrei, zum Teufel!«

»Ich habe nichts gehört«, meinte Tessa. Sie wandte den Kopf. »Sie etwa, Achmed?« fragte sie den schräg neben ihr stehenden Äypter.

Achmed Haddur, Wissenschaftler an der Universität von Kairo, zuckte mit den Schultern. Ihm hatte diese Expedition sowieso nicht gefallen. Er war dagegen gewesen, doch die Regierung hatte ihn als Begleiter bestimmt.

Haddurs sonst sonnenbraunes Gesicht wirkte im Schein der schweren Lampen fahl und bleich. Man konnte diesem Mann ansehen, daß er Angst hatte. Angst vor der Vergangenheit, die schrecklich und kaum erforscht war.

Die Luft in dem riesigen Felsengrab war zwar schlecht, aber man konnte noch atmen. Durch irgendwelche Schächte strömte Sauerstoff in die Gänge.

»Sie müssen sich getäuscht haben, Professor«, sagte Tessa.

»Nein!« Entschieden schüttelte Cornelius den Kopf. »Getäuscht habe ich mich nicht. Außerdem hat sich Phil von unserer Gruppe getrennt. Er wird in Schwierigkeiten stecken, dieser verdammte Narr. Warum hat er nicht auf uns gehört? Jetzt ist es vielleicht zu spät.«

»Noch ist nichts bewiesen«, meinte Tessa.

Professor Cornelius lachte hart auf. »Den Beweis werde ich Ihnen bald liefern. So, und jetzt weiter.«

Die Gruppe schlich durch das Ganglabyrinth der Grabkammer. Überall gab es kleine Nischen, die wie unergründliche Höhleneingänge wirkten.

Alles war fremd und unheimlich.

Tessa Mallay hatte Angst. Die Abenteuerlust war ihr längst vergangen. Sie sehnte sich wieder nach England zurück.

Tessa war Archäologie-Studentin. Mit ihren zweiundzwanzig Jahren hatte sie sich schon ein außergewöhnliches Wissen angeeignet, so daß Professor Cornelius sie auf diese Expedition mitgenommen hatte. Tessa war ein hübsches Mädchen. Sie hatte kurzgeschnittenes schwarzes Haar und ein etwas rundes Gesicht, das ihr ein wenig das Aussehen einer Puppe gab. Ihre Augen waren leicht schräggestellt und hatten eine grüne Farbe.

Tessa trug genau wie die beiden Männer Tropenkleidung und einen Helm auf dem Kopf.

Professor Cornelius hatte die Spitze übernommen. Der breite Lampenstrahl erhellte die finsteren Gänge. Achmed Haddur, der Ägypter, malte Wegmarkierungen an die Steinquader, damit hinterher der Rückweg gefunden wurde.

Immer tiefer ging es in das Felsengrab.

Die Luft wurde schlechter. Die Menschen waren schweißgebadet. Atemgeräte lagen draußen im Jeep. Bis jetzt waren sie ja ohne ausgekommen.

Plötzlich blieb Professor Cornelius stehen. Der Arm mit der Lampe machte einen Schlenker nach rechts.

Ein schmaler Stollen wurde aus der Dunkelheit gerissen. Aber noch etwas anderes konnte man sehen.

Fußspuren!

Wie gezeichnet waren die Abdrücke auf der Staubschicht zu sehen. Der Staub lag wie ein Teppich auf dem Gang, verschwand jedoch nach einigen Metern.

»Hier muß Phil hergegangen sein«, sagte Tessa. Ihre Stimme zitterte.

»Ja.«

Professor Cornelius betrat als erster den Stollen. Er mußte den Kopf ein wenig einziehen, um nicht mit der Decke in Berührung zu kommen.

»Da, sehen Sie doch, Professor«, rief Tessa Mallay plötzlich, »die Grabkammer!«

Cornelius blieb stehen. »Tatsächlich«, flüsterte er beinahe ehrfurchtsvoll, »das Grab des An Chor Amon!«

Der große Felsquader, der die Grabkammer verschlossen hatte, war zur Seite geschwenkt. Jemand mußte den geheimen Mechanismus bedient haben.

»Phil wird schon da sein«, sagte Cornelius.

»Aber warum meldet er sich nicht?« Tessa stellte voller Angst die Frage.

»Wir werden ja sehen.«

Professor Cornelius ging weiter, erreichte den Eingang der Kammer und . . .

»Mein Gott«, flüsterte er.

»Was ist denn?« Tessa trat schnell an den Professor heran. Auch sie blickte in die Grabkammer und unterdrückte im letzten Augenblick einen Schrei.

Dicht hinter dem Eingang tat sich die gähnende Tiefe eines Schachtes auf.

»Herr im Himmel, Phil«, schluchzte Tessa.

Professor Cornelius wandte sich um. Kein Mitleid stand in seinen Augen, sondern die kalte Gier nach der im offenen Sarkophag liegenden Mumie.

»Er hat es nicht anders gewollt«, sagte Cornelius knapp.

Tessas Kopf ruckte herum. »Was sind Sie nur für ein Mensch, Professor!? Sie . . . Sie . . .« Ihre Stimme brach ab.

»Wir sollten umkehren«, meldete sich Achmed Haddur. »Lesters Verschwinden sollte uns eine Warnung sein. Die Götter haben sich gerächt, haben den Frevler bestraft.«

Professor Cornelius kreiselte herum. »Sind Sie wahnsinnig, Haddur? Ich kehre doch nicht um. Jetzt nicht, wo ich am Ziel meiner Wünsche stehe. Wenn Sie das Wort noch einmal in den Mund nehmen, werde ich dafür sorgen, daß Sie Phil Lester folgen. So, und jetzt werden wir die Mumie holen. In London wartet man schon darauf.«

Cornelius wollte vorgehen, doch Haddur hielt ihn am Ärmel fest. »Überlegen Sie es sich, Professor. Noch haben Sie Zeit. Ich werde nicht dulden, daß . . .«

Cornelius explodierte. Seine ganze Wut entlud sich wie ein

Gewitter über den armen Haddur. »Sie widerlicher Kriecher, Sie. Ich werde es Ihnen zeigen.«

Cornelius' Faust schoß vor. Der Schlag dröhnte in den Magen des Ägypters. Der Mann wurde zurückgeworfen und prallte gegen die Wand. Er hatte den Mund weit aufgerissen und zog pfeifend die Luft ein. Doch Cornelius hatte noch längst nicht genug. Er wußte, daß der Ägypter ihm Ärger machen konnte, deshalb handelte er hart und konsequent.

Er packte den schmächtigen Haddur am Stoff seines Hemdes, wirbelte ihn herum und warf ihn auf den Schacht zu.

Der gellende Aufschrei des Ägypters verlor sich in der unendlichen Tiefe.

Tessa Mallay war unfähig, sich zu rühren. Aus schreckgeweiteten Augen hatte sie der Aktion des Professors zugesehen. Erst als Haddur in dem Schacht verschwand, erwachte sie aus ihrer Lethargie.

»Mörder!«

Schaurig gellte ihr Schrei in dem riesigen Felsengrab wider.

Tessa warf sich vor und trommelte mit beiden Fäusten gegen die breite Brust des Professors.

Cornelius machte kurzen Prozeß. Er schlug seine flache Hand in das Gesicht des Mädchens.

Ein glühender Schmerz raste durch Tessas Kopf. Die Studentin taumelte zurück. Tränen der Wut, Angst und Hoffnungslosigkeit schossen aus ihren Augen.

Professor Cornelius lachte. Es war ein gemeines, teuflisches Lachen. Mit zwei Schritten hatte er Tessa erreicht. Hart packte er ihr Handgelenk.

Tessa schrie auf. »Sie tun mir weh! Sie . . .«

»Interessiert mich nicht«, zischte Cornelius. »Und jetzt hör mal genau zu, mein Mädchen. Du hältst über das, was du gesehen hast, die Klappe. Oder du wirst genauso enden wie die beiden anderen. Verstanden?«

Tessa nickte.

Cornelius ließ sie los. »Ich lasse mir meine jahrelangen Forschungen nicht kaputtmachen. Für die Wissenschaft müssen Opfer gebracht werden. Dabei spielen ein oder zwei Leben keine Rolle. Wir werden jetzt die Mumie holen und sie hier herausbringen. Dann wird sofort gefahren. Und kein Wort mehr.«

Tessa Mallay wischte sich die Tränen aus dem Gesicht. Sie wußte, daß ihr nichts anderes übrigblieb, als zuzustimmen, wenn sie nicht das gleiche Schicksal erleiden wollte wie Achmed Haddur.

Professor Cornelius blickte die junge Studentin noch einige Sekunden lang an. Dann sagte er: »Los jetzt!«

Cornelius betrat als erster die Grabkammer. Vor dem offenen Sarkophag blieb er stehen.

Aus brennenden Augen starrte er auf die Mumie. Sie war groß. Über zwei Meter.

Der Körper des Königs An Chor Amon war mit grüngelbem Leinen umwickelt, in der Höhe der Augen gab es seltsamerweise zwei Schlitze.

Der Sarkophag war geräumig, so daß allerlei wertvolle Gegenstände Platz hatten. Ein Vermögen an Gold und Edelsteinen lag hier. Prüfend ließ der Wissenschaftler die herrlichen Geschmeide durch die Hände gleiten. Es funkelte und gleißte im Licht der Lampe.

Professor Cornelius steckte soviel in seine Taschen, wie er tragen konnte.

Dann warf er einen Blick über die Schulter.

Tessa stand noch immer vor dem Schacht.

»Kommen Sie!« befahl Cornelius.

Tessa sprang über die Öffnung. Am Fußende des Sarkophages blieb die Studentin stehen. Ihr Blick glitt über die Mumie. Tessa konnte nicht vermeiden, daß ihr eine Gänsehaut über den Rücken lief.

Professor Cornelius wandte den Kopf und sah ihr direkt ins Gesicht. Tessa hielt seinem Blick stand. Sie hatte den Schock überwunden und sich genau überlegt, wie sie sich verhalten mußte.

Professor Cornelius war ein großer, breitschultriger Mann. Er war Junggeselle und zweiundvierzig Jahre alt. Sein Haar war fahlblond und glich einer wahren Löwenmähne. Ein sichelförmiger Schnurrbart zog sich bis zu den Kinnwinkeln hin. Seine Nase war breit und fleischig, und die Augen lagen tief in den Höhlen.

»Los, fassen Sie mit an«, sagte Cornelius.

Er hatte das Seil von seiner rechten Schulter genommen und es der Mumie über den Oberkörper geschlungen.

Seine Hände fuhren über das uralte Leinen. Er hatte erwartet, daß es brüchig sein würde, doch das Gegenteil war der Fall. Es war nahezu fest, wirkte direkt wie neu.

Seltsam . . .

Cornelius machte sich keine weiteren Gedanken darüber. Er wollte erst mal die Mumie aus dieser Grabkammer hinauskriegen.

Die Mumie war schwer. Die beiden Wissenschaftler schufteten im Schweiße ihres Angesichtes. Vor allem Tessa machte die Arbeit ungeheuer zu schaffen.

Es war ein Problem, die Mumie über den Schacht zu transportieren. Aber sie schafften es.

Für den Weg durch die Gänge brauchten sie mehr als eine Stunde. Tessa mußte Pausen einlegen, da sie sonst zusammengebrochen wäre.

Professor Cornelius hielt sich zurück. Er wollte das Mädchen auch nicht treiben, denn er fühlte, daß sie ihr Bestes gab.

Die Gedanken des Professors liefen in eine ganz andere Richtung. Er wollte später – etwa in einigen Monaten – noch einmal allein hierher zurückkehren. Zu viele Schätze hatte er in der Kammer liegenlassen müssen.

Schließlich hatten sie es geschafft. Der Ausgang lag vor ihnen.

Dunkelblau spannte sich der Himmel über der Nubischen Wüste. Unzählige Sterne funkelten am Firmament. Ein blasser Halbmond sandte sein Licht auf das weite, ausgedörrte Land.

Das Grab lag in einem Tal, das von hohen Felsen eingeschlossen war. Es gab nur einen schwer befahrbaren Zugang. Deshalb hatten sie auch zwei Einheimische – Fellachen – mitgenommen, um sie eventuell als Träger einzusetzen. Das hatte sich jedoch als unnötig erwiesen.

Es war kalt in dieser Wüstennacht.

Professor Cornelius und Tessa Mallay begannen sofort zu frieren. Nur gut, daß sie Decken mithatten.

Wie ein dunkles Dreieck hob sich das kleine Zelt von dem harten Boden ab. Daneben standen die Jeeps, überzogen mit einem Staub- und Sandschleier.

Die Mumie wurde vorsichtig zu Boden gelegt.

»Wo sind denn diese verdammten Halunken?« knurrte der Professor. »Die werden sich doch nicht etwa aus dem Staub gemacht haben?«

Mit den Halunken meinte er die beiden von ihm angeheuerten Fellachen.

Im selben Augenblick hörte der Professor rechts neben sich das harte Knacken eines Gewehrschlosses . . .

Professor Cornelius zuckte herum.

»Bleiben Sie ruhig, Sir!« hörte er eine Stimme. Sie gehörte einem der Fellachen.

Jetzt trat der Mann rechts aus dem Schatten einer Felswand. Sein Gewehr hielt er in der Armbeuge. Sein sonnenverbranntes Gesicht wurde vom Mondlicht umspielt. Der Mann trug abgenutzte Tropenkleidung und hatte einen Turban um den Kopf geschlungen.

Kalt glänzte das Metall des Gewehres.

Professor Cornelius preßte die Lippen zusammen. Die Wut überfiel ihn wie ein Wasserschwall.

»Was soll das?« schrie er.

Der Fellache zeigte mit dem Kopf auf die Mumie. »Bringen Sie sie wieder zurück. Es bringt Unheil, wenn man die verdiente Ruhe der Toten stört.«

»Ich glaube, du spinnst!« knurrte Cornelius.

Seine Gedanken arbeiteten fieberhaft. Er wußte, daß der Fellache zu allem entschlossen war. Mit einem Gegner hätte er es ja noch leicht aufnehmen können. Aber wo war der zweite?

Der Fellache trat einen Schritt näher. Fast berührte die Gewehrmündung den Körper des Professors. »Haben Sie nicht gehört, was ich Ihnen gesagt habe?«

»Schon gut!«

Cornelius resignierte scheinbar. Er wußte, daß ihm jetzt nur noch eine List helfen konnte.

»Kommen Sie, Tessa, wir bringen sie wieder zurück!«

Cornelius bückte sich, tat, als würde er die Schultern der Mumie umfassen.

Seine Hände berührten den Boden. Er war felsig, vermischt mit kleinen, sandgefüllten Mulden.

Cornelius schielte hoch.

Der Fellache stand an seiner rechten Seite. Die Mündung des Gewehres zielte über den Rücken des Professors.

Ein lauerndes Grinsen kerbte sich um Cornelius' Mundwinkel.

Zwischen seinen Fingern rieselte der Sand.

Der Wissenschaftler schloß die Hände zur Faust und wirbelte hoch.

Seine mit Sand gefüllten Fäuste öffneten sich.

Der Fellache bekam die Ladung voll ins Gesicht. Er schrie auf, taumelte zurück und zog instinktiv den Abzug des Gewehres durch.

Doch die Kugel fauchte in den dunklen Wüstenhimmel.

Dann war Cornelius bei ihm. Mit einem heftigen Ruck riß er dem Fellachen das Gewehr aus der Hand. Blitzschnell drehte er die Waffe herum, so daß die Mündung auf den Einheimischen zeigte.

Der Fellache, immer noch beide Hände gegen sein Gesicht gepreßt, versuchte verzweifelt, sich den Sand aus den Augen zu reiben.

»So, mein Junge. Jetzt mach mal den Mund auf. Wo ist dein Kumpan?«

Der Fellache stotterte irgend etwas in seiner Heimatsprache.

»Du sollst Englisch reden!« brüllte Cornelius. »Vorhin hast du es ja gekonnt!«

»Er . . . er hat Angst bekommen und ist weggelaufen!« keuchte der Fellache. »Ich bin als einziger zurückgeblieben.«

Cornelius lachte. »Um so besser für mich.«

Der Fellache hatte die Arme wieder fallen lassen, sein Gesicht war angeschwollen. Tränen quollen aus seinen mißhandelten Augen. Wankend stand er da.

Professor Cornelius riß das Gewehr an die Wange.

»Neinnn!«

Wie ein Blitz war Tessa Mallay bei dem Mann und schlug ihm das Gewehr nach oben.

Wieder fauchte eine Kugel in den Nachthimmel.

»Ein Mord reicht!« schrie Tessa. Sie klammerte sich an den Professor, und es gelang ihr, ihn zu Fall zu bringen.

»Verdammtes Biest!« fluchte Cornelius, sprang auf und schlug Tessa mit dem Gewehrkolben in die Hüfte.

Weinend brach das Mädchen in die Knie.

Der Professor kümmerte sich nicht um sie, sondern sah sich wild um.

Doch der Fellache war verschwunden. Er hatte die Zeit genützt und sich in dem Felsenwirrwarr versteckt. Es hatte keinen Zweck, ihn zu suchen.

Wütend schlug Cornelius den Gewehrkolben auf den Boden. Mit schweren Schritten stampfte er zu der auf der Erde liegenden Tessa hin. Sekundenlang starrte er auf sie herab, bereit, den Kolben gegen ihren Kopf zu schmettern.

»Tun Sie's doch!« kreischte Tessa. »Los, Sie Mörder!«

In dem Gesicht des Professors arbeitete es. Hart traten seine Wangenmuskeln hervor. Die Augen funkelten tückisch.

Dann stieß er gepreßt den Atem aus und wandte sich schwerfällig ab. »Los, stehen Sie auf. Wir fahren!«

Von einem Augenblick zum anderen fiel die Spannung von Tessa ab und machte einem erlösenden Weinen Platz.

Sie hatte noch einmal Glück gehabt. Noch wußte sie allerdings nicht, daß die Schrecken erst für sie begonnen hatten . . .

Den einen Jeep hatten sie zurückgelassen. Auch das Zelt und allen anderen unnötigen Kram.

Für Professor Cornelius gab es nur ein Ziel. Die Mumie mußte unter allen Umständen England erreichen. Koste es, was es wolle. Und Cornelius war nicht der Mann, der sich von einem einmal gefaßten Vorhaben abbringen ließ.

Er hatte die Karte genau studiert. Sie befanden sich in den nördlichen Ausläufern der Nubischen Wüste. Er wollte nicht in die nächste Stadt zurückfahren. Man würde sich dort zu leicht an ihn erinnern, und wahrscheinlich würde es auffallen, daß vier Leute fehlten. Es war dann nicht schwer, weitere Rückschlüsse und Folgerungen zu ziehen.

Professor Cornelius hatte sich einen anderen Plan ausgedacht. Er wollte bis nach Quinto durchfahren, eine Strecke von ungefähr 400 Meilen. Diese Fahrt grenzte fast an ein Selbstmordunternehmen, trotzdem ging Cornelius von seinem Entschluß nicht ab.

An Tessa Mallay dachte er dabei nicht. Sie mußte mitkommen, so oder so, wollte sie nicht im heißen Sand verdursten. Wasser hatten sie genug. Auch Sprit. Zum Glück war der Jeep ziemlich geräumig. Er war etwas umgebaut worden, hatte eine größere Ladefläche. Dorthin hatten sie auch die Mumie gelegt. Wohlverpackt in eine Holzkiste, die sie schon vorher mitgenommen hatten.

Noch in der Nacht brachen sie auf. Es ging über mit Schlaglöchern gespickte Wüstenpisten immer nach Norden.

Und dann kam die Sonne. Gnadenlos brannte sie auf das ausgedörrte Land. Schon bald waren die Körper der beiden Menschen ausgelaugt. Tessa machte die Hitze am meisten zu schaffen. Sie lag in einer Art Dämmerzustand auf dem Rücksitz des Jeeps.

Erbarmungslos drosch Professor Cornelius den Wagen weiter. Meile um Meile fraßen die Räder.

Eine lange Staubfahne markierte den Weg.

Der Tag ging vorbei. Fast ohne Übergang kam die Nacht. Auch jetzt legte Cornelius noch keine Pause ein. Erst gegen Mitternacht hielt er an.

Tessa war eingeschlafen. Cornelius mußte sie wecken, damit sie etwas Wasser trinken konnte.

Professor Cornelius und die Studentin schliefen auf der Stelle ein, bis wieder der rotglühende Feuerball im Osten aufging.

Abermals begann die Höllenfahrt. Gegen Mittag hatten sie die Hälfte der Strecke geschafft. Die Luft war so heiß, daß der Atem wie mit glühenden Nadeln in den Lungen stach.

Doch dann hatten sie Glück. Eine Oase tauchte vor ihnen auf. Wie Fremdkörper stachen die Palmen aus dem öden Wüstensand. Cornelius beschloß, den Tag hier zu verbringen.

Natürlich wurden sie bestaunt und mit Fragen überschüttet. Cornelius, der leidlich die Landessprache beherrschte, gab nur ausweichende Antworten.

Sie tranken klares Wasser und aßen Obst. Ein Araber wollte Tessa kaufen, doch Cornelius lehnte ab.

Die Nacht verbrachten sie in ihrem Jeep, und direkt nach Sonnenaufgang ging es weiter. Beide fühlten sich wie neugeboren.

Mit der Dämmerung fuhren sie in Quinto ein. Es war eine relativ große Stadt, am Ostufer des Nils. Die Straßen der City waren breit, und es herrschte ein Verkehr wie in den europäischen Metropolen. Und noch einen großen Vorteil hatte Quinto. Es gab eine direkte Eisenbahnlinie nach Kairo. Für Professor Cornelius nahezu ideal.

Sie fielen in dem Völkergemisch gar nicht auf. Araber, Juden, Sudanneger, Europäer – alles gab sich hier ein Stelldichein.

Professor Cornelius stoppte vor einem großen Hotel. Es war im maurischen Stil erbaut, gehörte zwar nicht zur Luxusklasse, sah jedoch recht sauber aus.

»Wir werden die Nacht über hierbleiben«, sagte der Professor.

Tessa wischte sich über die feuchte Stirn. »Mir ist alles egal.«

Cornelius grinste. »Bleiben Sie solange im Wagen. Ich werde mich mal nach Zimmern umsehen.«

Er stieg aus und ging auf den breiten Hoteleingang zu.

Tessa war im Nu von Einheimischen umringt, die ungeniert versuchten, sie anzufassen.

Tessa setzte sich mit schlagkräftigen Argumenten zur Wehr, und die Lüstlinge verschwanden.

Schließlich kam Professor Cornelius zurück. Sein Gesicht zeigte einen zufriedenen Ausdruck.

»Sie haben Zimmer frei! Es gibt sogar einen Parkplatz.« Er schwang sich hinter das Lenkrad und kurvte um das Hotel herum auf den halbbelegten Parkplatz.

Zwei Boys warteten schon und halfen mit, die Kiste mit der Mumie nach oben zu tragen.

»Haben die Zimmer wenigstens Bad oder Dusche?« fragte Tessa Mallay.

»Darauf kommt es ja nicht an«, erwiderte Cornelius. »Hauptsache ein Bett. Waschen können Sie sich in England.«

Cornelius lief leichtfüßig die Stufen hoch und gab den Trägern Anweisungen, wie sie die Kiste zu halten hatten.

Einen Lift gab es nicht in diesem Hotel. Außerdem hatte es nur zwei Stockwerke.

Die Zimmer der Neuankömmlinge befanden sich im obersten. Die Kiste kam selbstverständlich auf Cornelius' Zimmer.

Tessa war schließlich auch zufrieden, als sie eine kleine Duschkabine entdeckte. Das Wasser war zwar lauwarm und Druck so gut wie gar nicht vorhanden, aber besser als gar nichts.

Das Zimmer des Professors lag direkt neben ihrem. Jeder Raum hatte einen kleinen Balkon, von dem man ohne Mühe auf den Nachbarbalkon steigen konnte.

Als es klopfte, hatte Tessa gerade geduscht und war wieder in ihre Sachen geschlüpft. Sie hatte sie notdürftig gereinigt und sich vorgenommen, in Kairo sofort neue Kleidung zu kaufen.

»Wer ist da?« rief Tessa.

»Cornelius.«

»Kommen Sie rein.«

Der Professor hatte ebenfalls geduscht. Sein fahlgelbes welliges Haar lag wie angeklatscht an seinem Schädel.

»Ich werde mich jetzt nach den Bahnverbindungen erkundigen«, sagte er. »Machen Sie in der Zwischenzeit keine Dummheiten, Tessa.«

»Wie meinen Sie das?«

Cornelius lächelte hintergründig. »Nur so.«

Dann drückte er die Tür von draußen ins Schloß.

Nachdenklich blieb Tessa in ihrem Zimmer stehen. Noch hatte Cornelius nicht gewonnen. Tessa hatte die Verbrechen, die er begangen hatte, nicht vergessen. Aber die Zeit der Abrechnung war noch nicht gekommen. Erst in England würde sie die Karten aufdecken. Da fiel ihr siedendheiß ein, daß sie ja auch Mitwisserin war. Und wie skrupellos Cornelius sein konnte, hatte er ja bewiesen.

Sie war in Gefahr!

Bestimmt würde Cornelius versuchen, sie auszuschalten. Irgendwie. Hier in Ägypten war das zu gefährlich. Vor allen Dingen würde man Nachforschungen anstellen über den Verbleib seiner Mitarbeiter. Den Tod von Phil Lester konnte man ohne weiteres als Unglücksfall bezeichnen, und um Achmed Haddur krähte in England kein Hahn.

Tessas Gedanken schweiften ab. Die Mumie kam ihr in den Sinn. Cornelius hatte die Kiste in sein Zimmer bringen lassen. Ob sie mal nachsah?

Tessa schlich nach draußen. Der Gang war leer. Nach zwei Schritten stand sie vor Cornelius' Zimmertür.

Abgeschlossen!

War ja auch nicht anders zu erwarten.

Da fiel Tessa der Balkon ein. Natürlich, sie brauchte ja nur auf den Balkon zu klettern. Die Tür zum Zimmer hatte Cornelius bestimmt offengelassen.

Sofort setzte die junge Studentin ihr Vorhaben in die Tat um.

Geschickt sprang sie auf den Nachbarbalkon. Der Hinterhof war zum Glück leer, so daß sie niemand sah.

Die Tür war offen. Sogar so weit, daß sich Tessa durch den Spalt schieben konnte.

Auf Zehenspitzen schlich sie in den Raum.

Wenn Cornelius jetzt zurückkam . . .

Er kam nicht.

Tessa huschte zu der Kiste.

Der Deckel war mit einem Schnappschloß gesichert, das man mit einer zurechtgebogenen Haarklammer öffnen konnte.

Tessa wußte selbst nicht, warum sie sich auf einmal so für die Mumie interessierte. Es war ein unerklärlicher Drang, der sie vorwärtstrieb.

An einem Haken an der Tür entdeckte sie Cornelius' Leinenjacke. Mit flinken Fingern durchwühlte sie die Taschen – und stieß einen überraschten Laut aus.

Die Reserveschlüssel waren ihr in die Hände gefallen. An dem Bund hingen mehrere Schlüssel. Unter anderem auch der, der zu der Holzkiste paßte.

Sie war vor innerer Aufregung schweißnaß, als sie den Schlüssel in das kleine Schloß steckte.

Es schnappte sofort zurück.

Tessa hob den Deckel an.

Unbeweglich lag die Mumie in der Kiste. Das grüngelbe Leinen wirkte seltsam feucht und fettig.

Tessas Zunge huschte aufgeregt über ihre Lippen, als sie die Mumie betrachtete.

Ihr Blick wanderte über die massige Gestalt, den Oberkörper, den Hals, den Kopf, erreichte die Sehschlitze, die . . .

Mit einem Schrei fuhr die junge Studentin zurück.

Durch die Schlitze starrten sie zwei glühende Augen an . . .

Mit einem Ruck knallte Tessa den Deckel zu und schloß ab. Sie steckte das Schlüsselbund wieder in die Jackentasche zurück und rannte auf den Balkon.

Hastig kletterte sie zurück in ihr Zimmer, wo sie sich schluchzend auf das Bett fallen ließ.

Nur allmählich beruhigte sich das junge Mädchen, schalt sich eine Närrin, daß sie so einfach davongelaufen war.

Du bist verrückt, sagte sie sich, einfach verrückt. Sie hatte für einen Augenblick geglaubt, die Mumie würde leben. Einfach

Quatsch, so etwas. Bestimmt hatten ihr die überreizten Nerven einen Streich gespielt.

Trotzdem, das ungute Gefühl blieb, und Tessa beschloß, dem Professor von ihrer Entdeckung nichts zu sagen.

Die Nacht verlief ruhig. Tessa Mallay schlief fest und traumlos. Wahrscheinlich hätte sie bis zum Mittag durchgeschlafen, wenn Professor Cornelius nicht um neun Uhr morgens an ihre Tür geklopft hätte.

»Stehen Sie auf, Tessa! Ich erwarte Sie in einer halben Stunde unten im Hotel.«

»Ich bin pünktlich!« rief Tessa.

Sie hatte doch ein wenig Herzklopfen. Immer noch steckte in ihr die Angst, der Professor könnte etwas gemerkt haben. Deshalb nahm sie sich vor, auf jeden seiner Wünsche einzugehen.

Das Frühstück nahmen sie in einem kleinen Raum ein. Sie waren nicht die einzigen Gäste. Die anderen waren ebenfalls Europäer! Geschäftsreisende und Touristen.

Es gab Weißbrot und Hammelfleisch. Tessa schmeckte es nicht. Sie würgte jedoch die Bissen hinunter.

Professor Cornelius aß schnell und hastig. Dabei trank er eine halbe Flasche Mineralwasser.

»Der Zug fährt gegen Mittag«, sagte er kauend. »Die genaue Zeit ist noch nicht angegeben worden. Man kann sich nämlich nicht so hundertprozentig auf die Bahn verlassen. Ich habe auf jeden Fall zwei Fahrkarten der Ersten Klasse gekauft.«

Tessa nickte und steckte sich eine Zigarette zwischen die blaß geschminkten Lippen.

»Wann sind wir in Kairo?« wollte sie wissen.

»Irgendwann morgen nacht«, erwiderte Cornelius und gab der jungen Studentin Feuer.

Tessa sog den Rauch tief in die Lungen. Ihr Blick streifte die Decke.

Zwei Ventilatoren versuchten vergeblich, Kühlung zu bringen. Schon jetzt klebten einem die Sachen am Körper. Die junge Studentin sehnte sich zurück nach England.

Professor Cornelius stand auf. »Ich gehe noch in mein Zimmer. Am besten, Sie machen das gleiche.«

Tessa nickte.

Mit einem knappen Gruß verließen die beiden den Frühstücksraum.

Gegen zwölf Uhr brachte sie ein Lieferwagen des Hotels zum Bahnhof. Professor Cornelius gab dem Fahrer ein anständiges Trinkgeld, damit er ihm half, die Kiste auf den Bahnsteig zu schaffen.

Bahnhof war an sich zuviel gesagt. Das Ganze war nicht mehr als ein zusammengewürfelter Bretterhaufen, aus dem man Schuppen und kleinere Gebäude gebaut hatte.

Es gab drei Gleiskörper. Die Hauptstrecke führte bis in die Landeshauptstadt Kairo. Die Nebenstrecken endeten in irgendwelchen verlassenen Wüstendörfern.

Gnadenlos brannte die Sonne auf den kleinen Bahnhof. Auf den Holzplanken zu beiden Seiten der Gleise hatten sich die Reisenden versammelt. Es war ein buntes Völkergemisch, bestehend aus Asiaten, Negern und Europäern. Es gab sogar einen Scheich, der in Begleitung seiner vier stämmigen Leibwächter erschienen war.

Und über allem lag der Staub.

Trockener heißer Staub, der von den weiten Flächen der Wüste in die Stadt geweht wurde.

Professor Cornelius und Tessa Mallay hielten sich im Hintergrund. Sie warteten am Ende des Gleiskörpers, waren hier jedoch der prallten Sonne ausgesetzt.

Die beiden Träger, die Cornelius engagiert hatte, damit sie halfen, die Kiste in den Gepäckwagen zu transportieren, saßen auf der Erde und dösten.

Cornelius rauchte nervös an einer filterlosen Zigarette. Immer wieder blickte er zur Uhr. Ihm war anzusehen, daß er Ägypten so schnell wie möglich hinter sich bringen wollte.

Schließlich kam der Zug. Er wurde von einer Dampflok gezogen, die ihre dicken Qualmwolken in den Himmel stieß.

Der Zug war hier eingesetzt worden und noch leer. Sobald er jedoch zu erkennen war, stürzten sich die Reisenden an die Bahnsteigränder. Gleich würde der Kampf um die besten Plätze beginnen.

Professor Cornelius scheuchte die beiden Träger hoch.

Der Gepäckwagen befand sich ganz am Ende des Zuges, dicht vor dem wartenden Professor und der Studentin.

Die Schiebetür zum Gepäckwagen wurde aufgezogen.

»Los jetzt!« forderte Cornelius die beiden Helfer auf. »Aber laßt mir die Kiste nicht fallen.«

Die Männer grinsten und hoben die Kiste in den Gepäckwagen.

Cornelius gab ihnen einige Geldstücke und stieg selbst hinterher. Tessa war schon vorgegangen. Sie wollte sich um die Plätze kümmern.

In dem Gepäckwagen fuhr ein Beamter mit. Er starrte aus großen Augen auf die Kiste.

Cornelius tippte ihm auf die Schulter. »Sie sind mir dafür verantwortlich.«

Der Mann wandte sich um und grinste. Er hatte unzählige Falten im Gesicht, die jetzt kleine Wellen warfen.

»Aufpassen, verstehst du?« sagte Cornelius auf arabisch.

Der Mann grinste weiter und rieb Daumen und Zeigefinger gegeneinander.

»Ach ja, sicher, du willst Geld«, murmelte Cornelius. Er griff in seine Hosentasche. »Hätte mich auch gewundert, wenn hier mal einer etwas umsonst macht.«

»Dollars«, hechelte der Faltenknabe.

Zum Glück hatte Cornelius diese Währung noch bei sich. Er gab dem Mann einen Zehndollarschein. Sofort begannen sich die Falten in dem Gesicht zu vermehren.

Daß Cornelius mit dieser Geldgabe einen Fehler gemacht hatte, wurde ihm erst klar, als es zu spät war. Noch lief alles glatt . . .

Die Wagen waren untereinander verbunden, aber ein Durchkommen war so gut wie unmöglich.

Überall auf dem Gang standen Menschen. Cornelius roch ihre Ausdünstungen und verzog das Gesicht. Er kämpfte sich förmlich voran.

Schließlich erreichte er den Erste-Klasse-Wagen.

Gerade im rechten Augenblick.

In dem Abteil wurde Tessa von drei Kerlen bedrängt.

Cornelius riß die Tür auf. »Was geht hier vor?«

»Professor, endlich!« rief Tessa und strich sich eine Haarsträhne aus dem verschwitzten Gesicht. »Diese Kerle wollen unbedingt mit mir fahren.«

Die Burschen grinsten den Professor an. Sie trugen verschlossene Jacken, ausgebeulte Hosen und ehemals weiße Hemden. Sie kamen sich natürlich sehr stark vor.

»Haut ab!« zischte Cornelius. »Habt ihr überhaupt Fahrkarten?«

Als Antwort griff einer der Männer hinter seinen Rücken und holte ein Messer hervor.

»Ah, so läuft also das Spielchen«, flüsterte Cornelius und bekam etwas weiche Knie, denn drei Männer waren verdammt viel.

In diesem Augenblick wurde die Abteiltür aufgezogen. Der Zugschaffner tauchte auf.

Der eine Mann konnte seinen Dolch nicht schnell genug verschwinden lassen.

Der Schaffner kapierte sofort. Er war ein Bulle von Mann. An seinem Uniformkoppel hing unter anderem auch ein Knüppel. Mit einer kaum wahrnehmbaren Bewegung hielt der Schaffner den Knüppel in der Hand. Und dann gab es für die drei Hiebe, die sich gewaschen hatten. Der Schaffner prügelte die Kerle auf den Gang hinaus und dort bis zur Tür.

Nach einigen Minuten war er wieder da, lächelte, als ob nichts geschehen wäre.

»Die Herrschaften mögen entschuldigen, aber manche versuchen es immer wieder. Ich kenne die Typen. Es sind Tagediebe. Sie stammen hier aus Quinto. Manchmal brauchen sie eine kleine Abreibung. Darf ich jetzt um Ihre Karten bitten?«

Cornelius gab dem Mann die Fahrausweise. Der Schaffner prüfte sie kurz, gab sie mit einem Dank zurück und wünschte noch eine angenehme Reise.

Aufseufzend ließen sich Tessa und der Professor in die gepolsterten Sitze fallen.

Wenig später fuhr der Zug auch schon an. Quinto blieb hinter ihnen zurück.

Das gleichförmige Rattern der Räder wirkte einschläfernd. Schon bald fielen Cornelius und Tessa die Augen zu.

An die Kiste dachten sie nicht mehr.

Nach drei Stunden Fahrt hielt der Zug zum erstenmal. Es war eine mittelgroße Stadt, direkt am Nilufer. Die Gleise führten hier über einen Damm, da der Untergrund nicht gerade fest war.

Der Bahnhof bestand praktisch nur aus einer großen Halle, die alles beherbergte.

Mehrere Kisten wurden eingeladen und einige Pakete. Dazu gab es einen prallgefüllten Postsack. Fünf Reisende stiegen auch noch zu.

Dann ging es weiter.

Im Gepäckwagen machte sich Omar Karem, der Mann mit den unzähligen Falten, an die Arbeit.

Omar war schon Jahre bei der Bahn und einer derjenigen, die ein geregeltes Einkommen hatten. Es reichte sogar aus, um die Familie seines ältesten Sohnes mit zu ernähren.

Omar trug ein altes Armeehemd und eine schmuddelige Hose. Die Löcher in seinen Schuhen waren augengroß. Aber das störte Omar nicht sonderlich. Schließlich ging er nicht auf Brautschau.

Zuerst sortierte er Briefe. Er konnte sich bei seiner Arbeit Zeit lassen, da der Zug erst in den frühen Morgenstunden des anderen Tages hielt. Danach ging es dann durch bis Kairo.

Leise vor sich hinsummend, verteilte Omar Karem die Briefe in die dafür vorgesehenen Fächer. Er setzte sich dabei auf einen Schemel.

Es war heiß in dem Gepäckwagen. Es waren zwar einige Luftschlitze geöffnet, doch der Fahrtwind brachte kaum Linderung.

Immer häufiger legte Omar Pausen ein. Dabei wurde sein Blick jedesmal von einer gewissen Kiste angezogen.

Muß schon was Wertvolles drin sein, dachte er, sonst hätte der Mann mir nicht ausdrücklich eingeschärft, genau darauf zu achten.

Omar knetete seine Nase, stand auf und trat an die Kiste.

Er beäugte sie neugierig von allen Seiten. Es juckte ihn in den Fingern, die Kiste zu öffnen.

»Nee, lieber nicht«, murmelte Omar, »wenn sie dich dann erwischen, bist du deinen Job los.«

Omar arbeitete weiter, doch die Neugierde blieb. Ja, sie wurde sogar noch stärker.

Ab und zu kam der erste Zugschaffner und sah nach dem Rechten. Er zog sich jedesmal befriedigt zurück.

In den frühen Abendstunden war Omar Karem mit seiner Arbeit fertig. Jetzt hatte er Pause bis zum nächsten Halt.

Wieder warf er einen Blick auf die Kiste.

Bei Allah, das Ding machte ihn noch verrückt. Vielleicht war da Gold drin oder ein noch wertvollerer Schatz.

Omar ging in die Knie und besah sich das Schloß. Es war keine Schwierigkeit, es zu öffnen. Das schaffte jeder Dumme. Omar legte sein rechtes Ohr an das Holz.

Ob vielleicht eine Bombe in der Kiste war?

Doch kein Ticken war zu hören.

Mittlerweile war es draußen dunkel geworden. Auch hatte es sich abgekühlt.

Noch gut drei Stunden bis Mitternacht, rechnete Omar Karem. Eigentlich eine günstige Zeit. Man konnte ja mal einen Blick riskieren.

Aber vorher mußte er sich überzeugen, daß ihn auch niemand beobachtete.

Omar verließ den Gepäckwagen und suchte den Schaffner. Er fand ihn schlafend in einem Abteil.

Omar Karem rieb sich die Hände. Die Sache würde gut laufen.

Schnell eilte er in seinen Gepäckwagen zurück.

Mit einer Zange bog er sich ein Stück Draht zurecht. Werkzeug mußte er haben, um, wie es manchmal vorkam, eine aufgebrochene Verpackung wieder in Ordnung zu bringen.

Der Draht war ziemlich stabil. Für Omars Zwecke wie geschaffen.

Behutsam fummelte er an dem Schloß herum. Aufgeregt huschte seine Zunge über die trockenen Lippen. Schweiß bedeckte sein Gesicht.

Verdammt, das geht doch schön an die Nerven, dachte Omar.

Da hörte er ein leises Schnacken.

Das Schloß war auf.

Erleichtert stieß Omar den Atem aus und trat zwei Schritte zurück. Mit dem Hemdsärmel wischte er sich den Schweiß aus der Stirn. Mann, das war vielleicht eine Arbeit gewesen.

So, und jetzt mal sehen, was in der Kiste ist.

Omar Karem faßte mit beiden Händen nach dem Deckel. Er war relativ leicht, ließ sich gut anheben.

Omar liftete den Deckel hoch, ließ ihn an der anderen Seite der Kiste wieder hinuntergleiten – und . . .

Omar Karem vereiste vor Entsetzen.

Sein Blick war auf die in der Kiste liegende Mumie gefallen. Aber das war es nicht, was ihn schockte.

Die Mumie lebte!

Rotglühende Punkte leuchteten durch die Sehschlitze, schienen den armen Omar Karem förmlich zu durchbohren.

Plötzlich hob die Mumie den rechten Arm. Er wirkte wie ein grüngrauer Stumpf. Finger waren keine zu sehen. Die Hände waren wie der übrige Körper eingepackt in das Leinen.

Omar Karem konnte noch nicht einmal schreien. Zu tief hatte sich das Entsetzen in seinen Körper gefressen.

Die Mumie setzte sich auf, bewegte den Kopf.

Gnadenlos starrten die roten Augen den Bahnbeamten an.

Die Mumie schwang erst ein Bein über den Kistenrand, dann das andere. Jetzt begriff Omar Karem die Situation, in der er steckte.

»Geh weg«, ächzte er, »geh weg!« Abwehrend streckte er beide Arme aus.

Die Mumie stand in dem Gepäckwagen. Schwerfällig tappte sie auf Omar zu.

Karem wich zurück. Zur Tür konnte er nicht. Der Weg war ihm versperrt.

Die Mumie folgte ihm.

Omar prallte mit dem Rücken gegen das Regal, in dem die Briefe lagen. Für einen Moment verlor er die Übersicht.

Genau die Zeit, die der Mumie reichte.

Der rechte Arm fuhr mit ungeheurer Wucht vor, knallte gegen den Brustkasten des armen Opfers.

Omar Karem wurde förmlich in das Regal gepreßt. Das Holz brach zusammen. Briefe und Päckchen flogen auf den Boden.

Wieder schlug die Mumie zu.

Diesmal traf sie Omars Gesicht.

Der Schlag war mörderisch.

Der Beamte war schon tot, als er den Boden berührte. Sein Blut färbte die Holzplanken.

Die Mumie stand für einige Augenblicke still. Ein knurrender, tierischer Laut drang unter dem Leinen hervor.

Dann wandte sich die Mumie ab, stakste zurück zu der Kiste und legte sich wieder hinein. Sie schaffte es sogar noch, den Deckel zuzuklappen.

Automatisch rastete das Schloß ein.

Niemand hatte etwas von dem gräßlichen Mord gemerkt. Und das ewige Rollen der Räder schluckte jedes andere Geräusch.

Die Mumie hatte ihr erstes Opfer gefunden . . .

Professor Cornelius stand auf dem Gang und rauchte eine Zigarette. Mit leerem Blick starrte er durch die Scheibe in die tiefdunkle Nacht. Seine Gedanken waren ganz woanders. In London. Er malte sich schon den Triumph aus, den er bei seiner Ankunft erleben würde. Er würde Vortragsreisen unternehmen, um die Mumie überall zu präsentieren.

Er hatte sein Ziel erreicht.

Cornelius drückte seine Zigarette aus und zündete sich sofort eine neue an. Eine innerliche Nervosität hatte ihn gepackt. Er warf einen Blick über die Schulter.

Tessa hatte die Vorhänge vor die Abteiltür gezogen. Sie wollte schlafen.

Tessa, das war auch so ein Problem. Entweder sie spielte mit, oder sie stellte sich gegen ihn. Wenn der zweite Punkt zutreffen sollte, würde man bald ihre Leiche finden. Er ließ sich nicht von ihr seine Karriere zerstören.

Es gab natürlich auch eine dritte Möglichkeit. Heirat. Tessa war ein hübsches Girl und genau nach seinem Geschmack. Aber das würde sich alles noch zeigen.

Der Lärm aus den anderen Wagen drang nur schwach an Cornelius' Ohren. In der Zweiten Klasse war man wesentlich munterer.

Plötzlich wurde am Ende des Ganges die Tür aufgestoßen. Mit hochrotem Gesicht kam der Schaffner herbeigerannt.

Professor Cornelius sah ihm an, daß etwas geschehen sein mußte.

»Was ist passiert?« fragte der Wissenschaftler.

Der Schaffner wollte erst an ihm vorbeilaufen, überlegte es sich aber dann anders und blieb stehen.

Sein Atem ging schnell und keuchend. »Ein Mord ist geschehen!« stieß er hervor. »Hinten, im Gepäckwagen. Jemand hat den Beamten brutal erschlagen.«

Professor Cornelius zuckte zusammen. In Bruchteilen von Sekunden flammte in ihm ein bestimmter Gedanke auf, den er aber sofort wieder verwarf.

»Hat man den Mörder schon?« fragte er statt dessen.

»Nein. Aber er muß sich hier im Zug befinden.«

»Wenn er nicht abgesprungen ist.« Professor Cornelius hielt dem Schaffner seine Zigarettenpackung hin, aus der sich der Mann dankend bediente.

Cornelius gab dem Schaffner Feuer.

»Ich muß die Polizei verständigen«, sagte er und stieß hastig den Rauch aus.

»Haben Sie Telefon im Zug?«

»Nein.«

»Na bitte. Dann warten Sie ab bis zur nächsten Station. Den Toten kann niemand wieder lebendig machen. Ich schlage vor, Sie schließen den Gepäckwagen ab.«

Der Schaffner nickte. »Ja, das ist gut. Ich werde es gleich machen.«

Er nickte dem Professor noch einmal zu und verschwand.

Cornelius wartete, bis er nicht mehr zu sehen war. Dann zog er die Abteiltür auf und knipste das Licht aus.

Tessa lag in tiefem Schlaf.

Cornelius rüttelte sie an der Schulter.

Erschreckt fuhr Tessa hoch.

Der Professor ließ ihr kaum Zeit, zur Besinnung zu kommen. Mit wenigen Worten erklärte er, was sich ereignet hatte.

Tessa Mallay wurde blaß. »Himmel, das ist ja schrecklich«, flüsterte sie. »Wer bringt denn so einfach einen Menschen um, der ihm nichts getan hat? Oder . . .« Tessas Augen weiteten sich erstaunt.

»Oder was?« drängte Cornelius.

»Die Mumie – wenn sie nun lebendig . . .«

»Wie kommen Sie darauf?«

Cornelius' Stimme klang scharf. Schließlich hatte er das gleiche angenommen.

Tessa zog fröstelnd die Schultern hoch. »Nun – ich – es war nur so ein Gedanke.«

»Wirklich?«

Tessa nickte schnell.

»Komisch. Den gleichen Gedanken hatte ich auch. Aber lassen wir das vorerst. Ich habe mit dem Schaffner gesprochen. Er wird die Polizei informieren. Schließlich bleibt ihm nichts anderes übrig.

Die Beamten werden uns natürlich verhören. Kein Wort von Ihrem Verdacht. Haben Sie mich verstanden?«

»Ja.«

»Dann ist es gut.« Cornelius ließ sich in seinen Sitz fallen. In seinen Augen lag ein grausamer Ausdruck, der Tessa erschauern ließ.

Hoffentlich sind wir bald in England, dachte sie.

Die letzten Stunden der Nacht wurden unendlich lang. Wenigstens kam dies Professor Cornelius und Tessa Mallay so vor.

Zum Schlafen fehlte ihnen der Nerv. Zu sehr hatten sie die vergangenen Ereignisse aufgewühlt. Jedesmal wenn der Schaffner an der Abteiltür vorbeiging – sie hatten die Vorhänge nicht wieder geschlossen – zuckte Tessa zusammen.

Außerdem rauchte sie mehr, als ihr guttat.

Tessa konnte ihre Gedanken einfach nicht von der Mumie losreißen. Die Idee, daß sie der Mörder sein könnte, hatte sich in ihrem Kopf festgesetzt. Sie brauchte nur an die glühenden Augen zu denken. Zeugte dies nicht auch von Leben?

»Sie sollten besser schlafen, anstatt zu denken«, sagte Cornelius. Ein leichter Vorwurf lag in seiner Stimme.

»Ich kann nicht«, gab Tessa zurück. Ihre Stimme klang rauh und kratzig.

Cornelius zuckte mit den Schultern. »Meinetwegen bleiben Sie wach.« Er fuhr mit dem Daumen und Zeigefinger durch die Enden seines Schnurrbartes. Dabei musterte er Tessa aus halb gesenkten Augenlidern.

Es war ein Blick, wie ihn nur ein Mann haben konnte, der lange nicht mehr mit einer Frau zusammen gewesen war. Und Tessa bemerkte es.

Unwillkürlich fröstelte sie. Sie ahnte, was der Professor vorhatte.

Noch hielt er sich zurück . . .

Der Zug wurde langsamer. Die ersten tristen Vororte einer Stadt huschten draußen vorbei.

Dann liefen sie schon in den Bahnhof ein.

Professor Cornelius stand auf und öffnete das Fenster. Soeben hielt der Zug mit quietschenden Bremsen. Eine Lautsprecherstimme ertönte. Doch niemand der Reisenden stieg aus. Der Schaffner mußte wirklich überzeugend geredet haben, daß alle im Zug sitzen blieben. Es konnte auch keiner einsteigen.

Professor Cornelius sah den Schaffner auf ein kleines Steingebäude zulaufen. Durch das erleuchtete Fenster bemerkte Cornelius, wie der Schaffner wenig später mit jemandem sprach. Der andere griff dann zum Telefonhörer.

Cornelius schloß das Fenster und setzte sich wieder.

»Er holt jetzt die Polizei«, sagte er.

Tessa nickte. Ihr Gesicht war verschlossen. Winzige Schweißperlen lagen auf ihrer Stirn.

Es dauerte nicht lange, da kam der Schaffner zurück. Die Reisenden waren inzwischen ungeduldig geworden. Sie schimpften wild durcheinander.

Der resolute Schaffner überschrie sie alle. Ihm gelang es, die Menschen in ihre Abteile zu scheuchen.

Professor Cornelius lächelte schmal. Wenn wirklich einer der Reisenden der Mörder war, dann hatte er es bestimmt verstanden, sich schon längst heimlich abzusetzen. Da konnte auch der Schaffner mit seinem Supereifer nichts machen.

»Wie heißt diese Stadt eigentlich?« fragte Tessa.

»Al-Minya. Es ist die letzte Station vor Kairo.«

»Ist Al-Minya eine Großstadt?«

»Für ägyptische Verhältnisse ja. Nicht so groß wie Kairo, aber über hunderttausend Einwohner.«

Tessa stellte noch mehr Fragen. Sie wollte irgendwie die Zeit herumkriegen.

Dann kam endlich die Polizei. Sie rückte mit fast dreißig Beamten an. Der Stahl ihrer Gewehre glänzte im kalten Licht der Bahnhofslampen. Die Männer sahen finster aus. Man konnte ahnen, daß sie erst schossen und dann fragten.

Einige Leute in Zivil betraten den Zug durch die Tür, die zum Wagen der Ersten Klasse führte.

Professor Cornelius stand auf.

»Wo wollen Sie hin?« fragte Tessa hastig.

Cornelius grinste. »Keine Angst, ich mache mich schon nicht aus dem Staub. Ich möchte mich mit den Leuten mal unterhalten. Es interessiert mich ja schließlich, was geschehen ist.«

Eine Gruppe kam ihm auf dem Gang entgegen. Cornelius zählte drei Beamte plus den Schaffner.

»Entschuldigen Sie«, sprach er die Männer auf arabisch an. »Aber ich bin Arzt. Ich könnte mir die Leiche mal ansehen.«

Die Beamten tauschten kurze Blicke. »Einverstanden«, sagte dann der Chef der Gruppe. Er war mittelgroß, unwahrscheinlich hager und hatte einen pechschwarzen Schnurrbart. Zu seinem sandfarbenen zerknitterten Anzug trug er ein Hemd ohne Krawatte.

Die Beamten warfen auch einen Blick in das Abteil, in dem Tessa saß.

»Die Dame gehört zu mir«, sagte Cornelius schnell.

»Danach hatten wir Sie gar nicht gefragt«, meinte der Mittelgroße.

Scheint ein scharfer Hund zu sein, dachte Cornelius.

Der Schaffner übernahm die Spitze, als sie zum Gepäckwagen gingen. Als sie jedoch da waren, überließ er den Polizisten den Vortritt.

»Ich – ich kann diesen Anblick nicht ertragen«, meinte er.

»Schon gut«, der Mittelgroße gab einem seiner Männer einen Wink. Die Tür wurde aufgezogen.

Hintereinander betraten die Polizisten den Gepäckwagen.

Die Leiche lag vor einem zersplitterten Regal. Sie war schrecklich zugerichtet.

Die Beamten starrten stumm auf den Toten. Professor Cornelius warf dem Mittelgroßen einen fragenen Blick zu.

»Ja, Sie können sich die Leiche ansehen. Unser Bereitschaftsarzt mußte leider zu einem anderen Einsatz. Aber zerstören Sie keine Spuren.«

Professor Cornelius betrachtete den toten Bahnbeamten genau. Und immer mehr setzte sich in ihm der Gedanke fest, daß dieser Mord von einem Ungeheuer ausgeführt sein mußte.

Von der Mumie?

Die Sage des An Chor Amon kam ihm in den Sinn. Auf alten Schriftrollen hatte er folgenden Satz gefunden: Wer die Ruhe der Toten stört, wird die Rache der Finsternis auf sich ziehen?

War dies der Anfang?

Cornelius wandte sich um. Er hob die Schultern. »Da ist nichts mehr zu machen.«

Der Mittelgroße gab ein paar knappe Anweisungen. Einer der Männer verschwand. Wahrscheinlich würde er jetzt die Leute der Spurensicherung holen.

»Wir müssen selbstverständlich alle Reisenden verhören«, sagte der Chef der Beamten. »Fangen wir mit Ihnen an, Doktor. Wie ist Ihr Name?«

Professor Cornelius machte seine Angaben, die der zweite Beamte eifrig notierte.

Plötzlich fiel der Blick des Kommissars – Cornelius nahm an, daß der Mann diesen Rang bekleidete – auf die Kiste. »Was ist darin?« fragte er.

»Eine Mumie!«

Der Kommissar hob die Augenbrauen. »So?«

Cornelius berichtete. Er holte auch die von der ägyptischen Regierung ausgestellten Papiere aus der Brieftasche, die auswiesen, daß er die Erlaubnis besaß, Ausgrabungen durchzuführen.

»Öffnen Sie die Kiste«, sagte der Kommissar.

Cornelius zögerte. Er spürte plötzlich ein heißes Würgen in der Kehle.

»Na los. Oder haben Sie etwas zu verbergen?«

Cornelius lächelte gequält. »Nein, natürlich nicht.«

Er zog den Schlüssel aus der Tasche und öffnete das Schloß. Dann hob er den Deckel ab.

Die beiden Beamten waren neugierig nähergetreten. Als ihre Blicke die Mumie trafen, zuckten die Männer erschrocken zurück.

Professor Cornelius fiel ein Stein vom Herzen.

Die Mumie lag unbeweglich in der Kiste. Noch nicht einmal Blutspuren waren an dem in Leinen eingewickelten Körper zu sehen.

Cornelius wollte schon aufatmen, als er plötzlich einen siedendheißen Schreck bekam.

Die Mumie lag auf dem Bauch!

Doch als er sie in die Kiste geschafft hatte, lag sie auf dem Rücken.

Dann hatte er also doch recht gehabt mit seiner Annahme.

Der Kommissar kniff die Augen zusammen. »Ist Ihnen nicht gut, Professor?«

»Doch, doch.«

»Sie sehen aber blaß aus.«

Cornelius lächelte gequält. »Entschuldigen Sie. Aber die Hitze, dann die Leiche. Es war alles etwas zuviel für mich.«

»Ja, das kann ich verstehen. Sie können übrigens in Ihr Abteil gehen. Wir brauchen Sie nicht mehr.«

»Danke.«

Cornelius schloß den Deckel der Kiste. Schnell verließ er den Gepäckwagen.

Der Kommissar sah ihm nachdenklich hinterher. »Irgend etwas stimmt mit dem nicht, das habe ich im Gefühl. Wenn ich nur wüßte, was.«

Das sollte der gute Kommissar jedoch nie erfahren. Genausowenig konnte er den Mord aufklären. Der Tod des Beamten würde für immer im Dunkel bleiben. Denn wer glaubt schon an eine mordende Mumie?

Zehn Tage später!

London, an einem Freitagabend.

Die Weltstadt hatte ihre Sensation. Einem Wissenschaftler namens Cornelius war es gelungen, die sagenumwitterte Mumie des Königs An Chor Amon zu finden, anschließend zu bergen und sie dann noch unversehrt nach London zu bringen.

Die Fachwelt stand kopf. Es gab nur ein Thema: die Mumie. Selbst seriöse Zeitungen berichteten in Schlagzeilen auf der ersten Seite von diesem Ereignis.

Und morgen, am Samstag, sollte die Mumie der Öffentlichkeit vorgestellt werden.

Man hatte den großen Vortragssaal des Natural History Museum dafür ausersehen. Es waren noch einige Stuhlreihen hingestellt worden, um den Besucherandrang zu fassen.

Selbstverständlich waren nur Experten geladen, dazu die Vertreter der großen Zeitungen und einiger bedeutender Fachblätter. Natürlich durfte die Politik auch nicht fehlen.

Noch hatte niemand außer dem Professor und seiner Assistentin die Mumie gesehen. Erst morgen, nach einem Einführungsvortrag, wollte Cornelius den Deckel hochheben und der staunenden Welt dieses Relikt aus der Vergangenheit präsentieren.

Das hatte er jedenfalls vor.

Doch es sollte alles ganz anders kommen . . .

Es war die Nacht vor der Eröffnung.

Totenstill war es in den großen Museumsräumen. Hinter den hohen Fenstern lag die Dunkelheit über dem Park. Ab und zu rieben die kahlen Äste der Büsche gegeneinander. Dann gab es schabende, unheimlich wirkende Geräusche.

McGrath, dem alten Nachtwächter, war dies alles vertraut. Schon über zwanzig Jahre versah er seinen Dienst im Natural History Museum. Zu Zwischenfällen war es kaum gekommen. Es hatten zwar Leute versucht, einzubrechen, doch die modernen Warnanlagen hatten sofort reagiert, und McGrath selbst brauchte noch nicht einmal einzugreifen.

Der alte McGrath fühlte sich zwischen den Zeugen der Vergangenheit pudelwohl. Seit seine Frau gestorben war, hatte er sich das Museum praktisch als zweite Heimat ausgesucht. Er kannte jedes Teil und manchem hatte er sogar einen Namen gegeben. Für McGrath waren die Ausstellungsstücke Freunde. Von jedem Stück konnte er eine Geschichte erzählen.

McGrath machte zweimal in der Nacht seinen Rundgang. Insgesamt war er dann vier Stunden unterwegs. Natürlich hätte er auch alles in kürzerer Zeit schaffen können, aber warum?

Die übrigen Stunden verbrachte McGrath in einem kleinen Raum, den er sich durch ein paar geschickte Handgriffe nach seinem eigenen Geschmack eingerichtet und umgebaut hatte. Sogar ein Sofa hatte er sich von zu Hause mitgebracht.

In der Nacht vom Freitag auf den Samstag hatte McGrath bereits seinen ersten Rundgang hinter sich. Er kramte jetzt eine Zeitung aus der Aktentasche und begann zu lesen.

Natürlich berichtete das Blatt in großer Aufmachung über die geheimnisvolle Mumie.

McGrath schüttelte den Kopf und blätterte weiter. »So ein Unsinn«, knurrte er, »wegen solch einer Kiste soviel Theater zu machen. Na ja, mir ist es egal. Ich bin bei dem ganzen Rummel sowieso nicht anwesend.«

Er nahm einen langen Schluck aus seiner Thermosflasche und blickte auf die an der Wand hängende Uhr.

»Wird langsam Zeit für den zweiten Rundgang.«

McGrath stand ächzend auf. Sein Kreuz tat ihm weh. Wahrscheinlich lag es an diesem miesen Februarwetter. Außerdem war er nicht mehr der Jüngste.

Die Lampe hängte McGrath sich um den Hals, löschte in seiner Kammer das Licht und machte sich auf den Weg.

Tack, tack, tack. Hohl hallten seine Schritte von den Wänden wider.

Der starke Lampenstrahl geisterte durch die breiten Gänge und fuhr wie ein huschender Finger über Gemälde und Skulpturen.

In den großen Räumen war es nicht besonders warm. McGrath fröstelte. Er hatte in seiner Bude einen kleinen Ofen.

Riesige Skelette von Vorzeittieren türmten sich vor dem Nachtwächter auf. Einige waren auch aus Kunststoff nachgebildet worden und konnten einem ängstlichen Menschen das Fürchten beibringen. Doch darüber mußte McGrath nur lachen. Die ausgestopften Tiere waren harmlos, die Menschen jedoch nicht.

Die einzelnen Säle hatten untereinander Verbindungstüren, die immer offenstanden.

Nur eine Tür war verschlossen.

Sie führte in den Raum, in dem seit heute morgen die Mumie aufbewahrt wurde.

Es gab nur wenige, die dazu einen Schlüssel hatten. Zu den Auserwählten gehörte auch der alte McGrath.

Umständich kramte er sein Schlüsselbund aus der Jackentasche, suchte einen Moment herum und hatte dann den passenden Schlüssel gefunden.

Das Schloß und auch der Schlüssel bildeten eine Spezialkonstruktion. Absolut einbruchssicher, wovon McGrath allerdings nicht überzeugt war.

Langsam schloß er die Tür auf. Sie quietschte kein bißchen in den Angeln.

Der Raum dahinter war ein Saal. Etwa fünfhundert Stühle waren in zehn Reihen hintereinander aufgebaut worden. Vorn, dort wo sich das Rednerpult befand, stand auch die Kiste mit der Mumie. Die Kiste war mit einem dunklen Tuch abgedeckt worden.

Ein leichter Schauer rann dem Nachtwächter doch schon über den Rücken, als der Lampenschein die Kiste traf. So etwas hatte der alte McGrath noch nicht erlebt. Eine Mumie, die einige tausend Jahre alt war.

Das war wirklich eine Sensation.

McGrath wandte sich ab. Er hatte die Aufgabe bekommen, noch

einmal die Stuhlreihen zu kontrollieren, das hieß im einzelnen, die Numerierung zu vergleichen.

McGrath nahm die Aufgabe sehr ernst. Schließlich wußte er, daß jeder geladene Gast auch auf seiner Karte die entsprechende Sitznummer stehen hatte, und wenn es da zu einem Durcheinander kam, war er schließlich schuld. Das wollte McGrath auf keinen Fall herbeiführen.

Er war so stark in seine Arbeit vertieft, daß er das, was hinter ihm geschah, nicht bemerkte.

Der Deckel der Kiste, in der die Mumie lag, bewegte sich nach oben.

Unendlich langsam glitt er höher.

Das schwarze Tuch begann zu rutschen und fiel auf den Boden. Es gab ein raschelndes Geräusch.

McGrath hörte es nicht. Zu sehr war er in seine Arbeit vertieft. Im Schein seiner Lampe kontrollierte er Stuhl für Stuhl.

Nicht der geringste Lichtschein glitt durch die abgedunkelten Fenster, als die Mumie sich aufrichtete.

Die Augen glühten in einem tiefen Rot.

Völlig lautlos bewegte sich der massige Körper. Sicher ging die Mumie auf die ersten Stuhlreihen zu. Es schien, als könne sie im Dunkeln sehen.

McGrath befand sich bereits in der zweitletzten Reihe. Noch immer war er ahnungslos.

Die Mumie tappte weiter. Die glühenden Augen hatten etwas wahrgenommen.

Einen Menschen!

Zu beiden Seiten der Stuhlreihen befand sich ein etwa zwei Meter breiter Gang. Er bot Platz genug, so daß die Mumie nicht an einen der Stühle anstieß.

Meter für Meter näherte sie sich dem Museumswächter.

Die glühenden Augen durchbohrten die Dunkelheit.

Jetzt brauchte McGrath nur noch die letzte Reihe zu kontrollieren.

Er hielt seine Lampe in der rechten Hand und leuchtete die kleinen Nummernplaketten am vorderen Rand der Stühle ab.

McGrath mußte gebückt gehen, und das Kreuz tat ihm weh.

Zwangsläufig legte er eine kleine Pause ein. Er richtete sich auf, bog den Rücken durch.

Der Lampenstrahl glitt durch den Raum – und . . .

Im selben Augenblick zuckte McGrath zusammen. Ein riesiger Schatten war in dem Lichtkegel aufgetaucht.

McGrath schluckte. Die Hand mit der Lampe zitterte. Hatte er sich nur getäuscht, oder . . .

Er schwenkte die Lampe zur Seite.

Da!

Der glühende Blick des Monsters fraß sich in seine Augen. Aber der Lichtstrahl enthüllte noch mehr Einzelheiten. Einen mit Bandagen umwickelten Kopf, den Teil eines Oberkörpers, einen Arm.

Die Mumie ist da! schrie es in dem Nachtwächter.

Er schloß die Augen, riß sie Sekunden später wieder auf.

Die Mumie blieb. Es war kein Traum.

Da umkrallte den Nachtwächter das kalte Entsetzen. Auf dem Absatz machte er kehrt, lief wie von tausend Teufeln gepeinigt durch die Stuhlreihen, erreichte den Gang auf der gegenüberliegenden Seite und wollte in Richtung Tür laufen.

Die Mumie versperrte ihm den Weg.

Drohend und wuchtig stand sie auf einmal vor der Tür, besessen von einer unbezwingbaren Mordgier.

Röchelnd sog McGrath den Atem ein. Er spürte, wie sein Herz schneller schlug, wie die Angst ihm den kalten Schweiß aus den Poren trieb und ihm die Lampe auf einmal zentnerschwer vorkam.

Die Mumie wankte auf ihn zu.

Es sah aus, als würde sie jeden Moment stürzen. Doch das erwies sich als Trugschluß.

McGrath merkte es spätestens in dem Augenblick, als die Mumie nach ihm schlug.

Haarscharf wischte der Hieb an seinem Kopf vorbei.

McGrath sprang zur Seite, rannte auf eines der Fenster zu und übersah die beiden Stufen, die zu dem Rednerpult hinaufführten.

McGrath stürzte schwer. Er prallte mit dem Gesicht auf und spürte, wie ihm das Blut aus der Nase schoß. Die Lampe wurde ihm aus der Hand geprellt.

Überdeutlich dröhnten die schweren Schritte der Mumie in seinen Ohren.

Ächzend drehte sich McGrath zur Seite.

Die glühenden Augen befanden sich direkt über ihm.

Ein unförmiger Schatten näherte sich seinem Kopf.

Der Fuß des Monsters!

Die Mumie wollte den Mann zertreten.

»Nein!« röchelte McGrath. »Nein!«

Abwehrend streckte er die Hände aus.

Der Fuß raste auf ihn herab.

McGrath kam noch nicht einmal mehr dazu, einen Schrei auszustoßen.

Er war sofort tot.

Sekunden blieb es still.

Dann hallte ein teuflisches Gelächter durch die Hallen des Museums.

Die Mumie, in der der Geist eines grausamen Königs steckte, hatte gesiegt.

Das Monster schlich durch das Museum.

Die glühenden Augen sahen in jeden Winkel, ließen keine Ecke aus. Die Mumie war auf der Jagd nach Beute, um den gräßlichen Fluch erfüllen zu können, den ein Priester vor über viertausend Jahren ausgesprochen hatte.

An Chor Amon mußte nach draußen. Hier in dem Museum war es wie in seiner Kiste. Er fühlte sich beengt.

Ziellos irrte das Monster durch die hohen Hallen. Dumpf klang das Echo seiner Schritte.

Die Mumie stoppte.

Ein Geruch, der nicht hierher paßte, war an ihre Nase gedrungen. Das Monster folgte dem Geruch.

Wenig später stand es vor einer schmalen Tür. Sie führte zu der Wachstube des alten McGrath.

Auf dem Tisch stand noch die Tasse mit einem Rest Kaffee darin.

Das Monster blickte sich irritiert um. Alles war ihm fremd. Unwillkürlich nahm es die Eindrücke auf und lernte in Sekundenschnelle, sich anzupassen.

Die Mumie sah das Fenster. Es war zweiflügelig und groß genug.

Das Monster fegte mit einem Schlag die Scheiben aus dem Rahmen. Dann war der Weg frei.

Mit zwei Sprüngen stand das Monster in einem gepflegten Parkgelände.

Witternd sah es sich um.

Die eng nebeneinander stehenden Büsche boten tausend Verstecke. Die Mumie war zufrieden.

Es war wie immer. Ausgerechnet kurz vor Feierabend klingelte das Telefon.

John Sinclair, Inspektor bei Scotland Yard, mit dem beziehungsvollen Spitznamen Geisterjäger, langte ärgerlich zum Hörer.

Sein gebelltes »Sinclair« war nicht gerade dazu angetan, bei dem Anrufer optimistische Gefühle auszulösen.

Aber bei Bill Conolly, Johns bestem Freund, war das auch gar nicht nötig.

»Keine Angst, ich will kein Geld von dir«, lachte Bill zur Begrüßung. »Ich möchte dich heute abend nur kurz sprechen. Geht das?«

John dachte an seine blonde Verabredung und fragte vorsichtshalber: »Wann denn?«

»Meinetwegen sofort.«

Der Inspektor überlegt einen Moment. »Und wo?«

»Im Upstairs.«

»Okay, ich komme.«

»Ich weiß die Ehre zu schätzen, alter Geisterkiller.«

»Ha, ha.«

John legte auf.

Eigentlich konnte er mit dem Tag zufrieden sein. Er hatte den Bericht über die Dämonengöttin Kalhori abgeschlossen und etwas Bürokram erledigt. Ein weiterer Fall lag nicht an, und es mußte schon mit dem Teufel zugehen, wenn ihm jetzt noch etwas dazwischenkam.

Um dem Teufel aus dem Weg zu gehen, machte John zehn Minuten früher Feierabend. Er setzte sich in seinen Bentley und fuhr zu dem erwähnten Lokal.

Das Upstairs war ein Treffpunkt der Zeitungsleute und Reporter. Man tauschte bei einem Whisky Informationen aus und erfuhr so manche Neuigkeit.

John stellte seinen Wagen auf dem lokaleigenen Parkplatz ab und betrat die gemütlich eingerichtete Pinte.

Bill Conolly stand am Tresen und schwang große Reden.

Als er John entdeckte, winkte er ihm zu. »Da, den Tisch habe ich uns freigehalten.«

Die beiden Freunde setzten sich. Der kugelige Wirt brachte Whisky.

Sie tranken.

»Also«, fragte John, »wo drückt die Hose?«

»Hätte ich eine schmutzige Fantasie, würde ich dir die Stelle nennen, aber so nehme ich mal an, du hast das sinnbildlich gemeint.«

Bill grinste. »Dann schob er sein Glas zur Seite und sagte: »Du hast bestimmt in den Zeitungen schon von dem Rummel gehört.«

»Die Sache mit der Mumie?« fragte John.

»Genau die. Ich habe noch eine Karte zur Verfügung. Morgen wird das Geheimnis gelüftet. Willst du nicht dabeisein?«

John schüttelte den Kopf. »Das ist das erste freie Wochenende für mich seit langem. Außerdem – was soll ich da?«

Bills Gesicht wurde lang. »War ja nur ein Vorschlag. Ich dachte, du interessierst dich für diese Sachen.«

»Aber nicht außerdienstlich.«

»Dein letztes Wort, John?«

»Ja.«

»Gut, dann schenke ich die Karte einem Kollegen.«

»Mach es, wie du willst.« John sah auf seine Uhr.

»Hast du 'ne Verabredung?« fragte Bill, dessen erste Tugend oder Untugend die Neugierde war.

»Du triffst den Nagel auf den Kopf.«

»Mensch, John, erzähle. Blond, braun, schwarzr – oder«, Bill senkte die Stimme zu einem verschwörerischen Flüstern, »etwa rot?«

John tippte seinem Freund mit dem Zeigefinger gegen die Stirn.

»Das mein lieber Bill, werde ich dir hinterher erzählen. So, und jetzt habe ich zu tun.«

John stand auf.

»Ich wünsch dir was«, rief Bill dem Inspektor noch nach. »Und wir sehen uns bestimmt Montag, zumindest rufe ich dich dann an.«

Wie sehr Bill Conolly sich in dieser Beziehung irrte, konnte er zu diesem Zeitpunkt allerdings noch nicht ahnen.

Gegen neun Uhr morgens kamen die ersten Gäste.

Professor Cornelius war schon seit zwei Stunden hier. Er hatte noch mal alles kontrolliert und sich die Gästeliste angesehen.

Er war zufrieden. Niemand von den prominenten Fachleuten war vergessen worden. Dazu kamen noch die Vertreter der Presse und der Politik. Alles versprach, ein großer Erfolg zu werden.

Unversehrt stand die Kiste mit der Mumie neben dem Rednerpodest. Nur etwas wunderte den Wissenschaftler. Der Nachtwächter war nicht aufzufinden. Dabei war mit ihm abgemacht worden, daß er bis zu Cornelius' Eintreffen im Museum bleiben sollte. Cornelius war verärgert, denn die Sachen des Mannes standen noch in seiner kleinen Kammer. Aber dann strich er diesen Vorfall aus seinen Gedanken. Er hatte schließlich noch anderes zu tun.

Professor Cornelius begrüßte die ersten Gäste persönlich und mit Handschlag.

Selbstverständlich bestürmten ihn die Fachkollegen sofort mit Fragen, doch der Professor verwies auf seinen Vortrag.

Dann kam Tessa Mallay.

Als Professor Cornelius sie sah, entschuldigte er sich bei seinen Gesprächspartnern und eilte mit ausgestreckten Armen auf die junge Studentin zu.

»Kommen Sie, Tessa, ich werde Sie mit einigen Kollegen bekannt machen.«

Tessa Mallay sah blaß aus. Sie wirkte erschöpft. Daran konnte auch die Schminke nichts ändern, die sie aufgetragen hatte. Tessa trug ein bodenlanges karmesinrotes Kleid, das die Schultern freiließ und nur von zwei dünnen Trägern gehalten wurde.

»Mit solch einer Assistentin hätte ich auch eine Mumie geholt«, rief einer von Cornelius' Kollegen, ein älterer Mann, der sich selbst als Frauenkenner bezeichnete. Mit einem galanten Handkuß begrüßte er Tessa.

Die junge Studentin lächelte gequält.

Ihr paßte dieser Auftritt gar nicht. Sie dachte immer an die beiden anderen Männer, die ihr Leben für diese Mumie gelassen hatten. Und der Zugschaffner ging ihr nicht aus dem Sinn. Nach wie vor war sie davon überzeugt, daß nur die Mumie ihn umgebracht haben konnte. Aber das behielt sie für sich. Auch mit dem Professor hatte sie nicht mehr davon gesprochen.

Cornelius hatte seiner Assistentin nochmals absolutes Stillschweigen eingeschärft. Ja, er war sogar zu einer Morddrohung übergegangen. Da Tessa diesen Mann kannte, hielt sie lieber den Mund. Außerdem traute sie der Polizei nicht gerade viel zu. Denn wenn es hart auf hart ging, würde man dem Professor – einem Mann mit großem Ansehen – mehr glauben.

Tessa hatte beschlossen, die Dinge einfach auf sich zukommen zu lassen.

Die ersten Blitzlichter flammten auf.

Professor Cornelius stand im Brennpunkt der Reporter. Immer wieder mußte er sich für Aufnahmen bereitstellen. Cornelius spreizte sich wie ein Pfau, so daß es schon manchmal lächerlich wirkte.

»Sie sind sicher Tessa Mallay«, sagte plötzlich eine klangvolle Männerstimme neben der jungen Studentin.

Tessa hob den Kopf. Ein dunkelhaariger Mann im eleganten Gesellschaftsanzug blickte sie an. Ein sympathisches Lächeln hatte sich in seine Mundwinkel gegraben.

»Mein Name ist Bill Conolly. Ich bin freier Journalist und hätte gern von Ihnen einige Fragen beantwortet.«

Tessa schüttelte den Kopf. »Tut mir leid, Mister Conolly, ich beantworte keine Fragen. Was Sie hören wollen, wird gleich der Professor in seinem Vortrag sagen.«

»Wer sagt Ihnen denn, daß ich so etwas von Ihnen wissen will. Sie, Miss Mallay, interessieren mich viel mehr.«

In Tessas Augen blitzte es.

»Keine Angst«, lachte Bill. »Nicht, was Sie denken. Ich bin glücklich verheiratet.«

»Ja, was wollen Sie dann?« Tessa wurde ungeduldig.

»Draußen hat man eine kleine Bar aufgebaut. Eine Tasse Kaffee würde uns beiden guttun. Einverstanden?«

Tessa nickte. Sie konnte diesem sympathischen jungen Mann einfach nichts abschlagen. Außerdem war sie froh, mal mit jemandem sprechen zu können.

Der Professor war mit seinen Kollegen in ein Fachgespräch

verwickelt. Er bemerkte zum Glück nichts von Tessas Verschwinden.

Die Bar draußen war umlagert. Doch Bill schaffte es mit Charme und Ellenbogen, zwei Plätze zu ergattern.

»Was trinken Sie, Tessa? Ich darf Sie doch so nennen, oder?«

»Meinetwegen. Ich hätte gern einen Martini.«

»Gut. Und für mich einen Whisky«, bestellte Bill bei dem Keeper. Sie tranken, und nachdem die Zigaretten brannten, kam Bill zum Thema.

»Tessa, ich möchte von Ihnen wissen, was Sie so erlebt haben. Ich meine, erzählen Sie von Ihren Reiseeindrücken, denn daß die Expedition nicht ganz ungefährlich war, beweist ja der Tod Ihres Kollegen Phil Lester.«

Als Bill den Namen erwähnte, zuckte Tessa zusammen. Der Reporter bemerkte es wohl, sagte jedoch nichts.

»Da gibt es nicht viel zu erzählen«, sagte Tessa. »Mein Gott, die Reise war keine Spazierfahrt. Allein die Hitze und das Gelände machten uns Mühe, aber wir haben es ja geschafft.«

»Das ja«, meinte Bill, »nur, soviel mir bekannt ist, haben doch was weiß ich wie viele Leute nach der geheimnisvollen Grabstätte des An Chor Amon gesucht. Wie ist ausgerechnet Professor Cornelius darauf gekommen?«

»Da müssen Sie ihn schon selber fragen. Ich war nur seine Begleiterin und wußte so gut wie nichts.«

»Haben Sie die Mumie gesehen?« wechselte Bill das Thema.

»Ja.«

»Und? Haben Sie Angst gehabt?«

»Wovor?«

»Daß die Mumie wieder zum Leben erwachen könnte. Es gibt Berichte, die dies andeuten.«

Tessa wurde blaß. Ihre Zunge huschte aufgeregt über die Lippen. Ruckartig wandte sie den Kopf. »Ich muß jetzt gehen, Mister Conolly. Entschuldigen Sie.«

Tessa rutschte vom Barhocker.

Bill drehte sich um und faßte nach ihrem Arm.

»Ist noch etwas, Mister Conolly?« Tessas Stimme klang eisig.

»Ja, Tessa. Sollten Sie jemals in Schwierigkeiten geraten, wenden Sie sich an mich. Ich werde immer für Sie zu sprechen sein.«

Tessa öffnete den Mund. Im ersten Moment sah es so aus, als wolle sie irgend etwas sagen, doch dann ließ sie es bleiben. Mit hastigen Schritten lief sie auf die Eingangstür des Vortragssaales zu.

Bill trank seinen Whisky aus, während er der jungen Studentin mit gemischten Gefühlen nachblickte. Hier stimmte etwas nicht, das spürte er genau. Sollte an dieser Sage doch etwas dran sein? Man hatte vor einigen Jahren Tafeln gefunden, auf denen die Geschichte des An Chor Amon gestanden hatte. Dieser relativ unbekannte König mußte in den Jahren seiner Regentschaft mit unbeschreiblich grausamen Methoden sein Volk unterdrückt haben. Bis die Priester sich gegen den König erhoben hatten. Er wurde entmachtet und bei lebendigem Leibe mumifiziert. Und jeder, der einmal das Grab des An Chor Amon betreten würde, bekam den Fluch des Königs zu spüren. So stand es wenigstens geschrieben.

Wenn auch nur die Hälfte glaubhaft war, so reichte sie jedoch aus, um bei Bill Conolly dieses ungute Gefühl zu erwecken.

Bill sah auf seine Uhr. Professor Cornelius redete jetzt schon über eine Stunde. Bill beschloß, sich den Rest des Vortrages anzuhören.

Die Gänge waren menschenleer. Alles drängte sich in dem Vortragssaal. Man war gierig auf Informationen aus einer längst vergessenen Welt.

Bill zog leise die schwere Doppeltür auf. Sofort nahmen ihn zwei Ordner in die Zange.

»Ihre Karte?«

Bill zeigte sie.

Man ließ ihn gehen. Natürlich war sein Platz längst besetzt. Aber das kümmerte den Reporter nicht. Er schob sich den Gang entlang und bekam schließlich einen Platz in Höhe der zweiten Reihe. Tessa Mallay entdeckte er ganz vorn. Mit unbewegtem Gesicht sah sie zum Professor auf dem Rednerpult hoch.

Cornelius war in seinem Element. Er redete von einer Sternstunde der Wissenschaft und vergaß auch nicht, sich selbst gebührend zu feiern.

Der trägt verdammt dick auf, dachte Bill.

Die Zuhörer lauschten atemlos seinem Bericht. Auf manchen Gesichtern breitete sich Skepsis aus, doch die meisten konnte Cornelius mit seiner Rede überzeugen.

Schließlich machte er eine kurze Pause und trank Wasser.

Dann drehte er sich nach links und streckte die Hand aus. »Diese Kiste hier«, rief er enthusiastisch, »beinhaltet den Beweis meiner Behauptungen. Die Mumie des Königs An Chor Amon. Auch die letzten Zweifler werden in einigen Minuten überzeugt sein. Dieser Tag wird in die Annalen der Wissenschaft eingehen.«

Cornelius trat die beiden Stufen herunter und stellte sich neben die Kiste.

Sie war mit einem schwarzen Tuch abgedeckt.

Kameraverschlüsse begannen zu klicken. Blitzlichter flammten auf. Stille hatte sich über den Saal gelegt. Irgend jemand hüstelte. Er mußte sich vorwurfsvolle Blicke gefallen lassen.

Cornelius bückte sich, umfaßte das Tuch.

Mit einer gekonnten Bewegung zog er es zur Seite.

Eine längliche, graugrüne Kiste wurde sichtbar.

Professor Cornelius erhob sich. Seine Augen glänzten fanatisch, als er rief: »Jetzt, meine Damen und Herren, erhalten Sie den Beweis. An Chor Amon hat gelebt. Ich werde seine Mumie zur Untersuchung freigeben.«

Sekundenlang geisterte ein Raunen durch den Saal, das aber sofort verstummte, als Cornelius sich bückte und die Kiste auf eine schiefe Ebene stellte, so daß jeder, wenn die Kiste geöffnet war, hineinsehen konnte.

Cornelius schob den Schlüssel in das Schloß.

Ein leises Knacken.

Das Schloß war offen.

Der Professor faßte den Deckel mit beiden Händen. Unendlich langsam hob er ihn hoch.

Die Zuhörer waren aufgestanden. Niemand wollte sich etwas entgehen lassen.

Jetzt war es soweit.

Mit einem letzten Ruck klappte der Deckel zurück.

Hunderte von Augenpaaren starrten auf die offene Kiste – und . . .

Ein gellender Schrei durchbrach die Stille. Tessa Mallay hatte ihn ausgestoßen.

Es lag keine Mumie in der Kiste, sondern der blutüberströmte Leichnam des Museumswärters.

Bill Conolly reagierte als erster. Während die anderen noch stocksteif auf ihren Plätzen saßen oder standen, rannte er zu Tessa Mallay und konnte sie gerade noch auffangen, ehe sie von ihrem Stuhl rutschte.

Sekunden später brach der Tumult los.

»Sie dreckiger Scharlatan!« brüllte eine Stimme. »Wollen Sie uns diese Leiche als Mumie präsentieren? Vielleicht sind Sie sogar der Mörder!«

»Mörder! Mörder!« Alles schrie durcheinander.

Mit einem Sprung war Professor Cornelius am Mikrophon. »Aber, meine Herren!« rief er, »es ist alles eine Verwechs . . .«

Cornelius wurde überschrien. Die Saaltür öffnete sich. »Wir werden die Polizei holen!« Die Sätze wurden Cornelius ins Gesicht geschleudert.

Leichenblaß stand der Professor vor dem Mikrophon. Aus seinem Mund kam nur ein heiseres Krächzen. Man sah ihm an, daß er mit den Nerven fertig war.

Bill Conolly behielt die Übersicht. Kurzerhand warf er sich Tessa Mallay über die Schulter und kämpfte sich in Richtung Ausgang durch. Gedankenfetzen schossen Bill durch den Kopf, formierten sich zu einer Idee.

Tessa Mallay war in Ohnmacht gefallen. Für eine Frau nichts Besonderes. Aber Tessa hatte die gefährliche Expedition mitgemacht. Sie selbst war in dem Grabmal gewesen, hatte die Mumie gesehen, und dann diese Reaktion. Nein, das mußte tiefere Gründe haben, davon war Bill überzeugt.

So schnell es ging, lief Bill mit der bewußtlosen Tessa durch die Gänge. Schließlich erreichte er den Ausgang. Zum Glück stand sein Porsche nur ein paar Schritte weiter.

Überall brummten Motoren auf. Nahezu fluchtartig verließen die Gäste das Museumsgelände.

Bill Conolly verfrachtete Tessa nach hinten auf den Notsitz. Er selbst saß kaum hinter dem Lenkrad, als er die ersten Polizeiwagen sah. Sogar der hohe Kastenwagen der Mordkommission war dabei.

Die Kameraden werden nicht viel finden, dachte Bill. Und sämtliche Gäste verhören war nicht drin. Wenigstens jetzt nicht. Das würde Zeit in Anspruch nehmen. Sicher ließ sich auch anhand der Liste feststellen, wer da war.

Bill wich den Polizeiwagen aus und erreichte die linke Einfahrt zur Cromwell Road, einer Straße, die in der Verlängerung zum Piccadilly Circus führt.

Bill Conolly wollte Tessa nicht in ein Krankenhaus und auch nicht zur Polizei bringen. Er hatte eine bessere Idee. Wo war die Frau besser aufgehoben als bei ihm zu Hause? Dort konnte sich Sheila um die junge Studentin kümmern.

Während der Fahrt kam Tessa wieder zu sich. Erschreckt richtete sie sich auf.

Bill, der sie im Innenspiegel beobachtete, sagte sofort: »Bleiben Sie ganz ruhig, Tessa. Ich werde Sie in Sicherheit bringen.«

Tessas Augen wurden groß. »Was ist geschehen?« flüsterte sie tonlos. In der gleichen Sekunde fiel es ihr wieder ein. »Mein Gott, die Leiche«, hauchte sie.

»Ich werde Ihnen alles erklären, wenn wir bei mir sind«, sagte Bill.

»Bei Ihnen?«

»Ja. Ich habe Ihnen doch schon erzählt, daß ich verheiratet bin. Meine Frau wird sich um Sie kümmern. Glauben Sie mir, es ist für Sie das beste in ihrer jetzigen Situation.«

»Was soll das heißen?«

»Das kann ich Ihnen genau sagen. Die Polizei wird anfangen, Nachforschungen anzustellen. Und da stehen Sie unmittelbar im Brennpunkt.«

»Weshalb bringen Sie mich denn weg? Soviel ich weiß, machen Sie sich dadurch strafbar.«

»Nein.«

»Das können Sie mir doch nicht weismachen. Ich verlange eine Erklärung.«

»Die werden Sie auch bekommen, Tessa. Sie müssen mir aber jetzt noch vertrauen. Sie sind, wenn mich nicht alles täuscht, in Gefahr. Sie wissen nämlich zuviel.«

Tessa schwieg. Was ihr der Reporter da erzählte, klang gar nicht mal so unglaubhaft. Wenn Cornelius feststellte, daß sie verschwunden war, würde er sämtliche Hebel in Bewegung setzen, um sie zu finden. Also hieß es erst einmal abzuwarten.

Bill und Sheila Conolly wohnten bis zur Fertigstellung ihres eigenen Hauses in einem Penthouse. Sheila hatte nach dem Tod ihres Vaters einen Chemiekonzern geerbt. Sie und Bill waren finanziell unabhängig. Den Konzern leiteten jetzt versierte Manager. Bill hatte seinen Beruf jedoch noch nicht aufgegeben. Er jagte noch immer hinter Sensationen her, sehr zum Leidwesen seiner Frau, die ihren Mann lieber zu Hause gehabt hätte. Aber Bill konnte es nicht lassen, sich zusammen mit seinem Freund John Sinclair in immer neue Abenteuer zu stürzen.

Nach einer halben Stunde Fahrt waren sie am Ziel.

Bill fuhr in die Tiefgarage, von der ein separater Aufzug zum Penthouse führte.

»Da wären wir«, sagte Bill und half Tessa beim Aussteigen. Sie betraten den Expreßlift und fuhren in Sekundenschnelle nach oben.

Sheila Conolly war eine außerordentlich hübsche junge Frau. Ihr blondes Haar war halblang geschnitten und umrahmte ein äußerst apartes Gesicht, in dem die blauen Augen wie tiefe, unergründliche Seen wirkten.

»Du hast einen Gast mitgebracht?« fragte Sheila gar nicht mal erstaunt. Sie war an Überraschungen gewöhnt.

»Ja.« Bill erklärte ihr in ein paar Sätzen, was vorgefallen war.

Sheilas Augen wurden groß. »Aber das ist ja schrecklich«, sagte sie.

Sie streckte Tessa demonstrativ die Hand hin. »Natürlich werden Sie bei uns bleiben, Miss Mallay, bis diese unangenehme Sache erledigt ist. Sie können in unserem Gästezimmer schlafen.«

Mit einer dankbaren Bewegung fuhr Bill seiner Frau durch das Haar. Dann ging er zum Telefon und wählte eine bestimmte Nummer. Sie gehörte John Sinclair . . .

Instinktiv hatte die Mumie die frühen Morgenstunden abgewartet. Jetzt, da kaum jemand auf der Straße war, wagte sie sich aus ihrem Versteck.

Die rotglühenden Augen stachen durch die Dunkelheit. Die Mumie suchte nach einem Opfer.

Doch kein Mensch kam ihr entgegen.

Schließlich gab das Monster es auf. Wütend und unzufrieden zog es sich wieder in sein Gebüsch zurück.

Die Zeit verging.

Mittlerweile wurde es hell. Von der Cromwell Road drangen die Geräusche der fahrenden Wagen zu ihr. Alles fremde Laute, die sie noch nie gehört hatte.

Doch der Geist des Königs An Chor Amon entwickelte sich von Sekunde zu Sekunde neu.

Die Mumie begann, sich auf ihre Umwelt einzustellen. Schon bald störten sie die fremden Geräusche nicht mehr. Immer mehr Entdeckungen machte sie. Und langsam gewöhnte sie sich auch an das Klima. Zuerst hatte die Kälte eine Schockwirkung bei ihr gehabt, aber nun machte ihr das nichts mehr aus.

Es war ein Phänomen. Eine Mumie, viertausend Jahre alt, konnte fühlen und denken wie ein Mensch. Der Geist eines grausamen Königs hatte die Zeit überlebt und wurde wieder aktiviert.

Und dann bog plötzlich ein Lieferwagen auf das Gelände des Museums ein.

Der Wagen fuhr über den asphaltierten Weg und stoppte dicht vor dem Eingang.

Ein Mann stieg aus.

Professor Cornelius.

Die Mumie richtete sich halb auf. Normalerweise wäre sie jetzt losgerannt, um sich ein neues Opfer zu holen. Aber bei diesem Mann war das anders. Ihm fühlte sie sich irgendwie verpflichtet.

Cornelius betrat das Museum.

Die Mumie ließ ein paar Minuten verstreichen und lief dann so schnell es ging auf den Wagen zu.

Blitzschnell kletterte sie auf die Ladefläche und zog von innen die Plane herunter.

Jetzt brauchte sie nur noch zu warten . . .

Inspektor Spencer schob seinen Hut in den Nacken und blickte Professor Cornelius mißtrauisch an. »Sie wissen also nicht, wie die Leiche des Nachtwächters in diese Kiste gekommen ist?«

»Ich sagte Ihnen doch schon, ich habe keine Ahnung, Inspektor.«

Der Polizeibeamte umkreiste die bewußte Kiste. Er sah aus wie ein wütender Tiger. »Aber wo, zum Teufel, wo ist die Mumie geblieben?«

Professor Cornelius zuckte mit den Schultern. »Verschwunden.«

Spencer stieß wütend seinen Hut in den Nacken. »Verschwunden!« knirschte er. »Solch ein Monstrum kann nicht einfach verschwinden. Und welcher Dieb hat schon Interesse, eine Mumie zu stehlen? Von allein weggelaufen sein kann sie ja auch nicht. Herr im Himmel, gibt das einen Skandal.«

Professor Cornelius schwieg.

Inspektor Spencer blickte aus dem Fenster. Seinen Beamten war es endlich gelungen, die Reporter zu vertreiben. Der Polizeiarzt hatte den Toten kurz untersucht. Soviel stand schon fest: Jemand mußte dem Mann mit einem schweren Gegenstand den Schädel eingeschlagen haben. Aber wer hatte Interesse daran? Natürlich – der Dieb der Mumie.

Spencer schüttelte den Kopf. Er war schon über zehn Jahre bei der Polizei, doch so etwas war ihm noch nicht vorgekommen. Das mußte ein Irrer gewesen sein. Gefunden hatten sie auch nichts. Keine Fingerabdrücke und noch nicht einmal Spuren, die auf einen Kampf hingewiesen hätten. Bis auf die eingetrockneten Blutflecken auf dem Boden.

Inspektor Spencer wandte sich wieder um. Professor Cornelius hatte sich eine Zigarette angezündet. Sein Blick war nach innen gekehrt. Der Mann war tief in seine Gedanken versunken.

Irgend etwas ist faul an dem Kerl, dachte Spencer. Ob er das ganze Theater inszeniert hat? Nur beweisen kann man ihm das nicht.

»Sie bleiben doch sicherlich in London?« sagte der Inspektor.

»Ich?« Der Professor zuckte zusammen. »Natürlich bin ich in London.«

»Und wo kann ich Sie erreichen?«

»Ich wohne im Rembrandt-Hotel.«

»Auch nicht gerade der billigste Laden.«

»Ich kann die Kollegen und die Presseleute ja nicht in einer Absteige empfangen.«

»Auch wieder wahr.«

Der Inspektor tippte an seine speckige Hutkrempe und verließ den Saal. Draußen sprach er noch mit zwei Polizisten, die dort den Garten nach Spuren absuchten. Einer sprach kurz mit dem Inspektor und deutete in westliche Richtung, so, als wolle er seinem Vorgesetzten etwas zeigen.

Cornelius, der die Szene vom Fenster aus beobachtet hatte, kniff die Augen zusammen. Als der Inspektor einen Blick zu ihm hinübersandte, zuckte er zurück.

»Ob der Schnüffler was ahnt?« flüsterte er.

Wenig später stieg Spencer in seinen Wagen und dampfte ab. Die beiden Polizisten blieben zurück.

Cornelius durchstöberte noch einmal die Räume des Museums nach der Mumie. Er fand sie nicht. Immer mehr setzte sich in dem Professor die Überzeugung fest, daß die Mumie die Morde ausgeführt hatte.

Schließlich verließ Cornelius das Museum.

Als er durch die große Eingangstür trat, sahen ihn die beiden Polizisten.

Ein Beamter machte seinem Kollegen ein Zeichen und kam auf Cornelius zu.

»Konstabler Waymire«, stellte er sich vor. »Ich hätte noch einige Fragen an Sie, Sir.«

»Aber machen Sie nicht zu lange. Ich habe nicht viel Zeit«, erwiderte Cornelius.

»Nein, ich möchte Ihnen nur etwas zeigen. Bitte, kommen Sie mit.«

Der Beamte ging vor. Neben dem Fenster, das zur Nachtwächterbude führte, blieb er stehen. Er zeigte auf am Boden liegende Scherben und das zerstörte Fenster.

»Hier ist die Mumie rausgekommen.«

Cornelius lachte spöttisch. »Meinen Sie, die könnte laufen, Konstabler?«

»Nein, das natürlich nicht. Aber der Dieb muß mit der Mumie durch dieses Fenster geklettert sein. Ich wollte Sie jedoch noch auf etwas anderes aufmerksam machen. Sehen Sie sich die Scherben an. Sie liegen außen auf dem Boden. Demnach hat der Dieb von innen die Scheiben eingeschlagen. Wir wissen also jetzt, wie er herausgekommen ist. Aber wie ist er in das Museum gelangt?«

»Vielleicht durch ein anderes Fenster – was weiß ich?« knurrte Cornelius. »Sagen Sie mal, soll das ein Verhör sein?«

»Nein, natürlich nicht. Ich stelle ja auch nur Überlegungen an. Um jedoch auf Ihre Antwort zurückzukommen, die anderen Fenster sind alle heil. Auf diese Weise kann der Dieb also nicht eingestiegen sein.«

Professor Cornelius stemmte beide Arme in die Hüften. »Wissen Sie was, Mann, Sie gehen mir mit Ihrer Fragerei auf den Wecker. Ich will Ihnen mal meine Meinung sagen. Der Dieb wird sich eingeschlossen haben, das ist es. So, und nun lassen Sie mich in Ruhe. Ich habe noch zu tun.«

Cornelius drehte sich um und stapfte davon. Der Konstabler folgte ihm.

Nur ein Wagen stand noch auf dem Parkplatz des Museums. Es war ein Lieferwagen, ein deutsches Modell.

»Gehört der Ihnen?« fragte Waymire.

Cornelius hatte schon den Wagenschlüssel in der Hand. »Ja.«

»Haben Sie etwas geladen, Professor?«

»Nein.«

»Weshalb bewegt sich dann die Plane?«

»Wo?«

»Hier.« Der Konstabler trat einige Schritte zur Seite.

Jetzt sah es auch der Professor. Die hintere Ladeplane war nicht festgezurrt. Jemand hob sie von innen hoch.

Sofort durchzuckte Cornelius ein schrecklicher Gedanke.

Konstabler Waymire war mißtrauisch geworden. Er trat dicht an den Wagen heran.

Im gleichen Augenblick sprang er zurück.

Ein glühendes Augenpaar starrte ihn an.

Waymire war kalkweiß. »Was haben Sie auf der Ladefläche versteckt, Professor?«

Doch für eine Erklärung war es schon zu spät. Mit einem Ruck wurde die Plane hochgezurrt. Ein gräßliches Fauchen ertönte, und einen Herzschlag später starrte Konstabler Waymire auf die Horrorgestalt der übergroßen Mumie.

Der heiße Schreck bannte den Konstabler auf der Stelle. Aus hervorquellenden Augen sah er der Mumie entgegen, die mit einem Sprung den Boden erreichte.

Wieder ertönte das Fauchen.

Die Mumie hielt beide Arme vorgestreckt. Tapsend, wie an Fäden gezogen, kam sie auf den Konstabler zu.

Die mörderische Pranke wischte durch die Luft.

»Aaaah!«

Der Schrei des Polizeibeamten erstickte in einem Gurgeln. Der Prankenhieb hatte seinen Schädel getroffen.

Die Mumie drehte sich auf der Stelle, wandte sich jetzt dem Professor zu.

Cornelius wich zurück. Eine nie gekannte Angst überfiel ihn. Aber gleichzeitig arbeitete sein Gehirn auch auf Hochtouren.

Er hatte neben seinem Studium der Archäologie auch die alten Sprachen studiert, kannte Zauber- und Beschwörungsformeln, die die Priester der Ägypter benutzt hatten.

Und während Cornelius zurückwich, begann er zu sprechen. Leise, in einem monotonen Wortlaut.

Die Mumie stutzte für Augenblicke, ging dann aber weiter.

Scharf stieß Cornelius den Atem aus. Wenn nun alles umsonst war, wenn diese Formeln nichts halfen . . .

Er sprach weiter. Redete um sein Leben.

Die Mumie ging schneller. Jetzt trennten sie nur noch wenige Schritte von dem Professor.

Cornelius lief der Schweiß übers Gesicht.

Noch vier, fünf Schritte, dann . . .

Plötzlich zuckte Cornelius zusammen. Er war mit dem Rücken gegen die Außenwand des Museums geprallt.

Jetzt gab es keinen Ausweg mehr.

Die Mumie stapfte auf den Professor zu.

Nur noch Sekunden . . .

Cornelius fiel auf die Knie. Seine Stimme überschlug sich. Der Professor hielt die Augen geschlossen, redete wie in Trance.

Eigentlich müßte ich schon tot sein. Der Gedanke drang wie ein Messer in sein Hirn.

Cornelius öffnete die Augen.

Die Mumie stand vor ihm. Mit halb erhobenen Armen lauschte sie seinen Worten.

Im ersten Augenblick konnte Cornelius nicht glauben, was er selbst sah. Doch dann jubelte er innerlich auf.

Geschafft, du hast es geschafft, hast die Mumie gezähmt! Sie zu deinem Sklaven gemacht.

Langsam stand Cornelius auf, stützte sich mit dem Handteller an der Hauswand ab.

Er mußte zu der Mumie hochsehen, so groß war sie.

»Dreh dich um!« sagte er.

Die Mumie gehorchte. Sie hatte erkannt, wer jetzt ihr Herr war.

»Komm mit!« befahl Cornelius. »Los, komm!«

Das Monster setzte sich in Bewegung. Cornelius lief rückwärts vor ihm her, bis zu seinem Lieferwagen.

»Tom!« hörte er plötzlich einen Ruf.

Cornelius wirbelte herum.

Verdammt, der zweite Polizist. Wenn der die Mumie hier sah . . .

Ein teuflischer Gedanke durchzuckte das Hirn des Professors. Nun würde für die Mumie die erste große Probe kommen. Der Polizist durfte nichts mehr ausplaudern. Er mußte sterben.

Wieder zischte Cornelius einen Befehl.

Die Mumie verschwand in Deckung des Wagens, hielt sich hinten an der Ladefläche auf.

Der zweite Polizist kam von der anderen Seite des Grundstücks angelaufen. Sein Gesicht war hochrot.

Dicht vor dem Professor blieb er stehen. Sein Atem ging schnell. »Hier stimmt was nicht!« keuchte er. »Überall ist das Gebüsch zertrampelt, als hätte ein Tier . . .«

Plötzlich verstummte der Mann, und seine Augen weiteten sich entsetzt.

Er hatte die Beine seines toten Kollegen gesehen.

»Professor, was ist . . .«

Doch Cornelius achtete nicht auf ihn. Er sprang zur Seite und schrie etwas in einer fremden Sprache.

Der Polizist kam nicht einmal mehr zum Nachdenken. Einen Herzschlag später tauchte das mörderische Monster auf. Mit großen Schritten stampfte es auf den Beamten zu.

Doch im Gegensatz zu seinem Kollegen überwand dieser Mann seine Schrecksekunde wesentlich schneller. Ehe ihn die Mumie erreichen konnte, warf sich der Beamte herum und rannte wie von Furien gehetzt los.

Das Grauen, das ihm im Nacken saß, verlieh ihm Riesenkräfte.

Hinter seinem Rücken schrie der Professor Befehle. Der Zeuge durfte nicht entkommen.

Gemeinsam mit der Mumie nahm er die Verfolgung auf.

Der Polizist hatte schon einen guten Vorsprung. Er hetzte auf dem direkten Weg dem Ausgang zu.

Der Professor und die Mumie nahmen ihn in die Zange. Dabei entwickelte das Monster eine erstaunliche Schnelligkeit. Immer näher kam es dem fliehenden Polizisten.

Noch etwa vierzig Meter bis zum Ausgang.

Die Mumie rannte von links auf den Beamten zu, schnitt ihm den Weg ab. Häßliches Fauchen drang aus dem Schlund des Monsters. Die Augen glühten, der Körper gierte nach Blut und Tod.

Der Polizist holte alles aus sich heraus. Er rannte um seine Leben. Zweige und Blätter klatschten gegen sein schweißnasses Gesicht, seine Lungen arbeiteten wie Blasebälge. Er hatte den Blick nur nach vorn gerichtet.

Da sah er das Tor.

Die Rettung?

Gleichzeitig hörte er das Fauchen.

Instinktiv riß der Beamte den Kopf herum. Für Sekundenbruchteile war er abgelenkt.

Er sah nicht die glitschige Baumwurzel. Mit der rechten Fußsohle trat er darauf.

Im nächsten Augenblick rutschte sein Standbein weg. Der Beamte fiel nach hinten und schlug mit dem Kopf auf den Boden.

Für einen Moment zuckte Schmerz wie ein Blitzstrahl durch seinen Schädel. Automatisch warf sich der Polizist nach vorn, versuchte auf Hände und Füße zu kommen, um aufzustehen.

Da war die Mumie bei ihm.

Der Polizist spürte die Pranken wie Stahlklammern um seinen Körper.

Mit einem Ruck wurde er hochgehievt. Er schrie, strampelte, schlug um sich.

Es half nichts. Die Mumie setzte sich mit ihrem Opfer in Bewegung. Unbeirrt ging sie auf die Mauer zu, die das Grundstück umsäumte.

Der Beamte ahnte, was die Mumie mit ihm vorhatte. Er flehte sie an.

Umsonst. Die Mumie war gefühllos.

Die Mauer kam immer näher. Die groben Steine tanzten vor den Augen des Polizisten.

Plötzlich schwang die Mumie die Arme hoch, hielt den Beamten weit über ihren Schädel und schleuderte ihn gegen die Mauer.

Der Schrei brach ab.

Mit verrenkten Gliedern blieb der Polizist am Boden liegen.

Die Mumie wandte sich um. Ihre Aufgabe war erledigt.

Professor Cornelius, der die Szene beobachtet hatte, trat langsam zu dem leblosen Polizisten. Ein kurzer Blick reichte. Der Mann würde ihm nicht mehr gefährlich werden.

Cornelius stieß einen scharfen Ruf aus. Sofort kam die Mumie angestampft.

Dicht vor dem Professor blieb sie stehen. Cornelius sah das Monster lange an.

Ja, jetzt hatte er einen Verbündeten, wie er ihn sich immer gewünscht hatte.

Die Welt würde noch von ihm hören.

»Irgendwann bringe ich dich noch um«, knurrte John Sinclair, als er das Penthouse betrat. »Da will man sich mal ausschlafen, und plötzlich kommt jemand, der sich Freund nennt und reißt einen aus dem besten Schlaf.«

Bill Conolly ging auf Johns Flachserei nicht ein. Er sagte nur: »Komm rein, John.«

Sofort läuteten bei Inspektor Sinclair die Alarmglocken. Er wußte, wenn Bill so sprach, war es ernst.

Der Reporter führte seinen Freund in den Wohnraum. Sheila Conolly und eine John unbekannte Frau saßen auf der Couch. Die Frau war blaß und hatte einen Whisky vor sich stehen.

Bill Conolly stellte den Inspektor vor. In kurzen Zügen berichtete er, was sich in dem Museum ereignet hatte.

Dann war Tessa Mallay an der Reihe.

Sie erzählte von Anfang an. Von ihrer Reise nach Ägypten und von dem gräßlichen Verdacht, den sie hegte.

John Sinclair hörte aufmerksam zu. Er gehörte zu den Leuten, die der jungen Studentin glaubten. John Sinclair war Inspektor bei Scotland Yard und stand nur für Sonderaufgaben bereit. Er wurde auf all die Fälle angesetzt, die ins Übersinnliche spielten und die mit normalen Methoden nicht zu lösen waren. John wußte, daß die Mächte der Finsternis bereit waren, auf dieser Welt Fuß zu fassen. Er hatte schon gegen Vampire und Monster gekämpft, selbst das Dämonenreich – eine Welt zwischen dem Diesseits und Jenseits – war ihm nicht fremd. Egal, an welcher Stelle der Erde unerklärliche Vorfälle auftraten, John Sinclair war bereit, den Kampf aufzunehmen. Mit Erfolg, wie viele gelöste Fälle bewiesen.

Tessa Mallay redete fast eine halbe Stunde. Schließlich hielt sie erschöpft inne.

Bill Conolly war es, der das Schweigen brach. »Nun, John, was sagst du dazu?«

Der Inspektor atmete tief durch. Dann blickte er Tessa an. »Miss Mallay, ich glaube Ihnen, das einmal vorweg. Natürlich hätte ich einige Fragen, speziell, die sich mit Professor Cornelius und der Mumie beschäftigen. Haben Sie persönlich die Mumie – sagen wir – in Aktion gesehen? Zum Beispiel, wie sie den Zugschaffner umgebracht hat?«

Tessa schüttelte den Kopf. »Nein, Inspektor. Es ist nur ein Verdacht.«

»Aber Professoro Cornelius weiß von dem Verdacht?«

»Ja.«

»Und? Wie hat er reagiert?«

Tessa Mallay senkte den Blick. »Er – er hat gedroht, mich umzubringen.«

Bill Conolly blickte den Inspektor an. »Zuzutrauen wäre es ihm. Nach dem, was uns Tessa erzählt hat.«

»Genau, Bill.« John nickte »Demnach schwebt Miss Mallay in Lebensgefahr.«

John Sinclair überlegte einen Augenblick. Dann wandte er sich wieder an die junge Studentin. »Wo wohnt Professor Cornelius?«

»Momentan in einem Hotel. Rembrandt-Hotel. Er wollte dort heute abend seine Fachkollegen empfangen. Pressevertreter waren auch eingeladen.«

John blickte auf seine Uhr. »Im Hotel wird er bestimmt noch nicht sein. Wahrscheinlich befindet er sich noch im Museum. Bill, weißt du, wer die polizeilichen Ermittlungen leitet?«

»Nein.«

John stand auf. »Ich werde mich mal erkundigen.«

Der Inspektor ging zum Telefon und ließ sich die zuständige Stelle beim Yard geben.

Nach wenigen Sekunden hatte er die Auskunft: »Inspektor Spencer, ein sehr fähiger Mann. Aber mit der Materie wird er wohl nicht fertig. Paß auf, Bill, wir machen folgendes: Wir fahren zu dem Museum. Vielleicht erwischen wir den Professor noch. Und anschließend werden wir uns mit Inspektor Spencer unterhalten. Miss Mallay, Sie bleiben solange hier. Mrs. Conolly wird sicher gut auf Sie aufpassen.«

»Worauf du dich verlassen kannst, John«, erwiderte Sheila.

Bill war auch schon aufgestanden. »Nehmen wir deinen Wagen?«

»Ja, vorsichtshalber. Sollte irgend etwas sein, ich habe Funk.«

Johns silbergrauer Bentley – der einzige Luxus, den sich der Inspektor leistete – stand in einer Parklücke. Während John den Wagen in den fließenden Verkehr rangierte, fragte Bill: »Mal ehrlich, Geisterjäger, was hältst du von der Sache?«

John warf einen kurzen Blick in den Rückspiegel und überholte einen alten Austin. »Ich würde sagen, da ist einiges dran, Bill. Eine lebende Mumie, an und für sich unvorstellbar, aber denk mal an den Fall Sakuro, dann weißt du auch, was die oft belachten Flüche der Hohenpriester für Wirkung zeigen können. Nein, nein, Bill. Sollte die Mumie wirklich zum Leben erweckt worden sein, können wir uns auf etwas gefaßt machen.«

Der Reporter schüttelte sich. »Verdammt unangenehmes Gefühl.«

»Wem sagst du das?«

John Sinclair bog in die Sloane Street ein, die hinterher in die Cromwell Road mündete. Es herrschte zäher Verkehr, und er kam nur langsam voran.

Auf der Cromwell Road war es dann besser, und schließlich lag der Weg vor ihnen, der zu dem Museum führte.

Das hohe schmiedeeiserne Tor war geschlossen.

Bill stieg aus und drückte gegen eine der Stangen. Das Tor schwang zurück.

»Wer sagt's denn«, brummte der Reporter und stieg wieder in den Wagen.

Im Schrittempo näherte sich der Bentley der breiten Auffahrt. Kein Mensch war zu sehen.

John stoppte. »Verdammt ruhig nach dem Theater, welches hier passiert ist.«

Die Männer stiegen aus.

Bill ging auf das Museumsgebäude zu.

John ließ seine Blicke durch den Park schweifen. Plötzlich stutzte er. Unwillkürlich zog er die Luft ein.

Direkt an der Mauer, neben einem Gebüsch, schaute der untere Teil eines Armes hervor.

Der Inspektor lief los.

Nach einigen Sekunden sah er seine schlimmsten Ahnungen bestätigt. Er stand vor der Leiche eines Kollegen.

John schluckte. Hier mußte ein Untier gewütet haben. Der Inspektor ging einige Schritte weiter. Überall war das Gebüsch zertrampelt worden. Zweige und Blätter lagen abgerissen auf dem feuchten Boden.

»John!« Bills Stimme riß den Inspektor aus seinen Gedanken.

John Sinclair begann zu laufen. Bill winkte ihm mit beiden Armen zu.

Da sah John die zweite Leiche, ebenfalls ein Polizist.

Bill Conolly stand daneben, kalkweiß im Gesicht. »Die Mumie?« flüsterte er.

»Wahrscheinlich.«

John schluckte. Das waren zwei sinnlose, brutale Morde, die aber gleichzeitig zeigten, wie gefährlich die mordende Mumie war. Und John hatte das Gefühl, daß dieser Professor Cornelius mit dem Monster unter einer Decke steckte, ja, daß er es sogar leitete, ihm seine Befehle aufzwang.

Dieses teuflische Duo war eine Gefahr für alle. Man mußte sie so schnell wie möglich finden.

John Sinclair wandte sich ab.

»Wo willst du hin?« rief Bill.

»Inspektor Spencer benachrichtigen.«

John lief mit schnellen Schritten zu seinem Wagen. Er erreichte den Kollegen im Yard.

Spencer sagte nur drei Worte: »Ich komme sofort.«

John und Bill verkürzten sich die Wartezeit mit einer Zigarette. Der Reporter schüttelte immer wieder den Kopf. »Mir geht das einfach nicht in den Schädel. Eine lebende Mumie. Nur gut, daß Tessa Mallay in sicherer Obhut ist.«

John stimmte seinem Freund zu. »Das kannst du laut sagen. Miss Mallay ist der einzige Unsicherheitsfaktor in Cornelius' Rechnung. Er wird alles daransetzen, das Mädchen zu finden. Und das, Bill, ist unsere Chance.«

»Du willst Tessa als Lockvogel benutzen?«

»Um Himmels willen, nein. Aber Tessa war lange mit Cornelius zusammen. Sie kennt seine Gewohnheiten, weiß eventuell, wie er reagiert. Das müssen wir ausnutzen. In sein Hotelzimmer wird er nicht zurückkehren. Wo hat er eigentlich vorher gewohnt?«

»Irgendwo nördlich von London«, erwiderte Bill. »Da stammt er jedenfalls her. Aber wenn mich nicht alles täuscht, hatte er hinterher in einer von der Uni gestellten Wohnung gelebt. Hoffst du, dort Informationen zu finden?«

»Irgendwo müssen wir ja anfangen.«

Das Gespräch der beiden Männer wurde von jaulenden Sirenen unterbrochen.

Drei Wagen fegten in den Park. Aus dem vordersten sprang Inspektor Spencer.

Spencer, der körperlich nicht sehr groß war, rannte mit langen Schritten auf John und Bill zu.

»Verdammt, Sinclair!« schnaufte er. »Ich hoffe, Sie haben sich keinen Scherz erlaubt.«

»Dafür ist die Sache zu ernst.«

John führte seine Kollegen zu den beiden Leichen.

Inspektor Spencer konnte ein würgendes Gefühl nicht unterdrücken. Seine Augen wurden feucht, und er wischte sich ein paarmal mit der Hand darüber.

»Sie waren beide verheiratet und hatten Kinder«, krächzte er. »Wenn wir das Schwein erwischen . . .«

John legte ihm die Hand auf die Schulter. »Sie, Spencer, steigen aus dem Fall aus. Sie übernehmen nur die technische Abwicklung. Um die Aufklärung kümmere ich mich.«

Spencer blickte John nachdenklich an. Dann sagte er nur: »Ist klar.«

Normalerweise ist es nicht üblich, daß ein Kollege dem anderen den Fall wegnimmt. Aber bei John Sinclair bestand eine vom Innenministerium angeordnete Ausnahmeregelung. Wenn ein Fall in Johns Bereich fiel, hatten andere sofort zurückzutreten. John konnte dann auch als Vorgesetzter agieren. Das hatte sich schon so manches Mal als großer Vorteil erwiesen.

Inspektor Spencer zog John ein Stück zur Seite. »Haben Sie schon einen Verdacht, Sinclair?«

»Ja.«

»Und?«

»Wenn ich Ihnen den sage, glauben Sie mir doch nicht.«

»Lassen Sie es darauf ankommen.«

»Schön. Ich denke an die Mumie.«

»An die«, Spencer stockte, ». . . die Mumie?«

»Ja. Gewisse Anzeichen deuten darauf hin.«

»Aber solch eine Mumie ist doch schon seit Jahrtausenden tot. So haben wir es wenigstens in der Schule gelernt.«

John lächelte schmal. »Wissen Sie, Kollege, ich möchte jetzt nicht wieder mit abgedroschenen Phrasen kommen wie ›Es gibt mehr Dinge zwischen Himmel und Erde . . .‹, doch lassen Sie sich gesagt sein, mit normalen Mitteln ist dieser Fall nicht zu klären.«

»Wissen Sie, Sinclair, wenn ich Sie nicht so gut kennen würde, oder vielmehr die Ergebnisse Ihrer Arbeit kennen würde, dann könnte man Sie glatt für einen Spinner halten. Aber so . . .«

Einer von Spencers Mitarbeitern kam angelaufen. »Inspektor«, rief er, »wir haben Gipsabdrücke von den Fußspuren gemacht. Das müssen Sie sich ansehen.«

John begleitete seinen Kollegen.

Die Abdrücke waren wirklich außergewöhnlich. Man konnte sie mit viel Fantasie als übergroße Ovale bezeichnen. Sie stammten auf keinen Fall vom Fuß eines Menschen.

»Das muß ein Urtier gewesen sein«, sagte der Beamte und schaute immer wieder auf den Abdruck, der so glatt wie eine Wand war.

»Was meinen Sie, Kollege?« fragte Spencer.

John deutete auf den Abdruck. »Er bestätigt meine Theorie.« Der Geisterjäger sah auf seine Uhr. »Ich werde Sie jetzt allein lassen, Spencer. Seien Sie so gut und schicken Sie mir den Bericht zu.«

»Wird gemacht.«

John verabschiedete sich mit einem Kopfnicken. Bill erwartete ihn am Wagen.

»Nun?«

John schloß die Tür auf. »Sie haben Fußabdrücke gefunden. Meine Theorie wird von Minute zu Minute erhärtet. Komm, wir fahren mal zur Uni. Aber vorher noch im Hotel vorbei.«

Im Hotel war Professor Cornelius nicht. Über die Park Lane und Oxford Street ging es dann in Richtung Universitätsviertel. Sie parkten den Wagen am British Museum.

Eine halbe Stunde später standen sie Sir Arthur Wickfield, dem stellvertretenden Direktor, gegenüber.

Sir Arthur war ein knochentrockener Typ mit hoher faltiger Stirn. Er trug einen schwarzen Nadelstreifenanzug und gab sich, als hätte er einen Spazierstock verschluckt.

»Womit kann ich den Gentlemen behilflich sein?« fragte er. Seine Stimme hatte einen klaren Oxford-Akzent.

John übernahm die Initiative. »Es geht um Ihren Kollegen Professor Cornelius, Sir. Wir hätten ihn gern einmal gesprochen.«

John tat bewußt unbedarft, als hätte er von all dem Rummel um den Wissenschaftler nichts gehört.

Sir Arthur Wickfield faßte das auch bald als persönliche Beleidigung auf.

»Aber ich bitte Sie, Gentlemen, Professor Cornelius hatte heute seinen Vortrag. Es war ein weltbewegendes Ereignis. Er ist natürlich nicht hier. Aber wenn Sie ihn unbedingt stören wollen, versuchen Sie es im Rembrandt-Hotel.«

»Da waren wir schon, Sir.«

»Oh.« Sir Arthur Wickfield war nun sichtlich verwirrt. »Dann weiß ich auch nicht.«

»Er wohnte aber hier, nicht wahr?« bohrte John weiter.

»Das schon . . .«

»Gut, dann zeigen Sie uns sein Zimmer oder seine Wohnung.«

Sir Arthur wurde noch steifer. »Ich bin dazu nicht befugt.«

John wurde sauer. Er war sowieso kein Freund dieser blasierten Typen. »Ich will Ihnen mal was sagen, Sir Arthur. Sie sind vielleicht nicht befugt, aber ich. Es geht schließlich um Mord, und da hört auch beim Yard der Spaß auf. Außerdem hat Prof . . .«

John konnte nicht ausreden, denn in diesem Moment klingelte das Telefon.

Sir Arthur Wickfield schnappte nach dem Hörer. Er war froh über die Unterbrechung.

»Wickfield«, meldete er sich. Er lauschte einige Sekunden und sagte dann: »Es freut mich, daß Sie anrufen, Professor Cornelius . . .«

In einer wenig verkehrsreichen Seitenstraße hielt Professor Cornelius an. Die Straße wurde zu beiden Seiten von grauen Mietshäusern flankiert, und zwischen den am Straßenrand abgestellten Fahrzeugen fiel der Lieferwagen gar nicht auf.

Cornelius brauchte Zeit. Zeit zum Nachdenken, denn er hatte einen großen Fehler gemacht.

Doch zuerst wollte er nach der Mumie sehen. Hinter seinem Rücken befand sich ein kleines Fenster, durch das er auf die Ladefläche peilen konnte Cornelius preßte sein Auge gegen das Plexiglas.

Zwei rotglühende Punkte durchbohrten die Dunkelheit unter der hohen Plane.

Professor Cornelius lächelte. Die Mumie war also noch da. Befriedigt wandte er den Kopf. Durch die breite Frontscheibe starrte er auf die mit Kopfsteinen gepflasterte Straße. In seinem Gehirn jagten sich die Gedanken. Noch einmal rief er sich eine bestimmte Szene ins Gedächtnis zurück.

Er hatte das Tuch von der Kiste gezogen, den Deckel hochgehoben, und dann war Tessa Mallay in Ohnmacht gefallen. Sekunden später hatte sich ein Mann um sie gekümmert, sie sogar weggebracht.

Diesen Mann mußte er finden! War es nicht der gleiche, mit dem Tessa schon vorher zusammengewesen war?

Cornelius versuchte, sich das Gesicht des Unbekannten ins Gedächtnis zu rufen.

Es gelang ihm nicht. Aber soviel stand fest: Zu seinen Kollegen gehörte er nicht. Demnach mußte es ein Pressefritze sein. Und das ließ sich feststellen.

Etwas beruhigter kletterte der Wissenschaftler aus dem Wagen. Er hielt nach einer Telefonzelle Ausschau, konnte jedoch keine entdecken.

Dafür aber eine Kneipe.

Da werde ich telefonieren können, dachte Cornelius und steuerte die Kneipe an.

Es war ein finsteres Lokal, durch dessen blinde Scheiben kaum Licht fiel.

Cornelius fühlte sich unbehaglich.

Der breitschultrige Wirt musterte ihn aus stechenden Augen.

»Was soll's denn sein?«

»Ich nehme einen Whisky.«

Der Wirt schenkte von seinem billigsten Fusel ein und schob Cornelius das Glas hin.

Der Professor trank. Sekunden später mußte er husten.

»Ist dir wohl nicht fein genug, unser Gesöff, was?« knurrte der Wirt.

»Entschuldigen Sie«, keuchte Cornelius, »aber ich bin scharfen Schnaps nicht so gewöhnt. Darf ich – darf ich mal telefonieren?«

»Von mir aus. Kommen Sie mit in die Küche, da steht der Apparat.«

Der Ziegenstall eines türkischen Bauern sah bestimmt besser aus als diese Küche. Das Telefon stand inmitten leerer Konservendosen.

Professor Cornelius zog mit spitzen Fingern den Apparat zu sich heran.

Der Wirt stellte sich ungeniert daneben, um zu horchen.

»Das ist ein Privatgespräch«, sagte Cornelius.

»Na und? Ich stör doch nicht.« Der Wirt grinste schleimig.

Cornelius hob die Schultern und rief die Auskunft an. Dort ließ er sich dann die Nummer einer der größten englischen Tageszeitungen geben.

»Ich hätte gern einen Ihrer Reporter gesprochen, der bei dem Vortrag im Natural Museum heute mittag dabeigewesen ist. Geht das zu machen?«

»Einen Augenblick, ich verbinde«, sagte das Mädchen von der Anmeldung.

»Muß ja 'ne heiße Sache sein«, meinte der Wirt und wischte über seine fettigen Lippen.

Cornelius gönnte dem Mann einen kurzen Blick. Im selben Augenblick klang auch schon eine bellende Stimme aus dem Hörer.

»Ja, bitte.«

»Waren Sie heute mittag im Natural Museum?«

»Natürlich, sonst hätte ich mich ja nicht gemeldet.«

»Schon gut«, sagte der Professor schnell. »Ich hätte gern eine kleine Auskunft. Sie erinnern sich, daß eine Frau zusammengebrochen ist.«

»Und ob.«

»Dann können Sie mir vielleicht auch sagen, wie der Mann hieß, der die Frau weggebracht hat.«

Ein paar Sekunden lang hörte Professor Cornelius nur die Atemzüge des Mannes. Dann polterte der Reporter los. »Glauben Sie, ich bin ein Auskunftsbüro? Sagen Sie mal, wer sind Sie eigentlich?«

Cornelius überlegte fieberhaft. Die Wahrheit konnte er unmöglich sagen. Da kam ihm eine Idee.

»Mein Name ist Sergeant Taylor von Scotland Yard.«

»Ach so, na dann will ich mal nicht so sein. Sicher kenne ich den Mann. Er ist freier Journalist und heißt Bill Conolly.«

Professor Cornelius war erleichtert. »Vielen Dank«, sagte er, »Sie haben mir sehr geholfen.«

»Schon gut. Ich werde Sie irgendwann mal anrufen, wenn ich eine Information brauche.«

»Tun Sie das.«

Cornelius hängte ein.

Der Wirt war zwei Schritte zurückgetreten. »Sind Sie wirklich von der Polizei?« fragte er lauernd.

Und jetzt machte Cornelius einen Fehler. »Nein«, sagte er, »es war nur ein kleiner Trick.«

Sofort war der Wirt hellwach. »Ein Trick? Dann steckt mehr hinter der Sache. Los, erzählen Sie mal!«

Cornelius hatte sich schon zum Gehen gewandt. Über die Schulter hinweg meinte er: »Es ist wirklich nichts Außergewöhnliches. Kaum von Interesse.«

»Das glaube ich doch, Kumpel.«

Mit zwei schnellen Schritten hatte der Wirt den Professor erreicht und knallte ihm seine Hand auf die Schulter.

Cornelius fuhr herum.

»Lassen Sie mich los!«

Der Wirt grinste. »So einfach kommst du mir nicht davon. Ich rieche das Geschäft förmlich.«

Wütend schüttelte Cornelius die Hand von seiner Schulter und lief in den Schankraum.

Der Wirt stürzte ihm nach.

Cornelius griff gerade in die Tasche, um das Gespräch und den Whisky zu bezahlen, da dröhnte ein gemeiner Schlag in seinen Magen.

Röchelnd klappte der Professor zusammen.

Breitbeinig stand der Wirt über ihm. Er hob einen Fuß und drückte ihn gegen den Hals des Professors.

Cornelius' Gesicht lief blau an.

»Nun, Kumpel, willst du reden? Erzähle schon, was hast du dir so ausgedacht?«

Der Professor riß den Mund auf.

Der Wirt lockerte den Druck ein wenig.

Pfeifend strömte Luft in Cornelius' Lungen. »Lassen Sie mich los«, würgte er hervor. »Ich – ich werde Ihnen alles zeigen.«

»Okay. Aber keine Tricks, mein Lieber. Beim nächstenmal bin ich nicht so human.«

Der Wirt zog den Fuß weg.

Cornelius rappelte sich hoch. Magen und Hals schmerzten höllisch. Aber viel stärker war der Haß auf diese miese Ratte. Er würde dem Wirt seinen Wunsch erfüllen. Aber der Kerl sollte sich wundern.

»Wir müssen nach draußen!« keuchte Cornelius.

»Wieso?«

»Dort steht mein Wagen.«

»Versteh' ich nicht. Oder hast du heiße Ware geladen?«

»So ungefähr.«

»Schön, Kumpel, dann sehen wir uns die Sache mal an. Ich sage dir jetzt schon: halbe, halbe.«

Cornelius nickte.

Die Männer traten nach draußen.

»Wo steht denn deine Schaukel?«

Cornelius zeigte auf den Lieferwagen.

Der Wirt pfiff durch die Zähne. »Mann, o Mann, muß das ein heißes Eisen sein. Na, lassen wir uns überraschen.«

Der Wirt ging vor.

Der hat es verdammt eilig zu sterben, dachte Cornelius.

Hinten an der Ladeklappe blieb der Wirt stehen.

»Los, öffnen Sie schon, Mann!«

»Ja, ja, immer mit der Ruhe.«

Cornelius hatte langsam seine alte Sicherheit wiedergefunden. Er warf einen schnellen Blick über die Straße.

Die Gehsteige wurden zum größten Teil von Frauen bevölkert. Sie warfen den beiden Männern keinen Blick zu. Einen Polizisten sah Cornelius auch nicht.

Der Professor löste zwei Schlaufen.

»Und jetzt?« fragte der Wirt.

»Steigen Sie auf. Sie werden sich wundern.«

Der Wirt dachte viel zu sehr an ein gutes Geschäft als daran, daß ihn ein anderer hätte reinlegen können.

Mit einem gekonnten Schwung flankte er über die Ladeklappe. Das teuflische Grinsen auf dem Gesicht des Professors bemerkte er nicht . . .

»Verdammt!«

Das war das erste Wort, das der Wirt über die Lippen brachte. Er fluchte über die Dunkelheit.

Automatisch griff er in die Hosentasche, um sein Feuerzeug hervorzuholen.

Die Tasche war leer. Das Feuerzeug lag auf dem Tresen.

»Mist!« knurrte der Wirt.

Erst wollte er wieder hinunterspringen, doch dann siegte die Neugierde.

Außerdem gewöhnten sich seine Augen langsam an das herrschende Dämmerlicht.

Behutsam tastete er sich vor.

Ein, zwei Schritte.

Plötzlich blieb er abrupt stehen.

Ein glühendes Augenpaar starrte ihn an!

Ein Tiger oder ein anderes Raubtier, schoß es dem Wirt durch den Kopf.

Aber seit wann hatten Tiger rote Augen?

Still war es auf der Ladefläche. Der Straßenlärm wurde durch die Planen gedämpft.

Etwas schabte, bewegte sich auf den Wirt zu.

Auf einmal begannen dem Mann die Knie zu wackeln. Er, der im Leben alles durch seine Fäuste geregelt hatte, bekam hundsgemeine Angst.

Noch immer bohrten sich die gräßlichen Augen in seinen Schädel.

Tapp.

Irgend etwas kam auf ihn zu. Der Boden unter ihm bewegte sich leicht. Ein häßliches Fauchen traf seine Ohren. Stinkender Atem wehte in seine Nase.

Im selben Augenblick spürte er einen Luftzug.

Und dann traf ihn der Schlag der Mumie wie ein Dampfhammer. Der Wirt kippte zur Seite und rollte gegen die seitliche Begrenzung. Er spürte seine linke Seite nicht mehr. Sie schien völlig von seinem Körper abgetrennt worden zu sein.

In einer hilflosen Bewegung hob der Wirt die Arme. Er wollte schreien, doch nicht einmal das konnte er.

Unbeirrt walzte die Mumie auf ihn zu. Sie hatte wieder ihr Opfer.

Dicht vor dem Wirt blieb sie stehen. Das Fauchen war lauter geworden. Die Augen glühten in einem noch tieferen Rot.

Die Mumie hob das rechte Bein. Der Fuß schwebte über dem Gesicht des Wirtes.

Langsam senkte er sich.

Auf dem Gesicht des Mannes blieb er für Sekunden ruhen, erstickte jeden Schrei.

Dann drückte die Mumie zu.

Fast eine Minute blieb die Mumie unbeweglich stehen. Dann ertönte wieder das schreckliche Fauchen.

Das Monster zog seinen Fuß zurück. Es war wieder einmal voll zufrieden.

Mit einer drehenden Bewegung seines rechten Absatzes trat Professor Cornelius die Zigarettenkippe aus. In seinen Augen lag ein Ausdruck teuflischer Befriedigung. Diese miese Ratte von Wirt hatte es doch tatsächlich gewagt, ihn anzugreifen. Nun, von dem Kerl würde nicht viel übrigbleiben.

Bei diesem Gedanken lächelte Cornelius versonnen.

Er liftete die Plane soweit, daß genügend Helligkeit auf die Ladefläche fiel.

Der Körper des Wirtes lag in der Ecke. Es reichte dem teuflischen Professor.

Sorgfältig schnürte er die Plane wieder fest. Dann stieg er schnell in das Führerhaus. Er mußte sich beeilen. Der Zwischenfall hatte zuviel Zeit gekostet.

Cornelius fuhr weiter. Die Telefonzelle sah er schon von weitem. Eine Idee zuckte durch seinen Kopf. Sicher, er mußte Sir Arthur anrufen, um ihm mitzuteilen, daß er in Zukunft seinen Lehrstuhl aufgeben würde. Danach wollte er sich um Tessa Mallay kümmern. Sie bedeutete für ihn nach wie vor die größte Gefahr.

Cornelius fand vor der Zelle einen Parkplatz. Er schloß den Wagen sorgfältig ab und betrat das Glashäuschen.

Mit ruhigen Bewegungen blätterte er in dem Telefonbuch. Sein Finger glitt über die Spalten und blieb unter dem Namen Conolly liegen.

Cornelius notierte sich die Nummer.

Als nächster war Sir Arthur Wickfield an der Reihe. Diese Telefonnummer kannte er auswendig.

Cornelius zögerte noch einen Moment, bevor er den letzten Schritt tat. Blitzschnell überdachte er seine Lage. Doch es gab kein Zurück.

Sein Zeigefinger drehte die Wählscheibe . . .

John und Bill zuckten wie von der Tarantel gebissen herum, als sie den Namen Cornelius hörten.

John Sinclair pfiff auf sämtliche Etikette. Er hatte mit einem Satz Sir Arthur erreicht und riß ihm den Hörer vom Ohr.

». . . werde ich den Lehrstuhl aufgeben«, hörte er die Stimme des Professors.

»Professor Cornelius«, sagte John.

Für einen Augenblick war es still.

John hörte mit dem einen Ohr, wie sich Sir Arthur aufregte. Aber das interessierte ihn jetzt nicht.

»Professor Cornelius!« wiederholte John.

»Ja, zum Teufel, wer sind Sie?«

»Mein Name ist Sinclair, ich bin von Scotland Yard. Ich muß unbedingt mit Ihnen reden.«

Cornelius lachte. »Da können Sie lange warten.«

»Aber es ist wichtig. Wir suchen die Mumie, die Ihnen gestohlen worden ist. Sie hat schon zwei Morde auf dem Gewissen.«

»Zwei Morde, sagen Sie?« Cornelius lachte. »Nein, sie hat bis jetzt fünf Menschen getötet. Und es werden immer mehr, das versichere ich Ihnen.«

Für John war nun endgültig alles klar. Er wußte jetzt, daß Cornelius die eigentliche treibende Kraft war, daß er die Mumie lenkte und leitete. Und das war schlimmer als alles andere, denn die Intelligenz und das Monster ergänzten sich auf gewisse Weise großartig.

»Haben Sie noch Fragen, Inspektor?«

John atmete tief durch. »Ich glaube, es hat keinen Zweck, Sie nochmals daran zu erinnern, zurückzukommen. Aber eines kann ich Ihnen sagen, Professor. Ich werde Sie jagen und wenn es bis an mein Lebensende dauert.«

Cornelius lachte dreckig. »Leere Worte, Sinclair.« Dann überschlug sich seine Stimme plötzlich. »Irgendwann laufen wir uns bestimmt über den Weg, dann wird die Mumie Sie zerquetschen wie eine dreckige Laus. Der Geist des An Chor Amon hat Jahrtausende überdauert, und auch Sie werden ihn nicht stoppen können.«

Nach diesen Worten hängte Cornelius ein.

Auch John Sinclair ließ langsam den Hörer auf die Gabel sinken.

Sir Arthur und Bill Conolly sahen sich an. Sir Arthurs Gesicht hatte die Farbe einer feuerroten Tomate angenommen. Er war noch nicht darüber hinweggekommen, daß ihm John einfach den Hörer aus der Hand gerissen hatte.

»Das, Inspektor, wird ein Nachspiel haben!« schnappte er. »Ich habe Beziehungen, ich habe . . .«

»Gar nichts haben Sie«, unterbrach John ihn kalt. »Hier geht es um mehr als um Ihre blöde Etikette. Sie haben jetzt meine Anordnungen zu befolgen. Und dann erst können Sie sich beschweren. Ich hoffe, ich habe mich deutlich genug ausgedrückt.«

Sir Arthur war geschockt. So hatte noch niemand mit ihm gesprochen. Er war gar nicht in der Lage, irgend etwas zu erwidern. Und als er Bill Conollys grinsendes Gesicht sah, wurde er noch ungehaltener.

»So, und jetzt zeigen Sie uns Professor Cornelius' Zimmer«, sagte John.

»Ich füge mich der Gewalt«, erwiderte Sir Arthur steif.

»Alter Trottel«, knurrte Bill, der solche Typen erst recht nicht leiden konnte.

Professor Cornelius wohnte in einem Bungalow-Komplex auf dem Universitätsgelände.

Die Häuser klebten aneinander und hatten nur drei Zimmer. Sie kamen John vor wie übergroße Streichholzschachteln.

»Haben Sie einen Schlüssel?« fragte John.

Sir Arthur schüttelte den Kopf.

»Wer hat ihn dann?« John platzte bald der Kragen.

»Der Verwalter.«

»Dann holen Sie ihn.«

Es vergingen wiederum zehn Minuten, ehe der Hausverwalter – ein Mann, der die Pensionsgrenze fast erreicht hatte –, auftauchte.

Der Mann schloß die Haustür auf.

Sir Arthur, John Sinclair und Bill Conolly betraten den Bungalow.

Die Luft war abgestanden und roch nach kaltem Zigarettenrauch. John machte überall Licht.

Es gab eine Küche, ein Schlafzimmer und ein Arbeitszimmer. Das letztere interessierte John besonders.

Das Zimmer war vollgestopft mit Büchern. Auf dem Boden lag ein dicker Teppich.

Der große Schreibtisch stand in der Mitte des Raumes. Es war ein wertvolles Stück, wie John mit Kennerblick feststellte. Die Schubladen waren zwar verschlossen, aber der Schlüssel steckte.

John durchstöberte erst mal die Unterlagen, die auf dem Tisch lagen.

»Darf man fragen, was Sie dort suchen?«

John drehte den Kopf.

Sir Arthur stand wie der personifizierte Racheengel neben ihm.

»Sie tun gerade so, als sei Professor Cornelius ein Verbrecher, Inspektor.«

John atmete tief durch. »Das ist er auch, mein lieber Sir Arthur. Und nun darf ich Sie bitten, den Mund zu halten, sonst sehe ich mich leider gezwungen, Sie an die Luft zu setzen. Außerdem liegt hier ein Notfall vor, und ich brauche demnach keinen Hausdurchsuchungsbefehl.«

John Sinclair las die Unterlagen quer. Währenddessen durchsuchte Bill die Bücherregale. Aber nirgendwo fanden die beiden einen Hinweis, wo sich der Professor eventuell befinden könnte. Daß er nicht mehr hierher zurückkehrte, war klar.

Johns Laune verschlechterte sich zusehends. Schließlich nahm er sich die Schreibtischschubladen vor. Auch hier Berichte, Abhandlungen und genaue Karten über Ägypten.

Bis dem Inspektor ein grüner Schnellhefter in die Hand fiel. ›Persönliches‹ stand darauf.

Jetzt wurde es interessant.

In dem Hefter lagen Rechnungen, Verträge – und . . .

John stutzte. Ein Kaufvertrag über ein Wochenendhaus war ihm in die Hände gefallen. Aus dem Vertrag ging genau hervor, wo das Haus lag. Und zwar in der Nähe der Ortschaft Roupell, Grafschaft Essex.

Wenn das kein Glücksfall ist, dachte John.

»Bill, wir können die Suche abbrechen. Ich habe, was ich brauche.«

John klemmte sich den Schnellhefter unter den Arm und ging in Richtung Tür.

»Und wohin jetzt?« fragte Bill Conolly, den das Jagdfieber gepackt hatte.

»Erst mal zu dir. Vielleicht weiß Miss Mallay mehr über dieses geheimnisvolle Wochenendhaus.«

Das Telefon summte.

Sheila Conolly nahm den Hörer ab. »Ja«, meldete sie sich.

Nichts. Nur ein leises Knacken verriet, daß der Anrufer am anderen Ende der Leitung wieder aufgelegt hatte.

Tessa Mallay, die es sich auf der Couch bequem gemacht hatte, hob den Kopf. »Wer war das?«

»Wird sich irgend jemand verwählt haben.«

»Das glaube ich nicht, Sheila. Nein, das war Cornelius. Ich spüre es!«

Sheila lachte hell. »Jetzt reg dich mal nicht unnötig auf, Tessa. Woher soll Cornelius denn wissen, wo du dich befindest?«

Sheila Conolly ging zu der modernen Stereoanlage. »Ich lege eine Platte auf, Tessa, dann kommst du auf andere Gedanken.«

Die junge Studentin lächelte. »Das ist sehr lieb von dir.«

»Was möchtest du denn hören?«

»Ist mir . . .«

Der Türsummer unterbrach Tessas Antwort. Sheila legte die Platte zur Seite und trat an die Sprechanlage.

»Wer ist da?«

»Inspektor Taylor von Scotland Yard. Ich soll hier etwas abgeben.«

Sheila zögerte einen Augenblick. Sie hatte plötzlich ein ungutes Gefühl. Doch dann schüttelte sie die finsteren Gedanken ab. »Bitte, kommen Sie hoch.«

Tessa Mallay saß auf der Couch und war leichenblaß. Sie hatte die Hände ineinandergekrallt.

»Was ist denn los, Tessa?«

»Sheila, ich habe Angst. Dieser – dieser Polizist ist bestimmt nicht echt. Das ist Cornelius, ich spüre es.«

Der Fahrstuhl hielt.

Die Türen öffneten sich automatisch. Sheila drehte sich halb um, wollte dem Inspektor entgegengehen.

»Neeeiiin!« Tessas markerschütternder Schrei gellte durch die Penthousewohnung. »Das ist er. Das ist Professor Cornelius!«

Einen Augenblick später überstürzten sich die Ereignisse.

Mit einem triumphierenden Lachen rannte der Professor auf Tessa Mallay zu.

Gleichzeitig reagierte aber auch Sheila Conolly. Seitlich warf sie sich dem Professor gegen die Hüfte.

Beide stürzten zu Boden.

»Flieh, Tessa! Schnell!« schrie Sheila und krallte sich an dem Mann fest.

Cornelius war bärenstark. Sein angewinkelter rechter Arm ruckte herum. Sheila bekam den Ellenbogen genau ins Gesicht.

Der Schmerz fraß sich bis in ihr Gehirn. Für einen Moment sah sie Sterne, wußte überhaupt nicht, was los war.

Die Zeit reichte Cornelius.

Ohne darauf Rücksicht zu nehmen, daß sie eine Frau war, schlug er auf Sheila ein.

Sheila spürte die Schläge überall.

Warum hört er denn nicht auf? schrie es in ihr. Warum . . .

In diesem Augenblick ließ Cornelius von ihr ab. Tessa Mallay hatte endlich ihre Schrecksekunde überwunden und war auf den Lift zugerannt.

Fast hätte sie ihn erreicht.

Doch mit einem letzten langen Satz stieß sich Cornelius vom Boden ab und bekam Tessa Mallays Bein zu fassen.

Das Mädchen knallte auf den Teppich, der zum Glück den Fall bremste.

»Du widerliches Biest!« zischte Cornelius. Er riß Tessa an den Haaren hoch und schlug ihr links und rechts ins Gesicht.

»Willst du endlich vernünf . . . Aah!«

Cornelius schrie auf. Ein höllischer Schmerz durchsauste sein rechtes Bein. Tessas Blockabsatz hatte ihn genau an seinem Schienbein getroffen.

Unwillkürlich ließ er das Mädchen los und faßte an die getroffene Stelle.

Und jetzt machte Tessa einen entscheidenden Fehler. Anstatt mit dem Lift nach unten zu fahren, rannte sie los und packte einen Aschenbecher.

Er war aus Bleikristall und dementsprechend schwer.

Tessa rannte auf Cornelius zu. »Du Hund!« keuchte sie. »Du verdammter Mörder! Ich bringe dich um! Ich bringe dich um! Da!«

Aus vollem Lauf schleuderte Tessa den Aschenbecher.

Professor Cornelius bemerkte die Gefahr jedoch im letzten Augenblick. In einer Reflexbewegung nahm er den Kopf zur Seite.

Um Fingerbreite fegte der Ascher an seinem Schädel vorbei und knallte gegen die Zimmerwand.

Tessa, die dieser Fehlwurf wie eine kalte Dusche getroffen hatte, blieb stehen.

Ihre Augen waren unnatürlich geweitet und spiegelten den gesamten Schrecken und die Angst wider, die dieses Mädchen beherrschten.

Professor Cornelius humpelte, als er auf Tessa zukam.

»So!« keuchte er. »Jetzt ist es aus mit dir! Nun entkommst du mir nicht mehr.«

Tessa wich zurück. Ihr Blick irrte durch die Wohnung. Fieberhaft suchte sie einen Gegenstand, mit dem sie sich verteidigen konnte.

Da warf sich Cornelius vor.

Tessa schrie auf, konnte nicht so schnell zurückweichen und spürte die Hände, die sie wie Stahlreifen umklammerten.

Sie sah Cornelius' Gesicht dicht vor sich und roch seinen widerlichen Atem.

»Du kommst mit, Täubchen!« keuchte der Professor. »Für dich habe ich eine besondere Verwendung. Du wirst mir meine Tage verschönern helfen, und wenn du nicht willst, werde ich dich der Mumie überlassen.«

»Bitte«, schluchzte Tessa, »bitte, lassen Sie mich los. Ich verspreche, nichts zu sagen, aber bitte . . .«

»Halt den Mund, du Hexe!«

Mit einer geschmeidigen Bewegung drehte ihr Cornelius den Arm auf den Rücken.

Vom Schmerz getrieben, beugte sich Tessa nach vorn. Mit der freien Hand tastete Cornelius über ihren Körper.

»Darauf habe ich schon zu lange warten müssen«, flüsterte er rauh.

Dann stieß er die schluchzende Tessa vorwärts, genau auf den Aufzug zu.

Die Türen schlossen sich schmatzend. In schneller Fahrt ging es abwärts.

»Und versuche ja nicht, um Hilfe zu schreien!« zischte Cornelius. »Es wird dir sowieso nichts nützen. Mein Wagen steht direkt unten in der Garage.«

»Sie – Sie werden mich nicht zwingen können, mitzufahren!« schluchzte Tessa.

Cornelius lachte.

Dann waren sie unten. Wieder öffneten sich die Türen.

»Ich werde schreien, ich werde . . .«

»Gar nichts wirst du, mein Täubchen«, sagte Cornelius tödlich sanft und legte seine Hand um Tessas Schulter, »denn sieh dir mal den Lieferwagen an. Weißt du, wer sich unter der Plane verbirgt?«

Tessa zögerte, ehe sie antwortete. »Die – die Mumie?«

»Genau, mein Täubchen. Solltest du mir entkommen, ihr entkommst du nicht. Merk dir das.«

Tessa Mallay gab ihren Widerstand auf.

Verzweifelt kämpfte Sheila Conolly gegen die Wogen der Bewußtlosigkeit.

Immer wieder wurde es schwarz vor ihren Augen, und dann sackte sie jedesmal zusammen.

Doch Sheila war zäh.

Stück für Stück kroch sie über den Teppich. Ab und zu, wenn sie ihre Augen aufriß, wurde das Schwindelgefühl unerträglich.

Und dann hörte sie Tessa schreien. »Du verdammter Mörder! Du . . .«

Sheila biß die Zähne aufeinander. Tränen stürzten aus ihren Augen. Sie wollte helfen und war doch zu schwach.

Sie hob den Arm. Ihre Finger ertasteten eine Tischkante. Sheila wollte sich daran hochziehen. Sie bäumte ihren Oberkörper auf – und sackte ächzend zusammen.

Diesmal wurde sie endgültig bewußtlos.

Als Sheila Conolly erwachte, war sie allein. Überdeutlich erinnerte sie sich an die vergangenen Minuten – oder waren es Stunden?

»Tessa!« rief sie halblaut. Mehr gab ihre Stimme nicht her.

Keine Antwort.

Sheila Conolly atmete keuchend und flach. Es gab kaum eine Stelle an ihrem Körper, die nicht schmerzte.

Diesmal schaffte Sheila es, sich an dem Tischchen hochzuziehen.

Stöhnend ließ sie sich in einen Sessel fallen.

Das Telefon! Sie mußte Bill oder John verständigen. Doch der Apparat stand zu weit weg. Sheila fand einfach nicht die Kraft aufzustehen und hinzulaufen. Außerdem machte sie sich bittere Vorwürfe. War es nicht ihre Schuld gewesen, daß Tessa entführt worden war? Sie hätte nicht zu öffnen brauchen. Tessa hatte sie schließlich gewarnt.

Sheila seufzte auf. Langsam ging es ihr besser. Das Atmen tat nicht mehr so weh. Auch das Schwindelgefühl hatte nachgelassen.

In der Wohnung war es still. Deshalb hörte Sheila Conolly das Summen überdeutlich.

Der Fahrstuhl kam nach oben!

Kam der Professor jetzt zurück, um sie zu holen? Sheila dachte an ihre Pistole, aber die befand sich im Schlafzimmer in der Nachttischschublade.

Im Augenblick unerreichbar.

Der Fahrstuhl stoppte. Die Türen glitten auseinander.

»Sheila!« Bill Conollys Aufschrei befreite die junge Frau von all der Angst und Panik.

»Bill«, flüsterte sie tonlos. »Endlich.«

»Mein Gott, Sheila!« Bill sank neben seiner Frau in die Knie. Sacht zog er ihren Kopf herab. »Sheila, Mädchen, was ist geschehen?«

Sheila berichtete mit tonloser Stimme. Bill und auch John Sinclair hörten aufmerksam zu.

»Dann war dieser Cornelius doch schlauer, als wir angenommen haben«, sagte John und betrachtete die Frau seines Freundes besorgt. »Bist du okay, wir holen einen Arzt!«

»Nein, John, kein Arzt. Mir geht es schon besser. Dieser Cornelius hat mich zwar geschlagen, aber eine Gehirnerschütterung habe ich zum Glück nicht. Wahrscheinlich nicht einmal eine Prellung.«

Bill hatte seiner Frau inzwischen ein Glas Whisky geholt. »Komm, trink das.«

Sheila nickte dankend. Sie trank das Glas in einem Zug leer. Dann traten Tränen in ihre Augen. »Ihr müßt Cornelius finden, John. Der Kerl ist zu allem fähig.«

»Hat er gesagt, wo er hin will?«

»Nein. Ich habe zwar einiges von dem Kampf zwischen den beiden mitbekommen, aber hinterher bin ich ja bewußtlos geworden. Ich weiß nicht, was Cornelius vorhat.«

»Er wird zu seinem Wochenendhaus gefahren sein«, sagte Bill.

»Wochenendhaus?« echote Sheila.

»Ja. Es liegt in der Grafschaft Essex.«

»Das ist ja gar nicht weit von hier.«

»Das haben wir uns auch gedacht«, sagte John Sinclair. »Ich hoffe, daß wir noch in dieser Nacht dem Spuk ein Ende bereiten können.«

»Wie willst du eigentlich gegen die Mumie vorgehen?« fragte Bill Conolly.

»Ehrlich gesagt, Bill, das weiß ich auch nicht. Kugeln werden kaum etwas ausrichten, auch wenn sie aus Silber sind. Wahrscheinlich kann man diesem Monster nur durch einen Fluch beikommen.«

»Wobei auch noch nicht sicher ist, daß es klappt«, vollendete Bill. »Nee, John, das wird eine verdammt haarige Sache für uns.«

»Moment mal, Bill. Nicht für uns, sondern für mich. Du bleibst bei deiner Frau. Schließlich hat sie einiges mitgemacht.«

Doch jetzt war es Sheila, die energisch widersprach. »Nein, John. Diesmal bestehe ich sogar darauf, daß Bill mitkommt. Schließlich habt ihr es mit zwei Gegnern zu tun. Ich bleibe hier und werde Telefonwache halten.«

Bill grinste. »Was sagst du nun, John?«

»Ich bin sprachlos.«

»Und paßt bitte auf, daß Tessa nichts passiert«, flüsterte Sheila Conolly. »Ich würde mir sonst mein Leben lang Vorwürfe machen.«

Der Wagen hatte London längst verlassen. Er fuhr in nordöstlicher Richtung, der Grafschaft Essex zu.

Draußen war bereits die Dämmerung hereingebrochen. Fahrzeuge, die Professor Cornelius entgegenkamen, hatten bereits die Scheinwerfer eingeschaltet.

Es hatte sich abgekühlt. Nebelschwaden zogen sich wie feine Schleier über das Land. Sie verdichteten sich von Minute zu Minute.

Cornelius fluchte. Nebel konnte er überhaupt nicht gebrauchen. Er war dadurch gezwungen, langsamer zu fahren. Dabei hatte er es eilig, in sein Versteck zu kommen. Dort in der verlassenen Blockhütte konnte er in aller Ruhe seine Studien weiterführen.

Tessa Mallay saß neben ihm. Sitzen war eigentlich nicht der richtige Ausdruck. Sie lag halb auf der Bank, so daß sie von draußen nicht gesehen werden konnte. Cornelius hatte sie an Händen und Füßen gefesselt und ihr außerdem noch einen Knebel zwischen die Zähne gesteckt. Er ging auf Sicherheit.

Ab und zu bedachte er Tessa mit einem gierigen Blick. Er würde die Frau schon zu seiner Sklavin machen, das stand fest.

Tessa ging es schlecht, sie bekam kaum Luft. Manchmal stöhnte sie auf, wenn es besonders schlimm wurde.

Doch Cornelius kümmerte sich nicht darum.

Die Mumie befand sich nach wie vor auf der Ladepritsche. Sie verhielt sich ruhig, wartete auf neue Befehle.

Der Verkehr wurde spärlicher. Schließlich war es Samstag, da blieben die meisten Menschen in ihren Wohnungen. Außerdem kam noch der Nebel hinzu, der das Fahren auch nicht gerade zu einer Erholung machte.

Cornelius sah, daß Tessa sich quälte, und hatte ein Einsehen.

Er hielt an.

Still war es. Die Straße schlängelte sich durch eine waldreiche Gegend. Die Bäume wuchsen bis dicht an den Fahrbahnrand und wirkten mit ihren kahlen Ästen wie unheimliche Totengerippe.

Cornelius kurbelte die Scheibe herunter.

Sofort drang die Feuchtigkeit in den Wagen. Der Professor zündete sich eine Zigarette an. Die Glut des Glimmstengels überzog sein Gesicht mit einem roten Schein.

Cornelius wandte den Kopf.

»Du willst den Knebel abhaben, wie?«

Tessa nickte heftig.

Cornelius grinste. »Wenn du mir versprichst, nicht zu schreien, werde ich dich von dem Lappen befreien, klar?«

Wieder nickte Tessa.

Cornelius legte die Zigarette in den Ascher und beugte sich über die Frau. Mit einem Griff löste er den Knebel.

Tief sog Tessa die Luft in ihre Lungen. Dann mußte sie husten.

»Ja, ist ja nicht angenehm, so ein Ding. Aber du hattest es dir selbst zuzuschreiben. Wärst du vernünft geblieben, hätte ich dir sogar die Fesseln erspart.« Cornelius nahm wieder einen Zug von seiner Zigarette. Dann schnippte er den Glimmstengel nach draußen.

Die beiden Scheinwerfer brannten. Ihre Lichtbahnen durchdrangen die Nebelwand kaum zehn Meter. Sämtliche Geräusche wurden verschluckt.

Cornelius startete den Motor. Ehe er anfuhr, meinte er: »Du wirst dich noch etwas gedulden müssen, Täubchen, bis ich dir die Fesseln abnehmen kann. Durch den verdammten Nebel verzögert sich unsere Ankunft um einiges.«

Zwei lange Stunden dauerte die Fahrt, ehe Cornelius in einen schmalen Feldweg einbog, der in einen kleinen Wald mündete.

Und dann tauchte die Blockhütte auf. Sie war stabil gebaut und stand auf einer kleinen Lichtung.

Professor Cornelius rangierte den Wagen neben die Hütte. Dann schnitt er Tessa die Fesseln durch.

»So, mein Täubchen, wir sind da. Das hier wird für die nächste Zeit dein Heim sein. Ich hoffe, du fühlst dich wohl.«

Bei diesen Worten begann Cornelius dreckig zu lachen.

Tessas Gelenke schmerzten, als das Blut durch ihre Adern strömte. Automatisch massierte sie sich die betroffenen Stellen.

Cornelius war schon ausgestiegen. An der Tür wandte er noch einmal den Kopf.

»Besser, ich sage es dir jetzt. Hinter diesem Haus beginnt der Sumpf. Und wer da hineingeraten ist, den haben die Leute nie wieder gesehen.«

Tessa erschauerte.

Cornelius hatte eine Taschenlampe angeknipst. In ihrem Schein untersuchte er das Schloß der Blockhüttentür.

Es war unbeschädigt. Cornelius war zufrieden.

Er schloß auf, betrat die Hütte und zündete einige Kerzen an. Elektrisches Licht gab es hier nicht.

Die Kerzen verbreiteten ihren warmen Schein. Alles wirkte dadurch gediegen und gemütlich. Cornelius öffnete die Fenster, um die abgestandene Luft hinauszulassen. Dann ging er zurück.

Tessa wartete neben dem Fahrzeug.

Cornelius winkte ihr zu. »Komm.«

Mit zitternden Knien ging Tessa auf die Blockhütte zu. Sie hatte auf einmal gräßliche Angst, mit diesem Mann allein sein zu müssen. Allein war Cornelius noch zu ertragen. Aber da gab es etwas, was ihr unheimliche Furcht einflößte.

Die Mumie!

Diese Horror-Gestalt würde ihr keine Chance geben.

»Woran denkst du?« fragte Cornelius.

»An nichts«, erwiderte Tessa leise.

Cornelius lachte. »Natürlich hast du an etwas gedacht. An Flucht, wie ich dich kenne. Aber schlage dir dies aus dem Kopf. Da ist erst mal der Sumpf und dann die Mumie. Es sind die besten Aufpasser, die ich mir vorstellen kann. So, und jetzt sieh dir dein zukünftiges Heim an. Ich muß mich inzwischen um meinen Freund kümmern.«

Tessa betrat die Blockhütte. Es gab praktisch nur einen großen Raum. Er diente gleichzeitig als Schlaf- und Wohnzimmer. An der einen Wandseite befand sich ein gemauerter Kamin. Verbrannte Holzstücke lagen darin. Außerdem gab es zwei Schränke, einen Tisch, mehrere Stühle und zwei übereinander stehende Holzbetten, die mit Fellen belegt waren. Auf einem Tischchen stand ein kleiner Gaskocher.

Tessa öffnete einen der Schränke. Auf mehreren Regalen standen Konservendosen. Zu verhungern brauchten sie also nicht.

Tessa setzte sich auf einen Stuhl. Von draußen hörten sie Stimmen. Cornelius sprach mit der Mumie. Verstehen konnte sie nichts.

Wenig später drangen Schritte an ihre Ohren. Der Professor kam zurück.

Er schloß sorgfältig die Tür und setzte sich Tessa gegenüber. Auf seinem Gesicht lag ein zufriedener Ausdruck.

»So«, sagte er, »das wär's. Ich habe der Mumie den Befehl gegeben, jeden, der sich der Hütte nähert, zu töten. Und sie wird es tun, darauf kannst du dich verlassen.«

Tessa erwiderte nichts. Sie hatte den Kopf in ihre Arme vergraben und weinte leise vor sich hin.

Cornelius bedachte sie mit einem abschätzenden Blick. »Es wird dir noch gefallen, mein Täubchen. Warte es nur ab. Hast du Hunger?«

Tessa schüttelte den Kopf.

»Dann eben nicht.«

Cornelius stand auf und holte eine Büchse Fleisch aus dem Schrank. Er öffnete die Dose, nahm eine Gabel und begann zu essen. Zwischendurch bemerkte er: »Du kannst dich schon ausziehen. Wir werden uns sowieso gleich hinlegen.«

Tessa zuckte zusammen. In ihrem Innern vereiste etwas. Sie hob den Kopf und blickte Cornelius aus tränenfeuchten Augen an.

Der Professor lachte. »Ich weiß, es paßt dir nicht. Aber du kannst wählen. Entweder die Mumie oder ich. Dabei wirst du bei mir überleben.«

»Bitte«, flüsterte Tessa, »bitte, lassen Sie mich. Jetzt nicht. Ich – ich . . .«

»Erzähl keinen Mist, Täubchen. Hier wird gemacht, was ich befehle.«

Cornelius stand ruckartig auf. Der Stuhl kippte auf den Boden.

Cornelius legte seine linke Hand unter Tessas Kinn und hob es an. Mit der rechten Hand zog er das Mädchen hoch.

Tessa ließ alles mit sich geschehen.

Der Professor umfaßte ihre Hüfte. Langsam näherte sich sein Mund ihren Lippen.

»Und jetzt werden wir beide uns mal intensiv miteinander beschäftigen«, krächzte er.

Die Mumie irrte durch den Wald.

Mit Brachialgewalt kämpfte sich das Monster durch die Büsche. Es hatte einen klaren Auftrag erhalten. Niemand durfte sich der Hütte nähern.

Der Nebel war noch dichter geworden. Die Mumie konnte kaum sehen. Die rotglühenden Augen waren weit aufgerissen, die Feuchtigkeit hatte einen glänzenden Film über die Haut der Mumie gezogen.

Zweige und kleine Äste brachen knackend unter ihren Pranken. Unter den übergroßen Füßen quatschte es feucht.

Der Sumpf war nahe!

Die Mumie kehrte um. Instinktiv spürte sie, daß der Sumpf zur tödlichen Falle für sie werden konnte.

Immer wieder stieß das Monster ein warnendes Schnauben aus. Wie ein Urwesen tauchte es aus dem dicken Nebel auf.

Kein Vogel krächzte. Selbst die Raben hatten sich verzogen. Es schien, als würde sich die Natur von dem gräßlichen Monster zurückziehen.

Drückend lastete die Stille.

Plötzlich vernahm die Mumie ein leises Plätschern.

Sofort stand sie still. Horchte.

Wieder hörte sie das Plätschern. Es kam vom Sumpf her, dort, wo sie sich nicht hinwagte.

Die Mumie drehte sich schwerfällig um. Ein bekannter Geruch war in ihre Nase gedrungen. So roch nur ein Mensch.

Ein Opfer?

Die Mumie verschwand hinter einem Gebüsch, verhielt sich vollkommen still.

Minutenlang geschah nichts.

Dann hörte sie Schritte. Leise, tastend.

Scharfes Atmen.

Das Opfer kam!

Die Mumie richtete sich jetzt zu voller Größe auf. Immer stärker glühten die Augen.

Mordlust überkam das Monster.

Ein Schatten tauchte auf. Ein Mann. Vorsichtig, mit schleichenden Schritten, näherte er sich der Blockhütte.

Der Mann hieß Dennis Forster und war Jagdaufseher. Er war unterwegs gewesen, um ein paar Sumpfhühner zu schießen, die sich in diesem Gebiet zu sehr vermehrt hatten. Dann hatte ihn der Nebel überrascht. Forster erinnerte sich an die Blockhütte. Er wollte auf der kleinen Lichtung den nächsten Tag abwarten. Er hatte sich der Hütte von der Rückseite genähert, und ihm war aufgefallen, daß hinter einem der Fenster Licht brannte. Entweder war der Besitzer zurückgekommen, oder ein Landstreicher hatte es sich dort gemütlich gemacht.

Das Licht war nicht mehr als ein verwaschener Fleck gewesen, kaum erkennbar.

Dennis Forster packte sein Gewehr fester. Sicher war sicher.

Er schlich auf die Hütte zu. Manchmal knackte ein Ast unter seinen Füßen.

Hinter Forsters Rücken setzte sich die Mumie in Bewegung. Es raschelte, als sie aus dem Gebüsch trat.

Forster wirbelte herum. Das Gewehr hielt er in Anschlag.

»Wer ist da?« zischte seine Stimme.

Sekunden später übermannte ihn das Grauen.

Zwei blutrote Augen starrten ihn an. Eine riesige Gestalt schälte sich aus dem Nebel. Zwei Arme, groß wie die Greifer eines Baggers, rasten auf ihn zu.

Forster riß sein Gewehr hoch.

Zu spät!

Ein harter Schlag knallte gegen seinen Unterarm. Die Waffe fiel zu Boden.

In Forsters Augen stand die nackte Panik.

Das Monster stieß einen fauchenden Laut aus. Mit einem Ruck hob es Dennis Forster hoch und warf den Mann in ein Gebüsch.

Forsters Kopf prallte gegen eine Baumwurzel. Grell zuckte es in seinem Schädel auf, dann wurde er ohnmächtig.

Die Mumie stampfte auf den Bewußtlosen zu, bückte sich und hob den Mann hoch.

Dann ging es weiter, geradewegs auf den Sumpf zu.

Der Boden wurde weicher. Das Laufen bereitete der Mumie Schwierigkeiten.

Sie blieb stehen.

Weit hob sie die Arme mit dem Bewußtlosen über ihren Kopf. Dann warf sie den Körper von sich.

Es klatschte, als Forster die Oberfläche der grünen Brühe berührte.

Schmatzend zog sich der Sumpf über dem Jagdaufseher zusammen. Ein paar Blasen gluckerten auf.

Dann war es wieder still.

Die Mumie ging zurück. So leise es ging, näherte sie sich dem Blockhaus.

Die Fenster befanden sich etwa in Brusthöhe. Die Mumie mußte sich bücken, um in den Raum hineinsehen zu können.

Dort lag das Mädchen. Eine unbezähmbare Gier überkam das Monster. Doch gleichzeitig meldete sich die Angst. Der Professor hatte befohlen, das Mädchen nicht anzurühren.

Noch nicht . . .

Die glühenden Augen starrten auf die schlafende Tessa, versuchten, sie zu durchbohren.

In diesem Augenblick wurde Tessa Mallay wach!

Trotz der schrecklichen Stunden, die Tessa hinter sich hatte, war sie schließlich eingeschlafen.

Doch es war ein unruhiger, von Angstträumen gequälter Schlaf.

Gräßliche Bilder stiegen vor ihren Augen auf. Mumien, groß wie Hochhäuser, stampften auf sie zu.

Tessa rannte. Sie vermeinte, das Trommeln ihrer Füße zu hören. Niemand ließ sich blicken, keiner half ihr. Tessa war den Bestien ausgeliefert. Immer näher kamen sie. Schon roch sie den stinkenden Atem, spürte, wie einer der riesigen Füße über ihr schwebte, auf sie niedersauste.

Da wachte sie auf.

Flach und schnell ging ihr Atem. Ihr Körper war schweißgebadet. Im ersten Moment wußte sie nicht, wo sie sich befand. Doch dann kam die Erkenntnis mit schockierender Brutalität. Überdeutlich fielen ihr die vergangenen Stunden ein. Sie dachte daran, wie sie den gierigen Händen des Professors ausgeliefert war, daß sie nicht gewagt hatte, sich zu wehren, als er . . . In ihrer Kehle stieg ein Würgen auf.

Ein kühler Luftzug fuhr über Tessas nackten Oberkörper.

Das Mädchen erschauerte. Es wandte den Kopf, blickte zum offenen Fenster – und . . .

Zwei glühende Augen starrten in den Raum!

Tessa schrie leise auf. Sofort erinnerte sie sich wieder an den Alptraum . . .

Die Augen verschwanden.

»Ich verliere noch den Verstand«, ächzte Tessa Mallay.

Ihr Blick glitt durch den Raum. Die Kerzen waren fast heruntergebrannt. Eine war schon verlöscht. Über ihr auf dem Bett lag der Professor. Er schlief tief und fest. Tessa hörte sein schweres Atmen. Wieder sah sie zu dem Fenster hin, wo die Mumie aufgetaucht war.

Das Fenster war gar nicht mal so klein. Es hatte zwei Flügel und war quadratisch gebaut. Ein Mensch paßte bequem hindurch.

Der Gedanke kam Tessa wie von selbst. Sie mußte es einfach wagen. Noch einmal wollte sie die Qualen nicht mitmachen. Cornelius war ein Tier. Dann lieber durch die Mumie sterben. Tessa sah, daß Nebelschwaden zum Fenster hereinzogen. Bei Nebel hatte sie immer eine Chance.

Leise setzte sich Tessa auf. Ihre Sachen lagen auf dem Boden. Langsam zog sie ihre Bluse über den nackten Oberkörper. Slip und Hose folgten.

Die Hose gehörte eigentlich dem Professor. Sie war aus strapazierfähigem Cord, und Tessa mußte sie um die Taille mit einem Band zusammenbinden.

Die junge Studentin lauschte.

Noch immer hörte sie die regelmäßigen Atemzüge des Professors. Manchmal stieß er ein richtiges Grunzen aus. Wie ein zufriedenes Schwein, dachte Tessa.

Auf Schuhe mußte sie verzichten. Die Blockabsätze waren für diese Gegend völlig ungeeignet zum Laufen.

Barfuß schlich Tessa zum Fenster.

Dort verharrte sie erst mal einige Minuten, bis sich ihre

innerliche Spannung ein wenig gelegt hatte. Denn wenn Cornelius sie jetzt erwischte, würde er sie gnadenlos töten lassen.

Tessa steckte den Kopf durch das offene Fenster.

Feuchtkalte Luft umspielte ihr Gesicht, vermischte sich mit dem Schweiß auf ihrer Stirn.

An der kleinen, aber stabilen Fensterbank stemmte sich Tessa hoch, hob das linke Bein, stützte sich ab und sprang.

Sie landete weich auf dem grasbewachsenen Boden und blieb in der Hocke sitzen. Wie lange Geisterfinger umklammerten die Nebelschwaden Sträucher und Büsche.

Es war still. Tessa hörte nur ihr eigenes Herz klopfen.

Rechts neben ihr lag eine Tür. Ein Stück weiter – durch den Nebel unsichtbar – begann der Weg, den sie gekommen waren.

Tessa überlegte. Sollte sie dort verschwinden. Bestimmt wurde der Weg von der Mumie bewacht.

Tessa entschied sich für die andere Seite. Aber da war der Sumpf. Tückisch und gnadenlos.

Tessa entschied sich, nach links zu gehen, in Richtung Moor. Bestimmt gab es dort einen Pfad oder eine Insel, auf der sie sich verstecken konnte.

Plötzlich hörte sie das Geräusch!

Zweige raschelten, Äste knackten.

Tessas Augen bohrten sich in die milchige Dunkelheit. Auf einmal zitterte sie am ganzen Körper.

Die Mumie kam!

Wildes Fauchen drang durch die Nacht, jagte Tessa heiße Angstschauer über den Rücken.

Für einen Moment dachte sie daran, wieder in die Hütte zu klettern. Doch dann verwarf sie den Gedanken wieder. Nein, sie mußte und sie wollte es durchstehen.

Das Fauchen wurde lauter.

Die Mumie bewegte sich genau in ihre Richtung.

Tessa huschte nach links, zur anderen Seite der Hütte. Dort stand auch der Wagen.

In seinem Schutz blieb sie stehen.

Da sah sie die Mumie.

Ungelenk tappte das Monster auf die Hütte zu. Die dicken Nebelschwaden ließen es noch grauenvoller erscheinen. Die Augen wirkten wie verwaschene rote Blutflecke.

Tessa zitterte vor Angst.

Jetzt hatte die Mumie das offene Fenster erreicht, blickte in die Hütte . . .

Sekunden später drehte es sich um die eigene Achse. Überlaut wurde das Fauchen.

Im Innern der Hütte war Cornelius wach geworden. Er tobte.

»Hol sie her!« schrie er. »Los, hol sie her! Ich will sie töten!«

Für Tessa gab es kein Halten mehr.

Die Mumie setzte sich bereits in Bewegung, die Arme weit vorgestreckt.

Tessa huschte hinter dem Wagen hervor. Ihre nackten Füßte klatschten auf den nassen Boden.

Das gab Geräusche, die auch die Mumie hörte. Ein Röhren kam aus ihrem Maul.

Tessa hastete weiter. Sie kämpfte sich durch Büsche und Gestrüpp. Knorrige Äste schienen nach ihr zu greifen, als wollten sie sie festhalten.

Die Bluse ging in Fetzen.

Tessa rannte weiter. Ihre Lunge hämmerte. Immer näher kam sie dem gefährlichen Sumpf.

Wasser spritzte unter ihren Füßen hoch. An einem Stachel riß sie sich die Hacke auf.

Egal, weiter.

Immer tiefer sank Tessa ein. Die Panik saß ihr im Nacken. Und die Mumie holte auf.

Da sah Tessa das Boot.

Wie eine Halluzination tauchte es aus dem Nebel auf. Es schaukelte auf der grünbraunen Brühe und war mit einem Tau an einer Weide festgebunden.

Tessa stieß einen Freudenschrei aus. Jetzt hatte sie es geschafft.

Mit wenigen Sätzen hatte sie die Weide erreicht, löste das Tau und warf es in das Boot.

Dann sprang sie selbst.

Doch Tessa verschätzte sich.

Sie prallte gegen die Wandung und rutschte ab, hinein in das tödliche Moor.

Buchstäblich im letzten Augenblick klammerte sich Tessa fest. Sie strampelte mit den Beinen und spürte, daß sie in einem Wasserloch gelandet war. Ein Glücksfall.

Tessa zog sich hoch. Sie rollte in das Boot hinein.

Die Studentin wußte nicht, daß dieses Boot einem Toten gehörte, dem Jagdaufseher Dennis Forster.

Tessa griff nach dem Paddel, stieß es in die Brühe.

Schaukelnd setzte sich der Kahn in Bewegung, dümpelte auf das Moor zu.

Wieder stieß sich Tessa hab. Das Boot gewann an Fahrt. Bald hatte sie der Nebel verschluckt.

Tessa atmete auf. Für einen Augenblick ruhte sie sich aus, vergrub das Gesicht in beide Hände.

Da hörte sie das Fauchen! Gleichzeitig klatschte etwas in das Wasser.

Die Mumie! Sie hatte Tessa wiedergefunden.

»Mein Gott!«

Fieberhaft griff Tessa nach dem Paddel, versuchte, mit verzweifelten Anstrengungen aus dem Gefahrenbereich zu rudern.

Der Nebel war hier noch dicker.

Wieder vernahm sie das Fauchen. Diesmal lauter, näher.

Tessa ruderte um ihr Leben. Sie war so in Panik, daß sie nicht merkte, wie sie sich im Kreis bewegte und genau der Mumie in die Arme fuhr.

Dann sah sie die Augen.

Tessa schrie auf. Unwillkürlich ließ sie das Paddel fallen. Es klatschte ins Wasser. In einer Reflexbewegung griff sie danach und bekam es glücklicherweise zu fassen.

Wieder war die Mumie näher gekommen.

Tessa versuchte rückwärts zu rudern. Es kostete unheimlich viel Kraft.

Die Mumie bewegte sich jetzt schneller. Bis zu den Knien stand sie schon im Sumpf.

Tessa sah das Monster aus der dunkelgrauen Nebelbrühe auftauchen. Marionettenhaft tappte die Mumie weiter. Das Wasser geriet in Bewegung. Wellen schwappten gegen Tessas Boot.

Immer wieder tauchte Tessa das Paddel ins Wasser. Das Boot drehte sich im Kreise.

Dann war die Mumie heran.

Sie hob die Pranke, schlug zu.

Tessa schrie gellend auf . . .

»Drei Stunden haben wir durch den verdammten Nebel verloren«, schimpfte Bill Conolly, »und wir sind immer noch nicht da.«

Die Straße zog sich durch endlose Wiesen- und Waldgebiete. Mal tauchte ein Dorf auf, das aber schnell wieder im Nebel verschwand.

»Nur noch ein paar Meilen, dann haben wir es geschafft«, sagte der Reporter.

Dann erreichten sie endlich die Ortschaft Roupell. Es war genau drei Minuten nach Mitternacht.

John ging noch mehr mit dem Tempo herunter.

Die Häuser zu beiden Seiten der Straße waren nur Schattenwesen. Nirgendwo brannte Licht.

»Jetzt sind wir genauso schlau wie vorher«, sagte Bill.

John fuhr links ran und hielt.

»Was hast du vor?« fragte der Reporter.

»Ich suche die Polizeistation«, erwiderte der Inspektor und öffnete die Wagentür. »Warte du solange auf mich.«

Wenig später hatte der Nebel John Sinclair verschluckt.

Er entdeckte das Bürgermeisteramt, eine Kneipe, aber keine Polizeistation.

Doch dann hatte er Glück. Hinter einem der Fenster brannte Licht.

John blieb stehen und klopfte gegen die Scheibe.

Erst einmal geschah nichts. Dann wurde die Gardine ein Stück zur Seite gezogen.

Der Inspektor erkannte die Umrisse eines bärtigen Gesichts.

John zückte seinen Ausweis und hielt ihn dicht gegen die Scheibe. Er war nicht sicher, ob der Mann etwas lesen konnte, auf jeden Fall öffnete er das Fenster.

»Scotland Yard«, sagte John und räumte erst mal alle Missverständnisse aus dem Weg. »Ich suche die Polizeistation.«

Der Bärtige kratzte seinen Schädel. In seinem Gesicht stachen die dicken Tränensäcke besonders hervor.

»Der Gendarm ist nicht da, Sir«, sagte er. »Er ist zu einer Beerdigung gefahren. Aber wenn ich Ihnen helfen kann . . .«

»Vielleicht . . .«

John erzählte von der Blockhütte und fragte, wo er sie finden könne.

Das Gesicht des Bärtigen hellte sich auf. »Das kann ich Ihnen sagen, Sir. Da müssen Sie allerdings wieder zurückfahren. Etwa eine halbe Meile hinter dem Ort zweigt links ein kleiner Weg ab. Den müssen Sie hineinfahren. Er führt genau zu der Hütte. Aber die ist unbewohnt. Was wollen Sie da eigentlich?«

John zuckte mit den Schultern. »Tut mir leid, darüber kann ich nichts sagen.«

Der Geisterjäger drehte sich um und ging. Er ließ einen verdutzten Mann zurück.

»Na, Erfolg gehabt?« fragte Bill, als John die Wagentür aufzog.

»Ja. Ich weiß jetzt, wo unser Vögelchen sitzt. Los, wir dürfen keine Zeit mehr verlieren.«

John wendete den Bentley und fuhr zurück. Er hatte die Seitenscheibe heruntergekurbelt, um den kleinen Feldweg genau erkennen zu können.

Fast wäre er daran vorbeigefahren, doch im letzten Augenblick sah er die Einmündung.

John hatte die Scheinwerfer noch eingeschaltet. Schlierenartig wirbelten die Nebelschwaden durch die Lichtfinger.

Die ersten Bäume tauchten auf.

»Jetzt kann es nicht mehr weit sein«, meinte Bill. »Der wird sein Wochenendhaus nicht gerade auf eine Wiese gesetzt haben.«

Der Wald wurde lichter.

Weit kann es nicht mehr sein, dachte John und hielt.

»He, willst du zu Fuß weitergehen?« Bill war erstaunt.

»Ja, das ist mir sicherer.«

»Meinetwegen.«

Die Männer stiegen aus. John steckte seine Pistole in die rechte und seine Taschenlampe in die linke Manteltasche. Bill war unbewaffnet. Er war der Meinung, mit einer Knarre gegen eine Mumie doch nichts ausrichten zu können. Daß dies ein Fehler gewesen war, sollte der Reporter schon bald merken.

Plötzlich blieb John stehen.

»Ist was?« flüsterte Bill und schüttelte sich, da ihm ein Wassertropfen in den Nacken gelaufen war.

John wandte seinem Freund das Gesicht zu. »Ich schlage vor, wir trennen uns. Wir werden die Blockhütte in die Zange nehmen. Geh du den Weg weiter. Ich schlage mich in die Büsche.«

»Okay. Viel Glück dann.«

John verschwand nach links im Gebüsch. Für Sekunden war noch ein leises Rascheln zu vernehmen, dann war es still.

Der Inspektor kämpfte sich durch das Unterholz. Der Boden unter seinen Füßen war zäh und glitschig. Die Ausläufer des Sumpfes machten sich bemerkbar.

Das Unterholz trat zurück. John mußte einen kleinen Hang hinaufklettern. Nicht gerade steil, aber durch den glatten Boden doch äußerst schwierig.

Er verlor Zeit.

John kam ins Schwitzen. Diese Schleicherei durch den Wald war verdammt anstrengend.

Wann tauchte denn endlich die Hütte auf?

Minuten vergingen, und dann sah John plötzlich einen hellen Fleck durch die grauweiße Nebelwand schimmern.

Licht?

Wenn ja, dann hatte er die Blockhütte erreicht. Der Inspektor wurde vorsichtiger. Er rechnete jeden Moment mit dem Auftauchen der Mumie.

John duckte sich. Auf allen vieren näherte er sich der Blockhütte.

Zwei, drei Meter trennten ihn noch von der Rückwand. John konnte bereits die rohen Bohlen erkennen, aus denen die Hütte gezimmert worden war. Sie waren naß vor Feuchtigkeit.

Über sich entdeckte der Inspektor ein Fenster. Langsam richtete er sich auf. Er achtete darauf, so wenig Geräusche wie möglich zu machen.

Behutsam schob John seinen Kopf vor, lugte mit dem rechten Auge durch die Scheibe.

Die Hütte wurden innen von Kerzenlicht schwach erhellt. Soviel John erkennen konnte, befand sich niemand im Raum.

Aber wo waren dann Tessa Mallay, der Professor und vor allen Dingen die Mumie?

Der Inspektor biß sich auf die Lippen. Jetzt blieb ihm nichts anderes übrig, als um die Blockhütte herumzuschleichen und frontal den Angriff zu versuchen.

Er hatte sich gerade in Bewegung gesetzt, da überstürzten sich die Ereignisse.

»Halt!« brüllte plötzlich eine rauhe Männerstimme. Wenig

später ertönte ein dreckiges Lachen. »Sieh mal an, der neugierige Reporter. Na, wenn das keine Überraschung ist . . .«

John fluchte lautlos. Bill, der Idiot, hatte sich erwischen lassen. Jetzt mußte John ihn rausholen.

Doch dieses Vorhaben wurde dem Geisterjäger aus der Hand gerissen, denn im selben Atemzug hörte er den gellenden Angstschrei einer Frau.

Tessa! war Johns einziger Gedanke.

Bill Conolly hob die Hände!

Verdammt noch mal, dieser miese Professor hatte ihn überrascht, wie ein Trottel war er in die Falle gelaufen. Er hätte sich selbst in den Hintern beißen können.

Etwas Hartes wurde Bill ins Kreuz gerammt.

Es war der Lauf einer Jagdflinte. Cornelius hatte die Waffe in seiner Hütte gehabt. Wer so einsam lebte, mußte sich auch verteidigen können.

Bill beschloß, den anderen zu reizen. »Wo ist denn Ihre kleine Mumie, Meister?«

Cornelius kicherte. »Die werden Sie schon früh genug zu sehen kriegen. Im Augenblick beschäftigt sie sich mit einer gewissen Tessa Mallay. Ihren Schrei haben Sie sicherlich gehört.«

Cornelius zog sich einen Schritt zurück. Der Druck aus Bills Rücken verschwand. »Sagen Sie mal, Meister, wo befindet sich eigentlich dieser saubere Inspektor, mit dem ich am Telefon geredet habe?«

»Ich habe keine Ahnung, von wem Sie sprechen.«

Schüsse waren plötzlich aufgeklungen. Pistolenschüsse, soviel Bill ausmachen konnte. Rasend schnell hintereinander.

Das mußte John sein. Bestimmt war er auf die Mumie gestoßen, hatte auf sie geschossen – und . . .

»Gehen Sie weiter!« befahl Cornelius. Seine Stimme klang längst nicht mehr so ruhig und überlegen wie vorher. Auch er war nervös.

»Los, machen Sie schon. Weg von der Lichtung!« Wieder wurde Bill der Gewehrlauf ins Kreuz gerammt.

Der Reporter stolperte vor. Umrisse eines Gebüsches schälten sich aus dem Nebel.

»Halt!«

Bill stieß plötzlich mit dem Fuß gegen etwas Hartes und blieb stehen.

Blitzschnell senkte Bill den Blick.

Vor ihm lag ein Gewehr!

Es gehörte dem toten Dennis Forster, aber das wußte der Reporter nicht. Er sah nur die Waffe, und ihm war klar, daß Cornelius keine Ahnung davon hatte.

Bill drehte den Kopf.

Der Reporter sah Cornelius nur als Schemen. Er stand ziemlich weit ab.

Zu weit . . .

Bill konnte es riskieren.

Urplötzlich knickte er ein. »Au, mein Bein!« stöhnte Bill.

»Verdammt, was ist?« Cornelius kam näher.

Bill rollte sich so, daß er auf dem Gewehr lag. Er hatte beide Hände um das rechte angewinkelte Bein gepreßt.

»Ein Krampf«, schluckte Bill, »verdammt noch mal, ich habe einen Krampf bekommen.«

Cornelius trat wieder einen Schritt zurück. Das Gewehr hielt er fest umklammert.

»Wenn Sie in zehn Sekunden nicht aufstehen, durchlöchere ich Ihren Balg!« schrie der Professor. »Ich bin Ihre Tricks langsam leid.«

Mit beiden Händen stemmte Bill sich ab. Das Gewehr lag jetzt an seiner linken Seite, direkt neben ihm.

»Los, hoch mit Ihnen!«

Bill stöhnte herzerweichend.

Im nächsten Augenblick warf er sich nach rechts, riß das Gewehr an sich, rollte ein paarmal um die eigene Achse und feuerte.

Cornelius, für Bruchteile von Sekunden überrascht, schoß ebenfalls. Fast gleichzeitig fielen die Schüsse.

Bill spürte einen glühenden Schmerz an der Schulter, biß die Zähne zusammen und feuerte weiter.

Jagte Kugel für Kugel auf den grauen Schemen zu.

Cornelius nahm das Blei voll. Die Geschosse stießen ihn zurück. Er krachte gegen die Hüttenwand und ließ das Gewehr fallen. Dann sackte er in die Knie.

Bill stand auf. Seine Schulter brannte wie verrückt. Aber viel schlimmer mußte es Cornelius gehen, der halb auf der Seite lag und ein leises Ächzen ausstieß.

Bill ging neben dem Professor in die Knie. Blutiger Schaum trat auf Cornelius' Lippen. Der Wissenschaftler war dreimal getroffen worden, zweimal in die rechte Brust und einmal ins Bein. Ihm war nicht mehr zu helfen.

Noch einmal riß Cornelius die Augen auf. Sein Blick zerfaserte schon. Trotzdem erkannte er den Reporter.

»Ich – ich wollte es allen beweisen«, mühsam formte Cornelius die Worte. »Aber – jetzt ist es zu spät. Die Mumie . . . sie wird meine Rache fortsetzen. Sie . . .ist unverwundbar. Auch Kugeln können ihr nichts anhaben. An Chor Amon . . . der Geist eines großen Königs wird die Zeiten überdauern. Ich . . .«

Der Körper des Professors bäumte sich auf. Die Augen traten weit aus den Höhlen. Er wollte etwas sagen, einen letzten Satz vielleicht, doch der Tod war schneller.

Cornelius sackte zurück. Er war tot. Seine glanzlosen Augen stierten gegen den Himmel.

Bill Conolly empfand kein Mitleid. Zuviel hatte dieser Mann auf dem Gewissen.

Und auch in der Stunde seines Todes war er noch voller Haß gewesen.

Bill zog ihm die Augendeckel über die Pupillen.

Plötzlich hörte er in seinem Rücken Schritte.

Die Mumie! Mehr konnte Bill nicht denken. Er packte sein Gewehr und wirbelte blitzschnell herum . . .

Tessa Mallay erhielt noch eine Gnadenfrist.

Im selben Moment, als die Mumie zuschlug, machte das Boot einen Satz nach vorn, heraus aus dem tödlichen Kreisel.

Der mörderische Schlag ging ins Leere. Wuchtig klatschte der Arm auf die Wasseroberfläche.

Wütend fauchte das Monster auf. Durch den ins Leere gehenden Schlag war es vorgeschleudert worden, steckte bis zu den Hüften im Sumpf.

Verzweifelt bewegte Tessa das Padel. Sie hatte in ihrer

grenzenlosen Angst die Übersicht verloren, sah nur die rotglühenden Augen und hörte das widerliche Fluchen des Monsters.

Die Mumie ging weiter. Schwerfällig, tapsig. Die Füße klebten in dem zähen Schlamm. Das Gewicht drückte.

Das Monster sank tiefer . . .

Aber noch befanden sich die Arme über der Oberfläche.

Tessa ruderte um ihr Leben. Links und rechts des Bootes stieß das Paddel in die grüngraue Brühe.

Das Boot bekam Fahrt, würde seitlich an dem Monster vorbeigleiten.

Es reichte nicht.

Schwerfällig drehte sich die Mumie in Tessas Richtung, hob die mörderischen Arme, um das Mädchen zu töten.

Schreckensstarr saß Tessa in dem Kahn. Überlaut dröhnte ihr das siegessichere Fauchen entgegen.

Es war aus, vorbei . . .

»Tessa!«

Der Schrei durchdrang wie ein Trompetenstoß den wattigen Nebel.

Die jungen Studentin kannte die Stimme. Sie gehörte John Sinclair, dem Inspektor.

John hockte auf einem vorspringenden Baumast, dicht über der Wasseroberfläche. In seiner rechten Hand hielt er eine Pistole.

Aber auch die Mumie hatte den Schrei gehört. Für Augenblicke war sie abgelenkt.

Genau die Zeit, die ausreichte, um das Boot aus ihrer Reichweite zu bringen.

Das Monster drehte sich, wandte sich dem neuen Gegner zu. Wieder sank es ein Stück tiefer.

Zwei Meter noch war die Mumie von dem auf dem Baum hockenden Inspektor entfernt. John sah die glühenden Augen, riß seine Waffe hoch und schoß.

Die Kugel klatschte in den Körper des Monsters.

Wütendes Fauchen war die einzige Reaktion.

Wieder feuerte John, leerte das gesamte Magazin.

Kugel auf Kugel fegte der Mumie entgegen, doch die Geschosse konnten ihr nichts anhaben. Hielten sie nur auf.

Die Mumie brüllte mörderisch. Ihre Arme schlugen wild umher, peitschten die Oberfläche auf.

Wild drehte sich das Monster im Kreis. Wütend, gereizt bis aufs äußerste.

John hockte auf dem Baumstamm, versuchte in dieser Lage seine Waffe nachzuladen.

Der Sumpf gurgelte. Das Monster sackte tiefer.

Schon hatte das Wasser die Brust der Mumie erreicht, stieg schmatzend höher.

Die Arme wirbelten durch die Luft, versuchten den Ast zu zerschmettern, auf dem John Sinclair saß.

Haarscharf zischten die Pranken an John vorbei.

Und wieder griff der Sumpf zu.

Bis zum Hals stand das Monster in der Brühe. Nur der Kopf und ein Teil der Arme waren noch zu sehen.

John klammerte sich an dem Ast fest. Dicht unter ihm vollzog sich das Drama der Mumie.

Was Kugeln nicht geschafft hatten, der Sumpf brachte es fertig. Unaufhaltsam zog er die Mumie in die Tiefe.

Schmatzend schlugen die Wellen über dem Kopf zusammen. Noch einmal tauchte die Mumie auf.

Mörderisch glühte das Feuer in den Augen. Ein gräßliches Fauchen begleitete den Kampf der Mumie.

Wieder sackte sie ein Stück tiefer.

Jetzt war der Kopf endgültig verschwunden. Nur noch die zuckenden Arme peitschten die Oberfläche des Wassers.

Dann waren auch sie weg.

Dicke Blasen gluckerten hoch.

John sah auf die Oberfläche. Für einen Augenblick glaubte er, die Augen leuchten zu sehen. Aber es war wohl doch nur die Einbildung.

Plötzlich war es wieder still.

»Tessa!«

Die jungen Studentin hob den Kopf. Sie hatte während des Kampfes ihr Gesicht in den Händen vergraben. Auch jetzt konnte sie immer noch nicht begreifen, daß sie dem Tod entgangen war.

Erst Johns nochmaliger Ruf brachte sie in die Wirklichkeit zurück.

»Kommen Sie, Tessa. Lange halte ich das nicht mehr aus. So ein Ast ist verdammt unbequem.«

Tessa ruderte los.

John wartete, bis das Boot direkt neben dem Ast dümpelte. Dann schwang er sich hinein.

Der Kahn schaukelte, und Tessa hatte Angst, er würde kentern. Doch John balancierte ihn aus. Er griff sich das Paddel. Auf seinem Gesicht lag ein jungenhaftes Lächeln, als er die junge Studentin sah.

»Wir haben es geschafft, Tessa!«

»Ich kann es noch immer nicht begreifen«, sagte das Girl schwach. »Wenn ich an diese Mumie denke, mein Gott«, Tessas Augen wurden weit. »Der Professor, er ist auch noch da.«

John stieß das Paddel in die Tümpelbrühe. »Keine Angst, um den hat sich mein Freund Bill Conolly gekümmert. Aber sagen Sie mal, wo haben Sie denn das Boot her?«

»Es lag hier einfach. Mehr kann ich auch nicht sagen. Vielleicht gehört es Cornelius.«

»Kann sein.«

Tessa zeigte John genau die Stelle, an der sie das Boot gefunden hatte. John ruderte dorthin zurück. Dann stiegen sie beide aufs Trockene.

Aufatmend ließ Bill Conolly das Gewehr sinken. »Und ich dachte schon, es wäre die Mumie«, sagte er und lächelte erleichtert.

»Sehen wir so aus?« fragte John grinsend. Doch dann wurde sein Gesicht ernst. Er hatte den toten Professor entdeckt.

Bill nickte. »Ja, er ist tot. Ich habe ihn erschossen.«

Tessa erschauerte und preßte sich eng gegen John. Der Inspektor ließ seinen Blick schweifen. »Ich sehe zwei Gewehre. Wo hattest du denn die Waffe her?«

»Du wirst es kaum glauben, John. Ich habe die Knarre gefunden. Bin fast darüber gestolpert.« Mit wenigen Worten erzählte Bill seine Erlebnisse.

»Wissen Sie, wem das Gewehr gehört?« wandte sich John an Tessa.

»Nein.«

John hob die Waffe auf. »Am besten, wir nehmen es mit. Wir können ja mal unten im Dorf fragen.«

Die Männer durchsuchten noch die Blockhütte. John hatte Tessa seinen Mantel gegeben. Doch zuerst zog die junge Studentin ihre

Schuhe an. Barfuß laufen war zwar gesund, aber für Tessa doch nicht das Richtige.

Sie blieben noch bis zur Morgendämmerung. Die Sonne kam etwas durch, und auch der Nebel verschwand langsam.

Es war Sonntag, und für die Menschen hatte ein höllisches Wochenende seinen Abschluß gefunden.

In Roupell stellte John Nachforschungen an. Der Konstabler war inzwischen eingetrudelt. Er besah sich die Flinte und schüttelte dann immer wieder den Kopf.

»Das ist 'ne Jagdflinte, und wenn mich nicht alles täuscht, gehört sie unserem Förster oder einem seiner Gehilfen. Warten Sie mal, Inspektor, ich werde mal im Forsthaus anrufen.«

Der Konstabler sprach über zehn Minuten. Als er den Hörer auflegte, war sein Gesicht bleich.

Er mußte sich erst räuspern, bevor er sprechen konnte. »Es gibt keinen Zweifel, die Flinte gehört Dennis Forster, einem der Jagdgehilfen. Dennis war in der vergangenen Nacht unterwegs. Er muß wohl vom Nebel überrascht worden sein. Dann der Sumpf.«

Der Konstabler stockte und blickte John an.

Inspektor Sinclair nickte ernst. »Wir müssen wohl annehmen, daß ihn der Sumpf verschlungen hat.«

»Mein Gott«, flüsterte der Konstabler. »Was sage ich nur seiner Frau?«

John Sinclair blickte aus dem Fenster. Einige Menschen hatten sich vor dem Polizeihaus versammelt und bestaunten seinen Bentley. Bill erklärte zwei Jungen gerade die Vorzüge des Wagens. John überlegte einen Moment, ob er nicht doch die Wahrheit sagen sollte. Dann ließ er es bleiben. Er wollte die Menschen nicht unnötig ängstigen.

Cornelius würde hier im Dorf eingesargt werden. Anschließend sollte die Leiche nach London gebracht werden. John Sinclair hatte schon alles besprochen.

»Falls Sie noch irgendwelche Fragen haben, Konstabler, rufen Sie mich in London an.«

John reichte dem Beamten die Hand und ging nach draußen.

Ein kalter Wintertag empfing ihn.

Bill Conolly kam auf den Inspektor zu. »Nun, was hat's gegeben?«

»Alles klar«, erwiderte John Sinclair und setzte sich hinter das Lenkrad seines Bentley.

Wenig später rollte der Wagen aus dem Dorf.

»Ihre Wochenendbeschäftigungen sind auch nicht gerade das, was man die feine englische Art nennt«, sagte Johns Chef, Superintendent Powell, als der Inspektor ihm von dem Fall berichtet hatte.

»Wieso?« John klemmte sich den Telefonhörer zwischen Schulter und Kinn. »Jeder amüsiert sich, so gut er kann. Sie spielen Golf, ich kämpfe mit Mumien. Ist schließlich mal was anderes.«

Powell ging auf den Scherz gar nicht ein. »Wann bekomme ich Ihren schriftlichen Bericht, Inspektor?«

»Na, sagen wir in zwei Wochen.

Powell schnaufte wie ein Walroß. »Unterstehen Sie sich. Morgen früh will ich den Bericht haben.«

»Moment mal. Ich habe morgen Urlaub. Schließlich ist bei mir der Samstag draufgegangen. Das blondhaarige Wesen, mit dem ich verabredet war, mußte sich woanders trösten, und das ist das schlimmste an der Sache.«

Powell gab keine Antwort mehr. Er hängte kurzerhand ein.

John mußte grinsen. Er wußte, daß sich unter der bärbeißigen Art seines Chefs ein guter Kern verbarg.

»Okay, schreiben wir den Bericht«, sagte John und setzte sich an seine kleine Reiseschreibmaschine.

Zwei Stunden später war er fertig.

Und jetzt werde ich mir ein paar schöne Tage machen, dachte John. Er warf sich in seinen Sessel und legte die Beine auf den Tisch.

Doch John Sinclair ahnte nicht, daß schon ein neues Abenteuer auf ihn wartete und ihn zu den Bestien vom Galgenhügel führen sollte.

Aber das ist eine andere Geschichte.

ENDE

Horrorfest
am
Galgenhügel
TF 93

Satan selbst hatte seine Hand im Spiel!

Hell loderten die Flammen der Pechfackeln, streiften haßverzerrte, von Mordgier gezeichnete Gesichter.

Die Nacht des Schreckens war angebrochen. Die Meute wollte ihr Opfer.

Schwül und feucht war die Witterung. Unheil lag in der Luft.

Irgendwo zuckte ein Blitz. Vorbote eines nahenden Gewitters.

Ein vereinzelter Schrei durchbrach die Stille. Er war das Signal für die Meute.

Peitschenriemen klatschten auf nackte Oberkörper. Die Schreie der Gepeinigten übertönten selbst das Gebrüll der Menge.

Besonders tat sich ein großer bärtiger Mann hervor. Angestauter Haß auf die Unterdrücker entlud sich immer wieder in den gnadenlosen Schlägen.

Endlich waren sie frei, war die Macht der Tyrannen gebrochen.

Noah Kilrain, Herrscher der Insel, wie er sich immer gern genannt hatte, war dem Tod geweiht. Und mit ihm seine zwölf Folterknechte.

Die Menschen hatten sich aufgelehnt, waren ausgezogen, um dem Terror ein Ende zu bereiten.

Es war ihnen gelungen.

Endlich konnten sie sich rächen. Ein Taumel der Mordlust hatte sie erfaßt.

Ein Wagen stand bereit. Er war aus Holz und hatte zu beiden Seiten hohe Gatter. Ein ausgewachsener Mann konnte soeben mit dem Kopf darüber schauen.

Noah Kilrain wurde als erster auf den Wagen getrieben. Ein letzter Schlag noch riß ihm die Haut auf.

Der Bärtige ließ die Peitsche sinken. In den Augen des Mannes blitzte die Grausamkeit.

»Du wirst keinen Menschen mehr unterdrücken. Niemanden mehr foltern und kein unschuldiges Mädchen mehr vergewaltigen. Das verspreche ich dir, du Lump.«

Die Stimme des Bärtigen schnappte über vor Aufregung und Haß.

Noah Kilrain hockte auf dem Boden. Er hatte den rechten Arm angewinkelt und leckte das Blut von seinem Handrücken.

»Warte es ab«, erwiderte er. »Warte es nur ab!«

Der Bärtige ballte die freie Hand zur Faust. »Was«, schrie er, »du willst mir drohen? Da, da! So, das wird dir wohl gereicht haben!«

Noah Kilrain wälzte sich auf den Rücken.

Der einst so stattliche Mann bot einen jämmerlichen Anblick. Doch sein Wille war nicht gebrochen.

Nach wie vor funkelte in seinen jettschwarzen Augen ein unheimliches Feuer. Ein Feuer, das den abergläubischen Menschen im Dorf Angst und Schrecken eingejagt hatte.

Man sprach davon, daß sich Kilrain mit dem Teufel verbündet hätte. Asmodis selbst, der erste Diener des Satans, sollte sein Lehrer gewesen sein.

Der Karren, auf dem die Männer abtransportiert wurden, war hinten offen. Breitbeinig stand der Bärtige davor. Er hieß Horace Kennon und hatte sich als Hexenjäger einen Namen gemacht. Er war zufällig auf die Insel gekommen und hatte von dem grausamen Tyrannen gehört. Durch geschicktes Argumentieren hatte er es verstanden, die Leute auf seine Seite zu bringen. Dabei war für ihn ein erkleckliches Sümmchen herausgesprungen. So viel Geld, daß er einige Zeit sorgenfrei leben konnte.

Kennon wandte den Kopf.

Im Norden, wo das Haus des Tyrannen lag, loderte ein gewaltiges Feuer gegen den dunklen Himmel.

Das Haus brannte lichterloh. Die Meute hatte es vorher ausgeplündert und dann angesteckt.

Noah Kilrain stemmte sich hoch. Trotz seiner schweren Verletzungen stand er nach einigen Sekunden aufrecht auf dem Karren.

»Hast du noch nicht genug?« knirschte der Hexenjäger und hob wieder die Peitsche.

Er wollte gerade zuschlagen, da hörte er in seinem Rücken ein infernalisches Gebrüll.

Die Meute kam!

Die aufgebrachte Menge lief zu beiden Seiten des schmalen Weges. Frauen und Kinder hielten Pechfackeln hoch. Die Männer waren mit Stöcken und Peitschen bewaffnet.

Unbarmherzig trieben sie Kilrains zwölf Knechte vor sich her. Das Schreien der Gepeinigten schmerzte in den Ohren.

Doch für Kennon war es Musik!

Er trat zur Seite.

»Los, auf den Wagen mit ihnen!«

Johlend wurden die Blutknechte herangetrieben. Nacheinander wurden sie auf den Karren gestoßen.

Jemand riß die Ladeklappe hoch, verriegelte sie.

Der Herr und seine Blutknechte waren gefangen.

Jetzt übernahm Kennon wieder die Initiative. Vor den Karren waren zwei Pferde gespannt.

Der Hexenjäger lief nach vorn.

»Lauft, ihr Zossen!« brüllte er und ließ die Peitschenschnur auf die Rücken der Pferde klatschen.

Die Tiere setzten sich in Bewegung. Die beiden großen Räder quietschten, als sie anrollten.

Die Meute stieß ein Triumphgeheul aus.

Das Dorf blieb zurück. Über einen schmalen, ausgefahrenen Weg ging es in Richtung Osten, dem Galgenhügel zu.

Dort sollten die dreizehn Männer hängen.

Die aufgeputschte Menge flankierte den Karren. Flüche wurden ausgestoßen und Haßtiraden den Gefangenen ins Gesicht geschleudert.

Und allen voran Horace Kennon, der Hexenjäger!

Immer wieder pfiff die Schnur seiner Peitsche über die Köpfe der Männer.

Die Pferde wurden von dem Schreien der Meute angesteckt. Wild zerrten sie in ihrem Geschirr.

Immer näher kam der Galgenhügel.

Schon viele Menschen hatten dort ihr Leben gelassen. Schuldige und Unschuldige.

Auf dem Hügel, der wie eine Faust aus der tristen Gegend ragte, stand ein riesiger Baum mit starken, ausladenden Ästen.

Es war der Galgenbaum!

Jahrhundertealt hatte er Generationen überlebt. Seine Geschichte war mit Blut geschrieben.

Die Äste trugen keine Blätter. Es war, als hielte sich selbst die Natur von dem Galgenbaum fern.

Oft schwebte ein Nebelschleier über den oberen Ästen. Dann zogen sich die Menschen im Dorf zurück und beteten, denn die Geister der Verstorbenen – so flüsterte man – hätten sich in dem Nebel vereint.

Dreizehn Schlingen hingen an den Ästen!

Für jeden eine!

Wieder zuckte ein Blitz durch die Nacht. Scharf wie ein glitzerndes Schwert fuhr er dem Boden entgegen und erhellte für Bruchteile von Sekunden die makabre Kulisse.

Die dreizehn Schlingen schaukelten im Nachtwind!

Einer der Gefangenen, der dies sah, schrie auf.

»Ich will nicht sterben! Ich will nicht sterben!« Seine Stimme überschlug sich und endete in einem leisen Wimmern.

Eine Frau sprang vor. Drohend schüttelte sie ihre Faust. »Das wollten die vielen Unschuldigen auch nicht, du Bestie. Aber du wirst dafür hängen. Hängen! Hängen!«

Der Hexenjäger stieß die Frau zurück. Sie fiel auf den Weg. Nur haarscharf rollte das linke Rad des Wagens an ihrem Kopf vorbei.

»Halt!«

Horace Kennon hatte den Befehl gegeben.

Ein Mann fiel den Pferden in die Zügel. Schnaubend blieben die Tiere stehen.

Wütend stürzten die Männer dem Wagen entgegen, wollten die Rückwand aufreißen.

Kennons Peitsche pfiff durch die Luft, fegte die Männer zur Seite.

»Ihr Narren!« brüllte der Hexenjäger. »Was jetzt kommt, ist meine Aufgabe. Ich werde sie hängen. Jeden einzelnen. Ha, ha, ha.«

Mit einem Ruck fiel die Klappe. Dumpf prallte sie auf den Boden.

Die Meute wurde still.

Das Horrorfest am Galgenhügel nahm seinen Lauf.

Der Hexenjäger griff unter sein dickes Wams. Mit einer bedächtigen Bewegung zog er eine Rolle Pergamentpapier hervor.

Genüßlich rollte er sie auf. Das Knistern des Papiers war Musik in den Ohren der Männer.

Der Hexenjäger leckte sich die Lippen. Bevor er las, blickte er noch einmal in die Runde.

Mehr als hundert Augenpaare starrten ihn an, warteten auf das Startzeichen des Todes.

»David Fletcher!« rief der Hexenjäger. »Komm raus!«

Ein Stöhnen war die Antwort. Dann taumelte ein Mann vom Karren. Vor Kennon brach er in die Knie.

Der Hexenjäger lachte und winkte zwei Männern. Sie kamen und zogen den Mann hoch.

Kennon streckte den Arm aus. »Dort, die erste Schlinge, die ist für ihn!«

Die Männer schleiften den Verletzten zu der angegebenen Stelle. Dort zogen sie ihn hoch.

Einer griff nach der Schlinge.

»Stopp!« dröhnte Kennons Stimme. »Das mache ich selbst!«

Mit langen Schritten näherte sich der Hexenjäger seinem Opfer. Er riß den Kopf des Mannes nach hinten. Ein Paar Augen, in denen das nackte Grauen flackerte, starrte ihn an.

Kennon legte dem Mann die Schlinge um den Hals. Dabei mußten die beiden Helfer den Verletzten hochheben.

Eine Kiste wurde gebracht. Das Opfer daraufgestellt.

Kennon scheuchte seine Helfer zur Seite und hob das rechte Bein. Ein Tritt, und die Kiste wurde weggefegt.

Der Verletzte bäumte sich ein letztes Mal auf, zuckte konvulsivisch mit den Beinen.

Dann hing er still. Langsam pendelte sein Körper im Nachtwind.

»Der nächste!« schrie Kennon und griff wieder zu seiner Kiste.

Eine Stunde später hingen zwölf Leichen an dem Galgenbaum. Nur noch einer war übrig.

Noah Kilrain!

Aufrecht ging er seinem Schicksal entgegen. Er sollte ganz vorn hängen, den Menschen immer eine grausame Mahnung sein.

Kennon höchstpersönlich stellte Noah Kilrain auf die Kiste.

»Nun?« fragte er. »Hast du noch etwas zu sagen, Leuteschinder?«

Noah Kilrain blickte in das flackernde Licht der Pechfackeln. Er hatte die Augen zusammengekniffen. Sein Gesicht war von den Schlägen gezeichnet, doch sein Verstand arbeitete hellwach.

»Ja, ich habe euch noch etwas zu sagen. Ihr alle«, Kilrain machte eine weite Handbewegung, »habt euch mit dem Satan eingelassen. Ihr wollt einen Verbündeten des Teufels hängen. Macht es nur, doch meine Rache wird über euch und eure Ahnen kommen!«

Die Männer und Frauen zuckten erschrocken zusammen. Ganz Ängstliche schlugen hastig ein paar Kreuzzeichen.

»Verflucht seid ihr und eure Kinder!« dröhnte Kilrains Stimme. »Mein Blut wird . . .«

»Hängt ihn endlich, zum Teufel!« schrie Horace Kennon. Mit einem wuchtigen Tritt stieß er die Kiste unter Kilrains Füßen weg.

Das Seil straffte sich.

Im selben Augenblick spaltete ein greller Blitz die Nacht. Wolken krachten gegeneinander. Ein gewaltiger Donner fegte über das Land.

Die Menschen zogen die Köpfe ein, duckten sich.

Angst stahl sich in ihre Herzen. Ein Fluch war ausgestoßen worden, wie er gräßlicher und grausamer nicht sein konnte.

Hastig wandten sie sich um, liefen mit schnellen Schritten dem Dorf entgegen.

Der Teufel war ihnen auf den Fersen . . .

Horace Kennon stützte sich mit beiden Händen auf die schwere Tischplatte. Er hob sein rechtes Bein und stieß wuchtig den hinter ihm stehenden Stuhl weg. Das Möbelstück bekam das Übergewicht und prallte auf den Boden.

Sofort verstummten die Gespräche.

Kennons Kopf pendelte hin und her. Seine Augen stierten glasig durch die dicken Qualmwolken. Der Hexenjäger war angetrunken. Er hatte den selbstgebrannten Whisky des Gastwirts wie Wasser in die Kehle geschüttet.

Niemand hatte sich zu Kennon an den Tisch gesetzt. Der Hexenjäger wurde wie ein Aussätziger behandelt. Allen Bewohnern des Dorfes steckte der Fluch noch tief in den Knochen. Sie hatten dreizehn Menschen gehängt. Und Kennon hatte sie dazu angestiftet. Er war schuld.

Der Schankraum war brechend voll. Der Wirt und zwei Gehilfen hätten zehn Hände gebraucht, um all die Wünsche schnell genug befriedigen zu können. An den holzverkleideten Wänden, direkt neben den kleinen, schmutzigen Fenstern, brannten Windlichter. Die zuckenden Kerzenflammen warfen Schatten auf die geröteten Gesichter der Männer.

Alle hatten mehr Alkohol getrunken, als sie vertragen konnten. Das Wort »Hängen« geisterte durch den Raum. Ja, man wollte den Hexenjäger ebenfalls aufhängen, damit der Fluch gelöscht werden konnte. Auch Kennon hatte diese Stimmung verspürt. Und wenn sich diese irischen Dickschädel etwas in den Kopf gesetzt hatten, konnte man es ihnen nicht einmal herausprügeln.

Deshalb wollte der Hexenjäger den Männern zuvorkommen.

Noch immer ließ er seine stieren Blicke kreisen, bis er plötzlich anfing zu lachen.

Es war ein rauhes, gemeines Gelächter, das die Anwesenden zusammenzucken ließ.

»Was wollt ihr denn, ihr feigen Memmen!« grölte der Hexenjäger. Er machte eine ausholende Bewegung mit dem rechten Arm und fegte dabei sein Glas nebst Flasche vom Tisch. Beides zerbrach klirrend. Kennon kümmerte sich nicht darum. »Habt ihr Angst vor den Toten?« schrie er. »Die können euch nichts mehr tun. Sie spielen bereits mit dem Teufel. Und der Fluch . . . dieser . . . dieser . . . ach, verdammt, wo ist denn meine Flasche?«

Kennon wandte sich schwerfällig um, packte eine Flasche vom Nebentisch, setzte sie kurzerhand an den Mund und nahm einen tiefen Schluck. Dann rülpste er laut. Schließlich überzog ein einfältiges Grinsen sein Gesicht. »Also dieser komische Fluch, er ist Quatsch. Wie oft hat man mich schon verflucht, mich zur Hölle gewünscht, aber der Satan wollte mich wohl nicht haben. Ich hätte ihm die Hörner schon gestutzt. Ha, ha, ha.«

Wieder nahm Kennon einen Schluck von dem scharfen Whisky. »Und damit ihr es wißt, ich werde jetzt zum Galgenhügel hochgehen und dem Teufel eins auswischen. Ich, Horace Kennon, habe noch vor keinem gekniffen.«

Der Hexenjäger wandte sich um. Schwerfällig stampfte er zwischen den Tischen hindurch in Richtung Tür.

Kurz vor dem Ausgang drehte er sich noch einmal um. Er öffnete den Mund, um etwas zu sagen, ließ es aber bleiben.

Mit der rechten Hand zog er die Tür auf und wankte nach draußen.

Es war kalt geworden, und von der See her fegte ein scharfer Wind. Einige Minuten blieb Kennon stehen. Die Kälte und der Wind ließen ihn etwas nüchterner werden.

»Blödes Pack!« knurrte Kennon. Dann ging er los.

Leergefegt war die Dorfstraße. Der Regen hatte den Untergrund aufgeweicht. Schlamm spritzte bei jedem Schritt des Hexenjägers auf.

Wieder nahm Kennon einen Schluck aus der Flasche. Leise vor sich hin schimpfend näherte er sich dem Dorfausgang.

Wie ein schwarzes Tuch hüllte die Dunkelheit den einsamen Mann ein. Am Himmel wurden gewaltige Wolkenberge vorangepeitscht. Nur ab und zu war der blasse Vollmond zu sehen.

Es war die Zeit der Frühjahrsstürme.

Kennon nahm den direkten Weg zum Galgenhügel. Manchmal sah er ein paar abgebrannte Pechfackeln auf dem Weg liegen. Sie erinnerten ihn immer wieder an die vorangegangenen Stunden.

Ab und zu blieb der Hexenjäger stehen und nahm einen Schluck aus der Flasche.

»Das einzige, was noch Freude macht«, knurrte er und wankte weiter.

Immer näher rückte der Galgenhügel.

Es ging bergauf, und Kennons Schritte wurden schwerfälliger, schleppender.

»Idiotischer Einfall, hier mitten in der Nacht raufzustiefeln«, knurrte der Hexenjäger. »Aber verdammt, ich muß den Einfaltspinseln beweisen, daß dieser Fluch Unsinn ist, sonst hängen sie mich noch auf.«

Kennon starrte in die Dunkelheit. »Jetzt muß dieser verdammte Hügel aber bald kommen.«

Kennon hatte richtig getippt. Nach fünf Minuten tauchte der Galgenhügel vor ihm auf.

Der Hexenjäger sah nur die Umrisse, mehr war bei der herrschenden Dunkelheit nicht zu erkennen.

»Na, habt ihr euch schon mit dem Satan angefreundet?« schrie Kennon die Gehenkten an. »Wie ist es denn in der Hölle. Los, er . . .«

Der Hexenjäger stockte.

In diesem Augenblick schob sich der Mond hinter einer Wolkenbank hervor. Für Sekunden zeichnete sich der Umriß des Galgenbaums klar und deutlich vor Kennons Augen ab.

Dem Hexenjäger war, als habe man ihn mit flüssigem Metall übergossen. Was er sah, durfte es nicht geben.

Die Gehenkten waren verschwunden!

Horace Kennon wischte sich über die Augen.

»Das gibt es doch nicht!« flüsterte er rauh.

Noch einmal sah er zu dem Galgenbaum. Das Bild blieb.

Schlagartig wurde Kennon nüchtern. Die Flasche fiel ihm aus der Hand, knallte auf einen Stein und zerbrach.

Kennon faßte sich mit beiden Händen an den Hals, als spüre er selbst eine Schlinge.

»Horace Kennon!« Wie ein Eishauch hallte die Stimme über das Land.

Der Hexenjäger zuckte zusammen. Er duckte sich, wirbelte herum.

Da sah er sie kommen!

Dreizehn Gestalten!

Die Gehenkten!

Sie kamen direkt auf ihn zu. Noah Kilrain, der Tyrann, hatte die Führung übernommen. Er sah aus wie in seinem früheren Leben. Ein weiter Mantel flatterte im Wind. In seiner rechten Hand blitzte ein Schwert.

Und hinter ihm ging die lange Kette seiner Folterknechte. Kein Laut war zu hören. Kennon hatte das Gefühl, als würden die Füße der Männer nicht einmal den Boden berühren.

Dicht vor dem Hexenjäger blieb Noah Kilrain stehen. Seine Augen, sonst schwarz wie Kohle, wirkten starr und leblos. Er hob das Schwert. Die Spitze zeigte auf Kennons Brust.

Noah Kilrain begann zu reden. »Hör mich an, du Wurm. Du hast versucht, dich mit der Hölle anzulegen, doch die Hölle war stärker. Du hast uns gehängt. Das gleiche wird nun dir widerfahren.«

Erst jetzt brach die gesamte Angst und das maßlose Grauen in Horace Kennon durch.

Er fiel vor der Geistererscheinung auf die Knie. »Habt Erbarmen!« schrie er. »Ich werde alles tun, was ihr verlangt. Ich werde für immer euer Diener sein, aber laßt mich leben, ja, laßt mich leben!«

Der Hexenjäger winselte.

Er, der unzählige Menschen – auch Frauen und Kinder – bestialisch zu Tode gequält hatte, war nicht mehr als ein Bündel Angst.

Der Geist des Noah Kilrain lachte scheppernd. »Nein, Hexenjäger, deine Strafe wirst du bekommen, aber auch dein Geist wird nie mehr Ruhe finden. Er wird als Verfluchter durch Zeit und Raum wandern und immer, wenn sich dieser Tag zum hundertsten Mal jährt, ein neues Opfer finden. Aber du wirst auch jedesmal die Schrecken erleben, die wir dir zufügen werden. Der Fluch ist in Erfüllung gegangen!«

Drohend stand die Schwertspitze über dem Kopf des Hexenjägers. Kennon erwartete den Todesstoß.

Aber so leicht wollten es ihm die unheimlichen Gestalten nicht machen.

Zwei Knechte sprangen vor und zogen Kennon hoch.

Der Hexenjäger spürte die eiskalten Hände. Die Haare standen ihm zu Berge. Das Entsetzen packte ihn mit mörderischer Gewalt.

Noah Kilrain hob das Schwert. »Los, treibt ihn zum Dorf hinunter! Als Mahnung für die anderen!«

Die Folterknechte stießen Kennon von sich.

Der Hexenjäger taumelte. Nur mit Mühe konnte er sich auf den Beinen halten. Sein Körper war schweißnaß, das Haar klebte ihm auf der Stirn. Stoßweise ging sein Atem.

»Lauf, Bastard!« hörte er hinter sich Kilrains Stimme.

Und Kennon begann zu rennen. Für einen Augenblick hatte er die wahnsinnige Hoffnung, den Höllensöhnen davonlaufen zu können. Vielleicht schaffte er es.

Vielleicht . . .

Er wandte den Kopf.

Die Gestalten waren ihm dicht auf den Fersen. Peitschen wurden geschwungen.

Kennon heulte auf.

Der Riemen klatschte auf seinen Rücken. Die Stoffjacke ging in Fetzen.

Immer wieder fiel Kennon hin, raffte sich auf, lief weiter. Seine Lunge drohte zu zerplatzen. Feurige Kreise tanzten vor seinen Augen.

Da tauchten die ersten Häuser auf.

Kennon öffnete den Mund, wollte um Hilfe schreien, doch nicht einmal ein Krächzen drang aus seiner Kehle.

Plötzlich hatte ihn die Geisterarmee umzingelt.

Kennons weit aus den Höhlen getretene Augen blickten in die grausamen Gesichter der Toten.

Dann sah er die Schlinge!

Noah Kilrain persönlich hielt sie in der Hand.

Der Tyrann wandte den Kopf, blickte zu der leerstehenden Scheune hin, dem ersten Gebäude des Dorfes.

Über dem Eingangstor ragte ein Balken hervor.

Noah Kilrain machte eine knappe Handbewegung.

Seine Knechte griffen zu. Sie schleiften den Hexenjäger direkt unter den Balken.

Kilrain warf die Schlinge.

Mit einem singenden Geräusch fuhr das Seil über das Holz.

Gehetzt blickte Kennon umher. Mit dem letzten Rest seines Verstandes suchte er nach einem Ausweg.

Es gab keinen. Nicht für ihn.

Die Schlinge baumelte dicht vor seinem Gesicht. Vergebens bäumte sich der Verurteilte in den Armen seiner Peiniger auf.

Noah Kilrain legte ihm die Schlinge um den Hals.

Vier seiner Knechte hatten bereits das freie Ende des Seils gepackt.

»Und so sollst du hängen, bis dein verruchtes Leben ausgehaucht ist«, sagte Kilrain.

Sekunden später zogen die Knechte an dem Seil.

Den Hexenjäger riß es hoch. Blitzschnell wurde seine Kehle zugeschnürt.

Dann befestigten die Folterknechte das andere Ende des Seils an der Klinke des Scheunentores.

Der Erhängte baumelte einen Fuß über dem Boden.

»Die Rache hat begonnen«, sagte Noah Kilrain und stieß ein irres Gelächter aus.

Dies alles geschah in der Nacht des 25. März 1574. Doch der Geist des Bösen sollte die Jahrhunderte überdauern und weiter grausame Rache nehmen . . .

»Aaahhh . . .!«

Langgezogen gellte der Schrei der Frau durch das stille Dorf. Schwere Schritte hasteten über die Dorfstraße. »Aufmachen! Aufmachen!« Die Frau schrie sich die Lunge aus dem Leib.

Die ersten Menschen sprangen aus ihren Häusern. Der Pfarrer kam aus der kleinen Kirche.

»Was ist geschehen?«

Die Frau warf sich schluchzend in seine Arme.

»Dort hinten . . . an . . . an der alten Scheune. Sie haben ihn gehängt.«

»Wen haben sie gehängt?«

»Den Hexenjäger!«

Wenig später standen die Dorfbewohner vor der Leiche. Über manche Lippen floß ein stockendes Gebet. Sie hatten die Hölle herausgefordert. Und das war der Preis.

Wer von ihnen würde der nächste sein? Wie eine Drohung lag diese Frage über der Menschenmenge.

»Wir werfen ihn ins Meer!« schlug der Pfarrer vor. »Gott sei seiner Seele gnädig . . .«

Fred Young hatte gute Laune. Vergnügt pfiff er einen Schlager vor sich hin.

Zum erstenmal nach zehn Jahren war Fred wieder in Irland, seiner alten Heimat. Und dazu noch auf der Hochzeitsreise. Außerdem war es ein strahlender Frühlingstag, so daß seine prächtige Laune eigentlich durch nichts erschüttert werden konnte.

Dachte er . . .

Neben ihm saß Christine, seine Frau. Fred nannte sie zärtlich Chris, und das Girl hatte sich an den Namen gewöhnt.

Chris trug das blonde Haar halblang. Ihre Augen waren grün und versprühten, wenn sie lachte, winzige Punkte. So kam es ihrem Mann jedenfalls vor. Chris hatte ihre etwas rundlichen Formen in einen Jeansanzug gezwängt. Darunter trug sie ein rotes, knappsitzendes T-Shirt, das deutlich ihre Konturen nachzeichnete.

Fred Young mochte keine Frauen, die wie Bohnenstangen wirkten. Er war der Meinung, man mußte immer etwas im Arm haben.

Fred war von Beruf Kaufmann. Er arbeitete bei der Bergbauverwaltung und hatte dort einen guten Posten. Vor allen Dingen machte man sich da nicht tot.

Fred Young war mit sich und der Welt zufrieden.

Der junge Mann trug sein Haar modisch lang. Als besonderes

Kennzeichen zierte ein dichter Schnurrbart sein Gesicht, der zu beiden Seiten der Mundwinkel wie eine Sichel herunterhing. Das gab seinem Gesicht immer einen etwas traurigen Ausdruck.

Vor zwei Monaten hatte er sich von seinem gesparten Geld einen alten Mercedes und einen gebrauchten Wohnwagen gekauft. Es war schon immer ein Traum von ihm gewesen, mit einem eigenen »Haus« durch die Gegend zu kutschieren.

Und wo wurden diese Voraussetzungen besser erfüllt als auf der Hochzeitsreise.

Das junge Ehepaar hatte vor, zuerst Freds Eltern zu besuchen. Sie kannten Chris noch nicht, und das mußte schnell nachgeholt werden.

Nach einer Woche wollten sie dann zu einer Rundreise quer über die Insel starten. Mit vier Wochen Urlaub konnte man schon einiges anfangen.

Anfangs war Chris von der Fahrt nicht begeistert gewesen. Sie hätte sich lieber in einem eleganten Hotel irgendwo im Süden verwöhnen lassen. Doch ihrem Mann zuliebe hatte sie schließlich zugestimmt. Außerdem waren die beiden übereingekommen, im nächsten Jahr nach Spanien zu fliegen.

Schnurgerade zog sich die Straße durch das satte Grün der Landschaft. Der Mercedes zog den Wohnwagen spielend. Verkehr gab es kaum, es sei denn, der Wagen wurde durch Schafherden aufgehalten.

»Wann sind wir denn endlich da?« fragte Chris.

»Tja.« Fred warf einen schnellen Blick auf die Autouhr. »Vielleicht in zwei Stunden.«

»Nein!« Entschieden schüttelte Chris den Kopf. »Das dauert mir zu lange.«

Fred runzelte die Stirn. »Verstehe ich nicht.«

»Ich habe Hunger«, klärte ihn Chris auf. »Schließlich haben wir Mittag.«

»Ach so, wenn's weiter nichts ist. Dann halten wir eben im nächsten Dorf und essen.«

Chris schob die Unterlippe vor. »Wofür Geld ausgeben? Ich habe hinten im Wagen noch ein gebratenes Hähnchen. Das reicht für uns zwei.«

»Ich muß schon sagen, du bist die perfekte Hausfrau. Weißt du was, wir fahren von der Straße ab, suchen uns ein lauschiges Plätzchen und machen Picknick.«

»Der Vorschlag hätte von mir sein können.«

»Sag ich doch.«

Einen Weg, der von der Straße abzweigte, fanden sie schnell. Er führte auf ein hügeliges Waldgebiet zu. Zum Glück gab es keine Schlaglöcher.

Dann war der Weg zu Ende. Eine Wiese überbrückte den Zwischenraum zum Waldrand.

Fred trat auf die Bremse. »Wir werden es uns da oben am Waldrand bequem machen«, sagte er.

Chris war schon ausgestiegen und schloß bereits die Tür an der Rückseite des Wohnwagens auf.

Sie betrat den Wagen und rümpfte die Nase. Es roch muffig. Schnell öffnete sie beide Fenster.

Das Hähnchen lag in dem kleinen Kühlschrank. Es war in eine Folie eingewickelt.

»Sag mal, welchen Tag haben wir eigentlich heute?« fragte Fred, als er in den Wohnwagen kam.

Chris, die vor dem Kühlschrank saß, wandte den Kopf. »Weißt du das denn nicht?«

»Nein, im Urlaub merke ich mir so etwas nie.«

»Heute ist der 25. März. In einer Woche hast du Geburtstag.«

»Tatsächlich?« staunte Fred. »Wie doch die Zeit vergeht.«

»Komm, red keinen Unsinn, sondern hilf mir lieber. Nimm du das Besteck und die Cola-Flasche. Ich schnappe mir die Decke und das Hähnchen.«

Wenig später liefen die beiden über die Wiese dem nahen Waldrand zu.

Zwischen den ersten Bäumen faltete Chris die Decke auseinander. Sie hatten beide darauf Platz. Zwar war der Boden noch feucht, aber das störte sie nicht.

Das Hähnchen schmeckte prima. Chris hatte sogar noch einen Kanten Weißbrot gefunden, den sie ebenfalls mit Heißhunger verspeisten. Gläser hatten sie nicht mitgenommen. Man trank aus der Flasche.

Fred Young ließ seine Blicke über das Land schweifen. Wie ein dunkler Klecks stand der Mercedes in der grünen Landschaft. Der beigefarbene Wohnwagen fiel kaum auf. Am Horizont erkannte

Fred eine Bergkette. Nur schwach konnte er die Umrisse ausmachen. Hier und da tauchten die roten Hausdächer eines kleinen Dorfes auf. Von hier aus wirkten die Häuser groß wie Streichholzschachteln.

»Du, Fred.«

Die Stimme seiner Frau riß den jungen Mann aus seinen Gedanken.

»Ja.«

»Fällt dir eigentlich gar nichts auf?«

»Nein, warum?«

»Komisch.« Chris drehte unbehaglich den Kopf. »Ich höre gar keine Vögel singen. Alles ist still, unnatürlich still.«

»Ach, das meinst du.« Fred Young machte eine wegwerfende Handbewegung. »Die Vögel werden noch im Süden sein. Ich . . .« Fred stockte plötzlich. Unwillkürlich nahm er eine gespannte Haltung ein.

»Was ist, Fred?«

Der junge Mann stand auf. Seine Augen versuchten, das Dunkel des Waldes zu durchbohren.

»Gib doch Antwort, Fred. Was ist denn los?« Chris sprang auf.

Fred Young wischte sich über die Augen. »Für einen Augenblick schien es mir, als hätte ich zwischen den Bäumen ein Gesicht gesehen.«

»Ein Gesicht?«

»Ja.« Fred schüttelte den Kopf. »Eigentlich gar kein richtiges Gesicht. Es erinnerte mich mehr an einen . . .« Fred stockte.

»An was erinnerte es dich?«

»Es war mehr ein Totenschädel.«

»Mein Gott.« Chris' Hand fuhr mit einer schreckhaften Bewegung zum Mund. Doch dann begann das Mädchen zu lachen. »Ich glaube, du liest zu viele Gespenster-Romane.«

Fred Young schüttelte entschieden den Kopf. »Nein,Chris, es war wirklich ein Totenschädel.«

Obwohl der junge Mann schon lange in London wohnte, steckte doch noch der Aberglaube, wie er den Menschen in Irland zu eigen ist, tief in ihm. Er glaubte noch an Gespenster, Hexen und Dämonen. Oft hatte er früher den Erzählungen der Alten gelauscht, als sie von der blutigen Geschichte der Insel berichteten.

Chris Young war genau das Gegenteil ihres Mannes. Sie war Realistin durch und durch, tat diesen gesamten Hexenglauben als Unfug ab, ohne ihren Mann jedoch bekehren zu können.

»Ich werde mal nachsehen«, sagte sie.

»Nein, das wirst du nicht.«

Fred hielt seine Frau am Arm fest.

Chris befreite sich ruckartig aus dem Griff. Ihre Augen blitzten wütend. »Du kannst mich nicht davon abhalten. Ich gehe.«

Sie lief ein paar Schritte vor, blieb dann stehen und blickte zu ihrem Mann zurück.

»Was ist, willst du nicht mitkommen?«

Zögernd kam Fred näher. Sein Gesicht war bleich. Er zitterte.

Das Dunkel des Waldes nahm die beiden gefangen. Die Bäume waren hoch und fast alle schon dicht belaubt. Durch die Wipfel drang nur wenig Tageslicht.

Laub und kleinere Äste knackten unter ihren Schritten.

Chris blieb stehen. Sie legte ihre Hände als Trichter vor den Mund und rief: »Hallo! Hallo! Ist hier jemand?«

Ihre Stimme verhallte.

Stille kehrte ein. Nur der Wind rauschte durch die Blätter.

»Nichts«, sagte Chris leichthin. »Komm, Fred, laß uns umkehren. Du hast dich bestimmt getäuscht.«

Der junge Mann erwiderte nichts. Fieberhaft tasteten seine Augen das dichte Unterholz ab. Doch schließlich zuckte er mit den Schultern. »Ja, wahrscheinlich habe ich mich geirrt.«

Im selben Augenblick hörten sie ein knackendes Geräusch.

Fred Young zuckte zusammen. Wenige Meter vor ihm, genau zwischen zwei Bäumen, erschien eine Gestalt.

»Fred!« flüsterte Chris Young mit erstickter Stimme.

Auch sie hatte die Gestalt gesehen. Sie war bekleidet wie die Menschen im Spätmittelalter. Sie trug ein Wams, Kniebundhosen und lange Strümpfe. Auf dem Kopf thronte ein breitkrempiger Hut.

Zitternd tastete das Girl nach Freds Hand.

Noch hatte die Gestalt die beiden nicht gesehen, doch plötzlich drehte sie sich um.

Gellend durchschnitt Chris' Schrei die Stille des Waldes.

Die Gestalt hatte kein Gesicht mehr.

Nur einen Totenkopf!

»Wird Zeit, daß Sie mal wieder an die Front kommen«, sagte Superintendent Powell und nahm einen kräftigen Schluck Mineralwasser. Danach verzog er das Gesicht.

John Sinclair hob beide Hände. »Nun mal langsam, Chef. Schließlich war die Sache mit der Mumie auch nicht gerade ein Spaziergang.«

Sir Powell lachte blechern. Er schien heute seinen besonders zynischen Tag zu haben. Wahrscheinlich hatte er es wieder am Magen. »Die Mumie, Inspektor, war für Sie nicht mehr als ein Wochenendvergnügen.«

John grinste. »Da kann ich mir weiß Gott was anderes vorstellen. Zum Beispiel . . .«

Powell winkte ab. »Verschonen Sie mich mit Ihrer schmutzigen Fantasie.« Der Superintendent zog die Schublade seines Schreibtisches auf und holte einen schmalen Hefter hervor. Er tippte mit dem Zeigefinger seiner rechten Hand darauf und sagte: »Das wird Ihre nächste Wochenendbeschäftigung, Inspektor.«

»Akten lesen?«

Powells Blick war undefinierbar, als er John den Hefter rüberschob.

Der Inspektor begann zu lesen. Es waren Berichte der Mordkommission der Stadt Cork. Die Seiten waren eng beschrieben. John las quer. Nach einigen Minuten wußte er Bescheid. Fünf Morde hatte es in dem kleinen irischen Dorf Foynes gegeben, und John, der vieles gewohnt war, mußte schlucken, als er die Fotos sah. Die Polizei stand vor einem Rätsel, genau wie die Bevölkerung. Allerdings hatten einige Einwohner von Foynes über einen Fluch gesprochen, der vor vierhundert Jahren ausgestoßen worden sein sollte. Darin hieß es, daß die Leichen der Gehenkten alle hundert Jahre zurückkommen würden, um sich an den Lebenden zu rächen. Etwa zwei Monate lang war kein Mensch vor ihnen sicher. Fünf Opfer hatte es bisher gegeben. Weitere sieben sollten folgen, bis es zwölf waren, genausoviel, wie damals gehenkt worden waren.

Die zuständigen Beamten hatten gelacht. Sie glaubten an einen irren Triebtäter. Seltsam war allerdings, daß praktisch wahllos gemordet wurde. Die Toten gehörten zu allen Altersgruppen. Sogar ein zwölfjähriges Kind war dabei.

John Sinclair, Inspektor bei Scotland Yard und Spezialist für übernatürliche Fälle, warf das, was die Menschen erzählten, allerdings nicht zu weit weg. Er hatte schon haarsträubende Sachen erlebt, die mit einem normalen Verstand nicht zu erfassen waren.

Der Inspektor war auf seinem Gebiet einsame Klasse. Die Kollegen hatten ihm den Spitznamen Geisterjäger gegeben, denn wo *sie* nicht mehr weiterkamen, fing John erst an. Er war sozusagen die Feuerwehr beim Yard.

Nachdenklich strich John über sein blondes, kurzgeschnittenes Haar. Automatisch zündete er sich eine Zigarette an und sah gedankenverloren den Rauchringen nach.

Superintendent Powell, sein direkter Vorgesetzter, stand auf. »Ihre Flugkarte liegt bereit, Inspektor. Die Maschine geht in zwei Stunden. Hier.« Powell zog aus der Innentasche seines Jacketts die Karte hervor.

John steckte sie ein.

Sein Chef reichte ihm die Hand. »Kommen Sie gesund wieder, Inspektor.«

»Wird schon schiefgehen«, lächelte John.

Er wunderte sich ein wenig. Sonst tat Powell immer so, als wäre er ein Eisblock, doch die fünf Morde mußten ihm verdammt auf den Magen geschlagen sein.

»Meinen Wagen kann ich ja wohl nicht mitnehmen«, meinte John, als er schon die Türklinke in der Hand hielt.

»Nehmen Sie sich einen Leihwagen, Inspektor.«

»Okay.«

John Sinclair ging. Im Vorzimmer saß Powells ältliche Sekretärin. Sie war eine Miss und schon über zwanzig Jahre bei Scotland Yard beschäftigt. Sie kannte den Laden besser als Powell. Außerdem besorgte sie für ihren Chef immer frisches Mineralwasser.

»Na, Inspektor, geht's wieder los?« fragte sie spitz.

John bieb stehen. »Ja«, erwiderte er, »ich mache auf Spesen eine Reise in die Südsee. Ich will dort eine Insel kaufen, um einen sicheren Platz für Sie zu haben, wenn Sie mal pensioniert sind.«

Die Zimmerpalme bekam einen puterroten Kopf, und ehe sie eine Antwort geben konnte, war John verschwunden.

Er ging in sein Büro und fuhr anschließend nach Hause, um seine beiden fertiggepackten Koffer abzuholen.

Der eine Koffer enthielt Kleidung, der andere war jedoch eine Sonderanfertigung und so gut gesichert wie ein Tresor. In diesem Koffer befanden sich Johns Spezialwaffen, die er zur Bekämpfung von Geistern und Dämonen einsetzen konnte. John hatte sich diesen Koffer erst in der letzten Zeit zugelegt und füllte seine Sammlung immer wieder auf, beziehungsweise vervollständigte sie.

John hörte das Summen des Staubsaugers schon, als er seine Wohnungstür aufschloß.

Mrs. Paddelton, seine Putzhilfe, war voll bei der Arbeit. John fragte sich immer wieder, wie sie bei ihrer Figur so wirbeln konnte.

»Schon zurück, Inspektor?« fragte Mrs. Paddelton neugierig, die im gesamten Viertel als Klatschbase bekannt war.

»Aber sicher doch«, erwiderte John. Er mußte gegen den Lärm des Staubsaugers anschreien.

John lächelte süßsauer und verschwand im Schlafzimmer. Zwei Minuten später hielt er seine Koffer in der Hand.

»Ich werde für einige Zeit nicht da sein, Mrs. Paddelton. Ich kann mich auf Sie verlassen?«

»Aber natürlich, Inspektor. Wissen Sie, mein seliger Mann sagte immer . . .«

»Geschenkt. Ich weiß, was ihr seliger Gatte immer sagte.«

Der Inspektor verließ fast fluchtartig seine Wohnung. Er kannte Mrs. Paddeltons Redetiraden. Deshalb wollte er sich auch unten vom Portier aus ein Taxi rufen.

Er wollte gerade auf die Glasbox zugehen, da betrat ein Mann die Halle, den John gut kannte.

Es war Bill Conolly, von Beruf Reporter und Johns bester Freund.

»Mensch, alter Geisterkiller, hier finde ich dich. Habe schon in deinem Büro angerufen.«

John hatte seinen Freund lange nicht mehr so aufgeregt gesehen. »Was ist denn los, zum Teufel?«

»Stell dir vor, John, ich verreise.«

»Gratuliere. Und wohin?«

»Nach Südamerika, genauer gesagt, nach Peru. Ich begleite als Fotoreporter eine Gruppe von Wissenschaftlern, die in den Anden nach versunkenen Kulturen suchen. Das ist fast noch interessanter als eine Gespensterjagd.«

»Vor allen Dingen ungefährlicher«, sagte John. »Aber was meint deine Frau dazu?«

»Sheila? Die nehme ich mit. Sie war es sogar, die mir diese Reise vermittelt hat. Aber nun zu dir. Wie ich sehe, bist du reisefertig. Wohin soll's denn gehen?«

»Nach Irland.«

»Nordirland etwa?«

»Nein, nein. Da ist mir momentan die Luft zu bleihaltig. Genaues weiß ich noch nicht, aber ich erzähl's dir, wenn du zurück bist. Okay?«

»Gut, alter Junge.«

John blickte auf seine Uhr. »Du kannst mich aber zum Flughafen fahren.«

»Mach ich.«

Wenig später saßen die Männer in Bills Porsche. Der Reporter genoß Johns vollstes Vertrauen, deshalb erzählte ihm der Inspektor auch, welcher Auftrag ihn nach Irland führte.

»Mensch, John, sei bloß vorsichtig.«

»Keine Angst. Unkraut vergeht nicht.«

Bill Conolly steuerte den Porsche geschickt durch den Mittagsverkehr.

Da John bis zum Abflug der Maschine noch Zeit hatte, nahmen die beiden Männer einen Drink. Dann wurde schon der Flug aufgerufen.

Es war eine Propellermaschine, die nach Cork flog. Über der See geriet das Flugzeug in ein Schlechtwettergebiet und wurde ganz schön durchgeschüttelt. Doch dann ging es besser.

Eine Stunde später landeten sie.

Als erstes besorgte sich John einen Wagen und eine Karte der Insel. Er beschloß – da es schon ziemlich spät geworden war –, in Cork zu übernachten und erst am nächsten Tag weiterzufahren. Das Hotel gehörte zur gehobenen Mittelklasse. Der Inspektor war zufrieden.

Nach dem Frühstück wollte John abdampfen. Etwa hundert Meilen waren es bis zu dem kleinen Ort Foynes. John hatte sich wieder einen Bentley gemietet und fühlte sich fast wie zu Hause.

»Nach Foynes wollen Sie also«, sagte der Portier, als John seine Rechnung beglich.

»Ja, ist das etwas Besonderes?«

Der Portier riß die Augen weit auf. »Haben Sie denn nichts von den Morden gehört, die dort geschehen sind? Die Zeitungen waren voll davon. Jeden Tag rechnet man mit einem neuen Mord. Ich will Ihnen mal was sagen, die Menschen haben Angst. Selbst die Reporter, die doch normalerweise wie Aasgeier sind, trauen sich nicht mehr in den Ort. Man sagt, Foynes sei verflucht. Die Menschen dort haben einen Pakt mit dem Satan geschlossen, und jetzt erhalten sie die Strafe. Bleiben Sie lieber hier, Sir.«

John lächelte. »Danke für den Rat. Aber ich habe dort wirklich zu tun.«

»Gott sei Ihrer Seele gnädig, Sir.«

John hatte doch den richtigen Riecher gehabt, als er dem Portier sein Reiseziel verraten hatte. Oft wußten diese Leute mehr als alle anderen. Selbst die Namen der Ermordeten kannte er, und er beschrieb sogar den Ort, malte ihn in düsteren Farben aus.

»Sagen Sie mal, woher wissen Sie eigentlich so gut Bescheid?« fragte der Inspektor.

»Meine Frau stammt aus Foynes.«

An diese Worte mußte John denken, als er den Bentley über die schmalen Straßen steuerte. Der Koffer mit den Dämonenwaffen lag auf dem Beifahrersitz.

Es wurde eine schöne Fahrt. Vor allen Dingen herrschte so gut wie kein Verkehr.

Wiesenhänge und Wälder wechselten in bunter Reihenfolge ab. Der Inspektor hatte Zeit, auch etwas von der Landschaft zu sehen.

Plötzlich verengten sich seine Augen. Er hatte in dem hügeligen Gelände für kurze Zeit einen Wohnwagen gesehen. Dann wurde ihm wieder die Sicht genommen.

Nach zehn Sekunden Fahrt konnte er den Wagen wieder sehen. John erkannte auch, daß die fahrbare Wohnung von einem Mercedes gezogen wurde.

Der Inspektor fuhr langsamer. Der Feldweg, auf dem der Wohnwagen parkte, zweigte von der Straße ab.

Da hörte John den Schrei. Er war so laut und gellend, daß er ihn sogar in dem fahrenden Wagen vernahm.

Johns Kopf ruckte nach rechts.

Was er sah, ließ ihm die Haare zu Berge stehen . . .

Gedankenschnell packte Fred Young den Arm seiner Frau. Mit einem Ruck zog er sie an sich, wirbelte mit ihr herum – und blieb wie festgenagelt stehen.

Sie waren von den unheimlichen Gestalten eingekreist.

Mindestens zehn Totenköpfe starrten sie an. Die Kleidung der gespenstischen Wesen glich der, die man vor Jahrhunderten getragen hatte.

Kniebundhosen, lange Jacken und breitkrempige Hüte, unter denen die leeren Augenhöhlen der Schädel hervorglotzten.

Jede der Gestalten hielt eine Peitsche in der Hand. Es waren kurzstielige Peitschen, jedoch mit einer langen Schnur aus geflochtenem Leder.

Die Unheimlichen zogen den Kreis enger!

Sie waren sich ihrer Opfer völlig sicher. Keiner der beiden würde den Peitschen entkommen.

Aus dem Schatten eines Gebüsches trat plötzlich ein Mann hervor. Er schien der Anführer dieser Höllenhunde zu sein.

Chris Young stieß einen spitzen Schrei aus, als sie das Gesicht sah. Auch Fred erschauderte.

Das Gesicht war gezeichnet von gnadenlosen Peitschenhieben. Auf dem Kopf trug die Gestalt ein dunkles Barett, die Beine steckten zur Hälfte in weiten Pluderhosen, und ein kostbar verzierter Gürtel wand sich um die Hüften. Ein blutroter Mantel lag über den Schultern des Anführers. In seiner Hand funkelte ein Schwert.

Fieberhaft suchte Fred Young nach einem Ausweg. Er spürte, wie Chris zitterte. Sie hatte ungeheure Angst.

»Ruhig bleiben!« flüsterte Fred. »Wir schaffen es schon – irgendwie.«

Die schwertbewehrte Hand des Anführers zischte durch die Luft. Für einen Augenblick blitzte die scharfe Klinge des Schwertes auf.

Das war das Signal für seine Knechte.

Arme flogen hoch.

Peitschen wurden geschwungen.

In diesem Augenblick wuchs Fred Young über sich selbst hinaus. Ehe die Lederriemen auf ihn und seine Frau zurasen konnten, ging er zum Angriff über.

»Los, Chris!« brüllte er und rannte mit seiner Frau los.

Zwei, drei Hiebe unterliefen sie.

Fred fegte mit einem Schlag seiner freien Hand einen der Knochenmänner zur Seite.

Der Unheimliche krachte in ein Gebüsch.

Die beiden Menschen hatten freie Bahn.

Sie hasteten zwischen den Bäumen hindurch und erreichten die Wiese.

Dort hinten stand der Wohnwagen. Fast unerreichbar für sie.

Aber noch etwas sahen sie. Einen Bentley, der langsam über die Landstraße fuhr.

Da riß Chris den Kopf herum. Sie sah, daß die Knochenmänner den Wald verließen und die Verfolgung aufnahmen.

Das Girl stieß einen verzweifelten Angstschrei aus.

»Weg hier!« brüllte Fred.

Heftig zog er seine Frau mit.

Sie stolperten den Hang hinab. Hinter sich hörten sie das böse Pfeifen der Peitschenriemen.

Etwas klatschte brennend auf Freds Rücken. Sein Hemd ging in Fetzen. Von der Wucht des Schlages wurde Fred nach vorn geworfen, konnte die Balance nicht mehr halten und fiel.

Noch während er über den Boden rutschte, traf ihn der zweite Schlag. Die Schnur fegte über seine Beine.

»Lauf weiter, Chris!« brüllte Fred. Instinktiv rollte er sich um die eigene Achse, entging so drei weiteren Hieben.

Trotz der Schmerzen sprang er auf die Beine. Er wollte sich den verdammten Bestien zum Kampf stellen, wollte sie aufhalten, damit Chris es schaffte, wegzukommen.

Fred stand breitbeinig und hatte die Fäuste geballt. Wirr hing ihm das dunkelblonde Haar in die Stirn.

Tränen der Wut rannen aus seinen Augen, aber es war auch die eigene Hilflosigkeit. Auf seinem Rücken und an den Beinen brannten blutige Streifen, Zeichen der gnadenlosen Bestien.

Kurz vor Fred Young blieb der Anführer stehen. Er zischte irgendeinen Befehl.

Fünf Gestalten sonderten sich ab, nahmen die Verfolgung des Mädchens auf.

Da drehte Fred Young durch. Mit einem wilden Schrei warf er sich dem Pulk der Bestien entgegen . . .

John Sinclair trat auf die Bremse.

Rückwärtsgang!

Der Motor heulte auf.

Da war der Feldweg. John stoppte, kurbelte wild am Lenkrad und jagte Sekunden später in den schmalen Weg.

Der Inspektor hielt beide Hände um das Steuer geklammert, starrte durch die breite Frontscheibe.

Er sah, wie die unheimlichen Gestalten sich der Frau und dem Mann näherten. Peitschen wurden geschwungen . . .

John trat das Gaspedal noch mehr durch. Der Wagen schaukelte.

Da fiel die Frau hin!

John biß die Zähne zusammen. Schaffte er es noch?

Der Wohnwagen tauchte auf.

John bremste, griff nach seinem Koffer, öffnete ihn mit fiebernden Fingern, nahm eine Pistole hervor.

Raus aus dem Wagen!

Der Inspektor rannte.

Todesmutig stürzte sich der junge Mann auf die unheimlichen Gestalten.

Schon hetzte der Inspektor den Hang hoch. Das Gras war feucht. John rutschte.

Die Frau lag schreiend am Boden.

Die Knochenmänner kamen auf sie zu, schwangen die mörderischen Peitschen.

Zwanzig Yards noch!

John hob die Waffe. Sie war mit Silberkugeln geladen. Tödlich für Dämonen und Vampire.

Jetzt hatte man auch ihn entdeckt!

Drei Bestien kamen auf ihn zu. John erkannte, daß ihre Füße nicht einmal den Boden berührten.

Der Inspektor blieb stehen, hob seine Pistole, zielte . . .

Dreimal jagte er die Kugeln aus dem Lauf.

Und dreimal traf er genau.

Die Silberkugeln bohrten sich in die Körper der Bestien. Die Knochenmänner wurden zurückgefegt wie welkes Laub. Die Schädel platzten weg.

Rauch wölkte auf.

Die Schreie erstarben in einem Wimmern.

John Sinclair rannte weiter, wollte den beiden Menschen helfen.

Es war nicht mehr nötig.

Die Gestalten waren verschwunden!

Wahrscheinlich hatten sie Angst bekommen. Hatten miterlebt, wie ihre Kumpane gestorben waren.

Der Rauch verzog sich. Nur Asche war von den drei Bestien zurückgeblieben.

John steckte die Pistole weg. Seine Augen suchten den Waldrand ab. Dort mußten sich die anderen versteckt halten. John verwarf den Gedanken an eine Verfolgung. Der Mann und die Frau waren wichtiger.

John half Chris Young auf die Beine. Er sah den Irrsinn in den Augen der jungen Frau flackern.

Der Inspektor lächelte. »Es ist alles vorbei. Sie brauchen keine Angst mehr zu haben.«

Chris Young weinte.

Fred lag stöhnend am Boden. Die Peitschen hatten ihn gezeichnet. Seine Kleidung war zerfetzt. Er blutete aus mehreren Wunden.

»Danke, Mister!« keuchte er, als John sich neben ihn kniete. »Wenn Sie nicht gewesen wären, dann . . .«

»Sie brauchen sich nicht zu bedanken«, erwiderte John. »Hauptsache, es ist alles gutgegangen.«

»Wie – wie haben Sie das nur geschafft, Mister?«

»Später werde ich Ihnen die Frage beantworten. Aber jetzt kommen Sie erst einmal mit. Gehört Ihnen der Wohnwagen?«

»Ja.«

»Haben Sie dort einen Verbandskasten?«

Fred Young nickte.

»Gut, dann versorge ich Ihre Wunden. Können Sie allein gehen?«

»Ich will es versuchen.«

Chris lief auf sie zu, als sich ihr Mann auf die Beine quälte. Mit ihrer und Johns Hilfe schafften sie die Strecke bis zum Wohnwagen.

Dort wurde Fred auf eine Liege gebettet. Chris holte den Verbandskasten.

Sie versorgte auch die Wunden. Fred schrie auf, als sie die Verletzungen mit Jod auspinselte.

John rauchte inzwischen eine Zigarette. Er brauchte etwas Ruhe, um seine Gedanken zu sortieren. Wahrscheinlich steckte er schon mitten in dem Fall drin. Der Zufall hatte ihn gerade zum richtigen Zeitpunkt eintreffen lassen.

Der Inspektor drückte seine Zigarette aus. Chris legte gerade den letzten Verband an. Scheu kam sie auf John zu. »Wir – wir möchten uns nochmals bedanken, Mister. Ich weiß nicht, was wir ohne Sie gemacht hätten.«

John winkte ab. »Sie brauchen sich nicht zu bedanken. Schließlich ist es mein Job, gegen diese Ausgeburten der Hölle zu kämpfen.«

Die Frau sah den Inspektor ungläubig an. Auch Fred hatte den Kopf gewandt.

John fand, daß jetzt einen Erklärung fällig war.

»Ich bin Inspektor Sinclair von Scotland Yard. Meine Aufgabe ist es, rätselhafte, ins Übersinnliche spielende Fälle zu klären.«

»Dann sind Sie also gar nicht zufällig vorbeigekommen«, meinte Chris.

»Teils, teils. Ich bin unterwegs nach Foynes, um die Mordserie dort aufzuklären.«

»O Gott!« Chris Young ballte die Hände zusammen. »Nach Foynes wollen wir auch. Die Eltern meines Mannes wohnen dort. Und eine Mordserie . . .«

»Ja«, sagte John ernst. »Es hat dort eine Reihe von unerklärlichen Todesfällen gegeben. Wenn ich Ihnen einen guten Rat geben darf, fahren Sie nicht dorthin.«

Chris wandte sich ab. »Hast du das gehört, Fred, was der Inspektor gesagt hat?«

Fred Young nickte.

»Und?«

»Wir fahren nicht zurück.«

»Aber es ist zu gefährlich, Fred. Die Menschen, die dort umgekommen sind. Vielleicht sind diese . . . diese . . .«

»Wir fahren!« sagte Fred bestimmt. »Schließlich wohnen in Foynes meine Eltern. Wenn alles stimmt, was gesagt wird, dann sind sie auch in Gefahr. Ich würde mich Ihnen gegenüber schäbig und feige vorkommen, wenn ich jetzt den Rückzug antrete.«

Chris Young zuckte mit den Schultern. »Inspektor, sagen Sie doch etwas.«

»Ihr Mann muß das entscheiden, Mrs. . . .«

»Entschuldigen Sie, ich heiße Chris Young, und das ist mein Mann Fred. Aber er kann doch mit seinen Verletzungen gar nicht fahren. Er braucht Ruhe, einen Arzt oder . . .«

»Was, ich kann nicht fahren?« Fred stemmte sich von seiner Liege hoch. »Du hast vielleicht Nerven. Die paar Schrammen machen mir nichts. Im Gegenteil, ich komme gerade richtig in Form. O verdammt.«

Fred hatte sich wohl zu heftig bewegt. Er faßte an seinen Rücken und ließ sich wieder zurücksinken. »Trotzdem gebe ich nicht auf. Ich kenne die Menschen in Foynes. Der Inspektor wird wohl kaum jemanden finden, der ihm dort zur Seite steht. Alle haben viel zu große Angst. Die leben doch noch mit dem Aberglauben.«

»Du nicht auch, Fred?« fragte Chris leise.

Der junge Mann hob den Blick. »Ja, ich auch. Aber verdammt, ich habe eingesehen, daß man etwas tun muß. Wir können uns doch nicht wehrlos von den Höllenmächten tyrannisieren lassen. Was meinen Sie, Inspektor?«

»Ihr Mann hat recht, Mrs. Young. Es muß Menschen geben, die sich diesen Mächten widersetzen.«

»Also gut, Inspektor, ich gebe mich geschlagen. Aber wie sollen wir nach Foynes kommen?«

»Ich kann doch fahren«, rief Fred.

»Nein.« Jetzt war es John, der die Initiative ergriff. »Wir fahren mit meinem Bentley. Sie nehmen das Nötigste mit und können, wenn Sie wieder in Ordnung sind, Fred, Ihren Wagen abholen. Das ist die beste Möglichkeit.«

Das junge Ehepaar war auch sofort einverstanden.

»Dann pack' ich nur noch die nötigsten Sachen«, meinte Chris und holte einen kleinen Koffer hervor.

John Sinclair sah sich in der Zwischenzeit draußen um. Langsam ging er den Hang hoch, erreichte die Stelle, wo der Kampf stattgefunden hatte.

Es gab kaum Spuren. Wenigstens keine, die auf die Knochengestalten hinwiesen.

Selbst die zurückgebliebene Asche war vom Wind weggetrieben worden.

John näherte sich dem Waldrand.

Schweigen umgab ihm. Die Bäume waren hoch. Es sickerte kaum Sonnenlicht durch das Blattwerk.

Kein Vogel zwitscherte – nichts.

Ein unbehagliches Gefühl beschlich John Sinclair. Er glaubte, von mehreren Augenpaaren beobachtet zu werden. Von Wesen, die nur auf eine Schwäche seinerseits warteten.

Unwillkürlich griff John zu seiner Waffe. Das kühle Metall beruhigte ihn.

Der Wind rauschte durch die Blätter. Irgendwo knackte ein Ast.

John Sinclair atmete scharf aus. Er vermeinte, auf einmal Stimmen zu hören.

. . . wir holen dich auch noch. Du wirst der nächste sein. Der Fluch wird auch dich treffen . . .

Der Inspektor spitzte die Ohren. Doch er hörte nichts mehr. Selbst das Rauschen des Windes hatte aufgehört.

John wandte sich um. Schritt für Schritt ging er den Hang hinunter. Er war gespannt, was ihn in Foynes erwartete.

Inspektor John Sinclair ahnte noch nicht, daß er dort das Grauen kennenlernen sollte . . .

Fred Youngs Augen leuchteten auf, als er die ersten Häuser von Foynes erblickte.

»Es hat sich nichts verändert«, sagte er und preßte sein Gesicht gegen die Scheibe.

Fred lag auf dem Rücksitz. Jetzt richtete er sich auf, um alles besser erkennen zu können.

John fuhr. Neben ihm saß Chris Young.

Sie mochte diese einsamen Dörfer nicht. Sie war ein Kind der Großstadt, liebte das bunte Treiben, den Lärm, die Hektik.

Chris wandte den Kopf. »Wie fühlst du dich, Fred?«

Die Augen des jungen Mannes strahlten. »Gut. Schließlich ist Foynes meine Heimat.«

Fred schien die Schrecken der vergangenen Stunden schon vergessen zu haben.

Die Dorfstraße war wie leergefegt. Die Häuser standen eng beieinander, waren aus Stein gebaut und wirkten wuchtig. Ein Teil der Dächer war mit Gras überzogen, ein typisches Zeichen dieser Gegend. Die Straße war nicht gepflastert. Man konnte sich vorstellen, daß sie sich bei Regen in eine Schlammbahn verwandelte.

Der Inspektor fuhr langsamer. »Ist es hier immer so trostlos?« fragte er.

»Die Männer sind tagsüber auf den Feldern.«

So ganz ausgestorben schien das Dorf doch nicht zu sein. Kinder spielten auf der Straße und sahen dem Wagen neugierig entgegen. Die Jungen und Mädchen trugen derbe Sachen und wirkten verschüchtert und scheu.

Welch ein Unterschied zur Stadt, dachte Chris.

»An der Kirche müssen Sie rechts ab. Das letzte Haus in der Straße, da wohnen meine Eltern«, sagte Fred.

»Wissen sie denn, daß Sie kommen?«

»Ja, ich hatte ihnen geschrieben, aber nicht den genauen Tag.«

Die Hauptstraße mündete auf einen kleinen Platz, auf dem die Mauerreste eines Brunnens standen. Kinder saßen dort und spielten mit kleinen Kieselsteinen. Eine ältere Frau sah dem Wagen mißtrauisch nach.

John fuhr noch langsamer und stoppte.

Fred hatte schon die hintere Tür geöffnet und stieg aus, ehe ihm seine Frau helfen konnte.

John sah sich das Haus an. Es war zwar alt, aber sauber. Hinter den Fensterscheiben hingen bunte Gardinen. Die Läden waren grün gestrichen. Auf den Fensterbänken standen Blumentöpfe.

Die Haustür wurde geöffnet. Eine Frau erschien.

Einen Moment sah sie sich ratlos um, doch dann erschien ein glückliches Lächeln auf ihrem Gesicht.

»Fred«, rief sie und lief ihrem Sohn entgegen.

Die beiden fielen sich in die Arme.

Dann sprach die schon ältere Frau hastig auf ihren Sohn ein. John, der noch im Wagen saß, konnte nicht verstehen, was sie sagte.

Anschließend stellte Fred seine Frau vor. Auch sie wurde umarmt. Inzwischen war auch John ausgestiegen.

»Mutter, das ist Mister Sinclair, ein guter Bekannter von mir«, sagte Fred.

Er kniff John dabei ein Auge zu. Der Inspektor verstand den Wink. Es sollte nicht bekannt werden, was er wirklich von Beruf war.

Die Frau reichte John die Hand. »Es freut mich, Sie kennenzulernen, Mister Sinclair. Bitte, seien Sie unser Gast.«

John bedankte sich.

Fred glich sehr seiner Mutter. Er hatte die gleichen nachdenklichen Augen wie sie. Nur hatte bei der Frau die harte Arbeit Spuren in ihrem Gesicht zurückgelassen. Die Kleidung war einfach, aber sauber.

»Kommt doch ins Haus«, sagte Mrs. Young. Chris und sie mußten Fred stützen.

Die Frau führte die Neuankömmlinge in die Wohnstube. Die Möbel waren alt und ein Antiquitätenhändler hätte dafür bestimmt einen guten Preis gezahlt.

Selbstverständlich mußte Fred erzählen. Vor allen Dingen wie es ihm in London ergangen war und wie er seine Frau kennengelernt hatte.

John hörte in der Zwischenzeit zu und nippte ab und zu von dem selbstgebrannten Whisky, den ihm Mrs. Young serviert hatte.

Die Zeit verging.

»Wo ist eigentlich Vater?« fragte Fred.

Mrs. Young sah auf die Standuhr in der Ecke. »Er müßte bald kommen. Vater hilft im Moment in der Schmiede aus. Wir haben unser Land abgegeben. Es war zuviel Arbeit.«

»Reicht denn die Pacht, die ihr bekommt, zum Leben?« wollte Fred wissen.

»Mein Gott, Junge, wir sind bescheiden. Wir . . .«

Mrs. Young unterbrach sich. Draußen war die Tür gegangen.

»Das wird Vater sein. Himmel, wird der sich freuen, wenn er dich sieht.«

Die Augen der alten Frau strahlten.

Schwere Schritte näherten sich der Tür. Sekunden später wurde sie aufgestoßen.

Fred Young hatte sich erhoben. Er wollte auf seinen Vater zugehen.

Doch dann prallte er zurück.

Vor ihm stand ein Fremder!

Glasige Augen starrten blicklos auf die Menschen. Der Mund des Mannes stand halboffen. Speichel lief an seinem Kinn entlang. Die Hände hatte er gegen den Bauch gepreßt.

»Burns, was machen Sie denn hier?« rief Mrs. Young erstaunt.

Die Frau war aufgestanden und eilte auf den Fremden zu.

»Ich . . . ich . . .«, ächzte der mit Burns Angeredete. Er taumelte zwei Schritte vor und ließ plötzlich seine Arme fallen.

Klaffend präsentierte sich seine Bauchwunde den erschreckten Menschen. Erst jetzt sahen sie das Blut.

Plötzlich brach Burns zusammen. Dumpf fiel er auf den Rücken. Sein Gesicht war schmerzverzerrt. Der Atem ging keuchend und stoßweise.

All dies hatte nur Sekunden gedauert. Eine Zeitspanne, in der man kaum begreifen konnte, was geschehen war.

Als erster reagierte John Sinclair.

Der Inspektor sprang aus seinem Sessel hoch und kniete sich neben den Verletzten.

Ein Blick zeigte ihm, daß der Mann nicht mehr lange zu leben hatte. Aber er wollte noch etwas sagen.

»Die . . . die . . . Toten kommen zurück. Vorsicht . . . sie . . . holen uns alle. Wir müssen für . . . für . . . die verfluchte Vergangenheit bezahlen.«

Mrs. Young ging neben John in die Knie. Ihre Hände krallten sich in die Schultern des Verletzten.

John ließ die Frau gewähren.

»Wo ist mein Mann, Burns? Wo ist er?«

»Er . . . er . . . ist geflohen. In die kleine Kirche am Friedhof. Er wollte sich dort verstecken. Sie haben uns überfall . . . ahh . . .«

Der Schwerverletzte bäumte sich noch einmal auf, öffnete den Mund zu einem lautlosen Schrei und sackte dann zusammen.

Der Mann war tot.

John Sinclair half Mrs. Young, hochzukommen. Sein Blick streifte die anderen.

Eine kalkige Blässe hatte sich auf die Gesichter des jungen Ehepaares gelegt. Der Schreck steckte ihnen tief in den Knochen.

Überlaut durchdrang das Ticken der alten Standuhr die Stille.

Mrs. Young hatte ihre rechte Hand gegen die Brust gepreßt. Immer wieder schüttete sie fassungslos den Kopf.

John setzte die Frau behutsam in einen Sessel.

Chris und Fred Young hatten sich an den Händen gefaßt. Vielleicht wurde ihnen in diesen Minuten klar, was sie noch alles zu erwarten hatten.

John Sinclair nahm die Flasche Whisky und schüttete zwei Fingerbreit in ein Glas.

»Trinken Sie, Mrs. Young, es wird Ihnen guttun.«

Die Frau setzte das Glas an die Lippen. Sie trank es in einem Zug leer. Ein wenig Farbe kehrte wieder in ihr Gesicht.

John nahm ihr das Glas aus der Hand. Behutsam stellte er es auf den Tisch.

»Mrs. Young, Sie müssen mir jetzt . . .«

John unterbrach sich. Die Frau begann zu reden, mit halblauter monotoner Stimme.

»Er ist tot. Ich spüre es. Er ist tot . . . tot . . .«

Und immer wieder sprach sie das Wort »tot«.

»Hör auf!« schrie Chris plötzlich. »Ich kann es nicht mehr hören!« Sie preßte beide Hände gegen die Ohren.

»Bringen Sie sie weg!« wandte sich John an ihren Mann. »In ein anderes Zimmer, und kommen Sie dann zurück.«

Fred faßte seine Frau am Arm. Sie sträubte sich nicht, als er sie aus dem Raum zog.

John wandte sich Mrs. Young zu. Sie hatte den Kopf zur Seite gedreht und blickte starr aus dem Fenster.

Draußen krochen bereits die Schatten der Dämmerung durch den kleinen Ort.

»Mrs. Young«, sprach John die Frau noch einmal an. »Sie müssen jetzt reden. Ich bin gekommen, um Ihnen und Ihrem Mann zu helfen.«

»Helfen?« echote sie, ohne auch nur den Kopf zu drehen. »Uns kann niemand helfen. Die Vergangenheit hat uns eingeholt. Wir sind dem Tod geweiht. Alle hier im Dorf. Der Fluch ist so grausam.«

»Niemand ist dem Tod geweiht, Mrs. Young. Man muß auch mal gegen etwas ankämpfen.«

Die Frau schüttelte den Kopf.

John fragte weiter. Unbeirrt. »Also, wer ist dieser Mann?«

»Burns?«

Der Inspektor war selbst überrascht, daß er eine Antwort bekam, wenn es in diesem Falle auch eine Gegenfrage war.

»Ja, Burns.«
»Er half genau wie Simon in der Schmiede aus. Heute sollten sie am Friedhof das Tor ausbessern. Da müssen sie dann gekommen sein.«
»Wo liegt der Friedhof?«
»Am anderen Ende des Dorfes. Von hier aus gesehen. Direkt neben der Kirche.«
John war zufrieden.
Die Tür öffnete sich und Fred kam zurück. »Ich habe Chris ins Schlafzimmer gebracht«, sagte er. Seine Stimme klang gepreßt, so, als würde er ein Weinen unterdrücken.
»Gut. Und jetzt passen Sie noch einmal auf, Fred. Ich muß mich auf Sie verlassen können. Drehen Sie um Himmels willen nicht durch.«
»Ich werde mein Bestes tun, Inspektor.«
»Okay.« John lächelte zuversichtlich. »Dann kann ja nichts schiefgehen.« Er deutete auf den Toten. »Dieser Mann muß weggeschafft werden. Gibt es hier einen Polizisten?«
»Nein. Wir werden von der nächsten Stadt mitverwaltet, soviel ich weiß. Zweimal im Monat kommt jemand vorbei und erkundigt sich nach den Zuständen. Bis heute ist ja auch nicht viel geschehen.«
Zustände sind das, dachte John. So etwas hatte er noch nie erlebt. Normalerweise hatte jedes kleine Kuhkaff einen Polizisten.
»Wer kümmert sich dann um die Toten?« fragte John.
»Der alte O'Donell«, erwiderte Mrs. Young anstelle ihres Sohnes. »Er ist Schreiner, Sargtischler und Leichenbestatter in einem.«
»Na fabelhaft«, sagte John. »Sie, Fred, werden den Mann benachrichtigen, während ich mich mal ein wenig am Friedhof umsehe.«
»Sie wollen wirklich allein gehen, Inspektor . . .?«
»Warum denn nicht. Angriff ist die beste Verteidigung.« John hatte schon die Türklinke in der Hand. »Denken Sie daran, Fred, was ich Ihnen eingeschärft habe.«
»Ja, Inspektor.«
John ging nach draußen. Eine seltsame Stille lag über dem Dorf. Es war fast völlig dunkel geworden. Ein leichter Nebelschleier lag über dem Land.

John zog fröstelnd die Schultern hoch. Er schloß den Bentley auf und machte sich an seinem Koffer zu schaffen.

Die geweihten Dämonenwaffen lagen auf rotem Samt. John wählte ein silbernes Kreuz und steckte auch noch eine Reserveschachtel mit geweihten silbernen Kugeln ein. Das Kreuz hängte er sich um den Hals, verdeckte es jedoch mit seinem Hemd.

Dann schloß John den Koffer wieder sorgfältig ab.

Er fühlte sich einigermaßen gerüstet.

Es gab kein elektrisches Licht in diesem abgelegenen Dorf. Über manchen Haustüren schaukelten Windlaternen.

Ein seltsamer Ort, um den das Rad der Zeit einen Bogen gemacht hatte.

John erreichte die Hauptstraße. Auch hier war niemand zu sehen. Doch aus manchen Häusern wurde er genau beobachtet. Gesichter waren wie Schemen hinter den Fensterscheiben zu erkennen. Wenn John hinblickte, huschten sie zur Seite.

Etwas lag in der Luft. Etwas, was man nicht fassen konnte.

Das Grauen . . .

Geschöpfe des Jenseits hatten von dem vergessenen Dorf Besitz ergriffen. Sie würden die Menschen zu ihren Marionetten machen.

Und John Sinclair befand sich mitten unter ihnen. Ein fast aussichtsloser Kampf.

Der Inspektor ging weiter. Sand und kleinere Steine knirschten unter seinen Schuhsohlen.

Ein Radfahrer kreuzte seinen Weg. Er warf dem Fremden einen mißtrauischen Blick zu und fuhr hastig weiter.

Urplötzlich begannen die Glocken zu läuten. John, der damit nicht gerechnet hatte, zuckte zusammen.

Ding, dong . . .

Der Klang der Glocke hallte über das Dorf und verwehte in dem weiten Land.

Die Menschen in den Häusern bekreuzigten sich. Instinktiv spürten sie, daß der Kampf zwischen dem Guten und dem Bösen stattfand.

Der Weg führte jetzt bergauf. Er war schmal und wurde an der linken Seite von einer hohen Mauer begrenzt. Dahinter lag der Friedhof . . .

John Sinclair spürte rauhes Pflaster unter seinen Schuhen. Der schmale Weg führte geradewegs auf die Kirche zu.

Es war zu dunkel, um schon etwas erkennen zu können.

Ein unbestimmtes Gefühl trieb John zur Eile an.

Die Umrisse der Kirche tauchten auf. Groß, wuchtig, eine Trutzburg des Guten.

Noch immer läuteten die Glocken.

Das breite Eingangsportal stand weit offen. Die beiden Flügeltüren knarrten leise.

Zwei Stufen führten hinauf.

John blieb in dem Eingangsportal stehen. Sein Blick war starr geradeaus gerichtet.

Kerzen flackerten im Innern der Kirche.

John ging weiter.

Sitzreihen tauchten auf, zwei Beichtstühle.

Der Boden war aus glattem Stein. Laut hallten Johns Schritte in der Kirche wider.

Zwei Kerzen brannten auf dem Altar.

Der Inspektor blieb stehen, sah nach rechts.

Eine Tür. Sie stand offen. Dahinter lag die Sakristei.

Es war ein kleiner Raum, in dem es nach Weihrauch und Kerzentalg roch.

Aber wo war der Pfarrer?

Johns Ohren dröhnten vom Läuten der Glocken.

Wer läutete die Glocken? Es gab bestimmt keine elektrische Anlage.

Eine schmale Tür führte aus der Sakristei in einen kleinen Flur. Stockfinster war es hier.

John holte seine Kugelschreiberlampe hervor.

Der dünne Strahl riß eine Wendeltreppe aus der Dunkelheit. Sie führte hoch in den Kirchturm.

Die Treppe war aus Stein und sehr steil.

John paßte auf, damit er nicht abrutschte. Die Treppe wand sich um einen dicken Pfeiler. Spinnweben trafen Johns Gesicht. Er blies sie weg.

Plötzlich sah er eine Plattform vor sich.

Der Inspektor leuchtete mit der Lampe. Seile schwangen über dem Boden.

Der Glockenzug!

Hier war das Dröhnen der beiden Glocken besonders laut.

John Sinclair ging noch einen Schritt vor. Ein Schatten sauste auf ihn zu.

Instinktiv warf sich John zurück.

Der Schatten pendelte vorbei, kam zurück . . .

Eine furchtbare Ahnung stieg in John hoch.

Der Inspektor hob die Lampe.

Staubpartikel tanzten in dem kleinen Lichtstrahl. Sie warfen blitzende Reflexe.

John schwenkte den Arm.

Für einen Sekundenbruchteil wurde ein verzerrtes Gesicht aus der Dunkelheit gerissen.

Das Gesicht eines Menschen!

Man hatte ihn an dem Glockenstrang aufgeknüpft. Seine Leiche pendelte in einem ewigen Rhythmus . . .

Für einige Sekunden blieb John Sinclair steif stehen. Immer wieder schwang der Erhängte an seinem Gesicht vorbei.

John klemmte die kleine Lampe zwischen die Zähne, streckte beide Arme aus und hielt den Körper fest.

Es war gar nicht so einfach. Das Gewicht drückte ihn fast zu Boden.

Der Inspektor löste die Schlinge vom Hals des Toten und ließ die Leiche auf die Plattform gleiten.

Mit der Lampe leuchtete er das Gesicht an.

Der Tote war schon älter. Über fünfzig Jahre, schätzte John. Er nahm an, daß dies Freds Vater war.

Liegenlassen konnte er die Leiche hier nicht. John bückte sich, hob den Toten hoch und warf ihn sich über die Schulter. Die Lampe klemmte er wieder zwischen die Zähne.

Der Tote war schwer. Vorsichtig stieg John mit seiner makabren Last die Treppe hinunter.

Er gelangte in den kleinen Raum und öffnete die Tür zur Sakristei.

Überrascht blieb er stehen. Ein dürrer, ganz in Schwarz gekleideter Mann starrte ihn an. Die Kerzen, die hier brannten, warfen zuckende Schatten auf sein hageres Gesicht mit den stechenden Knopfaugen.

»Wer sind Sie?« fragte John.

Der Dürre kicherte und deutete eine Verbeugung an. »Ich bin O'Donell, der Leichenbestatter, Sir. Wie ich sehe, gibt es wieder Nachschub. Es freut mich, Sir. Sind Sie der Mörder?«

John schluckte. Entweder war der Kerl nicht normal oder ein ganz abgebrühter Bruder.

»Nein, ich bin nicht der Mörder!«

»Schade, Sir, sonst würden wir auch Sie gleich aufknüpfen.«

John ließ den Toten von der Schulter gleiten. »Moment mal, woher wissen Sie denn, daß dieser Mann erhängt worden ist?«

O'Donell rieb sich die Hände. Er hatte überlange Finger. »Man hat es mir gesagt.«

»Und wer?«

»Die Toten, Sir. Sie müssen wissen, daß ich ein ganz besonderes Verhältnis zu ihnen habe. Sie besuchen mich oft. Ich bin ihr Verbündeter. Noah Kilrain ist zurückgekommen. Er und seine Männer werden von diesem Dorf Besitz ergreifen.«

Obwohl John dem Kerl am liebsten an die Gurgel gesprungen wäre, wartete er ab. Höchstwahrscheinlich würde er einige interessante Neuigkeiten erfahren.

»Wer ist dieser Noah Kilrain?«

O'Donell kicherte. »Ein Toter, Sir, der an den Lebenden Rache nehmen will. Man hat ihn und seine zwölf Männer damals erhängt und vorher ausgepeitscht. Doch Noah Kilrain hat einen Fluch ausgestoßen, der sich alle hundert Jahre erfüllt. Vier Jahrhunderte sind seit diesem Massenmord vergangen. Alle hundert Jahre sind in diesem Dorf Menschen gestorben, doch jetzt will Noah Kilrain seine Rache ganz vollenden. Das gesamte Dorf wird ausgelöscht. Er hat langsam begonnen. Es hat Todesfälle gegeben, bei denen die Polizei vor einem Rätsel stand. Und in dieser Nacht werden alle sterben. Wieder wird es ein Horrorfest am Galgenhügel geben, doch diesmal bleiben die Dämonen Sieger. Lange genug haben sie gewartet.«

John Sinclair glaubte dem Mann Wort für Wort. Er hatte schon zuviel erlebt, um hier noch skeptisch zu sein. Und er wußte auch, daß es jetzt von ihm abhing, die Menschen des Dorfes zu retten.

Eine kaum zu bewältigende Aufgabe . . .

Der Inspektor nickte langsam. »Sie haben recht, Mister O'Donell. Ihr Noah Kilrain ist wirklich ein interessanter Mann. Kann ich ihn mal kennenlernen?«

Wieder kicherte der Sargtischler. »Natürlich lernen Sie ihn kennen. Er freut sich sogar besonders auf Sie, auf seinen großen Gegner, denn schließlich ist es Ihnen gelungen, drei seiner Blutknechte zu töten. Das schreit nach Rache. Aber jetzt ist genug geredet worden. Noah Kilrain wartet auf mich.«

»Ich werde Sie begleiten.«

»Sie können es versuchen«, erwiderte O'Donell mit einem seltsamen Unterton in der Stimme. Dann bückte er sich und hob die Leiche auf. John wunderte sich, wie mühelos dieser hagere Mann den Körper trug.

O'Donell wandte John den Rücken zu und betrat das Kirchenschiff. Der Inspektor folgte dem Sargtischler langsam.

O'Donell durchquerte die Kirche mit großen Schritten. Er murmelte etwas vor sich hin.

Draußen drehte er sich um. »Dort steht mein Karren, Sir.«

Direkt neben der Friedhofsmauer lehnte ein zweirädriger Leiterwagen. O'Donell legte den Toten auf die Ladefläche. Dann wandte er sich noch mal nach John Sinclair um. »Wir sehen uns bald wieder, Sir.«

Nach diesen Worten verschwand er in der Dunkelheit. John hörte die Räder des Karrens über den Weg holpern.

Mutterseelenallein stand der Inspektor vor der Kirche. Er sah hinunter in das Dorf.

Bis auf ein paar Laternen. war alles dunkel. Foynes schien ausgestorben zu sein.

Doch das täuschte. John sollte es bald merken.

Er hörte plötzlich Stimmen. Sie schienen von allen Seiten zu kommen. Schatten huschten an der Mauer entlang.

Waren die Dämonen gekommen?

Johns Rechte umfaßte die Pistole mit den Silberkugeln. Er würde den Wesen der Finsternis einen gnadenlosen Kampf liefern.

Da flammten Fackeln auf.

Schreie gellten durch die Nacht.

Für einen Augenblick schloß John Sinclair geblendet die Augen.

»Da ist er! Da!«

Das Trampeln vieler Schritte kam auf ihn zu.

John huschte zur Seite, sah den Weg hinab.

Die gesamten Einwohner des Dorfes schienen auf den Beinen zu sein. Schreie und Flüche wurden ausgestoßen.

Kein Zweifel, das galt ihm.

»Mörder . . .!« brüllte eine hysterische Frauenstimme. »Ja, er ist der Mörder von Simon Young! Faßt ihn!«

Johns Blick irrte hin und her. Fackeln tanzten vor seinen Augen. Gesichter starrte ihn an. Menschen waren zu reißenden Bestien geworden.

Die Dämonen hatten sie in ihren Bann gezogen!

Ein junger Mann sprang auf John zu. In der Hand hielt er einen Stein, um dem Inspektor damit den Schädel zu zerschmettern.

Blitzschnell fing John den herabsausenden Arm ab, packte den Mann und warf ihn gegen die Anstürmenden.

Für einen Moment bekam er Luft.

Die Mauer! Vielleicht war sie seine Rettung!

Sie war etwa brusthoch, kein Hindernis für einen sportlich durchtrainierten Mann.

John sprang, zog sich blitzschnell auf den Mauerrand und ließ sich auf der anderen Seite wieder hinabfallen.

Er landete weich, in einem Laubhaufen.

Hinter der Mauer hörte er das Wutgeheul der besessenen Meute.

Der Inspektor rannte so schnell er konnte, hetzte wie ein Wiesel zwischen den Grabreihen hindurch.

Die Gestalt, die hinter einem Baum gelauert hatte, sah er zu spät. Das Blatt eines Spatens blitzte auf. John bekam einen mörderischen Schlag gegen den Kopf.

Wie eine Rakete wurde er nach vorn geschleudert. Neben einem Grabstein blieb er liegen.

»Ich habe doch gesagt, daß wir uns wiedersehen«, sagte eine hämische Stimme.

Sie gehörte O'Donell, dem Sargtischler . . .

John Sinclairs Erwachen glich einem Alptraum. In seinem Schädel rumorte es. John hatte das Gefühl, als wäre sein Kopf fürchterlich angeschwollen.

Wasser klatschte in sein Gesicht.

»Werd wach, du Bastard!«

Wie durch einen Filter drang die kratzige Männerstimme an Johns Ohren.

Der Inspektor versuchte, die Lider zu heben. Es kostete ihn ungeheure Anstrengung.

»Los, noch einen Guß!«

Wieder schwappte das kalte Wasser über Johns Gesicht. Etwas drang ihm in den Mund, in die Nase.

Der Inspektor mußte husten.

»Na endlich«, hörte er wieder die widerliche Stimme.

John gelang es, seine Augen zu öffnen.

Verzerrte Gesichter, in denen der Haß loderte, tanzten über ihm.

Die Meute hatte einen Kreis um ihn gebildet. John sah Schaufeln, Knüppel und Äxte in den Händen der Männer und Frauen.

Er lag noch immer auf dem Friedhof. Unbewußt hatte er seine Finger in die feuchte Erde gekrallt. Seine mit Silberkugeln beladene Pistole war weg.

John sah zwischen den Beinen der Männer die verschwommenen Umrisse der Grabsteine. Nebelfetzen lagen wie Schleier zwischen ihnen. Johns Atem stand einer weißen Wolke gleich vor seinem Mund.

Langsam hob er die Hand, führte sie zum Kopf.

Eine Beule wuchs an der Stirn. Sie war aufgeplatzt, und John spürte klebriges Blut.

Er hatte starke Kopfschmerzen.

Einer der Männer verließ den Kreis, trat dicht an den Inspektor heran.

John sah zwei derbe, lehmverschmierte Stiefel.

Der Mann bückte sich. Heißer, widerlich riechender Atem fauchte John entgegen.

Der Inspektor wandte den Kopf ab.

Der andere lachte. Zwei starke Hände packten ihn an den Aufschlägen seiner Jacke, zogen ihn hoch.

Jetzt sah John das Gesicht dicht vor sich.

Der Mann war abgrundtief häßlich. Sein Gesicht war voller Warzen. Die Augen waren groß und weit aus den Höhlen hervorgequollen. Unter dem Kinn wucherte wildes Fleisch. Der Kerl mußte einmal eine Brandwunde gehabt haben.

»Du hast den alten Simon Young umgebracht, Fremder!« zischte der Kerl. »Du stehst mit den Dämonen im Bunde. Und deshalb wirst du sterben. Heute nacht noch.«

John biß die Zähne zusammen. Er wollte den Kopf schütteln. Doch schon im Ansatz raste eine Schmerzwelle durch seinen Schädel.

»Ich habe ihn nicht umgebracht!« preßte John hervor.

Der andere lachte wieder. »Habt ihr das gehört?« wandte er sich an die Umstehenden. »Er hat ihn nicht umgebracht. Daß ich nicht lache.«

Die Meute brüllte auf. Knüppel wurden geschwungen und Haßtiraden John Sinclair entgegengeschleudert.

Die Menschen waren von den Dämonen besessen.

»Wir werden dich töten, Fremder, so oder so. Die Dä . . .«

»Ihr seid verrückt!« schrie John Sinclair. »Ihr seid nicht mehr ihr selbst. Eine fremde Macht hat von euch Besitz ergriffen. Spürt ihr das denn nicht? Man hat euch zu Werkzeugen einer jenseitigen Welt gemacht. Ihr steht unter einem . . .«

»Halt den Mund, verdammt!«

Der Kerl schüttelte John Sinclair durch. Sofort platzten wieder grelle Blitze vor den Augen des Inspektors auf. Erneut kämpfte er gegen eine Ohnmacht an.

John sackte zu Boden.

Der andere versuchte, ihn zu halten. Seine Hände glitten ab, doch er bekam im letzten Augenblick Johns Hemd zu fassen.

Stoff zerriß ratschend. Die Knöpfe sprangen auf.

Etwas blinkte auf.

Ein silbernes Kreuz!

Mit einem Schrei warf sich der Bärtige zurück. Sein Blick war auf das geweihte Kreuz gefallen.

Er, der von einem Dämon besessen war, konnte gegen die Macht des Guten nicht ankämpfen.

Glühende Lanzen schienen seinen Körper zu zerreißen. Ein infernalisches Gebrüll drang aus seinem Mund.

Aber auch die Umstehenden wurden von dem Bannstrahl des Kreuzes getroffen.

Sie wichen zurück, flohen in wilder Panik und behinderten sich dabei gegenseitig.

John Sinclair lag noch immer am Boden. Er hörte die Schreie, die

Flüche und wußte sich im ersten Moment keinen Reim darauf zu machen.

Das Gebrüll verklang. Die Menschen hasteten dem Dorf zu, waren plötzlich wieder normal geworden.

John hatte gewonnen.

Minutenlang blieb er liegen, sammelte neue Kräfte. Dann robbte er auf einen großen Grabstein zu und zog sich ächzend daran hoch.

Er hielt den Kopf gesenkt, sah an sich hinab. Seine Kleidung war völlig verdreckt und zum Teil zerrissen. Das geweihte Kreuz brannte auf seiner Brust.

John wischte sich den klebrigen Schweiß von der Stirn. Er machte ein paar taumelnde Schritte, stieß mit dem rechten Fuß gegen etwas Hartes.

Seine Pistole.

John bückte sich, hob die Waffe auf. Wieder übermannte ihn das Schwindelgefühl.

Tief atmete der Inspektor durch. Er warf den Kopf in den Nacken und sah zum Himmel empor.

Kein Stern glitzerte am Firmament. Selbst der Mond wurde von dichten, schweren Wolken verdeckt.

John taumelte auf den Ausgang des Friedhofes zu. Das schmiedeeiserne Tor hing lose in den Angeln. Burns und Simon Young hatten nicht geschafft, es zu reparieren.

An der Friedhofsmauer ruhte sich John aus. Von den Dorfbewohnern war nichts mehr zu hören. Sie hatten sich in ihre Häuser verzogen.

John lachte bitter.

Mochte gewesen sein, was wollte. Einen Teilerfolg hatte er errungen. Durch sein Kreuz waren die Menschen von der Macht der Dämonen befreit worden. Jetzt mußten sich die Höllengeschöpfe erst einen neuen Plan ausdenken.

Doch John Sinclairs Rechnung hatte einen kleinen Fehler. Nicht alle Dorfbewohner, die von den Dämonen besessen waren, hatten sich auf dem Friedhof versammelt.

Einige waren auch in ihren Wohnungen geblieben . . .

Ian O'Donell, der Sargtischler, wohnte im Zentrum des kleinen Ortes. Er hatte gerade den toten Simon Young in seine Tischlerei geschafft, als schwere Schläge gegen die Tür hämmerten.

Der dürre Mann verzog unwillig sein Gesicht. Er wollte nicht mehr gestört werden.

»Mister O'Donell, machen Sie auf!« hörte er eine ihm unbekannte Stimme.

O'Donell ging auf Zehenspitzen durch den Gang, der Wohnhaus und Tischlerei verband.

Wieder hämmerte es gegen die Haustür.

Das hagere Gesicht des Sargtischlers zuckte. Er nahm eine Sturmlaterne von der Wand und näherte sich der Tür.

Zweimal drehte er den Schlüssel. Das Schloß knarrte.

O'Donell zog die Tür auf.

Ein junger Mann stand vor ihm.

Der Sargtischler hob die Laterne, leuchtete dem Fremden ins Gesicht.

»Müßten wir uns kennen?« fragte er lauernd.

Ihm paßte diese Störung nicht. O'Donell war, nachdem er John Sinclair niedergeschlagen hatte, sofort wieder in sein Haus geeilt. Er wollte aus dem Spiel herausbleiben.

Der junge Mann, der vor ihm stand, atmete schnell. »Eigentlich ja, Mister O'Donell. Ich bin Fred Young. Ich habe hier lange Jahre gewohnt.«

»Ah, der Sohn von Simon Young«, lachte O'Donell. »Kommen Sie doch rein. Sie wollen sicherlich Ihren Vater besuchen.«

Fred stutzte. »Wieso, ich . . .«

»Aber nicht doch, kommen Sie schon.« O'Donell zog Fred Young kurzerhand in den Flur. »Folgen Sie mir, junger Mann. Schnell.«

Eine dumpfe Ahnung stieg in Fred Young hoch. Er warf die Tür hinter sich zu und ging mit schnellen Schritten hinter O'Donell her.

Im Gang roch es nach Holz.

O'Donell öffnete eine Tür und betrat seine Werkstatt. Er hielt die Lampe über dem Kopf und schwenkte sie im Kreis.

»Sieh dich nur um, Fred. Ich darf Fred zu dir sagen wie früher, nicht wahr?« sagte der Sargtischler mit falscher Freundlichkeit.

Fred Young gab keine Antwort. Er war einige Schritte vorgetreten.

Der Laternenschein hatte für einen kurzen Augenblick eine Gestalt gestreift.

Sie lag auf einem langen Tisch.

Hart packte Fred Young den alten O'Donell am Arm. »Wer ist das?«

»Was meinst du? Ach so, der Mann dort auf dem Tisch. Komm, tritt doch näher, dann werde ich ihn dir zeigen.«

Freds Füße schleiften über dem Boden, als er sich dem Tisch näherte.

Der Laternenschein tanzte hin und her, übergoß die Wände mit bizarren Schatten.

Der Mann auf dem Tisch lag auf dem Rücken.

O'Donell blieb am Kopfende stehen, leuchtete der Gestalt mit der Laterne ins Gesicht.

Ein quälender Laut drang durch die Stille der Werkstatt. Fred hatte ihn ausgestoßen.

Seine Augen waren starr auf das bleiche Gesicht des Toten gerichtet.

Es war sein Vater, der hier lag.

»Vater!« ächzte der junge Mann und brach neben dem Tisch zusammen.

O'Donell sah lächelnd auf ihn herab. Doch plötzlich veränderte sich sein Gesichtsausdruck, wurde lauernd, angespannt.

Rufe und Schreie waren von draußen her an sein Ohr gedrungen.

O'Donell hastete los. Ob die Meute es geschafft hatte, diesen Inspektor Sinclair zu erledigen?

Der Sargtischler riß die Tür auf, rannte auf die Straße.

Er packte den Nächstbesten am Ärmel. »Was ist? Habt ihr ihn getötet?«

Der Mann sah ihn erstaunt an. »Wen getötet?«

O'Donell brauchte nur in die Augen des Mannes zu sehen, um zu wissen, was los war.

Die Macht der Dämonen war gebrochen.

Der Sargtischler stieß einen wilden Fluch aus und rannte zurück.

Fred Young kniete noch immer vor der Leiche seines Vaters. Seine Schultern zuckten.

Als O'Donell zurückkam, hob er den Kopf. Die Augen waren vom Weinen gerötet.

O'Donell überlegte einen Augenblick, bevor er sprach. Er mußte jetzt jedes Wort genau wählen.

»Weshalb bist du gekommen, Fred?« fragte er und bemühte sich, seiner Stimme einen mitfühlenden Klang zu geben.

»Burns, er hat sich schwerverletzt zu uns geschleppt. Er ist bei uns gestorben. Ich – ich mußte mich erst um meine Frau und meine Mutter kümmern, dann bin ich zu Ihnen gekommen, damit Sie den Toten abholen können, um ihn einzusargen. Und jetzt . . .« Fred Young deutete stumm auf die Leiche seines Vaters.

»Er ist ermordet worden, Fred«, sagte O'Donell. »Weißt du das?«

»Ja. Finstere Mächte haben ihn umgebracht.«

Der Sargtischler lachte. »Das haben sie dir gesagt. In Wirklichkeit war es anders.«

Fred Young horchte auf. »Wie denn? Erzählen Sie.«

»Ich weiß nicht, ob . . .«

»Los, O'Donell, ich will hören, was sich abgespielt hat.«

»Also gut.« Der Sargtischler spielte sehr geschickt. »Ein Fremder, der heute in unser Dorf gekommen ist, hat deinen Vater ermordet.«

Freds Augen weiteten sich ungläubig. »Etwa Inspektor Sinclair?«

»Genau der, mein Junge.«

»Nein, das glaube ich nicht. Inspektor Sinclair hat uns das Leben gerettet.«

O'Donell lachte. »Wie dumm du bist. Das war doch alles nur ein Trick, um sich euer Vertrauen zu erschleichen. In Wirklichkeit steckt er mit den finsteren Mächten unter einer Decke. Er ist es, der ausgelöscht werden muß.« Der Sargtischler beugte sich herunter und brachte seinen Mund dicht an Freds Ohr. »Sinclair mußt du töten!« flüsterte er. »Nur ihn. Denk daran, er hat deinen Vater auf dem Gewissen, und dafür muß er büßen.«

Fred Young war so von seinem Schmerz überwältigt, daß er nicht merkte, wieviel Ungereimtheiten in O'Donells Worten steckten. Die Anschuldigungen waren bei ihm auf fruchtbaren Boden gefallen.

»Ja«, sagte Fred, »wenn das so ist, werde ich ihn töten.«

»Das ist gut, mein Junge, das ist gut.«

»Aber ich habe keine Waffe.«

»Die bekommst du. Augenblick.«

O'Donell ging zu seinem Werkzeugschrank und kramte darin herum. Dann ging er wieder zu Fred Young, der sich inzwischen erhoben hatte.

O'Donell öffnete die Faust. Sein Gesicht verzerrte sich zu einer Grimasse, als er sagte: »Damit wirst du ihn töten.«

Fred Young nickte schwerfällig und griff nach dem Gegenstand.

Es war ein Stemmeisen . . .

Die Dämonen hatten einen magischen Bann über das Dorf gelegt.

Bis auf wenige Ausnahmen waren alle Einwohner den Höllengeistern verfallen.

Zu diesen Ausnahmen gehörte Chris Young.

Sie war fremd hier in Foynes, hatte keine innere Beziehung zu der Vergangenheit des Dorfes.

Trotzdem hatten sie die Ereignisse innerlich aufgewühlt. Noch immer hatte sie das Bild des schwerverletzten Mannes vor Augen. Sie hatte schon viel gesehen in ihrem jungen Leben. Unter anderem Verkehrstote, war eine der ersten Helferinnen bei einer Gasexplosion gewesen – aber das hier ging einfach über ihre Kraft.

Das Zimmer, in dem sie sich befand, war nicht mehr als eine Kammer. Ein Bett, ein Tisch, eine Schüssel mit Wasser, das waren die einzigen Einrichtungsgegenstände. Nicht einmal einen Schrank gab es. Das kleine Fenster mit der blinden Scheibe wies zum Hof.

Die Kerze stand auf dem Fußboden. Chris hatte Talg auf einen Teller träufeln lassen, damit die Kerze stand.

Ihr Licht erhellte die Kammer nur mäßig.

Chris dachte an ihren Mann. Fred war zu dem Sargtischler gegangen, damit er die Leiche unten abholen konnte.

Eigentlich war Fred schon lange weg.

Zu lange, fand Chris. Sie machte sich Sorgen, kam ins Grübeln. Irgendwann fiel sie in einen Schlaf. Unruhig wälzte sie sich auf dem Holzbett hin und her.

Unten saß ihre Schwiegermutter. Mrs. Young hockte in einem

der beiden verschlissenen Ohrensessel. Sie stierte blicklos zum Fenster hin.

Mrs. Young war von einem Dämon besessen!

Draußen auf der Straße tobte die Meute. Die Menschen stießen wilde Flüche aus, als sie zum Friedhof hochrannten.

Mrs. Young ging nicht nach draußen. Ein seltsames Lächeln umspielte plötzlich ihre Mundwinkel.

Das Licht der alten Petroleumfunzel flackerte, als Mrs. Young die Lampe in die Hand nahm und die kleine Küche betrat.

Sie zog die mittlere Schublade ihres Schrankes auf.

Messer, Gabeln und Löffel blinkten ihr entgegen.

Die dürren Finger der Frau wühlten in den Bestecken herum. Schließlich hatte sie gefunden, was sie suchte.

Das feststehende Messer mit der breiten Klinge und dem handgeschnitzten Griffstück.

Das Messer gehörte ihrem Mann. Er hatte es immer mit auf die Jagd genommen.

Die Klinge war gut gepflegt und höllisch scharf.

Mrs. Young legte den Kopf in den Nacken und blickte nach oben. Dort, über der Küche, schlief ihre Schwiegertochter.

Dann sah sie wieder auf das Messer.

Ja, sie würde das Mädchen töten. Kein Fremder sollte je dieses Dorf wieder verlassen.

So wollten es die Dämonen haben.

Mrs. Young schlich zurück in den Wohnraum und stellte die Lampe wieder auf den Tisch.

Den Weg nach oben fand sie auch im Dunkeln.

Die Treppe war aus Holz und sehr steil. Die Stufen knarrten unter den Schritten.

Das Messer lag in Mrs. Youngs rechter Hand. Sie hatte die Finger hart um den Griff gekrallt. Die Knöchel traten spitz hervor.

Vor der schmalen Kammertür blieb sie stehen. Lauschte.

Schweres Atmen drang an ihr Ohr.

Die Fremde schlief. Um so besser.

Mrs. Youngs freie Hand legte sich auf die Klinke, drückte sie nach unten.

Die Tür schwang auf.

Kerzenschein traf Mrs. Youngs Augen.

Chris lag auf dem Bett. Sie hatte der Eintretenden den Rücken zugewandt.

Ihr Atem ging unregelmäßig und laut.

Sicher hat sie Alpträume, dachte die Frau und näherte sich auf Zehenspitzen dem Bett.

Chris schlief weiter.

Die Alte kicherte lautlos.

Starr blickte sie auf den Rücken der Schlafenden.

Unendlich langsam hob sie den rechten Arm. Der Kerzenschein warf einen blitzenden Lichtreflex auf die Klinge.

In diesem Augenblick knallte unten die Haustür!

Die alte Frau erstarrte. Der Arm mit dem Messer blieb wie von einem Band festgehalten mitten in der Luft hängen.

Mrs. Youngs Gesicht verzerrte sich. Wut und Enttäuschung bildeten eine Grimasse.

Da wurde Chris wach.

Erschreckt fuhr sie hoch, drehte den Kopf, sah das Messer in der Hand ihrer Schwiegermutter und brauchte Sekunden, um zu begreifen.

Dann schrie sie gellend auf.

»Mutter!« dröhnte gleich darauf ein Ruf durch das Haus. »Mutter, was ist los?«

Hastige Schritte polterten über die Treppenstufen.

Die Alte fauchte. Dieser verdammte Bengel hatte mit seiner Rückkehr ihren Plan durchkreuzt.

»Mutter, was ist denn . . .!«

Fred Young stockte.

Er hatte die Tür aufgerissen und sah das Messer in der Hand der Alten.

Chris' Schrei war abgebrochen. Das Mädchen lag auf dem Bett und schluchzte.

Die Augen des jungen Mannes weiteten sich ungläubig. Dann zuckte sein Blick zwischen dem Messer und dem Gesicht seiner Mutter hin und her.

»Was – was wolltest du damit?« flüsterte er heiser.

Die alte Frau öffnete den Mund. Ihre Pupillen waren unnatürlich geweitet.

»Ich wollte sie töten. Ja, sie sollte sterben, denn sie ist eine Fremde.«

»Aber sie ist meine Frau!« brüllte Fred verzweifelt. »Ich habe sie geheiratet.«

»Trotzdem!« Die Alte schüttelte stur den Kopf. »Und du bist auch ein Fremder geworden, Fred. Weißt du, was das bedeutet?«

Die Alte kam mit schleichenden Schritten auf ihren Sohn zu. Den Arm mit dem Messer hielt sie leicht vorgestreckt.

Fred huschte von der Tür weg, stellte sich in eine freie Ecke des kleinen Zimmers.

»Du bist verrückt, Mutter!« keuchte er. »Nein, du kannst nicht normal sein. Bitte, hör auf, bitte!«

»Nein!«

Die Alte ging weiter. Langsam, aber unaufhaltsam.

Fred Young fror plötzlich. Mit aller Deutlichkeit wurde ihm klar, daß er seine Mutter nicht mehr stoppen konnte. Sie wollte morden. Ihn und seine Frau.

Keinen Augenblick dachte Fred daran, daß er selbst einen Mordplan gefaßt hatte. Daß durch seine Hand dieser Inspektor sterben sollte.

Das Stemmeisen!

Siedendheiß fiel Fred die Waffe wieder ein.

Er hatte das Stemmeisen in seine weite Jackentasche gesteckt, so daß es nicht zu sehen war.

Freds rechte Hand glitt in die Tasche, riß das Stemmeisen hervor.

Der junge Mann duckte sich. Breitbeinig stand er da wie ein in die Enge getriebenes Raubtier.

»Keinen Schritt näher!« schrie er seine Mutter an. »Sonst . . . bei Gott, ich mache es wahr!«

Das Stemmeisen war etwa ellenlang. Es war unten abgeflacht und lief in einer kleinen Spitze aus. Eine mörderische Waffe.

»Du willst deine eigene Mutter töten?« keuchte die Frau und lachte schrill.

»Hattest du etwas anderes mit mir vor?«

»Nein, aber mir wurde es befohlen!«

»Wer hat es dir befohlen? Wer, zum Teufel?«

»Teufel?« Wieder lachte die Alte. »Ja, der Teufel hat eine Rolle gespielt. Er wird uns bald regieren. Er . . .«

Die Alte stieß zu. Wie eine Klapperschlange schnellte die Hand mit dem Messer vor.

Fred reagierte viel zu spät.

Das Messer drang durch seine Hand, die das Stemmeisen hielt. Blut sprudelte.

Schreiend ließ Fred die Waffe fallen. Sie polterte dumpf auf den Boden.

Wieder zuckte die Messerhand der Alten vor. Der Stoß war auf die Brust ihres Sohnes gezielt.

Fred warf sich zur Seite und krachte gegen den kleinen Tisch mit der Waschschüssel.

Das Möbelstück wankte bedrohlich.

Die Alte kam Fred nach. Nein, sie war kein Mensch mehr!

Fred warf sich quer durch den Raum. Er prallte auf den Boden und riß die Kerze mit um.

Blitzschnell leckte die Flamme nach seinem Hosenbein.

Der Stoff fing Feuer!

»Fred!« gellte die Stimme seiner Frau auf.

Chris hatte bisher schreckensstarr dem Drama zugesehen, doch jetzt war sie wie aus einem Alptraum erwacht.

Fred Young wälzte sich auf dem Boden herum, versuchte, mit den Händen die Flammen auszuschlagen.

»Ja, verbrenne!« schrie die Alte. Wild umtanzte sie ihren verzweifelt kämpfenden Sohn.

Dann wandte sich die Alte wieder dem Mädchen zu. Doch Chris reagierte richtig.

Das Kopfkissen traf die Besessene mitten ins Gesicht. Mrs. Young wurde zurückgeschleudert, verlor die Übersicht.

So schnell es ging, sprang Chris aus dem Bett, packte die Waschschüssel mit beiden Händen und entleerte sie mit einem Ruck über ihrem Mann.

Zischend verlöschten die Flammen.

Qualm kräuselte zur Decke.

Chris hatte sich sofort herumgeworfen. Ihre gesamte Aktion hatte nur ein paar Sekunden gedauert.

Die Alte war gerade dabei, das Kopfkissen in die Ecke zu werfen. An ihr Messer dachte sie im Moment nicht.

Da schlug Chris zu.

Die Waschschüssel knallte gegen den Schädel der Alten.

Der Schlag reichte.

Mrs. Young verdrehte die Augen und sackte schwer zu Boden.

Chris ließ die Waschschüssel einfach fallen. Sie zerbrach in tausend Scherben.

Die junge Frau schlug beide Hände vors Gesicht. Ein heftiges Schluchzen schüttelte ihren Körper.

Erst das Stöhnen ihres Mannes brachte sie wieder in die Wirklichkeit zurück.

Fred versuchte, sich mit der unverletzten Hand am Bettrand hochzuziehen.

Es gelang ihm nur schwer.

Chris half ihm. Sie legte ihren Mann auf das Bett.

Seine rechte Hand war voller Blut. Das Messer hatte eine klaffende Wunde hinterlassen, aus der noch immer das Blut strömte. Außerdem war Freds linkes Hosenbein völlig verbrannt. Chris sah dies im Schein mehrerer Streichhölzer, die sie der Reihe nach anbrannte.

Sie strich ihrem Mann über das Gesicht. Dann riß sie kurzentschlossen ein Stück Bettlaken ab und wickelte es provisorisch um das verletzte Handgelenk ihres Mannes.

»Warte, Fred! Ich hole von unten eine Lampe.«

Fred Young nickte nur. Die Schmerzen wühlten in seinem Körper. Ab und zu stöhnte der junge Mann auf.

Wenn er ein wenig den Kopf drehte, konnte er den Umriß seiner Mutter sehen. Die Frau lag noch immer bewußtlos am Boden.

Chris kam zurück. Sie hatte die Petroleumlampe unten aus dem Wohnraum mitgebracht. Jetzt kümmerte sich die junge Frau erst mal um Freds Wunden. Sie sah auch, daß das linke Bein verbrannt war. Fred mußte starke Schmerzen haben.

»Woher hattest du denn das Stemmeisen?« fragte Chris.

»Der Sargtischler hat es mir gegeben«, erwiderte Fred gepreßt.

»Und weshalb?«

»Ich werde jemanden töten. Und zwar den, der uns das hier alles eingebrockt hat.«

Chris schüttelte den Kopf. »Mit einem Stemmeisen kannst du keine Dämonen töten.«

»Wer spricht denn von Dämonen. Ich meine doch John Sinclair, diesen Inspektor . . .«

Chris Young zuckte zurück. »Das kann doch nicht dein Ernst sein. Du willst Inspektor Sinclair umbringen?«

»Ja«, erwiderte Fred fest entschlossen. »Er hat meinen Vater auf dem Gewissen!«

»Ist – ist dein Vater wirklich tot?«

Fred versuchte ein Nicken.

Einen Moment lang schwiegen beide. Dann sagte Chris: »Woher weißt du denn, daß Inspektor Sinclair deinen Vater umgebracht hat?«

»Das hat mir der Sargtischler gesagt!«

Chris schüttelte den Kopf. »Das glaube ich einfach nicht. Nein, das ist nicht wahr. John Sinclair ist unser Lebensretter, hast du das vergessen? Weshalb sollte er deinen Vater töten? So was ist völlig unlogisch. Dann hätte er uns ja auch direkt umbringen können. Wenn du meine Meinung hören willst, Fred, wir sind hier in einen Teufelskreis geraten, aus dem es kaum ein Entrinnen gibt. Der einzige, der uns vielleicht helfen kann, ist Inspektor Sinclair. Und diesen Mann willst du umbringen.«

»Ich muß es tun! Ich muß es einfach!« preßte Fred Young hervor.

Chris beugte sich über den Liegenden. Sie faßte ihn an beiden Schultern. Ihre Gesichter berührten sich fast.

»Und was ist, wenn dieser Sargtischler gelogen hat?«

»Warum sollte er?«

»Weil er vielleicht selbst in diesem höllischen Spiel mitmischt. Es ist doch durchaus möglich, daß er auf der Seite der Dämonen steht, dich nun gegen den Inspektor aufgehetzt hat, damit du ihn umbringst, was die Mächte der Finsternis bisher nicht geschafft haben. Da, sieh dir deine Mutter an. Was haben die Dämonen aus ihr gemacht? Ihren eigenen Sohn wollte sie umbringen. Eiskalt töten wie eine Bestie.«

»Hör auf!« schrie Fred. »Hör auf!« Seine Stirn glänzte schweißfeucht.

»Nein!« brüllte Chris zurück. »Ich höre nicht auf, nicht eher, bis du zu Vernunft gekommen bist. Und ich sage dir, du wirst Inspektor Sinclair nicht töten.«

»Laß mich los, verdammt!« keuchte Fred. Seine Frau hielt ihn noch immer an den Schultern gepackt.

Chris ließ los.

Fred Young setzte sich auf. Ein wildes Feuer tanzte in seinen Augen.

Noch war die Mordlust nicht gestillt, war der Einfluß des teuflischen Sargtischlers nicht gebrochen.

Chris stand auf, stieg über die bewußtlose Frau hinweg und hob Stemmeisen und Messer auf.

Fred Young beobachtete sie mit unruhigem Blick. Chris trat ans Fenster und zog es auf.

Dann drehte sie sich noch einmal um. »Ich werfe diese verdammten Mordinstrumente aus dem Fenster. Sie haben schon genug Unheil angerichtet. Da, da!«

»Chris, was machst du . . .!«

Die junge Frau klappte bereits die Fensterflügel wieder zu. »So, das wäre erledigt.«

Fred Young ballte die Hände zu Fäusten. Einen Moment sah es so aus, als wollte er etwas sagen, doch dann warf er sich herum und vergrub sein Gesicht in dem Kopfkissen.

Seine Nerven spielten nicht mehr mit.

Chris streichelte ihrem Mann sanft über das Haar.

John Sinclair erreichte das Dorf.

Noch immer hatte er die Nachwirkungen des Schlages nicht ganz verdaut. Bei jedem Schritt stachen die Kopfschmerzen wie Lanzen in seinem Hirn, außerdem war ihm leicht übel.

Hoffentlich habe ich keine Gehirnerschütterung, dachte John.

An der Einmündung zur Hauptstraße blieb er stehen. Leer und verlassen schien das Dorf zu sein. Die Menschen hatten sich ängstlich in ihre Häuser verzogen. Seit der Bann gebrochen war, hatte sie wieder die alte Panik überfallen.

John blickte zurück.

Es war ihm auch niemand gefolgt. Der Weg zum Friedhof verlor sich einsam in der Dunkelheit.

Der Inspektor ging weiter.

Bleiche Gesichter preßten sich an die Fensterscheiben, verschwanden, wenn Johns Blicke die Hausfassaden streiften.

John Sinclair lächelte bitter. Diese Menschen hatten Angst, höllische Angst. Und er konnte es ihnen nicht einmal verdenken. An diesem Ort war die Zivilisation praktisch vorübergegangen.

Die wenigsten hatten elektrisches Licht, Zeitungen gab es auch nicht, geschweige denn ein Radio.

Hier lebte man noch in der Vergangenheit. Religion und Aberglaube lagen dicht beieinander.

Es war nicht weiter verwunderlich, daß die Einwohnerzahl stetig abnahm. Die jungen Leute zogen es vor, in die größeren Städte abzuwandern. In Foynes konnte man kein Geld verdienen.

John erreichte das Haus der Familie Young.

Aus den Fenstern fielen schmale Lichtbahnen. Jemand mußte überall im Haus die Petroleumlampen oder Kerzen angezündet haben.

John hämmerte gegen die Tür.

»Einen Augenblick!« rief eine weibliche Stimme.

Sie gehörte Chris Young.

Schritte näherten sich der Tür. Dann wurde aufgeschlossen.

»Inspektor, endlich!« sagte die junge Frau, und es klang sehr erleichtert.

John brauchte kein großer Prophet zu sein, um zu wissen, daß hier etwas nicht mit rechten Dingen zugegangen war.

Er betrat das Haus.

Die Tür zum Wohnraum stand offen. John sah immer noch den toten Burns auf der Erde liegen.

Chris Young schloß die Haustür.

John warf der jungen Frau einen fragenden Blick zu.

»Ich erkläre es Ihnen später«, sagte Chris leise. »Kommen Sie erst mit nach oben.«

»Gut.«

Der Inspektor folgte Chris Young in die oberen Räume. Eine steile Falte bildete sich auf seiner Stirn, als er die bewußtlose Mrs. Young und den verletzten Fred sah. Außerdem roch es irgendwie verbrannt.

Und dann begann Chris zu erzählen. Sie ließ nichts aus und berichtete auch von Freds Vorhaben.

»Mein Gott«, flüsterte John, als Chris fertig war, »das ist ja schrecklich. Wäre ich nur hiergeblieben.«

Fred hatte seinen Kopf zur Seite gedreht. Er wagte es nicht, dem Inspektor in die Augen zu sehen.

John ging neben der bewußtlosen Mrs. Young in die Knie. Die Frau hatte außer einer dicken Beule am Kopf nichts abbekommen.

John tätschelte Mrs. Young leicht die Wangen.

Die Frau stöhnte und schlug die Augen auf. Ihre Lippen formten Worte.

»Wo bin ich? Was ist . . . ahhh . . .!«

Ein unartikulierter Schrei entrang sich ihrer Kehle. »Geh weg!« kreischte sie. »Geh weg!«

Mrs. Young warf sich hin und her. Sie schien gräßliche Schmerzen zu haben.

»Nein, ich bleibe!« sagte John hart.

Er wußte, was mit der Frau los war. Sie, die vom Dämon besessen war, hatte, als sie die Augen aufschlug, das silberne Kreuz gesehen. Und es ging die gleiche Verwandlung mit ihr vor wie mit den anderen Dorfbewohnern auch.

Das Schreien endete in einem Wimmern. Und plötzlich wurde Mrs. Young ruhig. Ihr Blick war auf einmal wieder klar.

Fassungslos hatten Chris und Fred diesem Schauspiel zugesehen. John gab eine kurze Erklärung. »Ich würde vorschlagen, Sie sagen ihr von den Ereignissen nichts. Erfinden Sie irgendeine Ausrede, sie wird es schon glauben.«

Die beiden jungen Menschen nickten stumm.

John half der älteren Frau auf die Beine. »Was ist mit mir geschehen?« ächzte sie. »Oh, mein Kopf.«

John brachte Mrs. Young zu dem Bett. Fred war inzwischen aufgestanden und hatte sich auf den freien Tisch gesetzt.

»Sie sind gestürzt, Mrs. Young«, erklärte John, während er die Frau auf die Kissen drückte. »Und sie waren dadurch eine ganze Weile bewußtlos.«

»Ja«, erwiderte die Frau. »Da war auf einmal solch ein komisches Gefühl, als wäre irgend etwas Fremdes in mich eingedrungen. Ich war plötzlich nicht mehr ich selbst. Komisch, ich war doch noch vorhin unten.«

»Sagten Sie nicht selbst, Sie könnten sich an nichts mehr erinnern?«

»Ja, das stimmt, Inspektor, aber«, sie sah John an, »was ist denn mit Ihnen passiert? Ihr Kopf ist voller Blut, die Kleidung zerrissen. Und Fred, warum trägt er einen Verband? Ja, was ist denn überhaupt geschehen, während ich bewußtlos war?«

»Ich hatte eine kleine Auseinandersetzung«, sagte John. »Und Sie haben, als Sie raufgingen, die Schüssel vom Tisch geworfen.

Deshalb die Scherben. Ihr Sohn hat sich leider daran verletzt. Es ist aber nicht weiter schlimm.«

Die Frau schluckte diese Lüge.

Die Menschen atmeten auf.

»Aber was geschieht nun weiter?« wollte Mrs. Young wissen.

»Sie brauchen erst einmal Ruhe«, sagte John. »Oder noch besser wäre es, sie gingen von hier fort.«

»Ich von Foynes weg, Inspektor? Nein. Außerdem, mein Mann.« Die Augen der Frau weiteten sich. »Wo ist er überhaupt?« Sie faßte sich an die Stirn. »Stimmt das, was Burns gesagt hat. Ist er . . .?«

»Ja, Mrs. Young, Ihr Mann ist tot«, sagte John.

»O Gott!«

John erhob sich von der Bettkante. Mrs. Young weinte hemmungslos. »Kümmern Sie sich jetzt um Ihre Mutter«, sagte der Inspektor.

Fred nickte.

John machte Chris ein Zeichen, das Zimmer zu verlassen. Draußen erkundigte er sich nach einer Waschgelegenheit.

Es gab einen kleinen Anbau, der als Waschküche eingerichtet war. Dort stand auch ein Bottich mit kaltem Wasser. John reinigte sich, so gut es ging. Vorher holte er jedoch seinen Koffer aus dem Wagen. Er streifte sich frische Kleidung über und ging nach oben.

Mrs. Young hatte sich wieder beruhigt. Sie war in einen tiefen Schlaf gefallen.

»Was sollen wir denn jetzt machen, Inspektor?« fragte Fred.

»Am besten ist es, Sie verschwinden von hier«, erwiderte John. »Ich weiß nicht, was alles noch geschehen wird. Das, was wir eben erlebt haben, war erst der Anfang. Diese Nacht wird noch mehr Überraschungen für uns parat halten.«

»Verschwinden, Inspektor, das tun wir auf keinen Fall«, sagte Fred entschlossen. »Ich kann meine Mutter nicht einfach zurücklassen. Außerdem habe ich mit den Dämonen auch noch eine Rechnung zu begleichen«

»Halten Sie sich da raus«, erwiderte John scharf. »Erstens sind Sie verletzt, und zweitens kommen Sie gegen diese Geschöpfe sowieso nicht an.«

Fred wollte etwas erwidern, doch seine Frau fiel ihm ins Wort.

»Ich bitte dich, Fred, hör auf das, was der Inspektor gesagt hat. Wir sind noch zu jung zum Sterben!«

Fred Young senkte den Kopf. »Gut, ich halte mich raus«, gab er widerwillig nach.

John schlug dem jungen Mann auf die Schulter. Dann blickte er auf seine Uhr.

»Noch zwei Stunden bis Mitternacht«, murmelte er. »Zeit genug, um noch einen Besuch zu machen.«

»Zu wem wollen Sie denn?« fragte Chris.

John deutete nach unten. »Dort liegt noch eine Leiche. Die will ich einem gewissen O'Donell bringen. Außerdem muß sich dieser Mann auf ein paar unangenehme Fragen gefaßt machen. Ich habe das Gefühl, daß er mehr weiß, als er zugeben will . . .«

O'Donell, der Sargtischler, hatte seinen Triumph!

Es war ihm gelungen, die Dämonen aus ihrem Reich zu holen. Seine jahrelange Arbeit, sein geheimes Studium, es war mit diesem einmaligen Erfolg gekrönt worden.

Über 20 Jahre schon hauste er hier in diesem abgeschiedenen Dorf. Die Leute hatten um ihn einen Bogen gemacht.

Ein Sargtischler und Leichenbestatter, wer wollte schon mit dem etwas zu tun haben?

O'Donell war das nur recht gewesen. So hatte er ungestört seine Studien fortsetzen können.

Den Keller des Hauses hatte er sich als Labor und Arbeitsraum eingerichtet. Jetzt sah er aus wie eine mittelalterliche Gruselkammer.

O'Donell brauchte diese Umgebung als Stimulans für seine teuflischen Experimente. Nur so konnte er mit den Geistern und Dämonen der jenseitigen Welt in Kontakt treten.

Die Wände des Kellers waren dunkel und übersät mit alten Waffen. Morgensterne, Lanzen und Helebarden hingen hier dicht nebeneinander. Den Keller selbst konnte man nur durch eine Falltür erreichen, die mit einer ausklappbaren Aluminiumleiter versehen war.

Doch das Zentrum des Kellers war ein Kamin. Er stand genau im Schnittpunkt der magischen Linien, mit denen O'Donell den Keller vermessen hatte.

Der Kamin war quadratisch und aus dicken Steinen gemauert worden. Sie waren von innen rußgeschwärzt. Auf dem handbreiten Rand des Kamins standen allerlei Tiegel und Schalen mit undefinierbaren Kräutern und Essenzen.

Es gab auch Strom. Ein kleiner Generator in einer Ecke des Kellers versorgte die Lampe an der Decke mit Elektrizität. Das Licht reichte gerade aus, um lesen zu können.

In dieser Nacht saß O'Donell an seinem Arbeitstisch. Vor sich hatte er eine uralte Papierrolle liegen. Sie war mit seltsamen Beschwörungsformeln und magischen Zeichen beschrieben. O'Donell hatte diese Rolle zufällig gefunden, und das war gewissermaßen der Anlaß zu seinen satanischen Studien gewesen.

Er hatte es geschafft, die Dämonen zurückzuholen. Aber noch fehlte ihm jemand. Ein Mann, der damals ihr größter Feind gewesen war.

Horace Kennon, der Hexenjäger!

Die Schriften hatten O'Donell alles gesagt, hatten nahezu minutiös das Blutfest am Galgenhügel wiedergegeben. Und dieses Blutfest hatte O'Donell fasziniert und soweit gebracht, daß er sich nichts sehnlicher wünschte als eine Wiederholung.

Heute nacht sollte ihm das gelingen!

Aber er wollte noch mehr. Wollte sich die Dämonen untertan machen, sie zwingen, nur ihm zu gehorchen.

Dann hätte er die Macht! Aber dazu brauchte er noch Horace Kennon. Der Hexenjäger sollte sein Verbündeter werden.

Ja, so mußte es laufen.

O'Donells Gesicht war angespannt. Seine zitternden Finger glitten über das rissige Papier. Seine Lippen formten unhörbare Worte. Wie ein Schwamm saugte O'Donell die alten Beschwörungsformeln in sich hinein.

Der Sargtischler rutschte mit dem Stuhl zurück. Das ratschende Geräusch übertönte deutlich das Summen des Generators.

O'Donell trat an den Kamin. Die Muskeln unter seiner Gesichtshaut zuckten erregt. Seine Augen hatten einen fanatischen Glanz. Niemand würde ihn je von seinem Vorhaben abbringen können.

Vor dem Altar blieb O'Donell stehen. Noch einmal konzentrierte er sich.

Eine seltsame Fügung des Schicksals hatte es gewollt, daß es alle hundert Jahre einen Mann gegeben hatte, der die Dämonen auf die Erde zurückholen wollte.

Nur O'Donell war es bisher in letzter Konsequenz gelungen. Andere hatten nur Teilerfolge erzielt. Daher waren auch die Schreckenslegenden entstanden, die im Dorf kursierten.

Der Sargtischler streckte beide Arme aus. Fingerspitzen und Schultern bildeten eine Linie.

O'Donell spreizte die Finger beider Hände.

Lansam begann er zu sprechen. Kehlige, kaum verständliche Laute drangen aus seinem Mund.

Die Luft begann sich zu verdichten, zu knistern.

Eine kleine Rauchfahne kräuselte plötzlich aus dem Kamin hervor, glitt wie ein Pfeil zwischen O'Donells Hände hindurch und faserte an der Decke auseinander.

Der Qualm roch scharf, fast ätzend.

O'Donell senkte den rechten Arm und griff nach einer kleinen Schale.

Eine dunkelgrüne, breiige Masse befand sich darin.

Der Sargtischler drehte die Schale herum.

Sirupartig rann die Masse in den Kamin.

Es zischte.

Unaufhörlich sprach O'Donell weiter. Er stieß die Worte jetzt schneller hervor, hastiger.

Der Sargtischler griff nach einem Tiegel, nachdem er vorher die Schale abgesetzt hatte.

Ein rotes Pulver stäubte in den Kamin.

Feuer puffte auf.

O'Donell fiel auf die Knie. Sein Gesicht war schweißnaß und zur Grimasse verzerrt.

Er schrie jetzt die Beschwörungsformeln hinaus, packte eine Schale mit Menschenblut – das er seinen Leichen entnommen hatte – mit beiden Händen und goß den dunkelroten Lebenssaft in das Feuer.

Eine große dunkle Rauchwolke drang aus dem Kamin hervor, erstickte das Feuer.

Kalter Wind fegte plötzlich durch den Keller, begleitet von einem gräßlichen Heulen.

O'Donell hatte das Tor der Hölle einen Spaltbreit geöffnet.

Die Rauchwolke begann zu wandern, hing plötzlich breit und massig unter der Decke.

O'Donell hob den Kopf.

Die Wolke geriet in Bewegung, formte sich zu einer Figur.

Zu einer menschlichen Figur.

Gesicht, Körper – innerhalb von Sekunden kristallisierte es sich heraus.

Es war ein Mann.

Horace Kennon, der Hexenjäger, war zurückgekehrt!

Breitbeinig stand er plötzlich vor O'Donell. In der rechten Hand hielt er eine Peitsche. Der schwarze Bart verdeckte fast die Hälfte seines Gesichtes.

Er trug ein dunkelrotes Wams, Kniebundhosen und bis zu den Knien reichende Stiefel.

»Was willst du?« dröhnte die Stimme des Hexenjägers. »Warum hast du mich gerufen?«

O'Donell schluckte. Er konnte das, was er getan hatte, gar nicht so schnell begreifen. Trotz seiner Vorbereitungen hatten ihn die Ereignisse überrollt.

Doch er durfte keine Schwäche zeigen.

Der Sargtischler stand auf. Er streckte den Arm aus, wollte den Hexenjäger anfassen.

Seine Finger griffen ins Leere!

Der Hexenjäger lachte. Schaurig klang es durch das düstere Gewölbe. »Kein Sterblicher wird mich jemals besiegen können!«

O'Donell nahm seinen gesamten Mut zusammen. »Doch, Horace Kennon«, sagte er. »In den alten Überlieferungen steht geschrieben, daß du dem gehorchen mußt, der dich befreit. Und ich habe dich von deinem Fluch erlöst. Du wirst von nun an mein Diener sein!«

Wieder lachte der Hexenjäger. »Ich habe noch nie jemandem gedient. Ich war und werde auch immer mein eigener Herr bleiben. Und du wirst mich daran nicht hindern können. Ich werde den Weg gehen, den mir der Satan vorgeschrieben hat. Aus dem Weg, du Wurm!«

Plötzlich zuckte die Peitsche vor, und O'Donell bekam die Schnur mitten ins Gesicht.

Seine Haut platzte auf, Blut schoß ihm aus der Nase.

Der Sargtischler taumelte zurück, preßte beide Hände gegen sein Gesicht.

In diesem Augenblick wurde ihm klar, daß er zu hoch gespielt hatte, daß mit den Mächten der Finsternis kein Pakt zu schließen war.

Automatisch wischte er sich das Blut aus seinen Augen, konnte wieder klar sehen.

Der Hexenjäger stand genau unter der Falltür. Er überlegte wohl, ob er den Keller verlassen sollte.

Und O'Donell sah noch eine winzige Chance.

Er machte einen Schritt auf Kennon zu.

»Halt! Nicht schlagen!« krächzte O'Donell, als der Bärtige die Peitsche hob. »Ich habe dir einen Vorschlag zu machen!«

Der Hexenjäger überlegte. Dann sagte er: »Laß hören!«

O'Donell mußte sich erst etwas beruhigen, ehe er weitersprechen konnte. Schließlich sagte er: »Du bist in diese Welt zurückgekommen, um eine Aufgabe zu übernehmen. Ich weiß es, du willst dein früheres Leben weiterführen. Ich kann dir dabei helfen.«

Die Augen des Hexenjägers verengten sich. »Berichte!«

»Es gibt auch heute noch Hexen, und ich werde dafür sorgen, daß du sie bekommst. In diesem Ort lebt ein junges Mädchen, das die Eigenschaften einer Hexe hat. Bring sie zum Galgenbaum, und häng sie auf. Und noch etwas«, sagte der Sargtischler. Er senkte seine Stimme zu einem Flüstern. »Du kannst den Fluch endgültig von dir nehmen, wenn du Noah Kilrain und seine Höllenknechte für alle Zeiten zum Satan schickst. Ich werde dir dabei helfen.«

Horace Kennon überlegte einen Moment, ehe er weitersprach. Dann begann er schallend zu lachen. »Gut, mein Freund«, sagte er, »dein Vorschlag gefällt mir. Dann bist du eben mein Diener.«

O'Donell nickte. »Was soll ich machen?«

»Beschreibe mir, wo das Mädchen wohnt, von dem du geredet hast!«

Der Sargtischler gehorchte. Er hatte kaum ausgesprochen, da wurde die Gestalt des Hexenjägers durchsichtig, und einen Atemzug später war sie verschwunden. Wie vom Erdboden verschluckt.

O'Donell atmete auf. Erst jetzt merkte er, daß er schweißgebadet war. Trotz seines Paktes mit dem Hexenjäger hatte er das Gefühl, bald sterben zu müssen.

Er trat an den Kamin.

Moder- und Schwefelgeruch drangen in seine Nase. Minutenlang blieb O'Donell unbeweglich stehen, dann wandte er sich ab und ging zu der herabgelassenen Falltür.

Er wollte gerade die erste Stufe der Leiter betreten, als er oben im Haus ein Geräusch hörte.

Jemand war bei ihm eingebrochen!

O'Donell sprang zurück und riß einen Morgenstern von der Wand. Es war eine mit mörderischen Spitzen bestückte Eisenkugel, die an einem stabilen Holzgriff befestigt war.

O'Donell huschte in einen toten Winkel des Kellers. Der Eindringlich würde sich wundern.

Er war schon so gut wie tot . . .

Neun Höllenknechte hatte Noah Kilrain noch um sich versammelt. Drei waren durch einen Mann getötet worden.

Durch John Sinclair, an dem sich Noah Kilrain gräßlich rächen würde.

Die Dunkelheit lag wie ein Tuch über dem Land. Die blanken Schädel der Skelette leuchteten wie matte Flecke.

Die Unheimlichen hatten sich am Galgenbaum versammelt. Hier hatte alles begonnen – hier sollte es auch enden. Diesmal endgültig. Sie wollten nicht mehr zurückkehren in ihr Reich, in dem es für sie keine Ruhe gab und das sie durch einen Fluch alle hundert Jahre verlassen mußten.

Wieder hatte sich jemand gefunden, der sie zurückgeholt hatte.

Aber diesmal war es anders. Der »Jemand« war zu weit gegangen. Er hatte auch den Hexentöter zurückgeholt.

Noah Kilrains Todfeind!

In dieser Nacht würde sich herausstellen, wer der Stärkere war.

Gespenstisch ragten die Äste des uralten Galgenbaums über den Skeletten in den Nachthimmel.

Die Luft war feucht. Nebelschwaden zogen träge über den Boden.

Die Höllenknechte warteten. Erst wenn ihr Erzfeind erledigt war, würden sie über das Dorf herfallen.

Die Menschen waren ahnungslos und ängstlich. Es gab genügend Körper, in die die Dämonen schlüpfen konnten wie in eine zweite Haut.

Die Saat des Bösen war aufgegangen . . .

Der Tote war schwer.

John Sinclair hatte sich die Leiche über die rechte Schulter gelegt und auch seinen rechten Arm um den Körper geschlungen. Bei jedem Schritt schlugen ihm die Füße des Toten gegen den Rücken.

Es war ein makabres Bild, als der Inspektor mit seiner Last über die Dorfstraße ging.

Etwas lag in der Luft. John Sinclair spürte das instinktiv. Er hatte im Laufe der Zeit ein Gespür für Gefahr bekommen.

Noch immer ließ sich kein Mensch sehen. John meinte, durch einen von Menschen verlassenen Ort zu gehen.

Doch hier irrte er sich.

Viele Augenpaare folgten ihm. Gebete wurden gesprochen. Die Menschen wußten, daß sich noch in dieser Nacht die Entscheidung anbahnen würde.

Die Frage war nur, wer blieb Sieger?

John erreichte das Haus des Sargtischlers.

Er klopfte mit der linken Faust gegen die Tür.

Im Innern rührte sich nichts.

Der Inspektor ließ die Leiche von seiner Schulter gleiten und legte sie auf die Erde. Dann probierte er die Klinke.

Vergeblich.

Wie hätte es auch anders sein können. Wer etwas zu verbergen hatte, ließ beileibe nicht die Türen offen.

John Sinclairs Blick glitt prüfend an der dunklen Fassade hoch. Die kleinen Fenster sahen aus wie Fremdkörper. Doch hinter keiner Scheibe schimmerte Licht.

John zuckte mit den Schultern. Er bückte sich und nahm das Schloß in Augenschein.

Es war primitiv, aber verschlossen. Da war nichts zu machen.

Die Tür war einfach aufzubrechen, doch das durfte John nicht riskieren. Denn es stand längst nicht fest, daß O'Donell ein Verbrecher war.

Der Hinterausgang fiel John ein. Sicher besaß dieses Haus eine

Hintertür. Vielleicht konnte er auch durch die Werkstatt in das Innere gelangen.

John machte sich auf den Weg. Den Toten ließ er liegen.

Bis zum Nachbargebäude war genügend Platz, um zwischen den beiden Häusern hindurchgehen zu können. Die Lampe ließ John sicherheitshalber in der Tasche.

Ein verwildeter Garten nahm ihn auf. John erkannte die Umrisse des Anbaus.

Einmal stieß er mit der Fußspitze gegen eine leere Holzkiste. Es gab ein ratschendes Geräusch, als die Kiste an der Hausmauer landete.

John blieb stehen. Hatte man ihn gehört?

Nichts geschah.

Der Inspektor atmete auf. Wie flüssiges Blei glänzte über ihm die Scheibe eines Fensters.

Auch dahinter brannte kein Licht.

John ging weiter, erreichte den Anbau.

Und dann sah er die Tür. Sie war aus Holz und hing schon schief in den Angeln. Die Klinke war verrostet. John fühlte es, als seine Finger darüberglitten.

Mit dem Knie stieß er gegen das Holz und drückte gleichzeitig die Klinke nach unten.

Die Tür schwang zurück. Sie quietschte erbärmlich.

John verzog das Gesicht und huschte schnell in den dahinterliegenden Gang.

Diesmal riskierte er es, seine kleine Lampe anzuknipsen. Er ließ den bleistiftdünnen Strahl kreisen.

Der Inspektor befand sich bereits in der Schreinerei.

An einer Wand standen drei billige Fichtenholzsärge, wohl übereinandergestapelt. John entdeckte eine Hobelbank und eine Kreissäge, dazu einige Werkzeuge, die ein Schreiner braucht. Über allem lag der Geruch nach frischem Holz, der Johns Schleimhäute kitzelte. Gewaltsam mußte er ein Niesen unterdrücken.

John tat einige vorsichtige Schritte. Unter seinen Schuhsohlen knisterten feine Holzspäne.

Und noch immer hatte er keine Spur von O'Donell entdeckt. Sollte der Kerl gar nicht im Haus sein?

Möglich war es.

Da sah John die Tür. Nach draußen führte sie nicht, demnach mußte dahinter noch ein Raum liegen.

John ging auf die Tür zu. Dabei streifte der schmale Lichtstrahl die Gesalt eines Mannes.

Der Mann war tot. Er lag rücklings auf einem Tisch. Die Hände waren ihm auf der Brust übereinandergelegt worden.

Der Tote war Simon Young. John selbst hatte ihn ja oben in der Kirche gefunden.

Wahrscheinlich hatte O'Donell die Leiche bereits fertig zum Einsargen gemacht. Aber weshalb hatte er nicht weitergearbeitet?

Drei Schritte waren es noch bis zur Tür.

Der Inspektor öffnete sie vorsichtig, schob sich in den dahinterliegenden Raum.

Da bemerkte er das Licht.

Sofort löschte John die Lampe, blieb stehen.

Der Lichtschein kam von unten, wohl aus einem Keller. John erkannte die Umrisse eines Bretterstapels. Dieser Raum mußte als Lager dienen.

Der Boden war mit kleinen Holzstücken übersät. Es war unmöglich, leise aufzutreten.

Kein Geräusch drang aus dem Keller. Und trotzdem hatte John das Gefühl, nicht mehr allein zu sein.

Seine Muskeln spannten sich.

Er erreichte den Rand der Falltür.

John beugte seinen Oberkörper vor und warf einen Blick durch das offene Rechteck.

Der Keller unter ihm war eine Mischung aus Folterkammer und Alchemistenküche.

Alles war alt und schien noch aus dem Mittelalter zu stammen. Nur die an der Falltür angebrachte Aluminiumleiter war neu. Das Metall glänzte matt.

Um das Rätsel endgültig zu lösen, mußte John Sinclair nach unten steigen.

Er tat es so, daß er immer einen Teil des Kellers im Auge hatte.

John zählte sechs Sprossen.

Niemand schien sich in dem Keller aufzuhalten. Davon war der Inspektor auch noch überzeugt, als er auf der letzten Sprosse stand.

Doch plötzlich hörte er hinter seinem Rücken das Geräusch. Es war nur ein leises Schleifen, doch John reagierte richtig.

Mit einem wahren Panthersatz sprang er vor.

Er hörte hinter sich noch ein häßliches Pfeifen, und dann klirrte etwas auf den Steinboden. Funken stoben auf.

John warf sich herum.

Vor ihm stand O'Donell. Sein Gesicht war geschwollen, und in seinen Augen glänzte der Haß. Der Mann war höllisch gefährlich, denn die Finger seiner rechten Hand hielten einen Morgenstern umklammert.

Es war klar, daß er John damit töten wollte.

»Machen Sie keinen Unsinn«, sagte der Inspektor scharf. »Werfen Sie das Ding weg.« Der Geisterjäger wußte noch in der gleichen Sekunde, daß er gegen taube Ohren sprach.

Kein Wort drang über O'Donells Lippen, als er seinen rechten Arm hob. Deutlich sah John die mörderischen Spitzen der Kugel. Wenn auch nur ein Schlag traf, dann . . .

John durfte gar nicht an die Folgen denken.

»Jetzt hast du wohl Angst, wie?« keuchte O'Donell und schlug gleichzeitig zu.

Der Hieb war auf Johns Gesicht gezielt, sollte ihn direkt beim ersten Schlag töten.

Der Inspektor ließ sich fallen. Blitzschnell rollte John über den Boden.

O'Donell keuchte wütend.

John sprang auf.

Da kam der Sargtischler schon auf ihn zugerannt.

Der Inspektor sprang zurück, packte den Tisch, auf dem die Papierrollen lagen, und warf ihn O'Donell entgegen.

Der Sargtischler bekam das Möbelstück voll mit. Es erwischte ihn an Brust und Arm, schleuderte ihn zurück.

O'Donell brüllte auf, als er zu Boden ging. Doch wie eine Katze war er sofort wieder auf den Beinen.

John stoppte seinen Angriff mitten in der Bewegung. Er hatte keine Lust, mit dem Morgenstern Bekanntschaft zu machen. Er wäre O'Donell genau in den Schlag gelaufen.

John hatte vorhin gesehen, daß auch noch andere Waffen an der Wand hingen.

Mit einem Sprung hatte er die Mauer erreicht und riß eine Lanze aus der Halterung. Die Waffe war schwer, und durch den langen Hebelweg ließ sie sich nur schlecht bewegen.

Trotzdem war sie besser als nichts. Natürlich hätte John schießen können, aber er wollte nicht unnötig eine Silberkugel vergeuden.

Durch geschicktes Vor- und Zurückstoßen hielt sich der Inspektor den Sargtischler vom Hals. Die Reichweite der Lanze war wesentlich größer als die des Morgensterns.

»Gib auf«, sagte John. »Du hast keine Chance mehr!«

O'Donell lachte schrill. »Ich gebe nicht eher auf, als bis ich dich in Stücke geschlagen habe, Sinclair.«

Da wußte John, woran er war.

Aber ihm saß auch die Zeit im Nacken. Er wollte den Kampf so schnell wie möglich beenden. Und dies unblutig.

Der Inspektor machte einen plötzlichen Ausfall. Die Spitze der Lanze zielte gegen O'Donells Magen.

Der Sargtischler wich aus.

Das hatte John erwartet.

Mit einem Ruck schwenkte er die Lanze zur Seite. Die flache Seite der Spitze knallte O'Donell gegen die Hüfte.

Der Sargtischler, der gerade in diesem Augenblick auf dem falschen Bein gestanden hatte, geriet ins Taumeln, dachte im Moment nicht an eine Gegenwehr.

John nutzte diese Schwäche eiskalt aus.

Er sprang vor, packte den Lanzenschaft mit beiden Händen und schmetterte ihn auf O'Donells Schädel.

Mit einem Ächzen brach der Sargtischler in die Knie. An seinen Morgenstern dachte er längst nicht mehr. John riß ihm die Waffe aus der Hand und warf sie in die Ecke.

Dann setzte er dem Sargtischler die Spitze der Lanze auf die Brust.

Der Mann war noch nicht ganz da. Es dauerte einige Zeit, bis er sich von Johns Schlag erholt hatte.

Der Inspektor trat einen Schritt zurück. Nach wie vor schwebte die Lanze drohend über O'Donells Körper.

»Steh auf!« befahl John Sinclair.

Der Sargtischler quälte sich auf die Beine. Dabei war sein haßerfüllter Blick weiter auf John Sinclair gerichtet.

John trieb den Mann bis gegen den Kamin. »Da, setz dich auf den Rand.«

O'Donell schüttelte den Kopf. »Ich bleibe stehen!«

John Sinclair grinste. »Ganz wie du willst. Ich hatte es nur gut mit dir gemeint. So, und jetzt haben wir unser Plauderstündchen.«

»Gar nichts werde ich sagen! Gar nichts!« giftete der Sargtischler. »Wenn du denkst, du hättest gewonnen, dann irrst du dich gewaltig. Die Dämonen kann man nicht besiegen. Sie sind stärker als wir.«

»Du weißt ziemlich gut Bescheid«, konterte John. »Dann sing nur mal dein Liedchen!«

Stur schüttelte O'Donell den Kopf. Plötzlich flog ein triumphierender Ausdruck über sein Gesicht.

John Sinclair ahnte, daß ihm etwas eingefallen war, daß er noch einen Trumpf in der Hinterhand hatte.

Und O'Donell begann zu erzählen. Berichtete von Horace Kennon, dem Hexenjäger, und sagte zum Schluß höhnisch lachend: »Ich habe ihm genau gesagt, wo das blonde, junge Mädchen wohnt. Er wird es sich holen und zum Galgenhügel schleppen. Denn sie ist eine verdammte Hexe!«

Die letzten Worte schleuderte der Sargtischler John Sinclair entgegen.

Johns Gesicht wurde hart. Er glaubte den Worten dieses Mannes. Und gleichzeitig war ihm bewußt, in welch großer Gefahr die Familie Young schwebte.

Der Inspektor entschied sich innerhalb von Sekunden.

»Los, komm mit!« schrie er den Sargtischler an. »Wir werden gemeinsam zum Haus der Youngs gehen!«

O'Donell hob beide Hände. »Ich? Wie käme ich dazu. Das ist nicht mein Pro . . .«

John hob die Lanze.

Der Sargtischler duckte sich erschrocken. Wahrscheinlich hatte er jetzt endlich begriffen, daß der Inspektor nicht spaßte.

»Ist ja schon gut«, knurrte O'Donell und ging auf die Leiter zu.

John folgte ihm dicht auf. Die Spitze der Lanze war nur eine Handbreit von O'Donells Rücken entfernt.

»Schneller!« befahl John, dem der Sargtischler zu gemächlich die Sprossen hochstieg.

Der Inspektor hatte sich die Lanze wie ein Gewehr unter den

Arm geklemmt. In der anderen Hand hielt er jetzt seine Bleistiftlampe.

Als sie oben waren, ließ John die Lanze fallen.

Sofort wirbelte der Sargtischler herum – und schaute in die Mündung einer Pistole.

»Du warst zu langsam, mein Freund!« knurrte John. »Los, geh weiter! Aber nimm den Vorderausgang!«

O'Donell gehorchte achselzuckend.

Die kleine Lampe verbreitete genügend Helligkeit, um sich einigermaßen orientieren zu können.

Sie erreichten die Haustür. Der Schlüssel steckte von innen.

»Schließ auf!«

Zweimal drehte O'Donell den Schlüssel herum, zog dann die Tür ein Stück auf.

Im selben Moment hörten sie den Schrei. Er war so grausam und unmenschlich, daß selbst John Sinclair eine Gänsehaut über den Rücken lief . . .

Die drei Menschen starrten dumpf brütend vor sich hin. Niemand wagte einen Ton zu sagen. Zu schrecklich waren die Ereignisse der Vergangenheit gewesen.

Und sie wußten, daß es noch längst nicht ausgestanden war. Fast körperlich spürten sie die Drohung, die über dem kleinen Dorf lag. Die Dämonen wollten ihre Rache. Jeder Einwohner konnte das nächste Opfer sein.

Fred Young verzog hin und wieder das Gesicht. Er mußte starke Schmerzen haben. Der notdürftige Verband an seiner Hand war blutdurchtränkt. Die Blutung selbst war zum Glück gestoppt worden. Seinem Bein ging es auch nicht viel besser. Seine Mutter lag noch immer auf dem Bett. Sie atmete laut und schwer. Manchmal schüttelte auch ein verkrampftes Schluchzen ihren Körper. Das geschah immer dann, wenn sich ihre Gedanken mit dem Tod ihres Mannes beschäftigten.

Chris Young lehnte an der Wand. Sie spielte nervös mit ihren Fingern. Unter ihren Augen lagen tiefe Ränder. Die letzten Stunden waren auch an Chris nicht spurlos vorübergegangen.

»Wir sollten nach unten gehen«, schlug Fred vor. »Vielleicht braucht uns der Inspektor, und da ist es besser . . .« Er brach ab.

Seine Frau stimmte ihm zu. »Und wie ist es mit dir, Mutter?« fragte sie. »Wir könnten dich unten auf das Sofa legen.«

»Ja, das ist besser«, erwiderte die alte Frau schwach.

Chris half ihr aus dem Bett. »Danke, Mädchen, ich kann schon allein gehen. Bleib du mal bei deinem Mann.«

Noch immer wußte Mrs. Young nicht, daß sie es gewesen war, die ihrem Sohn die Verletzung beigebracht hatte. Die jungen Leute waren auch übereingekommen, es niemals zu erwähnen.

Fred zog das verletzte Bein nach. Chris half ihm, die Treppe hinunterzugehen.

Zum Glück gab es überall Licht. Auch im Wohnraum brannte eine Petroleumlampe. Ihr Schein spiegelte sich in der Glaswand des Schrankes.

Mrs. Young wurde auf das Sofa gelegt. Chris holte noch ein paar Decken, mit denen sie die ältere Frau zudeckte.

Sie und Fred setzten sich an den Tisch.

Fred holte eine verknautschte Zigarettenschachtel hervor. Chris, die nur selten rauchte, nahm diesmal auch ein Stäbchen.

Ein paar Minuten rauchten sie schweigend.

»Was meinst du? Ob der Inspektor wohl Erfolg gehabt hat?« fragte Chris in die Stille hinein.

»Ich denke schon. Sieh dir Sinclair doch an. Der wird bestimmt mit einem Knaben wie O'Donell fertig.«

»Aber nicht, wenn der andere mit den Höllenmächten in Verbindung steht.«

Fred drückte seine Zigarette aus. Dann zuckte er mit den Schultern. »Ich weiß nicht. Höllenmächte, Mächte der Finsternis und wie das alles heißt. Ich finde, wir sind zu schnell mit diesen Dingen bei der Hand. Mir kommt es bald so vor, als hätte jeder seine übersinnliche Erklärung in der Schublade. Nicht nur auf den Dörfern, nein, auch in den Großstädten wie London zum Beispiel. Wenn ich nur an die vielen Hexenclubs denke, die dort aus dem Boden geschossen sind, wird mir schlecht. Und was ist es in Wirklichkeit?« Fred senkte seine Stimme. »Ein Mäntelchen für wüste Orgien.«

Trotz des Ernstes der Lage mußte Chris lächeln. Doch schnell wurde ihr Gesicht wieder ernst. »Ich habe das Gefühl, du verallgemeinerst zu stark, Fred. Sicher wird es diese Auswüchse geben, aber dennoch bleibt immer ein kleiner Rest von ungelösten Fällen. Und die kannst du nicht so einfach abtun.«

»Natürlich, du hast recht«, sagte Fred und sah schon wieder auf seine Uhr.

»Jetzt müßte der Inspektor aber schon bald zurücksein. Wenn nicht etwas . . .«

Fred Young stockte. Seine Augen hatten sich zusammengezogen. Schweiß perlte plötzlich auf seiner Stirn.

»Ist irgendwas?« fragte Chris ahnungslos.

Fred mußte zweimal schlucken, ehe er weitersprach. »Da, hinter deinem Rücken. Oh, mein Gott!« Fred sprang auf.

Im gleichen Augenblick drehte sich auch Chris um.

Ihr Herzschlag drohte auszusetzen. Die Angst überfiel sie plötzlich wie ein wildes Tier.

Vor ihr stand ein Mann. Er war altertümlich gekleidet und hatte einen schwarzen Bart. In der rechten Hand hielt er eine Peitsche.

Niemand wußte, wie dieser Mann in das Zimmer gekommen war. Auf jeden Fall hatte er plötzlich hinter Chris gestanden.

Fred faßte sich als erster. »Was wollen Sie?«

»Diese Frau«, antwortete der Bärtige und zeigte auf Chris. »Sie ist eine Hexe. Sie gehört auf den Scheiterhaufen.«

Der Bärtige streckte seinen Arm aus und faßte Chris an der Schulter.

Die junge Frau schrie auf. Sie wollte die Hand abschütteln – es ging nicht. Der Unheimliche schien Riesenkräfte zu haben.

»Fred, so hilf mir doch!« jammerte Chris und drehte sich unter dem gnadenlosen Griff des Hexenjägers.

»Ihr kann niemand helfen!« Mrs. Young, die dem Vorgang fast teilnahmslos zugesehen hatte, hatte diese Worte gesprochen. »Es ist Horace Kennon, der Hexenjäger. Er ist stärker als wir. Ich kenne seine Beschreibung und seine Eigenschaften aus den alten Überlieferungen. Sie haben ihn damals gehenkt und ins Meer geworfen. Jetzt ist er zurückgekehrt, um sich furchtbar zu rächen. Ihr seid seine Opfer. Es gibt kein Entrinnen!«

Der Hexenjäger lachte. »Sie hat recht. Diese Hexe entkommt mir nicht mehr. Ich werde wie damals das Dorf von den Dämonen befreien. Doch vorher muß dieses sündige Weib sterben. Durch meine Hand!«

Brutal riß er Chris an sich.

Die junge Frau schrie auf.

Da drehte Fred durch.

So schnell es seine Verletzung erlaubte, sprang er auf den Hexenjäger zu.

Doch Kennon reagierte blitzschnell. Er stieß Chris von sich und riß gleichzeitig seine Peitsche hoch.

Das Leder pfiff durch die Luft und klatschte Fred Young vor die Brust.

Der junge Mann hatte das Gefühl, ihm würden sämtliche Knochen gebrochen. Er stoppte mitten in der Bewegung.

Wieder schlug der Hexenjäger zu.

Fred brach zusammen. Sein Hemd war nur noch ein Fetzen. Seine Haut platzte auf.

Doch er gab nicht auf. Er wollte kämpfen, wollte das Leben seiner Frau retten.

Stöhnend und auf allen vieren kroch er auf den Hexenjäger zu.

Wieder hob Kennon den Arm. Die Lust am Töten hatte ihn gepackt.

Da fiel ihm Chris in den Arm. Das heißt, sie wollte es, doch sie griff ins Leere.

Der Körper war nicht existent. Es war nur ein Geistkörper, der zwar alles fassen und greifen konnte, selbst aber unantastbar war.

Chris Young brach zusammen. Diese Erkenntnis konnte sie nicht verkraften.

Aber Chris hatte Fred Zeit gegeben, sich aus dem Gefahrenbereich zu rollen. Fred lag vor einer Zimmerwand und wollte sich gerade wieder auf die Beine quälen.

»Du mußt ein Kreuz holen«, hörte er die Stimme seiner Mutter. »Nur damit kannst du ihn besiegen.«

Die alte Frau hatte sich aufgesetzt. In ihren Augen leuchtete es wild. Sie, die vorhin schon aufgegeben hatte, war nun von einem heißen Kampfeswillen beseelt.

Der Hexenjäger merkte das und griff seinerseits an.

Mrs. Youngs letzte Worte erstickten in einem Gurgeln. Die Schnur hatte sich ein paarmal um ihre Kehle gewickelt, schnürte ihr die Luft ab.

Der Hexenjäger kannte kein Erbarmen.

Fred warf sich vor. Ihm war plötzlich alles egal. Er dachte gar nicht mehr daran, daß er den Hexenjäger ja nicht fassen konnte.

Fred wollte nur irgend etwas tun, damit dieses Scheusal seine Mutter nicht tötete.

Er schaffte es nicht.

Ein mörderischer Schlag ins Gesicht warf ihn wieder zurück. Er fiel genau auf sein verletztes Handgelenk. Die Wunde riß wieder auf.

Der Hexenjäger sah das Blut und lachte. Dann wandte er sich Chris zu.

Von ihr drohte ihm keine Gefahr mehr. Sie war ohnmächtig geworden.

Die Augen des Hexenjägers blitzten. Er hatte es geschafft.

Aber noch wartete er. So lange, bis kein Leben mehr in der alten Frau war.

Dann löste er die Peitsche von ihrem Hals. Es sah spielerisch leicht aus, wie er sich Chris schnappte und über die Schulter warf.

Sekunden später war er mit dem Mädchen verschwunden.

Er hinterließ den Tod.

Fred wimmerte.

Seinen gesamten Körper schien man mit flüssigem Metall übergossen zu haben. Es gab keine Stelle, die nicht weh tat. Selbst das Atmen wurde ihm zur Qual.

Doch irgend etwas trieb ihn an, hier nicht liegenzubleiben. Wahrscheinlich waren es der reine Selbsterhaltungstrieb und die Sorge um seine Frau.

Fred Young kroch auf das Sofa zu, versuchte, sich an dessen Kante hochzuziehen.

Es ging nicht.

Schwer fiel er zurück auf den Boden.

Die eigene Hilflosigkeit trieb ihm die Tränen in die Augen. Der Verband an seinem rechten Handgelenk war zerrissen. Seine Brust, sein Rücken bluteten an mehreren Stellen.

Wieder unternahm Fred einen Versuch.

Und diesmal schaffte er es. Schweratmend ließ er sich auf das Sofa fallen.

Plötzlich durchzuckte ihn eine jähe Erkenntnis. Wieso konnte er hier liegen? Hier hatte doch seine Mutter vorher ...

Fred wandte den Kopf.

Im ersten Augenblick konnte er nicht begreifen, was sich seinen Augen bot.

Zu grausam war dieses Bild.

Mrs. Young lag auf dem Boden. Erdrosselt. Noch im Tod hatte sie die Hände zu Fäusten geballt, als wolle sie gegen das unabänderliche Schicksal ankämpfen.

Fred brauchte Sekunden, um zu begreifen.

Doch dann entlud sich all seine Verzweiflung, seine Hilflosigkeit und auch sein Haß zu einem unmenschlichen Schrei. Fred Young, ein junger Mann, lag auf dem Bett und zitterte wie ein alter Greis.

Fred war am Ende seiner Nervenkraft. Er konnte nicht mehr.

Irgendwann hörte er auf zu schreien. Doch sofort war wieder die Angst da.

Die Angst um Chris!

Sie befand sich in der Gewalt dieses Dämons. Er mußte sie befreien.

Aber wie?

Fred stöhnte auf, als er an seine eigene Hilflosigkeit dachte. Wenn es jemanden gab, dann nur . . .

Freds Gedanken stockten.

Er mußte Inspektor Sinclair benachrichtigen.

Noch einmal sammelte Fred alle Energien, die in seinem Körper steckten. Er verscheuchte die schrecklichen Gedanken, konzentrierte sich voll auf seine vor ihm liegende Aufgabe.

Fred Young rollte sich vom Sofa.

Er prallte schmerzhaft auf den Boden, ruhte sich einen Moment aus und kroch dann in Richtung Tür.

Unter unendlichen Mühen gelang es ihm, sich am Tisch hochzuziehen.

Alles drehte sich vor seinen Augen.

Nur nicht schlappmachen! Nur jetzt nicht umfallen! hämmerte es in seinem Hirn.

Fred schaffte es.

Taumelnd erreichte er die Tür, riß sie auf, torkelte in den schmalen Gang.

Die Welt um ihn herum schaukelte. Er sah alles wie durch einen Schleier.

Die Haustür!

Sie war abgeschlossen.

Fred tastete nach dem Schlüssel, drehte ihn herum, zog die Haustür auf.

Kühle Nachtluft strich über sein erhitztes Gesicht. Für einen Augenblick konnte er wieder klar sehen.

Die Straße war leer.

Diese Schweine, dachte Fred. Hocken in ihren Häusern und sehen noch zu, wie andere sterben.

Er taumelte weiter, immer an den Hauswänden entlang.

Er blickte in Fenster und sah Gesichter, die erschrocken zur Seite zuckten, als sie den Verletzten bemerkten.

Fred Young lachte auf. Es war ein böses Lachen.

Er erreichte die Hauptstraße. Wieder packte ihn ein Schwindelanfall.

Fred mußte sich an einem Gartenzaun festhalten, damit er nicht hinfiel.

Weiter! Du mußt weiter!

Auch hier war er der einzige Mensch auf der Straße. Freds Beine schleiften über den Boden. Einmal stieß er sich den linken Fuß an einem Pflasterstein.

Er ignorierte den Schmerz.

Der Weg wurde ihm unendlich lang. Er spürte es, lange konnte er sich nicht mehr auf den Beinen halten. Irgendwann war es aus, dann würde er zusammenbrechen und einfach liegenbleiben.

Freds Atem rasselte. Für einen Augenblick blieb er stehen, wollte sich etwas Ruhe gönnen.

Das wurde ihm zum Verhängnis.

Seine Beine knickten unter ihm weg. Fred Young brach zusammen. Schwer fiel er auf die Straße. Sein Gesicht landete in dem noch regenfeuchten Schlamm.

Fred Young weinte.

Dann kroch er. Wie ein waidwundes Tier schleppte er sich dem Haus des Sargtischlers zu.

Ab und zu hob er den Kopf und hatte das Gefühl, keinen Schritt näher gekommen zu sein.

Aus den Häusern zu beiden Seiten der Straße wurde sein verzweifelter Kampf beobachtet.

Doch niemand wagte einzugreifen. Zu tief steckte die Angst in den Knochen der Menschen.

Wieder hob Fred Young den Kopf. Er sah die Straße vor seinen Augen wie auf einer Welle tanzen.

Noch einmal sammelte er seine Kraft und öffnete den Mund zu einem Schrei.

»Inspektooorrr . . .!« gellte es durch die Stille der Nacht.

Der Schrei war noch nicht verklungen, da riß John Sinclair bereits die Tür auf. Er war froh, daß er vorhin den Toten ein Stück zur Seite gelegt hatte, so daß er jetzt nicht in Gefahr lief darüberzustolpern.

Der Inspektor rannte auf die Straße.

Im ersten Augenblick konnte er nichts erkennen, doch dann sah er eine menschliche Gestalt, die mühsam versuchte, auf ihn zuzukriechen.

Mit ein paar langen Sätzen hatte John die Gestalt erreicht.

»Mein Gott, Fred, was ist geschehen?« Der Inspektor ging neben Fred Young in die Knie.

Der junge Mann hob den Arm. Es war eine müde, verzweifelte Geste. »Er – er hat Chris entführt«, würgte er hervor.

»Wer hat Chris entführt?«

»Ich – der Hexenjäger, glaube ich. Er ist kein Mensch. Er ist ein – Dämon. Man kann ihn nicht fassen, Inspektor!« Fred krallte seine Fingernägel in Johns Arm. »Sie müssen Sie retten, Inspektor. Am Galgenbaum soll sie hingerichtet werden. Mein Gott . . .«

Tief atmete John Sinclair aus. Was war mit diesem jungen Mann geschehen? Blutige Striemen, die von einer Peitsche stammen konnten, bedeckten seinen Oberkörper. Auch das Gesicht hatte etwas abbekommen. Der Verband an seinem Arm war zerrissen. Dreck war in die frische Wunde gelangt.

Hoffentlich blieb Fred am Leben.

Der junge Mann ächzte schwer. »Meine Mutter – sie ist tot. Die Bestie hat sie erwürgt, mit ihrer Peitsche. Es war so grausam.«

John Sinclair strich dem Verletzten das schweißverklebte Haar aus der Stirn.

»Keine Angst, Fred, es wird schon alles gut werden. Du siehst deine Chris wieder, das verspreche ich dir.«

Fred hob mühsam den Kopf. »Danke, Inspektor, danke. Ich kann Ihnen gar nicht . . .«

Plötzlich weiteten sich die Augen des jungen Mannes. »Um Himmels willen, Inspektor! Vorsicht!«

Schräg nach hinten hechtete John weg. Sein in vielen Gefahren geschulter Instinkt ließ ihn richtig reagieren.

Er sah einen Schatten, hörte einen Schrei, und dann bohrte sich eine Lanze an der Stelle in die Erde, wo John eben noch gelegen hatte.

O'Donell, der Sargtischler! John hatte ihn vergessen. Und dieser Schweinehund versuchte, die Gunst der Stunde zu nutzen, um den Inspektor zu töten.

Gerade riß O'Donell die Lanze aus dem Boden, wollte ein zweites Mal zustoßen.

John lag auf dem Rücken.

Einen Schritt vor ihm stand der Sargtischler, die Lanze zum tödlichen Stoß erhoben.

Das Gesicht des Mannes hatte nichts Menschliches mehr an sich. Es war eine Fratze.

John sah nur noch eine Möglichkeit.

Gedankenschnell verschwand seine Hand unter dem Jackett, riß die Pistole hervor . . .

»Stirb, verdammter Hund!« schrie O'Donell und stieß zu.

John Sinclair feuerte einen Sekundenbruchteil früher. Das Silbergeschoß raste dem Sargtischler in die Brust.

O'Donell kam nicht mehr dazu, die Lanze zu werfen. Sein Mund öffnete sich zu einem lautlosen Schrei, dann klappte der Sargtischler zusammen.

John Sinclair schluckte, stand auf und trat neben den Toten.

Glasige Augen starrten gegen den nachtdunklen Himmel. John empfand nicht einmal Mitleid für den Mann. Zuviel Schuld hatte er auf sich geladen.

Ein Stück weiter lag der junge Fred Young. Es war fraglich, ob er durchkommen würde. Und dabei hatte er John noch das Leben gerettet.

Der Inspektor steckte seine Waffe ein. Es war das erste Mal, daß er mit einer Silberkugel einen Menschen getötet hatte.

Dann ging er mit schnellen Schritten quer über die Straße und schlug gegen die nächstbeste Haustür.

»Machen Sie auf!« schrie er. »Dort auf der Straße liegt ein Verletzter, der Ihre Hilfe braucht.«

Im Haus rührte sich nichts.

John biß die Zähne zusammen, daß sie knirschten.

»Wenn Sie nicht öffnen, schieße ich das Schloß entzwei!«

Diese Drohung reichte. Zögernde Schritte näherten sich. Ein Schlüssel wurde herumgedreht. Langsam öffnete sich die Tür.

Ein bleiches Männergesicht erschien.

»Kommen Sie mit!« befahl John. »Sie müssen mir tragen helfen.«

Der Inspektor ging vor. Als John einen Blick über die Schulter zurückwarf, sah er, daß der Mann ihm zögernd folgte.

»Machen Sie schon!«

Gemeinsam brachten sie den verletzten Fred Young ins Haus. Der Mann hatte eine Familie. Drei Kinder sahen John ängstlich an. Die Ehefrau hatte überall im Haus Kreuze aufgehängt und Weihwasser verspritzt. Sie wollte wenigstens einen kleinen Schutz gegen Dämonen haben.

Fred wurde auf eine Couch gebettet. Er war bewußtlos geworden.

»Waschen Sie ihm die Wunden aus«, sagte John zu der Frau.

Sie nickte eifrig.

Dann wandte sich der Inspektor an den immer noch vor Angst schlotternden Mann. »So, und Sie beschreiben mir jetzt den Weg zum Galgenhügel!«

Der Mann zuckte erschrocken zusammen.

»Wollen Sie dahin?«

»Ja.«

»Sie werden nicht mehr lebend zurückkommen.«

»Das lassen Sie mal meine Sorge sein. Und jetzt reden Sie nicht lange herum, sondern erklären Sie mir den Weg.«

Der Mann tat es. Seine Stimme zitterte dabei wie Espenlaub.

John hörte konzentriert zu. Er bedankte sich dann und meinte noch zum Schluß: »Sorgen Sie dafür, daß der Tote von der Straße geschafft wird.«

Der Mann nickte eifrig.

John Sinclair sah noch einmal nach dem verletzten Fred Young und verließ das Haus.

Tief atmete er draußen die kühle Nachtluft ein. Seine schwerste Aufgabe lag noch vor ihm.

Er allein gegen eine Horde von Dämonen!

Chris Young erlebte das Grauen!

Gnadenlos zog der Hexenmeister die wehrlose Frau auf den Galgenbaum zu.

Er hatte sein Opfer. Nur das zählte.

Chris hatte sich noch nie in ihrem Leben eine Ohnmacht herbeigewünscht. Jetzt hätte sie wer weiß was dafür gegeben, bewußtlos zu sein.

Doch das Schicksal hatte kein Einsehen. Ließ sie ihre Höllenqualen bewußt und mit aller Deutlichkeit erleben.

Sie hatten das Dorf hinter sich gelassen.

Es war nicht weit bis zum Galgenhügel. Nur ging der schmale Weg bergauf.

Die Luft war kalt. Die Temperatur war gefallen, und Chris fror und schwitzte gleichzeitig.

Der Hexenjäger hatte ihr rechtes Handgelenk umklammert. Ab und zu wandte er den Kopf, um sich an den Qualen des Mädchens zu weiden.

Noch konnte sich Chris auf den Beinen halten.

»Bitte«, keuchte sie, »lassen Sie mich laufen. Ich habe Ihnen doch nichts getan. Ich – ich bin keine Hexe . . .«

Horace Kennon lachte schallend. »Keine Hexe? Alle Frauen sind Hexen, und du bildest keine Ausnahme. Nein, Gnade kannst du von mir nicht erwarten. Ich bin dazu bestimmt worden, mit dem verdammten Spuk ein Ende zu machen.«

Der Hexenjäger lachte schallend und beschleunigte seine Schritte.

Chris Young konnte das Tempo nicht mehr mithalten. Das Erlebte hatte sie zu sehr geschwächt.

Chris stürzte.

Kennon blieb stehen und drehte wütend den Kopf. In seinen rotumränderten Augen funkelte es heimtückisch.

»Steh auf!« befahl er. »Los!«

»Ich kann nicht«, schluchzte Chris. »Ich schaffe es einfach nicht!«

»Wenn du nicht aufstehst, mache ich dir Beine!« zischte der Hexenjäger. Mit einer gekonnten Handbewegung ließ er die Peitschenschnur über den Boden ringeln.

»Soll ich dir erst die Haut in Fetzen von deinem Körper schlagen?«

Chris hob den Kopf.

Der Hexenmeister stand dicht vor ihr. Breitbeinig. Die lederne Peitschenschnur tanzte dicht vor ihren Augen. Chris sah die kleinen Eisenhäkchen, die sich am Ende der Schnur befanden.

Sie schauderte.

Nein, dieser Mann war zu allem fähig. Und er war kein Mensch, sondern ein Dämon.

Die Schnur verschwand aus Chris' Blickfeld. Sie wußte, der Hexenjäger hatte den Arm gehoben.

»Nicht schlagen«, flehte sie. »Nicht schlagen!«

Kennon trat zurück. »Dann steh auf!«

Unter unsäglichen Mühen quälte sich Chris auf die Füße. Unendlich verloren kam sie sich in dieser stockfinsteren Nacht vor. Nicht einmal den Mond konnte man am Himmel sehen. Ihr schien es, als hätten sich die Gestirne mit den Mächten der Finsternis verbunden.

Büsche säumten links und rechts den Weg. Sie trugen noch keine Blätter, und der Wind bog die Zweige. Schabend rieben sie gegeneinander.

Der schmale Feldweg war schwer zu begehen. Wagenräder hatten dicke Furchen gegraben, in denen noch das Wasser des letzten Regens stand.

Obwohl der Hexenjäger dicht vor ihr stand, hörte Chris ihn nicht atmen. Für sie war es der letzte Beweis, es nicht mit einem Lebenden zu tun zu haben.

Wieder zog Kennon sie brutal weiter.

Nur mit äußerster Mühe gelang es Chris, noch auf den Beinen zu bleiben.

Bestimmt war bald Mitternacht.

Geisterstunde.

Und auf einmal hatte sie das Gefühl, den morgigen Tag nicht mehr zu erleben.

Um Mitternacht am Galgenhügel. Dort und zu dieser Stunde sollte sie ihr Leben aushauchen.

Chris weinte. Sie dachte an ihren Ehemann, und eine tiefe Resignation überkam sie.

Der Weg wurde noch steiler.

Bald mußten sie dasein, würde sich ihr Schicksal endgültig entscheiden.

Plötzlich hörte sie Stimmen. Es waren seltsame Laute, die schwach an ihre Ohren drangen.

Es hörte sich an wie ein Klagegesang.

Chris hatte schon von dem Blutritual gehört, das sich vor vierhundert Jahren hier abgespielt hatte. Ahnten die Dämonen, daß sie diesmal wieder sterben mußten?

Der grausame Fluch, der sich alle hundert Jahre wiederholte, begann von neuem.

Aber diesmal war es anders. Diesmal hatte der Sargtischler es geschafft, den Hexenjäger zurückzuholen. Und er suchte Opfer.

Denn die Dämonen selbst waren es gewesen, die ihn getötet hatten. Und solange er existierte, hatten sie immer noch einen Gegner.

Es wurde kälter. Doch es war keine natürliche Kälte, die hier im Spiel war. Diese Kälte kam aus dem Jenseits, aus dem Reich der Dämonen und Schattenwesen.

Chris hatte das Gefühl, in einen Kreis geschleppt zu werden, aus dem es kein Entrinnen mehr gab.

Der Galgenbaum tauchte auf!

Starr und knorrig ragten die Äste wie übergroße Totenfinger aus der Dunkelheit.

Vögel umflatterten ihn.

Chris hörte das heisere Krächzen der Raben.

Es waren die Totenvögel.

Und dann sah sie die Gestalten. Sie hatten sich um den Galgenbaum verteilt.

Bleiche Knochengesichter leuchteten aus der Dunkelheit. Totenfinger zeigten in ihre Richtung.

Der seltsame Singsang hatte aufgehört. Eine unnatürliche Stille lastete über der grausamen Szene.

Chris hob den Kopf.

Dicht vor ihren Augen tanzten die Schlingen. Der Wind bewegte sie hin und her.

Dreizehn Schlingen waren es.

Doch diesmal waren mit dem Anführer nur noch zehn Dämonen übriggeblieben.

Drei Schlingen waren demnach zuviel.

Der Hexenjäger hatte den Blick des Mädchens bemerkt. »Eine Schlinge ist für dich bestimmt«, sagte er.

Dann ließ er Chris los.

Die junge Frau stürzte zu Boden. Sie konnte sich nicht rechtzeitig genug abfangen und landete mit dem Gesicht auf der Erde.

Gab man ihr noch eine Gnadenfrist?

Es schien so, denn erst einmal wandte sich der Hexenjäger den Dämonen, seinen Todfeinden, zu.

Hoch schwang er die Peitsche über dem Kopf.

Die Knochengestalten standen nebeneinander. Sie mußten all die Pein und Qual noch einmal durchleiden.

Das Leder pfiff durch die Luft.

Die Dämonen winselten, schrien!

Kennon schlug weiter.

Plötzlich geschah etwas Seltsames.

Die Dämonen fielen zu Boden. Die Gerippe zuckten.

Der Hexenjäger ließ die Peitsche sinken. Er triumphierte. »Diesmal habe ich gewonnen. Ihr werdet hängen und den gleichen Tod sterben wie schon einmal. Doch ich werde leben. Ich bin in die Welt zurückgerufen worden, um sie von Hexen und Dämonen zu befreien. Und mit ihr«, er zeigte auf Chris, »mache ich den Anfang!«

Chris Young dröhnten diese Worte in den Ohren. Sie hob den Kopf, blickte aus brennenden Augen zu den Knochengestalten hin.

Der Hexenjäger wandte ihr den Rücken zu. Er stand vor den Dämonen und sprach auf sie ein.

Eine Chance zur Flucht?

Chris wußte es nicht, doch sie mußte es einfach versuchen. Es gab keinen anderen Weg, diesem Schrecken zu entkommen.

Vorsichtig rutschte sie zurück.

Das Gras hier oben war niedergedrückt und feucht. Sie brauchte sich nicht groß anzustrengen.

Der Hexenjäger sprach noch immer.

Chris' Nerven vibrierten. Sie betete zum Himmel, daß der Mann sich nicht umdrehen möge.

Die junge Frau erreichte den Rand des Hügels. Ihre Füße berührten einen Strauch.

Chris drehte sich zur Seite. Sie konnte den Hexenjäger kaum

noch sehen, selbst die bleichen Knochengestalten waren nur noch verwaschene Flecke in der Dunkelheit.

Unendlich langsam stand Chris auf. Ihre Knie zitterten. Der gesamte Körper bebte.

Geduckt stand sie da.

Zwei, drei Sekunden!

Jetzt!

Chris warf sich herum, begann zu rennen.

Drei, vier Meter war sie schon gekommen, da hörte sie in ihrem Rücken den wilden Fluch.

Ein Schrei folgte.

Und plötzlich pfiff etwas durch die Luft.

Die Peitsche!

Wie eine Schlange ringelte sich das Leder um Chris' Körper. Die Luft wurde ihr aus den Lungen gepreßt.

Mitten im Lauf wurde sie zurückgerissen. Ein kurzer Ruck, und sie knallte auf den Boden.

Hart dröhnte ihr das triumphierende Lachen des Hexenjägers in den Ohren.

Die Schnur hatte sich ein paarmal um ihren Körper gewickelt. Chris war verschnürt wie ein Paket.

Immer noch lachend, zog Kennon die Wehrlose zu sich heran. Bis dicht vor seine Füße.

»So, mein Täubchen!« knirschte er. »Das hast du nicht umsonst gemacht. Dafür gibt's noch einige Schläge mehr.«

Mit einer geschickten Bewegung löste er die Schnur von Chris' Körper.

Dann wirbelte der Hexenjäger herum. Wieder klatschte das Leder auf die Skelette nieder.

Dann ließ Kennon die Peitsche sinken.

Und plötzlich begann er zu sprechen. In einer Sprache, die nie ein Mensch gehört hatte.

Es waren Worte, die ihren Ursprung im Dämonenreich hatten. Zauberformeln der Höllenpriester.

Etwas Unvorstellbares geschah.

Die Dämonen verwandelten sich!

Die fleischlosen Gerippe überzogen sich mit Haut. Augen, Nase und Mund entstanden. Fingernägel wuchsen.

Menschen waren entstanden!

Nur das Blut blieb. Noah Kilrain und seine Höllenknechte sahen wieder so aus wie schon vor vierhundert Jahren.

Doch kein Ton drang über ihre Lippen. Alles vollzog sich in gespenstischer Lautlosigkeit.

Das nackte Grauen hielt Einzug auf dem Galgenhügel.

»Noah Kilrain!«

Laut hallte die Stimme des Hexenmeisters.

Der Dämon trat vor.

Kennon hob den Körper mit spielerischer Leichtigkeit hoch. Genüßlich legte er ihm die Schlinge um den Hals.

Das gleiche geschah mit den anderen.

Wenig später schaukelten zehn Leichen im Wind. Die Körper schwangen hin und her, stießen gegeneinander.

Der Hexenjäger lachte. »Diesmal habe ich gewonnen. Diesmal seid ihr nicht in der Lage, mich zu töten, denn der Fluch ist für alle Zeiten durch mich gebrochen worden.«

Dann wandte er sich um, stellte sich in siegessicherer Pose vor die am Boden liegende Chris.

Kennon bückte sich. Mit einer Hand zog er die junge Frau hoch. Er drehte ihren Kopf so, daß sie den Galgenbaum anstarren mußte.

»Da, sieh sie dir nur gut an!« zischte der Hexenjäger. »So wird es dir auch ergehen!«

Trotz der Dunkelheit konnte Chris alles erkennen. Sie sah sogar die Qual in den Gesichtern der Toten.

»Das und nichts anderes hatten sie verdient«, sagte der Hexenjäger. »Jetzt sind sie für alle Ewigkeiten erledigt!«

Kennon riß die wehrlose Frau wieder herum. Sein Arm schnellte vor.

»Da, siehst du die Schlinge? Die ist für dich. Der Ast, der am weitesten vorragt, an dem wirst du hängen.«

Heftig stieß der Hexenjäger Chris Young von sich.

Die junge Frau fiel auf die Knie, bäumte ihren Körper wieder auf und flehte mit zitternder Stimme um Gnade.

»Bitte, laß mich leben. Bitte . . .!«

Kennon schüttelte den Kopf. Seine Augen blitzten.

John Sinclair hastete durch die Nacht!

Selten hatte er soviel Angst um jemanden gehabt wie um diese junge Frau. Es war unglaublich, was Chris und auch ihr Mann durchgemacht hatten. Bei Fred war es eigentlich schon ein Wunder, daß er noch lebte.

Aber gab es für John überhaupt noch eine Möglichkeit, das Regiment des Schreckens zu stoppen?

Der Weg wurde steiler. Der Hügel schien nicht mehr weit entfernt zu sein. John Sinclair stand der Atem wie eine kleine Wolke vor dem Mund.

Die Nacht war stockfinster. Der Inspektor hatte bisher großes Glück gehabt, daß er nicht auf einem der unzähligen Steine, die den Weg bedeckten, ausgerutscht war.

John Sinclair ahnte, wer die Mörder der fünf Menschen waren, derentwegen er ja eigentlich nach Foynes gekommen war. Nur die Dämonen konnten dies getan haben und nicht - wie die Mordkommission aus Cork annahm - ein irrer Triebtäter.

Doch jetzt kam es erst einmal darauf an, weiteres Unheil zu verhüten.

John wußte von der Existenz des Hexenjägers, dem eigentlichen Todfeind der Dämonen. Er würde die Höllengeister vernichten, um seinen eigenen brutalen Gelüsten freien Lauf zu lassen. Und was noch hinzukam, Kennon war kein Mensch mehr. Er gehörte selbst zu den Boten der Hölle, und man konnte ihn nicht mit normalen Waffen bekämpfen.

John Sinclair hatte schon daran gedacht, einen magischen Kreis um den Hügel zu ziehen, den Vorsatz aber dann fallengelassen, weil alles zuviel Zeit gekostet hätte.

Und Zeit hatte er nicht. Ihm kam es auf jede Sekunde an. Schließlich ging es um ein Menschenleben.

Hellgraue Nebelschwaden lagen wie dicke Bänder über dem Weg. Raben stießen ihr heiseres Gekrächze aus. Es paßte zu dieser Gruselatmosphäre.

Hin und wieder rutschte John nach hinten weg. Einmal schlug er hin, rappelte sich jedoch schnell wieder auf.

Plötzlich hörte er eine männliche Stimme.

».. . der Galgenbaum wird sich seinem Ruf würdig erweisen.«

Das mußte der Hexenjäger sein!

John versuchte, so leise wie möglich zu gehen. Nur keine unnötigen Geräusche.

Ein Busch gab dem Inspektor Deckung.

Schon sah er die Umrisse des Galgenbaums, sah die Äste, die Gehenkten und hörte Chris' Stimme.

»... bitte, laß mich leben. Bitte ...«

John huschte hinter dem Busch hervor, näherte sich weiter dem Galgenbaum, erkannte Einzelheiten.

Gerade hob der Hexenjäger die Peitsche ...

Da sprang John Sinclair vor.

»Versuch's doch mal mit mir, Hexenjäger!« donnerte seine Stimme.

Kennon kreiselte herum. Haß verzerrte sein Gesicht.

Die mit Silberkugeln geladene Pistole lag ruhig und sicher in Johns Hand. Sie gab ihm das Gefühl der Überlegenheit.

»Das Spiel ist endgültig aus, Hexenjäger«, sagte John. »Diesmal werde ich dich dorthin schicken, wo du hergekommen bist. Aber für immer.« Er warf einen Blick auf Chris. »Laufen Sie weg, Chris. Los, sonst ...«

Im selben Augenblick brüllte John auf. Mit mörderischer Wucht traf die Peitschenschnur seine pistolenbewehrte Hand.

John hatte das Gefühl, als steckten seine Finger in flüssigem Metall.

Zwangsläufig ließ er die Pistole fallen, riß instinktiv den anderen Arm als Deckung vor das Gesicht.

Zu spät.

Das Leder klatschte ihm gegen den Kopf. John wurde von der Wucht des Schlages zurückgefegt und blieb dicht unter einem der Gehenkten liegen.

Der Hexenjäger lachte höhnisch. »Totpeitschen werde ich dich! Du wirst keinen heilen Knochen mehr im Leib haben.«

Abermals schoß das Leder heran.

John rollte sich zur Seite.

Der Schlag ging daneben. Dreck und kleinere Steine wurden hochgewirbelt.

Der Inspektor sprang auf. Blut lief an seiner rechten Gesichtshälfte herab. Sein rechtes Handgelenk fühlte sich taub an.

Hoffentlich ist nichts gebrochen, dachte John.

Kennon kam näher. Wie eine Schlange ringelte sich die

Peitschenschnur über dem Boden. John wußte, dieser Mann war ein Meister seines Fachs. Er konnte aus dem Handgelenk schlagen, ohne daß der Gegner zu einer Gegenreaktion kam.

John wich zurück.

Vor seinen Augen pendelten die Körper der Gehenkten.

Unter dem Galgenbaum entbrannte ein mörderischer Zweikampf auf Leben und Tod.

John Sinclair hatte nur einen Gedanken. Er mußte in die Nähe seiner Pistole kommen. Nur mit der Waffe konnte er dem ungleichen Kampf ein Ende bereiten.

Aber wie?

Der Hexenjäger trieb ihn vor sich her, wie er wollte. Immer wieder zuckte das Leder hoch. Doch jeder Schlag war so angelegt, daß er John nicht treffen konnte.

Der Hexenjäger wollte nur mit ihm spielen, ihn quälen, um dann grausamer denn je zuschlagen zu können.

Plötzlich pfiff das Leder seitlich auf John zu.

Blitzschnell zog der Inspektor den Kopf ein. Er spürte noch den Luftzug, als die Schnur dicht über seine Haare pfiff.

John wechselte sofort wieder seine Position, duckte sich, um dem Gegner ein möglichst kleines Ziel zu bieten.

Johns Sehvermögen war eingeschränkt. Immer wieder lief das Blut über sein rechtes Auge.

Langsam merkte der Geisterjäger, wie er wieder mehr Gefühl in sein rechtes Handgelenk bekam. Ja, er konnte es sogar schon bewegen.

Wieder war es John gelungen, einem der Schläge auszuweichen.

Und er stand noch immer auf den Beinen.

Das machte den Hexenjäger wütend, trieb ihn förmlich zur Raserei.

Er schlug nicht mehr so gezielt.

John Sinclair kam dem dicken Stamm des Galgenbaumes immer näher.

Gedankenschnell packte John den Körper eines Gehenkten und gab ihm einen Stoß. Der Gehenkte kreuzte die Schlagrichtung.

Rasend schnell wickelte sich das Leder um seinen Körper.

John hatte erreicht, was er wollte.

Der Hexenjäger brüllte vor Wut. Er hatte plötzlich zum erstenmal das Gefühl, daß dieser Mann ihm überlegen war.

John stürzte vor, wollte sich auf den Hexenjäger werfen.

Er sprang ins Leere. Horace Kennon war nicht existent, war nur ein Geistkörper.

Durch seinen eigenen Schwung landete John am Boden, rollte sich jedoch sofort wieder ab, sprang auf die Füße und rannte auf die Stelle zu, wo seine Pistole lag.

Der Inspektor verbiß sich den Schmerz. Er flog förmlich über den Boden.

Da schrie Chris Young gellend auf.

John ahnte, was das zu bedeuten hatte und schlug einen Haken.

Dicht neben ihm fetzte die Peitschenschnur den Boden auf.

John sprintete weiter.

Plötzlich sah er seine Pistole. Zwei, höchstens drei Meter vor ihm lag sie auf dem Boden.

Mit einem wahren Panthersatz hechtete John durch die Luft, direkt auf die Pistole zu.

Die mörderische Peitsche war schneller.

Mitten im Sprung wurden Johns Beine plötzlich zusammengepreßt. Ein Ruck ging durch seinen Körper. Der Inspektor wurde in der Luft gestoppt und krachte auf den Boden.

Der Aufprall ging ihm durch sämtliche Knochen. Sterne funkten vor seinen Augen auf. Für einen winzigen Moment war er weggetreten.

Hinter ihm lachte der Hexenjäger. »Jetzt habe ich dich, du Bastard!«

John öffnete die Augen.

Er sah seine Pistole, brauchte nur noch den Arm auszustrecken – und . . .

Der Hexenjäger begann zu ziehen.

Johns Fingerkuppen, die schon den kühlen Griff berührten, glitten ab.

Aus! Verloren!

Das triumphierende Gelächter des Hexenjägers hallte weit durch die finstere Nacht.

Diese Stunde gehörte dem Satan!

Der Hexenjäger sonnte sich in seinem Erfolg. Rücksichtslos schleifte er John über den Boden, direkt auf sich zu.

Doch er hatte einen Fehler gemacht. Er hatte Chris Young vergessen. Er kannte nicht den Kampfeswillen dieser jungen Frau.

Horace Kennon war zu sehr mit John Sinclair beschäftigt, so daß er die Frau völlig aus den Augen gelassen hatte.

Chris nutzte die Gunst der Stunde.

Auf allen vieren robbte sie zu der Stelle hin, wo die Waffe lag. Der Hexenjäger wandte ihr halb den Rücken zu, konnte sie nicht sehen.

Ihre Finger umschlossen das kühle Metall. Sie wunderte sich selbst, wie ruhig sie war.

Chris drehte den Kopf.

Noch hatte Kennon nichts bemerkt.

Da sprang Chris auf, rannte auf John Sinclair zu.

Der Hexenjäger riß den Kopf herum, streifte die Gestalt der Frau mit einem Blick.

Seine rotumränderten Augen weiteten sich.

In diesem Augenblick war Chris Young bei dem Inspektor. Sie warf sich auf die Knie, drückte John die Waffe in die Hand.

Der Geisterjäger handelte wie ein Automat.

Er hielt die Waffe mit beiden Händen, drehte sich auf den Rücken, und ehe der Hexenjäger reagieren konnte, jagte er die geweihten Kugeln aus dem Lauf.

Beide drangen in Kennons Kopf.

Und dann geschah das Seltsame. Die Silberkugeln blieben im Schädel des Hexenjägers stecken.

Horace Kennon brüllte auf. Seine Arme sanken herab. Der Peitschengriff entfiel seinen Fingern. Er selbst taumelte zurück, prallte gegen einen der Gehenkten und rutschte auf den Boden.

John löste die Schnur von seinen Beinen, stolperte zu dem Hexenjäger hin.

Kennon lag auf dem Rücken. Sein Körper wand sich in konvulsivischen Zuckungen.

Er hatte seine Hände auf das Gesicht gepreßt, und zwischen den gespreizten Fingern drangen dumpfe, verzweifelte Schreie hervor.

Plötzlich begann der Geistkörper des Hexenjägers zu qualmen. Der Rauch legte sich wie eine zweite Haut um ihn, entzog die Gestalt John Sinclairs Blicken.

Der Todeskampf des Hexenjägers dauerte Minuten. Die Schreie erstarben, endeten in einem Jammern.

Dann war es vorbei.

Nur noch Asche zeugte davon, daß hier einmal ein grausamer Dämon existiert hatte.

Chris Young schüttelte sich. »Ich – ich kann es nicht fassen«, schluchzte sie und warf sich an John Sinclairs Brust.

Der Inspektor hatte Mühe, das Gleichgewicht zu bewahren. Schließlich hatte ihn der Kampf mehr als gefordert.

Doch noch war es nicht zu Ende. Mit dem Tod des Hexenjägers war eine völlig neue Situation entstanden.

Während er starb, erwachten die Gehenkten zu ihrem schrecklichen Leben.

Ein gräßliches Kreischen und Heulen durchdrang plötzlich die Stille.

John Sinclair riß den Kopf hoch, und seine Augen weiteten sich entsetzt . . .

Chris bäumte sich plötzlich auf. Ein Schrei entrang sich ihrer Kehle.

Etwas hatte ihren Rücken gestreift.

Eine Knochenhand!

Der Inspektor stieß die entsetzte Frau von sich. Er selbst duckte sich, um einem Tritt zu entgehen.

Die Dämonen waren wieder lebendig geworden. Noch zappelten sie in den Schlingen, doch einige bemühten sich bereits, freizukommen.

Zehn Gegner zählte John.

Noah Kilrain war der gefährlichste. Ihm war es gelungen, sich zu befreien. Seine Augen glühten in einem satanischen Feuer.

John feuerte.

Die Kugel klatschte in den Körper des Dämons.

Der Lauf des Unheimlichen wurde gestoppt. Wilde Schreie drangen aus seinem Mund. Der Todeskampf setzte ein.

Doch schon kam der zweite.

Wieder schoß John.

Vorbei.
Da war der Dämon heran, zielte mit seinen grausamen Händen nach dem Kopf des Inspektors.
John tauchte weg, stolperte, fiel hin.
Der Dämon stürzte ihm entgegen.
John feuerte im Liegen.
Diesmal traf die Kugel den gräßlichen Schädel, riß ihn fast vom Körper des Höllenwesens.
John rollte sich ein paarmal um die eigene Achse.
Noch acht Gegner!
Die meisten hingen noch an den Ästen.
John Sinclair blieb auf dem Bauch liegen, stützte die rechte Schußhand auf seinen linken Arm.
Wieder verließ eine Kugel den Lauf, fegte in den Kopf eines Gehenkten.
Doch jetzt hatte sich John verschossen.
Das Ersatzmagazin!
Der Inspektor hatte zwei Magazine mitgenommen. Munition genug. John stieß das Magazin in den Griff.
Er schoß, schoß und schoß.
Nachladen! Wieder feuern.
John Sinclair räumte ein für allemal mit der Dämonenpest auf. Kugel auf Kugel jagte er in die gräßlichen Körper.
Es war die Hölle.
Schreiend und klagend verendeten die Dämonen, wurden zu Asche, die der Wind wegtrug.
Dreizehn leere Schlingen baumelten von den Ästen.
Der Spuk war beendet.
John Sinclair stand auf. Das heißt, er wollte es, doch er hatte nicht mehr die Kraft.
Er blieb einfach liegen.
Schmerz tobte in seinem Körper. Erst jetzt kam ihm das richtig zu Bewußtsein. Vorhin hatte er keine Zeit gehabt, darauf zu achten.
Wie lange John so gelegen hatte, wußte er nicht. Doch plötzlich hörte er Chris' Stimme.
»Inspektor!«
John hob mühsam den Kopf.

Dicht über sich sah er Chris' tränenfeuchtes Gesicht. Die Frau schluckte. »Es ist alles gut, Inspektor, nicht?«

»Ja«, krächzte John. »Es ist alles gut.«

Inspektor Sinclair drehte sich um. Chris Young blickte ihm entgegen.

John versuchte zu lächeln. »Gehen wir«, sagte er.

Gemeinsam stiegen sie den Galgenhügel hinab. Zwei Menschen, die mit knapper Not dem Tod entronnen waren.

Auf Chris' Lippen lag eine stumme Frage. John konnte sich vorstellen, woran die Frau jetzt dachte.

»Ihr Mann wird es schaffen«, sagte er hoffnungsvoll.

Chris zögerte einen Moment mit der Antwort. Dann meinte sie. »Ich glaube Ihnen, Inspektor!«

Schweigend gingen sie weiter.

Und dann – sie hatten etwa die Hälfte des Weges zurückgelegt – begann im Dorf die Glocke zu läuten.

Hell und klar hallte der Klang über das weite Land. Es war wohl das endgültige Zeichen, daß das Böse besiegt war.

Am anderen Morgen.

John hatte sich im Haus der Familie Young selbst verarztet. Jetzt kam ihm seine Autoapotheke zugute. Er sah bald so aus wie eine Mumie, als er Chris und Fred Young besuchte.

Fred ging es tatsächlich besser. Die Menschen, bei denen John ihn einquartiert hatte, hatten sich rührend um ihn gekümmert.

Und Chris war am glücklichsten.

Die Sargtischlerei hatte ein anderer übernommen. Drei Tote hatte es gegeben.

Das alte Ehepaar Young und O'Donell, den Sargtischler.

Übermorgen sollte die Beerdigung sein.

Foynes, das vergessene Dorf, wirkte wie erlöst. Die Gesichter der Menschen waren fröhlich und entspannt. Der Fluch war vergessen.

Chris saß am Krankenbett ihres Mannes. Die Augen der Frau strahlten.

John begrüßte die jungen Leute herzlich. »Nun«, fragte er, »werden Sie noch lange hierbleiben?«

»Auf jeden Fall muß Fred erst seine Krankheit auskurieren. Und das wird noch etwas dauern. Aber wie ist es mit Ihnen, Inspektor? Haben Sie Sehnsucht nach London?«

John lächelte verschmitzt. »Wenn ich mich so im Spiegel betrachte, würde ich mich selbst für dienstuntauglich halten. Na ja, vielleicht kann ich drei Tage Urlaub herausschinden. Mal sehen!«

John verabschiedete sich und fuhr nach Cork. Dort hatte er ein längeres Gespräch mit dem Leiter der Mordkommission. Es ging vor allen Dingen um die Vermißten. John konnte den Beamten schließlich überzeugen, daß der Fall ausgestanden war.

Dann rief er in London an.

»Sir Powell ist auf einer Tagung in Paris«, hörte John die Stimme von Powells Sekretärin. »Soll ich ihn anrufen? Für dringende Fälle ist er . . .«

»Nein, nein«, sagte John schnell, der keine schlafende Hunde wecken wollte. »So dringend ist es auch nicht. Sagen Sie mal, wie lange bleibt der Alte denn weg?«

»Noch drei Tage.«

»Wunderbar. Ich rufe dann später noch mal an.«

John legte schnell auf. Drei Tage, die konnte er gut gebrauchen. Wer weiß, wahrscheinlich hätte er sich doch breitschlagen lassen und wäre nach London gefahren.

So aber wurde es ein wunderbarer Kurzurlaub. Die Menschen in Foynes lasen John fast jeden Wunsch von den Lippen ab. Er kam sich bald vor wie im Paradies.

Leider ging die Zeit zu schnell herum. Am vierten Tag fuhr John in die nächste Kleinstadt, um wieder mit London zu telefonieren.

Diesmal war Superintendent Powell da. »Ah, Inspektor«, rief er, »wurde auch Zeit, daß Sie mal wieder was von sich hören lassen. Sie machen wohl Urlaub, wie?«

»Aber Sir, wie kommen Sie denn darauf?« rief John entrüstet.

»Na, ich weiß nicht. Ist ja auch egal. Haben Sie Ihren Fall denn gelöst?«

»Ja. Gestern«, log John.

»Gut, dann erwarte ich Sie so schnell es geht hier in London zurück. Es ist nämlich eine unglaubliche Schweinerei passiert. Aber das erzähle ich Ihnen alles später.«

Powell hängte ein.

John starrte einige Sekunden stirnrunzelnd auf den Hörer. Dann zuckte er ergeben mit den Schultern.

Mit Geistern und Dämonen war es wie mit Kriminellen. Sie gaben auch nie Ruhe . . .

ENDE

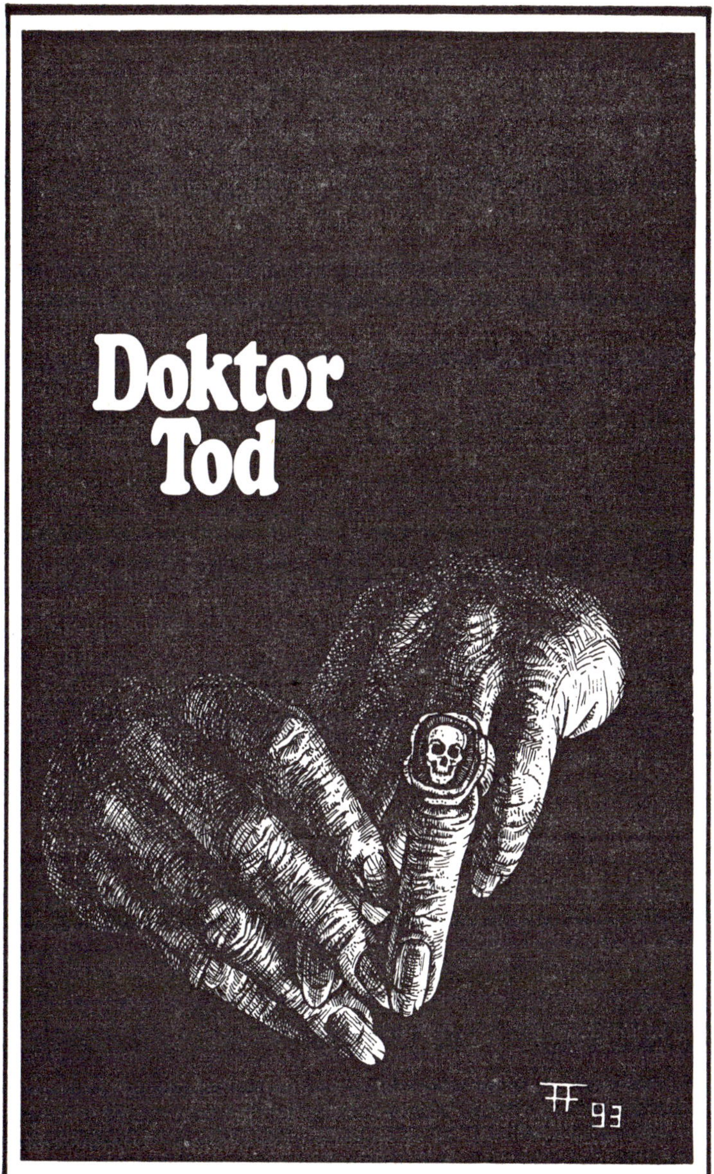
Doktor
Tod

Die nackte Leiche lag auf einem langen Tisch!

Zwei Punktstrahler knallten das Licht auf den weißen Körper, zeichneten jede Hautfalte in fast brutaler Deutlichkeit nach.

Ein Teil des Gewölbes lag im Dunkeln. Irgendwo tropfte ein Wasserhahn. Überlaut drang das Geräusch der zerplatzenden Tropfen durch die Stille.

Plötzlich tauchten die Konturen eines Mannes aus der Finsternis auf. Seine Schritte waren kaum zu hören, nicht einmal ein leises Schleifen hätte das geübte Ohr vernommen. Der Mann geriet in den Lichtkreis der Strahler und blieb neben dem Tisch stehen.

Lange, aber dennoch kräftige Finger strichen über die nackte Leiche. Liebkosend, wie es schien.

Ein seltsamer Ring blitzte im Schein der Lampe auf. Der Mann trug ihn am Mittelfinger seiner rechten Hand. Der Ring hatte eine viereckige rubinrote Oberfläche, auf die ein weißer Totenkopf eingraviert worden war. Je nach Stimmung des Mannes strahlte der Totenkopf ein seltsames Licht aus. Dieses Phänomen hing wiederum mit der Körperwärme und der psychischen Verfassung des Unheimlichen zusammen.

Einen Augenblick verharrten die Hände auf dem Gesicht des Toten. Die Fingerspitzen drückten leicht gegen die Augenlider, schoben sie hoch.

Die Augen der Leiche waren verdreht. Überdeutlich trat das Weiße hervor.

Dr. Tod nickte zufrieden. Ja, das würde klappen.

Er wandte sich um und tauchte wieder ein in das Dunkel des Gewölbes.

Ein Eishauch blieb zurück. Der Hauch von Vernichtung, Angst und Grauen.

Dr. Tod, wie er sich selbst nannte, war zurückgekehrt. Niemand wußte, woher er kam. Niemand kannte seinen Namen, sein Aussehen.

Er war einfach da. Und er hatte nur ein Ziel.

Er wollte die Menschheit vernichten. Dazu war ihm jedes Mittel recht . . .

Dr. Tod hatte das Zeitalter der Hölle eingeleitet!

Schon einmal hatte er einen Versuch unternommen. Vor vielen, vielen Jahren. Doch damals hatte es nicht geklappt. Er war noch zu schwach gewesen, um sich gegen das Gute zu behaupten. Aber mittlerweile hatte er sich Asmodis, dem Höllenfürsten, verschworen und durch ihn die Fähigkeiten erhalten, die er brauchte. Er war der erste Diener des Satans gewesen.

Dr. Tod hatte den Zeitpunkt seiner Rückkehr genau abgepaßt. Den Menschen fehlte heute das Zusammengehörigkeitsgefühl. Jeder dachte nur an sich, war immer auf seinen eigenen Vorteil bedacht.

Und das war der ideale Nährboden für einen Mann wie Dr. Tod.

Unerkannt konnte er zwischen den Menschen leben, ihnen seinen Willen aufzwingen und somit die Erde in das absolute Chaos stürzen.

Immer wieder kreisten diese Gedanken in dem Schädel des Unheimlichen. Die Vorstellung, einmal der Herr der Welt zu sein, ließ ihn alles vergessen.

Dr. Tod lachte häßlich. Überlaut hallte das Gelächter wider und vermischte sich zu einem schaurigen Geheul.

Minuten verstrichen. Dann näherte sich Dr. Tod wieder dem Holztisch.

Lampen blitzten auf, tauchten das Gewölbe in ein kaltes, beinahe grelles Licht.

Das Gewölbe war riesig. Es lag tief unter der Erde und war nur durch einen Geheimgang zu erreichen. Überall standen moderne elektrische Apparaturen, die mit Skalen, Schaltern und Monitoren ausgestattet waren.

An einer Wand waren zwei große Labortische befestigt. Moderne chemische Meßgeräte standen darauf. Die Regale darüber waren mit Chemikalienflaschen vollgestellt.

In einer Ecke des Gewölbes stand ein riesiger Bottich. Er war angefüllt mit einer klaren, dickflüssigen Substanz. Dünne Schwaden stiegen von der Oberfläche gegen die Decke.

Dr. Tod öffnete seine rechte Hand. Ein kleines Fläschchen kam zum Vorschein. Durch das weiße Glas schimmerte eine rote Flüssigkeit.

Dr. Tod öffnete die Flasche. Ein ätzender Geruch zog in seine Nase. Er drehte den Kopf zur Seite und beugte sich über die Leiche.

Seine Hände zitterten kein bißchen, als er etwas von dieser Flüssigkeit in die Augen der Leiche tröpfeln ließ.

Wie ein dicker Vorhang legte sich der rote Stoff über die Pupillen.

Dr. Tod verschloß die Flasche, steckte sie ein und betrachtete zufrieden sein Werk.

Der Anfang war gemacht.

Dann trat der Unheimliche an einen der in der Wand eingebauten Schränke, zog eine Schublade heraus und entnahm dieser zwei runde Lederstücke, die er der Leiche über die Augen legte.

Jetzt konnte nichts mehr passieren.

Der Unheimliche griff nach dem Toten. Er hob ihn mit fast spielerischer Leichtigkeit hoch.

Dabei war er von der Statur her noch nicht einmal ein kräftiger Mann.

Dr. Tod war beinahe schmächtig. Doch auf seinem schmalen Körper thronte ein schon übergroßer haarloser Schädel. Die Augen standen dicht beieinander und lagen tief in den Höhlen. Wie eine Klippe sprang die scharf geschnittene Nase hervor. Die Lippen waren messerscharf und schienen mit der straffen, faltenlosen Haut zusammenzuwachsen. Die Gesichtsfarbe war blaß, fast weiß, und es fiel besonders auf, daß dieser Mann keine Augenbrauen besaß.

Dr. Tod bevorzugte schwarze Kleidung. All dies gab seinem Aussehen einen unheimlichen Ausdruck.

Es gab Menschen, die schon bei seinem Anblick das Fürchten bekamen.

Dr. Tod wandte sich um.

Die Leiche lag über seinen ausgestreckten Armen. Mit gemessenen Schritten ging er auf den Bottich zu, in dem die Flüssigkeit dampfte.

Der Bottich hatte Heizspiralen, die in das Mauerwerk eingebaut worden waren und eine Hitze ausstrahlten, die selbst Metall zum Schmelzen brachte.

Dr. Tod tunkte die Leiche mit dem Kopf zuerst in die kochendheiße Flüssigkeit.

Ein paar Blasen stiegen träge an die Oberfläche.

Der Bottich war groß genug, daß die ganze Leiche hineinpaßte.

Dr. Tod wandte sich ab. Mit ruhigen Bewegungen streifte er sich ein Paar Gummihandschuhe über die Hände.

Dann ließ er zehn Minuten verstreichen und schaltete schließlich die Heizung des Bottichs aus.

Wieder trat Dr. Tod an das große Gefäß. Diesmal zog er den Toten an den Füßen zuerst aus dem Bottich.

Tropfen fielen auf die Erde.

Innerhalb kurzer Zeit überzogen sich die Tropfen mit einer Kruste, wurden hart.

Wie Wachs.

Und genau das hatte sich in dem Bottich befunden. Flüssiges Wachs, das jetzt wie eine zweite fingerdicke Haut über der Leiche lag.

Dr. Tod zog die wärmeabstoßenden Handschuhe aus und wartete, bis sich die Leiche abgekühlt hatte.

Der erste Teil seines Planes war gelungen.

Nun kam die schwierigste Aufgabe.

Der Tote mußte wieder lebendig werden!

Aber das lag nicht in seiner Hand. Das war einzig und allein Asmodis' Sache.

Nur er hatte die Macht, dieser Kreatur ein neues, teuflisches Leben zu geben.

Doch dazu brauchte er einen Menschen. Damit die Seele dieses Lebenden in den Körper des Toten überwechseln konnte.

Es war ein Experiment, wie es sich nur der Satan selbst ausdenken konnte.

Die U-Bahn-Station East Putney liegt südlich der Themse, nicht weit entfernt vom Richmond Park.

Die Station selbst ist ziemlich alt. Sie stammt noch aus den Anfängen des U-Bahn-Netzes. Außerdem zählte sie als Nebenstrecke, und die Stadt hatte kein großes Interesse, die Station noch zu renovieren. Hauptsache, die Betriebssicherheit war gewährleistet.

Betrieb herrschte hier in den Morgen- und Abendstunden. Vor allen Dingen brachte der Berufsverkehr Geld in die Kassen.

Doch nach dreiundzwanzig Uhr sagten sich auf der kleinen Station Hase und Fuchs gute Nacht. Es kam wohl noch gegen Mitternacht ein Zug, aber das war auch alles.

Insgesamt war die Station ein stiller Fleck.

Das wußte auch Jimmy, der Penner. Er hatte schon manche Nacht auf der schäbigen Wartebank verbracht, stets eingerollt in bekannte englische Zeitungen.

Ausländische Blätter nahm Jimmy nie. Dafür war er schließlich Brite.

Auch an diesem Abend saß Jimmy wieder auf einer Parkbank. Aus rot umränderten Augen stierte er auf die großen Reklameschilder an den gefliesten Wänden. Eine Whisky-Werbung fiel ihm besonders ins Auge.

Jimmy leckte sich die spröden Lippen und schielte zu der halbleeren Ginflasche hin, die neben ihm auf der Bank stand.

Der billige Gin war ein Sprit von der übelsten Sorte.

Trotzdem nahm Jimmy einen Schluck und rülpste dann kräftig. Besser Gin als Wasser.

Jimmy schlug den Korken auf die Flaschenöffnung und verstaute die Buddel in der Tasche seines abgetragenen Mantels.

Für heute hatte er eigentlich genug. Mittlerweile war es so spät geworden, daß er sich hinlegen konnte.

Zeitungen hatte er. Es handelte sich diesmal um zwei Ausgaben des Daily Mirror.

Jimmy legte sich lang und blinzelte gegen die gekrümmte Decke.

Das kalte Leuchtstoffröhrenlicht brannte Tag und Nacht. Jimmy fluchte, weil es ihm immer in die Augen stach und ihn am zeitigen Einschlafen hinderte.

Doch auch diesmal tat der Alkohol seine Wirkung. Jimmy schlummerte ein.

Wie lange er gelegen hatte, wußte er nicht.

Er wurde nur plötzlich wach.

Sein jahrelanger Instinkt hatte ihn gewarnt.

Jimmy setzte sich auf.

Da hörte er das Geräusch.

Es waren Schritte.

Sie kamen die Treppe hinunter, die zu der U-Bahn-Station führten.

Vielleicht ein Fahrgast. Aber um diese Zeit fuhr keine Bahn mehr.

Jimmy verspürte plötzlich Angst. Aus weit aufgerissenen Augen starrte er zu dem Eingang hin.

Ein Schatten tauchte auf.

Für einen Augenblick stockten die Schritte.

Dann sah Jimmy den Mann – und konnte nur mit Mühe einen Schrei des Entsetzens unterdrücken.

Der Mann hatte einen völlig kahlen Schädel und war ganz in Schwarz gekleidet.

Das grelle Licht ließ jede Einzelheit seines Gesichtes erkennen. Es erinnerte Jimmy an eine Totenkopfmaske. Glatt, abweisend und grausam.

Auf einmal wußte Jimmy, daß es der Mann nur auf ihn abgesehen hatte.

Aber weshalb? Er war nur ein Penner, und etwas zu holen gab es weiß Gott nicht bei ihm.

Der Unheimliche blieb zwei Schritte vor der Bank stehen, mit dem Rücken zu den Gleisen.

Jimmy versuchte ein Grinsen, das jedoch mißlang.

Sekundenlang starrte ihn der Unheimliche an. Dann sagte er: »Komm mit!«

Jimmy schüttelte entschieden den Kopf. »Nee. Mister, ich bleibe hier!«

»Du wirst mitkommen. Ich brauche dich!«

»Und wenn Sie einen Kasten Whisky gratis dazugeben, ich will nicht.« Jimmy konnte manchmal sehr störrisch sein. »Außerdem sind Sie mir nicht ganz geheuer.«

Dr. Tod lachte. Urplötzlich schoß seine Hand vor und umklammerte Jimmys Arm.

Der Penner schrie wütend auf. Er hatte das Gefühl, zwei Stahlklammern würden seine Muskeln zusammendrücken.

Dr. Tod zog den Penner von der Bank hoch.

Jimmy merkte, daß er der Kraft dieses relativ schmächtigen Mannes nicht gewachsen war, reagierte deshalb in wilder Panik.

Er riß die Flasche aus der Manteltasche und schlug sie mit voller Wucht auf Dr. Tods Kopf.

Der Unheimliche stieß eine Verwünschung aus und ließ Jimmy los.

Der Penner rannte direkt auf den Ausgang zu.

Diesen Schlag konnte der Kerl nicht verkraftet haben. Der hatte ihn bestimmt ins Reich der Träume geschickt. Vielleicht war er auch tot.

Dieser Gedanke jagte Jimmy einen heißen Schreck ein. Er wandte den Kopf – und brüllte in wilder Panik auf.

Der Unheimliche war nur wenige Schritte hinter ihm. Er mußte einen Schädel aus Eisen haben. Noch nicht einmal eine Platzwunde war auf seinem Kopf zu sehen.

Jimmy hetzte weiter.

Da tauchten die Stufen auf. Unendlich lang kam ihm die Treppe vor. Er keuchte jetzt schon.

Jimmy sprang die erste Stufe an.

Mitten im Sprung erwischte ihn der Unheimliche. Wie ein Fallbeil knallte der Schlag in seinen Nacken.

Jimmy sah in rasender Geschwindigkeit die Stufen auf sich zukommen und schlug mit dem Gesicht auf eine Kante.

Gleichzeitig mit dem Schmerz kam seine Bewußtlosigkeit.

Wie ein Bündel Lumpen lag der Penner auf der Treppe. Aus kalten Augen sah Dr. Tod auf ihn hinab.

Warum hatte sich dieser Idiot auch gewehrt?

Dr. Tod bückte sich, packte den Penner und warf ihn sich über die rechte Schulter.

Das war genau ein Opfer, wie er es brauchte. Um einen Penner kümmerte sich niemand. Den kannte keiner, deshalb wurde er auch nicht vermißt.

Leichtfüßig stieg Dr. Tod die Stufen hoch.

Es wurde dunkler. Das Licht reichte längst nicht bis nach oben.

Dr. Tod hastete auf die Straße. Er sah sich schnell um und unterdrückte einen Fluch.

Dort hinten näherten sich drei Männer. Jugendliche, wie es schien. Sie unterhielten sich ziemlich laut.

Dr. Tod lief schnell zu seinem Wagen.

Es war ein Leichenwagen!

Schwarz lackiert und mit weißen Kreuzen an den Seitenwänden versehen.

Kein anderer Wagen hätte besser zu ihm gepaßt.

Dr. Tod öffnete die Ladeklappe.

Ein ebenfalls schwarzer Sarg wurde sichtbar.

Er war offen. Der Deckel lag daneben. Schnell verstaute Dr. Tod den Penner in dem Sarg. Den Deckel schob er so weit vor, daß noch genügend Luft in den Sarg drang.

Die drei Jugendlichen waren schon fast heran. Ihre Lederjacken glänzten im Licht der Straßenlaternen.

Dr. Tod schlug die Klappe zu. Dann hastete er zum Führerhaus, stieg ein.

Der Motor kam sofort.

In diesem Augenblick hatten die Jugendlichen den Wagen erreicht. »Mensch, sieh mal, ein Leichenwagen!« brüllte einer.

»Und da sitzt noch einer drin.«

Die drei stellten sich vor die Kühlerhaube und machten die Bewegung des Halsabschneidens.

Es war klar, sie wollten ihren makaberen Spaß haben.

Doch nicht mit Dr. Tod.

Ein gefühlloses Lächeln umspielte seine strichdünnen Lippen.

Urplötzlich gab er Gas. Die Jugendlichen konnten gar nicht so schnell reagieren.

Die breite Kühlerhaube des Leichenwagens erfaßte zwei von ihnen, schleuderte sie zur Seite.

Der dritte schaffte es soeben, rechtzeitig zurückzuspringen. Haarscharf radierten die Vorderräder an seinem Kopf vorbei.

Einer seiner Kumpane brüllte unmenschlich auf. Ein Hinterrad war über seine Beine gefahren.

Dr. Tod stieß ein lautloses Kichern aus. Diese Typen hatten es nicht anders gewollt. Im Rückspiegel sah er, daß einer losrannte. Wahrscheinlich suchte er eine Telefonzelle.

Sollte er. Die Polizei würde ihm kaum gefährlich werden.

Dr. Tod ließ London hinter sich. Er fuhr zügig, aber nicht übermäßig schnell.

Die Fahrt ging in Richtung Südosten, der englischen Küste zu. Ziel war der Ort Tonbridge, eine verschlafene Kreisstadt am Rand einer karstigen Bergkette.

Dort hatte Dr. Tod sein Domizil errichtet.

Wagen begegneten ihm kaum.

Zwei Stunden später stand er wieder in seinem unterirdischen Reich.

Doch diesmal hatte er das Laboratorium nicht betreten. Er war in einen anderen Raum gegangen. Hier befand sich die Kultstätte des Unheimlichen.

Das Verlies war nicht einmal groß. Es war kreisrund angelegt und die Wände mit violetten Tüchern bespannt. Ein einfacher

Steinaltar stand in der Mitte des Raumes. Flankiert wurde er von zwei hohen Schalen, in denen seltsame Kräuter schwelten und einen betörenden Duft verbreiteten.

Dr. Tod dämpfte seine Schritte, als er den Raum betrat. Zum erstenmal spürte er so etwas wie innere Spannung – denn hier war das Reich des Teufels.

Auf dem Altar lag die mit Wachs überzogene Leiche. Die Arme hingen zu beiden Seiten hinab.

Dr. Tod legte den Penner vor den Altar. Der Mann war noch am Leben.

Dann warf sich der Unheimliche auf den Boden und berührte mit der Stirn die kalten Steine.

Dr. Tod begann zu sprechen. Es waren seltsame Laute, die aus seinem Mund drangen. Beschwörungsformeln, die in keinem Buch standen und aus den Urzeiten der Welt stammten.

Die Kräuter in den Schalen begannen stärker zu rauchen.

Wie ein dichter Vorhang legte sich der Qualm über den Raum.

Konturen eines Gesichtes erschienen.

Es war eine Höllenfratze. Abstoßend und häßlich. Asmodis selbst war aufgetaucht, um seinen ersten Diener zu erhören.

Etwas Schreckliches geschah.

Asmodis nahm das Opfer an. Er entfernte die Seele aus dem Leib des Bewußtlosen, um sie dem Monster einzugeben.

Jimmy krümmte sich unter gräßlichen Schmerzen. Er schrie, bäumte sich auf und fiel dann zusammen.

Jimmy war tot.

Dr. Tod hatte schon längst nicht mehr gesprochen. Noch immer hatte er seine Stirn gegen den Stein gedrückt.

Nur langsam hob er den Kopf.

Der Rauch hatte sich verzogen. Der Unheimliche konnte alles klar und deutlich erkennen.

Er sah den toten Jimmy. Sein Blick glitt höher, saugte sich an dem Altar fest . . .

Das Unmögliche war eingetreten.

Der mit Wachs überzogene Tote bewegte die Arme.

Er lebte!

Asmodis hatte ihm die höllische Glut eingegeben.

Das Grauen nahm seinen Anfang . . .

Über London stand eine strahlende Frühlingssonne.

Die Millionenstadt – oft grau und düster – schien wie aus einem Dornröschenschlaf erwacht zu sein.

Die Straßen wirkten heller, freundlicher, und selbst die ältesten Häuserfassaden sahen nicht mehr so abstoßend häßlich aus.

Aber auch mit den Menschen war eine Verwandlung vor sich gegangen. Die meisten hatten gute Laune. Sie redeten wieder mit dem Nachbarn, und sogar in den großen Büros wurde nicht mehr dumpf vor sich hingebrütet.

Doch das Grauen lag schon auf der Lauer . . .

Aber davon merkte kein Einwohner der Millionenstadt etwas.

Noch nicht . . .

Es war ein Freitag. Ein Tag kurz vor dem Wochenende. Wer frei hatte, war König.

Nick und Helen hatten frei. Die beiden Achtzehnjährigen saßen in einer Pizzeria, ihrem Stammlokal, und nuckelten Cola.

Außer ihnen befanden sich nur noch drei Gäste in dem kleinen Lokal.

Helen, ein blondes Girl, das viel von Popmusik und wenig von BHs hielt, schaute ärgerlich zur Uhr. Dabei bildeten sich immer mehr Falten auf ihrer kleinen Stirn.

»Wenn die beiden anderen nicht bald kommen, dann gehen wir alleine.«

Nick grinste nur. »Wohin denn? Wir haben doch keinen Wagen.«

Daraufhin warf ihm Helen einen bitterbösen Blick zu.

Helen war ein quirliges Geschöpf mit kurzen blonden Haaren und einer unwahrscheinlichen Stupsnase. Nick sagte immer ›Paß nur auf, daß es bei dir nicht reinregnet‹, worauf grundsätzlich ein Krach folgte.

Nick mochte jedoch seine Helen. Er nahm auch gerne ein paar Fehler in Kauf. Irgendwann in diesem Jahr wollten sie sich verloben. Helen fand das zwar altmodisch, doch Nick hatte es verstanden, sie zu überreden.

»Noch eine Cola«, rief Helen dem schwarzhaarigen Kellner zu.

»Langsam werde ich aber sauer, Nick. Wenn die beiden . . .«

Die Glastür der Pizzeria wurde schwungvoll aufgestoßen.

»Na, schon lange gewartet, ihr beiden?« rief ein hochgeschossener, unwahrscheinlich dünner junger Mann Helen und Nick zu.

Er ließ die anderen gar nicht erst zu Wort kommen. »Hallo, Gino, uns auch zwei Cola. Mensch, ist das ein Wetter!« Der Neuankömmling – er hieß Hank – warf sich neben Helen auf den Stuhl und streckte seine langen Gehwerkzeuge aus.

»Ist für mich auch noch Platz da, du Strickstock«, rief eine Mädchenstimme und schob Hanks Beine kurzerhand zur Seite.

»Jill hat heute wieder ihren Energischen«, rief Hank lachend und schob seiner Freundin einen Stuhl hin.

»Ihr seid natürlich zu spät«, konnte sich Helen nicht verkneifen zu sagen. »Deshalb müssen wir schnell entscheiden, was wir heute unternehmen.« Helen sah jeden an. »Vorschläge, los . . .!«

Lange Gesichter, selbst Hank zuckte mit den schmalen Schultern. Jill, ein zierliches Persönchen mit Pferdeschwanz und strahlend blauen Augen hob den Kopf. »Wie wäre es mit einer Fahrt aufs Land?«

»Um Kartoffeln zu pflanzen, was?« knurrte Nick.

»Quatsch. Ich meine eine richtige irre Landtour. So mit allem Drum und Dran.«

»Und 'ner Nummer im Heu?« schnappte Hank.

Dafür kassierte er einen Tritt.

Die anderen lachten.

»Spaß beiseite, Kinder«, sagte Helen. »Wo soll's denn hingehen?«

»Ich habe heute eine Reklame in der Zeitung gesehen«, sagte Jill. »In Tonbridge, das ist irgendwo südlich von London, ist schwer was los. Sie haben da einen ganz duften Jahrmarkt aufgezogen. Mit Geisterbahn und Gruselkabinett.«

»Gruselkabinett?« schrie Nick. »Mensch, Hank, da brauchst du dich gar nicht mal zu verkleiden. Dich können sie so reinstellen.«

Hank sprang auf und schob die Oberlippe hoch. »Haaa«, grunzte er, »sehe ich nicht schon aus wie Dracula?« Er beugte sich über Jill. »Ich werde dein Blut aussaugen. Ich werde . . .«

Jill konnte sich vor Lachen kaum halten. »Hör auf, Hank. Es reicht, wenn ich gleich Vampire zu sehen bekomme.«

Hank setzte sich wieder hin. Seine Augen strahlten. Dieser Vorschlag war genau nach seinem Geschmack. »Nun, was meint ihr?«, sprach er die beiden anderen an.

»Wir sind einverstanden«, sagte Helen schnell.

»Worauf warten wir dann noch? Los!« Hank sprang auf.

Die vier Leute stürmten lachend nach draußen. Bezahlt hatten sie schon.

Vor der Pizzeria parkte Hanks Wagen. Ein alter 2 CV. Er war bunt angestrichen und für ihn genau der richtige fahrbare Untersatz.

Unter großem Gelächter wurde der Wagen geentert.

Hank saß hinter dem Lenkrad. »Kennst du überhaupt den Weg?« fragte Helen von hinten.

»Nee.«

Jill kramte unter dem Beifahrersitz herum und fand eine Karte. »Da. Lesen kannst du ja.« Sie warf ihrem Freund die Karte auf den Schoß.

Die Strecke war schnell gefunden. Und dann ging es ab.

Jill schaltete das Autoradio ein. Bald war das Innere des Wagens vom Rhythmus heißer Popmusik erfüllt.

Die Laune der vier jungen Leute stieg ständig.

Noch ahnten sie nicht, daß sie in ihr Verderben fuhren.

Nach zwei Stunden gemütlicher Fahrt – unterbrochen von einigen Pausen – erreichten sie Tonbridge.

»Sollen wir sofort auf den Jahrmarkt gehen?« fragte Nick.

Die anderen waren dagegen. Man beschloß, den Abend abzuwarten und sich die Zeit solange mit Spaziergängen zu vertreiben.

Die Gegend um Tonbridge war hügelig. Es gab sogar einige höhere Berge, die mit Wald bewachsen waren und zum Spazierengehen einluden.

Die Stunden vergingen wie im Flug.

Kurz bevor die Dämmerung eintrat, kehrten die vier wieder nach Tonbridge zurück.

Schon von weitem hörten sie die Musik.

»Mensch, da scheint ja sagenhaft was los zu sein«, rief Hank begeistert. Unwillkürlich beschleunigte er seine Schritte.

»Langsam, wir kommen ja gar nicht mit.« Jill war ärgerlich. »Hat ja nicht jeder so lange Stelzen wie du.«

Hank wandte sich wieder um und spielte Vampir.

Die anderen mußten wieder lachen, ob sie wollten oder nicht.

Der Jahrmarkt tauchte auf.

Karussells, Buden, Schießstände – alles gab sich hier ein

Stelldichein. Es roch nach gebrannten Mandeln, Popcorn und Malzbonbons.

Es herrschte ein sagenhafter Betrieb. Stimmengewirr brandete durch die einsetzende Dunkelheit.

Aus den Lautsprechern jaulten die Hits des Monats.

»Da ist die Geisterbahn«, rief Jill plötzlich. »Los, wer fährt mit?«

»Alle!« schrie Helen.

Sie stürmten auf die Kasse zu. Schnell waren die Karten gelöst, und dann ging es ab.

Schmatzend schlugen die Türen hinter dem ersten Wagen zu.

Monster, Skelette, Tote – sie tauchten in rascher Reihenfolge auf und verschwanden ebenso schnell.

Manchmal mußten die Frauen wirklich im letzten Augenblick einen Schrei unterdrücken, wenn plötzlich eine kalte Hand über ihre Gesichter fuhr oder ein Monster besonders schlimm aussah.

Dann war die Fahrt beendet.

Die Wagen zischten auf der anderen Seite wieder nach draußen.

»Na, war das nicht Klasse?« fragte Hank und streckte beide Arme weit aus. »Mindestens zehn Vampire habe ich umgebracht und genauso viele Monster. Ich bin der Größte.«

Hank war wirklich ein Spaßvogel.

»So«, sagte er. »Und jetzt geht es ins Horror-Kabinett. Na, ist das ein Vorschlag?«

Man stimmte begeistert zu.

Hank warf einen Blick in die Runde. »Ja, wo ist denn dieser komische Laden?«

»Wir können ja mal fragen«, meinte Nick.

»Machen wir auch. Aber komisch ist es schon. Alle Buden und Karussells haben wir gesehen, nur diesen seltsamen Laden nicht.«

Hank hielt ein junges Pärchen an, das engumschlungen über den Rummelplatz ging.

Die beiden erklärten ihm den Weg.

Kopfschüttelnd kam Hank zu den anderen zurück. »Komisch, das Kabinett befindet sich so ziemlich am Ende des Jahrmarktes. Na ja, ist auch egal. Wir werden es schon finden.«

Zehn Minuten später standen sie davor. Es lag wirklich am Ende der Kirmes. Genau an der Grenze zu dem großen Wohnwagenplatz.

Der Platz lag ziemlich im Dunkeln. Nur vereinzelt brannte vor einem der Wagen eine trübe Laterne.

Die beiden Mädchen fröstelten unwillkürlich, als sie dort hinüber blickten. Es kam ihnen alles nicht ganz geheuer vor.

»Wollt ihr da einschlafen?« rief Hank und winkte mit beiden Armen. »Ich lade euch ein zu einer Runde im Horror-Kabinett.«

Helen und Jill liefen lachend auf ihre Freunde zu.

Etwa zwanzig Menschen standen vor der Fassade des Horror-Kabinetts. Viele trauten sich wohl nicht, hineinzugehen. Dieses war etwas anderes als eine Geisterbahn.

Die Fassade war düster, beinahe drohend. Ab und zu blitzte ein violettes Licht auf. Dann wurden für einen Augenblick gräßliche Fratzen aus der Dunkelheit gerissen. Alle bekannten Vertreter der Horror-Literatur waren versammelt. Dracula, Frankenstein, das Phantom der Oper und viele andere.

Aus versteckt angebrachten Lautsprechern drang Heulen und Wehklagen, unterbrochen von spitzen Frauenschreien.

Unwillkürlich faßte Jill nach Hanks Arm.

»Angst?« fragte der junge Mann und lächelte.

»Ein bißchen schon«, erwiderte Jill. »Aber du bist ja bei mir.«

»Und ob. Man nennt mich schließlich nicht umsonst den Monster-Killer!« prahlte er.

Helen und Nick standen ein paar Schritte abseits. Auch Helen hatte sich an Nicks Arm geklammert. Sie schien die gleiche Furcht zu spüren wie ihre Freundin.

Nick ließ seinen Blick nach links wandern. Nur in dem kleinen Kassenhäuschen brannte Licht. Nick sah den Umriß des Kassierers. Der Mann hatte einen Buckel. Ob er echt war, konnte Nick aus der Entfernung nicht feststellen.

Die Geräusche aus dem Lautsprecher verstummten.

Der Bucklige in dem Kassenhäuschen griff zum Mikrophon. Erst rauschte es, dann klang seine Stimme auf.

»Ladies and Gentlemen, wir laden Sie ein zu einer Tour ins Grauen. Sie werden den Schrecken kennenlernen und hinterher wissen, was Ihre Nerven wirklich aushalten.«

Der Bucklige lachte.

»Aber seien Sie vorsichtig. Unser Horror-Kabinett ist nichts für ängstliche Besucher. Was würden Sie machen, wenn plötzlich Graf Dracula vor Ihnen stünde? Hätten Sie Angst? Nein – das brauchen

Sie nicht. Graf Dracula will nichts von Ihnen. Er will Ihnen sogar etwas geben. Die Unsterblichkeit. Seine Zähne werden sich in Ihren Hals bohren, er wird Ihnen das Blut aus dem Körper saugen, und Sie werden ein nie gekanntes Glücksgefühl erleben. Was ist? Wollen Sie diesen Versuch wagen? Für zehn Shilling sind Sie dabei. Für diese lächerliche Summe erleben Sie die Welt des Schreckens. Fassen Sie sich ein Herz. Überwinden Sie die Angst. Wagen Sie einen Besuch bei uns!«

Der Mann redete noch weiter, pries immer mehr Vorzüge dieser Gruselkammer an.

Jill wandte den Kopf, sah Hank ins Gesicht. »Sollen wir da wirklich reingehen?«

»Was denkst du denn? Komm.«

Hank stieß seinen Freund Nick in die Seite. »Los, du alter Schwede. Zeig mal, daß du ein Mann bist.«

Die vier jungen Leute waren die ersten, die die paar Stufen zu dem Kassenhäuschen hochgingen.

Sie lösten die Karten.

Der Bucklige riß die Karten von der Rolle ab und hob den Kopf.

Hank, der schon das Geld in der Hand hielt, zuckte zurück. In seinem Rücken hörte er Nick gepreßt atmen.

Der Bucklige hatte sich eine Maske übergestreift. Sie sah aus, als würde sie leben. Sie bewegte sich synchron mit den Gesichtsmuskeln.

Das linke Auge hing fast auf der Wange. Das rechte war überhaupt nicht vorhanden. Statt dessen gab es eine klaffende, originalgetreu nachgebildete blutrote Wunde.

Die Stimme des Buckligen klang dumpf unter der Maske hervor. »Ich bin noch der Harmloseste, der Sie bei uns erwartet.«

Hank schob ihm schweigend das Geld zu.

Er bekam dafür die Karten und konnte gehen.

Durch einen Kontakt öffneten sich vor den vier jungen Leuten die zwei Schwingtüren des Horror-Kabinetts.

Ein finsteres Loch tat sich dahinter auf.

»Dann wollen wir mal«, sagte Nick. Seine Stimme klang belegt.

Sekunden später schnappte die Tür hinter den beiden Pärchen zu.

Jetzt gab es kein Zurück mehr . . .

Ein unmenschliches Stöhnen drang plötzlich durch die Dunkelheit.

»Nick!« flüsterte Helen.

Im selben Augenblick durchbrach ein Lichtstrahl die Finsternis. Es gab ein knirschendes Geräusch, und dann rollte der Kopf eines Gehenkten vor ihre Füße.

Gelächter folgte.

Der Kopf war verschwunden.

»Ist doch alles nur Trick!« zischte Hank. »Komm, wir gehen weiter.«

»Nein!« Jill hatte jetzt schon genug. »Ich will hier raus!« Sie wandte sich um, tastete nach der Tür und . . .

Sie war zu.

»Mein Gott, Hank, wir sind gefangen. Wir kommen nicht mehr raus. Wir . . .«

». . . wir müssen weitergehen«, sagte Hank. »Da, die anderen beiden sind schon vorgegangen.«

Es war wieder dunkel geworden. Schritt für Schritt tasteten sie sich vorwärts.

Plötzlich schimmerte vor ihnen ein schwaches rotes Licht. Es reichte aus, um Helen und Nicks Konturen erkennen zu können. Die beiden hatten sich angefaßt und gingen nur zögernd weiter.

»He, geht mal schneller!« rief Hank. »Wir wollen auch noch . . .«

Die weiteren Worte wurden ihm vom Mund gerissen. Ein gräßlicher Sturm brandete plötzlich auf. Der Boden unter ihm begann sich zu bewegen, schaukelte und senkte sich nach vorn.

»Jill!« schrie Hank. Gleichzeitig warf er sich zurück.

Doch seine Freundin rutschte schon in die Tiefe.

Hank warf sich vor, bekam Jills Pullover zu fassen, doch im selben Augenblick begann sich die schiefe Ebene zu drehen.

Hank mußte loslassen.

In rasender Geschwindigkeit rutschte Jill in die Tiefe.

Der Boden hob sich wieder.

Schweißgebadet kam Hank auf die Beine.

Dunkelheit!

»Jill«, rief er. »Jill, wo bist du? So melde dich doch?«

Keine Antwort.

Hank ging in die Knie. Seine Finger tasteten über den Boden. Er suchte nach einem Mechanismus oder irgendeinem Hebel, um den Boden wieder in Bewegung setzen zu können.

Vergebens.

Hank stand wieder auf. Sein Atem ging schnell und keuchend. War das alles noch normal, was er hier erlebte? Gehörte das zu den Illusionen des Gruselkabinetts?

Hank glaubte nicht mehr daran.

Er ging weiter. Vorsichtig setzte er seine Schritte, immer darauf gefaßt, eine neue Überraschung zu erleben.

Plötzlich legte sich eine Hand auf seine rechte Schulter.

Hank wirbelte herum.

Ein Gerippe starrte ihn an. Angeleuchtet von einem weißen Lichtstrahl.

Im ersten Augenblick schloß Hank die Augen. Dann verlor er die Nerven.

Mit einem Wutschrei schlug er auf das Skelett ein. Die Knochen schlugen klappernd gegeneinander.

Dann war das Skelett verschwunden.

Hank stöhnte gepreßt. Er wischte sich über die Stirn und fühlte, daß sie schweißnaß war.

Er ging weiter. Mußte weitergehen, um seine Freundin oder vielleicht Helen und Nick zu finden.

Die Dunkelheit lichtete sich. Es wurde heller.

Hank konnte einzelne Konturen erkennen. Er befand sich in einem Gang. An beiden Seiten waren Spiegel angebracht, die seinen Körper verzerrten.

Einmal sah er sich übermäßig dick, dann wieder dürr wie eine Bohnenstange.

In einer anderen Situation hätte Hank vielleicht gelacht. Doch jetzt nicht.

Die Spiegel verschwanden. Der Gang machte einen Knick.

Es wurde noch heller.

Das Licht mußte von irgendwelchen Lampen kommen, die er nicht sehen konnte.

Das Angstgefühl verschwand etwas.

Hank blieb stehen, formte seine Hände als Trichter vor den Mund und rief laut und deutlich den Namen seines Freundes.

». . . Nick . . .«

Das Echo geisterte durch das Horror-Kabinett.

Noch einmal schrie Hank.

Wieder erhielt er keine Antwort. Sollte den anderen das gleiche Schicksal widerfahren sein wie seiner Freundin?

Hank schluckte.

Er fühlte sich mutterseelenallein. Und wo waren überhaupt die anderen Menschen geblieben, die das Horror-Kabinett betreten hatten? Hank konnte sich erinnern, daß zwei Männer direkt hinter ihnen gestanden hatten, als sie die Karten lösten.

Er konnte jedoch nicht wissen, daß er und seine Freunde durch einen raffinierten Trick in die Irre geführt worden waren. Denn auf sie hatte man es abgesehen. Sie sollten die Opfer sein. Für Dr. Tods grausame Experimente.

Der Gang, durch den Hank ging, erweiterte sich zu einem kleinen Saal.

Die Wände waren unterteilt in schmale hohe Türen.

Hank blieb stehen. Langsam drehte er sich im Kreis, starrte die Türen an.

Der Raum war in schummriges Rotlicht getaucht. Etwas klatschte vor Hank auf den Boden.

Ein Tropfen.

Hank bückte sich, fuhr mit dem Finger über die Flüssigkeit.

Sie klebte.

Hank lief plötzlich ein Angstschauer über den Rücken. Was er hier zwischen den Fingern spürte, war Blut.

Menschenblut!

Im selben Augenblick öffnete sich hinter seinem Rücken eine der vielen Türen.

Hank wirbelte herum.

Das gräßliche Knarren hatte ihn gewarnt.

Eine Hand tauchte auf, ein Arm – und . . .

Hank schluckte. Seine Augen weiteten sich entsetzt. Er wankte zurück, stieß gegen eine Tür.

Sein Verstand weigerte sich, das aufzunehmen, was er sah.

Vor ihm stand Nick, sein bester Freund.

In seiner Brust steckte ein Dolch . . .

Vor Schreck war der blonden Jill die Kehle wie zugeschnürt. Instinktiv rollte sie ihren Körper zusammen, preßte den Kopf in beide Arme.

Ihr Fall wurde abrupt gebremst.

Jill landete weich.

Sie blieb erst einmal liegen, versuchte, sich über ihre Lage klar zu werden.

Jill war ein nüchtern denkendes Mädchen. Daß diese Rutschfahrt nicht zu den Scherzen des Horror-Kabinetts gehörte, war ihr klar. Vielleicht hatte sie auch aus Versehen einen Mechanismus ausgelöst, oder aber man hatte sie in eine Falle gelockt.

Bei diesem Gedanken schauderte sie.

Aber warum gerade sie? Und was war mit Hank und den anderen geschehen?

Jill bekam Angst. Hundsgemeine Angst, die sich nicht unterdrücken ließ.

Sie stand auf.

Es war stockdunkel um sie herum. Jill bückte sich und stellte fest, daß sie auf einem Kissen gelandet sein mußte.

Sie hob den Kopf, versuchte, ihren Weg zurückzuverfolgen.

Kein Lichtschimmer drang von oben hier herunter.

Jill schluckte. Sie hatte die Finger zu Fäusten geballt und versuchte vergeblich, das Panikgefühl niederzukämpfen.

Vielleicht war alles gar nicht so schlimm, war es doch nur ein Scherz dieses Kabinetts.

Jill machte ein paar vorsichtige Schritte. Der Boden unter ihren Füßen war hart wie Stein.

Jill hielt die Hände ausgestreckt, suchte in der Dunkelheit nach irgendwelchen Gegenständen.

Ihre Fingerspitzen stießen gegen etwas Weiches.

Im ersten Augenblick zuckte Jill zurück, doch dann faßte sie nach.

Jill runzelte die Stirn. Das fühlte sich an wie – ja, wie Stoff. Jill faßte fester zu. Genau, das war Stoff, aber einer der besseren Sorte. Nämlich Samt.

Sofort dachte Jill an den Begriff Vorhang. Was wird sonst aus Samt hergestellt?

Sie ging weiter. Hielt ihre Hände dabei immer an dem Vorhang.

Sie spürte, daß der Samt Falten geworfen hatte. Eventuell gab es hier sogar einen Durchschlupf, wie auf der Bühne.

Dieser Gedanke beflügelte Jill. Ihre Arme brachten den Vorhang in Bewegung, dann hob sie ihn hoch.

Er war schwer, und es kostete sie Mühe.

Jill kroch darunter hinweg.

Im nächsten Moment schrie sie schmerzhaft auf. Hinter dem Vorhang befand sie eine Holzwand. Sie war genau mit dem Kopf dagegen gestoßen.

Jill schluchzte. Wo sie auch hinfaßte, überall nur die Holzwand.

Erst jetzt kam dem Girl die Ausweglosigkeit ihrer Lage voll zu Bewußtsein.

Sie war gefangen. Voll und ganz einem unbekannten Schicksal ausgeliefert.

Und ihre Freunde? Würden sie sie je hier finden?

Hoffnungslosigkeit keimte in Jill auf.

Sie kroch wieder zurück, setzte sich auf das Kissen.

Minutenlang saß sie unbeweglich. Die Stille zerrte an ihren Nerven. Sie hörte sogar das leise Ticken ihrer Armbanduhr.

Plötzlich stand Jill auf. Sie warf sich gegen den Vorhang und trommelte mit beiden Fäusten gegen die dahinterliegende Wand.

»Ich will hier raus!« gellte ihre Stimme. »Ich will hier raus!«

Immer wieder schlug sie die Fäuste gegen die Wand, bis sie anfingen zu schmerzen.

Ihre Schreie wurden von den Vorhängen verschluckt. Niemand würde sie hier hören.

Jill wankte zurück. Tränen liefen über ihr Gesicht. Das junge Mädchen begann zu beten. Es war das einzige, was ihr in der Verzweiflung einfiel.

Jills Lippen bebten, sie zitterte am ganzen Körper.

Das Mädchen war mit den Nerven fertig.

Und darauf hatte Dr. Tod gewartet. Er hatte sie schon die ganze Zeit aus einem Versteck beobachtet. Ein Nachtsichtgerät machte die Dunkelheit in dem Gefängnis zum Tag.

Dr. Tod wandte sich um. In einer Ecke stand der mit Wachs überzogene lebende Tote.

»Geh jetzt!« zischte Dr. Tod.

Der Tote setzte sich in Bewegung. Seine Augen, die Dr. Tod mit einer roten Flüssigkeit beträufelt hatte, glühten teuflisch.

Aber von diesen Vorgängen ahnte Jill nichts, die in dumpfer Verzweiflung in ihrem Gefängnis hockte.

Sie hatte sich wieder beruhigt. Ihr Tränenstrom war versiegt.

Und da hörte sie das Geräusch. Es klang wie das Knarren einer Tür.

Jill sprang auf. Kam man ihr zu Hilfe oder . . .

Das Mädchen wagte einen anderen Gedanken gar nicht auszusprechen. Wenn nur nicht diese Dunkelheit gewesen wäre.

»Hallo«, rief Jill. »Ist dort jemand?«

Messerscharf drang das Knarren der Tür durch die Stille.

»So sagen Sie doch etwas. Bitte!«

Keine Antwort.

Jill biß sich auf die Lippen. Es war ihr unmöglich, festzustellen, aus welcher Richtung das Knarren kam.

»Melden Sie sich doch«, rief Jill. »Ich . . .«

Sie verstummte. Ein Lichtschimmer geisterte in ihr Verlies. Er drang unter dem Vorhangspalt hervor.

Jill schöpfte Hoffnung.

Ihre Augen waren auf den Vorhangsaum gerichtet, der ein Stück über dem Boden schwebte.

Zwei Füße tauchten auf.

Jill erschrak. Die Füße waren hell, fast weißgelb. Es sah aus, als hätte der oder die Person keine Schuhe an.

Doch Jill sah keine Zehen.

Was kam dort auf sie zu?

Jill wich zurück, bis sie den gegenüberliegenden Vorhang im Rücken spürte.

Ihre Augen waren starr auf den Lichtschimmer gerichtet.

Der Vorhang geriet in Bewegung. Ein ratschendes Geräusch! Für Augenblicke sah Jill etwas blitzen.

Ein Messer?

Mein Gott, wenn das wahr wäre . . .

Jills Gedanken zersplitterten.

Aus dem Vorhangspalt schob sich eine Hand. Eine weiße Hand. Wie das Paar Füße.

Es folgte ein Arm, eine Schulter – und . . .

Jill zweifelte plötzlich an ihrem Verstand.

Vor ihr stand ein Monster! Eine lebende Wachsfigur!

Blutrot glühten die Augen in dem Gesicht. In der rechten Hand hielt die Wachsfigur ein Messer.

Die Schneide war armlang und blitzte.

Jill war unfähig, sich zu bewegen.

Das Monster kam näher, hob den Arm mit dem mörderischen Messer.

Und plötzlich begann Jill zu lachen. Schrill und gellend. Sie bekam nicht mehr mit, was sich hier abspielte. Sie hatte einen Schock bekommen, der ihre Nerven völlig aus der Bahn gerissen hatte.

Plötzlich fuhr das Messer durch Jills linke Brust . . .

»Nick, mein Gott – ich . . .«

Hank stöhnte in tiefer Verzweiflung. Wie ein Schwamm saugte er das Bild, das sich seinen Augen bot, ein. Er hatte plötzlich das Gefühl, in einer Zentrifuge zu sitzen. Der Raum, die Türen – alles das drehte sich. Nur im Unterbewußtsein nahm er wahr, wie Nick zusammenbrach und auf der Seite liegenblieb.

Hank schwankte.

Mit Gewalt riß er sich zusammen, wischte sich mit dem Handrücken über die Augen.

Weit riß der junge Mann die Augen auf.

Das gräßliche Bild blieb!

Nick, sein bester Freund, war tot. Das Messer steckte tief in seiner Brust. Er hielt den Griff mit beiden Händen umklammert. Eine schmale Blutspur lief über sein Hemd. Der Mund stand halb offen. Blutiger Schaum lag auf seinen Lippen.

Hank näherte sich seinem Freund, ging neben ihm in die Knie.

Behutsam drehte er Nick auf den Rücken.

Gebrochene Augen sahen ihn an.

Kein Zweifel, Nick war tot. Das war kein Spuk, keine Illusion, das war alles echt.

Hanks Finger berührten das Messer. Dann packte er fester zu, zog die Stichwaffe mit einem Ruck aus der Brust des Toten.

So, jetzt konnte er sich wenigstens verteidigen.

Hank war in den letzten Sekunden ein anderer geworden. Er wußte, hier ging es um sein Leben, und er war entschlossen, es zu verteidigen.

Hank begann sich im Kreis zu drehen. Die Türen schienen ihn höhnisch anzuglotzen, zu locken. *Komm hier rein, hier ist ein Ausweg für dich. Er führt nach draußen. Er . . .*

Hank grub seine Fingernägel in den Handballen. Ich darf jetzt nicht durchdrehen! schrie es in ihm. Ich muß die Nerven behalten. Irgendwie werde ich schon herauskommen. Ich muß nur . . .

Sein Gedankenfluß stockte.

Deutlich hatte er gesehen, wie sich die Türen öffneten. Langsam und mit knarrenden Geräuschen.

Öffnungen wurden sichtbar. Sie kamen Hank vor wie Höllentore. Schreckliche Geräusche drangen an seine Ohren.

Und dann kamen die Monster!

Sie quollen aus den Türöffnungen. Ein Alptraum wurde für Hank bittere Wahrheit.

Spinnenmonster mit Menschenköpfen drangen auf ihn ein, mörderische Gestalten aus dem Schattenreich, riesige Echsen, Skelette, übergroße Fledermäuse.

Arme tasteten nach dem jungen Mann. Mäuler wurden aufgerissen, und Nick blickte in riesige Schlünde.

Da drehte er durch.

Der Arm mit dem Messer fuhr durch die Luft. Wild und unkontrolliert stach er auf die Monster ein.

Er schrie sich die Lunge aus dem Leib. Immer und immer wieder hieb er mit dem Messer zu.

Plötzlich waren die Monster verschwunden.

Nur noch der Tote lag auf dem Boden.

Hank hielt inne. Er stand gebückt da, sein Atem ging keuchend, seine Augen waren blutunterlaufen und verdreht.

Plötzlich begann Hank zu kichern. »Sie sind weg, sie sind weg!«

Er freute sich wie ein kleines Kind und ahnte nicht, daß Dr. Tod schon seine Krallen nach ihm ausgestreckt hatte.

Langsam beruhigte sich Hanks Atem. Er betrachtete das blutverschmierte Messer, sah dann auf den toten Freund hinab und wandte wieder den Kopf.

Nein, dieser Anblick war zu grausam.

Plötzlich fiel Hank auf, daß alle Türen verschlossen waren.

Bis auf eine!

Und durch diese Tür war Nick gekommen. Sollte das für Hank

ein Zeichen sein, damit er den gleichen Weg benutzte? Aber wohin führte ihn dieser? Auch in den Tod?

Hank hatte keine andere Wahl. Er mußte durch die offenstehende Tür gehen. Alle anderen waren verschlossen.

Vorsichtig setzte sich Hank in Bewegung. Den Arm mit dem Messer hielt er ausgestreckt.

Wenn ihm jetzt jemand entgegenkam, dann . . .

Es kam niemand.

Finster lag der Gang vor ihm.

Hank beschleunigte seine Schritte. Er war fest entschlossen, das Rätsel dieses Horror-Kabinetts zu lösen.

Da sah er den Lichtschimmer. Er war noch ziemlich weit weg, ließ jedoch neue Hoffnung in Hank aufkeimen.

Dann hatte es der junge Mann geschafft. Er stand in einem riesigen Gewölbe.

Staunend sah er sich um.

Die große Steinhalle war wie ein Labor eingerichtet. Überall gab es Apparaturen und Meßgeräte, die Hank aus dem naturwissenschaftlichen Unterricht kannte.

Immer wieder schüttelte der junge Mann ungläubig den Kopf. Mit allem hätte er gerechnet, nur damit nicht.

Wo war er nur hier gelandet? In Frankensteins Hexenküche? Fast sah es so aus.

»Na, gefällt Ihnen mein Reich?« hörte er plötzlich eine Lautsprecherstimme.

Hank warf den Kopf in den Nacken.

Ein spöttisches Gelächter folgte seiner Reaktion. »Nein, mein Freund, sehen können Sie mich nicht, noch nicht.«

Hank nahm allen Mut zusammen. »Dann sind Sie also der Mann, der für den Mord an meinem Freund verantwortlich ist!«

»Ja, das will ich nicht leugnen!«

Für einen Augenblick war Hank über diese Reaktion verblüfft. Dann riß er den Arm mit dem Messer hoch und schrie: »Los, zeigen Sie sich, Sie feiges Schwein, Sie, Sie Meuchelmörder! Ich möchte Ihnen von Angesicht zu Angesicht gegenüberstehen. Ich werde Ihnen den Dolch, mit dem sie meinen Freund umgebracht haben, in das Herz rammen . . .«

»Sie werden unsachlich«, sagte wieder die kalte Stimme. Nicht eine Spur Erregung schwang darin mit. »Drehen Sie sich mal lieber um, junger Mann.«

Hank wandte den Kopf. In der nächsten Sekunde drohte ihm der Herzschlag auszusetzen.

Ein Monster kam auf ihn zu. Ein mit Wachs übergossener Mensch. Eine lebende Wachsfigur!

Aber das war es nicht, was Hank so erschreckte. Das Monster hielt etwas auf den Armen.

Ein Mädchen.

Jill!

Seine Jill!

Hank konnte das Grauen kaum fassen.

Plötzlich blieb die Wachsfigur stehen, senkte die Arme.

Der tote Körper des Mädchens fiel zu Boden und rollte genau vor Hanks Füße . . .

Bei Hank riß der Faden.

Mit einem gurgelnden Schrei stürzte er sich vor, riß den Arm mit dem Messer hoch und stieß die Klinge gegen die Brust des Monsters.

Der Stahl prallte ab!

Und dann erhielt Hank einen mörderischen Schlag ins Gesicht, der ihn gegen einen Labortisch warf, vor dem er stöhnend zusammensackte.

Für einen Augenblick trat Hank weg.

Als er wieder klar sehen konnte, stand ein Mann vor ihm.

Hank sah in ein grausam verkniffenes Gesicht. Eine Hand schob sich in sein Blickfeld. Am Mittelfinger der Hand blitzte ein seltsamer Ring.

Er war dunkelrot, und auf der Fläche befand sich ein weißer Totenkopf.

Der Mann verzog das Gesicht zu einem bösen Lächeln.

»Wer – wer sind Sie?« ächzte Hank.

»Der Mann, dem Sie ein Messer in die Brust rammen wollten und in dessen Gewalt Sie sich jetzt befinden. Wie ist es jetzt mit Ihrem Vorhaben?«

Hank erschrak bis ins Mark. Sein Blick zuckte in die Runde. Das Messer lag neben ihm auf dem Boden.

Mit dem Fuß schob es der Unheimliche näher heran.

»Nun?« fragte er.

Hank schüttelte den Kopf. »Wo ist Jill?« flüsterte er.

»Das Mädchen?« Dr. Tod lachte. »Sie wird Ihr Grab finden. Ich brauche sie nicht mehr. Sie diente nur zur Demonstration meiner Macht. Genauso hätte es dich treffen können.«

Hank fragte nicht nach den Motiven dieses Mannes. Er begriff nichts mehr. Sein Denken war auf einmal völlig ausgelöscht. Zu stark war der Einfluß des Bösen.

»Ich will, daß du der Welt sagst, was du hier erlebt hast. Sie sollen wissen, was demnächst auf sie zukommt, daß Doktor Tod reagieren wird und es keine Rettung mehr gibt. Das Zeitalter des Satans ist angebrochen. Ich lasse dich und deine Bekannte entkommen. Denk an meine Worte.«

Der Unheimliche ging zurück. Hank sah die Beine aus seinem Blickfeld entschwinden.

Die Worte des Unheimlichen hatten sich in sein Gehirn eingemeiselt. Keine Silbe hatte er vergessen.

Hank stand auf.

Er wunderte sich, wie leicht auf einmal alles ging. Er machte einige Schritte und schien zu schweben.

Hank sah den Unheimlichen. Ganz dicht stand er vor ihm und blickte ihm tief in die Augen.

Dr. Tod hatte seine zweite Macht ausgespielt. Die Macht der Hypnose.

Hank war plötzlich alles egal. Dr. Tod bewegte die Lippen. Hank hörte kein Wort und wußte doch, was der Unheimliche befahl.

Folgen sollte er ihm, folgen . . .

Sie gingen durch das Labor, betraten eine kleine Kammer.

Eine Liege stand darin. Und auf der Liege lag ein Mädchen.

Helen!

Hank lächelte, als er sie erkannte. Er trat neben sie, berührte sie mit der Hand.

Helen wandte den Kopf.

Auch sie lächelte, schien ihn erkannt zu haben.

Dr. Tod stand am Kopfende der Liege, beobachtete die beiden Menschen aus funkelnden Augen.

Dann streckte er die Arme aus. Seine Lippen murmelten magische Formeln.

Hank hatte plötzlich das Gefühl zu schweben. Der Boden unter ihm tauchte weg, und er geriet in einen reißenden Strudel, der ihn höher und höher zog.

Dann wußte er nichts mehr . . .

Zuerst spürte Hank die Kälte.

Sie drang wie mit eisigen Fingern in seinen Körper, erreichte das Gehirn und . . .

Hank erwachte. Er stöhnte auf und öffnete die Augen.

Seine rechte Hand war gefühllos, unterkühlt. Hank zog vorsichtig den Arm an, bewegte die Finger.

Er hörte ein leises Plätschern.

Plätschern? Wasser? Hank hatte keine Ahnung, wo er sich befand.

Mühsam wandte er den Kopf. Da sah er den kleinen Bach, in dem sein rechter Arm gelegen hatte.

Über Hank spannte sich das Laubdach eines Waldes. Vereinzelte Sonnenstrahlen fielen wie glitzernde Speere auf den mit Moos und Humus bedeckten Boden und kitzelten Hanks Nase.

Der junge Mann mußte niesen.

Es schien, als ob ihn dieses Geräusch endgültig aus der Bewußtlosigkeit gerissen hätte.

Hank setzte sich auf.

Und dann kam die Erinnerung. Klar und deutlich standen die Schreckensbilder vor seinen Augen. Die gräßlichen Monster fielen ihm wieder ein, sein toter Freund – und Jill.

Aber hatte er das nicht alles nur geträumt?

Hank hoffte es. Er drehte den Kopf. Im selben Augenblick verengten sich seine Augen.

Ein paar Meter weiter lag Helen. Direkt vor einem großen Farnkrautbusch.

Sie lag auf dem Rücken. Das Sonnenlicht zauberte ein Muster auf ihre Bluse.

Helen rührte sich nicht. War sie tot?

Ein heißer Schreck zuckte in Hank hoch. Er stand auf und hielt sich eine Sekunde später an einem Baumstamm fest.

Alles drehte sich um seine Augen.

Verdammt, was hat man nur mit mir gemacht! dachte er.

Der Schwindelanfall ging vorbei. Und als Hank neben der ohnmächtigen Helen in die Hocke ging, war ihm auf einmal klar, daß er nicht geträumt hatte.

Daß die schrecklichen Ereignisse Wirklichkeit gewesen waren.

Helen war blaß wie ein Leichentuch. Hank streichelte ihre Wange, um das Girl aufzuwecken.

Sie bewegte sich nicht einmal. Nur ihre Brust hob sich unter schwachen Atemzügen.

Hank konnte auch keine Verletzung an ihr feststellen, nur der Pullover war am Ärmel zerrissen.

Hank stand auf und ging zu dem schmalen Wasserlauf, der sich durch den Wald schlängelte.

Der junge Mann schöpfte Wasser mit der hohlen Hand, lief wieder zurück und benetzte Helens Gesicht.

Das half.

Schon bald schlug Helen die Augen auf. Hank legte seine Hand unter ihren Kopf und hob ihn ein wenig hoch.

Verwirrt blickte Helen den jungen Mann an.

»Hank – du?«

Hank nickte. Er konnte nicht sprechen. Ein Kloß saß ihm auf einmal im Hals.

»Wo – wo bin ich hier?«

Hank blickte an ihr vorbei. Er mußte sich erst räuspern, ehe er antworten konnte. »Ich weiß es selbst nicht, Helen.«

»Was ist denn mit den anderen? Mit Jill und Nick?«

Hank schluckte. Sollte er ihr wirklich die Wahrheit sagen? Lieber nicht, sie würde es doch nicht verkraften.

»Ich weiß es nicht«, wiederholte er sich.

»Du lügst, Hank. Die beiden sind tot, nicht?«

Hank zuckte zusammen. Die brutale Deutlichkeit dieses Mädchens traf ihn bis ins Mark.

»Wie – wie kommst du denn auf so etwas?« krächzte er.

»Sie sind tot. Glaub mir.« Helens Stimme klang leise und monoton. »Es war kein Traum, was ich erlebt habe. Wir sind in dieses Kabinett gegangen, und plötzlich war Nick verschwunden. Ich ging weiter, suchte den Ausgang. Dann hat man mich gepackt. Eine Wachspuppe. Sie brachte mich zu einem Mann. Er trug einen scheußlichen Ring am Finger. Der Mann blickte mich an, und von dort an weiß ich nichts mehr. Nur einen Satz habe ich noch behalten. Deine Freunde sind tot. Der Mann sprach so bestimmt, daß ich ihm glaubte.«

Helen schwieg.

Hank lauschte noch ihren Worten nach. Er blickte starr geradeaus, vernahm das Zwitschern der Vögel und hörte es doch wieder nicht. Eine innere Leere hatte sich in ihm ausgebreitet. Als er antwortete, geschah dies rein mechanisch. »Du hast recht, Helen, es war kein Traum. Ich habe fast das gleiche erlebt. Nur«, Hank stockte, »ich habe sie gesehen. Jill und Nick, meine ich. Sie waren beide nicht mehr am Leben. Man hat sie einfach umgebracht.«

Helen stand auf. »Wir müssen gehen, Hank.«

»Und wohin? Wir wissen ja nicht einmal, wo wir uns befinden. Und wie sind wir überhaupt hierher gekommen?«

»Irgendwo wird der Wald zu Ende sein. Komm jetzt.«

Auch Hank stand auf. Mechanisch folgte er dem Mädchen.

Nach einigen Minuten Fußmarsch stießen sie auf einen schmalen Weg. Ihn gingen sie weiter.

Plötzlich hörten sie Glockengeläut.

Helen blieb stehen. »Heute ist Feiertag«, sagte sie. »Jetzt ist es nicht mehr weit bis zu dem Ort.«

Die Bäume links und rechts des Weges wurden spärlicher, machten Buschwerk Platz.

Die jungen Leute hatten freie Sicht.

Vor ihnen lag Tonbridge.

Eine kleine Stadt, eingebettet in der ersten Frühlingssonne. Hanks Blicke wanderten nach links.

Da lag der Rummelplatz. Deutlich konnte man das Riesenrad erkennen.

Helen faßte nach Hanks Hand. »Laß uns weitergehen.«

»Wir müssen zur Polizei«, sagte Hank.

Helen schüttelte den Kopf. »Aber nicht hier. In dieser kleinen Stadt würde man uns nicht glauben. Nein, wir werden nach London fahren und zu Scotland Yard gehen. Die sollen sich um die Sache kümmern.«

Die ersten Häuser tauchten auf. Alte Bauten und einstöckig. Die bunt bemalten Fensterläden wirkten freundlich.

Menschen begegneten ihnen. Manche sahen die jungen Leute erstaunt an, die an ihnen vorbei gingen, ohne zu grüßen.

Sie erreichten das Zentrum des Ortes.

»Hier irgendwo muß unser Wagen stehen«, sagte Hank.

Helen blickte sich um. »Ja, dort ist der Rummelplatz.«

Das Gelände wirkte verlassen. Einige Kinder sprangen um die Buden herum und versuchten durch einen Schlitz in den zugezogenen Rolläden einen Blick in das Innere zu erhaschen.

Den 2 CV hatten sie in einer kleinen Seitenstraße abgestellt. Er stand immer noch an seinem Platz.

Hank suchte in den Taschen nach den Wagenschlüsseln. Er fand sie.

Die beiden jungen Leute stiegen ein.

Bevor Hank anfuhr, legte er seine Hand auf Helens Arm. Das Mädchen blickte ihn an.

»Was ist, Hank?«

Hank setzte zweimal an, ehe er sprechen konnte. »Wie – wie sagen wir es den Eltern?«

Helen zuckte mit den Schultern. »Ich weiß es nicht. Es ist mir auch irgendwie gleichgültig. Bitte, fahr.«

Hank war über die Reaktion des Mädchens zutiefst entsetzt. War Helen wirklich so gefühlskalt, oder war es nur der Schock, der sie so reagieren ließ?

Hank hoffte auf die zweite Möglichkeit.

Sie fuhren über die Ausfallstraße in Richtung London. Beide sprachen kaum ein Wort. Helen sah stur aus dem Fenster.

Hank dachte an den gestrigen Tag, an dem sie noch alle zusammen gewesen waren, Spaß gehabt hatten – und . . .

Hank biß die Zähne zusammen. Gewaltsam mußte er die Tränen unterdrücken.

Eine Menge Spaziergänger kamen ihnen entgegen. Sie strebten Tonbridge zu, wollten wahrscheinlich auf dem Rummelplatz etwas erleben.

Hank war versucht, anzuhalten und auszusteigen, um die Menschen zu warnen, damit sie nicht in ihr Verderben rannten.

Er ließ es bleiben. Wer hätte ihm schon geglaubt?

Langsam näherten sie sich London. Der Verkehr wurde dichter. Hank mußte sich konzentrieren und seine Gedanken verscheuchen.

»Warst du schon mal beim Yard?« unterbrach Helen plötzlich das Schweigen.

»Nein. Du?«

»Auch nicht. Vielleicht lassen sie uns gar nicht vor.«

»Sie müssen, Helen.«

»Ob man uns glauben wird?«

Hank zuckte die Achseln. »Wohl kaum. Die Geschichte klingt auch zu unwahrscheinlich.«

»Und was machen wir dann?«

»Das ist nicht unsere Sache, was anschließend geschieht. Was sollen wir denn schon tun?«

»Paß auf, die nächste Straße, da mußt du rechts ab.«

Hank ordnete sich ein, und wenige Minuten später hielten sie auf dem yardeigenen Parkplatz.

Wie eine Dolchspitze reckte sich das neue Gebäude in den strahlend blauen Himmel. Die Fenster warfen das Sonnenlicht in Tausenden von Reflexen zurück.

Die beiden jungen Menschen schritten auf das große gläserne Eingangsportal zu.

Die Türen schwangen automatisch zurück.

Eine Halle tat sich auf. Die große Portiersloge war besetzt. Dort mußten sie erst einmal hin.

Der Mann an der Auskunft war ein älterer Beamter, der sie freundlich anlächelte.

»Was kann ich für Sie tun?«

»Wir möchten einen Ihrer Beamten sprechen«, sagte Hank.

»In welcher Angelegenheit?«

»Das sagen wir ihm selbst.«

Der Auskunftsbeamte schüttelte den Kopf. »Das geht nicht. Ich kann Sie bei Totschlag nicht zu einem Inspektor der Rauschgiftabteilung schicken.«

»Ja«, sagte Hank, »das verstehen wir.«

Er überlegte einen Moment und meinte dann: »Wir kommen in einer etwas komplizierten Sache. Es geht um Mord und um . . .«, Hank stockte, suchte die richtigen Worte, »ja, und um Geister.«

Klar und deutlich hatte er das letzte Wort ausgesprochen. Der Auskunftsbeamte riß die Augen weit auf. Dann beugte er sich etwas vor. »Ich hoffe, Sie machen keine Scherze mit mir. Wollen Sie einen Mord melden?«

»Ja und nein.«

»Was heißt das?«

Hank begann zu schwitzen. Er hatte geahnt, daß es Ärger geben würde. Er warf Helen einen hilfesuchenden Blick zu.

Das Girl ging plötzlich einige Schritte vor, bis es dicht vor dem Glaskasten stand.

»Ich will Ihnen mal was sagen«, sagte Helen. »Zwei unserer besten Freunde sind von einem Monster, von einer Wachsfigurenpuppe, bestialisch ermordet worden. Es ist etwas geschehen, was es gar nicht geben kann. Verstehen Sie jetzt? Der Satan kommt zurück. Er hat schon seine Diener auf die Erde geschickt. Es war Doktor Tod, der uns diese Worte gesagt hat. Doktor Tod . . . ahhh . . .!«

Helen bäumte sich auf einmal auf. Bevor Hank sie auffangen konnte, brach sie zusammen.

Erst jetzt war die Reaktion auf dieses gräßliche Erlebnis eingetreten.

Hank wandte sich um und sah den Auskunfstbeamten an, der bereits zum Telefonhörer gegriffen hatte, um einen Arzt zu alarmieren.

»Wissen Sie jetzt, daß wir keinen Spaß machen, Sir?«

Der Beamte nickte stumm.

Mit einem Druck seines Zeigefingers schaltete Superintendent Powell das laufende Tonband aus.

Er lehnte sich in seinem Schreibtischsessel zurück und blickte Inspektor Sinclair fordernd an.

»Das sind also die Aussagen des Mädchens«, sagte Superintendent Powell.

». . . die sie während des Schocks gesagt hat«, vollendete John Sinclair den Satz.

»Sie ist zwischendurch immer aus ihrer Bewußtlosigkeit erwacht«, fügte Powell erklärend hinzu.

John zündete sich eine Zigarette an. »Und ihr Freund?«

»Sagt im Prinzip das gleiche.«

Der Inspektor kannte natürlich die Geschichte der beiden jungen Menschen. Superintendent Powell hatte ihn schnell und umfassend informiert. Der Fall Akte P2, wie er im Schriftgebrauch betitelt worden war, war sofort auf Powells Schreibtisch gelandet. Superintendent Powell war der Leiter einer Sonderkommission, die sich nur mit übersinnlichen Fällen beschäftigte.

Er hatte an sich nur einen Agenten. Und das war John Sinclair. Die anderen Mitarbeiter arbeiteten in den Labors und Kommissionen. John Sinclair – er stand im Range eines Inspektors – war gewissermaßen die Feuerwehr. Der Kämpfer an der Front. Schon manches Mal war er nur haarscharf mit dem Leben davongekommen.

John Sinclair war ein sportlicher Typ mit kurzgeschnittenen blonden Haaren und blauen Augen. Um seine Mundwinkel lag meistens ein kleines Lächeln, und man wäre nie im Leben darauf gekommen, John für einen Geisterjäger zu halten.

Doch wenn es sein mußte, kannte John Sinclair kein Pardon. Das hatte er vor einigen Tagen wieder bewiesen, als er die Dämonen auf dem Galgenhügel zur Strecke gebracht hatte.

»Tatsache bleibt, Inspektor, daß zwei junge Menschen verschwunden sind. Ihre Leichen haben wir bisher nicht gefunden.«

»Dann besteht also die Möglichkeit, daß sie noch leben«, sagte John.

Sir Powell schüttelte den Kopf. »Glaube ich nicht. Dieser Doktor Tod hat selbst mit der Ermordung der beiden geprahlt. Deshalb werde ich veranlassen, daß wir das Horror-Kabinett auf den Kopf stellen, daß kein Brett mehr an seinem Platz liegt.«

John winkte ab. »Davon würde ich abraten. Was hätten wir gewonnen?«

»Wir können diesen Doktor Tod einbuchten.«

John lachte. »Falls Sie ihn kriegen. Und dann müssen Sie ihm auch noch einiges beweisen. Nein, diese Aufgabe ist ein Ein-Mann-Job à la John Sinclair.«

Um Superintendent Powells Lippen spielte ein süffisantes Lächeln. »Mit Ihrer Reaktion hatte ich beinahe gerechnet, Inspektor.«

Der alte Fuchs wußte genau, wie er seinen besten Mann packen konnte.

John mußte lächeln, doch er wurde schnell wieder ernst.

»Ich verstehe nur eins nicht«, sagte er, »weshalb hat Doktor Tod die beiden laufenlassen? Wahrscheinlich in einem Anflug von Größenwahn, so auf die Masche ›Mir kann keiner‹.«

»Durchaus möglich«, gab Superintendent Powell zu. »Er fühlte sich eben unbesiegbar.«

»Vorausgesetzt, die Geschichte stimmt«, schränkte John ein. »Aber das werde ich ja sehen. Sind übrigens die Eltern der beiden Vermißten benachrichtigt?«

»Ja.«

Inspektor Sinclair drückte seine Zigarette aus. Es war Wochenanfang, und über London lag ein strahlendblauer Frühlingshimmel. Eigentlich ein Wetter zum Faulenzen, dachte John.

»Was haben Sie als erstes vor?« riß ihn Powells Stimme aus den Gedanken.

»Ich werde zu diesem Hank fahren. Wie heißt der Junge eigentlich mit Nachnamen?«

»Dillinger. Das Mädchen heißt Helen Clay.«

»Was schätzen Sie, Sir, wie lange Miss Clay noch unter ärztlicher Aufsicht bleiben muß?«

»Einige Wochen werden noch vergehen.«

»Dann bin ich also nur auf Hank Dillingers Aussagen angewiesen.«

»Vorläufig ja.«

»Da kann man nichts machen.« John stand auf. »Sie hören dann von mir, Sir.«

Superintendent Powell nickte und nahm einen Schluck Mineralwasser, das ihn von seinen Magengeschwüren befreien sollte. Bis heute hatte es nicht geholfen.

Johns Wagen, ein silbergrauer Bentley, stand auf dem Parkhof des Yard-Gebäudes.

Der Wagen war frisch überholt und gewaschen worden. Jetzt wartete er darauf, wieder ausgefahren zu werden.

John Sinclair hatte sich Hank Dillingers Adresse geben lassen. Der junge Mann lebte noch bei seinen Eltern. Die Familie wohnte in Southwark, einem alten Londoner Wohnbezirk.

John erreichte das Gebiet über die London Bridge und überquerte die Bahngleise.

Dann mußte er sich links halten.

Die Häuser machten einen sauberen und gepflegten Eindruck. Es war alles Eigentum und wurde dementsprechend instandgehalten. In den kleinen Vorgärten blühten die ersten Frühlingsblumen.

Hier war die Welt – wenigstens nach außen hin – noch in Ordnung.

Das Haus, in dem die Familie Dillinger wohnte, war ein Eckhaus. John fand einen Parkplatz und schritt über einen mit Platten belegten Weg auf die Haustür zu. Sie war mit kleinen Butzenscheiben bestückt.

Der Inspektor klingelte.

Wenig später öffnete ihm eine etwa fünfundvierzigjährige Frau, die ein Tuch über den Kopf gebunden hatte. Anscheinend hatte John sie beim Putzen gestört.

»Mrs. Dillinger?«

»Ja.« Die Augen der Frau wurden schmal.

»Mein Name ist John Sinclair, Scotland Yard. Ich hätte gern mit Ihrem Sohn gesprochen.«

John präsentierte seinen Ausweis.

Das Misstrauen im Gesicht der Frau verschwand. »Kommen Sie rein, Inspektor. Ihr Kollege ist schon oben.«

»Kollege?« fragte John.

»Etwa vor fünf Minuten ist jemand gekommen, der ebenfalls mit meinem Sohn reden wollte. Deshalb wunderte ich mich vorhin.«

In John Sinclair schlugen die Alarmglocken an. »Wo ist das Zimmer Ihres Sohnes?« fragte er schnell.

»Oben im ersten Stock. Aber warum . . .?«

»Stellen Sie jetzt keine Fragen!« rief der Inspektor und huschte an der verdatterten Frau vorbei ins Haus.

Die schmale Treppe war mit einem braunen Läufer belegt.

John nahm mehrere Stufen auf einmal. Er gelangte in einen Flur. Vier Türen zweigten ab.

John riß die erste auf.

Es war ein Schlafzimmer.

Die zweite Tür.

Da war er richtig.

Im ersten Augenblick blieb John wie festgenagelt stehen. Innerhalb von Sekundenbruchteilen brannte sich das Bild, das er sah, in seinem Gehirn fest.

Hank lag auf dem Bett. Mit beiden Händen hielt er den Griff eines Messers umklammert.

Die Spitze zeigte auf seine Brust.

Hank Dillinger war dabei, seinem Leben ein Ende zu bereiten . . .

John Sinclair flog durch das halbe Zimmer. Seine geballten Hände stießen gegen Hanks Arme, fegten sie zur Seite.

Hank brüllte auf. John war hart auf dem Jungen gelandet.

Doch sofort warf sich der Inspektor herum und riß Hank das Messer aus der Hand.

Der Junge starrte ihn an. Sein Blick war seltsam leer und entrückt.

John sah das offene Fenster, lief hin und beugte sich nach draußen.

Von dem »Polizisten« war nichts zu sehen.

Der Inspektor wischte sich den Schweiß von der Stirn. Da war er gerade noch rechtzeitig gekommen. Eine Minute später, und alles wäre vorbei gewesen.

Plötzlich stand Mrs. Dillinger im Zimmer.

Sie schrie erstickt auf, als sie ihren Sohn sah. Die Frau wollte auf Hank zulaufen, doch John hielt sie zurück. »Später«, sagte er. »Zuerst muß ich mal mit ihm reden. Lassen Sie uns bitte allein.«

Mrs. Dillinger ging. John hörte sie auf dem Flur schluchzen.

Dann setzte er sich zu Hank aufs Bett. Der Blick des Jungen war immer noch verschleiert und entrückt. Hank Dillinger lag in tiefer Hypnose.

Da war vorerst nichts zu machen.

John schloß das Fenster und ging auf den Flur.

Mrs. Dillinger blickte ihm aus verweinten Augen entgegen.

»Haben Sie Telefon?« fragte John.

»Ja. Unten im Wohnzimmer.«

»Danke.«

John rief einen Psychiater vom Yard an. Der Kollege versprach, sofort zu kommen.

Dann informierte der Inspektor seinen Chef.

»Doktor Tod will wohl seine Zeugen jetzt beseitigen, nachdem sie ihre Pflicht getan haben«, vermutete Powell. »Ich werde auch das Mädchen unter Bewachung stellen lassen.«

»Unbedingt, Sir«, erwiderte John.

Er legte auf.

Mrs. Dillinger war ihm gefolgt. »Was ist eigentlich geschehen?« fragte sie.

John beschloß, ihr nicht die ganze Wahrheit zu sagen.

»Dieser Kollege, Mrs. Dillinger, war in Wirklichkeit ein Verbrecher!«

»Mein Gott«, rief die Frau. »Und – und er wollte Hank umbringen?«

»Nein. Er hat ihn hypnotisiert.«

»Aber weshalb?«

»Hank sollte vergessen, was er gesehen hat.«

Mrs. Dillinger gab sich mit dieser Auskunft zufrieden. John hatte jedoch noch einige Fragen an die Frau.

»Mrs. Dillinger«, sagte er, »können Sie uns den angeblichen Polizeibeamten beschreiben?«

Die Frau zuckte die Achseln. »Mein Gott, was soll ich da sagen? Er war kleiner als Sie und hatte einen Regenmantel und einen Hut auf. Sein Gesicht war kaum zu erkennen. Halt, da fällt mir etwas ein. Er hatte keine Augenbrauen. Es war alles glatt, wissen Sie? Und Handschuhe hat er getragen. Ich habe noch nichts mit der Polizei zu tun gehabt, und deshalb dachte ich, die Leute sehen so aus. Man sieht ja auch immer wieder im Fernsehen diese Typen.«

»Leider!« knurrte John. »Und was hat der Mann gesagt?«

»Daß er mit Hank sprechen müsse.«

»Wie klang seine Stimme? Hell, dunkel?«

»Normal, würde ich sagen. Vielleicht etwas knapp und scharf. So genau habe ich darauf nicht geachtet. Aber was geschieht jetzt mit Hank? Wollen Sie ihn wirklich mitnehmen?«

»Wir müssen, Mrs. Dillinger. Es ist besser für ihn.«

Die Augen der Frau wurden groß. »Man – man will ihn umbringen, nicht wahr?«

»So schlimm ist es nicht«, sagte John. »Auf jeden Fall brauchen Sie sich keine Sorgen machen. Wir werden den Fall schon über die Runden kriegen. In ein paar Tagen ist alles vorbei.«

John gab sich optimistischer, als er in Wirklichkeit war. Denn in diesen paar Tagen konnte verdammt viel geschehen. Und nach allem, was er gehört hatte, schien Dr. Tod ein Mann zu sein, der ihm zumindest ebenbürtig war.

Wenn nicht sogar überlegen . . .

Der Leichenwagen rollte mit mäßiger Geschwindigkeit durch London. Dr. Tod war unterwegs.

Er hatte es gerade noch geschafft, aus dem Fenster zu entkommen. Ein Sinn für Gefahr hatte ihn gewarnt. Hauptsache, der Junge hatte sich selbst umgebracht.

Doch Dr. Tod war nicht restlos zufrieden. Da gab es noch ein Problem.

Er brauchte Leichen. Sogar dringend, um seine Truppe ausbauen zu können.

Natürlich hätte er leicht Menschen umbringen können. Schließlich kamen zahlreiche Besucher in sein Horror-Kabinett. Doch alles hätte zuviel Aufsehen erregt. Bei den vier Jugendlichen war das Risiko genau einkalkuliert gewesen.

Der Junge war inzwischen erledigt, und das Mädchen würde noch in dieser Nacht an die Reihe kommen.

Aber das wollte er nicht selbst unternehmen. Diese Aufgabe wollte er einem seiner Diener überlassen.

Das Monster lag schon bereit. Dr. Tod hatte es in dem Sarg hinten auf der Ladefläche des Leichenwagens versteckt.

Dr. Tod war ein Mann, der nichts dem Zufall überließ und weitreichende Beziehungen hatte. Vor allen Dingen in die unteren Kreise der Gestrandeten und Penner. Von seinem Kontaktmann hatte er damals auch den Tip bekommen, wo er Jimmy finden konnte.

Dr. Tod stoppte den Leichenwagen wenige Meter vor einer Telefonzelle.

Als er ausstieg, sahen ihn die Passanten ängstlich und scheu an. Manch einer zog den Rücken zusammen, als er einen Blick auf den Leichenwagen warf.

Dr. Tod kicherte lautlos. Sie hatten Angst – jetzt schon. Doch dieses Gefühl würde sich in den nächsten Tagen in grenzenlose Panik umwandeln, wenn er sich anschickte, die Weltherrschaft zu übernehmen.

Dr. Tod betrat die Telefonzelle.

Die Nummer kannte er auswendig.

Er redete drei Minuten, dann verließ er zufrieden das kleine Häuschen.

Es lief alles wie geplant.

Das Obdachlosenasyl lag in der Nähe des Hafens. Es war ein Backsteinbau, dessen Fassade außen genauso trist und trostlos war wie das Innere.

Hier hausten die Gestrandeten der Gesellschaft. Die Penner, die Ausgeflippten. Für ein paar Münzen konnten sie schlafen und bekamen auch was zu essen.

Nur Alkohol gab es nicht. Aber der wurde immer wieder eingeschmuggelt.

Der Verwalter und Hausmeister des Asyls hieß Jeff Turpin. Turpin sah aus wie ein Pirat. So weit er zurückdenken konnte, trug er immer schon die schwarze Klappe über dem linken Auge. Sein Haar war schwarz und hing ihm strähnig am Kopf herunter. Einige lichte Stellen zeigten an, daß Turpin nicht mehr der Jüngste war.

Turpin verbrachte fast den ganzen Tag in einer Kammer, direkt hinter der Eingangstür des Asyls. Von hier aus konnte er auch den Türöffner betätigen und immer wieder sehen, wer kam und ging.

Bezahlt wurde er von der Stadt. Das mehr schlecht als recht. Deshalb war er auch nie abgeneigt, einen kleinen Nebenjob zu übernehmen. Im Laufe der Zeit war er sogar zu einer lokalen Größe geworden, denn es hatte sich in der Unterwelt herumgesprochen, daß man bei Turpin Leichen gut verschwinden lassen konnte.

Unter dem Gebäude floß nämlich ein Abwasserkanal direkt zur Themse hin.

Eine nahezu ideale Möglichkeit, von der Jeff Turpin fleißig Gebrauch machte.

Eines Tages hatte er Dr. Tod kennengelernt. Dieser Mann hatte Turpin sofort in seinen Bann gezogen. Es dauerte nicht lange, und er war ein williges Werkzeug.

Leider klappte der Leichennachschub in letzter Zeit nicht so gut. Die Londoner Unterwelt hatte gewissermaßen eine Feuerpause eingelegt, und Turpins Geschäfte gingen zurück.

Das ärgerte ihn, denn gerade jetzt hätte er Leichen gebraucht.

Heute war ein Anruf gekommen, der ihn aus seiner Ruhe geschreckt hatte.

Dr. Tod wollte kommen und die Leichen abholen. Sechs Stück hatte er bestellt, drei konnte Turpin nur vorweisen. Eine verdammte Sache.

Turpin war so nervös, daß er schon bei Beginn der Dämmerung draußen vor dem Gebäude stand.

Die Gasse, in der das Asyl lag, war mit Kopfsteinen gepflastert. Der milchige Schein einiger Gaslaternen überzog sie mit einem matten Glanz.

Nervös qualmte Turpin an seiner Zigarre.

Die ersten Penner trafen ein, und Turpin kassierte die Gebühr. Er vergaß sogar, die Leute zu filzen.

Es wurde kühler. Vom Hafen her zog Dunst auf, der sich bald zu Nebel verdichtete.

Einmal kam eine Nutte vorbei. Sie machte Turpin ein Angebot.

Er scheuchte die Hafenschwalbe mit einem Tritt weg.

Sie fluchte noch fünf Minuten später.

Wagen fuhren so gut wie keine in die Gasse. Wozu auch? Es gab keinen Ausgang. Eine Mauer riegelte das Gebiet zu den Kais ab.

Das Tuten der Schiffe wurde durch den Nebel gedämpft. Aber Turpin hörte die Geräusche schon gar nicht mehr.

Und dann weiteten sich seine Augen. Am Eingang der Gasse waren zwei milchige Flecke aufgetaucht, die sich schnell näherten.

Ein Wagen!

Das mußte Dr. Tod sein!

Er war es. Schon bald schälten sich die Konturen des Leichenwagens aus dem Nebel.

Turpin lief immer eine Gänsehaut über den Rücken, wenn er das Gefährt sah.

Der Wagen stoppte.

Die rechte Tür schwang auf, und Dr. Tod stieg ins Freie. Er verschloß die Tür wieder sorgfältig, ehe er sich dem Asylverwalter zuwandte.

Turpin ging ihm entgegen.

Er wollte etwas sagen, doch Dr. Tod schnitt ihm mit einer Handbewegung das Wort ab.

»Hier nicht!«

Die Männer betraten das Backsteingebäude.

Turpin schloß die Tür zu dem großen Aufenthaltssaal ab. So waren sie ungestört.

In dem Gang brannte eine trübe Lampe. Turpin konnte von Dr. Tod nicht mehr als den hochgestellten Mantelkragen erkennen und den tief in die Stirn gezogenen Hut.

»Es – es sind nur drei Leichen«, sagte der Hausverwalter.

Dr. Tod zischte einen Fluch durch die Zähne. »Ich habe dir doch gesagt, du sollst dich darum kümmern.«

»Tut mir leid, Sir. Aber ich habe nicht mehr bekommen. Die Unterwelt hat eine Pause eingelegt.«

Er grinste schmal.

Dr. Tod nickte. »Besser drei Leichen als keine. Komm, zeig sie mir.«

»Sofort, Sir.«

Turpin war froh, daß alles so gut abgelaufen war. Er hatte schon höllische Angst um sein erbärmliches Leben gehabt.

Zum Leichenkeller führte eine alte Holztreppe hinunter.

Jeff Turpin machte Licht.

Auch hier war das Wort Lampe geschmeichelt.

Der Boden des Kellers war aus Stein und wies an manchen Stellen kraterartige Löcher auf.

Die Leichen lagen in einer Ecke.

Turpin hatte noch eine Taschenlampe mitgenommen, mit der er jetzt die Leichen anleuchtete.

Es waren alles Männer.

Turpin gab einige Erklärungen.

»Der da ist King Keene. Man nannte ihn den König von Soho«, sagte er und wies mit einem leisen Lachen auf den rechts außen liegenden Toten. »Mir ist egal, wie man ihn nannte«, gab Dr. Tod zurück. »Hauptsache, er lebt nicht mehr.«

Dr. Tod war froh, daß er seine Experimente jetzt auch mit Leichen durchführen konnte. Beim erstenmal mußte er dem Mann noch Leben eingeben, doch das war nun nicht mehr erforderlich. Satan selbst hatte ihm die Kraft gegeben, durch bestimmte magische Sprüche die Toten wieder ins Leben zu rufen. Doch dabei mußten bestimmte Voraussetzungen erfüllt werden. Er konnte nicht einfach hingehen, sich vor ein Grab stellen und den Toten aus der Erde kommen lassen. Das ging nicht. Dazu war seine Macht noch zu klein. Aber vielleicht würde es ihm eines Tages gelingen.

Jeff Turpin sah Dr. Tod erwartungsvoll an. »Wollen Sie die Leichen schon mitnehmen oder warten, bis ich alle zusammen habe?«

»Ich nehme sie mit.«

»Gut.«

Turpin ging ein Stück zur Seite und schleifte aus der Ecke eine Kiste heran.

»Die wird reichen«, sagte er.

Dr. Tod nickte. »Pack sie hinein.«

Jeff Turpin machte sich an die Arbeit. Er empfand nichts dabei, er war im Laufe der Zeit abgestumpft.

»So, fertig«, sagte er.

Der Unheimliche griff in die Tasche und zog drei Zehn-Pfund-Noten hervor. Er drückte sie Turpin in die Hand.

Der Verwalter bedankte sich überschwenglich.

Dann transportierten die beiden Männer die Kiste nach oben.

Schon auf der Treppe hörten sie die dumpfen Schläge gegen die Haustür.

»Verdammt«, fluchte Turpin, »ausgerechnet jetzt.«

»Schicken Sie den Mann weg«, sagte Dr. Tod.

Turpin ging entschlossen los. Doch auf halbem Wege stoppte ihn Dr. Tods Stimme.

»Nein, ich habe es mir anders überlegt. Lassen Sie den Kerl hereinkommen. Vier Leichen sind besser als drei.«

Turpin schluckte. Ein Mord war nicht nach seinem Geschmack. Er handelte zwar mit Toten – aber so was . . .

»Machen Sie schon!«

»Ja, ja, natürlich, Sir.«

Turpins Hände zitterten, als er die Tür aufschloß.

»Willst du mich hier erfrieren lassen?« grölte eine Stimme.

Ein unrasierter Kerl mit fettigen schwarzen Haaren taumelte an Turpin vorbei in den Vorraum.

Der Verwalter schloß hinter ihm die Tür.

Der Penner kramte in den Taschen. Dr. Tod, der sich im Schatten hielt, hatte er noch nicht bemerkt.

»Hier ist das Geld!« sagte der Neuankömmling und hielt Turpin die offene Hand hin. »Schnaps habe ich auch nicht. Ich bin noch von gestern voll.«

Turpin nahm die Münzen.

»Und jetzt will ich an der Matratze horchen«, sagte der Penner und drehte sich um.

Da sah er die Kiste.

»Oh, was ist das denn?«

Neugierig trat er näher.

Nach zwei Schritten prallte er zurück. Seine Augen wurden starr vor Schreck.

»Allmächtiger, das sind ja . . .« Er wandte Turpin das Gesicht zu. »Leichen sind das.«

»Genau mein Freund!« meldete sich in diesem Augenblick Dr. Tod. »Das sind Leichen, und du wirst bald daneben liegen.«

Der Penner kreiselte herum.

Dr. Tod löste sich aus dem Schatten. Lautlos kam er auf den Penner zu.

In seiner behandschuhten Rechten funkelte ein Dolch.

Der Penner begriff. Er machte auf dem Absatz kehrt und wollte zur Tür rennen.

Da preßten sich zwei Hände hart wie Schraubbacken um seine Oberarme.

Jeff Turpin hatte zugepackt.

Der Penner kam nicht einmal dazu, einen Schrei auszustoßen. Er sah noch das Aufblitzen der Klinge, und dann spürte er den alles verzehrenden Schmerz, der seine Brust auseinanderzureißen drohte.

Der Penner war schon tot, als er noch in Turpins Griff hing.

Dr. Tod zog seelenruhig das Messer aus der Wunde und wischte es an der Kleidung des Penners ab.

»Wirf ihn zu den anderen«, sagte er zu Turpin gewandt. »Und vergiß nicht, das Blut aufzuwischen.«

Turpin ließ die Leiche in die Kiste fallen. Der rechte Arm hing noch über dem Rand.

Dann schloß er wieder die Tür auf.

Erst einmal warf Turpin ein paar vorsichtige Blicke nach draußen. Die Luft war rein.

Durch die vierte Leiche war die Kiste noch schwerer geworden. Die beiden Männer hatten ordentlich zu tragen, bis sie endlich an der Ladeklappe des Leichenwagens standen.

Dr. Tod schob den Sarg ein Stück zur Seite, damit die Kiste noch Platz hatte.

Dann wuchteten sie sie gemeinsam hoch.

Mit einem schmatzenden Geräusch schloß die Klappe. Von draußen konnte man nicht in das Innere des Leichenwagens sehen. Selbst die Ladeklappe war mit einer Milchglasscheibe versehen.

Dr. Tod schloß die Fahrertür auf. Er sprach kein Wort mehr, startete den Motor und rollte rückwärts die Gasse hoch. Wenden konnte er hier nicht.

Jeff Turpin starrte dem Wagen nach. Er hatte auf einmal schreckliche Angst . . .

Helen Clay lag in ihrem Bett.

Das Mädchen war völlig entspannt. Die Spritze hatte ihre wohltuende Wirkung getan.

Vor den Fenster des Guy-Hospitals lauerte die Nacht. Die hohen Bäume schluckten den größten Teil des Verkehrslärms der Hauptstraße. Auf den Gängen draußen klappten hin und wieder Türen.

Sonst war alles still.

Helen lag in einem Einbettzimmer. Direkt über ihr an der Wand befand sich der Rufknopf für die Nachtschwester. Neben dem Bett stand eine kleine Kommode. Eine Leselampe streute ihr Licht in den Raum.

Vor der Tür des Krankenzimmers hockte ein Polizist. Er empfand diesen Job als äußerst angenehm, besonders deshalb, weil es hier viele hübsche Krankenschwestern gab.

Seine Augen hatten heute Feiertag. An Gefahren dachte er nicht im Traum.

Außerdem hatte man ihn nicht eingeweiht. Er nahm an, er hätte eine Geistesgestörte zu überwachen. Und bei seiner Statur wurde er damit immer fertig.

Im Zimmer wurde Helen plötzlich unruhig.

Sie legte das Buch, in dem sie geblättert hatte, zur Seite und wandte ihren Kopf dem Fenster zu.

Helen sah nichts.

Nach wie vor überschattete die Dunkelheit das Land.

Aber irgend etwas war geschehen. Helen spürte es. Etwas mußte sich im Zimmer befinden.

Helens Blicke tasteten durch den Raum.

Sie bemerkte nichts.

Trotzdem . . .

Abermals griff sie zu dem Buch, doch schon nach wenige Sekunden legte sie es wieder weg. Sie konnte sich einfach nicht konzentrieren. Ihre Gedanken wurden laufend gestört.

Aber wodurch und von wem?

Helen setzte sich auf, lauschte.

Ja, jetzt hörte sie es klar und deutlich. Es war eine Stimme in ihrem Innern.

Steig aus dem Bett, lockte die Stimme. Komm zu mir, komm . . .

Helen gehorchte. Sie schwang die Beine über den Bettrand.

Das Girl trug nur ein hauchdünnes Nachthemd. Automatisch griff Helen nach dem Morgenrock, zog ihn über.

Das Fenster lockte sie mit beinahe magischer Gewalt. Ja, dort wollte sie hin. Nur dort konnte sie raus, um der Stimme zu folgen.

Helen machte einen zögernden Schritt auf das Fenster zu.

In diesem Augenblick öffnete sich die Tür. Der Polizist, der alle dreißig Minuten nach ihr zu sehen hatte, kam ins Zimmer.

»Aber Miss Clay!« rief er, »was machen Sie denn dort am Fenster?« Der Beamte schloß die Tür.

Helen wandte sich um. »Ich – ich . . .« Sie stockte, wußte nicht mehr, was sie sagen sollte.

»Legen Sie sich wieder hin. Bestimmt haben Sie geträumt.«

Helen zögerte. Sie kam sich auf einmal unheimlich blamiert vor. Weshalb war sie nur aufgestanden?

Doch plötzlich war die Stimme wieder da.

Diesmal viel lauter, deutlicher.

Du mußt hier verschwinden, du mußt!

Helens Gesicht verzerrte sich. Hart traten ihre Wangenknochen hervor.

Der Polizist bemerkte die Veränderung, die mit dem Mädchen vorgegangen war.

»Stimmt etwas nicht, Miss Clay? Soll ich den Arzt rufen?«

Helen zuckte zusammen. »Nein, nicht den Arzt«, sagte sie. »Ich bin schon in Ordnung.«

Der Beamte runzelte die Stirn. Verflucht, die Sache kam ihm nicht geheuer vor.

»Ich werde doch lieber gehen«, sagte er.

Fieberhaft suchte Helen nach einem Ausweg. Wenn der Polizist jetzt den Arzt holte, war alles vorbei. Dann mußte sie hierbleiben, konnte dem Ruf nicht mehr folgen.

Sie streckte den Arm aus.

»Kommen Sie zu mir!«

Helen setzte ihr verführerischstes Lächeln auf. Mit einer scheinbar unbeabsichtigten Bewegung löste sie die lose Schlaufe des Morgenmantels.

Rückwärts ging sie zum Bett, setzte sich hin.

Der Beamte bekam eine trockene Kehle. Zum Teufel noch mal, er war schließlich ein junger Mann, und außerdem hatten ihn die Krankenschwestern in ihren engen Kitteln genug aufgereizt. Und ein Kuß konnte bestimmt nicht schaden.

»Wenn ich jetzt zu Ihnen komme, versprechen Sie mir dann, sich wieder ins Bett zu legen?«

»Ja«, hauchte Helen.

Sie lehnte sich ein wenig zurück. Das Nachthemd schmiegte sich eng an ihren Körper, ließ deutlich jede Einzelheit erkennen.

Dann war wieder die Stimme da. Du mußt endlich kommen! Brich aus diesem Gefängnis aus!

»Ja!« stöhnte Helen.

Der junge Beamte faßte dies als Aufforderung auf. Mit seiner Beherrschung war es vorbei.

Zwei Schritte brachten ihn zu dem Mädchen. Er fiel auf die Knie, versuchte, die Lippen des Girls zu küssen.

Helen bog ihren Oberkörper zurück. In ihren Augen lag ein kalter Glanz.

Auf der Kommode stand eine schwere Kristallkaraffe. Sie war zur Hälfte mit Wasser gefüllt.

Helens Finger schlossen sich um den gläsernen Griff.

Gleichzeitig spürte sie die Hände des Polizisten über ihre Brust gleiten, hörte sein schweres Atmen.

Da schlug sie zu.

Es gab einen dumpfen Laut, als die Karaffe auf dem Schädel des Mannes landete.

Der Polizist stöhnte und bäumte sich auf. Mit einem glasigen Blick starrte er Helen an.

Das Mädchen hatte jetzt beide Hände um die Karaffe geklammert. Sie sah, daß der eine Schlag nicht gereicht hatte.

Da riß sie die Arme noch einmal herunter.

Diesmal schmetterte sie die Karaffe gegen die Stirn des Beamten. Der letzte Rest Wasser schwappte heraus.

Schwer fiel der Polizist zu Boden, wo er reglos liegenblieb.

Helen machte sich um sein Schicksal keine Sorgen. Ihr war es egal, auch wenn er tot war.

Das »Andere« in ihr war stärker.

Dr. Tods Fernhypnose hatte ihre Wirkung gezeigt.

Noch immer lockte die Stimme. Ein nie gekannter Drang erfaßte Helen, so rasch wie möglich aus dem Zimmer zu gelangen.

Schnell huschte sie zum Fenster, riß es auf.

Ein kühler Nachtwind fuhr in das Zimmer.

Helen schauderte.

Dann beugte sie sich weit über die Brüstung.

Ihr Zimmer befand sich im zweiten Stock. Die Fassade des Hauses war glatt. Es gab keine Vorsprünge, an denen sie hätte herunterklettern können.

Dunkel lag der Park vor ihr. Die Baumwipfel rauschten im Wind.

Plötzlich sah sie eine Gestalt.

Im ersten Moment zuckte Helen zusammen, doch dann erkannte sie die Wachsfigur aus dem Horror-Kabinett.

Geschmeidig, fast wie ein Mensch, schlich die Wachsfigur durch die Büsche.

Unter Helens Fenster blieb sie stehen.

Jetzt hob das Monster beide Arme. Deutlich erkannte Helen die rotglühenden Augen.

Und dann war wieder die Stimme da.

Spring aus dem Fenster! Los, spring!

Ohne zu zögern, kletterte Helen auf die schmale Fensterbank. Mit der rechten Hand hielt sie sich an dem Rahmen fest.

Unter ihr breitete die Wachsfigur beide Arme aus.

Helen lächelte.

Ja, dort unten würde man sie auffangen. Angst brauchte sie nicht zu haben.

Helen beugte ihren Oberkörper ein wenig vor und spannte die Muskeln.

Der Wind spielte mit ihrem Haar.

Noch einmal sah sie in die Tiefe.

Unbeweglich stand die Wachsfigur unter dem Fenster.

Jetzt! schrie es in Helen.
Das Mädchen stieß sich ab.
In derselben Sekunde wurde die Tür aufgerissen . . .

John Sinclair war auf dem Weg zum Guy-Hospital. Der ganze Nachmittag war mit Verhören draufgegangen. Doch ein konkretes Ergebnis war nicht herausgekommen.

Und das ärgerte John.

Hank Dillinger war beim Yard untergebracht worden. Dort war er vor Dr. Tods Angriffen sicher. John wollte nichts riskieren, was das Leben des jungen Mannes gefährden konnte.

Jetzt war der Inspektor auf dem Weg, um Helen Clay abzuholen. Auch sie sollte unter den direkten Schutz des Yards gestellt werden.

Man hatte ihr zwar einen Polizisten vor die Tür gestellt, doch John wußte, daß dieser Mann im Ernstfall für Dr. Tod kein Hindernis war.

Das Guy-Hospital war ein älteres Gebäude. Es lag in einem kleinen Park und sollte in den nächsten Monaten aufgelöst werden. Der Unterhalt war einfach zu teuer.

Die Straße zum Portal des Hauses war gut ausgebaut. John stellte seinen Bentley auf dem kleinen Parkplatz ab und ging die breite Treppe hoch.

Ein Schild fiel ihm ins Auge. Es war aus Messing. Ein geknickter Pfeil sollte um die Ecke zeigen. Lieferanteneingang, stand unter dem Pfeil.

John Sinclair ahnte nicht, daß nahe des Lieferanteneingangs an der Rückseite des Gebäudes bereits das Drama seinen Anfang nahm.

Der Schwester an der Anmeldung präsentierte er seinen Dienstausweis.

»Ich möchte zu Miss Helen Clay.«

Die Schwester, durch das amtliche Dokument eingeschüchtert, gab sofort die Zimmernummer preis.

»Zweiter Stock«, sagte sie noch.

John bedankte sich.

Es roch genau wie in jedem anderen Krankenhaus der Welt auch. Der Boden war blankgescheuert, und eine breite Steintreppe führte in die oberen Stockwerke.

John nahm zwei Stufen auf einmal.

Dann mußte er sich erst wieder orientieren.

Das Zimmer, in dem Helen lag, befand sich auf der linken Seite des Ganges.

John mußte durch eine gläserne Flügeltür, ging ein paar Schritte weiter und stutzte.

Der Stuhl, auf dem eigentlich der Polizist sitzen sollte, war leer.

Blitzschnell stieg der Ärger in dem Inspektor hoch. Aber gleichzeitig machte sich auch eine seltsame Unruhe breit.

John lief die paar Meter zu der Zimmertür.

Er klopfte gar nicht erst an, sondern riß die Tür auf.

Einen Herzschlag später erstarrte er zur Salzsäule. Der Polizist lag auf dem Boden, und auf der Fensterbank kauerte Helen Clay.

Ehe John eingreifen konnte, sprang das Mädchen in die Tiefe . . .

Für einen Moment sah John den Körper des Girls noch in der Luft.

Dann war er verschwunden.

John Sinclair atmete tief durch. Das Gefühl, versagt zu haben, brach wie ein Sturm in seinem Innern los.

Der Inspektor wartete auf das klatschende Geräusch des Aufpralls.

Nichts geschah.

Drei, höchstens vier Sekunden waren seit dem Sprung des Mädchens vergangen. Normalerweise müßte Helen schon längst . . .

John spurtete zum Fenster, beugte sich nach draußen.

Da sah er das Monster.

Die lebende Wachsfigur!

Helen lag wie eine Puppe in den Armen des Schrecklichen. Und John sah das Messer in der Hand der Wachsfigur blitzen.

Das Monster wollte Helen töten.

Aber warum hatte er sie dann erst aufgefangen? Einen Sturz hätte sie bestimmt nicht überlebt.

Tatsache war, daß sich Helen in größter Gefahr befand.

John schrie die lebende Wachsfigur an.

Der Kopf ruckte herum.

John sah in die kleinen, roten Augen. Gleichzeitig zog er seine mit Silberkugeln geladene Pistole.

Diese Waffe war eine Spezialanfertigung. Ein Meisterstück des besten Büchsenmachers, den John je gekannt hatte.

Das Monster ließ Helen fallen.

John sah genau in die roten Augen. Er spürte die Strahlen, die von ihnen ausgingen und sich wie kleine Speere in sein Gehirn bohrten.

Doch John Sinclair war nicht umsonst Scotland Yards bester Mann.

Er gewann das Duell.

Das Monster senkte den Kopf.

Da zog der Inspektor den Abzug durch.

Die Kugel raste auf den Kopf des Monsters zu – und prallte ab.

Die Wachsschicht war hart wie Eisen.

John stieß einen lautlosen Fluch durch die Zähne. Damit hatte er eigentlich nicht gerechnet.

Er sah, daß sich Helen bewegte. Sie lag auf dem Boden und wollte wegkriechen.

Das Monster packte sie brutal. Es hob den Arm mit dem Messer.

Deutlich sah John Sinclair die lange Klinge.

Jetzt gab es nur noch eine Möglichkeit, um Helen zu retten.

Er mußte mit seiner Kugel das Messer treffen.

John umklammerte mit seiner Linken das rechte Handgelenk, zielte genau.

Alles ging in rasender Schnelle vor sich, daß es kaum zu schildern ist.

Der Schuß peitschte.

John Sinclair traf!

Die Silberkugel klatschte mit ungeheurer Wucht gegen die Klinge des Dolches, schleuderte die Waffe dem Monster aus den Fingern.

Die Wachsfigur fuhr mit einer wütenden Bewegung herum.

Im nächsten Moment stand John Sinclair schon auf der schmalen Fensterbank.

Hinter seinem Rücken wurde die Tür aufgerissen. Die Schüsse waren gehört worden.

»Kümmert euch um den Polizisten!« rief John den ins Zimmer stürmenden Ärzten und Schwestern zu.

Dann sprang er.

John hechtete waagrecht durch die Luft. Er hatte ein Stück vom Fenster entfernt den starken Ast eines Baumes gesehen.

Der Ast kam mit rasender Geschwindigkeit näher.

John warf die Arme noch einmal vor, bekam den Ast zu packen . . .

Ein mörderischer Ruck ging durch seine Armgelenke, als der Flug so abrupt gebremst wurde.

Der Inspektor schwang hin und her.

Er hangelte weiter, dem Baumstamm zu.

Von unten hörte er die Angstschreie des Mädchens.

John schluckte. Hoffentlich kam er nicht zu spät.

Er ließ sich fallen, faßte nach dem nächsten größeren Ast.

Jetzt konnte er den Rest der Strecke springen.

John flog durch die Luft, landete weich auf dem Rasen und rollte sich über die Schulter ab.

Das Monster ließ Helen los. Sie war inzwischen ohnmächtig geworden.

John sah, daß sie am Kopf blutete.

Fenster wurden aufgerissen. Lichtschein fiel nach draußen. Angstverzerrte Gesichter beobachteten, wie das Monster auf John Sinclair zutappte.

»Polizei! Wir müssen die Polizei holen!« brüllte eine Stimme.

John hörte das Geschrei im Unterbewußtsein. Er konzentrierte sich voll auf die lebende Wachsfigur.

Der Inspektor hatte schon viel mit Monstern und Dämonen zu tun gehabt. Aber gegen eine Wachsfigur hatte er noch nicht gekämpft. Konnte er sie überhaupt besiegen?

Kugeln waren wirkungslos, prallten an dem Panzer ab wie Hagelkörner.

John Sinclair stand leicht geduckt da.

Übergroß kamen ihm die Augen des Monsters vor. Sonst war das Gesicht nur eine glatte Fläche.

Die Wachsfigur griff an.

Etwas ungelenk zielten die Arme in Johns Richtung.

Der Inspektor wich aus, entging dem Schlag um Haaresbreite.

Dann warf er sich vor. John prallte gegen die Beine der Wachsfigur, krallte seine Hände um den kalten weißen Überzug.

Das Wachs war glatt und glitschig.

Mit einem Ruck brachte John das Monster zu Fall.

Schwer stürzte es auf den Rücken, hob beide Arme und umklammerte John Sinclair, der auf dem Bauch des Monsters lag, wie ein Schraubstock.

John wurde die Luft aus den Lungen gepreßt.

Das Gesicht des Inspektors verzerrte sich vor Schmerz. Die Arme waren wie stählerne Reifen.

Es war unmöglich, den Griff zu sprengen.

John spannte alle Muskeln, versuchte sich aufzubäumen.

Der Griff lockerte sich nicht.

Es war praktisch eine Frage von Sekunden, dann würde ihm das Monster die Rippen brechen.

Noch einmal mobilisierte John Sinclair alle Kräfte. Es gelang ihm, den rechten Arm freizubekommen.

Dicht vor sich sah John die gräßlichen roten Augen. Sie sahen aus wie mit Blut gefüllte Krater.

Die Augen!

Wie ein Blitz zuckte der Gedanke durch Johns Gehirn. Herrgott, warum hatte er nicht früher daran gedacht?

Es gelang John, seine rechte Hand unter das Jackett zu schieben. Die Fingerspitzen berührten das kalte Metall der Pistole.

Noch ein Stück.

John konnte schon nicht mehr atmen.

Da umklammerten seine Finger die Waffe, zogen sie hervor.

Aus Johns Mund drang ein verzweifeltes Ächzen. Mit einer ungeheuren Anstrengung hob er den Arm, brachte die Mündung der Pistole dicht vor das Auge des Monsters.

John Sinclair drückte ab.

Der Schuß hallte in seinen Ohren. Tief drang die Kugel in das rechte Auge der Wachsfigur.

Sofort lockerte sich der gnadenlose Griff. Wild schlugen die Arme des Monsters um sich.

John Sinclair rollte sich reaktionsschnell von dem Körper der Wachsfigur.

Neben ihm krachten die Arme des Monsters auf den Boden.

John blieb erst einmal liegen. Bei jedem Atemzug schmerzten seine Rippen. Noch immer hielt er die Pistole in der Hand.

Das Monster stand auf.

Es torkelte im Kreis, schlenkerte mit den Armen und lief dann davon.

Es wollte fliehen.

Das konnte John auf keinen Fall zulassen. Er mußte die Wachsfigur einfangen, um einen Beweis für die Existenz dieser mordenden Bestie zu bringen.

John zog sich an einem Baumstamm hoch. Das Jaulen von Polizeisirenen drang an Johns Ohren.

Die Beamten würden das gesamte Gelände absperren. Die Wachsfigur hatte keine Chance zur Flucht mehr.

In einiger Entfernung hörte John das Bersten von Zweigen. Das Monster mußte mit Urgewalt durch die Büsche brechen.

John nahm die Verfolgung auf. Seine rechte Hand hatte er auf die schmerzenden Rippen gepreßt.

Befehle gellten durch die Nacht. Die Polizeibeamten waren dabei, einen Ring um das Krankenhausgelände zu ziehen.

Plötzlich sah John die Wachsfigur auftauchen. Der helle Körper schimmerte durch die Dunkelheit.

Das Monster prallte gegen einen Baumstamm. Er mußte die Orientierung verloren haben.

John Sinclair holte auf.

Der schrille Ton einer Trillerpfeife schnitt durch die Nacht. Sekunden später warfen Scheinwerfer ihre breiten Lichtbahnen durch den Park.

Die Helligkeit kam von allen Seiten. Lichtfinger strichen über John hinweg – und . . .

»Da, da ist es!« brüllte eine heisere Stimme.

Die Scheinwerfer ruckten herum, konzentrierten sich voll auf die lebende Wachspuppe.

Das Monster stand im Schnittpunkt der Kegel. Unkontrolliert schlug es um sich.

Dann peitschten die Schüsse.

John warf sich auf den Boden.

Über ihn pfiff das heiße Blei hinweg.

»Idioten!« keuchte der Inspektor. Wie leicht hätte er getroffen werden können!

Schuß auf Schuß jagten die Beamten gegen den Körper des Unheimlichen.

Doch sämtliche Geschosse prallten ab.

Eine Maschinenpistole ratterte.

Das Blei spritzte gegen den Panzer. Das Monster blieb unbeschädigt.

Eine Feuerpause entstand.

»Nicht schießen!« gellte Johns Stimme.

Der Inspektor sprang auf die Beine. Er winkte mit beiden Armen. Lichtkegel blendeten ihn.

»Macht die Scheinwerfer aus!«

Sie erloschen, bis auf einen. Und dieser kam von John aus gesehen von der rechten Seite, blendete ihn nicht.

Der Lichtstrahl bannte das Monster auf der Stelle.

John lief auf die Wachsfigur zu. Er griff frontal an. Den Arm mit der Pistole hatte er weit vorgestreckt.

Drei Schritte vor dem Monster entfernt blieb er stehen.

John schoß in das andere Auge.

Das Monster stieß keinen Laut aus. Wie vom Blitz getroffen, brach es zusammen.

John ließ den Arm mit der Waffe sinken.

Sekunden später hörte er die Schritte. Etwa zwanzig Beamte tauchten neben ihm auf.

Ein Zivilist befand sich unter den Uniformierten.

Inspektor Dennison. John kannte ihn recht gut.

Dennison lief sofort auf den Geisterjäger zu. »Mensch, Sinclair, was machen Sie denn hier?«

»Muß ich Ihnen das noch erklären?« fragte John und zeigte auf die leblose Wachsfigur.

Dennison grinste. »Eigentlich nicht. Es hat sich ja mittlerweile herumgesprochen, wenn Sie auftauchen, sollte man nach Möglichkeit das logische Denken vergessen.«

Dennisons Stimme hatte ironisch geklungen. John war das nicht fremd. Es gab so etwas wie Futterneid unter seinen Kollegen. Denn wenn es hart auf hart kam, konnte sich John Sinclair des gesamten Fahndungsapparates des Yards bedienen. Die Sondervollmacht hatte ihm der Innenminister persönlich ausgestellt. Dann waren selbst diensthöhere Beamte dem Inspektor unterstellt.

Die anderen Polizisten starrten das Monster wie ein Weltwunder an.

John las in manchen Augen Misstrauen, Skepsis und Angst. Sie waren mit einer Sache konfrontiert worden, die sie nicht begreifen konnten.

»Haben Sie eine Erklärung, Sinclair?« fragte Dennison.

»Noch nicht.« John trat mit dem rechten Fuß gegen die Wachsschicht. »Hart wie Stahl.«

Dennison beugte sich vor. »Ist das Wachs?«

»Ja.« John zündete sich eine Zigarette an. »Wir müssen die Wachshaut aufschmelzen.«

»Oder aufsägen«, meinte Dennison.

»Ist auch eine Möglichkeit. Aber das würde zu lange dauern. Wir transportieren das Monster zum Yard. Unten in den Labors wissen die Kollegen schon, was sie mit dem Kameraden machen.«

Dennison gab die entsprechenden Anweisungen. Vier Beamte trugen das Monster weg. In ihren Gesichtern stand zu lesen, daß sie von dieser Aufgabe nicht gerade erfreut waren.

John wandte sich ab, ging in Richtung Krankenhaus.

»He, wollen Sie nicht mit, Sinclair?«

»Ich komme später nach. Ich habe noch etwas zu regeln.«

In dem Hospital herrschte helle Aufregung. Viele der nicht gerade Schwerkranken hatten sich auf den Gängen versammelt und diskutierten das Geschehene. Die Leute, die das Monster gesehen hatten, waren natürlich die Stars.

John kümmerte sich nicht um das Gerede. Er suchte den diensthabenden Oberarzt.

John fand ihn inmitten einer Gruppe Kollegen auf dem Flur.

Die Mediziner starrten den Inspektor an wie ein Weltwunder.

John ging den Fragen, die sich auf das Monster bezogen, aus dem Weg und erkundigte sich nach Helen und dem Polizisten.

»Das Mädchen hat außer einigen Prellungen keine weiteren Verletzungen erlitten. Um den Beamten steht es allerdings schlecht. Er wird gerade geröntgt. Wir hoffen jedoch, ihn durchzukriegen.«

»Vielen Dank, Doktor«, sagte John und verabschiedete sich.

Draußen in seinem Bentley blieb er fünf Minuten ruhig sitzen.

Er brauchte diese kurze Ruhepause. Danach fuhr er los. In Richtung New Scotland Yard.

Die Wachsfigur lag in einer feuerfesten Wanne.

Dr. Brennan, einer der Wissenschaftler beim Yard, schwenkte die Flamme des Schweißbrenners über den Körper.

Der Brenner war nicht voll aufgedreht. John sah die blasse Flamme hin und her zucken.

Der Wissenschaftler schob seine Schutzbrille hoch. »Da haben Sie uns ja was Schönes angeschleppt, Inspektor.«

John grinste schmal. »Ich suche mir meine Leichen auch nicht selbst aus.«

Dr. Brennan lachte und machte weiter.

Langsam begann das Wachs zu schmelzen.

»Die Schicht ist ganz schön dick«, sagte der Wissenschaftler.

»Sie hat ja auch einiges ausgehalten«, meinte John.

»Ja, ich habe schon davon gehört. Die Bleihummeln sind weggespritzt wie Hagelkörner. Da, Inspektor, sehen Sie mal.«

John beugte sich vor.

Der Teil eines Gesichtes war unter der zerlaufenden Schicht zu erkennen. John sah einen weit aufgerissenen Mund, den Teil einer Wange und das Auge, wo seine Kugel getroffen hatte.

Dr. Brennan machte weiter.

Stück für Stück von der Wachsschicht schmolz dahin. Bald konnte John das ganze Gesicht erkennen.

Der Inspektor kannte den Mann nicht. Es mußte einer von den Personen sein, die in London immer spurlos verschwanden, ohne daß sich jemand groß darum kümmerte.

»Hoffentlich haben sie den armen Teufel nicht bei lebendigem Leib mit Wachs übergossen«, sagte John leise. »Können Sie eigentlich noch feststellen, wann der Tod eingetreten ist?« fragte er Dr. Brennan.

Der Wissenschaftler nickte, ohne seine Arbeit zu unterbrechen. »Das wird sich machen lassen. Versprechen Sie sich etwas davon, Inspektor?«

»Vielleicht. Man könnte immerhin Rückschlüsse ziehen, wie lange Doktor Tod schon sein Handwerk verübt.«

»Doktor Tod?« fragte der Wissenschaftler. »Wer ist das denn? Ein Spinner?«

»Ich wünschte, er wäre es. Aber Doktor Tod ist ein gefährlicher Verbrecher, der sich mit dem Satan verbündet hat.«

Dr. Brennan lachte leise. »Um einen Menschen mit Wachs zu überziehen, brauche ich mich nicht mit dem Satan zu verbünden.«

»Sie vergessen, daß diese Wachspuppe gelebt hat.«

»Zum Teufel, Inspektor, Sie haben recht.«

»Und noch eins, Doc. Behalten Sie über das, was ich Ihnen erzählt habe, Stillschweigen.«

»Wer bin ich denn, Inspektor.«

»Gut.« John verabschiedete sich.

»Den genauen Bericht schicke ich Ihnen noch zu«, rief Dr. Brennan, als der Inspektor schon an der Tür war.

»In Ordnung, Doc.«

John Sinclair fuhr mit dem Lift nach oben. Er wollte sich in seinen Wagen setzen und nach Hause fahren. Morgen würde er dem Horror-Kabinett einen Besuch abstatten.

John hörte die keifende Frauenstimme schon, als er noch im Lift war.

»Und ich sage Ihnen, ich will einen Ihrer Bullen sprechen, Mann.«

Die Lifttüren öffneten sich.

John mußte unwillkürlich grinsen. Vor dem Nachtdienstbeamten an der Auskunft stand eine der Londoner Bordsteinschwalben. Sie schimpfte wie ein türkischer Mauleseltreiber.

»Da kommt man schon freiwillig zu den Bullen, und dann wird man noch fertiggemacht. Geben Sie mir jetzt irgendeinen von den Oberbullen, oder ich schlage Ihnen den Laden zusammen.«

Der Beamte an der Auskunft warf John einen hilfesuchenden Blick zu.

Die Nutte hatte ihn wohl bemerkt, denn sie wandte sich um.

»Ist das einer von denen?«

»Inspektor, ich . . .«

Der Beamte rang die Hände.

John winkte ab. »Kann ich irgend etwas für Sie tun, Miss . . .?«

»Polly. Nennen Sie mich einfach Polly. Ja, Sie können was für mich tun. Ich komme ja sonst nie freiwillig, aber diesem Kerl, dem will ich doch eins auswischen.«

»Wenn Sie Ihren Zuhälter meinen, dann sind Sie bei mir falsch. Ich werde Inspektor . . .«

»Quatsch, Zuhälter. Denken Sie, ich arbeite mit 'nem Loddel? Nee, meine Scheine kann ich allein ausgeben. Aber dieser verdammte Turpin hat mich doch tatsächlich in den A . . . ich meine in das verlängerte Hinterteil getreten.«

»Und deshalb kommen Sie zur Polizei?« fragte John, dem die gute Polly mittlerweile auch auf die Nerven ging.

»Lassen Sie mich doch mal ausreden, Kerl. Denn dieser arrogante Fatzke macht nebenbei gute Geschäfte. Und wissen Sie womit, Inspektor? Er verscheuert nämlich Leichen. Jetzt sind Sie platt, was?«

Dr. Tods Gesicht war haßverzerrt. Er hatte aus sicherer Entfernung die Vernichtung der Wachspuppe miterlebt. Und er hatte sich das Gesicht des Mannes, der dies zu verantworten hatte, genau eingeprägt.

Er würde es nie vergessen.

Dr. Tod ahnte instinktiv, daß dieser Mann sein Feind war. Daß er ihm sogar gefährlich werden konnte. Und er mußte damit rechnen, daß die beiden jungen Leute sein Versteck verrieten.

Aber das war eingeplant.

Bestimmt würde dieser Mann kommen – und dann . . .

Für ihn hatte sich Dr. Tod eine ganz besondere Art zu sterben ausgedacht.

Der Unheimliche saß hinter dem Steuer seines Leichenwagens. Auf der Ladefläche lagen noch immer die vier Leichen. Noch heute nacht wollte er sie präparieren, zu mordenden Monstern machen, um so schnell wie möglich zuzuschlagen.

Der dunkle Leichenwagen raste über die Ausfallstraße in Richtung Tonbridge.

Die Hände des Mannes, die das Lenkrad umklammert hielten, zuckten hin und wieder. Heiß tobte die Erregung in Dr. Tod. Diese erste Niederlage machte ihm zu schaffen, drückte aber gleichzeitig den Stachel des Hasses noch tiefer.

Er würde gewinnen! Er, Dr. Tod!

Der Unheimliche erreichte Tonbridge, fuhr um den Ort herum und stellte den Leichenwagen hinter seinem Horror-Kabinett in einen Schuppen.

Auf dem Jahrmarkt war noch immer Betrieb. Carlo, sein Diener, lockte an der Kasse die Menschen an. Sie wollten alle etwas erleben, wollten einmal in ihrem Leben mit dem Schrecken konfrontiert werden.

Noch mußten sie dafür bezahlen. Aber bald würden die Menschen unter Angst und Grauen ersticken.

Dafür garantierte Dr. Tod . . .

John brauchte genau zwei Sekunden, um seine Überraschung zu verdauen.

Polly hatte sich in Positur gestellt, kostete ihre Schau voll aus.

»Na, Inspektor, das hätten Sie wohl nicht gedacht, daß unsereins auch mal was für die Bullen tut.«

John grinste. »Mein Dank wird Ihnen ewig nachlaufen und Sie nie erreichen. Aber jetzt fahren wir am besten rauf in mein Büro. Dort können Sie mir einiges erzählen.«

Er faßte Polly am Arm und strebte mit ihr dem Lift zu.

Der Beamte an der Anmeldung schaute nur kopfschüttelnd hinterher.

Polly mischte die muffige Aufzugsluft mit ihrem aufdringlichen Parfüm

John rümpfte unwillkürlich die Nase.

Polly zuckte die Achseln. »Was will man machen, Inspektor? Manche Kerle riechen das eben gerne.«

Polly war wirklich bemerkenswert. Nicht nur mit ihrer großen Klappe, sondern auch in ihrer Figur.

Viel fehlte nicht mehr an zwei Zentnern. Die gefärbten hellblonden Haare hatte sie zu einem Turm frisiert. Unter der schwarzen Lederjacke trug sie einen grünen, bis zum Bersten gefüllten Pullover. Der Rock war rot und endete weit über den Knien. Strümpfe trug Polly auch. Dazu noch mit einer dicken Naht. Außerdem waren ihre Schuhabsätze bleistiftdünn.

Polly erzählte noch, wie schwer sie es eigentlich hatte, als sie Johns Büro betraten.

»Also ehrlich, Inspektor«, sagte Polly ein paar Sekunden später, »hier möchte ich auch nicht arbeiten. Die Büros sind ja noch trockener, als ich dachte.«

»Das läßt sich ändern«, erwiderte der Inspektor und holte eine Whiskyflasche aus dem Schreibtisch.

Auf Pollys Gesicht ging die Sonne auf.

»Mensch, Bulle, Sie werden mir ja direkt sympathisch.«

John zog die Vorhänge zu. Polly hatte inzwischen zwei Wassergläser aufgetrieben und sich einen anständigen Schluck eingeschüttet.

John lehnte ab.

Polly ließ es sich schmecken.

»Teufel, Inspektor, mir wird ganz warm.« Polly sah sich um. »Richtig gemütlich hier. Bei Ihnen würde ich noch nicht mal Geld nehmen.«

»Nein, nein.« John winkte lachend ab. »Ich bin in festen Händen.«

»Das ist eben immer mein Pech.«

Polly nahm noch einen Schluck. John ließ sie gewähren. Sie würde schon allein anfangen zu erzählen. Und richtig. Nach einigen Minuten war es dann soweit.

»Dieser Jeff Turpin ist ein Schweinehund. Ich will Ihnen mal was sagen, Inspektor, ich lasse ja vieles mit mir machen. Aber so mir nichts, dir nichts einfach in den verlängerten Rücken treten, nee, das ist bei Polly nicht drin. Und deshalb habe ich mir gesagt, Polly, das zahlst du ihm zurück.«

Die Hafenschwalbe goß sich noch einen Whisky nach. Dann fuhr sie fort. »Ich bin nach dem Tritt nur bis zur Ecke gelaufen und habe gewartet. Ich wußte, daß Turpin was vorhatte. Und was soll ich Ihnen sagen, Inspektor, da kam plötzlich ein Leichenwagen an. Ein richtiger Leichenwagen, schwarz und so. Ich habe vielleicht 'nen Schreck gekriegt, als der vor Turpins Bude hielt. Ich wußte ja, daß er für die Unterwelt Leichen verschwinden läßt, aber daß er sie verschachert, war mir neu.«

»Haben Sie gesehen, daß er sie verkauft?« stellte John eine Zwischenfrage.

»Lassen Sie mich doch erst mal ausreden, Inspektor. Ich habe also gewartet. Auf der gegenüberliegenden Seite der Gasse habe ich mich versteckt. Und auf einmal kamen die Kerle zurück.«

»Wer sind die Kerle?« fragte John schnell.

»Turpin und der Fahrer des Leichenwagens.« Polly zündete sich eine Zigarette an. Dann beugte sie sich vor und sprach im Verschwörerton weiter. »Und wissen Sie, was die beiden mitschleppten? Eine Kiste mit Leichen. Die haben sie in dem Leichenwagen verstaut.«

»Moment mal, Polly«, sagte John. »Woher wollen Sie denn so genau wissen, daß es Leichen waren? Schließlich war es neblig, und Sie standen ja auch nicht gerade daneben.«

»Wenn ich sage, da waren Leichen drin, dann stimmt das. Außerdem baumelte noch ein Arm an der Außenwand der Kiste herunter. Und dieser Mann, zu dem der Arm gehörte, ist kurz vorher in das Haus gegangen. Da haben sie ihn sofort kirre gemacht.«

»Das sind natürlich schwerwiegende Beschuldigungen, die Sie da aussprechen«, sagte John. »Wir werden der Sache auf den Grund gehen und fahren sofort zu diesem Jeff Turpin. Wo wohnt er eigentlich?«

»Am Hafen. Er ist der Verwalter eines Obdachlosenasyls. Aber muß ich unbedingt mit, Inspektor?«

»Es ist besser.«

Polly war sauer. »Teufel auch. Jetzt bereue ich es schon, daß ich gekommen bin. Turpin macht mich zu Hackfleisch.«

»Keine Angst«, sagte John lächelnd. »Wenn es tatsächlich stimmt, was Sie ihm vorwerfen, wird er niemandem mehr etwas tun. Wenigstens in den nächsten zehn Jahren nicht.«

»Sie haben mich überzeugt, Inspektor.« Polly stand auf und reckte sich. »Dann wollen wir mal.«

Sie nahmen Johns Bentley.

»Schmucker Wagen«, sagte Polly. »Sie müssen ganz schön verdienen. Oder hat Sie irgendein Gangsterfürst gekauft?«

John lachte. »Meinen Preis kann niemand bezahlen.«

»So habe ich Sie auch eingeschätzt, Inspektor.«

Je näher sie dem Hafen kamen, um so dunstiger wurde es. John hatte noch nie erlebt, daß im Londoner Hafen mal klares Wetter gewesen wäre.

»Am besten, Sie lassen den Wagen oben an der Gasse stehen«, sagte Polly, »sonst müssen Sie hinterher rückwärts rauskutschieren.«

John nickte.

Sie fuhren durch schmale Straßen. Vorbei an Lagerhäusern und Firmengebäuden.

Um diese Zeit war alles ruhig. Kein Mensch ließ sich auf der Straße blicken.

Doch der äußere Eindruck täuschte. In den winkligen Gassen

und Ecken drückte sich genügend Gesindel herum. Sie fuhren auch durch einige Straßenzüge, in denen Bar neben Bar lag.

»Das ist mein Bezirk«, sagte Polly stolz und zeigte nach draußen.

Fast reihenweise standen die Bordsteinschwalben an den Hauswänden. Manche verhandelten, andere wieder stierten dumpf vor sich hin.

Sie ließen den Rotlichtbezirk schnell hinter sich. Es wurde wieder einsamer.

»Links, dann rechts und wieder links«, sagte Polly. »Da ist es dann. Soll ich nicht doch lieber vorher aussteigen?«

»Ich dachte, wir hätten einen Pakt geschlossen.«

»War ja auch nur'n Vorschlag.«

John ging mit dem Tempo herunter. »Wie sah der Mann eigentlich aus, der diesen Leichenwagen gefahren hat?«

»Von dem habe ich nicht viel gesehen. Der trug ja einen Hut und hatte den Mantelkragen hochgestellt. Nee, beim besten Willen nicht, Inspektor.«

»Die Nummer des Wagens haben Sie sich nicht zufällig gemerkt?«

»Konnte ich ebenfalls nicht erkennen. Außerdem hat mich die Kiste viel zu sehr beschäftigt.« Polly streckte den Arm aus und zeigte durch die Frontscheibe. »Am besten, Sie halten hier an, Inspektor.«

John stoppte.

Sie stiegen aus. »Und schließen Sie den Wagen gut ab, Inspektor. Hier in der Gegend ist alles möglich.«

»Danke für den Rat.«

Polly ging schon vor. Der Nebel hatte noch zugenommen. Dick und wattig hing er zwischen den schmalen Straßen und Gebäuden.

Irgendwo aus der Dunkelheit ertönte ein Pfiff. Unwillkürlich tastete John nach seiner Waffe.

Polly lachte. »Keine Bange, Inspektor, die legen Sie nicht um. Höchstens einen Schlag über den Schädel, das ist alles.«

»Da bin ich aber beruhigt«, meinte John grinsend.

Vor dem Obdachlosenasyl schaukelte eine trübe Laterne. Sie konnten sie erst sehen, als sie dicht davor standen.

Plötzlich hörte John in seinem Rücken eine zischende Stimme.

»Keine Bewegung, Buddy, sonst schnitze ich dir ein Loch in die Figur. Ich will nur deine Mücken.«

Ehe John reagieren konnte, übernahm Polly die Initiative. »Mensch das ist 'n Bulle vom Yard! Hau ab, und sag das auch deinen Kollegen!«

Ein Fluch war zu hören und dann Schritte, die sich schnell entfernten.

»Man muß nur den richtigen Ton treffen«, sagte Polly.

»Sie erlauben, daß ich nicht Ihrer Meinung bin«, erwiderte John Sinclair. Seine Augen suchten die Wand ab und entdeckten den verrosteten Klingelknopf.

John legte seinen Daumen darauf.

Ein hohles Scheppern hallte durch das Obdachlosenasyl.

Polly hatte sich eng gegen die Hauswand gedrückt. Sie hatte Angst, daß man sie zu früh sehen konnte.

Wieder schellte John.

Diesmal hörte er Schritte. »Wer sagt's denn?« sagte er und verlagerte ein wenig sein Körpergewicht.

»Wer ist da?« brüllte eine rauhe Stimme.

John packte Polly am Arm und zog sie zu sich ran. »Antworten Sie ihm!« sagte er leise.

Polly nickte.

»Ich bin's, Polly«, rief sie zurück.

»Was willst du, Nutte?«

»Ich muß dich sprechen, Jeff, es ist wichtig.«

»Komm morgen wieder, du Dreckstück.«

»Nein, es ist wichtig.« Und leise fügte sie hinzu. »Das Dreckstück kriegt er zurück.«

Ein Schlüssel wurde im Schloß gedreht.

John trat etwas zur Seite.

Dann ging die Tür auf.

Jeff Turpin, der einäugige Gangster, sah Polly an. Er öffnete den Mund, wollte etwas sagen, doch da sprang John gegen die Tür.

Es krachte, und Turpin wurde in den Flur geschleudert.

Ehe er sich wieder aufrappeln konnte, waren John und Polly schon drin.

Trotz der miesen Beleuchtung erkannte John die Angst in dem Gesicht des Einäugigen.

»Sie sind Jeff Turpin?«

»Ja.«

»Ich bin Inspektor Sinclair. Scotland Yard.«

John hatte das letzte Wort noch nicht ganz ausgesprochen, als Turpin aufsprang und Polly an die Kehle wollte.

»Du Aas hast mich in die Pfanne gehauen! Glauben Sie dem Miststück kein Wort, Inspektor. Alles, was die sagt, ist Lüge.«

Turpin hob die Faust, um sie Polly ins Gesicht zu schmettern. Doch da kam er bei der Hafendirne gerade richtig. Blitzschnell riß sie ihr Knie hoch.

Turpin wankte heulend zurück.

»Das war für das Dreckstück!« zischte Polly.

Ehe es zu weiteren Auseinandersetzungen kommen konnte, mischte sich John Sinclair ein.

»Los, Turpin, stellen Sie sich nicht so an. Wir werden jetzt eine kleine Spazierfahrt zum Yard unternehmen.«

»Verdammt noch mal. Was wirft man mir überhaupt vor?«

»Geschäfte mit Leichen!« Johns Stimme klang metallen.

Von einer Sekunde zur anderen veränderte sich Turpins Haltung. Er kam John auf einmal vor wie ein in die Enge getriebenes Raubtier.

»Sieh mal an, Inspektor. Sie werfen mir also Geschäfte mit Leichen vor. Sie sind sehr mutig, das muß ich Ihnen sagen!« Turpin wandte den Kopf und stieß einen schrillen Pfiff aus.

Es war das Zeichen für die Penner.

Nicht einmal drei Sekunden später wurde die Tür des Schlafsaales aufgestoßen, und etwa zwanzig Leute quollen in den Flur. Sie hielten alle möglichen Schlaggegenstände in den Händen.

»Los, Freunde, zeigt es ihm. Der will mich fertig machen!« schrie Turpin. »Brecht ihm sämtliche Knochen . . .!«

Selten hatte John seine Pistole so schnell gezogen wie in diesem Augenblick.

Die Waffe schien ihm förmlich in die Hand zu springen.

Wie eine lebende Mauer standen die Penner vor dem Inspektor. John sah in finstere Gesichter. Viele der Männer hielten Knüppel in den Händen. Sogar zwei Messer blinkten.

Turpin war zur Seite gesprungen. Er hatte in dem Pulk der Penner Deckung gefunden.

Polly hatte sich hinter Johns breiten Rücken verzogen. Sie kreischte nur immer wieder. »Ich habe damit nichts zu tun. Laßt mich am Leben!«

John stieß Polly zur Seite. Er brauchte freie Bahn. »Macht keinen Unsinn, Männer. Ich bin Scotland-Yard-Beamter. Schätze, ihr seid die letzten, die sich Ärger mit der Polizei erlauben können!«

»Polizei?« schrie Turpin. »Laßt euch nur nichts vormachen. Der Kerl ist ein Schnorrer. Einen Fischzug wollte er hier machen. Uns die letzten Pfund auch noch wegnehmen.«

Gemurmel wurde laut. Die Penner, durch Johns Worte erst verunsichert, schwenkten wieder um. Sie glaubten dem Wirt mehr als dem Inspektor.

Polly hatte sich inzwischen in Richtung Tür abgesetzt. Blitzschnell war sie in dem draußen herrschenden Nebel untergetaucht.

Da flog der erste Knüppel.

Einer der Kerle aus der hinteren Reihe hatte ihn geworfen. John konnte gerade noch mit einer raschen Bewegung den Kopf einziehen. Fingerbreit nur pfiff das Wurfgeschoß über seinem Haaransatz hinweg.

Dieser Wurf war das allgemeine Signal zum Angriff. Die Penner stürmten los.

John schoß, setzte die Kugel über die Köpfe der Männer in die Decke.

Für Sekunden geriet der Angriff ins Stocken. Doch dann brandeten die Penner wieder heran, stürzten sich schreiend und brüllend auf den Inspektor.

John steckte blitzschnell seine Pistole ein. Er hätte sowieso nicht auf diese Menschen geschossen.

Eine Massenschlägerei begann. In dem Vorflur war es eng, und die Penner behinderten sich gegenseitig.

John Sinclair – in vielen Kampfarten perfekt – wich den meisten Schlägen aus oder blockte ab.

Er selbst teilte auch ordentlich aus. So mancher Zahnarzt hätte seine Freude daran gehabt.

Wie ein Berserker kämpfte sich John durch das Gewühl.

Und plötzlich stand der Penner mit dem Messer vor ihm. Wer weiß, wo er die Waffe aufgetrieben hatte, auf jeden Fall war es ein höllisch gefährliches Ding.

Der Kerl stieß sofort zu.

John rammte ihm gedankenschnell die Handkante gegen den Ellenbogen und trat ihm gleichzeitig die Beine weg.

Der Penner legte sich flach.

John hatte freie Bahn, sah dicht vor sich die Tür zu dem Gemeinschaftssaal.

John hechtete hindurch. Hinter ihm schlugen die Penner sich gegenseitig k. o. Für sie war die Keilerei mal wieder eine willkommene Abwechslung.

John sah sich schnell in dem Schlafraum um.

An der Decke brannte eine alte Funzel und beleuchtete ein unbeschreibliches Chaos. Verdreckte Hemden, Socken, Unterwäsche, die förmlich nach Wasser schrien, alles lag kunterbunt durcheinander.

Nur Jeff Turpin fehlte.

Er hatte es vorgezogen, in dem allgemeinen Wirrwarr zu verschwinden.

John fluchte leise.

Sein Blick fiel auf das offene Fenster. Da mußte Turpin hinaus sein.

John Sinclair sprang über zwei eiserne Bettgestelle und erreichte das Fenster.

Draußen lag der Nebel dicht wie Watte.

Hier jemanden zu finden, war unmöglich.

Trotzdem stieg John nach draußen. Es war etwa ein Meter bis zur Erde.

John sprang und hatte Glück, daß er nicht auf einer Bananenschale ausrutschte, die direkt unter dem Fenster lag.

Der Lärm der Keilerei drang nur noch schwach an seine Ohren.

Der Inspektor schlich durch den Nebel. Die Waffe hielt er schußbereit.

Nicht weit von ihm entfernt hörte er das Schmatzen der Wellen, die in ewiger Monotonie gegen die Kaianlagen klatschten.

John hielt sich links, wollte eine Gasse finden, die wieder nach vorn zur Straße führte.

Das einzige, was John fand, war eine Brandmauer. Mannshoch und aus rauhen Steinen gebaut. An die Mauer schloß sich ohne Übergang das nächste Gebäude an.

Es half nichts. John mußte über die Mauer.

Er schaffte es mit einem Klimmzug.

Jetzt befand er sich wieder in der Gasse, wo auch sein Wagen parkte.

Bestimmt hatte Turpin den gleichen Weg genommen. Es sei denn, es gab einen geheimen Ausgang.

John schlich weiter.

Die Penner schlugen sich noch immer. Ab und zu flog mal einer auf das Kopfsteinpflaster. Er warf sich dann noch wütender in das Schlachtgetümmel.

John Sinclair huschte an dem Obdachlosenasyl vorbei. Seine Augen versuchten den Nebel zu durchdringen. Es war ein sinnloses Unterfangen.

Plötzlich blieb John wie angewurzelt stehen.

Ein ersticktes Röcheln war an sein Ohr gedrungen. John kannte diesen Laut nur zu gut.

So reagierte nur ein Mensch, der in höchster Lebensgefahr ist.

Der Inspektor konnte nicht genau erkennen, aus welcher Richtung das Röcheln gekommen war.

Da hörte er das Kichern.

Es kam von oben. Über seinem Kopf.

John riß den Kopf in den Nacken. Im selben Augenblick sauste etwas auf ihn zu.

Instinktiv sprang er zur Seite.

Dicht vor seinen Füßen klatschte ein lebloser Körper auf das Pflaster.

Blitzartig ging John in die Hocke.

Es war eine Frau, die vor ihm lag.

Polly, die Hafendirne, mit einem Messerstich im Hals.

Jeff Turpin hatte grausame Rache genommen.

Polly war tot. Das sah John mit einem Blick.

Der Inspektor fühlte ein Würgen im Hals. Sicher, Polly war eine Frau gewesen, die ihren Körper für Geld verkauft hatte. Aber dennoch ein Mensch. Ein Mensch, der von einer reißenden Bestie umgebracht worden war.

John zog Polly in den Schatten der Hausmauer. Dabei stieß er gegen eine Tür, die sich quietschend öffnete.

Sofort sprang John zur Seite, holte seine Bleistiftlampe hervor und knipste sie an.

Der dünne Strahl geisterte über brüchiges Mauerwerk und alte Stahlträger, die verrostet und feucht waren. Durch die kleinen Fenster drangen Nebelschwaden. Das Dach war zur Hälfte eingestürzt. Eine Treppe ohne Geländer führte auf den heilen Teil des Daches.

Dort oben mußte sich Turpin befunden haben.

John riskierte es und ging die Stufen hoch. Er hatte Angst, die Treppe würde unter seinem Gewicht zusammenbrechen.

Doch sie hielt.

Auf dem Dach packte der Nebel John sofort in dicke Watte. Vielleicht befand sich Turpin noch in der Nähe. Heruntergekommen war er auf keinen Fall.

Schritt für Schritt ging der Inspektor weiter. Dreck knirschte unter seinen Schuhsohlen.

Er erreichte den Rand des Daches.

Obwohl das Haus nicht sehr hoch war, konnte er nicht einmal das Straßenpflaster erkennen.

Der Inspektor kehrte wieder um, ging den Rand des Daches ab.

Turpin blieb verschwunden. Es mußte irgendeine Möglichkeit geben, ungesehen von hier zu verschwinden.

John Sinclair stieg die Treppe nach unten in die Halle hinab, durchquerte sie und trat wieder auf die Straße.

Polly lag noch immer auf dem feuchten, schmutzigen Pflaster.

John Sinclair ging zu seinem Wagen. Er schnappte sich das Mikrophon und ließ sich über die Yard-Zentrale mit dem für dieses Gebiet zuständigen Revier verbinden.

Er schilderte den Vorfall und wartete das Eintreffen der Beamten ab.

John Sinclair wollte eigentlich erst am nächsten Tag diesem geheimnisvollen Horror-Kabinett einen Besuch abstatten. Doch sein Entschluß hatte sich in den letzten Minuten geändert.

Denn diese Nacht war noch lange nicht zu Ende . . .

Jeff Turpin hockte in der leeren Halle. Wie ein Tier hatte er sich verkrochen, nachdem er John die Frauenleiche vom Dach aus vor die Füße geworfen hatte.

Turpin lachte lautlos bei diesem Gedanken. Es war sein erster Mord gewesen, aber seltsamerweise hatte er keine Gewissensbisse. Es ging um ein viel größeres Ziel. Was bedeutete da schon ein Menschenleben.

Turpin hockte in der Ecke hinter einem Schutthaufen. Von hier aus konnte er die Halle gut überblicken.

Er sah, wie sich die Tür öffnete.

Turpin hielt den Atem an.

Ein dünner Lichtstrahl zerschnitt die Finsternis. Schritte klangen auf.

Der Inspektor ging geradewegs auf die Treppe zu, zögerte einen Moment und stieg dann die Stufen hinauf.

Turpin wartete, bis die Tritte nicht mehr zu hören waren, dann tauchte er aus seinem Versteck auf.

So leise es ging, huschte er auf die Eingangstür zu. Wenig später hatte der Nebel den Mörder verschluckt.

Turpin war ein Kind des Hafens. Er kannte die Gegend besser als seine eigene Mutter. Selbst bei völliger Dunkelheit fand er sich zurecht.

Zuerst mußte er mal aus diesem Viertel verschwinden. Der Inspektor würde bestimmt Himmel und Hölle in Bewegung setzten, um ihn zu finden.

Für Turpin gab es eigentlich nur eine Möglichkeit unterzutauchen. Das war bei Dr. Tod. Er mußte ihn für die nächsten Tage verstecken. Ein wenig schauderte er bei dem Gedanken, mit diesem Kerl unter einem Dach zu hausen, aber er hatte keine andere Wahl.

Wie ein auf der Flucht befindliches Raubtier schlich Jeff Turpin durch die engen Hafengassen. Trotz des Nebels nutzte er immer noch jede Deckung geschickt aus.

Einmal hörte er in der Ferne Polizeisirenen. Bestimmt hatte der Inspektor seine Hilfskräfte alarmiert.

Wo Dr. Tod lebte, wußte Turpin nicht. Er hatte nur eine Telefonnummer, unter der er den Unheimlichen erreichen konnte.

Turpin fand schnell eine Zelle.

Seine Finger zitterten, als sie die Nummer wählten. Immer wieder sah sich der Mörder nach allen Seiten um. Doch durch die Glasscheiben sah die Nebelwand noch dicker aus.

Es dauerte endlos lange, bis jemand am anderen Ende der Leitung abhob.

»Ja?«

»Ich bin's, Turpin. Hören Sie, Doktor. Ich stecke in Schwierigkeiten. Scotland Yard war bei mir. Sie haben das Haus durchsucht und mich für morgen vorgeladen. Ich habe ihnen gesagt, daß ich komme. Als sie wieder weg waren, bin ich dann abgehauen. Die Sache stinkt, Doktor. Kann ich nicht für ein paar Tage bei Ihnen untertauchen?«

Turpin lief der Schweiß wie Wasser am Körper herab. Er biß sich vor Erregung die Lippen blutig. Hoffentlich hatte ihm Dr. Tod diese Geschichte abgenommen.

»Hör zu, Turpin«, knarrte die Stimme. »Ich habe Verständnis für deine Situation. Du kannst zu mir kommen. Sofort. Ich gebe dir nur meine Adresse.«

»Na, da bin ich aber froh.«

Turpin atmete erleichtert auf.

Er wiederholte die Angaben noch einmal und hängte dann auf. Das leise Lachen des Unheimlichen hörte er nicht mehr.

Turpin verließ die Telefonzelle und überlegte seine nächsten Schritte.

Zuerst brauchte er mal einen Wagen. Das war kein Problem. Schließlich standen genug herum.

Turpin orientierte sich in Richtung Londoner City. Je weiter er sich vom Hafen entfernte, um so dünner wurde der Nebel. Vor einer Bar entdeckte Turpin das, was er brauchte.

Ein dunkler Austin, der war genau richtig.

Turpin sah erst nach, ob die Luft rein war, und machte sich dann an die Arbeit.

Er hatte aus seinen früheren Zeiten noch nichts verlernt. Innerhalb kurzer Zeit knackte er den Wagen und schloß ihn kurz. Ein Blick auf die Tankuhr zeigte ihm, daß noch genug Sprit für eine längere Fahrt vorhanden war.

Turpin grinste zufrieden.

Nach dreißig Minuten hatte er London hinter sich gelassen. Der Nebel war einem feinen Dunstschleier gewichen. Zügig ging es weiter in Richtung Tonbridge.

Der kleine Ort war wie ausgestorben. Kein Mensch befand sich mehr auf den Straßen.

Turpin fuhr durch bis zu dem Jahrmarkt und ließ den Wagen in einer kleinen Seitengasse stehen.

Den Rest des Weges ging er zu Fuß.

Es war schon ein komisches Gefühl, über den verlassenen Rummelplatz zu schleichen.

Überall hörte er Geräusche. Das Holz der Buden knisterte und ächzte.

Jeff Turpin grinste verzerrt. Immer wollte er hier auch nicht wohnen.

Plötzlich hörte er hinter seinem Rücken ein Geräusch. Sofort blieb Turpin stehen.

Ein häßliches Kichern erreichte sein Ohr. »Seit wann bist du ängstlich, Turpin. Oder hast du ein schlechtes Gewissen?«

Turpin wandte den Kopf.

In der Dunkelheit konnte er nicht viel erkennen. Er sah die Konturen einer Gestalt zwischen zwei Buden auftauchen.

»Komm zu mir!«

Turpin zögerte. Am liebsten wäre er jetzt weggelaufen. Aber, zum Teufel, er war auf diesen Dr. Tod angewiesen.

»Wo bringen Sie mich hin?« fragte er raunend.

»Wo du hin wolltest«, antwortete die Stimme. Wieder kicherte der Mann hämisch.

Als Turpin dichter vor dem Unbekannten stand, wandte sich dieser um.

»Folge mir«, sagte er nur.

Die beiden Männer schlichen durch ein Wirrwarr von Buden und Karussells.

»Wohin bringen Sie mich?« wiederholte Turpin seine Frage.

»Wir sind gleich da.«

Vor einer einstöckigen großen Holzbude blieben sie schließlich stehen.

Der Unbekannte schloß die Tür auf.

Die Männer betraten das Innere des Horror-Kabinetts.

Sie gelangten in einen langen Gang, an dessen Ende sich eine Tür befand.

Der Gang wurde von einer roten Lampe beleuchtet.

Carlo, Dr. Tods Diener, blieb vor der Tür einen Moment stehen. Dann drehte er sich um.

Zum erstenmal sah Turpin Carlos Gesicht ganz deutlich.

Der Mörder zuckte unwillkürlich zurück. Eine rötliche, fleischige Masse, aus der zwei Augen lugten, starrten ihn an.

»Mein Anblick gefällt dir wohl nicht, was?« zischte Carlo. »Aber du wirst dich daran gewöhnen, so wie andere vor dir auch. Es gab auch welche, die wollten sich einfach mit mir nicht vertragen. Sie liegen jetzt auf dem Friedhof.«

Turpin sagte nichts. Aber innerlich machte er sich Vorwürfe, diesen Weg eingeschlagen zu haben. Doch jetzt gab es kein Zurück mehr.

Carlo führte ihn eine Steintreppe hinunter in den Keller. Summende Geräusche drangen an Turpins Ohren.

Sie stammten von den Maschinen, die Dr. Tod für seine Experimente benutzte, aber das wußte Turpin zu diesem Zeitpunkt noch nicht.

Er war nur erstaunt über das Labyrinth von Gängen und Verliesen, das sich hier unten befand.

Sie gelangten in einen kleinen Raum. Er war beinahe gemütlich eingerichtet. Zwei Sessel, ein Tisch, Teppiche, gedämpftes Licht.

Sogar Zigaretten gab es. Sie befanden sich in einer Dose, die auf dem Tisch stand.

Carlo verschwand durch eine Seitentür.

Turpin blieb allein zurück. Unschlüssig sah er sich um. Nur mühsam konnte er seine Erregung unterdrücken.

Er zündete sich eine Zigarette an.

»Na, gefällt es dir hier unten?« fragte plötzlich eine Stimme.

Die Zigarette wäre Turpin beinahe aus der Hand gefallen, so hatte er sich erschrocken.

Unhörbar war Dr. Tod eingetreten. Er war aus der Tür gekommen, hinter der auch Carlo verschwunden war.

»Nimm ruhig Platz, Jeff Turpin«, sagte Dr. Tod. »Du bist einer der wenigen, die mein Reich hier unten gesehen haben. Wie bist du eigentlich hergekommen?«

»Mit einem Wagen.«

»Deinem eigenen?«

»Nein.«

»Also gestohlen.«

Turpin nickte.

Dr. Tod hatte sich ebenfalls hingesetzt. Fast im Plauderton sprach er weiter.

»Ich muß das nämlich genau wissen, damit ich hinterher alle Spuren beseitigen kann.«

Turpin hatte das Gefühl, als hätte ihm jemand einen Elektroschock versetzt. »Soll das heißen, daß ich für immer hier – hier unten bleiben muß?« fragte er stockend.

»An sich nicht. Du kannst natürlich auch diese Region verlassen. Allerdings nicht als Mensch, sondern«, Dr. Tod machte eine kleine Kunstpause, »als Monster. Genauer gesagt, als Wachsfigur.«

Die brennende Zigarette fiel Turpin aus der Hand und versengte den Teppich. Der Mörder achtete nicht darauf. Ungläubig starrte Turpin sein Gegenüber an. Die Worte kamen ihm erst jetzt richtig zu Bewußtsein. »Ich soll als – Wachsfigur . . .?«

»Was dachtest du denn? Denkst du, ich lasse dich aus lauter Menschenfreundlichkeit hierherkommen? Nein. Schließlich brauche ich Ersatz. Eines meiner Geschöpfe hat man vernichtet.«

»Nein!«

Turpin sprang auf und wollte sich auf Dr. Tod stürzen.

Doch wie von einer unsichtbaren Schnur gezogen öffnete sich die Tür.

Vier Wachsfiguren betraten den Raum.

Turpin blieb gebannt stehen.

Dr. Tod lachte häßlich. »Diese vier Wachsfiguren waren vor kurzem noch die Leichen, die du mir besorgt hast. Du wolltest doch immer wissen, was ich damit vorhabe. Jetzt siehst du es selbst.«

Die Monster hatten sich im Raum verteilt. Turpins Blick irrte zwischen den gräßlichen Gestalten hin und her. Angstschauer jagten über seinen Rücken.

Vier rote Augenpaare starrten ihn an. Lange Messer blinkten in den Händen der lebenden Figuren.

»Sieh dir meine Freunde genau an!« sagte Dr. Tod. »Bald wirst du einer von ihnen sein und nur mir gehorchen.«

Jeff Turpin schüttelte in panischer Angst den Kopf. Der Mann, dem es nichts ausgemacht hatte, eine unschuldige Frau umzubringen, verlor die Nerven.

Er warf sich gegen die Tür, rüttelte an der Klinke.

Die Tür war verschlossen.

»Ihr Schweine!« heulte Turpin. »Ihr dreckigen Schweine. Was macht ihr mit mir. Ich will hier raus, raus – raus . . .!«

Turpin warf sich herum.

Im nächsten Augenblick brüllte er unmenschlich auf.

Die vier Wachsfiguren standen dicht vor ihm.

Und dann rasten die Messer auf ihn zu . . .

Es war drei Uhr morgens, als John Sinclair in Tonbridge eintraf. Noch immer konnte er die Handlungsweise seines Gegners nicht verstehen.

So wie Dr. Tod sich benahm, mußte er zwangsläufig die Polizei auf seine Spur hetzen.

Oder war das beabsichtigt? Steckte etwa mehr dahinter? Wollte er John Sinclair und den Yard bewußt provozieren?

John wußte, daß ihm Asmodis, der oberste Dämonenherrscher, den Tod geschworen hatte. War Dr. Tod vielleicht mit Asmodis identisch?

Fragen über Fragen.

Bisher hatte John Sinclair gegen den Dämonenfürsten immer die Oberhand behalten. Aber Asmodis hatte ihm nach seiner letzten Niederlage auf der Insel der Skelette blutige Rache geschworen. Damals war er noch selbst in Aktion getreten. Aber oft schickte er auch nur seine Diener. Gefährliche Dämonenwesen, die Menschen manipulieren konnten und ihnen ihren bösen Willen aufzwangen.

Diesmal hatte John gegen Dr. Tod zu kämpfen. Er wußte noch nicht, ob sein Gegner nur ein Mensch oder ein Dämon war. Im Prinzip war es jedoch egal. Beide waren gefährlich.

Der Inspektor fuhr langsam durch den verschlafenen Ort. Tonbridge war eine Kleinstadt mit allen Vor- und Nachteilen. Die Menschen hier lebten noch in Ruhe und Zufriedenheit, getreu nach dem Motto: Hier ist die Welt noch in Ordnung.

Einzelne Laternen brannten. Ihr Schein fiel auf saubere Bürgersteige und Straßen. Autos parkten kaum am Straßenrand, fast jeder Fahrzeugbesitzer hatte eine Garage.

Um auf den Rummelplatz zu gelangen, mußte John den Ort durchqueren. Die Wegbeschreibung hatte ihm Hank Dillinger gegeben. Die Straße wand sich schlangenförmig durch Tonbridge. Die Kurven waren eng und spitzwinklig.

Dann hatte John das Ortsende erreicht. Rechter Hand erkannte er einen großen Platz. Das dunkle Gerüst einer Achterbahn glänzte im Mondlicht.

John stoppte. Bevor er ausstieg, nahm er noch eine Taschenlampe aus dem Handschuhfach. Er hängte sie sich an den Gürtel. John trug dunkle Kleidung.

Dumpf schnappte die Wagentür ins Schloß. John sah sich kurz um, bevor er weiterging.

Niemand hatte seine Ankunft beobachtet.

Es war eine empfindlich kühle Märznacht. Die Fensterscheiben der Häuser waren beschlagen.

John betrat das Gelände des Rummelplatzes. Unter seinen Füßen knirschte die schwarze Asche. Der Inspektor hatte das Gefühl, dieses Geräusch würde man meilenweit hören können.

Soviel er wußte, lag das Horror-Kabinett am Ende des Rummelplatzes. Es war quasi die letzte Attraktion. Ein grauenvoller Ausklang.

John hielt sich immer im Schatten der Buden. In den schmalen Gassen zwischen den einzelnen Ständen ballte sich die Dunkelheit.

Eine Katze huschte über den Weg. Ihre grünen Augen durchbohrten die Dunkelheit.

Irgendwo klapperte ein Schild. Es schlug im ewigen Rhythmus gegen einen Holzbalken.

Noch hing ein letzter Duft von Popcorn, gebrannten Mandeln und Bratwürsten in der Luft.

John war konzentriert wie immer. Wieder einmal stand er allein gegen die Mächte der Finsternis.

Er spürte das leichte Ziehen in der Magengegend, das sich immer dann einstellte, wenn Gefahr drohte.

Schon sah John die Umrisse der Wohnwagen. Die metallenen Verkleidungen glänzten im Mondlicht.

Der Inspektor hatte das Ende des Rummelplatzes erreicht.

Auf der rechten Seite liegt das Horror-Kabinett, hatte Hank Dillinger gesagt.

John blieb stehen.

Groß und wuchtig ragten die Umrisse einer einstöckigen Rummelplatzbude vor ihm hoch.

Das mußte das Horror-Kabinett sein!

John löste die Taschenlampe von seinem Gürtel, knipste sie an.

Der starke Lichtschein riß die Fassade aus der Dunkelheit. John sah gräßliche Gestalten. Vampire, Monster, Werwölfe. Sie waren auf das Holz gemalt worden.

Die Gesichter konnten einen Mann wie John Sinclair nicht erschrecken. Dafür hatte er schon viel zuviel erlebt.

Einen Eingang gab es hier nicht. Die gesamte Vorderfront wurde durch große Holzklappen verschlossen.

Blieb nur die Rückseite.

John schaltete die Lampe aus. Im Dunkeln suchte er sich einen Weg um das Gebäude.

Einmal stieß er gegen eine Konservendose. Mit einem scheppernden Geräusch rollte sie über den Boden.

John Sinclair zerbiß einen Fluch.

Das Horror-Kabinett war nicht sehr breit. Etwa acht Meter.

Auf einmal hatte John das Gefühl, nicht mehr allein zu sein. Es war nur ein Instinkt, geboren aus unzähligen Gefahren.

John Sinclair kreiselte herum.

Zwei glühende Augen starrten ihn an.

Eine mordende Wachsfigur.

Dr. Tod hatte seine teuflischen Puppen auf die Reise geschickt.

Die Figur hatte sich unhörbar angeschlichen. Wie ein Schemen war sie aufgetaucht.

Unwillkürlich wich John zurück, schaffte Platz zwischen sich und dem Monster.

Die Wachsfigur kam auf John zu. Staksig – aber unbeirrbar.

Der Geisterjäger zog seine Waffe. Sechs Silberkugeln steckten in dem Magazin. Zwei Reservemagazine trug John noch in den Taschen.

Der Inspektor hob den Arm mit der Waffe, stützte seine rechte Hand ab.

Sein Finger krümmte sich um den Abzugshahn.

Da bekam John einen Stoß in den Rücken.

Der Schlag war mit großer Wucht geführt worden. John fiel auf den Boden, reagierte jedoch in Sekundenschnelle und verwandelte den Sturz zu einer Rolle, kam somit aus der Reichweite des Monsters.

Sofort war John wieder auf den Beinen. Und jetzt sah er auch die langen Messer, die die mordenden Wachsfiguren in den Händen hielten.

Die Klingen waren verschmiert.

Blutverschmiert!

John Sinclair lief ein eiskalter Schauer über den Rücken. Er dachte an die ahnungslosen Menschen, die in ihren Wohnwagen schliefen. Wenn die Monster darüber herfielen, gab es keine Rettung.

Die zwei Wachsfiguren versuchten, John in die Zange zu nehmen. Die Arme mit den Messern wischten durch die Luft.

Zum Glück waren die Bewegungen nicht so schnell, und John konnte immer noch rechtzeitig ausweichen.

Doch zum Schuß kam er nicht. Er brauchte dazu ein paar Sekunden Zeit, um in Ruhe zielen zu können.

Die Wachsfiguren gaben ihm keine Chance.

Schließlich ergriff John Sinclair die Initiative. Er schlug einen Bogen und gelangte mit ein paar langen Sätzen den Monstern in den Rücken.

John stieß sich ab.

Eine Sekunde später hing er einer Wachsfigur auf dem Rücken. John schlang den rechten Arm um den Kopf und drückte die Mündung der Pistole gegen das rechte Auge der Wachsfigur.

Laut peitschte der Schuß.

Sofort setzte John die Waffe gegen das linke Auge, drückte wieder ab.

Das Monster wankte.

John sprang ein paar Meter weg.

Schon kam die zweite Wachsfigur.

John hechtete mit einem Panthersatz gegen die Hüfte des Monsters, brachte es aus dem Gleichgewicht.

Die mordende Wachsfigur knallte auf den Boden.

Für einen Augenblick war sie wehrlos.

John preßte seinen Fuß auf den messerbewehrten Arm der Figur, zielte kurz und jagte zwei Kugeln in die Augen der Bestie.

Das Monster verendete.

Alles war sehr schnell gegangen, hatte nicht einmal fünfzehn Sekunden gedauert.

Doch die Schüsse waren gehört worden.

Türen klappten. Licht flammte auf. Menschen stürzten aus ihren Wohnwagen.

Stimmen schrien. Erregt, heiser.

Und plötzlich gellten die Schreie. Schrill, nervenzerfetzend.

John Sinclair ahnte, was geschehen war. Es waren noch mehr Monster unterwegs, und die hatten jetzt die Menschen entdeckt.

Eine Scheibe ging klirrend zu Bruch.

Gewehrschüsse peitschten.

John rannte los. Auf die Wohnwagenansammlung zu.

Ängstliche, erschreckte Gesichter starrten ihn an. Die Menschen waren nur leicht bekleidet. Sie waren mitten aus dem Schlaf gerissen worden.

»Gehen Sie in Ihre Wagen!« schrie John im Laufen.

Wieder hörte er Schüsse.

John rannte weiter, stolperte über einen Eimer, fiel hin, raffte sich wieder auf – und blieb wie angewurzelt stehen.

Seinen Augen bot sich ein Bild des Grauens. John konnte alles deutlich erkennen. Aus den Fenstern der Wohnwagen fiel genügend Licht.

Zwei Monster wüteten erbarmungslos.

Eins hatte sich den Mann mit dem Gewehr gepackt.

Die andere Wachsfigur hatte eine Gruppe von fünf Menschen gegen die Wand eines Wohnwagens gedrängt.

Aus Johns Kehle drang ein heiserer Schrei. Seine gestreckten Arme flogen hoch. Die Fäuste knallten unter den Messerarm des Monsters, peitschten ihn hoch.

Der tödliche Messerstich ging ins Leere. Die Klinge rutschte an der Aluminiumhaut des Wohnwagens vorbei und hinterließ eine tiefe Furche.

»Verschwinden Sie!« brüllte John. »Weg hier!«

Seine Stimme überschlug sich.

Die Menschen begriffen nicht, blieben wie angewurzelt stehen.

Die Wachsfigur wandte sich John Sinclair zu. Der Inspektor sah die gräßlichen roten Augen und feuerte.

Zweimal.

Die Kugeln bohrten sich in die Augenhöhlen, töteten die Höllenkreatur auf der Stelle.

»Vorsicht!«

Die Stimme eines Mannes gellte auf.

John ließ sich einfach fallen.

Die mörderische Messerklinge fuhr über seinen Kopf hinweg.

John Sinclair rollte sich zur Seite, hob den Arm, wollte schießen, da fiel ihm ein, daß er keine Kugeln mehr im Magazin hatte.

Der Inspektor schnellte zur Seite, weg aus dem unmittelbaren Gefahrenbereich.

Noch im Liegen fuhr seine Hand in die Jackentasche. Mit einem Hebeldruck ließ John das wertlose Magazin aus dem Pistolengriff gleiten, schob das gefüllte hinein.

Da war das Monster schon heran.

John sah die blutige lange Klinge dicht vor seinen Augen. Der mit Wachs überzogene Körper des Monsters schimmerte hell.

Mit unheimlicher Wucht fuhr die Messerhand herunter.

John riß seinen rechten Arm hoch. Das Metall der Pistole schrammte über das Wachs, brachte den Arm des Monsters aus der eigentlichen Stoßrichtung.

Dicht neben Johns Kopf bohrte sich die Klinge in die Erde.

Ehe die Wachsfigur dazu kam, das Messer wieder herauszuziehen, hatte John Sinclair zweimal abgedrückt.

Sterbend brach das Monster zusammen.

Dicht neben John fiel der Körper zu Boden.

Das Monster starb lautlos.

Stille senkte sich über den Platz.

John Sinclair stand langsam auf. Automatisch wischte er sich den Schmutz von der Kleidung.

Sein Blick fiel auf die toten Wachsfiguren. Die Monster waren längst tot.

Der Inspektor hob den Kopf, während er die verschossenen Kugeln ersetzte.

Die Menschen starrten ihn an. Panik und Grauen lag in ihrem Blick.

Der Inspektor zuckte hilflos die Achseln. Was sollte er ihnen sagen? Genaue Erklärungen? Nein, es war besser, daß diese Leute nichts davon erfuhren. Zuviel Schreckliches war schon auf sie eingestürmt.

Ein mittelgroßer Mann löste sich aus der Gruppe. Langsam kam er auf John Sinclair zu.

»Sie haben diese – diese Gestalten erledigt«, sagte er mit schwerer Stimme. »Ich möchte mich auch im Namen meiner Kollegen dafür bedanken.«

Der Mann wandte den Kopf und blickte auf die zwei Leichen, die die Monster hinterlassen hatten.

»Warum mußte das sein? Warum mußten sie sterben?«

John legte dem Mann die Hand auf die Schulter. »Ich werde es Ihnen sagen. Verlassen Sie sich darauf. Aber später. Jetzt habe ich noch etwas zu erledigen.«

»Steht das mit diesen Monstern in Verbindung?«

»Ja.«

»Dann möchten wir Ihnen helfen.«

John schüttelte den Kopf. »Nein, ich komme schon allein zurecht. Muß allein zurechtkommen. Wenn Sie mir helfen wollen, dann gehen Sie bitte in Ihre Wohnwagen und verhalten sich ruhig.«

»Sind noch mehr Monster unterwegs?« Die Stimme des Mannes klang ängstlich.

»Ich weiß es nicht genau. Aber sicher ist sicher. Und bringen Sie bitte die Toten weg.«

Der Mann wandte sich um. Mit schleppenden Schritten ging er zurück zu seinen Leuten. Mit leiser Stimme gab er ein paar Anweisungen. Einige Männer lösten sich aus dem Menschenring und hoben die Toten auf. John hörte aus den geflüsterten Gesprächen, daß es ein Ehepaar gewesen war, ohne nahestehende Verwandte.

Die Leute schafften für John eine Gasse. Er wurde angesehen wie ein Held.

John Sinclair lachte bitter. Diese Leute ahnten nicht, was ihm noch alles bevorstand.

John verließ den Wohnwagenkomplex. Mit langen Schritten ging er auf das Horror-Kabinett zu. Er wollte so schnell wie möglich die Entscheidung herbeiführen . . .

Dr. Tod zuckte zusammen, als er die Schüsse hörte. Nur ganz schwach waren die Detonationen zu vernehmen.

Die Finger des Unheimlichen ballten sich zur Faust. Seine Augen glichen schmalen Sicheln.

Dr. Tod ahnte, daß seine Geschöpfe in einem mörderischen Kampf verwickelt waren. Und plötzlich hatte er das Gefühl, daß sie diesen Kampf verloren hatten.

Carlo, sein Diener, stand neben ihm. Sein schreckliches Gesicht zuckte.

»Jetzt haben die Monster es geschafft!« flüsterte er.

Dr. Tod wirbelte herum. »Gar nichts haben sie!« schrie er. Er schlug mit den Fäusten auf eine Tischplatte. »Sie haben verloren. Ich weiß es genau. Dieser John Sinclair ist mächtiger gewesen als sie!«

Ruckartig wandte Dr. Tod den Kopf. Lange starrte er seinem Diener in die Augen.

Carlo zuckte unwillkürlich zurück. Diesem Blick konnte er nicht länger standhalten.

»Aber ich werde ihn erledigen!« zischte Dr. Tod. »Er soll nur kommen. Darauf habe ich lange gewartet. Asmodis hatte mich schon vor diesem Mann gewarnt. Ich wußte, daß ich mit ihm zusammentreffen würde. Jetzt ist die Zeit reif. Carlo – du wirst ihn erwarten. Schaff ihn her zu mir.«

Carlo nickte ergeben. In seinem Gesicht zuckte es. Nachdem er einmal in eine Feuersbrunst geraten war, hatte sich die Haut nie wieder regeneriert. Seit dieser Zeit war er ein Ausgestoßener gewesen. Ein Mann, über den alle lachten oder Angst vor ihm hatten.

Nur Dr. Tod nicht. Er hatte ihn bei sich aufgenommen und zu seinem Diener gemacht. Carlo hatte sein Selbstvertrauen zurückgewonnen. Er war wieder ein Mensch geworden.

Auf keinen Fall wollte er Dr. Tods Vertrauen enttäuschen . . .

Der starke Lampenstrahl zuckte über die Rückseite des Horror-Kabinetts.

John Sinclair ging die gesamte Front ab. Irgendwie mußte er ja in das Innere gelangen.

Plötzlich blieb John stehen.

Er hatte in der Rückwand eine Fuge entdeckt. John ging einige Schritte vor.

Jetzt erst sah er die Tür. Sie verschmolz fast mit dem Holz der Wand.

John sah das Metall einer Klinke schimmern.

Er drückte sie nieder.

Die Tür war offen!

Vorsicht! Das ist eine Falle! Augenblicklich machte sich dieser Gedanke in John Sinclair breit.

Eine dunkle Öffnung gähnte ihm entgegen. Sie erschien wie ein Tunnel ins Grauen.

John hob den Arm mit der Lampe. Vor ihm lag ein langer, schmaler Gang, der dort, wo der Lichtstrahl schwächer wurde, einen Knick machte.

Auf Zehenspitzen ging der Geisterjäger weiter. Er wußte, daß in einem Horror-Kabinett unliebsame Überraschungen auf ihn warten konnten.

Unliebsame – und tödliche.

Unangefochten erreichte der Inspektor die Stelle, wo der Gang in eine Kurve bog.

Eine kleine Treppe lag vor ihm.

John nahm die erste Stufe, die zweite.

Plötzlich gellte ein grausiges Gelächter in seinen Ohren. Er mußte wohl mit dem Fuß einen Kontakt berührt haben, der dieses Gelächter ausgelöst hatte.

John ging weiter.

Das Gelächter verstummte.

Welche Überraschungen hielt man wohl jetzt für ihn parat?

John ließ seine Lampe aufblitzen. Im selben Augenblick tauchte wie aus dem Boden gewachsen ein Ungeheuer vor ihm auf.

Stinkender Atem fuhr in Johns Gesicht. Eine Qualmwolke quoll auf.

Dann war alles vorbei.

John grinste verzerrt. Teufel auch, dieses Horror-Kabinett steckte tatsächlich voller Überraschungen!«

Der Inspektor ging weiter. Er befand sich jetzt in einem breiteren Gang, der auf beiden Seiten mit Türen gespickt war.

Hin und wieder sprang eine Tür auf. Jedesmal kam ein Monster zum Vorschein, das gräßliche Laute ausstieß, dann aber schnell wieder verschwand.

Langsam hatte der Geisterjäger genug von diesen Scherzchen. Schließlich war er gekommen, um einen gefährlichen Verbrecher zu stellen, und nicht, um einen Spaziergang durch das Horror-Kabinett zu machen.

Aber vielleicht gehörte das zu Dr. Tods Taktik. Vielleicht wollte er nur seinen Gegner nervös machen, um dann ganz plötzlich zustoßen zu können.

John beschloß, weiterhin höllisch auf der Hut zu sein.

Auf einmal begann der Boden unter Johns Füßen weich zu werden.

Eine Alarmklingel schrillte in seinem Gehirn.

Zu spät.

Die Falltür war auf einmal da, und ehe sich John versah, fiel er in die Tiefe.

Der Aufprall war hart, wurde jedoch gemildert, da John sich rechtzeitig und gekonnt über die Schulter abrollte.

Einige Sekunden blieb er liegen.

Die Dunkelheit hatte ihn eingeschlossen. Zum Glück hatte John noch seine Taschenlampe.

Er knipste sie an.

Vor Überraschung hätte der Inspektor bald einen lauten Ruf ausgestoßen.

Der Raum, in dem er sich befand, war rund. Lange Vorhänge hingen bis zum Boden. Ansonsten war der Raum leer.

John setzte sich auf. Er konnte nicht wissen, daß er sich in dem gleichen Raum befand, in dem das Mädchen Jill den Tod gefunden hatte.

Langsam stand der Inspektor auf.

John tastete den Vorhang ab. Der Samt glitt zwischen seine Finger – und . . .

John Sinclair zerbiß einen Fluch.

Hinter dem Vorhang befand sich eine Holzwand. Er war also gefangen.

John tastete genau die Wand hinter dem Vorhang ab. Sie war stabil. Eine kleine Tür oder einen Durchschlupf gab es nicht.

Der Inspektor faßte sich in Geduld. Irgend etwas mußte ja

geschehen. Er wollte seinen Gegenspieler, Dr. Tod, aus der Reserve locken.

Minuten vergingen. Nichts passierte. John kam sich vor wie eine Katze, die vor dem Mauseloch lauerte und darauf hoffte, daß das Opfer sich hervorwagen würde.

John hatte die Lampe ausgeschaltet. Er wollte die Batterie schonen.

John wußte nicht, wie lange er so in der Dunkelheit gesessen hatte, als er plötzlich über sich ein kratzendes Geräusch hörte. Sekundenbruchteile später erhellte ein Lichtstrahl die Dunkelheit.

Der Kegel knallte förmlich auf John Sinclair.

Der Inspektor senkte den Kopf, um nicht geblendet zu werden.

Von oben her erklang ein teuflisches Kichern. »Damit hatten Sie wohl nicht gerechnet, was, Inspektor?«

John zuckte ergeben die Achseln. Obwohl er sich über diese unangenehme Überraschung ärgerte, behielt er wenigstens nach außen hin die Ruhe.

»Wenn ich mich nicht irre, spreche ich mit Dr. Tod«, erwiderte John Sinclair.

»Sie irren sich nicht, Inspektor. Und diesmal, mein Lieber, haben Sie keine Chance. Sie haben Asmodis, den König der Finsternis, ein paarmal hereingelegt. Das ist nun vorbei. Sie sind mein Gefangener. Ich kann Sie von hier oben mit ein paar Kugeln abknallen, und Sie könnten gar nichts dagegen tun. Aber ich habe feinere Methoden, um mich meiner Gegner zu entledigen. Ich werde ein Experiment an Ihnen durchführen, das seinesgleichen sucht. Die Hölle wird mir dankbar sein.«

Dr. Tod hatte eine lange Rede gehalten, und John Sinclair war klar, daß dieser Mann nicht bluffte. Aber noch hatte er eine Chance. So geschockt, wie Dr. Tod annahm, war er nun doch nicht.

Blitzschnell warf sich John Sinclair zur Seite, wollte aus dem grellen Lichtkegel raus. Gleichzeitig riß er den Arm mit der Pistole hoch.

Er ahnte das pfeifende Geräusch mehr, als er es wahrnahm.

Etwas flog auf ihn zu, erwischte ihn am Kopf. Ein höllischer Schmerz zuckte durch Johns Schädel, dann sackte der Geisterjäger bewußtlos zusammen.

Triumphierend blickte Carlo auf den leblosen Körper. Er war es gewesen, der sich durch die Geheimtür geschlichen hatte. Sein Totschläger hatte ganze Arbeit geleistet.

»Gut gemacht, Carlo!« dröhnte Dr. Tods Stimme. »Und jetzt bring den Kerl in unser Labor . . .«

Das Wachs in dem großen Bottich war kochendheiß. Die Oberfläche glänzte ölig. Winzige Bläschen stiegen vom Grund des Gefäßes auf und zerplatzten.

Dr. Tod hatte seine Hände auf den Rand des Bottichs gelegt. Der weiße Totenkopf in seinem Ring sandte ein ungewöhnliches Licht aus.

Dr. Tod spürte die fieberhafte Spannung, die ihn ergriffen hatte. Jetzt, in wenigen Minuten würde es sich entscheiden, wer stärker war.

John Sinclair oder Asmodis.

Aber eigentlich hatte der Inspektor keine Chance mehr. Gefesselt lag er in der Ecke. Dr. Tod hatte darauf verzichtet, ihm auch noch die Beine zu binden. Er würde sich sowieso nicht mehr wehren können.

Dr. Tod wandte den Kopf. Neben dem bewußtlosen John Sinclair standen seine beiden Diener. Carlo, der Gesichtslose, und die einzige noch existierende Wachsfigur.

Unter der glänzenden Schicht verbarg sich ein Mann, der einmal zu Dr. Tods Helfern gehört hatte.

Jeff Turpin!

Vier Messerstiche hatten ihn getötet und ihn so zu einem Dämonenopfer gemacht.

John Sinclair war anscheinend noch immer bewußtlos. Der Schlag mußte verflixt hart gewesen sein.

Dr. Tod sah ungeduldig auf seine Uhr. Ihm dauerte das alles zu lange.

»Bring ihn wieder zu sich!« herrschte er Carlo an.

Carlo verschwand. Als er wieder zurückkehrte, hatte er einen Eimer mit Wasser in der Hand.

Mit einer schnellen Bewegung kippte er die Flüssigkeit über Johns Kopf.

Der Inspektor, der schon seit einigen Minuten wieder klar war und sich nur verstellt hatte, prustete. Die Schmerzen in seinem

Schädel wurden durch den Wasserguß wenigstens ein wenig gelindert. Verbissen hatte John in der ihm zur Verfügung gebliebenen Zeit an seinen Handfesseln gearbeitet. Er hatte versucht, sie ein wenig zu lockern.

Eine Hand tauchte in Johns Gesichtsfeld auf.

Der Inspektor sah die weiße Wachsschicht und schauderte unwillkürlich zusammen.

Die Finger packten zu. Fast spielerisch leicht wurde John Sinclair angehoben.

Die Wachsfigur stieß ihn vor sich her. Johns Knie waren noch weich. Er konnte sich kaum selbst auf den Beinen halten.

Dicht vor Dr. Tod blieben sie stehen. Zum erstenmal sah John das Gesicht des Verbrechers genauer. Er sah den kahlen Schädel, die eng zusammenstehenden Augen und die glatte, fast weiße Haut. Auch der Ring fiel John ins Auge. Der Totenkopf in dem Rubin leuchtete.

Dr. Tod öffnete die strichdünnen Lippen. Seine tiefliegenden Augen funkelten.

Die Wachsfigur ließ John Sinclair los. John schwankte, hielt sich aber auf den Beinen.

Dr. Tod bemerkte wohl seinen Schwächeanfall, sagte jedoch nichts. Statt dessen zeigte er auf die Wachsfigur. »Es ist meine neueste Schöpfung, Inspektor. Und wissen Sie, wer sich dahinter verbirgt? Niemand anderes als Ihr Freund Jeff Turpin. Er war für mich zu einer Gefahr geworden, und da ich momentan knapp an Leichen bin, mußte er eben daran glauben.«

Dr. Tod lachte häßlich. Dann wandte er sich wieder an John Sinclair.

»Und jetzt will ich Ihnen das große Geheimnis Ihres Todes verraten, Inspektor. Sie werden ebenfalls zu einer Wachsfigur werden.« Dr. Tod deutete über seine rechte Schulter. »Sehen Sie den großen Bottich dort? Ihn habe ich extra für Sie reserviert. Er ist bis zum Rand mit flüssigem Wachs gefüllt. Aber jetzt kommt der Clou, Inspektor. Bis heute waren die Wachsfiguren vor der Behandlung Leichen. Bei Ihnen mache ich jedoch eine Ausnahme. Sie werden bei lebendigem Leib in das flüssige Wachs gestoßen!«

Die letzten Worte spie Dr. Tod dem Inspektor haßerfüllt ins Gesicht.

John konnte nicht verhindern, daß seine Knie anfingen zu

zittern. Diese Mordmethode war so grausam, wie sie sich nur ein krankes Hirn ausdenken konnte – oder ein Mann, der mit dem Satan im Bunde stand.

Und das letzte traf auf Dr. Tod zu.

»Sie sagen ja nichts, Inspektor«, höhnte Dr. Tod. »Hat es Ihnen die Sprache verschlagen?«

John biß die Zähne zusammen, daß sie knirschten. »Noch haben Sie nicht gewonnen!« zischte er.

Über Dr. Tods Gesicht flog ein Schatten. Er stieß den rechten Arm vor. »Packt ihn!« schrie er seinen Helfern zu. »Und dann werft ihn in den Bottich!«

Einen Herzschlag später fühlte John die Hände des Monsters wie Schraubstöcke an seinen Oberarmen . . .

Die Wachsfigur hatte die richtige Stelle erwischt. Hilflos hing John in dieser gnadenlosen Klammer.

Dr. Tod lachte. »So habe ich mir Sie immer vorgestellt, Sinclair. Gefesselt und mir ausgeliefert. Sie glauben gar nicht, was dies für ein Triumph ist. Asmodis hat den Kampf doch noch gewonnen.«

John verzog das Gesicht. »Noch lebe ich!« keuchte er.

Der Inspektor wußte selbst nicht, woher er den Mut nahm, dies zu sagen. Man hatte ihm die Hände vor seinen Körper gefesselt. Die Stricke waren fachgerecht geknotet worden. Bisher hatte John die Fesseln kaum lockern können. Doch unentwegt drehte er die Handgelenke hin und her. Ein Knoten war schon geplatzt . . .

Dr. Tod und sein Diener waren zurückgetreten. Sie beobachteten genußvoll, wie die lebende Wachspuppe John Sinclair immer mehr dem mit heißem Wachs gefüllten Bottich entgegenschob.

John stemmte sich mit beiden Füßen fest gegen den Boden. Vor Anstrengung traten seine Adern aus der Stirn dick hervor.

Es half nichts. Das Monster besaß unheimliche Kräfte. Nahezu spielerisch leicht schob es John vorwärts.

Die Pistole hatte man dem Inspektor abgenommen. Carlo, der Gesichtslose, hatte sie eingesteckt.

John versuchte, seinen Oberkörper zur Seite zu drehen. Es gelang ihm nicht. Zu fest war der Griff des Monsters.

John hatte kaum noch Gefühl in den Oberarmen. Der Schweiß lief ihm wie Wasser vom Gesicht. In seinen Ohren dröhnte das hämische Lachen der beiden Männer.

John Sinclair riß an den Stricken. Wenn er sie losbekommen konnte, hatte er noch eine Chance.

Vielleicht noch zwei Meter bis zu dem verdammten Bottich. John sah schon den leichten Rauchfilm, der über dem heißen Wachs lag.

Noch einen Meter.

Da versuchte es John mit einem Trick. Er stieß sich plötzlich mit beiden Füßen gegen den Rand des Bottichs.

Waagrecht hing der Inspektor in dem Griff des Monsters, das von dieser Gegenwehr überrascht wurde. John benutzte die Beine als Hebel und drückte sein Körpergewicht nach hinten.

Gleichzeitig riß er mit aller Macht an den Fesseln.

Die Knoten platzten!

Es war eine Energieleistung ohnegleichen.

John spürte auf einmal, wie er die Arme wieder frei bewegen konnte, zog seine Beine an, kam mit den Füßen auf den Boden und warf die Arme nach hinten.

Alles hatte sich innerhalb von wenigen Sekunden abgespielt.

Johns Hände packten den Nacken der Wachsfigur. Er klammerte seine Finger ineinander, bückte sich und schleuderte mit einem Ruck das Monster über seinen Kopf hinweg.

Die Bestie wirbelte durch die Luft, knallte auf den Rand des Bottichs, bekam das Übergewicht und versank in dem kochendheißen Wachs.

Sofort kreiselte John Sinclair herum.

Dr. Tod und Carlo standen wie festgenagelt auf der Stelle. Sie konnten nicht glauben, was sich eben vor ihren Augen abgespielt hatte.

Doch dann reagierte der Gesichtslose.

Er riß Johns Pistole aus seinem Gürtel hervor und legte auf den Inspektor an.

John hechtete halbhoch über den Boden, knallte in dem Moment mit dem Kopf in Carlos Magengrube, als dieser abdrückte.

Die Silberkugeln fauchten über John hinweg und klatschten in irgendwelche Apparaturen an der Wand.

Etwas zersplitterte. Blitze zuckten auf. Draht begann zu schmoren.

John war mit Carlo zu Boden gekracht. Ineinander verkrallt rollten sie ein paarmal um die eigene Achse.

Dem Inspektor gelang es, Carlos Pistolenhand zu fassen. Er bog den Arm zurück, soweit er konnte.

Schreiend öffnete Carlo die Finger. Plötzlich riß er sein Knie hoch und rammte es John in den Unterleib.

Schmerzverkrümmt rollte sich der Inspektor auf die Seite.

Carlo sprang sofort auf, hechtete auf die Pistole zu.

John spannte seine Beine an und kickte die Waffe weg.

Carlo griff ins Leere. Er brüllte wütend auf.

Aber auch John stand schon wieder.

Als Carlo angriff, schmetterte er ihm seine Rechte mitten in die gräßliche Fratze.

Dr. Tods Diener taumelte zurück, flog auf den Bottich zu, aus dem gerade die Wachsfigur stieg.

Aber was war mit ihm geschehen?

Die roten Augen waren zugeklebt. Eine dicke Wachsschicht hatte sich darübergelegt.

Das Monster konnte nichts mehr sehen!

Rasend vor Wut stand es vor dem Bottich – und bekam Carlo zu fassen.

Dann ging alles so schnell, daß John nicht mehr eingreifen konnte.

Das Monster packte den völlig entsetzten Carlo, hob ihn hoch und warf ihn in das kochendheiße Wachs.

Carlos gellender Angstschrei endete in einem Gurgeln.

John Sinclair hatte mit einem langen Satz die Pistole erreicht. Nur damit konnte er den Amoklauf des Monsters stoppen.

John feuerte.

Er hatte versucht, die mit Wachs überzogenen Augen zu treffen, doch die Kugel prallte ab und sirrte als gefährlicher Querschläger durch den Raum.

Die Wachsfigur wurde dadurch nur noch wütender. Sie war so gut wie unverwundbar. Es gab keine Stelle mehr, an der John sie hätte treffen können.

Plötzlich gab es einen lauten Krach. Danach zuckte ein Blitz auf.

Die Apparatur, die von den Kugeln durchschlagen worden war, fing Feuer. Bläuliche Flammen leckten aus dem Drahtgewirr hervor.

Wieder blitzte es.

Ein armlanger Feuerstrahl drang aus dem zerstörten Kasten, berührte den Rücken der Wachsfigur.

Das Wachs schmolz.

Rauch und Qualm zogen durch den Raum. Johns Augen tränten. Für einen Augenblick sah er unter der Wachsschicht den nackten Rücken einer Leiche.

Und das Feuer griff um sich, fand reichlich Nahrung. Ein Tisch stand auf einmal in Flammen.

Der Rauch wurde immer dichter. Es stank erbärmlich.

John hatte vorhin an der einen Seite eine Tür entdeckt. Darauf taumelte er zu. Er hielt die Hand schützend vor die Augen. Halb blind erreichte er die Tür.

Und da tauchte das Monster vor ihm auf!

Es war ein Torso. John sah die Arme wie Windmühlenflügel durch die Luft wischen und hatte Glück, daß er nicht getroffen wurde.

Die Flammen hatten in der Wachsfigur ihr Opfer gefunden. Das Wachs war zum Teil geschmolzen, es lief in dicken Schlieren an dem Körper hinab.

Die Leiche darunter wurde wieder sichtbar. John sah für einen kurzen Moment ein gräßliches Gesicht.

Immer mehr schmolz das Wachsgesicht des Monsters.

Plötzlich brach es zusammen. Dicht vor Johns Füßen knallte es auf den Boden. Arme und Beine zuckten konvulsivisch. Noch einmal bäumte sich das Monster auf. Es kroch weg.

Genau auf die Flammenwand zu!

John riß die Tür auf.

Weg hier! Nur weg!

Der Inspektor tauchte in einen Gang, knallte die Tür wieder hinter sich zu.

Hier war die Luft besser. Endlich konnte John wieder frei atmen.

Aber wo war Dr. Tod?

John sah von dem Gang mehrere Räume abzweigen. Er riß die Türen auf, sah in jedes dahinterliegende Zimmer.

Von Dr. Tod keine Spur.

John Sinclair hetzte weiter. Fand eine Treppe, die nach oben führte.

Plötzlich hörte er hinter sich ein höllisches Gelächter!

Eine Gänsehaut lief über Johns Rücken.

Er kannte dieses Lachen, würde es bis an sein Lebensende nicht vergessen.

Es war im wahrsten Sinne des Wortes ein Höllengelächter. Asmodis, der Höllenfürst, hatte es ausgestoßen!

Für ihn war es ein Triumph. Denn sein Diener, Dr. Tod, war entwischt!

Irgendwie schaffte es John, aus dem Horror-Kabinett zu kommen. Draußen hatte sich eine große Menschenmenge versammelt. John erkannte die Gesichter der Schausteller.

»Alarmiert die Feuerwehr!« schrie John den ängstlichen Leuten zu. »Das Horror-Kabinett brennt!«

Zwei Männer liefen weg.

»Da ist vorhin einer rausgerannt!« rief jemand dem Inspektor zu.

Das konnte nur Dr. Tod gewesen sein.

John sah eine Chance, diesen Verbrecher doch noch zu bekommen.

»Wo ist er hingelaufen?«

»Auf den Rummelplatz zu!«

John Sinclair spurtete los.

Er erreichte eine Art Kreuzung. In der Mitte stand der Komplex eines Auto-Scooters. John sah die Umrisse der buntlackierten Wagen auf der Bahn stehen.

Im selben Augenblick hörte er das Brummen eines Automotors.

Johns Kopf zuckte herum.

Zwei grelle Lichtfinger zerschnitten die Dunkelheit, erfaßten den Inspektor.

John warf sich zur Seite und rollte sich sofort ab.

Der Wagen raste auf ihn zu.

John kam auf die Knie, feuerte.

Blitzschnell hintereinander jagte er die Kugeln aus dem Lauf. Hielt halbhoch, zwischen die Scheinwerfer.

Dann hechtete er mit einem Panthersatz aus dem Gefahrenbereich.

Gerade noch rechtzeitig. Nur einen halben Meter entfernt radierten die Reifen an seinem Kopf vorbei.

Dreck und kleinere Steine spritzten in Johns Gesicht.

Noch einmal hörte John das teuflische Gelächter. Dann war es still.

Der Fahrer des Wagens – es konnte nur Dr. Tod sein – hatte die Gewalt über das Fahrzeug verloren.

John hörte noch das Kreischen der Bremsen, und dann gab es einen mörderischen Knall.

Der Wagen war in eine Schaubude gerast.

Holz knirschte, Glas splitterte, eine Flammenwand loderte in den Nachthimmel . . .

John rannte auf den Wagen zu. Er wollte Dr. Tod aus dieser Flammenhölle retten.

Doch plötzlich blieb der Inspektor wie angewurzelt stehen.

Es gab weder eine Leiche noch einen Verletzten!

Der Wagen war leer. Niemand hatte hinter dem Steuer gesessen.

Oder . . .?

John wischte sich über die Augen.

Da vernahm er hinter seinem Rücken wieder das teuflische Gelächter.

John wirbelte herum.

Für eine Sekunde sah er Dr. Tods Gestalt vor sich. Klar und deutlich zeichneten sich die Konturen ab.

John riß die Pistole hoch.

Doch ehe er schießen konnte, war Dr. Tod verschwunden. Und von irgendwoher aus der Unendlichkeit der Dimensionen dröhnte eine Stimme, die John erschaudern ließ.

»Ich komme zurück, Inspektor Sinclair. Das war erst der Beginn einer großen Auseinandersetzung. Irgendwann werden wir uns wieder begegnen. Und dann werde ich der Sieger sein.«

Und John wußte, daß der Kampf erst am Anfang stand.

John Sinclairs Laune hatte sich auch nicht gebessert, als er seinem Chef gegenübersaß.

John fand bei seinem Vorgesetzten – den er fast immer nur als brummig kennengelernt hatte – vollstes Verständnis.

»Wir müssen also mit weiteren Aktionen dieses Mannes rechnen«, sagte Powell.

John nickte düster.

»Diese Sache, Inspektor, bleibt unter uns. Es war sowieso schon fast unbegreiflich, daß Sie jeden Fall gelöst haben. Und eines Tages werden Sie Dr. Tod auch noch schaffen. Davon bin ich fest überzeugt.«

In diesem Augenblick schwor sich John Sinclair, daß er Dr. Tod, wenn es sein mußte, bis in die Hölle verfolgen würde. Dieser Verbrecher hatte ihm den Kampf angesagt.

Er sollte ihn haben!

Noch ahnte John nicht, daß noch ein grauenhaftes Abenteuer auf ihn wartete, bevor Dr. Tod wieder seinen Weg kreuzte.

ENDE

Bruderschaft
des
Satans
93

Urplötzlich war das Gewitter vorbei. Die Luft – vorher feucht und drückend – wurde wieder rein und klar. Millionen von Sternen funkelten am samtenen Nachthimmel. Ein frischer Wind wehte über das Land.

Roger Moulin trat vor die Tür seines Hauses. Er reckte beide Arme, atmete die herrlich frische Nachtluft ein.

Seine Augen blickten über das mit silbrigem Mondschein übergossene Land. Das Laub der Bäume glänzte naß. Wassertropfen fielen in unregelmäßigen Abständen zu Boden.

Plötzlich hielt Moulin mitten in der Bewegung inne. Ein krächzender Laut drang aus seinem halbgeöffneten Mund. Magisch wurde sein Blick von dem alten Kloster oben auf den Felsen angezogen. Ein unwirkliches, rötlich schimmerndes Licht schwebte über den dicken Mauern.

Und dann hörte Roger Moulin den Gesang.

Den Gesang der Teufelsmönche . . .

Zuerst war es nur ein Raunen, leise – wie das Säuseln des Windes. Doch das Raunen verdichtete sich, wurde lauter, intensiver und schwebte, wie von unsichtbaren Flügeln getragen, durch das weite Tal.

Roger Moulin zitterte. Er ballte die Hände zu Fäusten und preßte sie gegen seine Ohren.

Nein, er durfte nicht auf das ferne Singen hören. Er mußte weg. Weg von hier.

Roger Moulin machte auf dem Absatz kehrt und rannte ins Haus. Er knallte die Tür zu und verriegelte sie.

Mit dem Rücken lehnte er sich gegen das Holz. Sein Körper war mit Schweiß bedeckt. Seine Zähne klapperten vor Angst.

Die Teufelsmönche! Jahrelang war es still um sie gewesen, waren sie eingeschlossen in dem Kloster der Finsternis.

Alte Legenden kamen Moulin in den Sinn. Legenden, die ihm sein Vater erzählt hatte.

Die Teufelsmönche! Wer sie sah, war verloren. Endgültig.

Moulin stöhnte auf. Er wußte, was dieses Singen zu bedeuten hatte. Sie kamen, um jemanden zu holen.

Vielleicht ihn? Es hieß, wer den Gesang zuerst vernahm, war dem Tod geweiht. Und er hatte ihn vernommen.

Roger Moulin löste sich von der Tür, taumelte in die Wohnstube.

Die Karaffe mit dem dunkelroten Wein stand auf dem Tisch. Daneben ein mundgeblasenes Kristallglas.

Moulins Finger umschlossen den Griff der Karaffe. In einem breiten Strom ergoß sich der Wein in das Glas. Ein Teil der Flüssigkeit benetzte die weiße Tischdecke.

Moulin stützte sich mit der linken Hand auf den Tisch. Plötzlich verschwamm alles vor seinen Augen. Er hatte Mühe, das Glas zu fassen.

Sollte das schon der Anfang vom Ende sein? Das Schwindelgefühl, das . . .

Moulin dachte nicht weiter. Er setzte das Glas an die Lippen und kippte den Wein mit einem Zug hinunter.

Im gleichen Moment brüllte er auf. Er öffnete den Mund und spie den Rest des Weines wieder aus.

Jetzt erst wurde ihm bewußt, daß sich die Flüssigkeit verändert hatte, daß sie dicker geworden war und süßlich schmeckte.

Süß wie . . .

Moulin wagte nicht einmal an das Wort zu denken.

Und doch war es eine Tatsache.

Roger Moulin hatte Blut getrunken!

In diesen schrecklichen Augenblicken wurde dem Mann klar, daß die Teufelsmönche ihn als Opfer ausgesucht hatten. Diese Verwandlung, Wein in Blut, das konnten nur die getan haben, die mit dem Satan im Bunde standen.

Angeekelt wandte sich Moulin ab. Er konnte das Blut nicht mehr sehen. Alles war zu grauenhaft, zu unwahrscheinlich.

Roger Moulin hustete erstickt. Die Lunge, sie spielte auch nicht mehr so richtig mit. Seit seine Frau gestorben war, lebte er allein in diesem Haus. Allein mit seinen Erinnerungen.

Und trotzdem hing Roger Moulin an seinem Leben. Wie jeder andere Mensch auch. Er wollte noch nicht sterben, versuchte mit aller Macht, gegen das Schicksal und die Teufelsmönche anzugehen.

Flucht! Das war sein einziger Gedanke. Wenn es ihm gelang, von hier wegzukommen, dann war alles in Ordnung. Aber er mußte es schaffen, noch bevor die Mönche an seinem Haus waren.

Moulin rannte in die Küche, riß die oberste Schranktür auf. In seinem Holzkasten befand sich etwas Geld. Tausend Franc. Die mußten reichen. Moulin warf sich noch seine alte Jacke über und steckte das Sparbuch ein. Dann löschte er das Licht.

Im Dunkeln ging er auf die Haustür zu. Sein eigener Atem klang überlaut durch die Stille.

Moulin packte den Riegel, wollte ihn zurückziehen.

Der Riegel bewegte sich nicht von der Stelle!

Roger Moulin erstarrte.

Noch einmal versuchte er es.

Wieder ohne Erfolg.

»Nein«, ächzte er, »das ist unmöglich, das ist . . .«

In wilder Panik trommelte er gegen die Tür. Dumpf hallten die Schläge hinaus in die Nacht.

Doch niemand hörte den verzweifelten Mann.

Das Haus, einsam am Ortsende gelegen, war von den Teufelsmönchen mit einem Bann belegt worden, den nur sie lösen konnten.

Doch noch gab Moulin nicht auf. Noch war sein Widerstandswille vorhanden.

Die Fenster! Sie waren seine letzte Rettung.

Der Mann taumelte zurück in die Wohnstube, stieß sich an der Kante eines Schrankes, achtete jedoch nicht weiter darauf.

Dann stand er vor dem Fenster.

In der Scheibe spiegelte sich das Mondlicht.

Aus brennenden Augen starrte Moulin nach draußen. Er sah die Büsche, die Bäume mit den Zweigen, die sich im Nachtwind wiegten.

Moulin hob den Arm. Um die Hand hatte er sich ein Taschentuch gewickelt.

Er würde die Scheibe einschlagen, denn das Fenster war wie die Tür ebenfalls verriegelt.

Der magische Zauber der Teufelsmönche hatte auch hier seine Früchte getragen.

Plötzlich stockte Moulin mitten in der Bewegung.

Hinter dem Kirschbaum hatte sich etwas bewegt. Sollten sie schon da sein?

»Nein!!!«

Gleichzeitig mit dem Schrei stieß Roger Moulin den Arm vor.

Splitternd zerbrach die Scheibe. Scherben regneten nach draußen. Kalte Nachtluft wehte in das Zimmer.

Moulin sprang auf die Fensterbank.

Schnell warf er einen Blick nach rechts und links. Dann ließ er sich fallen, landete weich auf dem Rasen.

Sofort kam er wieder hoch – und prallte entsetzt zurück.

Sie standen vor ihm. Wie aus dem Nichts waren sie aufgetaucht, hatten ihn eingekreist.

Sieben Teufelsmönche!

Sie trugen dunkle Kutten. Die Kapuzen hatten sie über die Schädel gezogen. Formlose, grün schimmernde Gesichter starrten den Unglücklichen an.

Roger Moulin sah die lange Zangen, die die Mönche in den Händen hielten. Die Eisenbacken der Mordinstrumente klafften gefährlich weit auseinander.

Roger Moulin wußte nicht, wie ihm geschah. Sein Blick irrlichterte von einem zum anderen. Abgehacktes, seltsames Gelächter drang aus seinem Mund.

Roger Moulin war dem Wahnsinn nahe.

Jetzt setzten sich die Mönche in Bewegung, kamen auf ihn zu, zogen den Kreis enger.

Moulin hatte keine Chance. In seinem Rücken befand sich die Hausmauer, vor ihm die gräßlichen Gestalten.

Er versuchte auch keine Gegenwehr. Wie ein Delinquent, der noch einmal um Gnade bittet, sank er in die Knie.

Wispernde, raunende Laute drangen an seine Ohren. Die Teufelsmönche sprachen miteinander. Vielleicht wollten sie ihn quälen, seinen Tod hinauszögern.

Roger Moulin hob den Kopf.

Da streckten die Mönche ihre Arme aus. Dicht vor Moulins Augen befanden sich die gnadenlosen Backen der Folterzangen.

Moulin spürte, wie das Entsetzen in seinem Körper jeden anderen Gedanken auslöschte.

Er brach zusammen, fiel mit dem Gesicht auf den regennassen Boden.

Dreck und Grashalme drangen in seinen Mund. Er merkte es nicht einmal.

Roger Moulin hatte mit seinem Leben abgeschlossen.

Der Saum einer Kutte streifte seinen Kopf. Und dann hörte er die Stimme.

»Wir brauchen dich, Roger Moulin. Wir brauchen deine Seele, um weiterleben zu können. Du bist der erste von sieben Menschen, die uns dieses Weiterleben garantieren!«

Roger Moulin hörte die Worte zwar, verstand sie jedoch nicht. Jegliches Gefühl hatte seinen Körper verlassen. Seine Hände hatten sich in das Erdreich verkrallt.

Nur einmal zuckte er noch zusammen. Als sich das kalte Eisen der Würgerzange um seinen Hals legte.

Dann wurde Roger Moulin ohnmächtig. Er spürte die Schmerzen nicht, die seinen Tod ankündigten.

»Bis Mittwoch dann, Germaine«, sagte Pierre Saval und öffnete der jungen Frau die Beifahrertür.

Germaines Gesicht verzog sich zu einem schmerzlichen Lächeln. Sie bückte sich noch einmal und sah in den Wagen. »Gib auf dich acht, Chéri«, flüsterte sie und verschwand dann mit schnellen Schritten in einen kleinen Waldweg.

Pierre Saval zog die Tür zu und seufzte tief auf. Dann kurbelte er das Fenster hinunter. Kühle Morgenluft umfächerte sein Gesicht. Die Sonne war schon aufgegangen und schickte ihre ersten wärmenden Strahlen über das Land. Unzählige Vögel zwitscherten an diesem schönen Vorsommertag.

Pierre lehnte sich in seinem Sitz zurück. Er dachte an Germaine, seine Freundin und Geliebte.

Hölle, war das eine rassige Frau! Sie hatte nur einen Fehler. Sie war verheiratet. Verheiratet mit einem Bankier, der zwar vor Geld stank, sich jedoch nicht um seine Frau kümmerte. Und so kam es, wie es kommen mußte. Auf einer Party hatten sich Germaine und Pierre kennen- und liebengelernt. Allerdings durfte ihr Verhältnis unter keinen Umständen bekannt werden. Pierre Saval war Bürgermeister von Billon, einem kleinen Ort in den Vogesen. Und da er Ambitionen nach oben hatte und in die Politik einsteigen wollte, mußte seine Weste untadelig bleiben. Die Folge davon war: Er und Germaine konnten sich nur heimlich treffen wie zwei Internatsschüler.

Germaine wohnte im Nachbarort. Meistens allein, da ihr Mann

oft in Colmar war. Die vergangene Nacht hatten Pierre und Germaine ebenfalls in Colmar verbracht. Es gab dort ein kleines Hotel, dessen Portier sehr verschwiegen war.

Pierre Saval war ein Typ, in den sich jede Frau verlieben konnte. Er hatte rabenschwarze Haare, leicht gewellt und modisch geschnitten. Über der Oberlippe wuchs ein schmales Bärtchen, das an Errol Flynn erinnerte. Pierres Nase war schmal und gerade. Die dunklen Augenbrauen stießen fast mit dem Nasenbeinknochen zusammen.

Pierre Saval trug eine leichte Windjacke und darunter ein kariertes Hemd. Seine langen Beine steckten in Jeans. Wer den 33jährigen so sah, hätte in ihm nie den Bürgermeister von Billon vermutet.

Pierre Saval drückte die Zigarette aus und verzog das Gesicht. Er hatte einen schlechten Geschmack im Mund und hätte lieber nicht rauchen sollen.

Langsam fuhr Pierre seinen R 16 an. Der Wagen war erst ein Jahr alt und wirklich Klasse. Die Sonnenstrahlen spiegelten sich auf dem dunkelgrünen Lack.

Die schmale, neu asphaltierte Straße war leer. In diesen frühen Morgenstunden fuhr kaum jemand hinaus. Außerdem war es Samstag. Der Touristenstrom würde erst in einigen Stunden einsetzen.

Die Gegend war herrlich. Hohe, bewaldete Berge wechselten ab mit verträumten Tälern und malerischen Orten. Pierre genoß die Fahrt durch seine engere Heimat. Wenn er einmal Karriere gemacht hatte, war das nicht mehr so ohne weiteres möglich.

Drei Kilometer waren es noch bis Billon.

Pierre warf einen Blick aus dem Fenster. Für einen Augenblick konnte er das verlassene Kloster dort oben auf den Felsen sehen. Selbst im Sonnenschein sah es noch düster und drohend aus.

Pierre schauderte unwillkürlich zusammen. Er kannte die Sagen und Legenden, die sich um dieses Kloster rankten, und im Gegensatz zu vielen anderen jüngeren Leuten glaubte er daran.

Noch eine große Kurve, und Pierre sah das kleine Städtchen Billon auftauchen. Malerisch lagen die schmucken Häuser im Schein der Morgensonne.

Pierre schaltete zurück, ließ den Wagen langsam rollen. Die Straße wurde breiter, der Wald trat zurück. Ein paar Scheunen tauchten auf, dann das kleine Sägewerk, und schon fuhr Pierre nach Billon hinein.

Das erste Haus in diesem Ort gehörte einem Mann namens Roger Moulin.

Pierre hatte mit ihm schon manches Gläschen getrunken, und deshalb fuhr er auch langsamer und warf einen Blick nach draußen.

Die zerstörte Fensterscheibe sprang ihm förmlich ins Auge.

Pierre bremste. Er stieg aus dem Wagen.

»Roger«, rief er, »Roger Moulin!«

Keine Antwort.

Seltsam, dachte Pierre, sonst ist er doch immer zu Hause. Er öffnete das kleine dunkelbraun gestrichene Gartentor. Ein mit Steinplatten belegter Weg führte direkt zu dem kleinen Fachwerkhaus.

Ein unbehagliches Gefühl beschlich den jungen Bürgermeister. Auf einmal kam ihm die Gegend gar nicht mehr so nett und freundlich vor, im Gegenteil, irgend etwas war geschehen. Pierre spürte es mit jeder Faser seines Körpers.

Die Blätter der Bäume waren noch naß von dem nächtlichen Regen, während die Sonnenstrahlen die Steine schon getrocknet hatten.

Pierre verließ den Weg, schob sich an einem Gebüsch vorbei. Er wollte geradewegs zu dem zerbrochenen Fenster gehen.

Plötzlich blieb der Bürgermeister, wie vom Donner gerührt, stehen. Seine Nackenhaare sträubten sich. Die Augen weiteten sich in ungläubigem Staunen.

Vor ihm auf dem Boden lag Roger Moulin. Er lag auf dem Bauch, mit ausgestreckten Armen. Die Finger waren in das Erdreich verkrallt.

Saval ging neben Moulin in die Knie. Er streckte seine Hand aus, wollte den Mann auf den Rücken drehen.

Pierre stockte mitten in der Bewegung. Seine Augen saugten sich an dem Hals des Mannes fest.

Er sah den dunkelroten Streifen, der schon mehr einem tiefen Abdruck glich, und wußte mit einemmal, daß Roger Moulin nicht mehr zu helfen war.

Der Mann war umgebracht worden.

Pierre Saval richtete sich auf. Tausend Gedanken stürzten auf ihn ein, und in den folgenden Minuten wurde ihm einiges klar. Erschreckend klar.

Roger Moulin war nicht von einem Menschen ermordet worden. Nein, für seinen Tod waren die anderen Wesen verantwortlich. Wesen, die es eigentlich nicht geben durfte und die trotzdem existent waren.

Die Teufelsmönche!

Wie kein zweiter hatte sich Pierre für die Geschichte des Klosters interessiert, kannte die schrecklichen Geschichten, die sich um dieses Gemäuer rankten. Er wußte, daß längst nicht alles erfunden war, und er hatte den Beweis.

Die Würgemale!

In den alten Chroniken hatte er darüber gelesen. Die Mönche, die damals mit dem Satan einen Bund geschlossen hatten, brachten ihre Opfer auf diese Weise um.

Das war allerdings schon Hunderte von Jahren her, doch ein alter Fluch besagte, daß die Mönche niemals wieder Ruhe finden würden. Sie waren verdammt bis in alle Ewigkeiten.

Pierre wandte sich ab. Sein Atem ging gepreßt, als er sich seinem Wagen näherte.

Es war also doch wahr geworden. Die Mönche hatten wieder zugeschlagen.

Pierre Saval fuhr an. Er mußte die Polizei benachrichtigen. Wahrscheinlich auch die Mordkommission. Aber von den Beamten würde ihm niemand glauben.

Pierre spürte, daß er in Schweiß gebadet war. Es half alles nichts. Er mußte zur Gendarmerie.

Es gab zwei Polizisten in Billon. Der eine stand kurz vor der Pensionierung, und der zweite, der ihn ablösen sollte, war erst vor einigen Wochen in den Ort versetzt worden.

Pascal wohnte neben der kleinen Polizeistation. Pierre wußte, daß er allein im Haus war. Seine Frau befand sich schon seit zwei Wochen in der Stadt bei ihrer Tochter, die ein Kind erwartete.

Pierre blickte auf die Uhr. Der kleine Zeiger deutete auf die Sieben.

Pascal war bestimmt schon aufgestanden.

Pierre schellte.

Der Klang der Glocke war melodisch und schwingend.

Wenig später hörte Pierre schon die Stimme des Polizisten. »Ja, ja, ich komme schon. Verdammt, ausgerechnet zu dieser frühen Stunde. Wenn es wirklich nicht dringend ist, dann . . .«

Pascal schloß auf.

»Du, Pierre?«

»Ja, ich«, sagte der Bürgermeister leise. »Darf ich reinkommen?«

»Selbstverständlich.« Pascal gab den Weg frei. »Aber ich verstehe nicht, was das bedeuten soll. Zu dieser frühen Stunde.«

»Das werde ich dir gleich erklären. Laß uns ins Zimmer gehen.«

Pascal und Pierre gingen in den Wohnraum. Er war mit Möbeln vollgestopft, und ein Antiquitätenhändler hätte bestimmt tief in die Tasche gegriffen, um diesen ganzen Kram zu kaufen.

Pascal war ein rundlicher Typ, mit einem ewig roten Gesicht und grauem Haarkranz. Auf seinen Bauch war er stolz.

»Setz dich doch, Pierre. Ich sehe dir förmlich an, daß etwas passiert ist.«

Pierre Saval nahm Platz. Nervös fingerte er nach seinen Zigaretten.

Als er sich ein Stäbchen anzündete, sah er, daß seine Finger zitterten. Tief zog er den Rauch der Schwarzen in seine Lungen.

Pascal war an einen Schrank getreten. »Wein oder Schnaps?«

»Beides.«

»Oh, so kenne ich dich gar nicht.«

Wenige Minuten später hatten die beiden Männer getrunken, und Pierre Saval begann zu erzählen.

Je länger der Bürgermeister berichtete, um so verständnisloser wurde Pascals Gesicht. Schließlich schlug der Polizist mit der Faust auf den Tisch.

»Das ist doch unmöglich, was du da sagst, Pierre. Das gibt es doch nicht. Da wird sich irgendeiner einen Scherz erlaubt haben. Der alte Moulin hat dir ewas vorgespielt. Moulin ermordet, hier in Billon? Das ist nicht drin. Ich will dir mal was sagen, Pierre.« Der Polizist stand auf. »Wir beide fahren jetzt zu Moulins Haus, und dann sehe ich mir die Sache einmal an.«

»Das hatte ich sowieso vor.«

»Ich ziehe mir nur noch was über.«

Pascal ging in ein anderes Zimmer.

Pierre Saval nahm noch einen Schluck Rotwein. Er fühlte bereits, wie ihm der Wein in den Kopf stieg, deshalb aß er schnell ein Hörnchen, das einsam und verlassen in einer Schale auf dem Tisch stand.

Er hatte den letzten Bissen gerade hinuntergeschluckt, als Pascal wieder erschien.

Er hatte sich seine Uniform übergestreift.

»Wir können«, sagte er.

Die Männer verließen das Haus. Sie nahmen Pierres Wagen.

Einige Minuten später hatten sie Roger Moulins Haus erreicht. Der Tote lag immer noch im Vorgarten. Deutlich war das Würgemal an seinem Hals zu erkennen.

Schweigend betrachteten die beiden Männer die Leiche.

Schließlich sagte Pascal: »Da kann man wohl nichts mehr machen. Und uns bleibt nichts anderes übrig, als die Mordkommission zu benachrichtigen.«

Pierre lachte auf. »Glaubst du denn im Ernst, daß die etwas erreichen? Nein, die können nur einen normalen Mord aufklären. Aber hier haben andere Mächte ihre Hände im Spiel. Versteh mich doch, Pascal.« Pierres Stimme war drängend geworden. »Ich habe mich lange genug mit der Geschichte des Klosters beschäftigt. Dieser Mord geht auf das Konto der Mönche.«

»Jetzt bleib aber mal auf dem Teppich, Pierre.« Der Polizist wurde wütend. »Deine Mönche sind tot oder bestehen nur in deiner Phantasie.«

»Du mußt es ja wissen. Nein, ich laß mich nicht davon abbringen.«

»Gut, Pierre, gut. Wenn du so sicher bist, daß sie es getan haben, dann laß uns doch zu dem Kloster hochgehen und den Mörder verhaften.«

»Bist du verrückt, Pascal?« Pierre trat einen Schritt zurück. »Ohne Waffen?«

»Ich habe eine Dienstwaffe. Ich kann sie dir gerne überlassen.«

»Aber das ist doch Unsinn, Pascal. Du kannst den Mächten aus dem Jenseits nicht mit einer Pistole trotzen. Dazu brauchst du andere Waffen. Pistolen mit geweihten Kugeln, silberne Dolche, Drudenfüße und was weiß ich nicht alles.«

»Ich glaube, du liest gerne Gruselgeschichten«, gab der Polizist zur Antwort. »Ich bin ja bald dreißig Jahre älter als du, Pierre, aber an solch einen Humbug glaube ich nicht. Du als Bürgermeister müßtest doch verdammt realistisch denken.«

»Das hat mit meinem Job nichts zu tun.« Pierre Saval war in Gedanken versunken. Er sprach leise weiter. »Wenn ich die alten Chroniken richtig verstanden habe, müssen die Mönche morden, um weiter existieren zu können. Sie brauchen die Seelen der Menschen, das ist der springende Punkt. Sieben Mönche waren es damals gewesen, die mit dem Satan einen Pakt geschlossen haben. Und hier liegt der erste Tote vor uns. Sechs andere werden demnach folgen.«

»Jetzt schnappst du ganz über«, sagte Pascal trocken.

Doch Pierre ließ sich nicht beirren. »Es gibt eine Waffe, durch die man die Mönche besiegen kann.«

»Und die wäre?« fragte Pascal spöttisch.

»Es ist der Kelch des Feuers.«

»Hä? Was ist das denn nun wieder?«

»Der Kelch des Feuers? Er ist uralt und eine Meisterarbeit eines Goldschmiedes, der im fünften Jahrhundert gelebt hat. Das Kloster hat diesen Kelch bekommen. Er soll fantastisch aussehen. Jahrhundertelang war er in den Händen des Ordens. Dann kam die Zeit der Reformation und der Inquisition. Heimlich ist der Kelch dann aus dem Kloster gebracht worden.

»Und wo ist er jetzt?«

»In England. Er ist dort in irgendeiner Kapelle eingemauert. Die Dämonen haben die Kapelle mit einem Bann belegt, damit niemand den Kelch stehlen kann.«

»Und du willst es also versuchen?«

»Was bleibt mir anderes übrig?«

»Dann wünsch' ich dir viel Vergnügen. Ich für meinen Teil bleibe bei den alten Arbeitsmethoden. Die sind mir sicherer und erfolgsverprechender. Das heißt konkret, ich rufe die Mordkommission an. Los, Pierre, fahr mich zurück.«

Auf der Fahrt versuchte Pascal den jungen Bürgermeister noch zu überreden, doch ohne Erfolg.

Als der Polizist in das Haus ging, sagte er noch: »Eigentlich mußt du als Zeuge hierbleiben. Aber ich werde den Polizisten erzählen, daß ich die Leiche gefunden habe. Auf einem meiner Kontrollgänge. Mach's gut, Pierre, und laß dich nicht von den Dämonen kaschen.«

Winkend verschwand Pascal in seinem Haus. Pierre Saval blieb noch einige Minuten in seinem Wagen sitzen. Dann fuhr er zu seiner Wohnung, um den Koffer zu packen.

Pierre Saval bewohnte drei Zimmer in einem schmucken Neubau. Auch das gab es in Billon.

Er war erst seit ungefähr einem Jahr Bürgermeister und hatte sich eine richtige Junggesellen-Laube eingerichtet. Sein ganzer Stolz waren die selbstgebastelte Stereo-Anlage und die große Plattensammlung.

Pierre stellte sich erst einmal unter die Dusche, um den fehlenden Schlaf auszugleichen.

Es war ein herrliches Gefühl, als die heißen Wasserstrahlen auf seine Haut prallten. Pierre seifte sich von Kopf bis Fuß ein. Dann drehte er den Hahn für kaltes Wasser auf. Die Wechselduschen taten schnell ihre Wirkung. Die sich anbahnende Müdigkeit wurde aus dem Körper verdrängt.

Pierre drehte die Dusche ab und griff nach seinem Badetuch.

Plötzlich stutzte er.

Musik drang an seine Ohren.

Musik? Sie kam aus seinem Wohnzimmer. Es waren Melodien zum Tanzen und Träumen. Aber er hatte keine Platte aufgelegt!

Pierre spürte, wie ihm eine Gänsehaut über den Körper kroch. Automatisch schlang er das Badetuch um seine Hüften. Auf nackten Sohlen verließ er das Bad. Seine Füße hinterließen nasse Spuren auf dem hellgrünen Teppich.

Die Tür zum Wohnraum stand halb offen. Pierre konnte von der kleinen Diele aus den Plattenspieler sehen.

Der junge Bürgermeister wischte sich über die Augen.

Auf dem Plattenteller drehte sich eine Scheibe, und er hatte sie nicht aufgelegt.

Im ersten Augenblick dachte Pierre an Einbrecher, doch dann verwarf er den Gedanken wieder. Etwas anderes kam ihm in den Sinn. Etwas, was grauenhaft und unfaßbar war.

Pierre betrat sein Wohnzimmer. Ängstlich sah er sich um.

Doch da war niemand.

Der Bürgermeister hob den Tonarm des Plattenspielers hoch, wollte ihn in die Halterung zurückhängen . . .

Da hörte er das Lachen.

Blitzschnell kreiselte Pierre Saval herum. Sein Blick saugte sich an der offenstehenden Schlafzimmertür fest. Aus dieser Richtung war das Lachen gekommen.

Doch da war nichts.

Oder . . .?

Pierre sah genauer hin und erkannte, daß die Luft plötzlich anfing zu flimmern.

Ein grünliches Leuchten schwebte über der Türschwelle. Unsichtbare Teile rieben gegeneinander. Funken sprühten. Konturen wurden sichtbar.

Die Konturen eines Menschen.

Pierre stand starr vor Entsetzen auf seinem Platz. Er hatte die Person erkannte, die sich wie aus dem Nichts herauskristallisiert hatte.

Es war niemand anderes als Roger Moulin!

Wieder kamen Pierre die alten Sagen in den Sinn. Es hießt dort, daß die Mönche die Gestalt ihrer Opfer annehmen konnten. Und das war hier der Fall. Für Pierre gab es nun keinen Zweifel mehr, das die Teufelsmönche Roger Moulin ermordet hatten.

Moulin begann zu sprechen. Mit langsamer Stimme. Doch jedes Wort war klar und deutlich zu hören.

»Du willst den Kampf aufnehmen, Pierre Saval. Ich weiß es, streite es nicht ab. Doch ich warne dich. Die Mächte der Finsternis werden stärker sein. Du kannst nicht gegen sie ankämpfen. Der Kelch des Feuers, du wirst ihn nicht finden, er wird dir kein Glück bringen. Deshalb denke an meinen Rat. Flieh von hier, solange es noch möglich ist. Morgen kann es vielleicht zu spät sein.«

Roger Moulin schwieg.

Pierre Saval wollte noch etwas fragen, doch plötzlich begann wieder das grüne Flimmern, und die Gestalt löste sich in nichts auf.

Pierre wandte sich um und ließ sich in einen Sessel fallen. Wie Echos dröhnten die Worte in seinem Kopf nach.

. . . flieh . . . flieh . . .

Pierre ballte die Hände zu Fäusten. Wenn er jetzt aufgab, dann waren viele Menschen hier in Billon verloren. Und war es nicht seine Pflicht, den Menschen zu helfen? Nein, er würde nicht aufgeben, sondern weiterkämpfen.

Entschlossen stand Pierre Saval auf. Im ersten Moment überlegte er, ob er nicht Germaine anrufen sollte. Dann ließ er es bleiben. Er würde ihr von unterwegs Bescheid geben.

Der Koffer war schnell gepackt. Als Pierre Saval eine Viertelstunde später startete, war er fest entschlossen, den finsteren Mächten die Stirn zu bieten.

Doch Pierre konnte nicht ahnen, was ihm noch bevorstand. Vielleicht hätte er dann doch den Rat des »Toten« angenommen . . .

Inspektor Lefevre erinnerte an den Filmschauspieler Jean Gabin. Er hatte beinahe die gleiche Statur, und auch sein Gesicht wirkte wie aus Stein gemeißelt. Auf seinem kantigen Schädel hing ein speckiger Hut.

Lefevre stemmte beide Hände in die Taschen seines abgetragenen Mantels. Die halbangerauchte Zigarette in seinem Mundwinkel verqualmte. »Ich bin jetzt achtzehn Jahre bei der Polizei, aber so etwas ist mir in meiner gesamten Laufbahn noch nicht vorgekommen. Ein Mord – schön und gut. Aber kein Motiv und keine Zeugen – nichts. Niemand will etwas gehört, geschweige denn gesehen haben.«

Bei dem Wort Zeugen war Pascal zusammengezuckt. Er dachte an Pierre Saval, der sich schon aus dem Staub gemacht hatte und den Pascal gar nicht hätte ziehen lassen dürfen.

Lefevre seufzte. »Es bleibt uns also nichts anderes übrig, als sämtliche Bewohner dieses Dorfes zu befragen. Und dazu kann ich mich schon jetzt beglückwünschen. Aber eins sage ich Ihnen, Pascal, allein mache ich die Arbeit nicht. Ich werde aus Colmar noch einige Leute anfordern. Die sitzen sowieso mit ihren dicken Hintern nur an den Schreibtischen rum und regen sich schon auf, wenn sie montags mal zwei Kalenderblätter abreißen müssen.«

Pascal wußte nicht, ob er lachen oder weinen sollte. Zuviel beißende Ironie hatte in den Worten des Inspektors gelegen.

Lefevre schlug Pascal auf die Schulter. »Kommen Sie, mein Lieber. In Ihrem Büro ist es gemütlicher als hier draußen. Da sind noch einige Unklarheiten.«

Unterwegs begegnete den Männern der schlaksige Muller,

Lefevres Stellvertreter. Diesem gab der Inspektor den Auftrag, noch einige Leute aus der Stadt herbeizutelefonieren.

Mullers Fuchsgesicht strahlte, als er das hörte. Er hatte auch schon Angst gehabt, daß die Arbeit auf ihm hängen bleiben würde.

In Pascals Büro ließ sich der Inspektor ächzend auf einen Stuhl fallen und rieb sich mit einem ehemals weißen Taschentuch über die Stirn. »Ach, man ist eben nicht mehr der Jüngste.«

»Darf es ein Glas Roter sein?« fragte Pascal.

Lefevre leckte sich die Lippen. »Da brauchen Sie mich erst gar nicht zu fragen. Die Luft ist sowieso viel zu trocken.«

Pascal holte aus dem Schrank eine Flasche und zwei Gläser.

Lefevre leerte das erste in einem Zug. Dann schüttete er sich selbst nach.

»Also, wenn ich ehrlich sein soll, an diesem verdammten Fall stimmt eine ganze Menge nicht. Erst mal der Fundort der Leiche. Dort, wo sie gelegen hat, war das Gras plattgedrückt. Aber darum herum gab es keinerlei Spuren. Noch nicht mal von Ihnen, Pascal. Haben Sie den Rasen gar nicht betreten?«

Pascal lächelte überrascht und unglücklich. »Sie haben recht, Monsieur l'Inspecteur, ich habe den Rasen nicht betreten. Ich sah die Leiche und dachte mir sofort, ruf die Mordkommission an und zerstör keine Spuren. Das war's.«

Der Inspekstor nickte nachdenklich. »Sie sind schon ein schlauer Bursche, Pascal. Tja, was soll man da machen. Keine Zeugen, keine Spuren, das Haus von innen verriegelt und die Teile der Fensterscheibe lagen draußen. Folglich hat sich der gute Pierre Moulin im Haus eingeschlossen. Aber warum, Pascal? Warum hat er das getan? Und anstatt aufzuschließen die Fensterscheibe eingeschlagen. Sollte er etwa Angst gehabt haben? Angst vor . . .«, der Inspektor machte eine kleine Kunstpause, ». . . vielleicht hatte er Angst vor einem gewissen Pierre Saval?«

Pascal, der Polizist, schrak zusammen. Verwirrt blickte er den Inspektor an, der sich seelenruhig eine neue Zigarette in den linken Mundwinkel schob.

»Nun, Pascal? Haben Sie mir nichts zu sagen?«

Der Polizist wurde rot. »Was . . . äh . . . ich verstehe nicht, was ich Ihnen zu sagen hätte.«

»Mon dieu, seien Sie doch nicht so verstockt. Was haben Sie mit

Pierre Saval ausgeheckt? Und weshalb hat dieser Mann, der ausgerechnet noch der Bürgermeister ist, das Dorf verlassen? Daß er Moulin umgebracht hat, daran glaube ich nicht. Das wäre zu billig. Aber Sie wissen selbst, Pascal, so ein Dorf hat tausend Augen und Ohren. Und wenn man richtig herumhört, so erfährt man doch allerlei. Wie ich, zum Beispiel. Sie sind leider mit Saval gesehen worden, mein lieber Pascal.«

Der Polizist hatte den Kopf gesenkt und blickte starr auf den Boden. Die Finger seiner Hände hätten sich ineinander verknetet. Und dann begann der gute Saval zu erzählen. Alles, von Anfang an.

Nach einer Viertelstunde war er fertig mit seinem Bericht, und was er befürchtet hatte, war eingetreten. Lefevre glaubte ihm nicht. Er lachte ihn sogar noch aus.

»Aus dem Horror-Alter bin ich schon heraus, Pascal. Um mir angst zu machen, müssen Sie schon mit anderen Sachen aufwarten.«

»Ich glaube ja auch nicht daran. Aber unser Bürgermeister, ein junger Mann, er ist der festen Überzeugung, daß diese Mönche existieren.«

»Und deshalb ist er nach England gefahren?«

»Ja. Um den Kelch des Feuers zu holen.«

»Sie sind natürlich sicher, Pascal, daß er wieder zurückkommt.«

»Selbstverständlich, Monsieur l'Inspecteur. Mit diesem Kelch will Saval den Teufelsmönchen aus dem Kloster zu Leibe rücken.«

Lefevre grinste. »Außer diesen komischen Mönchen wohnt niemand dort oben?«

»Nein. Die Mönche leben ja nicht dort, oder wenigstens nicht direkt.« Pascal brach ab. Er wußte selbst nicht, wie er weitersprechen sollte.

Lefevre stand auf. »Wissen Sie was, Pascal? Wenn morgen die Leute aus Colmar eintreffen, werden wir dem Kloster mal einen Besuch abstatten. Vielleicht laden uns dann die Mönche zu einem Glas Roten ein.« Lefevre ging zur Tür. Er tippte an seine Hutkrempe. »Wir hören voneinander, Pascal. Spätestens morgen.«

Lefevre schlug mit einem lauten Knall die Tür hinter sich ins Schloß.

Und jetzt gönnte sich Pascal doch noch einen scharfen Schnaps.

Teufel, das war ja noch mal gutgegangen. Dieser Inspektor war ein verdammt gerissener Hund. Wie er das mit Saval herausbekommen hatte. Alle Achtung.

Pascal trat ans Fenster und schaute über die Milchglasverkleidung.

Draußen begann es zu dämmern. Bald würde es dunkel sein. Und dann wollte er dem Kloster mal einen Besuch abstatten.

Die Gestalt verschmolz mit der Dunkelheit. Wie ein Dieb schlich sich Pascal aus dem Ort. Niemand brauchte ihn zu sehen. Vor allen Dingen der Inspektor nicht.

Pascal hatte seine Uniform ausgezogen. Er trug jetzt ein schwarzes Jackett und einen dunklen Pullover. Seine Hose war ebenfalls dunkel.

Billon war wie ausgestorben. Der Inspektor und sein Mitarbeiter hatten sich in ihr Hotel zurückgezogen und waren dabei, in der Gaststube Dorfbewohner zu verhören. Pascal hatte von außen durch das Fenster gepeilt. Der technische Stab der Mordkommission war bereits nachmittags verschwunden.

Pascal gelangte auf die schmale Straße, die Billon mit dem Nachbarort verband.

Nach etwa einem halben Kilometer zweigte ein Weg ab, der zum Kloster hinaufführte.

Der Weg war schon bei Tageslicht kaum zu erkennen, und jetzt sah man die Einmündung erst recht nicht. Selbst der ortskundige Polizist mußte eine Weile suchen, bis er die Stelle entdeckt hatte.

Er leuchtete kurz mit seiner Taschenlampe und schob ein paar Büsche zur Seite.

Dann tauchte er in den Wald.

Eine Baumwurzel, die naß und glitschig war, übersah der gute Pascal. Er rutschte aus und konnte sich im letzten Augenblick fangen, sonst hätte er einen Salto gemacht.

»Ist doch besser, wenn ich die Lampe einschalte«, knurrte Pascal.

Der Lichtfinger glitt über den schmalen Weg und riß Bäume und Gebüsch aus der Dunkelheit.

Es war kalt hier. Pascal fröstelte, aber es war auch die innere Nervosität, die ihm eine Gänsehaut über den Rücken laufen lief.

Der schmale Pfad führte in vielen Windungen bergauf. Zum Teil war er schon zugewachsen, und Pascal kam sich vor wie im Dschungel.

Schon bald geriet er ins Schwitzen. Innerlich bereut er es schon, diesen Ausflug unternommen zu haben, doch ein Zurück gab es nicht mehr. Er wollte es dem Inspektor zeigen.

Überall raschelte und knackte es im Gebüsch und im Unterholz. Die Tiere der Nacht waren erwacht. Eine Eule flog mit rauschenden Schwingen von Baum zu Baum. Sie war auf Beuteflug.

Das Zifferblatt von Pascals Armbanduhr leuchtete grünlich. Jetzt war er schon über eine halbe Stunde unterwegs und hatte noch nicht einmal die Hälfte geschafft.

Elende Schufterei.

Dann wurde der Weg auf einmal breiter. Das Kloster lag in der Nähe.

Drohend und dunkel hoben sich die stabilen Mauern gegen den samtenen Nachthimmel ab.

Pascal schluckte. Er zögerte, weiterzugehen. Eine innere Stimme warnte ihn.

»Nein, jetzt erst recht!« Pascal gab sich einen Ruck.

Das schwere eiserne Tor stand halboffen. Pascal schlüpfte in den Innenhof.

Die Taschenlampe leuchtete auf. Wenige Meter vor sich sah er den Kreuzgang des Klosters, der von mächtigen Säulen gestützt wurde.

Die Scheiben in den spitzbogigen Fenstern glänzten matt.

Auf Zehenspitzen ging der Polizist weiter. Steine und Sand knirschten unter seinen Sohlen. Überlaut kamen die Geräusche dem ängstlichen Mann vor.

Pascal erreichte den Kreuzgang und blieb erst einmal stehen.

Sein Herz pochte wild, übertönte bald den eigenen Atem.

Der Polizist suchte nach einer Tür. Er fand sie ein paar Meter weiter.

Die Tür war aus massivem Holz und mit Schnitzereien verziert.

Pascal drückte die Eisenklinke nach unten und stemmte sich gegen die Tür.

Quietschend schwang sie nach innen.

Pascal trat einen Schritt zurück, so sehr hatte ihn das Geräusch erschreckt.

Dann gab er sich einen Ruck und betrat das Innere des Klosters.

Ein hoher Saal empfing ihn. Schwere Tische und Stühle standen darin.

Es mußte wohl der Speisesaal der Mönche gewesen sein.

Überall lag der Staub fingerdick.

Der Polizist ging weiter. Er kam sich plötzlich unendlich verlassen vor. Alles strahlte eine unheimliche, bedrückende Atmosphäre aus.

Der Lichtstrahl der Lampe durchbohrte wie ein Schwert die Dunkelheit.

Langsam durchquerte Pascal den Saal und gelangte durch eine schmale Tür in die Bibliothek, deren leere Regale bis zur Decke reichten.

Ein Regal war verschoben. Es stand in einem Winkel von etwa 45 Grad von der Wand weg.

Pascal leuchtete dahinter.

Im nächsten Augenblick stieß er einen leisen Schrei aus.

Er hatte einen Geheimgang entdeckt!

Dunkel gähnte ihn der Eingang an. Modrige Luft drang aus der Tiefe. Kälte wehte ihm entgegen.

Pascal richtete die Lampe nach unten. Stufen wurden sichtbar. Sie waren schmal und hoch und zum Teil mit Moos bedeckt.

Wohin mochte dieser Gang führen? War dort unten – am Ende der Stufen – das Rätsel des Klosters zu finden? Lebten dort die Teufelsmönche?

Quatsch, sagte sich Pascal. Jetzt hast du dich auch schon von dem Geschwafel verrückt machen lassen. Es gibt keine Teufelsmönche . . .

Der Polizist stieg in die Tiefe. Dabei gab er acht, daß er nicht ausrutschte.

Je weiter er kam, um so kälter wurde es. Aber es war eine andere Kälte als draußen. Sie ging viel tiefer. Pascal hatte das Gefühl, als umklammere sie sein Herz.

Der Polizist leckte sich über die spröden Lippen. Schweiß lag auf seiner Stirn.

Immer tiefer ging es. Immer näher kam der Eindringling dem Reich der Teufelsmönche.

Und dann war plötzlich die Treppe zu Ende.

Ein Gang breitete sich aus.

Pascal hielt die Taschenlampe weit von sich gestreckt. Der Schein beleuchtete die dicke Querwand am Ende des Ganges.

Erst jetzt sah Pascal die einzelnen Nischen, die zu beiden Seiten des Ganges abzweigten. Sie kamen ihm wie dunkle, drohende Höhlen vor.

Pascal ging ein paar Schritte und leuchtete in die erste Nische.

Entsetzt prallte er zurück.

Der Lampenschein war auf einen offenen Sarg gefallen!

Und in dem Sarg lag ein Mönch . . .

Pascal stöhnte auf. Er war unfähig zu begreifen, was er soeben gesehen hatte. Doch eins wußte er mit aller Sicherheit. Die Teufelsmönche existierten.

»Nun, mein lieber Pascal? Hast du genug gesehen?« fragte hinter seinem Rücken plötzlich eine höhnische Stimme.

Der Polizist versteifte vor Entsetzen.

Die Stimme kannte er. Gut sogar. Sie gehörte niemand anderem als Roger Moulin, einem Toten . . .

Pascal wußte nicht, wie lange das Entsetzen seinen Körper umklammert hielt. Er hatte jegliches Zeitgefühl verloren. Sekunden wurden für ihn zu Minuten.

Irgendwann drehte er sich, hatte noch immer den Nachhall der Stimme im Gehirn. Pascals Arme baumelten zu beiden Seiten des Körpers hinab. Die eingeschaltete Lampe zeichnete einen hellen Kreis auf den Boden.

Es war tatsächlich Roger Moulin, der vor ihm stand. Roger Moulin, dessen Leiche er gesehen hatte und die jetzt in einem Raum der Feuerwehr aufgebahrt war.

Oder . . .?

Moulin lächelte. Kalt, grausam und irgendwie siegessicher.

Pascal wunderte sich, daß ihn noch nicht der Schlag getroffen hatte.

Noch immer hatte Moulin kein einziges Wort gesprochen, nachdem sich der Polizist umgewandt hatte.

Moulin stand einfach nur da und starrte Pascal an. Die Umrisse seines Körpers wurden durch ein grünliches Leuchten hervorgehoben. Nahezu scharf zeichneten sich die Konturen neben dem grünen Rand ab.

Aber etwas war anders an Roger Moulin. Der Körper – er war nicht völlig existent. Pascal hatte das Gefühl, durch ihn hindurchgreifen zu können.

Aber das spielte auch im Augenblick keine Rolle. Dem Polizisten war eins klar geworden. Er hatte kaum eine Chance, hier lebend rauszukommen.

Moulin begann zu sprechen. »Du hast nicht an die Mönche geglaubt, Pascal. Hast sie sogar verspottet. Und dafür wirst du bestraft. Jeder, der die Teufelsmönche angreift, bezahlt mit seinem Leben. Es wird ein Austausch stattfinden. Der Geist eines Mönches wird nach dem Tod in deinen Körper dringen und ihn als Gastkörper übernehmen. Niemand wird merken, daß nicht der echte Pascal vor einem steht. Die Menschen werden getäuscht.«

Nach diesen Worten begann Moulin schrill zu kichern. Das grünliche Flimmern wurde plötzlich intensiver, bedeckte jetzt die gesamte Gestalt des Teufelsmönches, und die unheimliche Verwandlung setzte ein.

Das Gesicht verschwand. Knochen wurden sichtbar. Ein Totenkopf starrte den entsetzten Pascal an. Doch nicht lange. Dämpfe schlugen aus den leeren Augenhöhlen. Es bildete sich eine grüne Masse, die sich über den ganzen Schädel verteilte. Schuppige, grünlich schimmernde Haut war jetzt zu sehen.

Erst jetzt erwachte Pascal richtig aus seiner Erstarrung. Gehetzt flog sein Blick durch das Verlies.

Er stieß den Arm mit der Lampe hoch.

Die Treppenstufen wurden aus der Dunkelheit gerissen.

Das war die Rettung!

Doch noch stand zwischen ihm und der Treppe der unheimliche Mönch. Noch war die Verwandlung nicht ganz abgeschlossen.

Pascal erkannte, daß sich eine dunkle Kutte bildete und wie ein Gewand die Gestalt des Mönches einhüllte.

Pascal riskierte es, mußte alles auf eine Karte setzen, wenn er am Leben bleiben wollte.

Er sprang vor, stieß mit beiden Händen die Gestalt des Mönches beiseite und hetzte auf die Treppe zu.

Pascal übersah die erste Stufe. Er rammte mit der Fußspitze gegen den Stein, bekam das Übergewicht und knallte auf die Stufen.

Sterne tanzten vor seinen Augen. Für einen Moment hatte

Pascal das Gefühl, ihm wären sämtliche Zähne ausgeschlagen worden. Eine Augenbraue war aufgeplatzt. Blut rann über sein Gesicht.

Pascal spürte es kaum.

Er raffte sich wieder auf, einzig und allein von dem Gedanken besessen, zu fliehen.

Oben sah er die Tür. Sie war für ihn wie der berühmte Rettungsring. Erreichte er sie, dann . . .

Plötzlich schrie Pascal auf.

Die Tür bewegte sich. Langsam glitt sie in ihre alte Stellung zurück.

»Neiiinnn!« brüllte Pascal und stürmte vorwärts. »Nicht, nicht!« Beide Hände streckte er aus, versuchte, das unabwendbare Schicksal aufzuhalten.

Er schaffte es nicht.

Zuviel Stufen lagen noch vor ihm.

Mit einem satten Geräusch schwappte die Tür zu.

Pascal war gefangen.

Er blieb stehen. Auf der drittletzten Stufe. Beinahe hätte er die Freiheit erreicht.

Der Schein der Taschenlampe tanzte über das dicke Mauerwerk der verschlossenen Tür. Es gab keinen Riegel, kein Schloß – nichts.

Pascal weinte. Weinte vor Wut und Entsetzen. Jetzt begannen seine Nerven zu flattern, wurde ihm die Ausweglosigkeit seiner Lage erst richtig bewußt.

Pascal sank in die Knie. Mit einer Hand stützte er sich an der Wand ab.

Und dann hörte er das siegessichere Kichern.

Pascal hob den Kopf, streckte gleichzeitig den Arm mit der Lampe aus.

Da kamen sie!

Sieben Möndche, eingehüllt in dunklen Kutten und mit den gnadenlosen Zangen in den Händen.

Hintereinander stiegen sie die Stufen hoch. Die grünen, formlosen Gesichter leuchteten. Leere Augenhöhlen glotzten den armen Pascal an.

»Nein!« Pascals Stimme bebte. »Nein, bitte nicht. Laßt mich! Ich – ich habe euch doch nichts getan. Ich . . .«

Pascals Stimme erstickte in einem Würgen.

Zwei Stufen noch, dann hatte ihn der erste Mönch erreicht und würde seine grausame Zange gebrauchen.

Pascal sprang auf, rannte auch noch die letzten beiden Stufen hoch und trommelte in wilder Panik gegen die Tür.

Die Lampe zerbrach.

Dunkelheit breitete sich aus.

Der Polizist brüllte. Er war nicht mehr Herr seiner Sinne, war schon vom Wahnsinn gezeichnet.

Pascal spürte nicht mehr das kalte Eisen am Hals.

Pierre Saval hatte in ununterbrochener Fahrt die Nordwestküste Frankreichs erreicht. Jetzt mußte er auf die Fähre nach England warten.

Er tat dies in einer kleinen Bar, unweit der Anlegestelle. Pierre war müde. Da nützte auch kein starker Kaffee mehr.

Der Wirt, ein freundlicher Mann, lächelte mitfühlend. »Soll ich Ihnen Streichhölzer verkaufen, Monsieur?«

Pierre schreckte hoch. »Wieso?«

»Die können Sie sich unter die Augen klemmen.«

Der Bürgermeister war sogar zu müde, um zu lächeln.

»Wissen Sie was, Monsieur«, sagte der Wirt und nahm an Pierres Tisch Platz. »Ich habe im Hinterzimmer ein Bett stehen. Dort können Sie sich hinlegen. Die Fähre dampft sowieso erst in drei Stunden ab.«

Pierre sah auf. »Das wollen Sie wirklich tun?«

»Warum nicht? Wir sind alle nur Menschen. Kommen Sie, Monsieur.«

Pierre folgte dem Wirt in das Zimmer. So wie er war, fiel der junge Bürgermeister auf das Bett. Noch in derselben Minute schlief er ein.

Eine halbe Stunde vor Abfahrt der Fähre weckte der Wirt ihn.

Pierre setzte sich mühsam auf und rieb seine Augen. »Mon Dieu, das tut gut«, sagte er. »Was bin ich Ihnen schuldig?«

»Nur die beiden Tassen Kaffee.«

Pierre zahlte freiwillig den dreifachen Preis. Dann setzte er sich in seinen Wagen.

Die Fähre hatte schon angelegt. Pierre fuhr bis an das Ende des Schiffs und stieg aus dem Auto.

Er lehnte sich über die Reling und starrte in die schmutzig grauen Fluten des Ärmel-Kanals.

Seine Gedanken kreisten um die Teufelsmönche. War es überhaupt richtig, was er tat? Vielleicht gab es diesen geheimnisvollen Kelch gar nicht. Möglicherweise hatte er sich zu sehr auf Legenden und Sagen berufen. Und wen sollte er fragen? Man würde ihn bestimmt auslachen. Aber zurückkehren wollte er auch nicht. Nein, er mußte die Kapelle finden.

Von unterwegs hatte er Germaine angerufen und ihr mit kurzen Sätzen erzählt, was er vorhatte. Germaine hatte ihm schwere Vorwürfe gemacht, und im Prinzip waren sie auch berechtigt.

Pierre setzte sich wieder in seinen Wagen und schlief auch prompt ein. Er wurde erst wach, als die englische Küste schon auftauchte.

Eine halbe Stunde später befand er sich auf britischem Boden.

Pierre hatte sich noch eine gute Karte besorgt und sich den Weg nach London gut gemerkt. Von dort aus sollte es dann nach Norden weitergehen, bis fast zur schottischen Grenze. Irgendwo nördlich von Newcastle sollte die alte Kapelle liegen. Das Gelände dort war unwegsam und das Klima rauh. Auch jetzt im Frühsommer.

Pierre fuhr von Südosten auf London zu. Mittlerweile war schon die Nacht hereingebrochen, und der Bürgermeister beschloß doch, auf halber Strecke ein kleines Hotel aufzusuchen.

Am frühen Morgen ging es weiter, und er erreichte London gegen neun Uhr.

Aber was sollte er jetzt tun?

Pierre dachte nach und kam zu der Überzeugung, daß ihm nur eine Institution helfen konnte.

New Scotland Yard!

Dort wollte er sich erkundigen, ob es irgendwelche Quellen gab, in denen mehr über die Geschichte der Kapelle verzeichnet war. Wahrscheinlich würden sie ihn vom Yard aus zu irgendeinem Museum schicken. Die Polizei sollte in England ja recht freundlich sein.

Pierre quälte sich durch den Londoner Vormittagsverkehr und erreichte schließlich das Yard-Gebäude.

Zuerst wunderte er sich über den prächtigen Betonbau, doch

dann fiel ihm ein, daß Scotland Yard ja schon längst nicht mehr in dem traditionsreichen Backsteinbau residierte.

Es gab sogar freie Besucherparkplätze.

Pierre Saval hatte doch Herzklopfen, als er durch die gläserne Tür schritt. Er kramte seine ganzen Englisch-Kenntnisse zusammen und ging auf den Mann an der Auskunft zu.

Nach einem zehnminütigen Hin und Her wurde er in die Informationsabteilung verwiesen.

Hier konnte Pierre endlich mit der Sprache herausrücken, und er war überrascht, daß man ihn nicht auslachte.

»Ja«, sagte der schnurrbärtige Inspektor, »ich glaube, daß wir Ihnen helfen können, Mister Saval. Einen Augenblick mal.«

Der Inspektor griff zum Telefonhörer und ließ sich mit einem Mann verbinden, dessen Name Pierre nicht verstand.

»Schon nach wenigen Sekunden legte der Inspektor auf. »Alles klar, Mister Saval«, sagte er und lächelte. »Ich werde Sie gleich zu einem Kollegen bringen lassen, der sich um Ihre Angelegenheit kümmert.«

Der Inspektor rief einen Namen, und ein uniformierter Beamter betrat den Dienstraum. Der Beamte reichte Pierre die Hand. »Viel Glück, Mister.«

Pierre lächelte und erwiderte den Händedruck. Nie hätte er gedacht, daß man sich seines Falles so aktiv annehmen würde.

Mit dem Paternoster ging es einige Etagen höher. Der Uniformierte geleitete Pierre zu einer Tür, die mit einer Milchglasscheibe versehen war.

Der Beamte klopfte an.

»Come in«, kam eine Stimme von innen.

Der Polizist öffnete Pierre die Tür und verschwand wieder.

Zögernd betrat der junge Bürgermeister das Büro.

Ein großer blondhaariger Mann erhob sich hinter seinem Schreibtisch. Er kam mit ausgestreckter Hand auf Pierre zu. »Guten Tag, Mister Saval. Mein Name ist Sinclair, Inspektor Sinclair . . .«

Pierre Saval hatte wirklich Glück gehabt, daß er an John Sinclair geraten war. Geisterjäger, so wurde der Inspektor von seinen Freunden tituliert. John Sinclair führte praktisch einen Ein-Mann-

Krieg gegen die Mächte der Finsternis. Er war vom Yard mit sämtlichen Vollmachten für den Notfall ausgestattet und konnte sich, wenn es sein mußte, auch über Ländergrenzen hinwegsetzen. Das war auch nötig. John Sinclair hatte in seiner jetzt mehr als dreijährigen Laufbahn schon die vertracktesten Fälle gelöst. Er fing immer dort an, wo andere die Flinte ins Korn warfen und nicht mehr weiterkamen. John Sinclairs Fälle waren zumeist hochbrisant, und mehr als einmal war es schon um die Existenz der Menschheit gegangen.

John bot dem jungen Franzosen einen Platz an.

»Sicher möchten Sie etwas trinken, Mister – pardon, Monsieur Saval.«

Pierre nickte. »Wenn Sie einen Kaffee hätten, Inspektor.«

John bestellte ihn, und schon nach knapp einer Minute standen zwei dampfende Tassen des köstlichen Getränks auf dem Schreibtisch.

Pierre Saval hatte sofort Vertrauen zu dem großen, blondhaarigen Inspektor gefaßt. Er ahnte, daß dieser Mann kein Spinner war.

»Nun, Monsieur Saval, was haben Sie auf dem Herzen?«

Pierre zuckte die Schultern. »Ich weiß nicht so recht, wie ich beginnen soll, Inspektor . . .«

»Am besten, Sie fangen von vorn an.«

»Ja.« Pierre nickte und begann zu erzählen.

John war ein guter und aufmerksamer Zuhörer. Er unterbrach Pierre mit keinem Wort und nickte einmal nachdenklich, als der Bürgermeister von den Teufelsmönchen anfing.

»Ja, das war's«, sagte Pierre zum Schluß und blickte John Sinclair hilfesuchend an.

Der Inspektor hatte die Hände ineinander verschränkt. Seine Augen ruhten nachdenklich auf der Gestalt des Bürgermeisters. »Das ist sehr interessant, was Sie mir erzählt haben, Monsieur Saval. Und ich glaube, daß ich Ihnen helfen kann.« John griff zum Telefonhörer, ließ sich mit dem Zentralarchiv der Londoner Universitätsbibliothek verbinden und verlangte nach einem Professor Fisher.

Fisher hatte John mal einen Gefallen getan und sich auch weiter bereit erklärt, mit dem Yard zusammenzuarbeiten.

John bekam den Professor nach einigen Minuten. Er brauchte

zwei Sätze, um den Wissenschaftler mit dem Problem vertraut zu machen. Dann legte er wieder auf.

John erhob sich. »Kommen Sie mit, Monsieur Saval«, sagte er zu dem erstaunt dreinblickenden Franzosen, »wir haben eine kleine Unterhaltung mit einem Experten. Wenn uns jemand weiterhelfen kann, dann ist er es.«

Wenige Minuten später saßen sie in Johns silbergrauem Bentley und fuhren in Richtung Universität.

Die Bibliothek lag in einem Parkgelände. Der Park bot ein freundliches Bild. Unter den Bäumen standen Bänke, auf denen die Studenten saßen. Manche lasen, andere waren in angeregte Gespräche vertieft.

John parkte vor dem Gebäude.

»Wir sind bei Professor Fisher angemeldet«, sagte er zu dem Portier.

Der telefonierte kurz, und der Wissenschaftler ließ es sich nicht nehmen, die Männer persönlich abzuholen.

Sie gingen in Professor Fishers Arbeitszimmer, einem modern eingerichteten Büro. Kein staubiger Bibliotheksraum, wie Pierre schon angenommen hatte.

Professor Fisher war noch jung. Keine vierzig Jahre alt. Er trug einen Vollbart und hatte hellwache, kluge Augen.

John kam sofort zur Sache. Diesmal erzählte er Pierres Geschichte. Professor Fisher war ein ebenso aufmerksamer Zuhörer wie vorher der Inspektor. Schließlich stand er auf, und ein verschmitztes Lächeln überzog sein Gesicht.

»Ich glaube, ich kann Ihnen da helfen, Gentlemen. Einen Augenblick nur.«

Professor Fisher verschwand. Als er zurückkehrte, hielt er ein kleines Buch in der Hand. Es war schon älter und hatte einen schwarzen kartonierten Umschlag.

Professor Fisher schlug das Buch auf, blätterte kurz und sagte dann: »Ja, hier steht es. Lesen Sie selbst.«

Er reichte das Buch den beiden Männern.

John und Pierre beugten sich interessiert vor. Zum Glück verstand Pierre gut die englische Sprache, und er hatte keine Schwierigkeiten, den Text zu lesen.

Das Kapitel berichtete über wertvolle Funde und Gegenstände aus der Gegend von Newcastle. Unter anderem war auch von einem Kelch des Feuers die Rede, der in einer Kapelle unweit des Ortes Lilingtown aufbewahrt wurde.

John legte das Buch zur Seite. »Das war schon sehr viel, Professor. Aber Einzelheiten über die Kapelle haben Sie nicht zufällig zur Hand?«

»Nein, damit kann ich Ihnen nicht dienen.« Fishers Stimme klang bedauernd.

Dann haben Sie vielen Dank.«

John und Pierre Saval standen auf. »Und sollte irgend etwas sein, Scotland Yard ist zu Gegendiensten gern bereit, Professor.«

Der Wissenschaftler reichte den Männern die Hand. »Das weiß ich doch, Inspektor. Viel Glück.«

»Danke, das können wir brauchen.«

Als sie wieder vor dem Gebäude standen, sagte Pierre Saval: »Sie haben mir sehr geholfen, Inspektor Sinclair.«

John lächelte etwas ironisch. »Und Sie meinen, ich lasse Sie allein in die gottverlassene Gegend von Newcastle fahren?«

Pierre Saval blickte überrascht auf. »Sie wollen mich begleiten?«

»Und ob, Monsieur Saval. Das, was Sie entdeckt haben, ist schließlich ein Fall für den Geisterjäger.«

Und daß es wirklich ein Fall für ihn war, bekam John schon bald sehr drastisch zu spüren . . .

Germaine Bousseau machte sich große Sorgen um Pierre Saval. Unruhig ging sie in ihrem Zimmer auf und ab. Pierres Anruf hatte sie aus ihrer Ruhe geschreckt. Sie kannte ihren Freund schon lange und wußte von seinem etwas komischen Hobby. Geister und Gespenster – sie glaubte an so etwas nicht. Aber Pierre maß den alten Sagen und Legenden mehr Bedeutung bei, als sie verdient hatten.

Die Zigarette verqualmte zwischen Germaines Fingern. Pierre hatte ihr bei seinem Anruf kurz erzählt, um was es ging und weshalb er nach England gefahren war. Mehr nicht. Aber Germaine hatte auch die Sorgen aus seinen Worten herausgehört, und das machte sie skeptisch.

Nervös zündete sie sich eine neue Zigarette an und nahm ihre Wanderung wieder auf.

Germaine Bousseau war eine schöne Frau. Sie hatte das

lackschwarze Haar zu einer modernen Krauskopffrisur drehen lassen. Das machte sie um mindestens fünf Jahre jünger. Niemand sah ihr jetzt noch an, daß sie schon dreißig Jahren alt war. Große, tiefblaue Augen gaben ihrem Gesicht einen faszinierenden Ausdruck, und der kirschrot geschminkte Mund kontrastierte gut zu ihrem hellen Teint.

Germaine trug Jeans und einen saloppen Pullover. Sie hatte eigentlich vorgehabt, den Tag hier im Haus zu verbringen, doch Pierres Anruf hatte sie aus ihrer Ruhe gestört.

Zum Glück war ihr Mann verreist. Ganz plötzlich mußte er geschäftlich nach Wien. Er blieb mindestens zwei Wochen weg. Das war gut so.

Germaine drückte die Zigarette aus. Sie ging in ihr Schlafzimmer, zog sich um und packte auch noch einige Sachen in einen kleinen Koffer. Sie wollte sich in Billon in einem Hotel einmieten und dort auf Pierres Rückkehr warten.

Germaines Fiat stand in der Garage. Sie setzte sich in den kleinen dunkelroten Flitzer und nahm die Ausfallstraße, die auch nach Billon führte.

Es war schon dunkel, als sie in dem kleinen Ort eintraf. Billon, sonst ein verschlafenes Städtchen, wirkte wie aufgescheucht. Überall standen die Einwohner herum und diskutierten. Der Mord an Roger Moulin war Gesprächsthema Nummer eins.

Pierre hatte ihr auch erzählt, daß er sich mit dem Polizisten Pascal in Verbindung gesetzt hatte. Ihn wollte Germaine aufsuchen.

Doch zuerst suchte sie sich ein Hotelzimmer. Man kannte sie hier nicht, und der Besitzer des kleinen Hotels stellte neugierige Fragen.

»Sind Sie von der Zeitung, Mademoiselle?«

»Ja«, erwiderte Germaine kurzangebunden.

»Dann sind Sie bestimmt wegen des Mordes gekommen, oder?«

Germaine lächelte knapp. »Sie haben recht.«

Der Hotelbesitzer, der auch gleichzeitig Portier war, beugte sich vor. »Es ist ein Inspektor Lefevre aus Colmar gekommen. Das Verbrechen zieht weite Kreise, kann ich Ihnen sagen. Wenn Sie was wissen wollen, dann setzen Sie sich mit diesem Mann in Verbindung.«

Germaine, die schon auf ihr Zimmer gehen wollte, vermutete

plötzlich in dem Hotelier eine gute Informationsquelle. »Sagen Sie mal, guter Mann, es soll doch hier auch einen Polizisten namens Pascal geben. Oder irre ich mich da?«

»Nein, nein, Sie haben schon recht.«

»Und wo wohnt der Mann?«

»Nicht weit von der Polizeistelle. Sie müssen die nächste Querstraße rechts nehmen. Es ist ein kleines Haus. Das Dach ist schon ziemlich abgeblättert. Müßte mal erneuert werden. Ich sage immer . . .«

»Danke, Monsieur, danke«, sagte Germaine schnell, um den Redefluß des Hoteliers zu unterbrechen. »Ich komme schon zurecht.«

Wo die Polizeistelle war, hatte sie auf der Fahrt gesehen. Germaine setzte sich wieder in ihren Wagen und fuhr los.

Das Haus hatte sie schnell gefunden. Sie stellte den Wagen ab und ging zu Fuß weiter.

In der schmalen Straße brannte eine trübe Laterne. Germaine fand das Haus tatsächlich schnell. Direkt davor stand ein Kirschbaum.

Hinter den Fenstern brannte kein Licht. Wahrscheinlich war Pascal nicht zu Hause. Bestimmt saß er mit dem Inspektor zusammen und beratschlagte den Mordfall.

Germaine überlegte. Am besten war es, wenn sie auf Pascal wartete. Und um neugierigen Fragen aus dem Weg zu gehen, war der Fiat der geeignetste Platz.

Die Stunden vergingen.

Noch immer kam Pascal nicht zurück. Germaine hatte schon über zehn Zigaretten geraucht und einen pelzigen Geschmack im Mund.

Sie blickte auf ihre Uhr. Mein Gott, Mitternacht war schon vorüber. Jetzt hatte sie bereits drei Stunden gewartet.

Die Frau stieg aus dem Wagen und atmete tief die Nachtluft ein. Langsam wurde sie wieder wach.

Sie ging die paar Schritte zu dem Haus. Sie wollte noch eine halbe Stunde warten. Wenn Pascal bis dahin nicht gekommen war, dann würde sie ihr Hotel aufsuchen.

Germaine lief bis zu der grün gestrichenen Haustür. Probehalber stieß sie gegen das Holz. Die Tür war verschlossen.

Plötzlich hörte sie hinter sich eine Stimme.

»Suchen Sie mich, Mademoiselle?«

Mit einem erstickten Schrei fuhr Germaine herum.

Vor ihr stand Pascal. Er lächelte, und mit leiser Stimme fragte er: »Wollen Sie nicht ins Haus kommen, Mademoiselle?«

Germaine nickte. Sie konnte nicht wissen, daß sie einem Toten gegenüberstand . . .

Plötzlich kamen Germaine Bedenken.

Sie zögerte.

Irgend etwas stimmte nicht mit diesem Polizisten. Sie wußte auch nicht, was sie störte, doch eine innere Stimme flüsterte ihr zu: paß auf.

Es war eine Warnung, nicht mehr als ein Hauch, der sie streifte, und doch reagierten ihre Sinne darauf.

Das Abwehrgefühl verstärkte sich.

Sekundenlang geschah nichts. Die Dunkelheit kam Germaine plötzlich drohend und gefährlich vor.

Angst. Ja, das war es.

Germaine wollte etwas sagen, irgendeine Entschuldigung murmeln, doch in diesem Augenblick trat Pascal vor. Er lächelte. Sein Gesicht war ein heller glänzender Fleck.

»Gestatten Sie, Mademoiselle. Ich möchte gern vorbei. Sie versperren den Weg zu meiner Haustür.«

Der Polizist drückte sich an Germaine vorbei, streifte sie mit seinem Körper.

Kälte ging von ihm aus.

Pascal erreichte die Haustür, wandte Germaine den Rücken zu.

Jetzt kannst du weglaufen! hämmerte es in Germaines Gehirn. Jetzt!

Doch sie blieb stehen, als wäre sie mit dem Boden verwachsen.

Pascal schloß die Tür auf. Sie schwang quietschend nach innen.

»Bitte sehr, Mademoiselle«, sagte der Polizist und machte eine einladende Handbewegung. »Sie wollen doch zu mir.«

Germaine nickte. »Ja, natürlich.«

Sie betrat das Haus. Es roch muffig. Kalter Rauch hing in der Luft.

Pascal machte Licht. Dann schloß er die Tür.

Hart schnappte sie ins Schloß.

Germaine zuckte zusammen. Sie wandte den Kopf.

Pascal lächelte sie noch immer an. Jetzt kam er einen Schritt vor.

Germaine erstarrte vor Entsetzen. Mit einemmal wußte sie, was sie gestört hatte.

Aber es war zu grauenhaft, zu unbegreiflich, zu . . .

Germaines Denken setzte aus. Nur eins war ihr noch bewußt.

Pascal atmete nicht mehr!

»Ich darf Sie ins Wohnzimmer führen, Mademoiselle«, sagte der Polizist und ging voraus.

Germaine folgte ihm automatisch.

Alte, abgewetzte Möbel standen in dem Zimmer herum. Es war wirklich ein Herumstehen. Nichts zeigte Geschmack und Linie.

Pascal deutete auf einen zerschlissenen Sessel. »Nehmen Sie doch Platz, Mademoiselle.«

Germaine setzte sich auf die Kante und schlug die Beine übereinander.

Sie trug einen bedruckten Cordrock in modischer Länge und einen grünen Pullover. Eine Korallenkette baumelte um ihren Hals.

»Sie sind doch nicht einfach so zu mir gekommen, Mademoiselle. Darf ich erfahren, was der Grund Ihres Besuches ist?«

Germaines Finger spielten nervös mit der Korallenkette. Sie hatte den Kopf gehoben und sah Pascal an.

Er sah aus wie ein normaler Mensch, und . . .

Vielleicht habe ich mir das auch alles nur eingebildet, sagte sich Germaine. Dann gab sie sich einen Ruck und begann zu sprechen. »Es geht um den Bürgermeister von Billon«, sagte sie, »um Pierre Saval.«

»Oh, Sie kennen ihn?«

»Ja.« Germaine senkte den Blick. »Was ich Ihnen jetzt sage, Pascal, muß unter uns bleiben. Ich kenne Pierre Saval sogar so gut, wie man einen Mann eben nur kennen kann. Wenn Sie verstehen, was ich meine.«

»Aber sicher doch, Mademoiselle.«

»Deshalb mache ich mir auch Sorgen um ihn. Pierre hat mich heute angerufen und von seiner Reise nach England erzählt. Er hat auch die komischen Teufelsmönche erwähnt und davon gesprochen, daß sie tatsächlich existieren. Deshalb mache ich mir Sorgen.

Pierre ist ein fantastischer Mensch, aber manchmal auch ein wenig spinnerig veranlagt. Er glaubt an das Übersinnliche.«

»Das ist kein Fehler, Mademoiselle. Aber Sie tun sehr geheimnisvoll. Eigentlich müßte ich Sie kennen, aber ich habe Sie noch nie in Billon gesehen. Pierre Saval war doch sonst nicht so verschwiegen.«

»Das hat auch seinen Grund. Ich bin verheiratet«, gab Germaine offen zu. »Und wenn unser Verhältnis herauskommt, bevor ich geschieden bin, könnte das Pierres Karriere schaden. Begreifen Sie nun, weshalb wir unsere Verbindung geheimgehalten haben?«

»Ja, das verstehe ich«, sagte Pascal, »und ich werde auch nichts davon weitererzählen.«

»Danke sehr.«

»Aber sagen Sie, Mademoiselle, mon dieu, jetzt weiß ich noch nicht mal Ihren Namen.«

»Ich heiße Germaine Bousseau.«

»Germaine paßt zu Ihnen. Sagen Sie, Mademoiselle Bousseau, weshalb ist Ihr Freund nach England gereist?«

Pascal stellte die Frage bewußt, obwohl er die Antwort schon kannte. Aber er wollte ganz sichergehen.

»Er will irgendeinen Gegenstand besorgen. Einen Kelch.« Germaine überlegte einen Augenblick. »Ja, jetzt fällt es mir wieder ein. Den Kelch des Feuers. Seltsam, wie?«

»Das finde ich gar nicht.«

»Wieso?«

»Weil dieser Kelch des Feuers den Teufelsmönchen tatsächlich gefährlich werden kann.«

»Dann glauben Sie auch daran, Pascal?«

Der Polizist begann plötzlich zu lachen. Hämisch und abgehackt, aber auch triumphierend.

»Ja, ich glaube daran, Mademoiselle, denn ich gehöre ebenfalls zu den Teufelsmönchen.«

Hart wie Stahl waren die Worte ausgesprochen worden. Germaine zuckte zusammen. Siedendheiß fiel ihr ein, was sie vor dem Haus gespürt hatte. Ihre Ahnungen hatten sie nicht betrogen.

Pascal war aufgestanden.

Germaine verkrampfte sich. Schreckensstarr saß sie in dem Sessel und hatte den Kopf in den Nacken gelegt.

Sie starrte zu dem Polizisten hoch.

Und da sah sie das Leuchten.

Es kam aus dem Nichts, war einfach da und umschloß die Gestalt des Polizisten wie eine zweite Haut.

Grüne Funken sprühten auf. Ein scheußlicher Geruch breitete sich aus.

Die Gestalt des Polizisten verschwand, löste sich auf in einen grünen flirrenden Nebel.

Germaine sah zwar, was sich vor ihren Augen abspielte, begriff jedoch nichts. Ihr Denken war völlig ausgeschaltet.

Da wurde der grüne Nebel wieder dichter, wirbelte durcheinander. Die Fetzen formten sich zu einer Gestalt, wurden fest, verwandelten sich in Materie.

Eine braune Kutte schälte sich aus der Nebelwand. Unter der hochgezogenen Kapuze entstand ein Gesicht.

Es war nur eine grünlich schimmernde Masse mit leeren, tiefen Augenhöhlen.

Arme wurden sichtbar.

Gekrümmte Finger ragten aus den weiten Kuttenärmeln hervor. Die Hände machten ein paar rasche Bewegungen.

Und plötzlich materialisierte sich ein Gegenstand aus dem Nichts.

Eine lange Zange.

Noch immer starrte Germaine gebannt auf die gräßliche Gestalt. Ihre Augen waren weit aufgerissen. Deutlich trat das Weiße hervor. Germaine hatte die Hände zu Fäusten geballt. Die spitzen Fingernägel drangen in ihr Fleisch.

Sie stöhnte.

Und plötzlich brach der Bann. Germaine wurde klar, was der Unheimliche wollte.

Ihren Tod!

Sie sprang auf, wollte flüchten, um Hilfe schreien.

Zu spät.

Die Backen der mörderischen Zange legten sich um ihren Hals.

Germaine röchelte. Sie fiel zurück in den Sessel.

Schon schwemmten die ersten Wellen der Ohnmacht in ihr hoch, schon lief ihr Gesicht blau an, da schellte es an der Tür.

Urplötzlich war der Druck verschwunden.

Germaine würgte. Kraftlos fiel sie nach vorn, bekam das Übergewicht und prallte auf den Boden.

Wieder schrillte die Klingel.

Und gleichzeitig löste sich der unheimliche Mönch in nichts auf. »Ich komme wieder!« hörte Germaine noch eine Stimme, dann war sie allein.

»Pascal, öffnen Sie!« ertönte schwach von draußen eine Stimme. »Ich weiß, daß Sie da sind. Ich muß mit Ihnen noch mal reden.«

Gierig zog Germaine die Luft in ihre gequälten Lungen. Sie wollte etwas sagen, doch nicht einmal ein Krächzen drang aus ihrem Mund.

»Pascal, verdammt. Hier ist Inspektor Lefevre.«

Germaine kroch zur Tür. Auf allen vieren. An der Klinke zog sie sich hoch.

Die Frau taumelte in den schmalen Flur, auf die Haustür zu und riß sie auf.

»Pascal, zum Teufel, was . . .«

Inspektor Lefevre stockte. »Wer sind Sie denn, Mademoiselle?«

»Ich – ich«, würgte Germaine hervor, und dann brach sie zusammen. Im letzten Moment gelang es Lefevre, die Frau aufzufangen. Er trug sie ins Wohnzimmer und legte sie auf eine Couch.

»Das ist ein Ding«, murmelte er und zündete sich eine Schwarze an. Nachdenklich betrachtete er die Würgemale am Hals der Frau. Sie sahen genauso aus wie die an Moulins Hals, nur waren sie hier nicht so tief in das Fleisch gedrungen.

Lefevre suchte die Küche, um von dort ein Glas Wasser zu holen. Immer wieder rief er den Namen des Polizisten, doch eine Antwort erhielt er nicht.

Was war hier vorgefallen?

Der Inspektor hob Germaines Kopf an und flößte ihr behutsam etwas Wasser ein.

Es war die richtige Methode. Schon bald schlug Germaine die Augen auf, sah das Gesicht über sich und begann zu wimmern.

»Keine Angst, Mademoiselle. Ich tue Ihnen nichts.«

Lefevre sprach beruhigend auf die Frau ein. Und es dauerte nicht einmal fünf Minuten, da konnte Germaine berichten.

Und was sie sagte, riß selbst den hartgesottenen Inspektor vom Stuhl hoch.

Der Motor des Bentley schnurrte wie eine zufriedene Katze. Es tat dem Wagen gut, mal wieder richtig ausgefahren zu werden. Zu lange hatte sich John Sinclair in der letzten Zeit innerhalb der Londoner Stadtgrenzen bewegt.

Der Inspektor steuerte. Locker und entspannt saß er hinter dem Lenkrad. John gehörte zu der Art von Autofahrern, deren Konzentration auch nach fünfhundert Kilometern noch nicht nachließ.

Pierre Saval saß auf dem Beifahrersitz. Er hatte die Rückenlehne nach hinten gestellt und schlief. Die vergangenen Tage waren doch zu anstrengend gewesen.

John Sinclair fuhr ruhig und sicher. Er hatte vier Wochen Büroarbeit hinter sich und war relativ ausgeruht. Der Fall, den er zuletzt bearbeitet hatte, war schiefgelaufen. John hatte gegen einen Superverbrecher namens Dr. Tod gekämpft. Diesem Mann war es gelungen zu fliehen, und John hatte das bestimmte Gefühl, daß er bald wieder von ihm hören würde.

Der Inspektor hatte die Schnellstraße genommen. Sie war gut ausgebaut, und außerdem herrschte nicht sehr viel Betrieb.

Meile um Meile fraß der schwere Wagen. Die Abfahrten zu den einzelnen Ortschaften flogen nur so vorbei.

Nach vier Stunden Fahrt wurde Pierre Saval wach. Er blinzelte erstaunt und reckte sich. Dann setzte er sich auf.

John grinste ihn von der Seite her an. »Ausgeschlafen, Pierre?«

»Abgebrochen.«

Die beiden Männer waren in der Anrede zu den unkonventionelleren Vornamen übergegangen. John war der Meinung, daß ein gemeinsames Ziel sie stark verband.

Die Abfahrt nach Newcastle tauchte auf.

»Hier müssen wir runter«, sagte John, der sich die Strecke auf der Karte vorher angesehen hatte.

Sie kamen an eine Kreuzung.

Lilingtown – 25 miles stand auf einem Schild.

»Das ist schnell geschafft«, meinte John und zog den Wagen nach links.

Die Straße war relativ gut ausgebaut. Ab und zu fuhren sie durch kleinere Ortschaften, deren Aussehen typisch für dieses Gebiet war. Sie lagen zumeist dicht im Schatten großer Fördertürme, ein Wahrzeichen des nordöstlichen Englands.

Die Luft war dunstig, und die Sonnenstrahlen drangen nur gefiltert auf die Erde.

Bald tauchte Lilingtown auf. Es war eine Kreisstadt, direkt im Kohlengebiet. Etwa fünftausend Menschen wohnten hier, und es gab kaum eine Familie, die nicht irgendwie mit der Kohle oder ihrer Aufbereitung zu tun hatte.

Sie passierten die tristen Vorortsiedlungen und kamen dann in das Zentrum.

Es gab einen Marktplatz, um den sich zahlreiche Geschäfte gruppierten. Auch das Rathaus befand sich in der Nähe. Es lag in einer Seitenstraße.

Hier wollten John und Pierre hin.

Einen Parkplatz fanden sie auf Anhieb. Die Männer reckten sich ausgiebig, bevor sie durch die spitzbogige Tür schritten. Sie hatten Glück, denn es war kurz vor Feierabend. John hatte schon befürchtet, es nicht mehr rechtzeitig zu schaffen.

Der Auskunftsbeamte wurde direkt freundlich, als John ihm seine Legitimation präsentierte.

Er fragte nach den Wünschen des Inspektors.

John wollte einen Kulturbeamten der Stadt sprechen.

Das Gesicht des Auskunftsknaben hellte sich auf. »Sie haben Glück, Sir. Mister Crawford befindet sich noch im Hause. Aber ob er Sie um diese Zeit noch empfängt?«

»Versuchen Sie es wenigstens.«

Der Knabe rief an und vollführte einige Verbeugungen, während er mit dem zuständigen Beamten sprach.

Dann durften John und Pierre hinaufgehen.

»So muffig riecht es bei uns aber nicht«, meinte Pierre und verzog das Gesicht, weil ihm der Bohnerwachsgeruch in die Nase gestiegen war.

John zuckte die Achseln. »Man gewöhnt sich an alles.«

In Mister Crawfords Vorzimmer wurden sie von einem spitznasigen und blassen Assistenten empfangen, dessen Stimme so leise war, daß man zweimal hinhören mußte, um sie überhaupt zu verstehen.

»Mister Crawford erwartet Sie. Aber halten Sie ihn nicht zu lange auf. Mister Crawford hat einen sehr schweren Tag hinter sich, und ich weiß nicht . . .«

John winkte ab. »Ja, ja, ich kenne mich da aus. Bin schließlich selbst Beamter.«

Der Bleiche überhörte den Spott und riß dienernd die Tür auf.

»Kommen Sie rein, Gentlemen«, sagte Crawford mit dröhnender Stimme.

Es war das krasse Gegenteil seines Assistenten. Massig, hemdsärmelig und direkt. Über seinem nicht unbeträchtlichen Bauch spannten sich zwei breite Hosenträger.

»Setzen Sie sich doch«, sagte Crawford und deutete auf eine kleine Sesselgruppe. »Was führt Sie zu mir?«

»Das ist mit wenigen Worten erklärt«, erwiderte John und erzählte von den Aufzeichnungen, die er und Pierre gelesen hatten.

Crawfords Gesicht wurde immer länger. Zum Schluß verschwand auch noch die gesunde Farbe darin und machte einer kalkigen Blässe Platz.

»Sie wollen zu der Kapelle?«

»Ja.« John hob die Schultern. »Ist das so etwas Außergewöhnliches?«

»Das kann man wohl sagen.« Crawford wischte sich mit dem Tuch über die Stirn. »In der Kapelle spukt es. Das Ding ist verhext, verstehen Sie? Ich will Ihnen mal was sagen. Keiner der Leute hier traut sich in die Umgebung der Kapelle. Noch nicht einmal am Tage, und das soll was heißen. Außerdem sind die Bewohner alles andere als ängstlich, aber mit diesen übersinnlichen Sachen, da will keiner was zu tun haben. Und ich kann Ihnen nur den guten Rat geben, halten Sie sich von der Kapelle fern. Mehr brauche ich nicht zu sagen.«

John nickte. »Das ist ja alles schön und gut, daß Sie uns warnen. Aber von unserem Entschluß können Sie uns nicht abbringen. Deshalb möchte ich Sie bitten, uns den genauen Weg zu erklären.«

Crawford zögerte noch. Schließlich sagte er: »Gut, ich bin nicht für Sie verantwortlich. Aber eins sage ich Ihnen: Sprechen Sie mit niemandem darüber, daß Sie zu der Kapelle fahren wollen. Es heißt, wenn sich jemand dort hineinwagt, passiert irgendein

Unglück. Die Menschen hier würden es Ihnen übelnehmen. Aber was wollen Sie da eigentlich?«

John, der den Beamten richtig eingeschätzt hatte, zuckte bedauernd die Achseln. »Das ist leider eine geheime Kommandosache des Yards. Ich gehöre außerdem einer Sonderabteilung an, die sich mit ungewöhnlichen Fällen beschäftigt. Und im Zuge einer Aufklärungsaktion spielt die Kapelle eine Rolle.«

Crawfords Augen verengten sich. »Sind Sie zufällig der Mann, der vor einiger Zeit diesen Cyrus Quant verhaftet hat?«

»Ja.«

»Alle Achtung. Ich war damals gerade nicht hier. Aber die schottischen Kollegen haben viel von Ihnen erzählt. Na, dann ist der Fall ja bei Ihnen in besten Händen.«

»Ich will es hoffen.«

»Am besten ist es, ich zeichne Ihnen die Strecke zu der Kapelle auf«, sagte Crawford. »Sie liegt nämlich ziemlich einsam, und so ohne weiteres finden Sie da gar nicht hin.«

Crawford holte aus einem Schreibtisch ein Blatt Papier und einen Kugelschreiber. Während er zeichnete, rauchten John und Pierre eine Zigarette.

Es dauerte fast zehn Minuten, bis Crawford fertig war. »Ein Meisterwerk ist es ja nicht«, sagte er, »aber ich hoffe, Sie werden schlau daraus. Passen Sie auf.«

Die Männer steckten die Köpfe zusammen. Einige Minuten später steckte John den Zettel ein.

Crawford warnte sie noch mal eindringlich, ehe sie sich verabschiedeten.

Sie ahnten nicht, daß ihr Gespräch belauscht worden war und daß dieser unbekannte Lauscher alles daransetzen würde, Pierre und Johns Besuch in der Kapelle zu verhindern . . .

Crawfords bleicher Assitent zog sich von seinem Lauscherposten zurück.

Er hatte genug gehört.

In seinen Augen glänzte es fanatisch, als er das Rathaus verließ. Den Gruß des Beamten an der Auskunft hörte er gar nicht.

Der bleiche Mann hieß Hugh Morton. Er war ein Typ, der sich

überall anpassen konnte, aber hinter dem Rücken seines jeweiligen Vorgesetzten geschickt intrigierte.

Jetzt war es soweit. Crawford hatte zwei Fremden den Weg zu der Kapelle erklärt. Etwas, das nicht geschehen durfte, denn die Kapelle war tabu. Niemand durfte dorthin.

Hugh Morton lief durch die Straßen von Lilingtown. Er wußte, wohin er sich zu wenden hatte. Es gab ein Lokal, in dem sich abends zahlreiche Bürger trafen und bei denen seine Worte auf fruchtbaren Boden fallen würden.

Zehn Minuten später hatte Morton die Kneipe erreicht. Es war ein Kellerlokal, ziemlich groß und schon über einhundert Jahre alt.

Als Morton eintrat, war das Lokal fast voll. Stimmengewirr empfing den Bleichen.

Er ging sofort zu der langen Theke und flüsterte mit dem Wirt. Dabei redete er mit Händen und Füßen.

Der Wirt nickte ein paarmal und verzog das Gesicht. Schließlich verließ er seinen Platz hinter dem Tresen und trat an einen der großen Tische.

Morton verschwand in einem Hinterraum.

Wenige Minuten später gingen zehn Männer auf die Tür zu. Leute, die bereit waren, Mortons Worten zu folgen . . .

Ein kleines Gasthaus befand sich direkt gegenüber.

John und Pierre spürten auf einmal, wie groß ihr Hunger war. Schließlich waren sie stundenlang, ohne eine Pause einzulegen, durchgefahren.

»Einen Happen könnte ich gebrauchen«, sagte John.

»Und ich erst.«

Sie bestellten beide das gleiche. Ein Pfannengericht, bestehend aus Eiern, Kartoffeln und Speck. Es war gut gewürzt, schmeckte ausgezeichnet und sättigte auch. Dazu tranken sie Ale, englisches Bier.

Pierre verzog ein paarmal das Gesicht. »Ein Burgunder ist mir lieber«, meinte er.

John lachte. »Wenn ich ehrlich sein soll, mir auch.«

Der Inspektor holte noch mal die von Crawford angefertigte Karte aus der Tasche.

»Scheint ja eine verflucht einsame Gegend zu sein«, meinte Pierre.

John nickte nur. Er überlegte bereits, wie er in die Kapelle eindringen konnte. Es war eine Tatsache, daß die Dämonen und finsteren Mächte einen magischen Ring um die Kapelle gelegt hatten. Einen Ring, den niemand durchbrechen konnte, wenigstens nicht mit normalen Mitteln. Aber John hatte vorgesorgt. Er hatte seinen Spezialkoffer mitgenommen, der mit zahlreichen Waffen gefüllt war, die, setzte man sie richtig ein, absolut tödlich für Dämonen waren. Man mußte allerdings damit umgehen können. Außerdem wußte John längst nicht, welche Überraschungen auf ihn und Pierre lauerten.

John rief den Wirt herbei und zahlte. Dann ging es wieder weiter.

Pierre saß auf dem Beifahrersitz und hielt die provisorische Karte in den Händen. Er gab die Anweisungen, wie John zu fahren hatte.

Längst war es dunkel geworden. Ein bedeckter Himmel spannte sich über dem Land.

John rauchte. Er war tatsächlich nervös, etwas, was bei ihm selten vorkam.

Irgendeine Ahnung sagte ihm, daß nicht alles glatt verlaufen würde, daß in dieser Nacht der Satan zu einem großen Tanz rief.

Wäre John allein gewesen, er hätte sich längst nicht solche Sorgen gemacht. Aber neben ihm saß Pierre Saval, ein Mann, der kaum mit den Mächten der Finsternis in Berührung gekommen war und sich unter Umständen völlig falsch verhalten konnte.

»Was auch immer geschieht, Pierre«, sagte John. »Sie halten sich zurück, am besten sogar ganz heraus. Es gibt Dinge, die Sie nicht begreifen, und wenn die eintreten, könnten Sie falsch reagieren.«

»Schon gut, John. Ich werde Ihnen schon nicht zur Last fallen.«

»So war das nicht gemeint.«

Die Straße machte jetzt einige Kurven. Sie waren nicht durch Schilder angezeigt, und John mußte mit der Geschwindigkeit heruntergehen.

»Die nächste links«, sagte Pierre.

John betätigte das Blinklicht und bog ab.

»Das ist der direkte Weg zu der Kapelle«, sagte Pierre Saval. »Richtig unheimlich hier.«

Der junge Bürgermeister hatte recht. Die Straße war schmal und zu beiden Seiten dicht mit Bäumen bewachsen. Die Zweige trafen sich über der Straße und bildeten ein grünes Dach.

Die starken Scheinwerfer des Bentley zerteilten die Dunkelheit. Ab und zu huschte ein Tier über die schmale Straße.

Plötzlich stieß Pierre einen leisen Ruf aus.

»Da, sehen Sie doch, John.«

Der Inspektor hatte es im selben Augenblick erkannt. Quer über der Fahrbahn lag ein Baumstamm.

John trat auf die Bremse.

Der Bentley stand. Zwei, drei Yards trennten ihn noch von dem Stamm.

»Sollte das die erste Dämonenfalle sein?« flüsterte Pierre Saval.

John schüttelte den Kopf. »Nein, Dämonen gehen anders vor. Das hier sieht mir eher nach Menschenwerk aus.«

Die folgenden Sekunden gaben ihm recht.

Wie Schemen tauchten sie zu beiden Seiten der Straße auf.

Zehn Männer. Und jeder von ihnen war bewaffnet. Etwa die Hälfte von ihnen trug Gewehre. Die anderen hielten Knüppel oder ähnliche Schlaginstrumente in den Fäusten.

Wie eine Kompanie Soldaten nahmen sie vor dem Bentley Aufstellung. Ihre Gesichter sahen im Licht der Scheinwerfer kalkig aus.

»Was wollen die von uns?« fragte Pierre.

»Das werden wir gleich sehen.«

John schaltete auf Standlicht und stieg aus.

»Können Sie mir verraten, was dieser Zirkus bedeuten soll?« Die Stimme des Inspektors klang schneidend.

Ein hochgewachsener Mann trat vor. Er trug eine zerknautschte Lederjacke und hielt ein Gewehr in seinen schwieligen Händen.

»Ihr kommt hier nicht weiter!« knurrte er. »Los, fahrt zurück.«

John blieb weiterhin gelassen. »Darf ich wenigstens den Grund erfahren?«

»Ja, das können Sie. Die Kapelle ist für Sie tabu. Da gibt's nichts. Seit Jahren hat kein Sterblicher mehr die Kapelle betreten. Sie ist ein Hort der Geister und Dämonen. Und das soll sie auch bleiben.«

»Sie wissen, daß ich vom Yard bin.«

Der Mann nickte.

»Dann ist Ihnen auch bekannt, daß Sie sich strafbar machen,

wenn Sie einen Beamten an der Ausübung seines Dienstes hindern.«

»Das spielt keine Rolle.«

John hatte geahnt, daß er hier auf Granit beißen würde. Aber noch versuchte er es im Guten.

»Wer hat Ihnen denn gesagt, daß wir zu der Kapelle wollen? Etwa Mister Crawford?«

»Nein.«

»Wer denn?«

»Ich, Inspektor.«

John wandte den Kopf. Aus einem Gebüsch trat Crawfords Assistent, der Bleiche. Er trug einen langen Mantel und hatte beide Hände in die Tasche geschoben. Sein Gesicht zeigte einen höhnischen Ausdruck.

»Sie also«, sagte John. Er musterte den Kerl von oben bis unten. Dann verzogen sich seine Lippen. »Daß Sie ein Schleicher sind, habe ich mir von vornherein gedacht. Aber daß Sie so mies sind, erstaunt mich ehrlich gesagt doch. Und jetzt spielen Sie nicht mehr verrückt, und sagen Sie den Männern, daß sie den Baumstamm wegräumen sollen, damit wir durchkönnen. Ich werde die Sache dann nicht weitermelden und vergessen.«

Hugh Morton lachte. Mit zehn Männern im Rücken fühlte er sich stark. »Der Baumstamm bleibt«, sagte er.

John biß sich auf die Lippen. Jetzt stand fest, daß er im Guten hier nicht durchkam. Aber er konnte auch unmöglich die Methoden anwenden, die im Wilden Westen üblich waren. Eine Schießerei wäre das letzte gewesen. Also mußten sie umkehren. Vielleicht gab es noch einen anderen Weg.

Der Inspektor blickte noch einmal die Front der Männer entlang. Auf Hugh Morton blieb sein Blick etwas länger haften. »Wir sprechen uns noch, Mister«, sagte John.

Er wandte sich um und ging die paar Schritte bis zu dem Bentley.

Pierre Saval hatte seinen Kopf aus dem heruntergelassenen Seitenfenster gesteckt. Seine Lippen verzogen sich, als John die Tür aufzog.

»Mist, was?«

»Wir müssen einen anderen Weg finden, Pierre«, sagte der Inspektor und wollte sich in den Wagen setzen.

Da hielt ihn die Stimme des Anführers zurück. »Einen Augenblick noch, Inspektor. Wie ich die Bullen kenne, versuchen sie immer einen Trick. Und um dem aus dem Weg zu gehen, werden drei Männer von uns mit Ihnen fahren. Ihr Wagen ist groß genug.«

Langsam stieg in John Sinclair die Wut hoch. Was bildeten diese Typen sich eigentlich ein? Spielten sich auf wie die Herren und kommandieren noch einen Polizeiinspektor herum.

Innerhalb von Sekunden stand Johns Plan fest. Doch zuvor ging er scheinbar auf den Vorschlag des Anführers ein.

»Sie sitzen wohl am längeren Hebel«, sagte John und hob die Schultern. »Wer von Ihnen will uns begleiten?«

Der Anführer in der zerknautschten Lederjacke wandte den Kopf. »Pete und Ken, ihr fahrt noch mit mir.«

Zwei Männer, die ihrem Anführer in Körpergröße in nichts nachstanden, lösten sich aus der Reihe. Auch sie waren mit Gewehren bewaffnet.

In ihren Augen funkelte es. Anscheinend machte es ihnen höllischen Spaß, einen Polizisten nach ihrer Pfeife tanzen zu lassen.

Hugh Morton rieb sich die Hände. Diese Tat würde sein Ansehen steigern.

Der Anführer ging auf John zu. Das Gewehr hatte er locker in seiner Armbeuge liegen. Die Mündung zeigte an dem Inspektor vorbei.

Pete und Ken hielten sich noch ein wenig zurück. Von ihnen drohte keine direkte Gefahr.

John tat, als wolle er sich abwenden, doch urplötzlich kreiselte er herum.

Ehe sich der Anführer versah, hatte John ihm den rechten Arm zur Seite geschlagen. Gleichzeitig packte er den anderen Arm, riß ihn hoch und wandte den Polizeigriff an. Mit der freien Hand zog John seine mit Silberkugeln geladene Pistole. Die Mündung drückte er dem Mann in den Nacken.

Der Kerl stöhnte. Wenn er sich nur um einen Zentimeter vorbeugte, ließen ihn die Schmerzen erstarren. Dazu spürte er den kalten Druck der Pistolenmündung in seinem Nacken.

Seine Helfer standen wie festgewachsen. Auch die zwei, die ihn begleiten sollten.

Natürlich hätte John es nie fertig gebracht zu schießen, aber das wußten die Männer ja nicht.

Der Anführer stöhnte und preßte einen Fluch zwischen den Lippen hervor.

»Ich glaube, das Blatt hat sich gewendet«, sagte John. »Ihr werdet jetzt das tun, was ich sage. Los, räumt den Baumstamm weg!«

Die Männer zögerten.

»Laßt euch doch von dem nicht fertigmachen«, jetzte Hugh Morton. »Der wird sich hüten, zu schießen.«

Da griff Pierre Saval ein. Er hatte den Bleichen sowieso in sein Herz geschlossen.

Mit einem Satz war Pierre aus dem Wagen und sprang auf Morton zu.

Noch im Laufen feuerte er eine Rechte ab.

Pierre traf voll. Morton wurde über die halbe Fahrbahn bis in ein Gebüsch geschleudert. Dort blieb er auf dem Rücken liegen und rührte sich nicht mehr.

Pierre rieb sich die Knöchel. »Hat noch jemand Bedarf?«

Die Männer schwiegen.

John mußte grinsen. Dieser Bürgermeister hatte Mumm, das mußte man ihm lassen.

Schweigend machten sich die Männer daran, die Straße zu räumen. Ihre Waffen legten sie weg. Pierre sammelte sie ein und warf sie in den Wald.

Zehn Minuten dauerte es, dann war die Straße wieder frei.

John ließ den Anführer los und gab ihm einen Stoß, so daß er auf die Männer zutaumelte. Mit vorgehaltener Waffe ging der Inspektor rückwärts zu seinem Wagen.

Pierre saß schon drin. Er hatte den Motor angelassen.

John schwang sich auf den Sitz und ließ den Bentley anrollen. Die Männer standen zu beiden Seiten der Straße. Drohend schüttelten sie die Fäuste.

»Das wäre überstanden!« stöhnte Pierre. »Hätte leicht ins Auge gehen können.«

John zuckte die Achseln. »Denken Sie daran, was uns noch erwartet. Da war das hier ein Kinderspiel . . .«

Der Polizist Pascal war tatsächlich nirgendwo in Billon aufzutreiben.

Inspektor Lefevre wurde langsam sauer. Was die Frau ihm erzählt hatte, das konnte er nicht glauben. Dafür war er zu sehr Realist. Es mußte eine andere Möglichkeit geben.

Muller, Lefevres Assistent, wartete auf seinen Chef in der Bar des Hotels, in dem sie sich einquartiert hatten. Muller hatte tiefe Ringe unter den Augen. Seine Krawatte hing schief, und die langen Finger umklammerten eine Zigarette.

Muller war der einzige Gast an der Bar. Der Wirt gähnte schon diskret.

Lefevre nahm den Hocker neben Muller. Der Inspektor bestellte sich einen Roten.

»Na, Muller, was herausgefunden?«

Der schlaksige Assistent schüttelte den Kopf.

»Keiner will was gesehen haben. Sie wollten doch diesen Polizisten suchen. Haben Sie ihn gefunden?«

Lefevre lachte auf. Dann begann er zu berichten.

Muller vergaß sogar, an seiner Zigarette zu ziehen, so überrascht war er.

»Und diese Germaine hat tatsächlich den Kerl gesehen?«

»Ja. Sie behauptet das wenigstens. Was ich davon halte, ist Ihnen doch hoffentlich klar. Nämlich nichts. So, und jetzt lege ich mich ins Bett. Setzen Sie die Getränke auf die Rechnung«, sagte Lefevre zu dem Wirt und rutschte vom Hocker.

Muller folgte dem Beispiel seines Chefs.

Die Männer gingen gähnend die Treppe zum ersten Stock hoch. Ihre Zimmer lagen einander gegenüber. Es waren einfache, saubere Räume, ohne Dusche, dafür mit einem Waschbecken.

Lefevre und Muller hatten noch einige Minuten auf dem Gang miteinander gesprochen und sich dann getrennt.

Muller war noch müder als sein Chef. Er haßte den Nachtdienst und würde sich wohl nie in seinem Leben daran gewöhnen können.

Muller warf seine Sachen in die Ecke und legte sich ins Bett. Er schlief sofort ein.

Er wußte nicht, wie lange er so gelegen hatten, als ihn ein hohles Kichern aus dem Schlaf riß.

Augenblicklich setzte sich Muller auf.

Die Dunkelheit umgab ihn wie ein Tuch. Nur aus dem kleinen Fenster drang etwas Mondlicht. Es zeichnete ein helles Rechteck auf den Holzfußboden.

Wieder hörte er das Kichern.

Muller räusperte sich und strich seine dunkelbraune Haarmähne aus der Stirn.

»Ist hier jemand?«

Seine Stimme klang rauh und kratzig.

Keine Antwort. Nur wieder das Kichern.

Muller wurde es mulmig zumute. Er tastete nach der Nachttischlampe, drückte auf den Knopf.

Es kam kein Licht!

Muller versuchte es nochmals. Wieder ohne Erfolg.

Da hörte er eine Stimme. »Sie haben mich doch gesucht, mein Bester. Nun, hier bin ich!«

Muller fühlte, wie er sich verkrampfte. Sein Magen schien auf einmal größer zu werden und bis zu seinem Hals hinaufzuwandern. Langsam stieg das Grauen in ihm hoch. Lefevres Berichte fielen ihm wieder ein.

Die Toten! Sollten sie wirklich . . .?

Muller wagte nicht daran zu denken.

Auf einmal sah er das Leuchten. Es war mehr ein grünliches Flimmern, das direkt vor seinem Bett schwebte.

Das Flimmern wurde stärker, leuchtete jetzt das gesamte Zimmer aus. Konturen schälten sich hervor.

Ein menschlicher Körper entstand.

Und dann stand er vor ihm.

Roger Moulin!

Muller hatte Bilder von dem Toten gesehen, und er war hundertprozentig sicher, daß Moulin es auch war.

»Nun, Monsieur?« sagte Moulin, »Sie wollten doch was von mir. Bitte, ich stehe Ihnen zur Verfügung. Sie haben die einmalige Chance, einen Toten zu befragen. Zehn Minuten gebe ich Ihnen, dann werde ich Sie töten.«

Muller zitterte wie Espenlaub, als er die Worte vernahm.

Zehn Minuten, dröhnte es in seinem Kopf. Zehn Minuten.

Plötzlich versagte seine Stimme, fiel ihm nichts mehr ein. Wie leergepumpt war sein Gehirn.

Die Zeit verstrich. Noch immer starrte Muller gebannt auf die Gestalt aus dem Totenreich.

»Nun, Monsieur?« hörte er wieder die Stimme.

Muller atmete schneller. Langsam merkte er, wie die Starre von ihm abfiel. Er hob den Arm, wollte nach der Gestalt greifen.

Er faßte hindurch!

Der Körper war nicht existent. Es war nur der Geist.

Muller erschrak bis ins Mark. Die Haare standen ihm zu Berge. So sah es also aus.

Er kam nicht mehr weiter mit seinen Gedanken.

Die Gestalt vor ihm begann sich zu verwandeln. Wieder setzte das Leuchten ein. Das Gesicht, die Haut – alles zerfiel, wurde zu einer schwammigen Masse, die grünlich fluoreszierte. Leere Augenhöhlen glotzten den armen Muller an.

Doch das schlimmste war die Zange, die die unheimliche Gestalt plötzlich in der Hand hielt.

Muller dachte daran, was ihm Lefevre erzählt hatte. An die Würgemale, die an Germaine Bousseaus Hals zu sehen gewesen waren. Und ihm wurde sofort klar, welches Schicksal ihm zugedacht worden war.

Der Unheimliche hob die Zange. Die braune Kutte raschelte nicht einmal, als sie bewegt wurde.

Alles war unwirklich, geisterhaft . . .

Der Mönch trat einen Schritt vor. Weit waren die beiden Backen der Zange geöffnet.

Sie näherten sich Mullers Hals. Ein hohles Kichern drang aus der Mundhöhle des Mönches.

Wieder war ihm ein Opfer sicher.

Muller rutschte zurück, spürte auf einmal die Wand in seinem Rücken, und ihm wurde klar, daß es kein Entrinnen mehr aus dieser Falle gab.

Der Mann hatte den Mund weit aufgerissen. Die Augen traten ihm aus den Höhlen.

In einer verzweifelten Geste streckte er den Arm aus, berührte die Zange.

Der Mönch lachte. Hämisch, kichernd, siegessicher.

Aber es war auch noch etwas anderes geschehen. Es schien, als hätte die Berührung mit der Zange Muller wieder in die Wirklichkeit zurückgerissen.

Vorbei war die Lähmung, die Starre.

Und in der nächsten Sekunde drang aus Mullers Kehle ein markerschütternder Angstschrei . . .

Der verzweifelte Angstschrei seines Kollegen riß Inspektor Lefevre aus dem Schlaf.

Blitzschnell fuhr er in seinem Bett hoch.

Noch immer hallte das Echo des Schreis in seinen Ohren. Kein Zweifel, das war Muller gewesen, und er mußte sich in Lebensgefahr befinden.

Lefevre sprang aus dem Bett. Gleichzeitig schlug er mit der flachen rechten Hand auf den Schalter der Nachttischlampe.

Licht vertrieb die Dunkelheit aus dem Zimmer.

Lefevre hatte seine Kleidungsstücke über die Lehne eines Stuhls gehängt. Die Pistole lag unter dem Hemd.

Lefevre packte sich die Waffe und entsicherte sie, während er zur Tür rannte, sie aufriß und in den stockdunklen Gang starrte.

Da wurde von unten das Licht angeknipst. Die trüben Birnen an der Decke flackerten auf.

Stimmen und Schritte waren zu hören. Mindestens zwei Personen hasteten die Treppe hinauf.

»Bleiben Sie unten!« donnerte Lefevres Stimme. Der Inspektor rüttelte mit der rechten Hand an der Türklinke zu Mullers Zimmer.

Abgeschlossen.

Lefevre fluchte unterdrückt, hob dann die Pistole.

Es war ein einfaches Schloß. Man konnte es ohne große Mühe herausschießen.

Lefevre feuerte.

Zweimal peitschten die trockenen Schüsse der Mauser.

Holz splitterte. Lefevre hatte schräg nach unten gehalten, um nur nicht seinen Assistenten zu verletzen.

Mit seinem vollen Körpergewicht warf sich Lefevre gegen das Holz. Mitsamt der Tür flog er nach innen wie von einem Katapult abgefeuert.

Lefevre krachte gegen den Schrank, der in seinen Grundfesten erzitterte, jedoch nicht umkippte.

Lefevre warf sich auf den Rücken. Die Pistole hielt er in der Rechten.

Das Grauen sprang ihn an.

Aus dem Flur fiel genügend Licht, um alles erkennen zu können.

Der Inspektor sah die Schreckenskreatur, die über Muller gebeugt dastand.

Jetzt wirbelte der unheimliche Mönch herum. Die Backen der Mörderzange lösten sich von Mullers Hals.

Inspektor Lefevre stöhnte auf. Er sah direkt in das formlose Gesicht des Mönches, das grünlich schimmerte.

Die Mundhöhle klaffte auseinander. Ein grausames Kichern drang dem Inspektor entgegen.

Da zog er durch. In rasender Folge verließen vier Kugeln die Pistole, zischte dem Ungeheuer entgegen – und . . .

Inspektor Lefevre glaubte, den Verstand zu verlieren. Die Geschosse waren durch den Körper des Mönches gerast und steckten plattgedrückt im Mauerwerk der Zimmerwand.

»Du Wurm!« höhnte der Mönch. »Wage es nicht noch einmal, dich in unsere Angelegenheiten zu mischen.«

Der Unheimliche hatte das letzte Wort kaum ausgesprochen, da wurde seine Gestalt durchscheinend.

Einen Lidschlag später hatte sie sich aufgelöst.

Inspektor Lefevre wischte sich mit dem Ärmel seiner Pyjamajacke über die Augen. Narrte ihn ein Spukbild – oder . . .?

Die Gestalt blieb verschwunden.

Lefevre stand auf. Mit unsicheren Schritten ging er auf das Bett zu, knipste die Lampe an. Diesmal funktionierte sie.

Muller sah wächsern aus. Dunkelrot traten die gräßlichen Würgemale an seinem Hals hervor. Die Schlafanzugjacke war zerfetzt. Die Lippen zuckten. Röchelnd ging sein Atem. Der Mann brauchte sofort einen Arzt.

Lefevre fiel ein Stein vom Herzen. Muller, sein Assistent, lebte.

Der Inspektor wandte sich um, trat an das Waschbecken, um ein Glas Wasser zu holen.

Neugierige Gesichter starrten in den Raum. Lefevre erkannte den Wirt und einen Hausgehilfen.

»Was ist geschehen?« fragte der Wirt mit krächzender Stimme und warf einen scheuen Blick auf Muller.

Sein Gehilfe hielt einen dicken Knüppel in der Hand.

Lefevre winkte ab und steckte die Pistole in seine Pyjamajacke, die durch das Gewicht weit nach unten gezogen wurde.

»Nichts, was Sie interessieren könnte, Messieurs.«

»Aber Sie haben geschossen, Monseur l'Inspecteur.«

Lefevre wurde ärgerlich. »Ja, ich habe geschossen. Und ich bin Ihnen keine Rechenschaft deswegen schuldig. Gute Nacht, Messieurs.«

Eingeschüchtert zogen sich die beiden Männer zurück.

Lefevre kam endlich dazu, das Glas mit Wasser zu füllen. Er hielt es Muller an die Lippen.

Sein Assistent begann unbewußt zu schlucken. Schon wenig später schlug er die Augen auf. Sein Blick war noch immer von dem erlebten Grauen gezeichnet.

»Inspektor!« ächzte er, »ich . . .«

»Bleiben Sie liegen, Junge«, sagte der fast doppelt so alte Lefevre väterlich und flößte seinem Assistenten wieder einen Schluck Wasser ein.

Muller tastete nach seinem Hals und verzog das Gesicht. »Dann krächzte er: »Wenn ich Ihnen erzähle, was mir passiert ist, werden Sie mich für total übergeschnappt halten.«

Lefevre schüttelte nachdenklich den Kopf. »Ich glaube nicht, Muller . . .«

Pierre Saval hielt John Sinclair am Arm fest.

»Hören Sie nichts, Inspektor?« flüsterte er.

John schüttelte den Kopf, blieb stehen und spitzte die Ohren.

Aber da war nur das Raunen des Windes, der durch das Blattwerk der Bäume strich. Oft rieben die Blätter gegeneinander. Dann gab es raschelnde Geräusche.

John nickte dem jungen Franzosen zu. »Kommen Sie, Pierre, wir gehen weiter.« John teilte die Zweige eines Gebüsches. »Und verlieren Sie nur nicht die Nerven.«

»Nein, nein. Keine Angst, Inspektor.«

John hörte an Pierres Stimme, wie nervös der Bürgermeister eigentlich war. Er hatte schon mit dem Gedanken gespielt, Pierre zurückzulassen, dann aber diese Idee wieder verworfen.

Momentan befanden sie sich in einem dichten Waldgebiet. Jahrzehntelang hatte hier die Natur ungestört wachsen können. Es gab keinen Weg, nicht einmal einen Wildwechsel. Nur dichtes, sperriges Unterholz, das manchmal so ineinander verfilzt war, daß kein Durchkommen möglich war. Die Männer mußten sich dann jedesmal einen anderen Weg suchen.

Den Wagen hatten sie auf einem Feldweg einigermaßen gut getarnt stehen gelassen. Zu Fuß waren sie dann weitergegangen. John kam sich manchmal vor wie ein Dschungelkämpfer. Nur war der nächtliche Dschungel erfüllt von Hunderten von Tierstimmen. Doch hier war nichts. Es schien, als fürchte sich selbst die Tierwelt vor den Dämonen.

John hatte seinem Koffer einige Dämonenbanner entnommen. Unter anderem befand sich auch ein silberner Drudenfuß darunter. John hatte ihn erst vor drei Tagen von seinem Freund Mandra Korab geschickt bekommen. Mandra Korab war Inder und kämpfte genau wie John Sinclair gegen die Mächte der Finsternis. Vor nicht allzu langer Zeit hatten die beiden gemeinsam ein gefährliches Abenteuer überstanden. Der Drudenfuß in Johns Innentasche fühlte sich warm an. Er schien förmlich zu leben.

Die Männer drangen weiter vor. Die starken Strahlen der Taschenlampe rissen wenigstens die gröbsten Hindernisse aus der Dunkelheit.

Immer dichter wurde das Unterholz, und John hatte plötzlich das Gefühl, daß sie bald am Ziel waren.

Tatsächlich.

John merkte, wie es bergauf ging. Soviel er wußte, lag die Kapelle auf einem Hügel.

Ein dichter Buschgürtel schützte sie vor neugierigen Blicken. An den Zweigen der Sträucher zogen sich die beiden Männer hoch.

Dann lag die Kapelle vor ihnen.

Es war eine Insel, mitten in dem verfilzten Unterholz. Ein voller Mond stand am Himmel und ließ die Umrisse der Kapelle klar und deutlich – wie bei einem Scherenschnitt – erkennen.

Für einige Augenblicke blieben die Männer stehen.

»Das ist sie also«, raunte Pierre Saval und konnte nicht vermeiden, daß ihm eine Gänsehaut über den Rücken rieselte.

Der Inspektor nickte. Er hatte die Augen leicht zusammengekniffen und ließ die unheimliche Atmosphäre auf sich einwirken.

Totenstill war es. Nicht ein Lüftchen regte sich. Johns Blick wanderte an der Vorderfront der Kapelle hoch. Sie war glatt und, wie es aussah, aus dicken Steinen erbaut. Eine stabile Holztür verwehrte den Eingang.

Doch etwas war seltsam.

Rechts und links der Tür – auf zwei Sockeln – standen Steinfiguren, wie sie John in dieser Art noch nie gesehen hatte.

Es waren Ungeheuer, Monster.

Das rechte sah aus wie eine asiatische Göttin. Sechs Arme standen wie Spinnenfinger vom Körper ab. Der Kopf war glatt und kahl. Ein Gesicht gab es nicht.

Das andere Monster erinnerte an einen Vogel mit zwei langen Hälsen. Scharf und spitz stachen die langen Schnäbel hervor.

Auch Pierre hatte die Monster gesehen. »Was hat das zu bedeuten?« fragte er unsicher.

»Es sind die Wächter der Kapelle«, erwiderte John. »Wesen, wie sie nur der Satan zeugen kann.«

Pierre erschauderte. »Wie wollen Sie in die Kapelle reinkommen, John? Die Tür wird verschlossen sein.«

»Dann schlage ich eben ein Fenster ein.«

»Falls es welche gibt.«

»Glaube schon. Aber wir können ja nachsehen.«

John ging vor. Rings um die Kapelle herum war der Boden kahl und wirkte wie abgebrannt.

Steine knirschten unter Johns Tritten.

Der Inspektor spürte, wie die Spannung in ihm wuchs. Irgend etwas würde geschehen, das fühlte er.

Immer näher kam er der Tür.

Inspektor Sinclair warf einen Blick über die Schulter. Pierre war ihm nicht gefolgt. Geduckt stand er auf seinem Platz und wartete. Der Lampenstrahl lag auf der Wand der Kapelle.

John hatte seine Taschenlampe ausgeschaltet und weggesteckt. Er wollte Bewegungsfreiheit haben.

Jetzt hatte er die Tür erreicht. John sah die Schnitzereien in dem dicken Holz und erkannte darin Symbole aus dem Reich der Dämonen und Schwarzen Magie. Schon allein diese Tür erwies sich als unaufbrechbare Sicherung.

Die Klinke bestand aus Metall und war gebogen.

John berührte sie mit der rechten Hand, wollte sehen, ob die Tür nicht doch offen war.

Sofort brüllte er auf.

Wie ein Stromstoß raste der Schmerz durch seinen Arm, pflanzte sich in Bruchteilen von Sekunden weiter fort – und wurde plötzlich abgebremst.

Etwas Unerklärliches war passiert.

John Sinclair hing an der Klinke fest. Seine rechte Körperseite war völlig gelähmt.

Inspektor Sinclair war ein Gefangener der Kapelle geworden.

Aber noch etwas geschah.

Es begann mit einem dumpfen Brausen, das bald zu einem Heulen anschwoll.

John, der sein schmerzverzerrtes Gesicht zur Seite gewandt hatte, sah, daß Pierre Saval zusammenzuckte und einen entsetzten Ruf ausstieß.

»Inspektor!« gellte seine Stimme. »Die Monster, sie – sie bewegen sich. Die steinernen Ungeheuer kommen! Wir sind verloren!«

Pierre wollte weglaufen, doch eine unsichtbare Hand schien ihn zurückzuhalten. Gebannt blieb er auf der Stelle stehen.

John riß den Kopf in den Nacken.

Kleinere Steine lösten sich, fielen neben ihm zu Boden.

Da sah er den Schatten.

Der Vogel mit den beiden Hälsen war als erster aus seiner steinernen Starre erwacht. John hörte das Schlagen der Flügel und das heisere Gekrächze.

Mit riesigen Schwingen stieß der Dämonenvogel gegen den schreckensstarren Pierre Saval vor.

Noch nie hatte sich John so hilflos gefühlt wie in diesem Augenblick. Untätig mußte er zusehen, wie die beiden Schnäbel nach Pierre Saval hackten.

Der Bürgermeister duckte sich, hatte endlich sein Entsetzen überwunden. Er kämpfte.

Der Angriff des Dämonenvogels verpuffte.

Und da kam John Sinclair eine Idee. Er sah, daß sich Pierre gegen das Monster wehrte, und auch er wollte sich nicht kampflos ergeben.

Wozu hatte er den Drudenfuß?

Er steckte in der linken Innentasche. In seiner Haltung war es jedoch unmöglich, schnell mit der linken Hand daranzukommen.

Aber es gab eine andere Lösung.

John bog den Arm und krallte die Hände in das Futter der Innentasche. Mit einem Ruck fetzte er es auf.

Der Drudenfuß fiel zu Boden.

Silbern hell begann er zu strahlen. John beugte sich vor, erreichte den Drudenfuß mit den Fingerspitzen und schaffte es, ihn aufzuheben.

John hielt ihn gegen das Metall der Klinke.

Sofort konnte er sich wieder frei bewegen. Verschwunden war die Lähmung.

John fand auch eine Erklärung für das vorherige Phänomen. Dadurch, daß er den Drudenfuß in der linken Innentasche getragen hatte, konnte sich die Lähmung nicht ausbreiten.

Das war einzig und allein der Grund.

Der Inspektor war kaum frei, da sah er, wie Pierre Saval unter den Angriffen des Geiers zusammenbrach.

Johns Hand raste zur Waffe.

In derselben Sekunde griff ihn das zweite Monster an . . .

Das Dämonenmonster kam von oben, stürzte sich von dem Sockel herunter. Dicht vor John Sinclair prallte es auf den Boden.

Und dann überstürzten sich die Ereignisse. Wieder einmal bewies Inspektor John Sinclair sein fantastisches Reaktionsvermögen.

Augenblicklich ließ er den Drudenfuß fallen. Seine Finger krallten sich um den Kolben der mit geweihten Silberkugeln geladenen Pistole.

John riß die Waffe hervor, wollte zur Seite springen, um aus der Reichweite des Monsters zu gelangen. Zu spät. Einer der sechs Arme erwischte ihn und riß ihn nach hinten.

Doch John Sinclair behielt die Nerven. Noch während des Falls zog er zweimal durch. Trocken peitschten die Schüsse.

Die Silberkugeln flirrten durch die Nacht, klatschten in den Körper des Geiers. Der Dämonenvogel hing noch immer über Pierre Saval und bearbeitete ihn mit seinen beiden Schnäbeln.

Der Vogel brüllte auf. Wild und unkontrolliert schlug er mit den Flügeln.

Aber das bekam John nicht mehr mit. Das andere Monster hatte einen zweiten Arm um ihn geschlungen und ihn zu Boden gerissen.

Beißender, ekliger Geruch zog in Johns Nase. Er würgte.

Die vier freien Arme des Monsters zerteilten die Luft, klatschten auf Johns Körper, saugten sich an seiner Kleidung fest.

John kämpfte verbissen, stemmte sich mit aller Macht gegen die würgenden Griffe an. Noch immer hielt er seine Pistole in der Hand. Sie war für ihn so etwas wie die letzte Hoffnung.

John kam auf den Bauch zu liegen. In seinem Nacken fühlte er den klebrigen Arm des Ungeheuers.

Dicht vor Johns Augen schimmerte der Drudenfuß.

Das Monster stieß gräßliche Schreie aus. Es konnte seine Kraft längst nicht voll entfalten. Zu nahe war der silberne Drudenfuß, der indirekt zu Johns Verbündetem wurde.

Jetzt bäumte sich das Dämonenmonster zum letzten Verzweiflungsakt auf. Es versuchte, John wegzuziehen. Die würgenden Arme preßten sich fester um den Körper des Inspektors, und John hatte höllische Angst, daß ihm dieses Untier die Knochen brechen würde.

Er drückte seinen rechten Arm hoch, wollte die Pistole unter dem Würgearm des Monsters hindurchschieben.

Es gelang ihm halb.

Der Inspektor keuchte, sog wie ein Ertrinkender die Luft in seine Lungen.

Noch einmal spannte er alle Muskeln, während das Monster immer noch versuchte, ihn wegzureißen.

Da war sein Arm frei. Für Sekunden konnte er ihn frei bewegen. Und ehe das Dämonenmonster die neue Situation erfaßt hatte, krümmte John Sinclair zweimal den Zeigefinger.

Die Kugeln bohrten sich in die bräunlichgrüne Masse.

Ein ungeheures Brüllen durchschnitt die Stille der Nacht. Die Fangarme lösten sich von Johns Körper, wirbelten wild in der Luft herum.

Der Inspektor rollte sich aus dem Gefahrenbereich, kam auf die Knie und hielt den rechten Arm mit der Waffe vorgestreckt, bereit, dem Monster den Rest zu geben, falls es nötig war.

Es war nicht mehr nötig.

Das Dämonenungeheuer verendete. Rauchschwaden stiegen

aus dem Leib, der wie Zunder prasselte. Doch kein Feuer war zu sehen. Das Monster verbrannte innerlich.

Die Arme zerfielen, wurden zu Staub, den der Wind bald wegblasen würde.

Der Geisterjäger rappelte sich auf die Beine. Vorher steckte er jedoch den Drudenfuß ein.

Mit unsicheren Schritten ging John auf Pierre Saval zu, der noch immer am Boden lag. Genau wie die brennende Taschenlampe, die Pierres Kampf mit dem Dämonengeist beleuchtet hatte.

Der Geier mit den beiden Schnäbeln war ebenfalls zu Staub zerfallen. Die Silberkugel hatte ganze Arbeit geleistet.

John Sinclair ging neben Pierre Saval in die Knie. Er fühlte nach dem Puls des jungen Franzosen. Er schlug. Gott sei Dank.

Pierre hatte der Kampf mehr mitgenommen als John. Die Geierschnäbel hatten ihm die Kleidung zerfetzt und am Oberkörper einige Wunden gerissen. Zum Glück war keine lebensgefährlich. Die Blutungen hatten auch schon aufgehört. John hoffte, mit seiner Autoapotheke auszukommen.

Der Geisterjäger ließ den jungen Bürgermeister liegen. Er konnte im Augenblick sowieso nichts für ihn tun. Der Kelch des Feuers war jetzt wichtiger. Die Wächter der Kapelle waren besiegt. Nie war der Weg so frei gewesen.

Noch immer stand der Mond wie ein stummer Zeuge am Himmel. Sein Licht fiel auf John Sinclairs Gesicht, das hart und kantig geworden war in den letzten Minuten. Der gefährliche Kampf hatte doch seine Spuren hinterlassen.

Wieder stand der Inspektor vor dem Tor. Unbewußt zögerte er, während er die rechte Hand auf die Klinke legte.

Diesmal war die Tür offen. Knarrend schwang sie zurück. John – sonst nicht schreckhaft – ging das Geräusch unter die Haut. Zuviel stand auch auf dem Spiel. Würde es ihm gelingen, den Kelch des Feuers zu beschaffen?

Die Dunkelheit im Innern der Kapelle gähnte ihm entgegen. Es roch nach Friedhof, nach vermoderten Kränzen und abgestandener Luft.

John schaltete seine Lampe ein.

Einem Speer gleich durchschnitt der Strahl die Dunkelheit. Staub flirrte in dem Kegel.

John trat einen Schritt vor, schwenkte den Arm mit der Taschenlampe.

Bankreihen wurden aus der Dunkelheit gerissen, außerdem dicke Säulen, die das Dach trugen.

John ging weiter, wandte sich nach rechts. Seine Schritte hallten an den kahlen Wänden wider.

Die Butzenscheiben in den kleinen Fenstern wirkten wie Fremdkörper in dieser düsteren Atmosphäre.

Wo befand sich der Kelch des Feuers?

John hielt sich dicht an der Wand, leuchtete in jede Bankreihe.

Fingerdick lag der Staub, tanzte manchmal schimmernd in der Lichtbahn.

John erreichte die erste Bankreihe, umrundete sie. Einen Mittelgang gab es nicht in dieser Kapelle. Dafür war sie zu klein.

John schwenkte den Arm nach rechts. Ein glatter Steinaltar war zu sehen.

Überall hingen Spinnweben, kitzelten Johns Gesicht. Der Inspektor pustete sie weg.

Noch immer hatte er von dem Kelch des Feuers keine Spur entdeckt.

War er wirklich hier versteckt? Gab es ihn überhaupt? In John stiegen Zweifel hoch.

Er hatte jetzt die Vorderfront der Bankreihe hinter sich gelassen und erreichte den Parallelgang.

Wieder nur nackte Wände, Fenster – und . . .

John stoppte.

Der Lampenstrahl war auf einer kleinen Nische haften geblieben. Sie war in die Wand hineingebaut und mit einem Eisengitter gesichert, das im Laufe der Jahre Rost angesetzt hatte.

Etwas funkelte und glitzerte im Schein der Lampe.

Der Kelch des Feuers!

John Sinclair hatte ihn gefunden. Er fühlte, wie sein Herz schneller schlug. Es stimmte also. Die Schriften hatten nicht gelogen. Hierhin hatten die teuflischen Mönche den Kelch des Feuers geschafft und einen magischen Ring um die Kapelle gezogen. Dadurch, daß John die Wächter ausgeschaltet hatte, war der Weg frei geworden.

John Sinclair schritt auf die Nische zu, sah, daß das Gitter nur lose in der Verankerung hing.

John zog es zurück, faßte nach dem Kelch.

Er war fast aus purem Gold. Das Metall fühlte sich weich und lebendig an. Der Kelch hatte die Form eines schmalen Tiegels. Die Seitenwände waren mit Edelsteinen besetzt. Der Kelch mußte einen ungeheuren Wert darstellen.

John sah, daß uralte christliche Symbole in das Gold geschmiedet waren. Symbole, die die Macht des Guten darstellten und das Böse vertreiben sollten.

John nahm den wertvollen Kelch in beide Hände. Die Taschenlampe hatte er in den Hosengürtel geschoben.

Langsam ging er dem Ausgang zu.

Er hatte etwa die Mitte der Kapelle erreicht, als er über sich ein Brausen hörte.

Staub und Kalk rieselten auf sein Gesicht. Der Inspektor mußte husten.

Plötzlich knirschte es in den Mauern.

Jäh kam John Sinclair die Erkenntnis. Die Kapelle stand dicht vor dem Einsturz.

Der Geisterjäger begann zu rennen. Hinter ihm krachte schon ein schwerer Balken auf die Bankreihen. Armdicke Risse begannen die Mauern zu spalten. Kalter Wind fegte in die Kapelle, erschwerte ein Fortkommen.

Schon fielen die ersten Steine. John wurde an der Schulter getroffen, taumelte, fing sich wieder und kämpfte sich gegen den unheimlichen Sturm in Richtung Ausgang vor.

Er schaffte es, warf sich mit einem letzten Satz nach draußen und hetzte sofort weiter.

Keine Sekunde zu früh.

Ein mörderisches Krachen ließ ihn zusammenfahren. Der Inspektor blieb stehen, drehte den Kopf.

Die Kapelle erzitterte in ihren Grundfesten. Donnernd stürzte sie ein. Staub wallte hoch. Dicke Holzbalken brachen knirschend.

Dann war alles vorbei. Zurück blieb ein Trümmerhaufen.

John Sinclair atmete tief ein. Der aufgewirbelte Staub setzte sich in seine Rachenhöhle, reizte zum Husten.

»John!« vernahm der Geisterjäger eine schwache Stimme. Sie gehörte Pierre Saval, dem jungen Bürgermeister. Er war aus seiner Bewußtlosigkeit erwacht, hatte sich aufgesetzt und starrte verständnislos auf den Trümmerhaufen.

»Ich erkläre es Ihnen später«, sagte John, obwohl er selbst nicht wußte, weshalb die Kapelle eingestürzt war.

Pierre kam auf die Beine. Er starrte auf den Kelch des Feuers in John Sinclairs Händen. »Ist . . . ist er das?« fragte er stockend.

John nickte. »Ja, das ist der Kelch des Feuers.«

Pierre schüttelte den Kopf. »Mein Gott, welch eine Pracht«, sagte er beinahe andächtig. Dann wandte er ruckartig den Kopf. »Und die beiden Ungeheuer? Ich meine . . .«

»Existieren nicht mehr«, erwiderte John Sinclair. »Sie sind zu Staub zerfallen.«

»Ein Glück.« Man sah es Pierre Saval direkt an, wie froh er über diese Nachricht war.

»Kommen Sie, Pierre«, sagte John, »wir müssen zurück. Außerdem sind Sie verletzt. Ich muß mich um Ihre Wunden kümmern.«

»Ach, das ist halb so wild.«

»Sagen Sie das nicht. Wir haben noch einen langen Weg vor uns.«

Wieder mußten sich die Männer durch das verfilzte Unterholz kämpfen. Pierre Saval fiel mehr als einmal hin, und John mußte ihm immer wieder auf die Beine helfen und gut zureden.

Endlich erreichten sie den Bentley. Er stand so, wie sie ihn verlassen hatten. John räumte die Zweige weg, mit denen sie den Wagen getarnt hatten. Den Kelch des Feuers wickelte er sorgfältig in ein Tuch und legte ihn auf den Rücksitz. Dann holte er die Autoapotheke und begann Pierres Wunden zu verbinden.

»Und jetzt?« fragte Pierre Saval. »Geht es direkt durch bis nach Frankreich?«

John schüttelte lachend den Kopf. »So verrückt bin nicht einmal ich. Etwas Schlaf müssen wir uns schließlich gönnen. Aber wir fahren nach Newcastle, nicht nach Lilingtown.«

»Haben Sie Angst, daß man uns dort erkennen könnte?«

»Das nicht gerade. Aber ich möchte Ärger aus dem Weg gehen. Man soll seine Kräfte einteilen. Schließlich steht uns das Schlimmste ja noch bevor.«

»Da haben Sie vollkommen recht, John«, sagte der Bürgermeister und zog die Wagentür auf.

Helle, warme Sonnenstrahlen hatten die düsteren Schatten der Nacht vertrieben. Billon, der kleine Ort in den Vogesen, erwachte.

Doch die Stimmung war gedrückt. Die Menschen ahnten zwar, daß in der vergangenen Nacht etwas passiert war, doch niemand wußte etwas Genaues.

Es traute sich auch kein Mensch, den fremden Inspektor zu fragen, der im Frühstücksraum des kleinen Hotels saß. Der Wirt konnte ebenfalls nichts sagen. Lefevre hatte den Mund gehalten und den Mann damit abgespeist, daß sein Assistent öfter unter Alpträumen litt. Für die Schüsse hatte er gar keine Erklärung abgegeben.

Die Croissants schmeckten Lefevre heute nicht richtig. Zu sehr lagen ihm noch die Ereignisse der vergangenen Nacht im Magen. Etwas Unheimliches war geschehen, etwas, das es normalerweise nicht geben konnte. Lefevre hatte an Halluzinationen gedacht, die ja vorkommen sollen. Aber daß Muller die gleichen Spukbilder gesehen haben wollte, stimmt den Inspektor doch nachdenklich. Wie dem auch sei, er würde dieser Sache auf den Grund gehen. Seine Dienststelle hatte er schon benachrichtigt. Der Kommissar war zwar im ersten Moment verwundert gewesen, hatte sich aber dann mit Lefevres Erklärungen zufrieden gegeben.

Muller, sein Assistent, hatte sich geweigert, nach Colmar ins Krankenhaus zu gehen. Seine Wunden hatten sie mit Heilsalbe, die der Wirt zur Verfügung gestellt hatte, bestrichen und anschließend Verbände angelegt. Jetzt lag Muller oben in seinem Zimmer und schlief.

Seufzend trank Lefevre einen Schluck Kaffee. Ohne Zucker und ohne Milch. Man hätte Tote mit ihm aufwecken können. Das Zeug brauchte Lefevre auch nach der langen schlaflosen Nacht.

Der Inspektor saß allein in dem kleinen Frühstücksraum. Nachdenklich blickte er aus dem Fenster. Eine Gruppe Kinder ging zur Schule. Sie lachten und scherzten. Ein Mädchen streckte dem Inspektor die Zunge heraus.

Lefevre machte ein böses Gesicht, und das kleine Mädchen verschwand kichernd.

Noch ahnten diese Kinder nichts von der Gefahr, die über dem Ort schwebte. Und Lefevre betete innerlich, daß sie auch nichts davon zu spüren bekamen. Er ertappte sich bei dem Gedanken, einfach zu dem alten Kloster hochzugehen. Wenn doch nur schon

Pierre Saval zurück wäre. Denn plötzlich glaubte der Inspektor an den Kelch des Feuers.

Wieder warf Lefevre einen Blick aus dem Fenster. Eine Frau überquerte mit schnellen Schritten die Straße.

Es war Germaine Bousseau.

Sie sah den Inspektor hinter der Scheibe, winkte ihm kurz zu und betrat dann das Hotel. Wenig später stand sie schon in dem kleinen Frühstücksraum.

Lefevre erhob sich. »Bitte nehmen Sie Platz, Madame.«

Germaine nickte fahrig. »Danke.«

Sie setzte sich, kramte in ihrer Handtasche herum und holte eine Packung Zigaretten hervor. »Sie erlauben doch, Inspektor?«

»Aber sicher. Ich bin sowieso fertig mit dem Frühstück.«

Lefevre reichte ihr Feuer.

Germaine zog hastig an der Filterlosen. Zwischendurch nagte sie an ihrer Unterlippe. Germaine Bousseau trug heute eine grüne Bluse und lange beigefarbene Hosen mit einem weiten Schlag. Das Haar hatte sie hochgesteckt. Ringe unter ihren Augen zeugten davon, wie schlecht sie geschlafen hatte.

Lefevre steckte sich ebenfalls ein Stäbchen zwischen die Lippen. Über die Flamme des Feuerzeugs hinweg sah er Germaine an. »Sie haben doch etwas auf dem Herzen, Madame Bousseau.«

Germaine senkte den Blick. Fahrig drückte sie die Zigarette in dem Ascher aus. »Ja, Inspektor, ich bin selbstverständlich nicht ohne Grund zu Ihnen gekommen. Ich möchte mir dieses Kloster einmal ansehen. Bei Tag, versteht sich. Und da wollte ich Sie fragen . . .«

»Ob ich Sie begleite«, fügte Lefevre hinzu.

»Ja, das war es.«

Der Inspektor legte beide Handflächen gegeneinander. »Sie wissen ja hoffentlich, was Sie sich da vorgenommen haben.«

Germaine nickte.

»Haben Sie denn keine Angst, Madame?«

»Das schon, aber ich möchte endlich hinter das Geheimnis kommen.«

»Und Ihr Freund? Dieser Pierre Saval?«

»Ich weiß nicht, ob er den Kelch des Feuers tatsächlich gefunden hat. Aber so lange will ich nicht warten, jetzt, da ich direkt betroffen bin.«

»Das kann ich sogar verstehen, Madame.« Lefevre blies den Rauch gegen die Decke. »Auch ich habe schon mit dem Gedanken gespielt, zu diesem Kloster hinaufzugehen. Abgemacht, ich werde Sie begleiten.«

Germaine stand auf. »Ich danke Ihnen, Inspektor.«

Lefevre winkte ab. »Danken Sie mir nicht zu früh.«

Germaine Bousseau sah auf ihre Uhr. »Sagen wir in einer halben Stunde?«

»Einverstanden. Wir treffen uns vor dem Hotel. Wir fahren dann mit meinem Wagen.«

»Und den Weg kenne ich«, rief Germaine noch, während sie schon an der Tür war.

Lefevre setzte sich noch einmal hin. Er wollte noch ein paar Minuten allein sein, doch der Wirt störte ihn. Leise kam er an den Tisch geschlichen.

»Hat es Ihnen geschmeckt, Monsieur l'Inspecteur?« fragte er.

Lefevre wußte, daß dies eine Ausrede des Wirtes war. Trotzdem sagte er: »Ja, sehr gut.«

Der Wirt lächelte gequält und trug das Geschirr vom Tisch. »Äh, was ich noch sagen wollte, Monsieur l'Inspecteur, haben Sie schon einen Verdacht oder eine Spur?«

»Welchen Verdacht?«

»Äh, ich meine, also . . .«

»Sie meinen gar nichts.« Lefevre stand auf. »Hier ist jemand umgebracht worden, und wenn der Mord aufgeklärt worden ist, erfahren Sie es bestimmt. Vorher nicht.«

Der Wirt bekam einen roten Kopf und beeilte sich, den Raum zu verlassen.

Lefevre grinste, zog seine Jacke über und ging nach draußen.

Im ersten Moment blendeten ihn die Sonnenstrahlen, und Lefevre ärgerte sich, daß seine Sonnenbrille oben im Zimmer lag. Er ging sie holen. Dann fuhr er zur Polizeistation, um nachzusehen, ob Pascal nicht doch da war.

Er war es nicht. Auch nicht in seinem Haus.

Die Menschen, denen Lefevre begegnete, sahen ihn scheu und ängstlich an. Irgendwie konnte er sie sogar verstehen. Schließlich passierte nicht alle Tage ein Mord in Billon. Und dazu verschwand noch die Leiche. Wenn das keinen Gesprächsstoff gab, dann würde Lefevre sofort seinen Job wechseln.

Germaine Bousseau war pünktlich.

Lefevre, der im Wagen auf sie gewartet hatte, öffnete die Tür.

»Ich habe in Pierres Wohnung nur eine Nachricht für ihn hinterlassen«, sagte die Frau.

»Hat Sie jemand gesehen?«

»Ich glaube nicht. Und wenn schon, es würde mich auch nicht mehr kümmern.«

»Sie müssen es wissen.«

Sie erreichten das Ortsende, mußten noch einige Minuten fahren und dann zu Fuß weitergehen.

Im Wald war es angenehm kühl. Das Sonnenlicht wurde durch das Blätterdach der Bäume gefiltert. Die Wege waren sogar noch feucht vom vergangenen Gewitter.

»Sie hätten sich andere Schuhe anziehen sollen«, sagte Lefevre und deutete auf Germaines hochhackige Absätze.

»Ach was.« Die Frau winkte ab. »Es wird schon gehen.«

Lefevre zuckte mit den Schultern. Er ging voraus, wirkte wie ein bulliger Spürhund. Die erloschene Zigarette klebte zwischen seinen Lippen.

Je näher sie dem Kloster kamen, um so stiller wurde es. Das Zwitschern der Vögeln, das sie den bisherigen Weg begleitet hatte, war verstummt.

Seltsam . . .

Es ging bergauf, und Germaine hatte Mühe, mit dem Inspektor Schritt zu halten.

Doch schließlich hatten sie es geschafft.

Das Kloster lag vor ihnen.

Dunkel, drohend, ein Überbleibsel aus vergangenen Zeiten. Nicht einmal die Sonnenstrahlen vermochten den düsteren Eindruck zu vertreiben.

Die Steinmauern waren dick, schienen unüberwindlich. Moos wucherte in den Fugen zwischen den einzelnen großen Quadern. Das mächtige Tor stand offen.

Lefevre sah Germaine an. »Dann wollen wir mal«, sagte er. Man hörte aus seiner Stimme eine gewisse Spannung heraus. »Sie können auch hier stehenbleiben, Madame.«

Germaine schüttelte den Kopf. »Mitgegangen, mitgehangen.«

»Dann los«, sagte Lefevre und nahm seine Dienstpistole in die rechte Hand.

Schon bald standen sie im Innenhof des Klosters. Lefevre sah sich um. »Ist wie eine Burg gebaut, das Ding«, murmelte er. »Na ja, die haben ja früher selbst Kriege geführt.«

Er ging weiter, erreichte den Kreuzgang.

Still war es. Es war keine natürliche Ruhe, sondern eine Stille, die wie Blei lastete und an den Nerven zehrte.

Lefevres Blick tastete die Umgebung ab. Nirgendwo sah er eine verdächtige Bewegung, kein Geräusch warnte ihn.

Der Inspektor sah die Tür, die in das Innere des Klosters führte. Er wußte nicht, daß auch schon der Polizist Pascal durch diese Tür gegangen war . . .

Germaine war dem Beamten gefolgt. Lefevre hatte bereits seine Hand auf dem Türgriff liegen, als er sich noch mal umwandte. »Bleiben Sie vorerst hier, Madame. Gewissermaßen als Rückendeckung. Ich weiß nicht, was mich in diesem Gemäuer erwartet. Sollte ich in einer Stunde nichts von mir hören lassen, fahren Sie zurück und alarmieren Sie meine Dienststelle in Colmar. Hier sind die Wagenschlüssel.«

Lefevre warf Germaine die Schlüssel zu. Die Frau griff daneben, so nervös war sie.

Mit einem optimistischen Lächeln verschwand Inspektor Lefevre hinter den Mauern des Klosters.

Germaine wartete. Sie spürte, wie ihr Herz schneller klopfte. Um sich zu beruhigen, begann sie in dem Innenhof auf und ab zu gehen. Das Geräusch der Schritte tat den Nerven gut. Hoch über ihr zog ein Flugzeug seine Bahn. Germaine wünschte sich jetzt, dort in der Maschine zu sitzen und irgendwo hinzufliegen.

Die Zeit vertickte.

Immer wieder sah die Frau auf ihre Uhr. Doch es waren noch nicht einmal zehn Minuten vergangen.

Langsam entfernte sich Germaine von der Vorderfront des Klosters. Sie gelangte an die Rückseite und entdeckte plötzlich einen alten Brunnen, der wie ein Fremdkörper wirkte. Der Wald wuchs hier fast bis an die hohen Mauern.

Der Brunnen fesselte Germaines Aufmerksamkeit. Er war kreisrund und etwa hüfthoch. Eine Winde fehlte.

Germaine schaute in den Schacht hinab. Sie sah rostige Steigeisen, die sich in der Tiefe des Brunnens verloren. Spinnweben zogen sich von Rand zu Rand.

Germaine wollte sich gerade abwenden, als sie hinter ihrem Rücken ein Geräusch hörte.

Sie kam nicht mehr dazu, herumzufahren.

Eine kalte Hand umschloß ihren Nacken, würgte die Luft ab.

Germaines Schrei wurde zu einem Röcheln. Plötzlich fühlte sie sich an den Beinen gepackt, hochgehoben und schwebte auf einmal über dem Brunnenschacht.

In diesen höllischen Augenblicken stockte jeder Gedanke. Germaine sah nur die gähnende Tiefe und wußte, daß sie diesen Sturz nicht überleben konnte.

Da ließ der Unbekannte sie los.

Wie ein Stein sauste Germaine in den Schacht . . .

Dumpf schlug die Tür hinter Inspektor Lefevre ins Schloß. Der Beamte zuckte zusammen und schalt sich innerlich einen Narren, daß er die Tür zu fest geschlossen hatte.

Ein großer Saal empfing ihn. Sorgfältig aufgereiht, standen dort lange Tische und hohe Stühle. Dicker Staub bedeckte die Flächen.

Der Inspektor ging weiter. Durch die schmalen Fenster fiel nur wenig Licht. Die Scheiben absorbierten einen großen Teil. Trotzdem konnte sich Lefevre orientieren.

Er strich mit dem Finger über eine der hohen Stuhllehnen. Dabei fiel sein Blick auf die Sitzfläche.

Sie war blank, als wäre sie erst heute geputzt worden. Lefevre starrte auf seinen Finger, der eine Staubspur zeigte. Und die Fläche des Stuhls war sauber? Das ließ gewisse Rückschlüsse zu.

Lefevre atmete gepreßt ein. Unwillkürlich sah er sich um.

Doch da war niemand.

Er befand sich allein in der Halle.

Lefevre kontrollierte sämtliche Stühle durch. Sieben Stück zählte er, bei denen die Sitzfläche blank war.

Sieben Teufelsmönche?

Der Gedanke kam dem Inspektor von allein. Demnach existierten sie wirklich.

Auf einmal spürte Lefevre auch die Kälte, die in dem Saal herrschte. Unsichtbare Augen schienen jede seiner Bewegung zu beobachten.

Lefevre rieselte ein Schauer über den Rücken. Er ahnte, daß es hier in diesen Mauern etwas gab, das man mit dem normalen Verstand kaum erfassen konnte. Dieses Kloster barg ein schreckliches Geheimnis, und jeder, der diesem Rätsel auf der Spur war, mußte zwangsläufig verlieren.

Lefevres Gedankenkette zerbrach.

Eine Tür war in sein Blickfeld geraten. Eine hohe schmale Tür mit einem verzierten Knauf.

Die Tür war offen.

Lefevre nahm allen Mut zusammen und steckte seinen Kopf in das dahinterliegende Zimmer.

Es war eine Bibliothek. In den Ausmaßen mindestens so groß wie der Speisesaal. Die Regale reichten bis zur Decke und waren leer. Die Fächer gähnten dem Inspektor entgegen.

Lefevres Schritte hallten von den Wänden wider, als er die Bibliothek betrat. Auch hier fiel nur wenig Licht durch die Fenster. Die Decke war kaum zu sehen, trotzdem erkannte Lefevre, daß sie bemalt war.

Irgendwo knackte es.

Lefevre zuckte zusammen und wußte im gleichen Moment, daß es wohl nur das Holz gewesen war.

Der Inspektor lächelte über sich selbst.

Stück für Stück tastete sein Blick die leeren Regale ab. Er hatte keine Tür in diesem Raum entdeckt und suchte jetzt nach dem Mechanismus, der einen Geheimgang freilegen konnte.

Lefevre war ein gründlicher Mensch. Seine Hände fuhren geschickt über die leeren Regale, fanden aber nichts.

Der Inspektor zuckte die Achseln. Da war er wohl am Ende mit seiner Weisheit. Er konnte nicht wissen, daß nur auf ein Geheimwort hin sich ein Regal zur Seite schob und den Weg in die unterirdische Verliese freigab.

Inspektor Lefevre blickte auf seine Uhr – und erschrak.

Fast eine Stunde war er schon in dem Kloster. Wenn er sich nicht beeilte, war Germaine verschwunden.

Hastig durchquerte er die Bibliothek und ging wieder in den Eßsaal zurück.

Ein matter Lichtstreifen fiel von draußen herein.

Lefevre blieb stehen. Seine Wangenmuskeln verkrampften sich. Er wußte genau, daß die Tür nach seinem Eintritt ins Schloß gefallen war. Und jetzt dies.

Spielte man mit ihm hier Katz und Maus?

Lefevre umklammerte die Pistole.

»Ist hier jemand?« rief er und kam sich gleichzeitig blöde vor, diese Frage überhaupt gestellt zu haben.

Keine Antwort.

Lefevre schloß für Sekunden die Augen, um die Spannung aus seinem Körper zu treiben. Fehlt nur noch, daß du dich selbst verrückt machst, dachte er. Vielleicht hat der Wind die Tür aufgestoßen, oder Germaine Bousseau war ihm gefolgt und dann wieder rausgegangen, ohne die Tür zu schließen.

Möglichkeiten gab es viele. Trotzdem zog Lefevre kaum eine davon ernstlich in Betracht.

Er verließ die Gemäuer des Klosters und blieb unter dem Kreuzgang stehen, damit sich seine Augen wieder an das Sonnenlicht gewöhnten.

»Madame Bousseau?« rief er.

Keine Antwort.

Lefevre ging ein paar Schritte vor, legte seine Hand als Schirm über die Augen und rief noch mal. Lauter diesmal. »Madame Bousseau!«

Nichts regte sich. Von Germaine war keine Spur zu entdecken.

Plötzlich bekam der Inspektor Angst. Daran, daß Germaine schon zurückgelaufen war, glaubte er nicht. Nein, etwas anderes mußte passiert sein, etwas Schreckliches . . .

»Germaine Bousseau!«

. . . ssoo . . . ssoo . . ., kam das Echo zurück.

Lefevre zitterte und fühlte, wie ihm der Schweiß ausbrach. Wenn der Frau etwas geschehen war, dann hatte er die Schuld. Schließlich war er es gewesen, der ihr erlaubt hatte, mitzukommen.

Wieder schrie der Inspektor den Namen der Frau.

»Sie wird Sie doch nicht hören können«, sagte plötzlich hinter Lefevres Rücken eine Stimme.

Der Inspektor kreiselte herum.

Pascal, der Polizist starrte ihn an. Und in seiner rechten Hand hielt er die schreckliche Mörderzange . . .

Zwei, drei Herzschläge lang spürte Germaine nichts. Jegliches Denken und Fühlen war in ihr ausgeschaltet.

Dann kam die Angst, die Panik.

Ein gellender, markerschütternder Schrei hallte durch den Schacht und wurde von den dicken Mauern aufgefangen.

Germaines Körper bewegte sich, prallte gegen eine Wand. Instinktiv riß sie die Hände hoch, ihre Finger schabten über Mauerwerk – und . . .

Plötzlich ging ein mörderischer Ruck durch den Körper der Frau. Germaines Hände hatte ein Steigeisen zu fassen bekommen.

Im ersten Moment hatte sie das Gefühl, ihre Arme würden aus dem Gelenk gerissen. Hart knallte sie gegen die Wand, wurde zurückgeworfen und schlug wieder mit den Knien gegen den rissigen Stein.

Sie bemerkte den Schmerz in den Beinen nicht, sondern war nur von dem einen Gedanken beseelt, sich krampfhaft festzuklammern.

Germaine zog die Beine an, fand Halt an einer Sprosse. Für Sekunden durchströmte sie die Erleichterung.

Dann hob sie den Kopf.

Hoch oben war die Schachtöffnung. Wie ein Punkt gähnte sie ihr entgegen. Unmöglich, sie zu erreichen. Dazu fehlte ihr einfach die Kraft.

Germaine weinte. Mit erschreckender Deutlichkeit wurde sie sich ihrer Lage bewußt. Es gab kein Zurück mehr, nur noch ein Vorwärts. Sie schauderte, wenn sie an die unbekannte Tiefe dachte. Was würde sie dort unten erwarten?

Ein Tier kroch über ihre Hände. Spinnweben kitzelten ihr Gesicht.

Germaine ekelte sich.

Trotzdem nahm sie allen Mut zusammen. Mit zitternden Knien stieg sie weiter nach unten.

Sprosse für Sprosse nahm sie. Germaine zählte unbewußt mit. Dreizehn, vierzehn, fünfzehn – da hatte sie plötzlich festen Boden unter den Füßen.

Germaine atmete auf, war froh, daß die Sprossen gehalten hatten. Sie warf einen Blick nach oben. Die Öffnung war kaum noch zusehen. Nicht größer als ein Stecknadelkopf war sie von hier aus.

Am schlimmsten war die Dunkelheit. Germaines Handtasche, in der sich auch ihr Feuerzeug befand, lag im Wagen. So war sie nur auf ihren Tastsinn angewiesen.

Sie streckte die Arme aus.

Ihre Fingerkuppen glitten über dicke Mauern, ertasteten Fugen und Spalten.

Germaine stockte. Ihre Hand griff plötzlich ins Leere. Vorsichtig wagte sie einen Schritt, dann noch einen.

Es ging. Sie tastete sich weiter, stieß nirgendwo gegen.

Germaine Bousseau hatte einen Gang gefunden. Ihr war es im Moment egal, wo er hinführte, Hauptsache, sie konnte irgend etwas unternehmen.

Weit hielt sie die Arme ausgestreckt, so konnte sie jedes Hindernis frühzeitig genug bemerken.

Mit der Zeit setzte auch ihr Verstand wieder ein. Viele Mönchsorden hatten sich damals Geheimgänge angelegt, damit die Mönche bei einer Besetzung oder Belagerung früh genug verschwinden konnten. Meistens gingen die Gänge vom Keller des Klosters aus.

Germaine stockte.

Ihr Fuß war gegen etwas getreten. Ein Stein war es nicht, dafür war der Gegenstand zu leicht.

Die Frau bückte sich, tastete mit der rechten Hand den Boden ab. Da – jetzt hatte sie den Gegenstand gepackt. Im nächsten Augenblick schrie sie auf.

Sie hatte einen Schädel gefunden. Einen menschlichen Schädel. Ihre Finger waren durch die beiden Augenhöhlen gestoßen.

Angewidert zog Germaine die Hand zurück. Auf einmal war sie froh, daß sie kein Licht hatte. Wer weiß, was sie noch alles entdeckt hätte.

Germaine ging weiter. Mit einemmal spürte sie auch die Schmerzen. Ihr gesamter Körper war von dem Sturz in Mitleidenschaft gezogen worden. Es gab kaum eine Stelle, die nicht weh tat. Die Bluse war zum größten Teil zerrissen und die Haut aufgeschrammt.

Aber Germaine lebte noch, und das war schließlich entscheidend.

Schritt für Schritt drang sie tiefer in den geheimen Gang hinein. Die Luft wurde schlechter. Es roch nach Moder und Fäulnis.

Plötzlich hörte Germaine ein dünnes Pfeifen.

Die Frau blieb stehen.

Sekunden später huschte etwas an ihren Beinen vorbei.

Jetzt wußte sie, was los war. In dem Gang befanden sich Ratten. Die widerlichsten Tiere, die sich Germaine vorstellen konnte. Und sie war mitten unter den Biestern.

Es gelang ihr kaum, die aufkeimende Panik zu unterdrücken. Wenn Ratten hungrig waren, griffen sie auch Menschen an . . .

Wieder huschte eine Ratte an ihren Füßen entlang, biß sich plötzlich an dem Hosenbein fest.

Germaine überwand ihren Ekel, bückte sich und packte zu.

Sie bekam den Schwanz der Ratte zu fassen, riß das Tier weg. Mit einem Wutschrei schleuderte Germaine die Ratte gegen die Wand. Es gab ein klatschendes Geräusch, das Tier fiepste noch einmal auf und fiel dann zu Boden.

Augenblicklich stürzten sich die Artgenossen auf den toten Körper.

Germaine lief weiter, wollte weg von diesem Rattenvolk. Sie merkte, daß es bergauf ging. Hoffnung keimte in ihr auf. Bald – bald würde sie am Ziel sein und dieser schrecklichen Finsternis entrinnen.

Auf einmal hatte sie es geschafft. Ihre ausgestreckten Hände prallten gegen ein Stück Holz.

Eine Tür!

Freudige Erregung durchzuckte die Frau. Sie tastete die Tür ab, spürte die Klinke – und . . .

Germaine zögerte. Wenn die Tür jetzt verschlossen war . . .

Sie war es nicht.

Schwer und knarrend schwang sie nach innen. Dämmriges Licht traf Germaines Augen, doch es kam ihr vor wie die strahlendste Sonne.

Eine unterirdische Höhle bot sich den Blicken der Frau. Sie war nicht hoch und die Decke gewölbt. Mehrere Gänge zweigten ab. Germaine erinnerte das alles an einen Keller.

Sie drückte die Tür hinter sich zu, ging einige Schritte in den Keller hinein.

Da hörte sie ein Geräusch. Es kam von rechts, aus einer der zahlreichen Nischen, mit denen die Gänge angereichert waren.

Germaine blieb stehen. Ihr Herz klopfte auf einmal rasend schnell. Sollte man sie hier erwartet haben?

Langsam und mit vibrierenden Nerven drehte Germaine den Kopf. Ihre Augen weiteten sich entsetzt, als sie sah, wer dort aus der Nische getreten war.

Niemand anderer als Roger Moulin. Germaine kannte ihn, hatte ihn einmal in Billon gesehen.

Aber Moulin war tot! Wie ein Blitz fraß sich der Gedanke in Germaines Gehirn. Und sie wußte im selben Moment, daß es jetzt für sie kein Entrinnen mehr gab.

»Willkommen im Reich der Teufelsmönche«, sagte Roger Moulin und lachte schaurig . . .

Lefevres Überraschung war nur von kurzer Dauer. Sein Arm mit der Waffe ruckte hoch.

Pascal lachte höhnisch. »Wollen Sie mich erschießen, Inspektor? Versuchen Sie es mal. Sie werden bestimmt eine Überraschung erleben.«

Inspektor Lefevre starrte die Gestalt des Polizisten an. Der Mann sah völlig normal aus, trug seine Uniform – nichts hatte sich verändert. Und doch war es ein Toter.

Unbegreiflich!

Pascal ließ den Inspektor einige Sekunden in Ruhe. Dann hob er beide Arme. Er hatte seine Hände um die Griffe der Zange geklammert. Jetzt spreizte er sie auseinander. Die Backen der Zange öffneten sich. Sie kamen Inspektor Lefevre vor wie Todesklammern, was sie ja auch schließlich waren.

»Hören Sie auf!« knirschte Lefevre. »Hören Sie ja auf.« Weiß traten die Knöchel der Finger hervor, die die Pistole umklammert hielten. Lefevre war nahe daran, durchzudrehen. Er wußte, daß ihm diese Kreatur überlegen war, und das machte ihn so verrückt. Trotzdem wollte er nicht aufgeben. Schließlich stand das Schicksal von Germaine Bousseau noch auf dem Spiel.

»Wo ist sie?« fragte Lefevre. Seine Stimme klang rauh.

»Sie meinen die Frau?«

»Genau.«

Pascals Gesicht verzog sich. »Ich habe sie in den Brunnen

gestoßen. Er befindet sich hinter dem Kloster, ziemlich versteckt. Fall sie noch am Leben ist, werden sie die Mönche geholt haben.«

»Und was geschieht mit ihr?«

»Sie wird getötet und im Schattenreich wieder auferstehen, um ausschließlich den Mönchen zu gehören und zu dienen.«

»Was sind Sie nur für ein Satan!« zischte Lefevre.

»Ja – ein Satan bin ich. Was ich Ihnen auch jetzt beweisen werde, Inspektor.«

Pascal setzte sich plötzlich in Bewegung. In den ausgestreckten Händen hielt er die Zange. »Na, Inspektor, haben Sie Angst?«

Lefevre wich zurück. Sein Blick suchte nach einem Ausweg. Er mußte diese Kreatur überwältigen. Aber wie?

Abermals fiel Lefevre die Pistole ein. Sechs Kugeln steckten in dem Magazin. Damit müßte diese Bestie doch zu schaffen sein.

Der Inspektor stand still, zielte. Hielt mit den Fingern der Linken sein rechtes Handgelenk umklammert und ging leicht in die Knie, um ein besseres Standvermögen zu haben.

Dann zog er ab.

Spielend leicht überwand sein Finger den Druckpunkt. Das Geschoß fegte aus dem Lauf, bohrte sich in Pascals Brust. Wieder feuerte der Inspektor, setzte die nächste Kugel genau neben das Einschußloch der ersten.

Der Körper des Polizisten wurde zurückgeschleudert. Pascal taumelte – und blieb stehen.

Die Kugeln konnten ihm nichts anhaben! Er hatte recht behalten.

»Das gibt's doch nicht!« stöhnte Lefevre und fühlte Panik in sich hochsteigen. Grenzenlos war in diesen Augenblicken das Grauen.

»Habe ich es dir nicht gesagt?« höhnte Pascal triumphierend. »So schaffst du es nicht.«

Er setzte sich wieder in Bewegung. Gräßlich sahen die beiden Wunden in seinem Körper aus. Wunden, aus denen kein Blut floß.

Noch einmal schoß Lefevre, jagte die letzten vier Kugeln in den Körper des Unheimlichen.

Die Geschosse stießen Pascal zwar zurück, konnten ihn jedoch nicht stoppen. Im Gegenteil, sie beflügelten seine Angriffswut.

Mit haßverzerrtem Gesicht stürzte der Satansknecht dem Inspektor entgegen. Die Backen der Mörderzange schimmerten matt. Lefevre hatte schon das Gefühl, das Eisen an seiner Haut zu spüren.

Für ihn gab es nur noch einen Ausweg.

Flucht!

Er mußte es schaffen, zu seinem Wagen zu gelangen. Zum Glück hatte er in dem Hohlraum der Stoßstange die Reserveschlüssel angeklebt.

Lefevre warf sich auf dem Absatz herum und rannte los. In panischer Flucht hetzte er auf den Waldrand zu, durchbrach wie ein Büffel das Unterholz.

In seinem Rücken hörte er die wütenden Schreie des untoten Polizisten.

Die Zweige schlugen hinter Lefevre zusammen, fingen ihn auf wie eine schützende Höhle.

Lefevre keuchte schon jetzt. Verdammt, er war das Laufen nicht mehr so gewöhnt. Die jahrelange Schreibtischarbeit hatte ihn weich werden lassen.

Die Sachen klebten ihm schweißnaß am Körper. Sein Gesicht glänzte wie eine Speckschwarte.

Lefevre bahnte sich mit beiden Armen einen Weg durch die Büsche. Dornen hielten ihn auf, zerrten an seiner Kleidung. Manches Stück Stoff ging in Fetzen. Er verlor die Pistole, achtete nicht darauf und ließ sie einfach liegen.

Immer wieder vernahm er in seinem Rücken die wütenden Laute seines Verfolgers. Lefevre hatte das Gefühl, als würde Pascal von Sekunde zu Sekunde aufholen.

Nur nicht umdrehen! hämmerte sich der Inspektor ein. Nur nicht . . .

Seine Gedanken stockten.

Da war der Weg, der zur Straße führte. Ein krächzender Schrei entrang sich Lefevres Kehle.

Jetzt war es nicht mehr weit. Jetzt hatte er es bald geschafft.

Noch einmal holte er alles aus seinem Körper heraus. Mit einem langen Satz sprang er auf den kleinen Waldweg und hatte soviel Schwung, daß er nach vorne kippte und sich überschlug.

Mehrere Meter rollte Lefevre weiter. Das kostete Zeit. Zeit, die dem Unheimlichen zugute kam.

Schon hörte Lefevre das höhnische Lachen, da stand er wieder auf den Beinen.

Weiter ging es. Lefevres Atem glich dem Schnaufen einer Dampflokomotive. Die Lungen arbeiteten wie Blasebälge. Der Inspektor würgte. Ein Zeichen, daß es nicht mehr lange bis zur totalen Erschöpfung war.

Wann war denn dieser verdammte Weg zu Ende?

Links und rechts huschten die Bäume an Lefevres Augen vorbei. Und der Inspektor lief . . .

Eine Kurve!

Lefevre sah sie im letzten Augenblick. Er warf seinen Körper herum – und brüllte auf.

Ein junges Paar kam den Weg hoch.

Die beiden blieben stehen, als sie den Inspektor sahen.

»Hauen Sie ab!« keuchte Lefevre. »Machen Sie, daß Sie wegkommen! Der Teufel ist los!«

Der Mann und das Mädchen – es waren Touristen – sahen sich nur unverständlich an. Der Junge tippte sogar gegen seine Stirn.

Da hatte der Inspektor sie erreicht.

In diesem Moment zerrte das Mädchen am Arm ihres Begleiters. »Da, Werner, sieh doch.«

Der Kopf des jungen Mannes ruckte herum. Er sah den Polizisten angerannt kommen und bemerkte auch die Zange, die dieser Mann in den Händen hielt.

»Ob der einen Verbrecher jagt?« fragte Ellen, Werners Freundin, noch, als sie plötzlich einen heftigen Stoß erhielt, der sie vom Weg ab in ein Gebüsch schleuderte.

Jetzt wurde Werner wütend. »Das geht doch zu weit«, rief er und wollte den Polizisten packen.

Doch Pascal war schon vorbei.

Werner überzeugte sich mit einem Blick, daß seiner Freundin nichts passiert war, und rief: »Ich werde dem mal Manieren beibringen.«

Augenblicklich nahm er die Verfolgung auf.

Etwa zwölf Meter hatte er schon zurückgelegt – und er konnte schon das graue Band der Straße erkennen –, da bot sich seinen Augen ein schreckliches Drama.

Der Polizist hatte den Flüchtenden eingeholt. Ein Schlag hatte den Mann zu Boden gestreckt.

Breitbeinig stand der Polizist über seinem Opfer. Die Zange hielt er in den Händen.

Werner zögerte nicht eine Sekunde. Er sah in erreichbarer Nähe einen armlangen, stabilen Ast liegen. Der junge Mann hob ihn hoch und rannte auf den Polizisten zu.

»Aaahhh!«

Der mörderische Schrei des Inspektors gellte in Werners Ohren. Der junge Mann hatte noch nie jemanden so schreien gehört. Das beflügelte sein Tun. Was hier geschah, war brutale Quälerei.

Noch im Laufen holte Werner mit dem Ast aus. Mit voller Wucht schmetterte er dem Polizisten den Ast über den Schädel. Wie eine Strohpuppe wurde der Kerl weggeschleudert. Die Zange ließ er los. Im ersten Augenblick glaubte Werner, zu fest zugeschlagen zu haben. Doch der Polizist stand, als wäre nichts geschehen.

Der Mann am Boden schrie noch immer. Er lag auf dem Rücken, packte jetzt die beiden Griffe der Zange und riß sie von seinem Hals weg.

Werner sah die schrecklichen Würgemale am Hals des Mannes und begriff nicht, daß dieser Mensch noch lebte.

Doch dann wurde er abgelenkt. Der Polizist stürzte mit einem Fauchlaut auf ihn zu.

Werner hielt noch immer den Knüppel in der Hand. Er holte zu einem gewaltigen Rundschlag aus.

Da geschah es.

Der Polizist verwandelte sich vor seinen Augen. Die Haut auf dem Gesicht platzte weg, wurde zu einer grünlichen Masse, aus der die Augen wie dunkle Öffnungen klafften.

Werners zum Schlag erhobene Arme fielen herab.

Das Grauen nagelte ihn auf der Stelle fest . . .

Mit übermenschlicher Anstrengung kam Inspektor Lefevre auf die Beine. Sein Hals brannte wie Feuer, die Schmerzen machten ihn halb wahnsinnig.

Irgendwie gelang es Lefevre, wegzulaufen. Wahrscheinlich war es nur der reine Überlebenswille, der ihn dazu trieb. Torkelnd rannte er den Weg hinab.

Alles verschwamm vor seinen Augen. Die Welt wurde zu einer grauen, düsteren Masse.

Plötzlich spürte er festen Boden unter seinen Füßen.

Die Straße, der Wagen, Hilfe . . .

Die Begriffe kreisten in seinem Schädel. Lefevre röchelte. Auf einmal gaben seine Knie nach. Mit rasender Schnelligkeit kam die Straße auf ihn zu.

Wie aus unendlich weiter Ferne vernahm er den Klang einer Autohupe, vernahm das Kreischen der Bremsen, riß noch einmal die Augen auf, hörte einen erschrockenen Ruf und dann nichts mehr . . .

»Irgendwie bewundere ich Sie, John«, sagte Pierre Saval ernst.

John Sinclair lächelte. »Wieso?«

»Ihre Kondition, zum Beispiel. Sie fahren durch halb Europa, als wäre das nichts.«

»Alles nur Training, mein lieber Pierre. Das ist in meinem Beruf unerläßlich.« John Sinclair nahm noch einen Schluck von dem frisch gepreßten Orangensaft. Die Eiswürfel klingelten. Kühl und belebend rann das Getränk durch seine Kehle.

Die beiden Männer befanden sich in einem Rasthaus, gut zweihundert Kilometer von dem kleinen Ort Billon entfernt. Sie waren die Nacht durchgefahren und hatten jetzt Frühstückspause gemacht. Die restliche Strecke wollten sie in einer Tour schaffen.

Es war ein strahlender Sommertag. In den großen Scheiben des Rasthauses spiegelte sich die Sonne. Der Lack der abgestellten Wagen glänzte.

John rief nach der Kellnerin und beglich die Rechnung. Dann nickte er Pierre zu und stand auf.

Wenig später waren sie wieder unterwegs. Und es dauerte gar nicht lange, bis die Vorläufer der Vogesen auftauchten.

»Schöne Gegend haben Sie sich ausgesucht, Pierre«, meinte der Geisterjäger.

»Das stimmt. Ich möchte auch von hier nicht weg. Genau wie Germaine. Mein Gott, wie es ihr wohl jetzt geht. Bestimmt macht sie sich große Sorgen.«

Pierre zündete sich eine Verdauungszigarette an. John rauchte während des Fahrens nicht.

Der Bentley schluckte die Kilometer. Bewaldete Hügel tauchten links und rechts der Straße auf. Sie durchquerten kleine, schmucke Dörfer und tiefe Täler.

»Bald haben wir es geschafft«, sagte Pierre. »Noch ein paar Kilometer, dann hat die arme Seele Ruhe.«

John schwieg, konzentrierte sich ganz auf das Fahren.

Die Strecke war kurvenreich. Immer wieder mußte er zurückschalten.

Sie überquerten eine Brücke.

John lenkte den Wagen mit Bravour.

Plötzlich schrie Pierre Saval auf. »Mein Gott, da, sehen Sie doch, John.«

Der Geisterjäger reagierte gedankenschnell. Sein Fuß nagelte das Bremspedal fest. Gleichzeitig betätigte er die Hupe.

Doch der Mann, der aus dem Wald gelaufen kam und auf die Straße torkelte, schien das nicht zu hören.

Mitten auf der Fahrbahn brach er zusamen.

Dicht vor dem Körper kam der Bentley zum Stehen.

John riß die Tür auf.

»Aber das ist doch Inspektor Lefevre aus Colmar!« schrie Pierre Saval und ahnte, daß etwas Schreckliches passiert sein mußte . . .

Blitzschnell zog John seine mit geweihten Silberkugeln geladene Pistole. »Kümmern Sie sich um den Inspektor, Pierre«, rief er und rannte los.

Mit langen Sätzen hetzte John auf den Waldrand zu. Ein schreiendes junges Mädchen taumelte ihm entgegen. Es hatte die Hände gegen die Ohren gepreßt und den Mund weit aufgerissen.

John wollte sich schon des Mädchens annehmen, als er den Mönch sah.

Es war eine schaurige Erscheinung.

Die lange Kutte reichte bis zum Boden. Über den Kopf hatte der Unheimliche eine Kapuze gezogen. Das Gesicht war eine grüne Masse, in die zwei Löcher für die Augen hineingebohrt schienen.

Unwillkürlich blieb John Sinclair stehen. Der Mönch hatte einen jungen Mann in die Enge getrieben. Der Junge war dabei, mit einem Holzknüppel die Würgezange abzuwehren.

Vergeblich waren seine Bemühungen.

Der Teufelsmönch drängte den Jungen immer mehr in die Defensive, und es war klar, daß die Höllengestalt mit ihrem Opfer spielte.

Da kam sie bei John Sinclair gerade recht!

»Sehen Sie hierher!« peitschte Johns Stimme.

Der Teufelsmönch verharrte. Dann wandte er langsam den Kopf.

Breitbeinig stand John auf dem Weg. Die Pistole lag wie festgewachsen in seiner Hand.

Der Mönch verzog das Gesicht. Dadurch wurde noch eine Öffnung freigelegt, dich unterhalb der beiden Augen. Sie sollte wohl eine Art Mund darstellen.

Der junge Mann, der gegen einen Baumstamm gedrängt worden war, rannte weg. Dabei schrie er immer wieder: »Hauen Sie ab, Mann. Schnell, der macht Sie fertig!«

John kümmerte sich nicht um das Geschrei. Er wartete auf den Teufelsmönch.

Siegessicher kam die Kreatur auf den Geisterjäger zu. Was dieser Mann sich einbildete. Mit seiner läppischen Pistole konnte er den Geschöpfen der Hölle nichts anhaben.

John zielte eiskalt.

Dann drückte er ab. Es gab einen trockenen Knall. Etwas Helles flirrte durch die Luft und bohrte sich in den Schädel des Mönches.

Ein, zwei Sekunden geschah gar nichts. John wollte schon ein zweitesmal schießen, da sah er, wie sich die Gestalt plötzlich aufbäumte.

Das Gesicht klaffte auseinander, wurde in zwei Teile gerissen. Ein unter die Haut gehendes, markerschütterndes Röcheln drang aus dem Mund des Unheimlichen. Drei, vier Schritte taumelte er nach vorn.

Dann brach er zusammen.

Ein Blitz zuckte auf, hüllte die Gestalt des Mönches ein. Für ein paar Sekunden mußte John Sinclair wegsehen, um nicht allzusehr geblendet zu werden.

Als er seinen Blick wieder auf den Mönch richtete, traf ihn fast der Schlag.

Auf dem Boden lag ein Polizist.

»Das ist doch unmöglich!« flüsterte John. Er drehte den Mann auf den Rücken.

Dort, wo Johns Silberkugel den Mönch getroffen hatte, klaffte im Schädel des Polizisten ein Loch. Demnach waren der Polizist und der Mönch ein und dieselbe Person gewesen.

John hörte Schritte und wandte den Kopf. Der junge Mann kam auf den Geisterjäger zu.

Wie haben Sie das nur geschafft?« flüsterte er. »Ich – ich begreife alles nicht.«

John stand auf. »Ist auch nicht nötig. Mir ist vorhin ein Mädchen entgegengekommen. Ist das Ihre Freundin gewesen?«

»Ja.«

»Gehen Sie zu ihr und kümmern Sie sich um sie. Sie hat es nötig.«

Der Junge nickte. »Ja, das ist wohl am besten.«

John Sinclair lief ebenfalls zur Straße zurück. Pierre Saval hatte inzwischen den schwerverletzten Inspektor Lefevre auf den Rücksitz des Bentley gelegt und notdürftig verbunden.

Lefevre war bei Bewußtsein. Er hielt die Augen offen, und aus seinem Mund drang ein leises Röcheln. John rangierte den Bentley an den Straßenrand und setzte sich dann hinten in den Fond.

»Wer sind Sie?« ächzte Lefevre.

»Ein Kollege von Ihnen.« John klärte den Beamten in kurzen Sätzen über seine Funktion auf.

Lefevre verzog das Gesicht. »Früher«, flüsterte er, »hätte ich das alles für Spinnerei gehalten. Aber jetzt, verdammt noch mal, wir müssen was tun.«

»Sie nicht, Kollege. Das übernehme ich.«

Lefevre versuchte sich aufzurichten, fiel aber schon nach der ersten Bewegung zurück. »Aber – aber ihr müßt sie retten.«

»Wen?«

»Germaine Bousseau.«

»Was?«

John Sinclair wäre bald von seinem Sitz hochgesprungen. Germaine Bousseau, Pierres Freundin! Wie oft hatte der junge Bürgermeister auf der Fahrt von ihr gesprochen. Und ausgerechnet sie in der Gewalt der Teufelsmönche. Unvorstellbar.

»Sie müssen mir alles erzählen!« forderte John. »Alles, verstehen Sie?«

Der verletzte Inspektor nickte.

Dann berichtete er. John erfuhr von dem Kloster und dem geheimnisvollen Brunnen, in den Germaine gefallen war. »Sie müssen sie befreien, Inspektor«, keuchte der Verletzte. »Aber jetzt geht es nicht. Am besten abends, wenn die Mönche ihr Fest feiern und den Gesang anstimmen. Dann können Sie es schaffen, Kollege. Dann . . .«

Lefevre sank zurück. Er stöhnte noch einmal auf und wurde bewußtlos. Kein Zweifel, dieser Mann mußte zu einem Arzt gebracht werden.

John schälte sich aus dem Bentley. Pierre Saval stand bei dem jungen Paar, das den Schrecken immer noch nicht überwunden hatte.

Der Bürgermeister redete beruhigend auf die beiden ein.

John zündete sich eine Zigarette an. Er fragte sich, ob er Pierre überhaupt von Germaine erzählten sollte.

Der Bürgermeister hatte John gesehen. Er ließ die beiden stehen und kam auf den Inspektor zu.

»Nun, was hat er gesagt?«

John nahm einen Zug aus seiner Zigarette. Dann meinte er: »Es ist alles so, wie wir es uns gedacht haben. Die Teufelsmönche hausen oben in dem Kloster. Dort müssen wir sie vernichten.« Dann berichtete John von seinem Kampf mit dem Polizisten.

»Mein Gott, das ist Pascal«, sagte Pierre Saval. »Wo liegt er?«

»Wir nehmen seine Leiche mit in die Stadt.« John nickte mit dem Kopf in Richtung der beiden jungen Leute. »Schärfen Sie ihnen ein, daß sie über die Vorfälle hier schweigen sollen. Es ist besser. Ich möchte nämlich nicht, daß es zu einer Panik kommt.«

»Das habe ich schon getan. Die beiden sind übrigens Deutsche. Sie verleben hier in der Gegend ihren Urlaub.«

»Gut, dann wäre soweit alles klar.«

John ging wieder in den Wald zurück und holte die Leiche des Polizisten. Er legte sie in den Kofferraum des Bentley. Das junge Paar aus Deutschland beobachtete ihn dabei. Noch immer stand auf ihren Gesichtern das Grauen.

John nahm die zwei nochmals ins Gebet. Sie versprachen, nichts von der Sache zu erwähnen.

Der Dienstwagen des Inspektors stand einige Meter weiter am Waldrand. Der Wagen war abgeschlossen.

»Wir lassen ihn solange hier stehen«, meinte John. Dann setzten er und Pierre Saval sich wieder in den Bentley. Zum Glück herrschte auf dieser Straße kaum Verkehr. Zweimal waren in der Zwischenzeit Fahrzeuge vorbeigekommen. Ein Fahrer hatte angehalten. Pierre Saval hatte dem Mann jedoch klargemacht, daß kein Unfall geschehen war. Der Mann war beruhigt weitergefahren.

Der Bentley rollte inzwischen auf Billon zu. Noch immer hatte John dem Bürgermeister nichts von seiner Freundin Germaine gesagt. Er wußte nicht, wie der Mann darauf reagieren würde.

Der Ort tauchte auf. Billon war tatsächlich ein kleines Feriendörfchen. Es lag in einem Tal und war von bewaldeten Hügeln umgeben. Man konnte sich kaum vorstellen, daß hier etwas so Grauenhaftes passiert war.

Pierre Saval dirigierte John zum Haus des Arztes. Natürlich fanden sich sofort Neugierige ein, als sie den schwerverletzten Inspektor aus dem Wagen hoben.

Pierre, der den Arzt gut kannte, sprach einige Minuten mit ihm unter vier Augen. John fuhr dann den Bentley auf den Hof, wo sie ungestört die Leiche des Polizisten ausladen konnten. Sie sollte am nächsten Tag zur Untersuchung nach Colmar gebracht werden.

Mittlerweile war es früher Nachmittag geworden, und Pierre Saval drängte, zum Kloster hochzugehen.

Doch John winkte ab. »Nein, am Tage erreichen wir nichts. Sie feiern ihre Blutfeste immer nachts. Da können wir sie packen.«

Pierre lächelte verzerrt. »Verdammt schwer, so lange zu warten.«

Die beiden Männer waren inzwischen in die Wohnung des Bürgermeisters gegangen. Plötzlich sprang Pierre Saval auf. »Himmel, ich hätte doch bald vergessen, Germaine anzurufen«, rief er und griff nach dem Telefonhörer.

Jetzt war die Stunde der Wahrheit gekommen. John mußte es ihm einfach sagen.

»Augenblick«, sagte der Geisterjäger, »das wird keinen Zweck haben.«

»Wieso?« Pierres Augen wurden groß.

»Weil Germaine nicht zu Hause ist.«

»Woher wollen Sie das denn wissen? Ich meine . . .«

»Jetzt hören Sie mir mal ruhig zu, Pierre«, sagte Inspektor Sinclair. »Ich weiß, es wird schwer für Sie sein, aber ich muß es Ihnen jetzt sagen.«

John Sinclair berichtete davon, was ihm Inspektor Lefevre erzählt hatte.

Schweigend hörte Pierre Saval zu. Sein Gesicht wurde auf

einmal kalkig weiß. Weit traten seine Augen aus den Höhlen hervor. »Das – das darf doch nicht wahr sein«, ächzte er. »Germaine tot oder in den Klauen der Teufelsmönche? Nein!« Pierre schlug beide Hände vor das Gesicht und schluchzte.

John schwieg. Er konnte es dem jungen Mann nachfühlen.

Mit einemmal sprang Pierre Saval auf. »Aber wir müssen etwas tun. Wir müssen sie da rausholen! Wir können doch nicht hier untätig herumsitzen, während sie . . .«

»Wir werden sie auch befreien«, sagte John zuversichtlich, obwohl er innerlich damit rechnete, daß Germaine nicht mehr am Leben war. »Aber nicht jetzt, Pierre. Wir können am Tage nichts machen, das wissen Sie selbst. Wir müssen die Nacht abwarten, dann kommen sie aus ihren Löchern, um die Blutorgien zu feiern. Verlieren Sie jetzt um Himmels willen nicht die Nerven. Sie kennen mich, Pierre, und wissen genau, daß ich niemals aufgeben werde.«

Der junge Bürgermeister nickte. Er schluckte hart. Dann stand er auf, ging an den Schrank und holte eine Cognacflasche hervor. »Sie auch einen, John?«

»Ja.«

Pierre goß zwei Doppelte ein. Der Bürgermeister leerte sein Glas mit einem Zug und trank gleich noch einen Cognac hinterher. Anschließend zündete er sich mit fahrigen Bewegungen eine Zigarette an und begann unruhig im Zimmer hin- und herzulaufen.

Bis es schellte.

Pierre zuckte zusammen. »Das wird Muller sein, Inspektors Lefevres Assistent. Ich hatte ihm Bescheid gegeben.«

»Lassen Sie ihn ruhig herein«, sagte John.

Pierre Saval ging zur Tür. Sekunden später schrie er auf. John hörte einen dumpfen Fall und ein hämisches Kichern. Dann wurde die Tür ins Schloß geworfen.

Der Geisterjäger flog aus dem Sessel hoch, zog automatisch seine Waffe und erreichte mit ein paar Schritten die schmale Diele.

Pierre Saval lag auf dem Boden. Für einen Moment saugten sich Johns Augen an der Gestalt des Bürgermeisters fest, achtete der Inspektor nicht auf die Umgebung.

Das war sein Fehler.

Ein Schatten tauchte plötzlich neben ihm auf. Ehe John

herumwirbeln konnte, bekam er einen harten Schlag auf seine Pistolenhand.

Die Waffe entfiel seinen Fingern.

Und schon kassierte er den nächsten Schlag, der ihn bis in das Zimmer zurückwarf . . .

Fackeln erhellten das sonst finstere Gewölbe!

Sie steckten in Eisenhalterungen, die in die dicken Steine getrieben worden waren.

Der flackernde Schein warf tanzende Schatten auf die dicken Wände, erhellte das Verlies mit einem zuckenden, unwirklichen Licht.

Das Gewölbe glich mehr einem breitem Gang, dessen Seiten von Nischen eingenommen wurden. Nischen, die durch den Feuerschein kaum erhellt wurden und in denen das Grauen lauerte.

Germaine Bousseau war angekettet. Fest wie Klammern umschlossen die Eisenringe ihre Handgelenke. Ihre Arme waren hochgezogen, und die Frau hatte kaum Spielraum, sich zu bewegen.

Es war unvorstellbar, was sie in den letzten Stunden mitgemacht hatte.

Roger Moulin, der Tote, hatte sie angekettet und war dann verschwunden. Germaine hatte geschrien, gefleht, gebettelt, doch da war keiner, der sie erhört hätte. Dann war sie in eine völlige Gleichgültigkeit gefallen. In ihrem Kopf hatte sich ein taubes Gefühl breitgemacht. All ihr Denken, ihr Handeln war ausgeschaltet.

Irgendwann war Germaine in einen erschöpfungsähnlichen Schlaf gefallen. Die Strapazen, die sie mitgemacht hatte, waren zuviel gewesen.

Totenstille herrschte hier unten. Nicht einmal das Fiepen der Ratten war zu hören. Es schien, als hätten selbst die Tiere vor den Teufelsmönchen Respekt.

Die Mönche!

Germaine hatte sie noch nicht gesehen, wußte aber, daß sie in den Särgen lagen, die in den Nischen standen. Wie ein Hohn kamen Germaine die Treppenstufen vor, die am Ende des Ganges nach oben in die Freiheit führten.

Irgendwann erwachte die Frau aus ihrem Dämmerzustand. Im ersten Moment blickte sie sich erstaunt um, doch dann kehrte die Erinnerung zurück.

Germaine schluchzte auf. Sie spürte die Schmerzen an ihren aufgescheuerten Gelenken, und überdeutlich stand das weitere Schicksal vor ihren Augen.

Sie sollte geopfert werden!

Ein Opfer für die Teufelsmönche!

Niemand konnte sie retten. Niemand . . .

Germaine weinte. Ihr Schluchzen war das einzige Geräusch in dem Verlies des Grauens.

Die Zeit verging.

Germaine spürte ihre Arme kaum noch. Auch ihr Tränenstrom war versiegt. Sie wußte nicht einmal, ob draußen Tag oder Nacht war. Sie dachte an Pierre Saval und an die Zeit mit ihm, die so herrlich gewesen war.

Das war alles vorbei . . .

Plötzlich hob Germaine den Kopf. Sie hatte ein Geräusch gehört. Es war aus der Nische gekommen, die sich rechts von ihr befand.

Germaine drehte ihren Kopf ein wenig zur Seite, konnte einen Teil der Nische überblicken.

Sie sah einen Sarg!

Aber noch etwas nahm sie wahr. In dem Sarg bewegte sich jemand.

Der Mönch!

Ein grünlich leuchtendes Gesicht starrte die junge Frau plötzlich an. Eine große, hochgewachsene Gestalt wurde sichtbar und stieg mit langsamen Bewegungen aus der gräßlichen Totenkiste.

Der Teufelsmönch blickte die Frau an. Nichts regte sich in der grünlichen Masse seines Gesichtes. Die Augen blieben tiefe, unergründliche Schächte.

Germaine war unfähig, etwas zu sagen. Sie zitterte am gesamten Körper. Das Grauen strich wie ein Hauch über sie hinweg.

Überall in den Nischen entstand jetzt Bewegung. Die Teufelsmönche verließen ihre Särge und formierten sich zu einer unheimlichen Prozession.

Sie kamen auf Germaine zu. Gestalten aus dem Horror-Reich! Fabelwesen, die in Legenden und uralten Sagen lebten.

Doch dies hier war die Wirklichkeit. Und Germaine Bousseau war als Opfer auserkoren worden.

Der erste Mönch hob die Arme. Germaine sah lange Spinnenfinger, die Totenkrallen glichen.

Die Ketten fielen!

Stöhnend sank Germaine zusammen.

Einer der Mönche trat auf sie zu, bückte sich, hob sie auf.

Germaine spürte die Kälte seines Körpers, die auch in ihr jegliches Gefühl verlöschen ließ.

Der Mönch drehte sich um, ging einige Schritte vor und übernahm die Spitze der Prozession.

Wie tot lag Germaine auf seinen Armen. Sie hörte nicht die Musik, die leise und klagend durch das Verlies wehte.

Die Blutorgie konnte beginnen . . .

John Sinclair prallte hart auf den Rücken. Doch instinktiv zog er seinen Körper zusammen, vollführte eine Rolle rückwärts und kam wieder auf die Beine.

Der Eindringlich stand schon im Zimmer!

John wußte nicht, daß es Roger Moulin war, der Mann, mit dessen Tod alles begonnen hatte, doch er ahnte, daß er es nicht mit einem normalen Wesen zu tun hatte.

Dieser Mann war gekommen, um zu töten!

Siegessicher näherte sich Moulin dem Inspektor. Er machte ein paar geschmeidige Armbewegungen, und plötzlich materialisierte sich aus dem Nichts eine gräßliche Mörderzange.

Die Zange, mit denen vor Hunderten von Jahren Teufelsmönche ihre Opfer umgebracht hatten.

Sie war dazu bestimmt, auch Johns Kehle zusammenzupressen.

Und der Inspektor war in diesen Augenblicken waffenlos. Seine Pistole lag unerreichbar für ihn in der Diele.

Das wußte auch der Unheimliche.

Er lachte siegessicher. »Einmal hast du es geschafft«, sagte er, »doch diesmal bist du an der Reihe.«

John wich zurück, umkreiste seinen Gegner, der jedoch so schlau war, nie den Weg zur Tür freizugeben.

John stieß mit den Kniekehlen gegen einen kleinen Tisch. Blitzschnell hob er ihn über den Kopf.

Eine Vase fiel zu Boden und zerbrach klirrend.
Moulin griff an! Die Backen der Zange zielten auf Johns Kehle.
Der Geisterjäger drosch mit dem Stuhl zu. Das Möbelstück fegte die Zange zur Seite – und zerbrach in tausend Splitter.
»Damit kannst du mich nicht schrecken!« höhnte Moulin. »Und jetzt? Was machst du jetzt?«
Er drang weiter gegen John vor.
Natürlich – John Sinclair hätte aus dem Fenster springen können, aber dann wäre Pierre Saval allein mit diesem Ungeheuer gewesen. Nein, es mußte einfach noch eine andere Möglichkeit geben. Dieser Mann war nicht unbesiegbar.
Wieder schoß die Zange vor.
John tauchte weg, hechtete gleichzeitig zur Seite.
Die Backen zischten über ihn hinweg.
Sofort wirbelte John Sinclair hoch, nutzte die Gunst des Augenblicks und schmetterte dem Unheimlichen beide Fäuste in den Nacken.
Moulin wurde auf den Boden geschleudert. Doch sofort warf er sich herum, riß die Hände mit der Zange hoch, und John erstarrte mitten in der Bewegung.
Die beiden Backen hatten seine Schulter umklammert.
John taumelte zurück.
Moulin ließ nicht los. Er war auf die Beine gekommen, wollte dem verhaßten Gegner den Rest geben.
Inspektor Sinclair krachte gegen das hohe Regal. Eine selten gekannte Todesangst schoß in ihm hoch.
Da sah er den Kelch des Feuers!
Noch eingewickelt stand er in einem Fach des Regals. Johns linker Arm schoß vor. Seine Hand bekam einen Zipfel der Decke zu packen.
Der Geisterjäger riß den Arm herunter. Der Kelch des Feuers prallte auf den Boden, bot sich den Blicken des Unheimlichen dar.
Plötzlich schrie Moulin auf.
Der Griff der Zange löste sich von Johns Schulter.
Moulin, der lebende Tote, taumelte. Magisch wurde sein Blick von dem Kelch angezogen, aus dem urplötzlich eine armlange Flamme schoß.
In Sekundenschnelle stand Moulin in Flammen. Das Feuer loderte an seiner Kleidung hoch, fraß ihn auf.

Roger Moulin verbrannte. Zurück blieb nur noch graue Asche.

Aus schreckgeweiteten Augen hatte John Sinclair dem Vorgang zugesehen.

Hier prallten zwei Mächte aufeinander. Hier waren Kräfte am Werk, die ein menschliches Gehirn nicht begreifen konnte.

So wie die Flamme gekommen war, verschwand sie auch wieder. Unberührt lag der Kelch des Feuers auf dem Boden.

John hob ihn auf. Beinahe kühl lag er in seiner Hand. Nichts war mehr von den Flammen zu spüren, die noch vor wenigen Sekunden den Tod gebracht hatten.

»John!«

Der Inspektor wandte den Kopf.

Pierre Saval stand auf der Türschwelle. Seine rechte Stirnhälfte war angeschwollen.

Der Geisterjäger lächelte krampfhaft. »Der Kelch des Feuers hat es geschafft«, sagte er leise, »sonst wäre ich verloren gewesen.«

Wie ein Dieb schlich die Nacht über das Land. Dunkle Wolkenberge ballten sich am Himmel zusammen. Die Luft wurde drückend und schwül.

Es würde ein Gewitter geben.

Mückenschwärme tanzten vor John Sinclairs und Pierre Savals Augen. Die beiden Männer sprachen kein Wort. Mit möglichst leisen Schritten durchquerten sie den Wald.

John hielt den Kelch des Feuers. Er hatte die wertvolle Waffe mit einem schwarzen Samttuch verhängt.

Irgendwo zuckte ein Blitz. Für Sekunden erhellte er die Gesichter der Männer. Sie waren angespannt und schweißnaß. Die drückende Schwüle erschwerte das Atmen.

Wieder fuhr ein Blitz über den Himmel. Kein Donner folgte.

John blieb stehen. »Es wird ein trockenes Gewitter geben«, sagte er.

Pierre nickte und wischte sich den Schweiß von der Stirn. »Das sind die schlimmsten.«

Die Männer gingen weiter.

Still war es. Keine Tierstimme, kein Laut – nichts. Nicht einmal ein Windhauch fuhr durch das grüne Blätterdach der Bäume.

Diese Art Nächte waren gefährlich. Da waren die Menschen

gereizt. Ein geringer Anlaß genügte oft, und es gab Mord und Totschlag.

John Sinclair konnte davon ein Lied singen. Schließlich war er schon einige Jährchen bei New Scotland Yard.

Dann sahen sie das Kloster. Wie ein großes Ungeheuer ragten die Mauern in das Dunkel der Nacht.

John, der in der Deckung eines Baumes stehengeblieben war, suchte das Gelände ab.

Er entdeckte nichts. Kein Mensch, kein Lebewesen war zu sehen.

John gab dem jungen Bürgermeister ein Zeichen. Dann löste sich der Inspektor aus seiner Deckung.

Die Männer gelangten durch das Tor auf den Innenhof. Auch hier war es still.

»Sind Sie ganz sicher, daß die Teufelsmönche auch kommen werden?« fragte John flüsternd.

»Was heißt sicher? Ich habe Ihnen selbst die alten Chroniken gezeigt. Dort steht es wenigstens geschrieben, daß sie ihre Blutorgien immer nachts feiern.«

Pierres Stimme versagte. Unwillkürlich hatte er an Germaine gedacht. Hart preßte er die Lippen zusammen. Seine Wangenmuskeln zuckten.

John legte dem Bürgermeister die Hand auf die Schulter. »Kopf hoch, Pierre. Wir werden den Geistern schon das Fürchten beibringen.«

Sie schlichen weiter und erreichten den Kreuzgang, diesen hohen Säulengang, der sich an der Vorderseite des Klosters entlangzog.

Plötzlich zupfte Pierre den Inspektor am Arm. »Dort ist der Eingang.«

John ging voraus. Er wußte aus Lefevres Erzählungen, daß die Tür offen war.

Es stimmte.

Knarrend schwang sie nach innen.

Die Männer hielten den Atem an. Wenn sie bis jetzt niemand gehört hatte, dann . . .

Es geschah nichts.

John und Pierre tauchten in das Dunkel des Klosters. Der Bürgermeister hielt längst eine Taschenlampe in der Hand. Der helle Lichtfinger wanderte über einen langen Tisch und kunstvoll geschnitzte Stühle.

»Genau wie es Lefevre gesagt hat«, raunte Pierre. »Da ist auch die Tür zur Bibliothek.«

Auf Zehenspitzen näherten sich die Männer der Tür. Auch sie schwang leicht zurück.

Hohe, bis an die Decke reichende Bücherregale gähnten ihnen entgegen. John und Pierre hatten keine Ahnung, wo die vielen Bücher hingekommen waren. Schade um das wertvolle Schriftgut.

»Weiter ist Lefevre auch nicht gekommen«, sagte Pierre Saval flüsternd. »Es gibt aber auch keinen anderen Ausgang oder eine Tür.«

John wiegte den Kopf. »Ich tippe eher auf einen Geheimgang.«

»Den aber finden«, erwiderte Pierre. »Der Inspektor hat es auch versucht . . .«

»Vielleicht nicht gründlich genug«, meinte John und übergab dem Bürgermeister den Kelch des Feuers. Dafür holte er seine Lampe hervor und leuchtete in die leeren Fächer.

Fingerdick lag der Staub, und John unterdrückte mehr als einmal ein Niesen.

Auf einmal stieß Pierre Saval einen Zischlaut aus. »John«, hauchte er. »Sie singen. Hören Sie nicht?«

Inspektor Sinclair blieb stehen, lauschte.

Tatsächlich, jetzt hörte er es auch.

Der Gesang der Teufelsmönche! Er war noch schwach, nicht mehr als ein Summen, und schien aus den Tiefen der Erde zu kommen.

»Wir sind richtig, John«, flüsterte Pierre. »Sie kommen. Ich spüre es.«

»Ruhig!« zischte John.

Der Gesang war lauter geworden. Es schien, als käme er geradewegs auf die Bibliothek zu.

Der Geisterjäger zog Pierre herum. »Los, weg hier!«

»Aber warum? Wir . . .«

»Wir werden sie draußen erwarten«, sagte John.

Die Männer hasteten durch die Bibliothek. John zog die Tür nicht ganz zu, sondern ließ einen Spalt offen, um alles genau beobachten zu können.

Sekunden später entdeckte John das finstere Geheimnis der Mönche.

Ein großes Regal schwang wie von unsichtbaren Händen geschoben zur Seite. Gleichzeitig erfüllte der Gesang der Mönche die Bibliothek. Ein Brausen wie aus der tiefsten Hölle durchfuhr den Raum. Der Choral des Satans.

Der Gesang schmerzte. Pierre preßte schon die Hände gegen seine Ohren.

Und dann tauchten die Teufelsmönche auf.

Große Gestalten mit grünlich schimmernden Gesichtern. In einer gespenstischen Prozession schritten sie auf die Tür zu, die zum Speiseraum führte.

Plötzlich zuckte Pierre Saval zusammen. Er hatte Germaine Bousseau gesehen. Der erste Mönch trug die leblose Frau auf den Armen.

Pierre wollte aufspringen, ihm entgegenlaufen, doch John drückte den jungen Bürgermeister zurück und zog ihn gleichzeitig mit sich.

»Wir müssen sie draußen überwältigen!« zischte John.

»Aber Germaine! Sie . . .«

»Keine Angst, wir werden sie schon befreien.«

John zog die Tür hinter sich zu. Er suchte nach einem Versteck.

Der Gesang wurde lauter. Das hieß, daß die Mönche schon im Speiseraum waren.

»Wohin?« Pierres Blick irrte hin und her.

»Schnell! An den Waldrand.« John Sinclair sah im Augenblick keine andere Möglichkeit.

Die Männer hasteten los. Mit langen Schritten hetzten sie über den Vorhof, huschten durch das Tor und drückten sich im Schatten der Mauer in Deckung.

John Sinclair blickte Pierre Saval an. Der Franzose war nahe daran, die Nerven zu verlieren. Er zitterte am ganzen Körper. Die Angst um Germaine machte ihn halb wahnsinnig.

Hoffentlich machte Pierre Saval keinen Unsinn.

Jetzt betraten die unheimlichen Gestalten den Vorhof. Der schaurige Gesang hallte weit über das Land. Eine rote Lichtglocke stieg plötzlich auf und legte sich wie ein Tuch über die Mauern des Klosters.

John Sinclair peilte durch den Türspalt.

Die Teufelsmönche bildeten einen Kreis. Ihr Anführer, der die leblose Germaine hielt, legte die Frau auf die Erde.

Der Gesang verstummte.

Mit einemmal wurde es totenstill. John hörte nur Pierre Savals Keuchen.

»Warum tun wir denn . . .?«

»Ruhig!« John schnitt Pierre mit einer Handbewegung das Wort ab. Gebannt starrte der Geisterjäger zu den Teufelsmönchen hinüber. Durch die rote Lichtglocke war alles klar und deutlich zu erkennen.

Die Mönche hoben die Arme.

Im selben Augenblick fuhr ein Blitz über den Himel, dem sofort danach der Donner folgte.

Krachend fegte der Donner durch die dunkle Nacht. Er wirkte wie ein Startschuß für die Mönche.

Langsam begannen sich die unheimlichen Gestalten zu bewegen. Aus ihren gräßlichen Mäulern dröhnte der Höllengesang.

Die Mönche tanzten. Immer schneller wurden ihre Bewegungen. Wenn für Sekunden freie Sicht war, tauchte Germaines lebloser Körper auf.

Pierre Saval hatte die Hände zu Fäusten geballt. Der Schweiß lief wie Bachwasser über sein Gesicht. Sein Mund war halb offen. Der junge Franzose stand unter Hochspannung.

Immer wilder, ekstatischer wurde der Tanz.

John zog das Tuch von dem Kelch.

Ein weißes Licht leuchtete in seiner Hand. Der Kelch begann zu glühen. Es war, als spüre er die Macht des Bösen.

»Nun gehen Sie endlich!« keuchte Pierre. »Gehen Sie doch! Mein Gott, da!«

John sah es ebenfalls.

Wie aus dem Nichts waren die Mörderzangen aufgetaucht. Jeder der sieben Mönche hielt eine Zange in der Hand. Die auseinandergezogenen Backen waren bereit, das wehrlose Opfer zu töten.

Die Zangen senkten sich über Germaine.

John Sinclair spannte die Muskeln.

Da verlor Pierre Saval die Nerven. Mit einem Schrei rannte er durch das Tor, auf den Kreis der Höllenmönche zu . . .

»Germaine!« Pierre brüllte den Namen seiner Freundin heraus. Zitternd schwebte der Schrei über den Mauern des Klosters und verlor sich in der Weite des Landes.

Pierre Saval stürzte sich auf die Teufelsmönche. Anschließend schützte er Germaine mit seinem Körper.

»Germaine!« flüsterte er. »Germaine. Jetzt . . . ahhh . . .«

Eine kalte Knochenhand zog ihn zurück. Pierre wurde auf die Beine gerissen. Dunkle Augen starrten ihn an.

Und dann sah er die Zangen.

Von drei Seiten kamen sie auf ihn zu . . .

»Haltet ein!«

Der gewaltige Ruf Johns hallte über den Hof des Klosters.

Die Mönche verharrten mitten in der Bewegung.

Die glühenden Zangen blieben dicht vor Pierres Gesicht stehen. Die Gesichter der Mönche wandten sich John Sinclair zu.

Der Geisterjäger durchbrach ihren Kreis. Hochaufgerichtet stand er da, hielt den Kelch des Feuers mit beiden Händen.

Für Sekunden schien die Zeit stillzustehen.

Dann brach Panik aus.

Gellend schrien die Mönche auf. Sie wußten, was es mit dem Kelch des Feuers auf sich hatte, wurden vom Entsetzen geschüttelt.

Da schoß eine Stichflamme aus dem Kelch, fraß sich in den nachtdunklen Himmel, und eine feurige Lohe fuhr über die Köpfe der Teufelsmönche.

Markerschütternde, unmenschliche Laute drangen aus den Mäulern der Unheimlichen.

Im Nu standen die Mönche in Flammen.

Als lebende Fackeln irrten sie durch den Innenhof des Klosters.

Es war ein schauriges Bild. Taghell wurde die Nacht erleuchtet. Blitze zuckten vom Himmel. Donner krachte über das weite Land. Der Boden zitterte.

Und mitten in diesem höllischen Inferno stand John Sinclair, der Geistertöter, der den Mächten der Finsternis trotzte. Er hielt den Kelch des Feuers hoch, der jahrhundertelang durch den Zauber der Dämonen gebannt worden war und jetzt seine volle Kraft entfaltete.

Die Teufelsmönche brachen zusammen, wälzten sich wimmernd und zuckend am Boden.

Die Flammen tanzten über Germaine Bousseau, die aus ihrer Ohnmacht erwacht war und alles nicht begreifen konnte.

Die Schreie der Mönche verstummten. Ihre Körper zogen sich zusammen, zerfielen und wurden zu Asche.

Dann war es vorbei.

Es gab keine Teufelsmönche mehr. John Sinclair hatte mit dem Spuk aufgeräumt.

Wie auf ein geheimes Kommando begann der Himmel seine Schleusen zu öffnen. Ein dichter Regenvorhang prasselte auf die Erde.

In Sekundenschnelle waren die drei Menschen bis auf die Haut durchnäßt.

John Sinclair ließ die Arme sinken. Er drehte den Kopf und sah zwei Menschen engumschlungen auf dem Vorplatz des Klosters stehen.

Wieder einmal hatte die Hölle verloren!

»Ich kann es noch immer nicht begreifen«, sagte Inspektor Lefevre, als John ihn an seinem Krankenbett besuchte. »Sie haben die Mönche tatsächlich besiegt?«

John lächelte. »Nicht ich, sondern der Kelch des Feuers, auf dessen Spur mich ein gewisser Pierre Saval gebracht hat. Billon kann stolz auf seinen Bürgermeister sein.«

ENDE

Der See
des Schreckens
JH 93

»Und jetzt paß mal auf, Shirley!«

Ted Bulmer stand auf dem weit vorspringenden Baumast. Wie poliertes Silber schimmerte unter ihm die Wasseroberfläche des Sees.

Ted wippte noch ein paarmal, beugte dann seinen Körper vor und stieß sich kräftig mit den Füßen ab.

Für einen winzigen Augenblick schwebte der sonnenbraune Körper waagerecht in der Luft, dann zischte er wie ein Pfeil der Wasseroberfläche entgegen und verschwand. Kaum ein Spritzer flog hoch.

Shirley Adams klatschte begeistert Beifall.

Schon tauchte Ted wieder auf, warf mit einer Kopfbewegung seine nassen Haare aus dem Gesicht, lachte, winkte – und . . .

Plötzlich drang ein gurgelnder Schrei aus seinem Mund. Teds Gesichtszüge verzerrten sich. Etwas umklammerte seine Beine und zerrte ihn gnadenlos in die Tiefe . . .

Shirley Adams bekam den gräßlichen Vorgang so schnell gar nicht mit. Sie hörte noch den Schrei, und auf einmal war Ted verschwunden.

Ted Bulmer, der beste Schwimmer! Sportskanone Nummer eins! Unmöglich!

Shirleys Gedanken kreisten wie ein Mühlrad.

. . . er ist ein guter Schwimmer . . . Herzschlag . . . Mein Gott, man muß was tun . . .

Sie tat nichts, starrte aus weit aufgerissenen Augen auf die Wasseroberfläche.

Ein paar Luftblasen stiegen hoch, zerplatzten.

Das war alles.

Und Ted tauchte nicht wieder auf. Wie festgeleimt stand Shirley am sandigen Ufer. Immer noch begriff sie nicht, was geschehen war. Immer noch hoffte sie, Ted würde irgendwann auftauchen und ihr sagen . . .

Shirleys Gedanken stockten.

Das Wasser geriet plötzlich in Bewegung. Genau dort, wo Ted eingetaucht war.

Sollte er wieder auftauchen?

Erregung packte das Mädchen.

Ein Strudel entstand. Das Wasser schäumte. Der unheimliche

Strudel bildete einen Trichter, der bis auf den Grund des Sees zu reichen schien.

Plötzlich war ein gewaltiges Pfeifen zu hören. Eine schwarze Wolke schob sich vor die Sonne. Es wurde dunkel – und kalt.

Gebannt starrte Shirley auf den Wassertrichter, aus dessen unauslotbarer Tiefe eine gräßliche Gestalt stieg.

Ein Monster!

Riesengroß und über und über mit Tang und Schlick bedeckt. Grüngraue Haare hingen in dicken Strähnen am Kopf des Monsters herab, bedeckten fast völlig das entstellte Gesicht.

Ein grauenhaftes Maul tat sich auf, aus dem urplötzlich ein schauriges, nervenzerfetzendes Heulen drang.

Das kalte Entsetzen fuhr Shirley Adams bis ins Mark. Sie sah die beiden unförmigen Arme des Monsters, auf denen ein Mensch lag.

Ein Mensch, den sie kannte.

Ted Bulmer!

Noch einmal heulte das Monster auf. Dann verschwand es mit dem Körper des jungen Mannes in die Tiefe des Sees.

Shirley Adams Augen waren geweitet. Die Nerven bis an die äußerste Grenze belastet.

Dann kam der Schock.

Auf einmal drehte sich alles vor ihren Augen. Der Wald, das Wasser, die Wolken.

Einige Herzschläge später stürzte Shirley Adams bewußtlos auf den weichen Sandboden. Ihr rechter Arm war weit vorgestreckt, und die auslaufenden Wellen umspielten ihre Finger.

Das Monster aber war verschwunden. Der See lag ruhig und spiegelglatt in der heißen Mittagssonne. Ein Bild des Friedens.

Doch in der Tiefe lauerte das Verderben . . .

»Sie kommt zu sich. Endlich!«

Wie aus weiter Ferne hörte Shirley Adams die Männerstimme. Sie hatte das Gefühl, über einem Abgrund zu schweben, wie auf riesigen Händen getragen. Doch plötzlich ließen sie diese Hände los – und . . .

Shirley öffnete die Augen.

Ein rosiges Gesicht mit einem buschigen Schnäuzer zwischen Oberlippe und Nase sah sie an.

Etwas zu dicke Lippen verzogen sich zu einem sparsamen Lächeln. »Wieder da, Miss?«

Shirley wollte sich aufrichten, doch sofort begann sich alles vor ihren Augen zu drehen. Sie spürte, daß sie trotz der Sonnenstrahlen fror. Feucht klebte ihr knapper Tanga am Körper. Die zwei Stoffstücke verbargen nichts von ihren ausgereiften Formen.

Shirley wandte den Kopf. Sie sah einen Rettungswagen. Zwei Männer in weißen Kitteln lehnten daran. Die beiden betrachteten sie ungeniert. Einer stieß hastig den Rauch einer Zigarette durch die Nasenlöcher aus.

Shirley blickte zur Seite. Wieder sah sie die Augen über sich. »Ich bin Doktor McGrath«, stellte sich der Mann mit dem Schnurrbart vor.

Shirley öffnete den Mund, um etwas zu sagen, doch ihre Kehle war wie zugeschnürt. Ein anderer Mann trat in ihr Blickfeld. Er trug eine Uniform, war demnach Polizeibeamter.

Der Uniformierte wandte sich an den Arzt. »Hat sie irgendwas gesagt?«

»Noch nicht.«

»Na ja, wird schon werden.«

»Helfen Sie mir hoch, Doc, bitte«, flüsterte Shirley. »Außerdem friere ich.«

»Holt mal eine Decke«, fuhr der Arzt die beiden Männer an.

Einer verzog sich, kramte in dem Rettungswagen herum und breitete wenig später eine Decke über Shirleys Körper aus.

Der Arzt und der Polizist halfen Shirley auf die Beine. Sie mußten das Mädchen stützen, denn augenblicklich setzte wieder das Schwindelgefühl ein.

»Was ist denn geschehen?« fragte der Polizist, während sie zu dem Rettungswagen gingen.

Diese Frage wirkte bei Shirley wie ein Startschuß. Sie ruckte herum, umfaßte mit ihren Fingern den Arm des Polizisten.

»Ted, Sie müssen ihn retten! Er ist ertrunken. Er ist . . .« Shirleys Stimme versagte.

»Nun mal langsam«, sagte der in Ehren ergraute Sergeant, schon seit Jahren Polizeigewaltiger des Ortes. »Was ist genau geschehen?«

»Ted Bulmer, mein Freund, er ist in den See gesprungen. Da, von diesem Ast dort.«

Die Männer wandten unwillkürlich die Köpfe.

»Er sprang in das Wasser – und tauchte nicht mehr auf. Bis das Monster plötzlich kam.«

»Das Monster?« Die Frage des Sergeants klang eher lauernd als überrascht. »Was für ein Monster?«

Shirley zitterte wie Espenlaub. »Es sah schrecklich aus. Übergroß, mit Tang und Schlick behangen. Und dann die strähnigen Haare. Es hielt was in den Armen. Ted! Er war tot, ertrunken. Ich weiß nicht. Vielleicht auch nicht, ach, es ist alles so schrecklich. Ich bin völlig durcheinander.«

»Weiter, Miss . . .«

»Adams, Shirley Adams.«

»Schön, Miss Adams. Was geschah dann?«

»Dann bin ich ohnmächtig geworden. Das heißt, nachdem das Monster wieder untergetaucht war.«

Nach diesem Bericht war es für eine Weile still. Der Arzt warf dem Polizeibeamten bedeutsame Blicke zu. Anscheinend wußten die Männer mehr, als sie zugaben.

Shirleys Atem ging schnell. »Ja, so unternehmen Sie doch was. Sie können doch nicht einfach nur herumstehen. Sie müssen den See absuchen. Vielleicht ist Ted irgendwo angeschwemmt worden. Und er lebt noch. Möglich ist doch alles.«

»Beruhigen Sie sich, Miss Adams. Wir werden alles tun, was in unseren Kräften steht. Aber jetzt werden wir Sie erst mal ins Hospital bringen.«

Shirley schüttelte entschieden den Kopf. »Nein, ohne mich. Von einer Ohnmacht stirbt niemand. Ich will dabei sein, wenn die Rettungsarbeiten beginnen.«

»Das ist unmöglich, Miss Adams.«

»Warum nicht?« Shirley sah den Polizisten mit flammendem Blick an.

»Wei . . . weil . . . nun, Doc, so sagen Sie doch mal etwas«, stotterte der Sergeant.

»Weil es für Sie vielleicht einen Schock geben kann, wenn wir die Leiche Ihres Freundes bergen. Ich will damit nicht gesagt haben, daß er tot ist, aber . . .«

»Sparen Sie sich die Ausreden, Doc. Eine Leiche habe ich schon öfter in meinem Leben gesehen. Ich bin Krankenschwester und in gewissen Sachen nicht gerade zartbesaitet. Ich merke aber genau,

Sie verbergen etwas. Ich soll nicht dabei sein, unter keinen Umständen. Was ist der Grund?«

»Es gibt keinen Grund«, sagte der Sergeant scharf. »So, und jetzt ziehen Sie sich an. Wo sind Ihre Sachen?«

»Sie liegen dort hinter dem Baum.«

»Bitte schön.«

Shirley ging los. Sie spürte fast körperlich die Blicke der Männer in ihrem Nacken. Sie dachte an Ted. Seltsamerweise konnte sie nicht weinen, obwohl ihr Ted doch einiges bedeutet hatte. Aber dieser Unfall, der kein Unfall war . . . nein, hier stimmte was nicht. Hier sollte etwas verborgen werden. Und sie würde es auch herausfinden.

Shirley schlüpfte in Jeans und Pulli. Aus ihrer gebückten Haltung heraus sah sie, daß die Männer in ein angeregtes Gespräch vertieft waren.

Schließlich wandte sich der Sergeant um und kam auf sie zu. »Wir brauchen Ihre genauen Personalien, Miss Adams. Und auch die Pension, in der Sie hier wohnen.«

»Ich wohne in keiner Pension«, sagte das Girl. »Ted und ich, wir haben gezeltet, am Südufer des Sees. Auf dem großen Campingplatz.«

»Und weshalb sind Sie hier baden gegangen? Dort am Campingplatz gibt es doch ein tadelloses See-Schwimmbad.«

»Das meistens überfüllt ist«, antwortete Shirley lakonisch.

Ihr Blick glitt über den See. Einige Boote kreuzten auf der leicht gekräuselten Wasseroberfläche. Die bunten Segel wirkten wie farbige Tupfer. Der See war schmal, aber sehr lang. Man konnte das gegenüberliegende Ufer gut erkennen. Dort lag Aweshire, der Touristenort. Aweshire war in den letzten Jahren aus dem Boden gestampft worden und heute eine Hochburg des schottischen Touristenverkehrs.

Shirley spürte plötzlich eine Gänsehaut über ihren Rücken laufen. »Sie brauchen mich ja doch nicht mehr«, wandte sie sich an den Sergeant.

»Im Moment nicht, Miss Adams. Aber halten Sie sich weiter zur Verfügung.«

»Ja, natürlich.« Shirley bückte sich und hob Teds Sachen auf.

»Wollen Sie zu Fuß zum Campingplatz laufen?«

»Nein. Unser Wagen steht oben, direkt an dem kleinen Spazierweg.«

»Ist es der knallrote Mini-Cooper?«

»Ja.«

»Dann sehen Sie zu, daß Sie wegkommen. Die Streichholzschachtel parkt nämlich verbotswidrig.«

Shirley überhörte das Wort Streichholzschachtel und kletterte den Hang hoch. Wenig später war sie im Wald verschwunden.

Dr. McGrath hatte sich eine Zigarette angezündet. »Was hältst du von der Sache, Tim?«

Tim Riordan, der Sergeant, antwortete mit einer Gegenfrage. »Denkst du das gleiche wie ich?«

»Wahrscheinlich.«

»Dann rechne mal damit, daß der alte Fluch wahr geworden ist. Ausgerechnet jetzt, wo Aweshire zu einem Touristenzentrum angewachsen ist. Verdammt, verdammt. Aber eins sage ich dir, Doc. Das darf nicht an die große Glocke gehängt werden. Dem Jungen ist nicht zu helfen. Wir werden pro forma eine Rettungsaktion organisieren, mehr auch nicht. Denn wenn erst einmal die Touristen spitzkriegen, was hier geschehen ist, packen sie ihre Koffer, und wir können sehen, wo wir bleiben.«

Dr. McGrath stimmte da völlig mit dem Polizeibeamten überein. »Wenn uns nur das Mädchen keinen Ärger macht«, sagte er. »Das ist eine von den energischen Typen. Hast du dir übrigens die Namen der beiden Spaziergänger aufgeschrieben, die uns alarmiert haben?«

»Ja. Sind aber harmlose Leute. Ein Rentnerehepaar aus London.«

»Dann ist ja alles gut. Wenn du mich brauchst, ich bin in meiner Praxis.«

Der Arzt tippte an eine imaginäre Hutkrempe und stieg mit den beiden Gehilfen in den Rettungswagen.

Sergeant Riordan ging zu seinem Motorrad, das er an einen Baum gelehnt hatte. Während er startete, fluchte er leise vor sich hin. Er sah einigen Ärger auf sich zukommen.

Der Sergeant sollte sich nicht geirrt haben, denn Aweshire wurde zur Hölle . . .

Urplötzlich kam der Schock.

Die Welle der Verzweiflung lief wie ein Stromstoß durch Shirleys Körper. Es war ihr unmöglich, das Lenkrad zu halten und sich zu konzentrieren.

Shirley Adams bremste.

Tränen traten in ihre Augen, und das graue Asphaltband der Straße verschwamm in einem milchigen Schleier.

Shirleys Kopf fiel nach unten. Mit der Stirn knallte sie gegen das Lenkrad. Sie spürte den Aufprall gar nicht.

Ein verzweifeltes Schluchzen schüttelte ihren Körper. Einige ältere Spaziergänger, die vorbeikamen, blickten verwundert in den Wagen und gingen dann kopfschüttelnd weiter. Niemand wollte sich mit den Problemen des anderen belasten.

Nach einer Viertelstunde war der Anfall vorbei. Shirley setzte sich wieder auf. Im Innenspiegel sah sie ihr verquollenes, vom Weinen stark gerötetes Gesicht. Ihre Handtasche stand auf dem Beifahrersitz. Shirley zog ein Taschentuch hervor und putzte sich die Nase.

Mit der Zeit gewann sie wieder an Sicherheit und Selbstvertrauen.

Ted Bulmer war tot. Daran konnte sie nichts mehr ändern. Aber sie konnte seinen Tod rächen, den oder die Mörder fassen. Shirley dachte an das Monster und daran, wie schwer ihre Aufgabe war. Doch das spielte keine Rolle. Irgendwie würde sie es schon schaffen. Der Polizei traute sie nicht viel zu. Die konnten höchstens einen Hühnerdieb schnappen, große Aktivitäten würde der Sergeant sowieso nicht entfalten, allein schon, um den Ruf dieses Erholungsortes nicht zu gefährden. Nein, von der Seite konnte sie keine Hilfe erwarten.

Der Mini-Cooper setzte sich langsam wieder in Bewegung. Shirley wollte nicht zum Campingplatz fahren, sondern in den Ort hinein.

Während der Fahrt rauchte sie eine Zigarette.

Shirley Adams war zweiundzwanzig Jahre alt und mit allen Vorzügen der Natur ausgestattet. Ihr Haar trug sie zur modernen Lockenfrisur gedreht. Ihr Gesicht war rund, und die Nase hatte einen leichten Schwung nach oben, was Shirley ein etwas puppenhaftes Aussehen verlieh. Shirleys Lippen waren voll und der Mund ein wenig zu klein, fand sie.

Aber niemand konnte sich malen, und die ideale Frau mußte erst noch geboren werden.

Shirley Adams drückte die Zigarette aus. Sie war inzwischen um den Campingplatz herumgefahren und näherte sich Aweshire.

Die Straße wurde breiter. Wagen kamen ihr entgegen, und eine Horde Rocker überholte sie mit lautem Getöse. Auch diese Typen gab es hier.

Shirley parkte ihren Mini auf dem Marktplatz direkt neben einer Anschlagsäule.

Als sie ausstieg, fingen einige Typen, die sich um einen kleinen Springbrunnen versammelt hatten, zu pfeifen an.

Shirley kümmerte sich nicht darum. Sie schloß ihren Wagen sorgfältig ab und ging durch die wärmende Nachmittagssonne in Richtung See.

Aweshire bestand praktisch aus zwei Teilen. Einmal das Touristenzentrum und zum anderen die eigentliche Altstadt.

Das Touristenzentrum, bestehend aus Hotels und Geschäften, die sich zumeist um den See gruppierten, war erst vor einigen Jahren aus dem Boden gestampft worden. Vorher galt Aweshire praktisch als das Ende der Welt. Jenseits der Uferpromenade standen die Verkaufspavillons. Es waren Läden, in denen man alles kaufen konnte, zu erhöhten Preisen, versteht sich. Da der See von Bergen umgeben war, waren die Hotels und Pensionen am Hang gebaut worden. Mit Blick auf den Loch Awe. Man sagte den Schotten zwar nach, daß sie geizig sind, aber die Hoteliers geizten hier wirklich nicht mit ihren Preisen.

Die Altstadt war noch so ursprünglich wie vor Hunderten von Jahren. Hier schien das Leben manchmal stillzustehen. Selbst die vielen Touristen hatten kein Interesse, durch die engen Gassen zu schlendern. Außerdem gab es kaum Kneipen. Selbstverständlich dehnten sich die Hotels immer mehr aus, aber bisher hatten es die Einwohner verstanden, den Rummel von sich fernzuhalten.

Shirley stieg die Treppe hinunter, die zur Promenade führte.

Spaziergänger bevölkerten die breite Allee. Hohe Bäume warfen Schatten. Alle Bänke waren besetzt. Es war ein friedliches Urlaubsbild, wie es die Prospekte immer versprachen.

Mit schnellen Schritten näherte sich Shirley Adams der Pavillonkette. Ihr Ziel war ein Geschäft, das ganz am Ende der Promenade lag, dicht neben dem kleinen Hafen, in dem die Segel- und Motorboote dümpelten.

Die großen Panoramascheiben blitzten im Sonnenlicht, als Shirley vor dem Schaufenster stehenblieb. Allerlei Sportartikel waren ausgestellt. Vor allen Dingen aber Geräte, die dem Wassersport dienten.

Shirley betrat das Geschäft.

Sie war nicht die einzige Kundin, und so mußte sie einige Zeit warten und hatte Zeit, sich die Gegenstände genau anzusehen.

Taucherausrüstungen interessierten sie.

Shirley hatte mal einen Tauchkurs mitgemacht und auch mit Erfolg bestanden. Deshalb war dieses Gebiet kein Neuland für sie.

»Kann ich Ihnen helfen, Miss?« fragte eine ölige Stimme hinter ihrem Rücken.

Shirley wandte den Kopf und sah sich einem verschwitzten Verkäufer gegenüber.

»Ja«, sagte sie, »ich möchte gern eine Taucherausrüstung kaufen.«

»Oh, da kann ich Ihnen einiges zeigen. Bitte folgen Sie mir.«

Sie gingen in den Keller, und nach einer halben Stunde hatte Shirley alles, was sie brauchte. Sogar vier Sauerstoffflaschen.

Shirley bezahlte mit einem Scheck.

Man hatte ihr die Ausrüstung so gut es ging eingepackt. Trotzdem war es doch eine unbequeme Schlepperei für das Mädchen. Aber sie hatte ja nicht weit zu gehen. Bis nebenan zu dem Bootsverleiher.

Der Verleiher war ein mickriges Männchen mit einer Nickelbrille. Er wollte Shirley natürlich ein teures Boot andrehen, doch sie entschied sich für ein Schlauchboot mit Außenbordmotor.

Das Mädchen bezahlte die Leihgebühr und ging mit dem Vermieter zur Anlegestelle.

Ihr Boot war ein gelbes Etwas, das auf den Wellen hin- und herschwang.

Der Vermieter probierte den Motor aus.

Er lief.

Shirley bedankte sich und packte ihre Sachen in das Boot. Dann knatterte sie los. Das kleine Boot ließ sich gut lenken, und Shirley war sehr zufrieden.

Sie fuhr bis an eine einsame Stelle des Sees und wartete den

Anbruch der Dämmerung ab. Sie wollte dann tauchen, wenn kein Betrieb mehr auf dem See war. Sehen konnte sie auch in der Dunkelheit, dafür hatte sie sich einen Scheinwerfer mitgenommen.

Doch Shirley stellte sich alles zu einfach vor, denn die Mächte der Finsternis streckten schon ihre Fühler nach der jungen Frau aus . . .

Sergeant Riordan schloß hastig die Haustür hinter sich ab. Mit langen Schritten hetzte er die Holztreppe hoch und verschwand in seinem Schlafzimmer.

Er war naßgeschwitzt. Das Hemd klebte ihm nur so an seinem Körper. Auch die Uniformjacke wies dunkle Schwitzflecken auf. Riordan zog beides aus.

Sein Blick fiel in den Spiegel. Ein faltiges, von der Sonne gerötetes Gesicht starrte ihn an. Immer mehr wurde dem Beamten bewußt, daß er die fünfzig schon überschritten hatte. Längst waren seine rötlichblonden Haare weißgrau geworden, und mit den Jahren hatte er Speck angesetzt. Sergeant Riordan war nie verheiratet gewesen und hatte auch jetzt kein Interesse mehr daran. Außerdem war er keine Schönheit. Sein Gesicht wirkte ziemlich brutal, und die dicke, knorpelige Nase war nach zweimaligem Bruch nicht mehr richtig zusammengewachsen.

Riordan ließ sich auf das Bett fallen. In seiner Jacke suchte er nach Zigaretten, fand aber keine.

Der Beamte knurrte wütend und zog die Nachttischschublade auf. Das Reservepäckchen lag neben einem dicken Bündel Geldscheinen.

Beim Anblick der Scheine leuchteten Riordans Augen auf. Schlagartig fiel ihm der Mann ein, den er jetzt eigentlich anrufen mußte.

Sergeant Riordan griff zum Telefon. Die Nummer kannte er auswendig.

»Ja?« fragte nach einigen Sekunden eine metallene Männerstimme.

»Ich bin es, Riordan.«

»Hat alles geklappt?«

Der Sergeant wand sich. »Ja und nein.«

»Was heißt das?«

»Der junge Mann ist verschwunden. Das Monster hat jedoch übersehen, daß es einen Zeugen gegeben hat. Die Freundin des Jungen. Sie ist ziemlich wütend.«

Für einen Augenblick war der Mann auf der anderen Seite still. Doch dann begann er zu fluchen, und Riordan trat ein noch dickerer Schweißfilm auf die Stirn.

Schließlich sagte der Mann: »Das Mädchen muß weg. Verstehen Sie?«

Riordan nickte, obwohl er seinen Gesprächspartner nicht sehen konnte.

»Hören Sie mir überhaupt noch zu, Riordan?«

»Ja, ja, natürlich.«

»Machen Sie nur keinen Mist. Sie dürfen die Sache nicht gefährden. Das Monster und ich würden uns furchtbar rächen. Ich habe bewußt diesen Ort ausgesucht, und Sie sind einer der wenigen, die nicht sterben werden. Alle anderen sind dem Tod geweiht. Sieben Opfer braucht das Monster. Das wievielte war es jetzt?«

»Das fünfte.«

»Gut, dann sind es ja nur noch zwei!« Der Mann lachte. »Ist auch niemandem etwas aufgefallen?«

»Bis jetzt nicht. Es lagen ja immerhin einige Wochen dazwischen. Und deshalb meine ich, sollte man mit dem nächsten Opfer warten.«

»Nein, Riordan!« erklang die metallische Stimme. »Ich will nicht länger warten. Die Menschheit soll endlich von mir erfahren. Das nächste Opfer wird das Mädchen sein.«

»Ja, ganz wie Sie wünschen«, sagte Riordan. »Aber da ist noch etwas.«

»Reden Sie.«

»Wir müssen heute abend eine Rettungsaktion durchführen. Das heißt, Rettungsaktion ist der falsche Ausdruck. Ich habe dem Mädchen versprochen, nach der Leiche ihres Freundes suchen zu lassen. Leider unter Zeugen, und deshalb muß ich so tun als ob.«

»Sie machen aber auch in letzter Zeit nur Mist«, knurrte der Mann. »Können Sie das nicht abwimmeln?«

»Ich will es versuchen.«

»Oder nein, lassen Sie nur. Außerdem ist es nachts sowieso Unsinn, nach einer Leiche zu suchen. Dann ist es dunkel.«

»Ich weiß, aber am Tage kriege ich die Mannschaft nicht zusammen. Das habe ich dem Mädchen zu verstehen gegeben.«

Der Mann am anderen Ende der Leitung schwieg einige Sekunden. Dann hörte Riordan wieder seine Stimme. Und diesmal klang sie sanft. Tödlich sanft.

»Riordan, Sie machen mir in der letzten Zeit zu viele Fehler. Passen Sie nur auf, daß Sie nicht das siebte Opfer werden. Und blasen Sie diese dämliche Rettungsaktion ab. Ich will das Mädchen! Nur sie.«

»Ja«, krächzte Riordan.

Er wollte noch etwas sagen, doch sein Gesprächspartner hatte aufgelegt.

Sergeant Riordan ließ sich auf sein Bett sinken. Jetzt zündete er sich die Zigarette an. Er befand sich in einem Teufelskreis. Aus purer Neugierde hatte er sich mit einem Mann eingelassen, der einen grauenhaften, uralten Fluch Wirklichkeit werden lassen wollte. Und Riordan hatte sich einfangen lassen, seine Ehre verkauft.

Nervös sog er an seiner Zigarette. Einmal nur hatte er den Mann gesehen. Aber das war in einem Raum gewesen, in dem nur ein Teil erhellt gewesen war. Eben der, wo er gestanden hatte. Der Unbekannte jedoch hatte sich im Dunkeln gehalten. Und bei diesem Unbekannten liefen alle Fäden zusammen. Ein Mann, den niemand kannte und der doch der größte Feind der Menschheit war.

Denn es war kein Geringerer als Dr. Tod!

Dr. Tod! Eine Person, die alles haßte, was menschlich war.

Nach seiner letzten Niederlage in London hatte er zu einem neuen Schlag ausgeholt. Hier oben in Schottland hatte er einen idealen Nährboden für seine Verbrechen gefunden.

Wieder war ihm Asmodis, der Höllenfürst, zu Hilfe gekommen. Er hatte ihn in diese Gegend geschickt. Und überall gab es Menschen, die mit dem Satan paktierten und die für Geld alles taten.

Wie zum Beispiel Sergeant Riordan, von dessen Doppelspiel niemand etwas ahnte.

Der größte Feind dieses unheimlichen Verbrechers war ein gewisser Inspektor Sinclair. Staragent von Scotland Yard und gewissermaßen eine Feuerwehr für hochbrisante Fälle. Doch noch wußte dieser Sinclair nicht, daß Dr. Tod wieder aufgetaucht war. Wenn er es merkte, war es zu spät, dann hatte die Hölle schon triumphiert. Noch einmal würde der Inspektor nicht gewinnen.

Dr. Tod wußte, daß in den Tiefen des Loch Awe seit Jahrtausenden ein finsterer Dämon schlummerte. Er hatte ihn geweckt und dafür gesorgt, daß er auch seine Opfer bekam.

Menschenopfer!

Sieben sollten es insgesamt sein. Nach dem siebenten Opfer würde der grausame Dämon den Fluten entsteigen und vereint mit Dr. Tod eine Schreckensherrschaft beginnen.

Dr. Tod lächelte, als er daran dachte. Noch fehlten zwei Menschen. Aber das würde sich bald ändern. Zum Glück war auf Tim Riordan Verlaß. Wenn dieser Mann Geld sah, dann tat er alles.

Riordan war nicht der einzige Helfer in Aweshire, den Dr. Tod hatte. Es gab noch eine Reihe von Menschen, die geschworen hatten, ihm zu dienen.

Dr. Tod selbst wohnte in einem verlassenen Haus in der Nähe des Sees. Er hatte das Haus vor einigen Wochen erworben und etwas umgebaut. Außerdem war es mit den modernsten Sicherheitsanlagen versehen worden.

Eigentlich konnte ihm nichts passieren. Er mußte nur noch etwas Geduld haben . . .

Es schellte.

Tim Riordan fuhr erschrocken hoch.

Er war auf dem Bett sitzend eingeknickt und hatte schrecklich geträumt.

Wieder ging die Klingel.

Riordan stand auf und warf einen Blick durch das Fenster. Die Sonne stand schon tief am Horizont, demnach mußte es früher Abend sein.

Riordan lief zur Tür. Er nahm die Treppenstufen und fühlte, wie ihm leicht schwindlig wurde.

Das ist der Kreislauf, dachte er und räusperte sich, um den schlechten Geschmack aus dem Mund zu kriegen.

Als er unten im Flur war, klingelte es zum drittenmal.

»Ja, ja, ich bin schon da«, knurrte Riordan und schloß die Tür auf.

Auf den Treppenstufen stand Dr. McGrath.

»Nanu, was willst du denn hier?« wunderte sich der Polizeibeamte und gab gleichzeitig die Tür frei.

McGrath stampfte an ihm vorbei.. »Ich dachte, die Rettungsaktion würde beginnen.«

Riordan schloß die Tür. »Ach, ich habe es mir einfach anders überlegt. Es hat doch keinen Zweck. Der Mann ist tot und damit fertig.«

Dr. McGrath war überrascht stehengeblieben. »Hast du tatsächlich gesagt, du willst alles abblasen?« fragte er.

Riordan lachte. »Was heißt abblasen? Ich habe noch gar nichts unternommen. Aber ehe du dich aufregst, komm rein, und wir bereden alles in Ruhe.«

»Meinetwegen.«

McGrath ging vor. Er wußte, wo Riordans Wohnzimmer lag, das gleichzeitig auch Arbeitsraum war. Das Zimmer wirkte wie immer bedrückend auf den Mediziner. Die alten dunklen Möbel, die verstaubten Tapeten, der muffige Geruch – all das trug dazu bei, sich hier nicht gerade wohlzufühlen.

»Willst du was trinken?«

»Nein, danke«, sagte McGrath und ließ sich in einen Sessel fallen. Die Sprungfedern ächzten.

Während Riordan sich einen Whisky einschenkte, gönnte sich der Arzt eine Zigarre. Schon bald schwebten graublaue Rauchschwaden durch den Raum.

»Was ist eigentlich mit dir los, Tim?« fragte McGrath.

»Wieso? Was soll mit mir los sein? Ich verstehe dich nicht.«

»Nun – du bist zum Beispiel nicht in deinem Büro gewesen. Verschluderst die Dienstzeit, das alles paßt eigentlich nicht zu dir. Mir ist aufgefallen, daß du seit einiger Zeit deinen Dienst vernachlässigst. Und zwar auf die übelste Weise. Denk an die fünf Vermißten oder Toten. Man hat nie eine Spur von ihnen gefunden.

Das ist doch seltsam. Normalerweise treibt eine Leiche nach gewisser Zeit an die Oberfläche.«

»Du vergißt das Monster«, warf Riordan ein.

»Nein.« Der Arzt stäubte seine Asche ab. »Ich habe es nicht vergessen. Ich kenne auch den Fluch und glaube im Gegensatz zu vielen anderen an gewisse überirdische Dinge, aber hier kommt es mir so vor, als wäre das Auftauchen des Monsters gesteuert. Und zwar sehr bewußt. Dabei richtet sich mein Verdacht auch gegen dich, Tim. Nach deinem Benehmen in der letzten Zeit muß ich darauf schließen.«

Der Polizist hatte die Vorwürfe überraschend ruhig aufgenommen. Er sagte nur: »Was wirfst du mir konkret vor, Doc?«

Der Arzt beugte sich über den Tisch, der zwischen den beiden Männern stand. »Ich habe das Gefühl, Tim, daß du auf der falschen Seite stehst.«

In diesem Moment wurde Riordan klar, daß der Arzt mehr wußte, als er bisher gesagt hatte. Daß er zu einer Gefahr geworden war. Und darum mußte er sterben.

Heute noch!

»Was ist?« drang McGraths Stimme in Riordans Gedanken. »Was sagst du zu den Vorwürfen, die ich dir gemacht habe? Ich bin hier, um mit dir alles zu besprechen.«

Sergeant Riordan wandte dem Arzt das Gesicht zu. Er wunderte sich selbst, wie ruhig er in diesen Augenblicken blieb. »Es gibt wirklich ein Geheimnis, Doc«, sagte er leise. »Ich werde es dir sagen. Komm mit hoch, in mein Schlafzimmer.«

»Gut.« Dr. McGrath stand auf.

Riordan triumphierte innerlich. Dieser ahnungslose Wicht folgte ihm tatsächlich!

Und in der Nachttischschublade lag sein Messer!

Die Männer gingen die Treppe hoch. Sie sprachen kein Wort, denn zwischen ihnen schien auf einmal eine Wand zu bestehen.

»Setz dich«, sagte Riordan oben im Schlafzimmer und deutete auf einen Stuhl.

Nichtsahnend nahm der Arzt Platz. »So, nun mal raus mit der Sprache, Tim.«

»Moment, Doc, Moment.«

Riordan trat an den kleinen Nachttisch. Er schwitzte plötzlich.

Nimm dich zusammen, schrie es in ihm. Ein Stoß mit dem Messer, und er ist nicht mehr.

Riordan zog die Schublade auf. Das feststehende Messer sprang ihm förmlich ins Auge. Er hatte eine schmale, höllisch spitze Klinge. Der Griff war geriffelt und ließ sich gut fassen.

Riordans Finger umklammerten das Messer. Dann riß er die Hand mit einem Ruck aus der Schublade hervor und wirbelte gleichzeitig herum.

Dr. McGrath saß bewegungslos auf seinem Stuhl. Er begriff noch nicht, was Tim Riordan von ihm wollte.

Und als er es merkte, war es zu spät. Da stand der Polizist schon dicht vor ihm, und die Klinge zeigte auf die Brust des Arztes.

»Ja!« zischte Riordan. »Dein Verdacht war richtig. Hier geht einiges nicht mit rechten Dingen zu. Und ich mische in diesem Spiel gehörig mit. Verstehst du? Aber du weißt zuviel, und deshalb mußt du sterben.«

Jetzt erst kam McGrath richtig zu Bewußtsein, daß dieser Mann seinen Tod wollte. Tim Riordan, den er für einen Freund gehalten hatte.

Das durfte nicht wahr sein!

»Aber Tim«, keuchte der Arzt, »komm doch zu dir. Du bist ja verrückt. Du bist ja nicht mehr Herr deiner Sinne.«

Da packte Riordan zu. Sein linker Arm schoß vor, die Faust traf McGraths Gesicht.

Der Arzt kippte vom Stuhl und fiel zu Boden.

Breitbeinig stand Riordan vor ihm. Sein Gesicht hatte sich zu einer Grimasse verzogen.

»Ich werde dich töten!« Leidenschaftslos klang seine Stimme. »Und anschließend deine Leiche dem Monster vorwerfen. Dann braucht es nur noch ein Opfer, um wieder zurückkehren zu können. Und das wird das Mädchen sein.«

»Mensch, Tim, hör auf!« keuchte McGrath. »Laß uns doch reden, Tim. Laß uns . . .«

»Nein!«

Wie ein Pistolenschuß hallte das Wort durch den Raum. Und McGrath sah ein, daß er keine Chance mehr hatte. Wenn er sich nicht wehrte.

Noch fühlte sich Riordan sicher.

McGrath war nie in seinem Leben ein Kämpfer gewesen, aber jetzt erwachte der Lebenswille in ihm.

Urplötzlich warf er sich gegen Riordans Beine. Der Sergeant fluchte und verlor das Gleichgewicht. Wild ruderte er mit den Armen. McGrath sprang auf, wollte in Richtung Tür rennen.

Auf halbem Weg traf ihn Riordans Faustschlag. Der Arzt wurde zurückgeschmettert und fiel auf das Bett. Blut schoß aus seiner getroffenen Nase.

Mit einem siegessicheren Schrei sprang Riordan vor. Das Messer hielt er in der rechten Hand. Mit aller Macht ließ er es auf McGrath heruntersausen.

Der Arzt bäumte sich auf.

Ein brennender Schmerz schien seine Brust zerreißen zu wollen. Die Wände, die Decke – alles verschwamm vor seinen Augen, löste sich in einem blutigen Nebel auf.

McGrath röchelte. Mit letzter Kraft riß er sich noch einmal zusammen und öffnete die Augen.

Keuchend stand Riordan vor ihm.

»Du . . . du . . . hast dich verrechnet, Tim. Ich habe schon längst einen Brief nach Scotland Yard geschrieben und sie auf die Vorfälle hier aufmerksam gemacht. Sie . . . sie . . . werden bestimmt jemanden schicken. Und dann bist du . . . ahh . . .«

Der Körper des Schwerverletzten bäumte sich noch einmal auf. Einen Lidschlag später war Dr. McGrath tot. Seine glasigen Augen starrten gegen die fleckige Zimmerdecke.

Einige Sekunden blieb Riordan keuchend stehen. Die letzten Worte des Toten brannten in seinem Hirn. Scotland Yard wußte Bescheid. Vielleicht waren die Schnüffler sogar schon hier am Ort. Nein, dann wären sie bestimmt zu ihm gekommen.

Riordan überlegte fieberhaft. Er dachte auch daran, Dr. Tod zu benachrichtigen. Doch dann verwarf er den Gedanken wieder. Noch bestand keine akute Gefahr.

Zuerst mußte die Leiche des Arztes einmal weggeschafft werden. Es würde nicht schwierig sein, in der Dunkelheit ungesehen an den See zu gelangen und sie dort ins Wasser zu werfen. Hoffentlich nahm das Monster das Opfer an.

Riordan holte eine alte Decke und wickelte den Toten darin ein. Die Leiche verstaute er im Kofferraum seines Wagens.

Anschließend verwischte er in seiner Wohnung die Spuren und reinigte sich die Hände.

Langsam kehrte die alte Sicherheit wieder zurück. Eigentlich hatte er sich den ersten Mord schwerer vorgestellt. Und wenn alles gut lief, bekam er heute noch das Mädchen zwischen die Finger. Denn diese Shirley Adams konnte ihm als einzige noch gefährlich werden . . .

Wie Riesenfinger krochen die langen Schatten der Dämmerung in das Tal. Schlagartig wurde es kühler. Die Sonne leuchtete nur noch als kleiner Zipfel über den Bergen.

Auch die Oberfläche des Sees änderte ihre Farbe. Sonst bleigrau oder silbrig hell, wurde sie jetzt dunkel, fast schwarz. Nur die glitzernden Schaumkronen der Wellen leuchteten dann und wann wie funkelnde Kristalle auf.

Längst hatten die Segel- und Motorboote die beiden am See liegenden Häfen angelaufen. Ein leichter Wind war aufgekommen und strich säuselnd über die Oberfläche des Loch Awe.

In der kleinen Bucht war es still. Unzählige Mücken hatten sich zu Schwärmen vereinigt und flirrten zwischen den Büschen.

Shirley Adams hielt die Zeit für gekommen. Sie hatte bereits ihren Taucheranzug übergestreift, die Schwimmflossen angelegt und auch die beiden Sauerstoffflaschen umgeschnallt. Das Schlauchboot dümpelte auf den Wellen, die in einem immerwährenden Rhythmus klatschend gegen das Ufer geworfen wurden. Shirley hatte das Boot an einem Baumstamm befestigt. Die Leine war zum Glück lang genug gewesen.

Sie rauchte noch eine letzte Zigarette. Eigentlich war es ja Unsinn, aber sie mußte ihre Nervosität irgendwie unter Kontrolle kriegen.

Vergeblich hatte sie bisher auf die offiziellen Rettungsarbeiten gehofft. Aber das hatte Shirley irgendwie vorausgesehen, denn die Worte des Polizisten hatten nicht gerade überzeugend geklungen.

Shirley rauchte in der hohlen Hand. Der Glutpunkt einer Zigarette war oft Hunderte von Metern auszumachen, und das war nicht gerade in Shirleys Sinn.

Nach einigen Minuten schnippte sie die Zigarette ins Wasser, wo die Glut zischend erlosch.

Dann löste Shirley die Leine und tappte ungelenk wegen ihrer Schwimmflossen zu dem kleinen Schlauchboot hin.

Das Boot schaukelte bedrohlich, als Shirley einstieg, so daß sie Mühe hatte, ihr Gleichgewicht zu behalten. Doch alles ging gut.

Shirley zog die Antriebsleine des Außenborders. Es klappte nach dem zweiten Anlauf.

Überlaut kam Shirley das Tuckern des Motors vor. Sie hatte das Gefühl, jeder könne sie hören.

Sicherheitshalber hatte sie noch ein Paddel mitgenommen. Es war an dem Innenwulst des Schlauchbootes befestigt.

Das Boot nahm Fahrt auf. Shirley saß hinten, wo sie steuern konnte.

Überraschend schnell stieß sie in die weite Fläche des Sees vor. Das Boot hoppelte über Wellenkämme, und Gischt spritzte auf.

Shirley sah die Berghänge mit der Dunkelheit verschmelzen und spürte den kühlen Wind, der ihr Gesicht streifte. Die Luft wurde mit einemmal feucht und kühl, und es bildete sich Sommernebel.

Es ging alles so rasch, daß sich Shirley im Nu von einer Nebelwand umschlossen sah.

Jetzt konnte sie sich nicht mehr orientieren. Mit Nebel hatte sie nicht gerechnet.

Shirley stellte den Motor ab. Noch ein letztes Tuckern, und dann war es still.

Unheimlich still.

Nicht einmal das Springen der Fische war zu hören. Der Nebel schluckte jedes Geräusch.

Und er wurde noch dichter.

Shirley kam sich plötzlich wie in Watte eingepackt vor. Was sollte sie jetzt machen? Wieder zurück ans Ufer fahren? Das käme einer Aufgabe gleich.

Nein! Shirley schüttelte entschieden den Kopf. Sie würde tauchen und versuchen, dem Geheimnis auf die Spur zu kommen. Das war sie Ted Bulmer schuldig.

Shirley zog die Taucherbrille über die Augen, blies noch einmal durch das Mundstück und steckte es richtig in den Mund. Dann rollte sie sich über die wulstige Wand des Bootes.

Das Wasser war noch warm. Shirley spürte es an ihrem Gesicht, das nur zum Teil bedeckt war.

Den Unterwasserscheinwerfer hatte sie sich um den Hals

gehängt. Eine Batterie sorgte dafür, daß sie maximal zwei Stunden Licht hatte. Und in dieser Zeit wollte sie es geschafft haben. Nur flüchtig dachte sie daran, daß sie keine Waffe mitgenommen hatte. Nicht einmal ein Messer.

Shirley Adams glitt tiefer, Fische glotzten sie stumm aus großen Augen an. Tang und Algen schwammen vorbei. Das Licht des Scheinwerfers verlor sich in der dunklen Tiefe.

Shirley wollte nicht zu weit vom Boot wegschwimmen, denn es würde hinterher schwierig sein, es bei diesem Nebel zu finden.

Das Mädchen hatte sich vorher über die Tiefe des Sees erkundigt. Es war zum Glück nicht so, daß sie einen Druckanzug gebraucht hätte.

Und sie hatte auch von der Stadt gehört, die vor Hunderten von Jahren in den Fluten versunken war. Überreste sollte es noch geben, davon hatten viele Taucher erzählt.

Natürlich war dieser See nicht so populär wie Loch Ness, in dem ja bekanntlich ein Ungeheuer hausen sollte, das mittlerweile zu einer Touristenattraktion geworden war. Aber wenn das stimmte, was Shirley gesehen hatte, war Loch Awe wesentlich gefährlicher.

Immer tiefer tauchte die mutige Frau. Längst war das Wasser tintenschwarz, und selbst der starke Lichtstrahl hatte Mühe, die Umgebung einigermaßen zu erhellen.

Die Stille war bedrückend. Shirleys Atem ging ruhig und regelmäßig. Sie beherrschte die Technik, hatte nichts verlernt.

Und dann sah sie den Grund.

Der Lichtschein war auf einen Hügel gefallen, der aus Schlick und Sand bestand.

Shirley schwamm näher. Fische zuckten aus dem Lichtkreis. Manche verharrten auch und glotzten neugierig auf den Ankömmling.

Shirley stoppte und wühlte mit beiden Händen in dem Sand, der zu dichten Wolken aufquoll. Das Wasser wurde noch trüber.

Langsam drang auch die Kälte durch den Anzug. Shirley fröstelte.

Plötzlich ertasteten ihre Hände etwas Hartes. Sie wühlte weiter und hatte nach kurzer Zeit ein Stück Mauer freigelegt.

Gehörte sie zu der versunkenen Stadt?

Jagdfieber erfaßte das Girl.

Mit ruhigen Bewegungen schwamm sie um den Hügel herum, der auf der Rückseite steil abfiel.

Shirley schwamm in die Tiefe, die dunkel und gefährlich vor ihr lag.

Da geschah es!

Wie aus dem Nichts war plötzlich der Sog da, erfaßte Shirleys Körper und zog das Mädchen in die Tiefe.

Shirley stemmte sich verzweifelt dagegen an. Ohne Erfolg. Wie ein Spielball wurde sie hin- und hergeworfen und unaufhaltsam in die gähnende Tiefe gezogen.

In ihren Ohren rauschte es. Einem eisernen Ring gleich legte sich der Druck auf ihren Schädel.

Das ist das Ende! dachte Shirley.

Auf einmal war alles vorbei. So schnell, wie sie gekommen war, war die Strömung auch wieder verschwunden. Automatisch machte Shirley einige Schwimmbewegungen.

Ihre Lampe brannte noch.

Shirley drehte sich im Kreis – und zuckte vor Überraschung zusammen.

Sie befand sich in der versunkenen Stadt, mitten zwischen den Ruinen.

Sie sah Häuser, die zum Teil sogar noch erhalten waren. Eine dicke, gelbgrüne Algenschicht lag über den Mauern. Die Türen und Fensteröffnungen gähnten dem Mädchen entgegen.

Shirley schwamm langsam weiter, hielt genau auf eines der Häuser zu.

Sekunden später tauchte sie in die Türöffnung ein.

Die Atmosphäre war bedrückend. Shirley durchschwamm die einzelnen Zimmer und dachte mit Schauern daran, daß sie hier eventuell noch Tote finden würde.

Das war nicht der Fall.

Dafür entdeckte sie noch allerlei Gegenstände, die die Menschen damals liegengelassen hatten, bevor die große Flut gekommen war.

Zum Teil waren die Mauern auch zerstört. Balken und Bretter lagen sperrig herum.

Shirley drehte sich. Sie wollte durch eines der Fenster hinausschwimmen.

Im selben Augenblick verhielt sie mitten in der Bewegung.

Draußen war ein Schatten am Fenster vorbeigehuscht.

Angst stieg in Shirley hoch. War sie hier unten doch nicht allein?

Ihr Herz klopfte schneller.

Shirley nahm allen Mut zusammen und schwamm auf das Fenster zu.

Es war nichts zu sehen.

War wohl eine Täuschung, dachte das Mädchen und wandte sich wieder um. Sie fühlte selbst, daß ihre Nerven nicht mehr die besten waren, und wollte so schnell wie möglich wieder an die Oberfläche.

Nur mit den Beinen bewegte sie sich vorwärts. Schon tauchte das Türreckteck im Licht des Scheinwerfers auf. Es kam Shirley vor wie der Eingang zu einer unbekannten Höhle.

Shirley schwamm durch die Tür. Mit der linken Hand faßte sie nach dem Scheinwerfer an ihrer Brust, ließ den Lichtstrahl wandern – und . . .

Das nackte Entsetzen sprang Shirley Adams an.

Vor ihr schwebten fünf Leichen!

Der schnittige Bug des kleinen Motorbootes durchstieß die Nebelwand.

Dieses Wetter kam Sergeant Riordan gerade recht. Niemand würde sehen, wenn er sein grausiges Werk vollendete.

Riordan hielt das kleine Steuer mit beiden Händen fest umklammert. Auf seinem Gesicht lag ein entschlossener Zug. Dieser Mann hatte sich voll und ganz in die Dienste eines Satans gestellt.

Die Leiche des Arztes lag wohlverpackt auf der kleinen Sitzbank. Riordan hatte sie zusätzlich mit Steinen beschwert, damit auch ja nichts schiefging.

Dicht wie Watte schwebte der Nebel über dem See. Nur das Geräusch des Motors war zu hören. Niemand befand sich in Riordans Nähe, der ihn hätte beobachten können.

Der Sergeant kannte den See wie seine Westentasche. Er wußte genau, an welche Stelle er zu fahren hatte.

Nach weiteren fünf Minuten hatte er es geschafft. Hier war der See am tiefsten.

Der Polizist stellte den Motor ab. Noch von der eigenen Fahrt getrieben, schwamm das Boot ein kleines Stück weiter und kam dann zum Stillstand.

Wellen schwappten gegen die Bordwand.

Riordan wandte sich um und ging die zwei Schritte zu der Sitzbank.

Er hatte die Leiche zusätzlich mit den Steinen in einen Sack gesteckt. Der Sack war aus Jute und mehr als haltbar. Beobachtet hatte ihn niemand, und das war gut so. Schließlich genoß Riordan in Aweshire einen besonderen Ruf.

Er lächelte zynisch, als er daran dachte, und packte dann den Sack mit beiden Händen.

Teufel, war das Ding schwer.

Riordan fluchte leise vor sich hin. Er hatte genau fünf Pflastersteine mit hineingetan, und es war nicht gerade leicht, bei dem schwankenden Boot, den Sack über die Bordwand zu hieven.

Doch dann hatte er es geschafft.

Mit einem klatschenden Geräusch berührte der Sack die Wasseroberfläche und versank in der Tiefe.

Riordan blickte ihm einige Sekunden nach.

»Das sechste Opfer«, flüsterte er. Dann wandte er sich ab.

Trotz der kühlen Temperatur lag ein fester Schweißfilm auf seiner Stirn. Die Arbeit hatte ihn ganz schön angestrengt.

Riordan gönnte sich eine Zigarette und nahm einen Schluck Whisky aus der Taschenflasche.

Das scharfe Getränk wärmte ihn bis in die Zehenspitzen.

Riordan wischte sich über den Mund. Dieser verdammte Brief machte ihm doch mehr Sorgen, als er zugeben wollte. Aber vielleicht hatte der Arzt nur geblufft?

Doch Riordan verwarf diesen Gedanken wieder. Nein, McGrath hatte es ernst gemeint. Sicher würde bald jemand vom Yard antanzen und in Aweshire herumschnüffeln. Und sicher war auch, daß der Mann zu *ihm* kommen würde. Er würde ihm schon die richtige Antwort geben.

Riordan schnippte die Zigarette ins Wasser. Er blickte auf seine Uhr.

Noch eine Stunde bis Mitternacht. Es wurde Zeit, daß er wieder nach Hause kam.

Der Sergeant drückte den Starter. Der Motor blubberte kurz auf, kam dann aber.

Wenig später kurvte Riordan wieder auf dem See herum.

Der Nebel war nicht mehr dichter geworden. Riordan hatte auch kein Licht gesetzt, denn um diese Zeit hatte hier sowieso niemand was zu suchen.

Mit zusammengekniffenen Augen starrte Riordan in die dicken Nebelschwaden.

Plötzlich stutzte er.

Ein gelber Fleck schimmerte auf der Wasserfläche.

Riordan nahm das Gas zurück.

Der Fleck kam näher.

Sergeant Riordan fuhr einen Bogen, stellte den Motor ab und trieb jetzt dem Fleck entgegen.

Der Fluch, den Riordan ausstieß, war nicht gerade salonfähig. Was er insgeheim befürchtet hatte, war eingetreten.

Dieser gelbe Fleck war nichts anderes als ein Schlauchboot.

Aber wo war der Besitzer? Und vor allen Dingen: Wer trieb sich um diese Zeit auf dem See herum? Kein normaler Mensch. Es sei denn, er hätte etwas zu verbergen oder wollte etwas herausfinden.

Sergeant Riordan kannte nur eine, die dafür in Frage kam.

Shirley Adams!

Bei dem Gedanken an das Mädchen grinste Riordan wölfisch. Der Zufall hatte ihm das siebte Opfer in die Hand gespielt. Eigentlich brauchte er nur zu warten, bis die Kleine auftauchte, und dann . . .

Riordan tastete nach seinem Messer, das er sicherheitshalber mitgenommen hatte.

Ein Stoß würde reichen, dann war der Weg frei.

Er hieß John Sinclair, war Inspektor bei Scotland Yard und wurde von seinen Kollegen scherzhaft Geisterjäger genannt.

Diesen Spitznamen hatte er sich in unzähligen Kämpfen mit den Mächten der Finsternis redlich verdient. Was dieser Mann schon erlebt hatte, ging über die Grenzen des Faßbaren. Erst sein letztes Abenteuer mit den Teufelsmönchen hatte ihm alles abverlangt.

Daß der Brief des Arztes kein Bluff gewesen war, bewies die Tatsache, daß das Schreiben momentan bei John Sinclair auf dem Schreibtisch lag.

Der Inspektor hatte es schon ein paarmal gelesen und sich seine Gedanken gemacht.

Aus dem Brief ging hervor, daß es in Aweshire, einem Touristenort in Schottland, nicht geheuer war. Menschen waren auf rätselhafte Weise verschwunden. Der Arzt schrieb von einem Seedämon, der in den Tiefen des Loch Awe lauern sollte.

Für John Sinclair war dieser Brief kein Hirngespinst wie für manch andere. Zuviel hatte er schon erlebt. Schon nach einer Viertelstunde lag der Fall klar. Er würde hinfahren.

Inspektor Sinclair griff zum Telefonhörer und ließ sich mit seinem Chef, Superintendent Powell, verbinden. Wenige Minuten später saß er ihm in dessen Büro gegenüber.

Powell war mit John Sinclairs Einsatz sofort einverstanden und gab ihm die Order, noch heute zu fahren.

John hatte eigentlich vorgehabt, einige ruhige Tage zu verleben, denn sein bester Freund, Bill Conolly, war mit seiner Frau von einer mehrmonatigen Reise aus Süd- und Mittelamerika zurückgekehrt.

Mit Bill Conolly hatte John schon manchen Strauß gefochten, und der Reporter hatte sich immer mit Feuereifer auf einen Fall gestürzt.

Bill Conolly konnte es sich leisten, so zu leben, wie er gerade mochte. Durch seine Heirat hatte er sich unter anderem auch finanziell saniert und arbeitete als freier Mitarbeiter für verschiedene Zeitschriften in der ganzen Welt. Meistens zeichnete er für die heißesten Reportagen verantwortlich. In den letzten zwei Jahren allerdings hatte er sich mehr auf das Übersinnliche spezialisiert.

John seufzte auf, als er an die große Einweihungsparty dachte, die Bill und seine Frau Sheila geben wollten.

Die beiden hatten sich nach langem Hin und Her ein phantastisches Haus am Stadtrand von London gebaut. Eine Bude mit allen Schikanen, wie Bill immer zu sagen pflegte. Das Haus war während ihrer Abwesenheit fertiggestellt worden.

John griff zum Telefonhörer und wählte Bill Conollys Nummer. Zum Glück war der Reporter selbst am Apparat, denn seine Frau witterte bei Johns Anrufen sofort Unheil.

»Ich bin's, Bill«, sagte John. »Ich habe eine wirklich interessante

Neuigkeit für dich. Du mußt die Party heute abend ohne mich feiern.«

Erst einmal war es ruhig. Dann prustete Bill Conolly los. »Du bist ja verrückt, Mensch. Wenn du nicht kommst, laß ich den ganzen Mist sausen. Mann, John, stell dich nicht so an. Ich habe extra 'ne Puppe für dich eingeladen. Ein Weib, sage ich dir.« Bill schnalzte mit der Zunge.

John mußte grinsen, doch seine Antwort machte Bill klar, daß mit ihm nicht zu rechnen sei.

»Dann hängt dir ein Fall am Hals«, sagte der Reporter.

»Genau.«

Bill pfiff durch die Zähne. »Drei Monate ist es bestimmt her, daß ich mich zum letztenmal mit Geistern herumgeschlagen habe. Das war mit der Mumie. Wird Zeit, daß ich wieder mitmische, sonst roste ich noch ein. Also, wo geht es hin?«

»Und deine Party?«

»Wird verschoben. Keine Angst, ich mache das schon. Sheila hat bestimmt dafür Verständnis.«

»Da bin ich gar nicht mal so sicher.«

»Laß mich nur machen, alter Geister-Killer. Paß auf. Ich bin in spätestens einer Stunde bei dir. Und dann geht's ab. Wo fahren wir eigentlich hin?«

»Nach Schottland.«

»Aha. Ins Land der Geister und Gespenster. Also, bis später. Bin schon unterwegs.«

John Sinclair legte lächelnd den Hörer auf. Er hatte gewußt, daß Bill so reagieren würde. Dafür kannte er seinen Freund lange genug. John Sinclair fuhr nach unten und ging in die Tiefgarage, wo sein generalüberholter metallicfarbener Bentley parkte.

Der Inspektor fühlte das gewisse Kribbeln, das ihn immer überfiel, wenn er vor einem neuen Fall stand. Er ahnte allerdings noch nicht, daß er in Aweshire mit seinem größten Feind zusammentreffen würde.

Mit Dr. Tod, dem Mann, dem John Sinclair geschworen hatte, ihn gnadenlos zu vernichten . . .

Shirley erlebte das perfekte Grauen!

Die fünf Gestalten hingen wie von unsichtbaren Fäden gehalten im Wasser. Sanft schwangen die Körper hin und her, in einem schaurigen Rhythmus.

Schreckliche Fratzen starrten Shirley Adams an.

Die Gesichter waren zum Teil zur Unkenntlichkeit aufgedunsen. Das Wasser des Sees hatte an der Haut gefressen. Bei zwei Körpern schimmerten die blanken Wangenknochen durch die Haut.

Doch ein Gesicht erkannte Shirley ganz genau.

Es gehörte zu Ted Bulmer!

Ihr Ted schwang wie eine leblose Puppe vor ihr. Jede Einzelheit erkannte Shirley durch ihre Taucherbrille. Die Augen der Wasserleiche quollen weit aus den Höhlen. Der Mund war halb geöffnet, und die Zunge hing ein Stück über die Unterlippe. Wie zwei Seile baumelten Teds Arme herab.

Einige Sekunden hatte Shirley die gräßlichen Gestalten angestarrt. Doch ihr kam es so vor, als wären es Stunden gewesen. Diese Augenblicke prägten sich unauslöschbar in ihrem Bewußtsein fest.

Plötzlich kam Bewegung in die fünf Toten. Sie begannen mit den Beinen zu rudern, schwebten auf Shirley zu. In einer hilflos anmutenden Bewegung streckten sie ihre Arme aus.

Panik überflutete das Girl. Von einem Augenblick zum anderen wich die Starre.

Shirley drehte eine Rolle, schwang sich somit herum und glitt wieder zurück in das Haus.

Zum Glück war Shirley die Strecke schon einmal geschwommen und wußte, wo die größte Fensteröffnung lag.

Lautlos glitt sie in das dazugehörige Zimmer, schreckte einen Fischschwarm auf und drehte sich dem Fenster zu.

Verschwommen sah sie die Öffnung.

Noch ein letzter Schwung mit den Beinen – und . . .

Der Unheimliche lauerte vor dem Fenster. Leblos glotzten seine Augen. Die Arme waren vorgestreckt. Die Finger zu Krallen gebogen.

Im letzten Augenblick drehte Shirley ab. Wie ein Pfeil glitt sie neben dem Fenster an der Wand hoch, erreichte die Decke und tauchte wieder nach unten der Türöffnung zu.

Erst jetzt kam Shirley zu Bewußtsein, daß die Horror-Gestalten sie eingekesselt hatten. Daß sie so lange in dem Haus bleiben mußte, bis ihr Luftvorrat erschöpft war. Und dann . . .

Unwillkürlich atmete sie schneller. Sie glaubte auf einmal, ersticken zu müssen.

Luftblasen perlten hoch und zerplatzten an der Decke.

Shirley schwamm im Kreis. Es gelang ihr nur mühsam, die Panik niederzukämpfen.

Das nächste Zimmer. Es hatte ebenfalls Fenster. Shirley glitt durch das offene Türrechteck und schwang sofort herum.

Auch hier hockte eine Leiche am Fenster.

Langsam wurde das Girl verrückt. Wild und unkontrolliert schwamm Shirley in dem versunkenen Haus herum und fand keinen Ausweg aus der Falle.

Die Toten hatten sie eingekreist!

Ein Blick auf die Anzeige machte ihr bewußt, daß der Luftvorrat langsam zu Ende ging.

Wenn sie bis dahin keinen Ausweg gefunden hatte, würde sie elendig ersticken.

Dann hatten die Toten ihr Ziel erreicht!

Shirleys Herz hämmerte wie verrückt. Innerlich betete sie nach einem Ausweg.

Sie schwamm von einem Zimmer ins andere. Es nützte nichts. Die Toten ließen sie nicht aus ihren Krallen.

Jetzt wurde es kritisch. Shirley mußte sich etwas einfallen lassen.

Noch fünfzehn Minuten Sauerstoff!

Nun bedauerte sie es, keine Waffe mitgenommen zu haben. Es gab nichts, womit sie sich hätte verteidigen können. Dazu kamen noch ihre angeknacksten Nerven, die kaum einen klaren Gedanken zuließen.

Shirley wußte nicht, zum wievielten Male sie schon das Haus durchschwommen hatte, als ihr plötzlich etwas auffiel. In der Ecke des ehemaligen Hausflurs stand eine Luke offen. Sie war so schmal, daß nur ein schlanker Mensch hindurchkommen konnte.

Shirley war schlank. Sie setzte alles auf eine Karte, wand sich durch die Öffnung.

Das Mädchen gelangte in den Keller des Hauses. Er war klein, und der Scheinwerfer leuchtete jede Ecke aus.

Auch hier waren die Wände mit Algen und Tang bezogen. Der graugrüne Schleier war mehr als fingerdick. Langsam durchschwamm Shirley den Kellerraum.

Ein paar Fische kreuzten ihren Weg und starrten den Eindringling neugierig an.

Da sah Shirley das Gerümpel. Es lag in einer Ecke des Kellers und war ebenfalls von einer dicken Algenschicht bedeckt.

Shirley tauchte hin, wühlte mit beiden Händen und fand eine mehr als armlange Stange.

Shirleys Augen blitzten hinter der Brille auf, als sie die Stange in der Hand hielt.

Das Mädchen schabte die Algenschicht ab und stellte erfreut fest, daß der Gegenstand aus Eisen war.

Jetzt fühlte sie sich nicht mehr ganz so hilflos.

Für zehn Minuten reichte der Sauerstoff noch!

Shirley verließ den Keller, schwamm wieder nach oben in das eigentliche Haus.

Es hatte sich nichts verändert. Die Gestalten lauerten noch immer vor den Fenstern.

Shirley hatte beide Hände um die Stange gekrallt, bewegte sich nur noch mit den Beinen voran. Sie nahm die Fensteröffnung, die am breitesten war, da sie dort auch eher ausweichen konnte.

Shirley kam es vor, als warte der Tote bereits auf sie.

Langsam schwamm sie näher. Sie hatte sich wieder einigermaßen in der Gewalt und wußte, daß sie jetzt alles geben mußte.

Die starren Augen des Toten fixierten ihren Körper. Shirley kam es vor, als würde dieser Blick bis in ihre Seele dringen.

Noch einmal stieß sie sich kräftig mit den Beinen ab. Dann hatte sie das Fenster erreicht.

Zur Hälfte war ihr Oberkörper schon durch die Öffnung, als der Tote zupackte.

Seine gekrümmten Hände zielten nach Shirleys Hals.

Da schlug das Mädchen zu.

Es war klar, ein Schlag, den sie hier anbrachte, hatte nicht die gleiche Wirkung wie unter normalen Umständen. Dafür bremste das Wasser zu sehr. Aber solch ein Hieb konnte den Toten aus dem Konzept bringen.

Die Stange traf den Schädel.

Der Tote wurde zurückgetrieben, machte für einen Augenblick die Fensteröffnung frei.

Shirley glitt hindurch, verließ die verfluchte Falle.

Doch gleichzeitig sahen auch die anderen Horror-Gestalten, was geschehen war.

Es waren noch zwei, die sich auf dieser Seite des versunkenen Hauses befanden.

Sie schwammen Shirley entgegen.

Das Girl stieß sich ab!

Zwei Arme griffen nach ihr. Blitzschnell zog Shirley die Beine an, entkam der tödlichen Klammer.

Nur noch für fünf Minuten reichte ihr Sauerstoffvorrat!

Mit verzweifelten Bewegungen schwamm Shirley nach oben, ließ die Stange los, die sie jetzt behinderte. Sie warf keinen Blick zurück. Sie wollte nur weg aus dieser schrecklichen Tiefe.

Sie spürte, daß sie zu schnell auftauchte. Der Druck auf ihren Kopf wurde stärker.

Shirley mußte langsamer werden und trat schließlich Wasser.

Dann erst riskierte sie einen Blick nach unten.

Niemand folgte ihr.

Noch wagte Shirley nicht, aufzuatmen, denn plötzlich trudelte etwas an ihr vorbei.

Sie schrak zusammen.

Soviel sie erkennen konnte, war es ein Sack, den jemand ins Wasser geworfen haben mußte. Irgend etwas befand sich darin, und Shirley meinte für einen Moment, den Umriß einer menschlichen Gestalt ausmachen zu können.

Dann war der Sack verschwunden.

Shirley setzte sich wieder in Bewegung. Immer näher kam sie der rettenden Oberfläche.

Der Sauerstoff neigte sich seinem Ende zu. Noch ein paar tiefe Atemzüge, dann . . .

Da durchstieß Shirley Adams die Wasseroberfläche. Sie hätte aufschreien können vor Freude.

Shirley riß sich die Maske ab, nahm das Mundstück von den Lippen und atmete die herrlich frische Nachtluft ein.

Shirley Adams war dem Tod entronnen! Sie hatte das Gefühl, zum zweitenmal geboren worden zu sein.

Automatisch machte Shirley ein paar Schwimmbewegungen. Jetzt erst fühlte sie, wie erschöpft sie war.

Der Nebel hatte sich etwas gelichtet. Shirley hoffte, nicht zu weit von ihrem Schlauchboot aufgetaucht zu sein.

Sie trat Wasser und sah sich um.

Noch war von dem Boot nichts zu sehen. Shirley wußte ungefähr, wo das Ufer lag, von dem aus sie gestartet war. In diese Richtung bewegte sie sich fort.

Schon nach einer Minute tauchte ein gelber, verwaschener Fleck aus der Nebelbrühe auf.

Das Schlauchboot!

Shirley schwamm schneller, und schon bald rollte sie sich in das kleine Boot.

Gerettet!

Shirley nahm die Maske ab, schnallte die beiden Sauerstoffflaschen vom Rücken und ließ sich erschöpft auf die Knie sinken.

Sie griff nach der Reißleine des Außenborders.

Da röhrte ein Motor auf.

Überlaut drang das Geräusch durch die herrschende Stille.

Ein Boot! schoß es ihr durch den Kopf. Mehr nicht, denn der Schatten raste genau auf sie zu . . .

Das Haus lag fernab von jeglichem Touristenrummel. Es war klein und duckte sich wie eine zu große Streichholzschachtel gegen die Bergwand.

Für Dr. Tod war es nahezu ideal.

Vorn und seitlich von Bäumen umgeben, führte nur ein schmaler Weg zu dem Haus hin, und der war auch noch teilweise zugewachsen.

Das Haus hatte in früheren Jahren mal einem Einsiedler gehört. Keiner wollte nach dem Tod des Mannes darin wohnen, und so hatte es Dr. Tod praktisch geschenkt bekommen. Bisher hatte sich auch noch kein Tourist hierher verirrt, und für die Zeit, die Dr. Tod hier verbrachte, war es eigentlich auch ausgeschlossen, daß noch jemand kam.

Im Augenblick hatte er seine Getreuen um sich versammelt. Nur Tim Riordan fehlte. Aber das war nicht schlimm, da Dr. Tod noch mit ihm allein reden wollte.

Es waren alles jüngere Leute! Rocker, die sich auch hier in Aweshire tummelten. Zuerst hatten sie aus Spaß an der Freude mitgemacht. Schließlich war es mal was anderes, als nur immer Motorradrennen zu veranstalten oder Touristen zu erschrecken. Doch nach und nach hatte Dr. Tod sie alle in seine Gewalt gebracht. Er bediente sich dazu eines einfachen Mittels.

Rauschgift!

Schon jetzt waren alle acht Rocker völlig abhängig von den harten Drogen.

Dr. Tod saß in einem kleinen Raum und beobachtete die Rocker durch ein verstecktes Guckloch. Noch waren sie nicht soweit. Noch hatte das Heroin nicht richtig gewirkt. Doch in spätestens einer halben Stunde würden sie bereit sein, das Brandmal des Teufels zu empfangen.

Dr. Tod war ein Mann, vor dem man sich fürchten konnte. Seine bleiche, dünne Haut spannte sich über dem blanken Schädel, und die tiefschwarzen, an Kohleschächte erinnernden Augen bildeten den starken Kontrast. Dr. Tod bevorzugte dunkle Kleidung, was zu seiner ganzen Art paßte.

Woher der Mann kam, wußte niemand. Er war plötzlich dagewesen. Wie er selbst sagte, von Asmodis geschickt, um den Weg für den obersten aller Dämonenherrscher vorzubereiten. Denn die Erde sollte wie vor Urzeiten ein Tummelplatz für Geister und Dämonen werden, die jetzt noch in einem Schattenreich lebten.

Dr. Tod hatte seine Aufgabe, und es gab nur wenige Menschen, die davon wußten.

Die Minuten verstrichen. Dr. Tod beobachtete, wie die Rocker immer mehr den Wirkungen des Rauschgifts verfielen, wie ihre Handlungen unkontrollierter wurden und sie mehr und mehr die Beherrschung verloren.

Dann war die Zeit reif. Endlich konnte er ihnen das Brandmal aufdrücken.

Tief im Keller des Hauses war Dr. Tods Reich. Hier hatte er seinen eigentlichen Wirkungskreis, denn von dieser Stelle aus setzte er sich mit den finsteren Mächten in Verbindung.

Dunkelrot glühte das Dämonenfeuer in einem offenen Kamin. Es entwickelte keinen Rauch, denn die Flammen kamen aus der

Hölle und gehorchten den finsteren Beschwörungsformeln ihres Meisters.

Der Raum war erfüllt von einem flackernden Schein.

Dr. Tod holte den ersten Rocker. Mit glänzenden Augen und schweißnassem Gesicht trat der junge Mann über die Schwelle.

Dr. Tod griff nach einem Brandeisen.

»Entblöße deine Brust!« befahl er mit dumpfer Stimme.

Der Rocker riß sich die Lederjacke auf. Darunter trug er nichts.

Dr. Tod hob das Brandeisen, hielt es für einige Sekunden in die Flammen.

»Komm her!«

Der Rocker gehorchte. Schweiß trat plötzlich auf seine Stirn. Tief im Innern mußte er wohl spüren, daß hier etwas vor sich ging, das schrecklich und grausam war.

Das kunstvoll geschmiedete Ende des Eisens glühte. Es zeigte die Fratze des Teufels mit den beiden Hörnern.

»So werde denn einer von Asmodis Dienern!« flüsterte Dr. Tod. »Und nimm die Satans-Taufe entgegen!«

Der Rocker riß den Mund auf, wollte etwas sagen, doch in diesem Augenblick drückte ihm Dr. Tod das Eisen auf die Brust.

Der Rocker war gebrandmarkt. Mit dem Zeichen des Satans . . .

Das Dröhnen des Motors, das plötzliche Rauschen des Wassers, der drohende Bug des Schiffes – all dies vereinigte sich bei Shirley Adams zu einem Kaleidoskop des Schreckens.

Ihre durchgestandene Angst entlud sich in einem markerschütternden Schrei, der über die Wasseroberfläche tanzte und im dichten Nebel zerflatterte.

Shirley streckte die Arme vor, spreizte in einer abwehrenden Geste die Hände, um das drohende Unglück aufzuhalten – und reagierte doch im allerletzten Augenblick instinktmäßig goldrichtig.

Sie hechtete seitlich ins Wasser. Die kalten Fluten schlugen über ihr zusammen.

Einen Herzschlag später jagte das Motorboot über das kleine Schlauchboot hinweg und zerfetzte es restlos.

Shirley Adams begann automatisch unter Wasser weiterzuschwimmen. Der reine Überlebenswille peitschte sie voran. Sie wußte, wenn sie auftauchte, lauerte bereits der Mörder auf sie. Shirley machte sich keine Gedanken, weshalb man sie umbringen wollte. Sie wollte nur ihr eigenes Leben retten.

Die Luft wurde knapp. Zu lange schon hatte Shirley sie angehalten.

Sie mußte auftauchen.

Wie ein Pfeil schoß sie an die Oberfläche.

Das Dröhnen des Motors schmerzte ihren Ohren. Das Boot hatte eine Drehung gemacht und fuhr genau wieder auf Shirley zu.

Wie ein Ungeheuer schoß es aus der Nebelwand.

Shirley tauchte weg.

Wieder verfehlte sie der scharfe Rumpf des Bootes nur um einige Handspannen.

Diesmal hatte Shirley aufgepaßt und tiefer eingeatmet. Sie schwamm doppelt so lange unter Wasser, und als sie dann auftauchte, war das Killerboot zwar noch zu hören, aber nicht zu sehen.

Tief pumpte Shirley die Lungen voll Luft. Für einige Augenblicke schöpfte sie Kraft. Jetzt kam ihr doch der Nebel sehr gelegen, denn bei einer klaren Nacht wäre ihr blasses Gesicht sofort zu sehen gewesen.

Shirley Adams legte sich auf den Rücken und schwamm dem Ufer zu. Zum Glück hatte sie sich diese Richtung genau eingeprägt.

Das Geräusch des Motors wurde leiser. Shirley atmete auf. Bestimmt hatte der Kerl aufgegeben.

Da zuckte der Strahl eines Suchscheinwerfers über die Wasseroberfläche.

Nur mühsam unterdrückte Shirley Adams einen Schrei. Noch hatte der Kegel sie nicht getroffen, doch er wanderte immer weiter auf sie zu.

Nur noch eine Frage von Sekunden, dann . . .

Shirley tauchte weg. Sie konnte die glitzernde Stelle sehen, wo der Kegel über sie hinwegstrich.

Unter Wasser schwamm das Girl weiter. Sie wußte selbst nicht, woher sie all die Kraft nahm, doch bei jedem Menschen gab es wohl einen Punkt, an dem der Überlebenswille stärker war als alles andere.

Shirley mußte auftauchen.

Gierig schnappte sie nach Luft. Aber sie konnte auch befreit aufatmen.

Das Motorboot hatte beigedreht. Der Fahrer suchte an einer anderen Stelle.

Shirley Adams legte sich wieder auf den Rücken und schwamm langsam dem Ufer entgegen. Trotz der isolierenden Schicht des Taucheranzuges drang die Kälte immer weiter vor. Wenn sie nicht bald das Ufer erreichte, war sie nicht mehr in der Lage, Schwimmbewegungen zu machen.

Und dann hatte es Shirley Adams geschafft. Über sich sah sie die weit vorspringenden Äste der Bäume, zwischen denen die Nebelfetzen wie unheimliche Gestalten aus einer anderen Welt tanzten.

Shirley spürte Grund unter den Füßen.

Mit letzter Kraft watete sie ans Ufer. Und dort fiel sie zu Boden und blieb liegen.

Irgendwann raffte sich Shirley auf. Sie hatte den Platz, an dem ihre Kleidung lag, verfehlt. Aber das war nicht weiter schlimm. Sie würde ihn schon wiederfinden.

Shirley nahm die jetzt hinderlichen Schwimmflossen ab und lief barfuß weiter. Sie war dies von Kind auf gewöhnt, und unter ihren Füßen hatte sich schon eine feste Hornhaut gebildet.

Shirley kletterte einen mit Büschen bewachsenen Hang hoch, lief noch ein paar Schritte und stand schließlich auf der Straße, die rund um den See führte. Manchmal dicht am Ufer, dann wieder einige Yards weg.

Shirley Adams kannte sich einigermaßen aus und wußte nach kurzer Orientierung, in welche Richtung sie zu laufen hatte.

Sie lief schnell, um sich wieder aufzuwärmen.

Plötzlich tauchten vor ihr zwei Scheinwerfer auf. Shirley wollte erst zwischen den Büschen verschwinden, überlegte es sich aber dann anders.

Sie stellte sich mitten auf die Straße und winkte mit beiden Armen.

Sie wußte nicht, daß sie vom Regen in die Traufe geriet . . .

Feuchtes Gras benetzte das Gesicht des Rockers, holte ihn aus den unendlichen Tiefen der Bewußtlosigkeit zurück.

Er öffnete die Augen.

Dunkelheit umgab ihn. Ein kühler Wind fächerte sein Gesicht und rauschte durch die Baumwipfel.

Der Rocker lag in einem Wald.

Im Zeitlupentempo richtete er sich auf. Schwach sickerte das Mondlicht auf den Moos- und Humusteppich. Vereinzelte Nebelfetzen hingen zwischen den Ästen.

Man roch die Nähe des Wassers; demnach war der See nicht weit entfernt.

Der Rocker hielt sich seinen Kopf. Er hatte ein dumpfes Gefühl im Schädel, spürte jedoch keinen Schmerz.

Was war geschehen? Der Rocker erinnerte sich an das alte Haus, an das Heroin – und dann . . .

Bruchstückhaft waren ihm die weiteren Ereignisse im Gedächtnis haften geblieben.

Sie waren in einen Kellerraum gekommen, dort hatte ein Mann sie erwartet . . .

Der Rocker atmete gepreßt aus, konzentrierte sich. Da fiel ihm das Feuer wieder ein. Das Feuer – und . . .

Ja, jetzt hatte er es. Das Brandmal. Sie hatten ein Brandmal bekommen. Er meinte noch, den Geruch des verbrannten Fleisches zu spüren.

Der Rocker senkte den Kopf.

Die Lederjacke stand bis zum Bauchnabel offen. Und mitten auf seiner Brust prankte rotglühend die Teufelsfratze.

Im ersten Augenblick überkam den Rocker die Panik. Hastig schloß er die Jacke wieder und sah sich gehetzt um.

Er war allein. Niemand konnte das Mal sehen.

Der Rocker suchte in seiner Tasche nach Zigaretten, fand sie und zündete sich mit zitternden Fingern ein Stäbchen an.

Der Rauch beruhigte ihn etwas.

Der Rocker dachte nach. Was hatte das alles zu bedeuten? Was hatte man mit ihm gemacht? Und plötzlich fühlte er die fremden Gedankenströme in seinem Gehirn, die stärker waren als seine eigenen und Schreckliches von ihm verlangten.

Der Rocker war programmiert auf Mord!

Die teuflische Tätowierung bestimmte sein Handeln, Denken und Fühlen. Von nun an war er ein Diener der Hölle.

Behutsam öffnete der Rocker seine Lederjacke. Es kam ihm vor, als würde die Fratze noch stärker glühen. Er tastete mit den Fingerspitzen darüber.

Die Tätowierung bestand aus einer dicken Kruste. Wie eine feste Hornhaut.

Der Rocker warf die Zigarette weg, trat sie aus. Er ging ein paar Schritte weiter, und ein freudiges Lächeln zuckte um seine Mundwinkel.

An einem Baumstamm lehnte seine Maschine. Es war eine Honda, und sie war hervorragend gepflegt. Schon fühlte sich der Rocker wesentlich besser.

Aber wie kam die Maschine hierher?

Und er selbst? Wer hatte ihn hergeschleppt?

Da hörte er hinter sich ein Geräusch.

Blitzschnell wirbelte der Rocker herum und griff nach seinem Messer, das in einer ledernen Gürtelscheide steckte.

Eine Gestalt tauchte zwischen den Büschen auf.

Es war Archie, sein Kumpan.

Beruhigt ließ der Rocker die Hand sinken.

Archie hielt sich den Schädel. »Hast du auch solch ein komisches Gefühl, Paddy?«

Paddy nickte. Starr sah er auf die Brust seines Kumpans. Der bemerkte den Blick und zog den Reißverschluß der Lederjacke herunter. »Ja, ich habe auch solch ein Ding. Mensch, ich weiß gar nicht, wie ich daran gekommen bin. Außerdem habe ich das Gefühl, als würde die Fratze leben.«

»Mir geht's nicht anders«, erwiderte Paddy rauh.

Archie sah sich um. »Weißt du, wo die anderen sind?«

»Keine Ahnung.«

»Komisch. Wir waren doch noch alle zusammen.« Archie hatte das letzte Wort kaum gesprochen, als er sich plötzlich vor Schmerzen krümmte.

»Hölle«, ächzte er, »dieses Brandmal – es . . . es frißt mich auf.«

Aus schreckgeweiteten Augen beobachtete Paddy, wie sein Freund zu Boden fiel und sich stöhnend auf der Erde herumwälzte. Dabei begann die Teufelsfratze noch stärker zu glühen, und Paddy hatte das Gefühl, als würde sie sich sogar bewegen.

Er wollte seinem Freund helfen, doch da verspürte er die gleichen verzehrenden Schmerzen in seinem Körper hochschießen. Rote Kreise tanzten auf einmal vor seinen Augen. Er hatte das Gefühl, in eine Flammenhölle getaucht worden zu sein.

In wilden Zuckungen wanden sich die beiden Rocker auf dem Boden.

Der Anfall dauerte nur wenige Minuten. Er ging genauso schnell vorbei, wie er gekommen war.

Taumelnd standen die Rocker auf. Mit herabhängenden Armen blieben sie stehen und starrten sich gegenseitig an. Knurr- und Fauchlaute drangen aus ihren halb geöffneten Mündern. In ihren Augen lag ein teuflisches Glitzern.

Satan hatte sie in der Gewalt.

Die Fratzen auf ihrer Brust begannen zu leben. Sie bewegten sich im Rhythmus der Atemzüge. Die widerlichen Mäuler öffneten und schlossen sich. Nach Schwefel riechender Rauch drang daraus hervor.

Paddy ging zu seiner Maschine und schwang sich auf den Sattel. Archie verschwand im Gebüsch, um seine Maschine zu holen.

Die Rocker spürten, daß die Teufelsfratzen auf ihrer Brust schon ein Stück von ihnen selbst waren. Daß sie ihre Handlungen leiteten. Einer Feuersbrunst gleich breitete sich das Böse in ihnen aus.

Töte! hämmerte es in ihren Köpfen. Töte für den Dämon!

Und die Rocker gehorchten.

Sie fanden einen schmalen Weg, der sie aus dem Wald hinausführte. Geduckt hockten sie im Sattel. Lebende Mordmaschinen. Kreaturen in der Hand eines Teufels.

Der schmale Weg mündete auf die Seestraße.

Die schweren Maschinen brüllten auf. Die beiden Mordbestien jagten in Richtung Aweshire, wo nichtsahnende Menschen im tiefsten Schlaf lagen.

Die Rocker fuhren dicht nebeneinander, so daß sich die Fußrasten fast berührten. Die Lichtkegel der Scheinwerfer warfen ihre hellen Bahnen auf die Fahrbahn. Ein einzelnes Reh huschte aufgeschreckt aus dem grellweißen Schein.

Die Fratzen auf ihrer Brust brannten wie Feuer. Ununterbrochen hämmerten schreckliche Gedanken auf sie ein.

Eine weitgeschwungene Kurve tauchte auf. Mit röhrenden Motoren schnitten die Rocker sie an.

Dann kam wieder eine Gerade.

Und da sahen sie plötzlich das Mädchen.

Wie ein Wesen aus einer anderen Welt stand es auf der Fahrbahn und winkte.

Die Rocker handelten synchron.

Bremsen quietschten. Die Maschinen schleuderten und standen schließlich.

Die Rocker sprangen von den Motorrädern und kickten den Ständer nach unten.

Das Mädchen lief den beiden entgegen. Noch war es ahnungslos, wußte nicht, daß es das erste Opfer der programmierten Killer werden sollte . . .

Shirley Adams war froh, endlich normale Menschen zu treffen, die sie in die Stadt bringen konnten.

Noch war es ihr unmöglich, die Rocker zu erkennen. Dafür blendeten sie die Scheinwerfer zu sehr.

Shirley blieb stehen. Ganz plötzlich traf sie der Hauch von Gefahr. Es war nur ein unbestimmtes Gefühl, das ihr riet, vorsichtig zu sein.

Die Rocker kamen auf sie zu, kreisten sie von zwei Seiten ein. Ihre Schritte klangen laut in der Stille.

Jetzt sah Shirley auch die schwarzen Lederjacken, die bis zur Brust offenstanden – und . . .

Zwei glühende Augenpaare starrten sie an.

Shirley zuckte zusammen, ihre Hände ballten sich zu Fäusten. Sie sah die Gefahr auf sich zukommen, und konnte doch nichts dagegen machen.

Die unheimlichen Augen!

Von ihnen ging eine dämonische Kraft aus, die Shirleys Handlungen vollkommen lähmten.

Bewegungslos stand sie auf der Stelle. Die harten Schritte der Rocker dröhnten in ihren Ohren.

Und immer näher kamen die Augen.

Shirley erkannte jetzt auch die satanischen Fratzen mit den

offenen Mäulern, aus denen schweflig-gelber Rauch drang und wie Schleier auf sie zuwehte.

Shirley riß den Mund auf. Sie wollte schreien, doch ihre Kehle war wie zugewachsen.

Die Rocker blieben stehen.

Messer blitzten plötzlich in ihren Händen. Die Schneiden waren schmal und höllisch spitz. Sie würden einen Körper wie Butter durchdringen.

Die Rocker hatten Shirley in die Zange genommen. Die Fratzen veränderten sich im Rhythmus der Bewegungen.

Dann spürte Shirley die harten Griffe an ihren Oberarmen. Wie Stahlklammern schlossen sich die Finger um ihre Muskeln.

Ein Arm legte sich um ihren Hals, bog den Kopf weit in den Nacken.

Shirley stöhnte.

Schon blitzte die erste Messerklinge vor ihrer Kehle. Shirley sah das Funkeln des Stahls im Licht der Motorradscheinwerfer.

Niemand hatte bisher ein Wort gesprochen. Shirley ahnte nicht einmal, weshalb sie jetzt sterben sollte . . .

Irgendwie war John Sinclair sauer. Dieser ganze Fall schmeckte ihm nicht. Nur auf einen Brief hin jagten er und sein Freund Bill Conolly quer durch England.

Die schottische Grenze hatten sie noch vor dem Dunkelwerden passiert. Auf einer gut ausgebauten Straße ging es anschließend weiter in Richtung Loch Awe.

John war auf der Fahrt sehr schweigsam gewesen, während Bill ununterbrochen von seinen Erlebnissen in Südamerika geredet hatte.

Sie hatten nur einmal kurz Rast gemacht, und John verspürte Hunger und Müdigkeit.

Es ging schon auf Mitternacht zu, als sie endlich die Seestraße erreichten.

»Ich schätze, wir werden wohl kaum noch ein Zimmer kriegen«, meinte Bill leichthin.

»Mich kann gar nichts erschüttern«, brummte John.

Er ging vom Gas, da eine weitgeschwungene Kurve auftauchte. Andere Wagen waren ihnen auf dieser Straße bisher nicht entgegengekommen. Man hatte das Gefühl, am Ende der Welt zu sein.

Der Bentley gab sein Bestes, reagierte auf jede Bewegung des Lenkrades.

Plötzlich beugte sich Bill Conolly vor. »Verdammt, John. Da vorne!«

Er deutete aufgeregt durch die Frontscheibe.

»Schon gesehen!«

John Sinclair reagierte blitzschnell. Sein Fuß nagelte die Bremse fest. Der Wagen schleuderte ein wenig, blieb aber in der Spur. Er stand noch nicht ganz, da waren John und Bill schon draußen.

Die Szene, die sich ihren Augen bot, wurde durch die Scheinwerfer der Motorräder und des Bentleys voll ausgeleuchtet.

Zwei Männer – dem ersten Eindruck nach Rocker – waren dabei, ein wehrloses Mädchen in die Büsche am Straßenrand zu ziehen.

Vergewaltigung! schoß es John durch den Kopf.

Der Inspektor spurtete los.

Die Rocker ließen das Mädchen liegen, sprangen hoch und wandten sich John Sinclair zu.

Der Geisterjäger sah Messer in ihren Händen blitzen.

Er wollte weiterlaufen, doch eine unsichtbare Macht bannte ihn plötzlich auf die Stelle.

Wie unter einem inneren Zwang starrte John die beiden Teufelsfratzen auf den Oberkörpern der Rocker an. Riesengroß kamen John die Augen und die Mäuler vor, aus denen dicker, gelber Rauch quoll.

John wollte die Hand heben, zu seiner Waffe greifen. Er schaffte es nicht.

Die andere, dämonische Kraft war größer.

Und die Rocker kamen näher.

Ihre Gesichter waren Grimassen. Haß blitzte in ihren Augen. Die Rocker kannten kein Erbarmen. Gnadenlos würden sie John Sinclair den Stahl in den Leib rammen.

Verzweifelt kämpfte der Inspektor gegen die magischen Wellen an. Er versuchte, sich zu konzentrieren, aktivierte seinen gesamten Willen, um diesen Höllenkräften die Stirn zu bieten.

Es war ein mörderisches Ringen.

Nur noch fünf Schritte, dann hatten es die Rocker geschafft. Schon streckten sie die Arme mit den gefährlichen Messern vor.

Da brach der Bann!

Johns in tausend Gefahren geschulter Wille hatte es verstanden, der dämonischen Kraft zu trotzen. John sah, wie sich die Teufelsfratzen in einer nie gekannten Wut verzerrten. John war der erste, der sie bezwungen hatte.

Aber noch waren die Rocker da.

Gleichzeitig griffen sie an. Zwei mörderische Messerstöße zielten auf Johns Körper.

Der Inspektor drehte sich zur Seite. Es gab ein ratschendes Geräusch, als ihm eine Klinge das Jackett aufriß.

Johns Fäuste wirbelten. Er traf einen der Rocker im Nacken und den zweiten dicht über der Gürtellinie.

Die Killer verdauten die Schläge. Die in ihnen sitzende dämonische Kraft trieb sie an wie Maschinen.

Wieder stürzten sie auf John zu.

Der Inspektor wich zurück, erreichte den Buschgürtel am Straßenrand.

Der erste Rocker hechtete vor.

John sprang gedankenschnell hoch und packte mit beiden Händen einen weit vorspringenden Ast. Ein kurzer Schwung, und er stieß seine gestreckten Beine vor.

Die Füße knallten gegen die Brust des Rockers.

Der Messerstecher flog zurück. Aber inzwischen hatte der andere Zeit gehabt, in Johns Rücken zu gelangen.

Der Geisterjäger ließ sich kurzerhand fallen.

Ein wuchtig geführter Stoß rasierte über seinen Rücken hinweg. Der Rocker hatte so viel Schwung, daß er über John hinwegflog.

Sofort war Sinclair wieder auf den Beinen. Ein schneller Griff, und er hatte den Messerarm des Rockers gepackt. Weit bog er ihn zurück.

Jetzt hätte eigentlich ein Schmerzensschrei ertönen müssen, doch der Rocker gab keinen Ton von sich. Er war immun gegen Schmerzen.

John trat ihn in den Rücken, daß er bis auf die Fahrbahn geschleudert wurde, und nahm sich den anderen Rocker vor, der sich wieder erholt hatte und angriff.

John blockte einen Messerstoß ab, riß sein Knie hoch und schlug gleichzeitig mit der rechten Faust gegen die Dämonenfratze.

Der Rocker segelte nach hinten, aber John hatte das Gefühl,

gegen Beton geschlagen zu haben. So hart war dieses verdammte Teufelsding.

Inspektor Sinclair sah ein, daß er so gegen die Rocker nicht ankam. Er mußte sich etwas anderes einfallen lassen, wenn er nicht bis morgen früh kämpfen wollte.

John hetzte zum Wagen.

Er mußte an seine mit geweihten Silberkugeln geladene Pistole herankommen. Leider lag die im Handschuhfach.

John riß die Wagentür auf. Dabei sah er, daß Bill Conolly wie zu Stein erstarrt auf der Straße stand. Ihn hatte die dämonische Kraft mit voller Wucht getroffen.

John riß das Handschuhfach auf, nahm die Pistole an sich.

Im selben Augenblick hatte sich einer der Rocker an den Reporter herangeschlichen. In der nächsten Sekunde würde er Bill das Messer in die Brust stoßen.

John wirbelte um die eigene Achse. Er schoß aus der Drehung.

Mit einem peitschenden Laut verließ die Silberkugel den Pistolenlauf. Das Geschoß raste dem programmierten Mordroboter in die Brust.

Ein Schrei drang aus der Kehle des getroffenen Rockers. Eine gelbweiße Qualmwolke puffte auf und legte sich wie ein Tuch über den zusammensinkenden Körper.

John hatte keine Zeit, weiter nachzuschauen, denn schon war der andere heran. Er stieß ein heiseres Wutgebrüll aus und führte einen von unten nach oben gezielten Messerstoß gegen Johns Körper.

Der Inspektor lehnte noch an der offenen Wagentür. Er sah das Messer kommen und warf sich seitlich in den Bentley hinein.

Einen Herzschlag später zersplitterte die Scheibe. Das Messer des Rockers war mit voller Wucht in die Seitenscheibe des Bentleys gedrungen.

Das Sicherheitsglas zerbröckelte, aber kein Laut des Schmerzes drang über die Lippen des Rockers.

John lag noch immer auf dem Vordersitz, also relativ ungünstig, aber immerhin so, daß er mit dem ausgestreckten Arm an das Handschuhfach kommen konnte, wo auch zwei Paar Handschellen lagen.

Denn diesen Rocker wollte John lebend.

Als der Rocker seinen Arm aus der Scheibe zog, schlug John zu.

Der schmerzunempfindliche Mordroboter kippte gegen die hin- und herschwingende Tür. Für einen Augenblick war er abgelenkt.

John sprang auf und riß die Messerhand des Rockers herum. Schon klickte die erste Spange um das Armgelenk.

Da geschah das Entsetzliche.

Der Rocker riß urplötzlich Johns rechten Arm herum. Ein stechender Schmerz zuckte bis in die Schulter des Inspektors. Schnell drehte der Rocker Johns Arm weiter.

Der Inspektor ließ los, bückte sich, um sich dem Griff entgegenzustemmen.

Schon sah er die Mündung der eigenen Pistole auf sich zuschwenken. Nur noch ein paar Zoll, und der Schuß würde aufpeitschen und ihn töten.

Mit einer verzweifelten Kraftanstrengung warf John seinen freien Arm herum, bekam die Tür zu fassen und schleuderte sie dem Rocker gegen den Körper.

Der Mordroboter flog halb in den Wagen, riß John Sinclair mit sich.

Der Inspektor kam auf den Rocker zu liegen. Noch immer hielt der Kerl seinen Pistolenarm umklammert, doch jetzt zeigte die Mündung auf die Brust des Rockers.

Da drückte John ab.

Die Kugel fuhr genau in die Teufelsfratze.

Der Schrei dröhnte in Johns Ohren. Der Rocker zuckte, bäumte sich auf. Von einem Augenblick zum anderen war die Teufelsfratze verschwunden. Aus einem handtellergroßen Loch in der Brust quoll die stinkende Rauchwolke.

Keuchend warf sich John zurück, zog den Rocker an den Beinen aus seinem Bentley.

Der Körper prallte auf das Pflaster.

»John, was ist geschehen?«

Der Geisterjäger wandte den Kopf. Mit dem Tod des zweiten Rockers war auch Bill Conolly aus seiner Erstarrung erwacht.

John Sinclair stützte sich mit beiden Armen am Dach des Bentley ab. Er spürte plötzlich, wie er am gesamten Körper zitterte. Dieser Kampf hatte ihn mitgenommen.

Bill legte ihm die Hand auf die Schulter. Der Reporter warf einen scheuen Blick auf den toten Rocker. Die Stelle, wo vorher die

Dämonenfratze gewesen war, sah grauenhaft aus. Selbst John, der einiges gewohnt war, blickte weg.

»Komm«, sagte er, »wir müssen uns um das Mädchen kümmern. Ich erkläre dir später, was vorgefallen ist.«

Gemeinsam gingen sie zu der Stelle, wo das Mädchen lag.

John Sinclair zog scharf die Luft ein, als er die Blutlache sah, die sich unter dem Hals des Girls gebildet hatte und langsam im Boden versickerte.

John ging in die Knie, fühlte den Puls.

Er schlug noch, wenn auch nur schwach.

»Sie muß sofort ins Krankenhaus«, sagte John. Vorsichtig hob er die Verletzte hoch.

»Fällt dir nichts auf?« fragte Bill, der die Beine des Mädchens gepackt hielt.

»Ja. Sie trägt einen Taucheranzug. Ich weiß, was du meinst, Bill. Der Brief des Doktors war doch verdammt ernst. Und ich schätze, daß das Girl uns einiges erzählen kann. Vorausgesetzt, es kommt durch.«

Kaltes Licht fiel auf den gefliesten Boden. Zwei weiß gestrichene Wartebänke standen verloren an der Wand. Irgendwo klappten Türen, und wenig später lief eine Krankenschwester mit eiligen Schritten durch den Flur. Ihre Absätze klapperten hohl. Es roch nach Äther und Desinfektionsmitteln. Eben nach Krankenhaus.

John Sinclair und Bill Conolly warteten. Mittlerweile schon eine Stunde. Im Operationssaal kämpften drei Ärzte um das Leben des Mädchens. Es hatte durch den Stich in den Hals sehr viel Blut verloren. John kannte nicht einmal den Namen des Girls.

Die Rocker lagen im Schauhaus. John wollte Spezialisten aus London kommen lassen, damit sie sich mit den Leichen beschäftigen konnten. Auf jeden Fall waren die Rocker tot.

Der Polizeigewaltige von Aweshire, ein gewisser Sergeant Riordan, war nicht aufzutreiben gewesen. Weder in seinem Büro noch zu Hause. Sehr ungewöhnlich, fand John. Allerdings die drei Konstabler, die noch zu dem Polizeibezirk gehörten, hatte John munter gemacht. Mehr Polizisten gab es hier nicht.

Aschenbecher waren an den Wänden festgeschraubt. John hatte schon aus lauter Nervosität drei Zigaretten geraucht. Bill Conolly ging es nicht besser. Dicke Ränder unter den Augen zeugten von einer schlaflosen Nacht.

Bill spazierte wie ein gereizter Tiger auf und ab. Die Echos seiner Schritte hallten an den Wänden wider.

»Willst du nicht lieber ins Hotel gehen?« fragte John. Er hatte in der Zwischenzeit zwei Zimmer im *Sea-View* bestellt, einem modernen Hotel, direkt am See.

Bill schüttelte den Kopf. »Kommt gar nicht in Frage. Ich warte, bis die Kleine aus . . .«

Bill verstummte. Schritte waren aufgeklungen. Auch John erhob sich von seiner Bank.

Dann wurde die Schwingtür aufgestoßen. Einer der Ärzte, die das Mädchen operiert hatten, tauchte auf. Sein Gesicht sah bleich und übernächtigt aus.

»Haben Sie eine Zigarette für mich?« fragte er den Inspektor.

»Selbstverständlich.«

John gab dem Mann auch Feuer. Der Arzt nahm ein, zwei Züge und sagte dann mit leiser Stimme. »Höchstwahrscheinlich wird sie durchkommen.«

Inspektor Sinclair und auch Bill Conolly fiel ein Stein vom Herzen. »Ein Glück«, stöhnte Bill.

»Moment.« Der Arzt dämpfte den Optimismus des Reporters. »Ich meine, falls keine Komplikationen eintreten. Das braucht nur ein Schock zu sein. Ein gewisses Erinnern an eine bestimmte Sache . . .« Der Arzt zuckte mit den Schultern. »Wir haben sie auf jeden Fall in ein Einzelzimmer gelegt. Außerdem steht sie unter ständiger Beobachtung.«

»Danke, Doktor«, sagte John.

»Danken Sie nicht mir, sondern dem Herrgott«, meinte der Arzt, drehte sich um und verschwand mit müden, schleppenden Schritten.

Bill Conolly stieß seinen Freund in die Rippen. »Komm, alter Junge, ab ins Bett.«

John Sinclair schüttelte den Kopf. »Ich fahre dich zum Hotel, Bill. Ich will noch unbedingt diesen Sergeant kennenlernen.«

Bill lachte. »Ich bin der letzte, der dich daran hindert.«

Riordan bewohnte ein Haus am Ortsrand von Aweshire. John lenkte den Bentley durch die menschenleeren Straßen und hatte nach einigem Hin und Her das Haus gefunden.

Zu Johns großem Erstaunen brannte Licht hinter den Fenstern.

Der Inspektor wartete noch etwas und stieg dann aus. Eine halbe Minute später legte er seinen Zeigefinger auf den Klingelknopf.

Ein Summton war zu hören. Und wenig später hasteten Schritte auf die Haustür zu.

John hatte das Gefühl, daß dieser Mann noch Besuch erwartete. Seltsam . . .

Die Haustür wurde aufgerissen. In dem Flur brannte genügend Licht, um Riordan erkennen zu können.

Der Sergeant war schon älter. Er hatte dichtes, graues Haar und eine rötliche Gesichtshaut. Die Augen waren klein und verschwanden beinahe hinter Fettpolstern. Riordan trug ein verschwitztes Hemd, eine lange Hose, aber keine Schuhe.

John lächelte verbindlich und präsentierte seinen Ausweis. »Ich bin Inspektor Sinclair von Scotland Yard. Sergeant Riordan, wenn ich mich nicht irre.«

»Das stimmt.« Riordan schluckte, und John hatte das Gefühl, daß der Mann plötzlich Angst bekam. »Was wollen Sie denn von mir, Inspektor?«

»Können wir das nicht drinnen besser besprechen?«

»Selbstverständlich. Entschuldigen Sie.«

Riordan führte John in ein Wohnzimmer, zu dem der Ausdruck Kramladen besser gepaßt hätte. Der Geruch von kaltem Zigarettenrauch hing in der Luft.

John setzte sich.

Riordan bot dem Inspektor einen Whisky an, und John sagte nicht nein.

Während der Sergeant einschenkte, meinte er: »Es muß doch einen besonderen Grund geben, weshalb Sie mich zu dieser Stunde aufsuchen.«

John Sinclair griff nach seinem Glas. »Es gibt auch einen, Sergeant.«

Dann berichtete John von den Ereignissen der vergangenen Stunden. Mitten in seine Erzählung hinein schrillte das Telefon.

»Sie entschuldigen mich, Inspektor.«

Riordan nahm ab und hörte ein paar Minuten zu. Schließlich legte er den Hörer auf, ohne groß etwas gesagt zu haben. Sein Gesicht war schweißnaß. »Es war einer meiner Leute«, sagte er.

»Er berichtete das gleiche wie Sie, Inspektor.« Riordan fuhr sich mit dem Taschentuch über das Gesicht. »Ich kann das immer noch nicht glauben, Inspektor. In Aweshire. Mein Gott, einer Kleinstadt mit Touristenverkehr.«

John winkte ab. »Jammern hilft nichts, Sergeant. Wir müssen den Tatsachen ins Auge sehen.«

Riordan nickte verdrossen. »Sie haben recht, Inspektor.«

John wunderte sich ein wenig, daß der Sergeant gar nicht nach dem Mädchen fragte. Schließlich war sie ja der Dreh- und Angelpunkt der Geschichte.

»Sie wohnen doch sicherlich schon einige Zeit hier in Aweshire«, meinte John.

Riordan nickte. »Fast mein ganzes Leben lang.«

»Dann kennen Sie auch bestimmt einen gewissen Doktor McGrath.«

Riordan wandte den Kopf. In seinen Augen flackerte es plötzlich, und auf dem Gesicht tanzten hektische rote Flecken. »Ja, ich kenne einen Doktor McGrath.«

John, dem die seltsame Veränderung des Sergeants nicht entgangen war, ließ sich nichts anmerken. »Dieser Doktor McGrath hat dem Yard einen interessanten Brief geschrieben.«

Mit knappen Worten berichtete John Sinclair dem Sergeant vom Inhalt des Schreibens. Und während John sprach, hatte er das Gefühl, daß der Mann ihm gar nicht richtig zuhörte. Immer mehr kam der Inspektor zu der Überzeugung, daß hier nicht alles mit rechten Dingen zuging.

Schließlich meinte Tim Riordan: »Glauben Sie an die Worte des Arztes? Ich kenne McGrath. Er ist ein älterer Mann und für allerlei Geschichten zugänglich. Nein, ich kann mir nicht vorstellen, daß seine Angaben auf Tatsachen beruhen.«

»Immerhin sind einige Menschen verschwunden«, gab John zu bedenken.

»Mir liegen keine Vermißtenanzeigen vor.«

John Sinclair lächelte. »Gut. Um die Sache abzukürzen, werden wir McGrath selbst fragen. Er hat doch bestimmt Telefon?«

»Wollen Sie um diese Zeit anrufen, Inspektor?«

»Es geht immerhin um Mord«, lautete Johns Antwort.

John erhob sich. »Sie haben sicherlich ein Telefonbuch, Sergeant.«

»Es liegt neben dem Telefon.«

John suchte die Nummer des Arztes und wählte. Nach dem sechsten Klingeln wurde abgehoben. Es meldete sich eine Frauenstimme.

John verlangte Dr. McGrath zu sprechen.

»Der Doktor ist nicht da«, sagte die Frau. »Ich mache mir selbst Sorgen. Normalerweise sagt er immer Bescheid, wenn er die Nacht über wegbleibt.«

John bedankte sich und sagte, er würde später noch einmal anrufen. Dann legte er auf.

»Nun?« fragte Riordan gespannt.

»Doktor McGrath ist nicht zu Hause«, erklärte John. »Ich hatte seine Frau am Apparat.«

»Das war seine Haushälterin«, stellte Riordan richtig. »Vielleicht ist er bei einem Kranken.«

»Nein!« Johns Stimme klang hart. »Doktor McGrath ist überhaupt noch nicht nach Hause gekommen! Was wird hier gespielt, Sergeant?«

»Wieso? Ich verstehe Sie nicht, Inspektor. Ein Mann kann doch mal eine Nacht über wegbleiben. Das ist nichts Außergewöhnliches.«

»Stimmt«, gab John zu. »Aber immerhin habe ich hier einen Hilfebrief. Und da sieht die Sache schon ganz anders aus. Langsam werde ich nämlich verdammt neugierig. Es ist zum Beispiel auch seltsam, daß Sie erst so spät nach Hause gekommen sind. Wo waren Sie denn vorher?«

Riordan sprang aus seinem Sessel hoch. »Soll das ein Verhör sein, Inspektor?«

»Nein. Ich bin nur an der Wahrheit interessiert.«

»Ich werde Ihnen sagen, wo ich war, Inspektor. Bei Freunden. Wir haben einen draufgemacht, das ist alles. Und deshalb bin ich auch jetzt müde.«

»Keine Angst, ich werde Sie nicht allzu lange aufhalten. Nur – dafür, daß Sie einen draufgemacht haben, Sergeant, sehen Sie verdammt nüchtern aus. Sie haben doch keinen Schluck Alkohol getrunken. Was also soll der Quatsch? Wo waren Sie?«

Johns Stimme hatte sich gesteigert und zeigte all die Härte und Entschlossenheit, zu der der Inspektor fähig war.

Sergeant Riordan war knallrot angelaufen vor Wut. »Gehen Sie,

Inspektor. Verlassen Sie auf der Stelle mein Haus. Ich habe es nicht nötig, mich von Ihnen wie ein Verbrecher behandeln zu lassen. Ich werde mich beschweren.«

John lächelte eisig. »Ich werde gehen, Sergeant Riordan. Aber ich komme wieder. Verlassen Sie sich darauf. Und dann werde ich Ihnen unter Umständen noch unangenehmere Fragen stellen. Gute Nacht, Sergeant.«

John ging zur Tür. Riordan stand mit zu Fäusten geballten Händen in der Diele und blickte ihm nach. Sein Gesicht war haßverzerrt. In diesen Augenblicken schwor er sich, den verdammten Inspektor umzubringen.

John schlug die Tür hart hinter sich zu. Als er den Wagen aufschloß, stand sein nächstes Vorgehen schon fest. Er würde Dr. McGraths Haushälterin einen Besuch abstatten. Wahrscheinlich konnte ihm die Frau mehr sagen. Die Adresse hatte John vorhin dem Telefonbuch entnommen.

Sergeant Riordan stand noch lange hinter dem Fenster. Er hatte sein Gesicht gegen die Scheibe gepreßt. Es war nur noch eine Grimasse aus Wut und Haß.

Dann wandte sich Tim Riordan ab und ging zum Telefon. Mit zitternden Fingern wählte er eine bestimmte Nummer.

Sie gehörte Dr. Tod . . .

Um diese Stunde glich der Zeltplatz einem Friedhof. Nur das Geräusch der Wellen war zu hören, wenn sie gegen den schmalen Sandstrand klatschten.

Die Menschen schliefen. Eine sanfte Brise säuselte über die Zelte und ließ Wimpel und Planen flattern.

Doch das friedliche Bild täuschte.

Der Tod war schon unterwegs!

In Gestalt von sechs Rockern, die alle das gräßliche Teufelsmal auf der Brust trugen.

Auch sie wollten ihr Opfer für das Monster holen!

Messer blitzten in ihren Händen. Wie helle Flecke leuchteten die Gesichter der Rocker im Mondlicht.

Und auf den Oberkörpern grinsten die Teufelsfratzen. Die Rocker waren zu tätowierten Mordrobotern geworden, die unter allen Umständen ihren Auftrag ausführen wollten.

Es war bereits kurz nach Mitternacht, und sie mußten sich beeilen, denn noch in dieser Nacht sollte das Grauen über den Touristenort Aweshire kommen.

Die ersten hatten bereits die Zelte erreicht. Wie gestaltlose Schatten huschten sie durch die schmalen Gänge. Ab und zu blieben sie lauschend stehen.

Doch niemand hatte sie gehört.

Die Blicke der Rocker tasteten über den Zeltplatz. Plötzlich stieß einer von ihnen ein leises Zischen aus. In dem Holzhaus des Zeltplatzwärters war Licht aufgeflammt.

Dieser Mann war für Ruhe und Ordnung auf dem Campingplatz verantwortlich. Mehrmals in der Nacht drehte er seine Runden, und schon manches Mal hatte er einen Dieb auf frischer Tat erwischt.

Die Tür des Holzhauses wurde aufgezogen.

Die Rocker verständigten sich mit einem Blick. Dieser Mann sollte das Opfer werden. Wie Schemen huschten die Rocker zwischen den Zelten in Deckung.

Der Wärter ahnte nichts. Sorgfältig schloß er seine Tür ab und ging dann über den mit Kies bestreuten Weg hinüber zum Zeltplatz.

In der rechten Hand hielt er eine Taschenlampe, die er ab und zu kurz aufflammen ließ. Um die Hüfte trug er ein Koppel, an dem ein Schlagstock hing. Der Stock war aus Hartgummi und ziemlich fest.

Der Wärter hatte einen ruhigen Tag hinter sich. Es war nichts Außergewöhnliches geschehen, und selbst die Gruppe Jugendlicher aus London hatte sich ruhig verhalten.

Schon hatte der Wärter die ersten beiden Rocker hinter sich im Rücken.

Die Mordroboter hockten im Schatten einer Zeltwand und beobachteten den Mann aus funkelnden Augen.

Zwei andere schlichen indessen zum Strand. Dicht vor die auslaufenden Wellen legten sie sich auf den Boden. Unter halb geschlossenen Augen beobachteten sie, wie der Wärter näher kam.

Er mußte sie entdecken!

Es geschah nach genau zwei Minuten. Der Zeltplatzwärter stieß plötzlich einen überraschten Ruf aus und beschleunigte seine

Schritte. Er hatte die Taschenlampe angeknipst. Der Lichtstrahl huschte über den Boden und blieb schließlich an den Rockern hängen.

»Verdammtes Pack!« knurrte der Wärter. Er hatte sofort erkannt, daß die Rocker nicht zu den Campern gehörten.

»He, kommt hoch, zum Teufel! Oder soll ich euch Beine machen?« Der Wärter leuchtete mit der Lampe genau in die Gesichter der beiden Rocker.

Der erste öffnete die Augen.

»Aufstehen!« schrie der Wärter. »Wenn du pennen willst, dann geh woanders hin!«

Der Wärter war ein relativ kräftiger Mann, und er traute sich ohne weiteres zu, es mit zwei Rockern aufzunehmen.

Der Rocker drehte sich zur Seite. Dabei klaffte seine Jacke auf der Brust auseinander.

Die Teufelsfratze starrte den Wärter an!

»He, was soll . . .«

Die weiteren Worte blieben dem Wärter im Hals stecken. Das gräßliche Brandmal begann plötzlich tiefrot zu leuchten. Magische Strahlen gingen von den Augen aus und bannten den Wärter auf die Stelle.

Die beiden Rocker standen auf.

»Dreh dich um!« zischten sie und kicherten.

Der Wärter gehorchte wie unter einem Zwang.

Dort standen sie. Vier weitere Rocker. In ihren Händen blitzten lange Messer. Die Rocker hatten sich angeschlichen, während er mit den anderen beiden gesprochen hatte.

Plötzlich wurde dem Wärter die Kehle trocken. Die Teufelsfratzen, die auch die anderen vier trugen, verschwammen vor seinen Augen, zerflossen zu einem blutroten Nebel.

Mit brutaler Deutlichkeit wurde dem Wärter bewußt, daß sein Tod eine beschlossene Sache war.

Die vier Rocker kamen näher.

Der Kies knirschte unter ihren Sohlen. Die Hände mit den Messern hatten sie vorgestreckt.

Unwillkürlich wich der Wärter zurück. Ein, zwei Schritte.

Da bohrte sich etwas Spitzes in seinen Rücken, durchtrennte sein Hemd und ritzte die Haut.

Die anderen beiden! Er hatte sie völlig vergessen!

Stocksteif blieb der Wärter stehen.

Ein leises Lachen klang hinter ihm auf. Es war das letzte, was der Mann in seinem Leben hörte, denn einen Herzschlag später bohrte sich der Stahl in seinen Rücken.

Der Wärter starb im Stehen.

Sofort sprangen zwei Rocker hinzu und hielten ihn fest. Der Mörder zog die Klinge aus dem Rücken und wischte sie ab.

Dann hoben die Rocker die Leiche hoch, gingen mit ihr zum Wasser. Ein anderer hatte bereits eines der vielen Boote losgetäut. Sie legten die Leiche hinein. Die Hälfte der Rocker stieg ebenfalls zu. Sie wollten dem Dämon das letzte Opfer bringen . . .

Dr. Tod hatte in dieser Nacht keinen Schlaf gefunden. Zuviel stand auf dem Spiel. Heute, in wenigen Stunden, würde es sich entscheiden.

Wieder hatte Dr. Tod einen Sieg errungen. Der Mann, der die Menschheit bis aufs Blut haßte und sich der Hölle verschworen hatte, wollte endlich seinen Triumph.

Das Monster würde kommen. Und mit ihm die sieben Leichen. Aweshire würde unter Panik und Grauen ersticken. Als erstes stand das Hotel *Sea-View* auf der Liste der Monster. Hier würden sie ihren grausamen Feldzug beginnen.

Mitten in Dr. Tods Überlegungen hinein schrillte das Telefon. Der Menschenhasser sprang auf und griff nach dem Hörer.

Einer seiner Diener, Sergeant Riordan, war am Apparat.

Mit hastigen Worten sprudelte er seinen Bericht hervor. Dr. Tods Gesicht veränderte sich von Sekunde zu Sekunde. Flammender Haß loderte in seinen Augen. Was Riordan erzählte, brachte ihn an den Rand der Weißglut.

Inspektor Sinclair, sein Todfeind, war aufgetaucht!

Mit Schrecken dachte Dr. Tod an die Szene auf dem Rummelplatz, als John Sinclair ihn gedemütigt hatte.

Und jetzt war er wieder da!

»Leg ihn um, Riordan!« zischte Dr. Tod. »Leg dieses Schwein um! Und dann bring mir seine Leiche!«

Wütend knallte Dr. Tod den Hörer auf die Gabel. Minutenlang stand er bewegungslos. Dann zischte er: »Diesmal gewinnst du nicht, John Sinclair . . .«

Mit taumelnden Bewegungen trudelte der tote Campingplatz-Wärter in die Tiefe. Und wie von unsichtbarer Hand gelenkt, wurde er auf die versunkene Stadt getrieben.

Die anderen sechs Opfer erwarteten ihn bereits.

Sieben Opfer mußten es sein. Jetzt war die Zahl erreicht. Der Fluch war gelöscht!

Und hier – in der Tiefe des Sees – erwachte der Wärter wieder zu schaurigem Leben, damit er dem höllischen Monster dienen konnte, das ein uralter Fluch lange Zeit zur Untätigkeit verdammt hatte. Nie hatte es diesen See verlassen können – bis heute . . .

Die sieben Schreckensgestalten formierten sich zu einer Reihe. Dann begannen sie zu schwimmen. Mit ruckhaften Bewegungen. Es war mehr ein Dahingleiten durch die dunkle Tiefe des Sees.

Die sieben Leichen schwammen zu einer Höhle. Dunkel und riesengroß gähnte ihnen der Eingang entgegen.

Sie schwammen in den Schlund.

Kein Lichtstrahl drang bis in diese Tiefe vor. Pechschwarz war die Finsternis, und doch fanden sich die sieben Leichen zurecht, als wäre es heller Tag.

Plötzlich geriet vor ihnen das Wasser in Bewegung. Strömungen und Strudel entstanden. Sand quirlte auf. Wie Puppen wurden die Leichen durcheinandergeworfen.

Das Monster war unterwegs!

Endlich konnte es den See verlassen. Bisher hatte es sich nur ein paarmal an die Oberfläche gewagt. Einmal war es von einer jungen Frau gesehen worden, dessen Freund es sich geholt hatte. Aber jetzt war alles anders. Jetzt konnte es an Land, in die Stadt, deren Menschen dem Tod geweiht waren . . .

Mrs. Kilrain, Dr. McGraths Haushälterin, war eine ältere Frau mit einer dicken Hornbrille auf der runden Nase. Die Augen hinter den Gläsern sahen besorgt aus.

»Ich verstehe das nicht, Inspektor«, sagte sie. »Der Doktor war immer pünktlich, und dann passiert so etwas.«

John lehnte sich in dem hohen Ohrensessel zurück. Es war schon weit nach Mitternacht, und Mrs. Kilrain hatte erst einmal einen starken Kaffee aufgebrüht.

»Meinen Sie, daß es sich noch lohnt zu warten?« fragte die Haushälterin besorgt.

John nahm einen Schluck Kaffee. »Mrs. Kilrain, was ich Ihnen jetzt sage, wird ein Schock für Sie sein. Sie müssen mit dem Schlimmsten rechnen.«

Mrs. Kilrains Augen weiteten sich. »Heißt das, daß er . . .«

»Ja. Unter Umständen ist Doktor McGrath gar nicht mehr am Leben.«

»Mein Gott.« Die Haushälterin vergrub das Gesicht in den Händen. »Aber warum? Doktor McGrath hat in seinem Leben nur Gutes getan. Er hat allen geholfen, war bekannt, beliebt. Es gibt keinen Grund, ihn umzubringen.«

John zündete sich eine Zigarette an. »Doch, Mrs. Kilrain, es muß einen Grund geben. Schließlich hat uns Doktor McGrath einen Brief geschrieben.«

»Ach, den Brief.«

»Wissen Sie davon?« fragte John schnell.

Mrs. Kilrain nahm ihre Brille ab und putzte sich die Augen mit einem Taschentuch trocken. »Der Doktor hat mir davon erzählt. Er sprach von Leuten, die verschwunden sind, ja, und nie mehr auftauchten.«

»Hat er genauere Erklärungen abgegeben, Mrs. Kilrain?« wollte John wissen. »Überlegen Sie jetzt gut. Jedes Wort kann wichtig sein. Versuchen Sie sich zu erinnern!«

»Er brachte das Verschwinden der Leute mit einem uralten Fluch in Verbindung. Doktor McGrath interessierte sich sehr für die Geschichte der näheren Umgebung. Er setzte alles ein, um mit seinen Forschungen voranzukommen. Und dann stieß er auch auf diese Stadt, die vor langen Jahren versunken ist. Es war ein heidnisches Volk, das dort lebte. Und die Menschen brachten einem Dämon ihre Opfer. Bis es dem Herrgott zuviel wurde und er die Stadt versinken ließ. So erzählt es die Sage. Und damit das Monster nie mehr auftauchte, wurde es durch einen Fluch gebannt. Sollte dieser Bann doch je gebrochen werden, dann gibt es immer noch ein Mittel, mit dem der Gerechte dem Monster zu Leibe rücken kann. Das ist der silberne Pfeil in der Armbrust.«

John Sinclair hatte konzentriert zugehört. »Doktor McGrath hat die Geschichte geglaubt?« fragte er.

»Selbstverständlich. Es ist ja auch tatsächlich etwas dran. Diese versunkene Stadt gibt es.«

»Auch die Armbrust?«

»Ja, auch die.« Mrs. Kilrain nickte eifrig. »Der Doktor hat mal davon gesprochen, daß sie in unserem Heimatmuseum ausgestellt ist. Viele haben sie schon bewundert, aber niemand hat die wahre Symbolik dieser Waffe gekannt. Ich glaube, daß nur Doktor McGrath davon wußte.«

John Sinclair war längst klar, daß er diese Armbrust haben mußte. Und zwar noch in dieser Nacht.

»Wer hat den Schlüssel zu dem Museum?« fragte John.

»Aber Inspektor. Sie wollen doch nicht . . .«

»Doch, Mrs. Kilrain. Ich will nicht nur, ich muß sogar. Wenn ich bis morgen warte, kann es bereits zu spät sein. Also, wer hat ihn?«

»Der Museumsdiener ist der alte Flaherty.«

John stand auf. »Dann nichts wie hin.«

Der Inspektor hatte zwar seine mit Silberkugeln geladene Pistole, aber er wußte auch aus Erfahrung, daß es manchmal einer bestimmten Waffe bedurfte, um einen gewissen Dämon zu bekämpfen. Bei den Teufelsmönchen war es der Kelch des Feuers gewesen, hier brauchte er den geweihten silbernen Pfeil einer Armbrust.

Das Museum lag am Ende der Altstadt. Es war am Hang gebaut, inmitten kleiner, verschachtelter Häuser.

John kam mit dem Wagen nicht hin. Er mußte ihn unten an der Straße stehen lassen. Eine Steintreppe führte zu dem Museum hoch. Sie war zu beiden Seiten durch ein kunstvoll geschmiedetes Eisengeländer gesichert.

Mrs. Kilrain war mitgefahren, denn sie kannte den alten Flaherty sehr gut.

Der Museumsdiener wohnte unter dem Dach des Gebäudes. Zwei kleine Zimmer reichten ihm dort.

Es gab eine alte Klingel.

»Hoffentlich ist er zu Hause«, meinte Mrs. Kilrain, als sie auf den Knopf drückte.

John zuckte die Achseln. »Wenn nicht, muß ich die Tür aufbrechen.«

Die Haushälterin sah ihn nur an.

Flaherty war zu Hause. Schon nach kurzer Zeit wurde oben ein Fenster geöffnet, und ein Kopf sah nach draußen.

»Verdammt noch mal«, tönte eine krächzende Stimme. »Kann man denn nicht einmal in Ruhe schlafen?«

»Mach auf, Flaherty«, rief Mrs. Kilrain, »es ist wichtig.«

»Sarah, du?« John hörte einen erstaunten Ausruf. Es folgten ein paar gemurmelte Worte, und der Kopf verschwand.

»Das ging ja gut«, sagte die Haushälterin.

John lächelte zuversichtlich. Innerlich war er nervös. Die Zeit lief ihm davon. Er ahnte, daß es in den nächsten Stunden zu einer Entscheidung kommen würde.

Schließlich tauchte der alte Flaherty auf. Der Museumsdiener war ein mickriges Männchen mit einem zerknitterten Gesicht und einer randlosen Brille. Er trug einen abgewetzten Morgenmantel, unter dem die Beine einer gestreiften Schlafanzughose hervorschauten. Seine Füße steckten in Filzlatschen.

Um das Verfahren abzukürzen, zückte John Sinclair seinen Ausweis. Flaherty bekam große Augen.

»Scotland Yard?« murmelte er. »Ja, zum Teufel, was habe ich denn angestellt?«

»Sie gar nichts«, sagte John schnell. »Aber wir brauchen Ihre Hilfe.«

»Wüßte nicht, womit ich Ihnen helfen könnte, Inspektor. Bei mir hat sich kein Mörder versteckt.«

»Ich will auch keinen Mörder fangen«, erwiderte John und schob sich an dem Mann vorbei in das Innere des Museums. »Wo hängt die Armbrust?«

»He, he, Inspektor«, rief der alte Flaherty und rannte John auf seinen kurzen Beinen nach.

Der Inspektor wandte sich um. »Stellen Sie jetzt keine großen Fragen, Mister Flaherty. Ich brauche die Armbrust und den silbernen Pfeil. Erklärungen gebe ich Ihnen später.«

»Aber ich . . .«

John sah den Alten an, und dieser verstummte.

»Kommen Sie mit«, sagte Flaherty.

Er schlurfte vor John durch die Räume. Es roch muffig und nach Bohnerwachs. Flaherty hatte überall Licht gemacht. John sah die vielen Zeugen der Vergangenheit. Es waren zumeist Steine und

Tonwaren. Aber auch nachgebildete Urtiere und alte Häuser gab es.

Vor einem an der Wand hängenden Glaskasten blieb der alte Flaherty schließlich stehen.

»Da ist sie«, sagte er.

John blickte nachdenklich durch die Scheibe. Die Armbrust war nicht aus Silber, sondern aus Holz. Die Sehne war nicht brüchig geworden, wie John auf den ersten Blick feststellen konnte, und Schaft und Kolben glänzten matt.

Daneben hing ein aus Korb geflochtener Köcher. Und in ihm steckte ein silberner Pfeil. Das Silber war längst angelaufen und glänzte kaum noch. Trotzdem hatte es von seiner Wirkung sicher nichts verloren.

»Schließen Sie auf«, sagte John zu dem Museumsdiener.

Der alte Flaherty blickte den Inspektor aus großen Augen an. »Sie wollen die . . .«

»Ich will Ihre Armbrust nicht stehlen, sondern sie mir nur ausleihen. Und das aus einem ganz bestimmten Grund, den ich Ihnen hinterher sagen werde.«

Flaherty verstand nichts mehr. Er sah Mrs. Kilrain an, die jedoch nur die Schulter hob.

»Wenn Sie meinen, Inspektor.«

Flaherty holte sein Schlüsselbund aus der Tasche des Morgenmantels und schloß den großen Glaskasten auf. Die Armbrust hing auf zwei Haken.

Behutsam nahm John sie herunter. Die Waffe war schwerer, als er angenommen hatte. An zwei Ösen war ein Lederriemen befestigt, so daß John sich die Armbrust über die Schulter hängen konnte. Den Köcher hängte er über die andere Schulter.

»Kommen Sie«, sagte der Inspektor zu Mrs. Kilrain.

John setzte sich eiligen Schrittes in Bewegung. Der Museumsdiener rannte hinter ihm her. »Wann bekomme ich sie denn zurück? Ich muß schließlich eine Meldung machen.«

»Spätestens morgen«, sagte John. »Nein, heute«, verbesserte er sich mit einem Blick auf die Uhr.

John ging nach draußen und lief die Treppe hinunter. Die Armbrust hatte ein ganz schönes Gewicht, und John dachte mit Schaudern daran, daß er wahrscheinlich tauchen mußte, um dem

Monster den Garaus zu machen. Der Inspektor hatte sich schon innerlich auf einen Kampf in der Tiefe des Sees eingestellt.

Der Bentley stand noch so dort, wie John ihn verlassen hatte. Der Inspektor schloß die Tür auf und legte die Armbrust auf den Rücksitz.

Er wollte sich gerade hinter das Steuer klemmen, als er zufällig einen Blick zur Treppe warf.

Dort war Mrs. Kilrain auf der vorletzten Stufe stehengeblieben. Sie sah an John vorbei und hob plötzlich den Arm, um jemandem zuzuwinken.

»Hallo, Sergeant Riordan«, rief sie. »Kommen Sie her, wir haben eine Entdeckung gemacht, die Sie bestimmt interessieren wird.«

John wandte den Kopf.

Es war tatsächlich der Sergeant. Mit schnellen Schritten kam er die enge Straße hoch.

Mrs. Kilrain hatte sich wieder in Bewegung gesetzt, um in den Wagen zu klettern.

In dem Moment passierte der Sergeant den Lichtkreis einer Laterne. Und John sah das Metall in der Hand des Polizisten funkeln.

In Sekundenschnelle ahnte er die Zusammenhänge. Riordan war gekommen, um ihn zu töten.

Da riß der Sergeant schon den Arm mit der Waffe hoch . . .

John Sinclair reagierte sagenhaft schnell.

Er warf sich nach rechts und stieß im Fall Sarah Kilrain zur Seite. Die Frau schrie auf und knallte zu Boden.

Da peitschten schon die Schüsse.

Die Kugeln pfiffen über John hinweg und ratschten an dem Dach des Bentley entlang.

John rollte sich um die eigene Achse.

Wieder zerrissen Schußdetonationen die Stelle.

Hautnah prallten die Kugeln neben John auf das Kopfsteinpflaster des schmalen Bürgersteiges und sirrten als Querschläger davon.

Mrs. Kilrain schrie markerschütternd. Von oben rannte der Museumsdiener die Stufen herab.

John Sinclair schnellte hoch. Er rief Flaherty eine Warnung zu und tauchte in Deckung des Bentley.

Riordan feuerte weiter. Wie ein Wahnsinniger. Dabei drangen aus seinem Mund schrille, abgehackte Schreie.

John hatte seine Pistole gezogen. Er hätte Riordan aus seiner Deckung erschießen können, aber er wollte den Mann lebend.

Mrs. Kilrain hatte aufgehört zu schreien. Auf allen vieren kroch sie auf die Treppenstufen zu.

Der Sergeant setzte sich in Bewegung. Noch immer hielt er seine Waffe in der Hand.

John sprang hinter dem Bentley hervor.

»Weg mit der Waffe!« gellte seine Stimme.

Riordan kreiselte herum, sah den Inspektor und wollte feuern.

John schoß um den berühmten Sekundenbruchteil früher. Seine Pistole bellte auf, und die Silberkugel fuhr dem Polizisten ins Bein.

Wie ein Sack fiel Riordan auf die Erde. Er wälzte sich auf den Rücken, zog das rechte Bein an und umklammerte die getroffene Stelle. Dabei hielt er die Waffe noch in den Händen.

John lief auf ihn zu.

Riordan sah ihn kommen und versuchte, sich aufzurichten.

»Bleiben Sie liegen«, zischte John, »und lassen Sie endlich die verdammte Pistole fallen!«

Der Sergeant dachte gar nicht daran. Er winkelte plötzlich den Arm an, und ehe John eingreifen konnte, hatte er abgedrückt.

Aber nicht auf den Inspektor, sondern er hatte sich selbst die Kugel in die Brust geschossen.

Mit einem erstickten Seufzer fiel Riordan zurück. Sein Hinterkopf schlug hart auf den Stein.

John Sinclair murmelte eine leise Verwünschung und kniete neben dem Mann nieder.

Noch lebte Riordan, aber selbst ein Laie konnte erkennen, daß es bald mit ihm zu Ende gehen würde.

»Soll ich einen Krankenwagen rufen?« fragte hinter Johns Rücken die zittrige Stimme des Museumsdieners.

»Nein, höchstens einen Leichenwagen.«

Der Inspektor beugte sich über den Sterbenden. Blanker Haß stand in den Augen des Sergeanten. John hatte selten erlebt, daß jemand in der Sterbestunde noch seinen Haß bewahrte.

Trotzdem versuchte er es.

»Erleichtern Sie Ihr Gewissen, Riordan. Wer hat Sie zu der Tat angestiftet? Das ist doch nicht in Ihrem Kopf entstanden. Sagen Sie es mir.«

Riordan keuchte. Blutiger Schaum legte sich auf seine Lippen. »Ich . . . wollte es tun, aber Sie . . . Sie waren stärker.« Riordan machte eine Pause. Sein Körper bäumte sich unter schrecklichen Schmerzen auf. Dann öffnete der Sergeant noch einmal den Mund. »Mich haben . . . Sie besiegt, Inspektor. Aber . . . er . . . er . . . ist stärker als Sie . . .«

»Wer ist stärker als ich?« drängte John. »Wer? Reden Sie, Riordan.«

Noch einmal hob der Sergeant den Kopf und nahm alle Kraft zusammen. »Es ist . . . es ist . . . Doktor Tod . . .!«

Mit dem letzten Wort erlosch auch das Leben in dem Körper des Sergeants.

John Sinclair aber hockte dort wie erstarrt. Die letzten Worte des Toten hämmerten in seinem Schädel.

Dr. Tod! Sein Supergegner war wieder aufgetaucht! Er hätte es sich denken können. Wo Angst und Schrecken um sich griffen, war dieser Menschenhasser nicht mehr weit.

Aber wo sollte John ihn finden? Wußten die Menschen hier in Aweshire überhaupt von seiner Existenz? Wahrscheinlich ahnten sie nicht, in welcher Gefahr sie schwebten.

John Sinclair stand langsam auf. Als er sich umdrehte, kam Flaherty auf ihn zu.

»Der Mann wird abgeholt«, sagte er, und seine Stimme zitterte.

»Gut.« John zündete sich eine Zigarette an und steckte seine Waffe wieder weg. »Sie wissen ja Bescheid, Mister Flaherty. Ich kann leider nicht hierbleiben. Sagen Sie den Beamten, daß ich später einiges erklären werde.«

Der Museumsdiener nickte nur.

John Sinclair ging zu seinem Wagen, wo Mrs. Kilrain bereits auf ihn wartete. In ihrem Gesicht stand noch der Schrecken zu lesen, den sie empfunden hatte. Ihr Knie blutete. Sie hatte es sich bei dem Sturz aufgeschrammt.

John schnippte die Zigarette weg und schob die Frau behutsam in den Wagen. »Ich fahre Sie nach Hause.«

Der Inspektor setzte sich hinter das Lenkrad. Mrs. Kilrain hatte den Kopf gesenkt und starrte vor sich hin. »Warum hat er das getan?« fragte sie mit tonloser Stimme.

»Ich weiß es nicht«, log John. »Am besten ist, Sie nehmen ein Schlafmittel und legen sich ins Bett. Ich versichere Ihnen, es geht alles in Ordnung.«

Sanft fuhr der Bentley an. Erst jetzt begegneten ihnen einige Menschen, die von den Schüssen aufgeschreckt worden waren. Hoffentlich konnte der alte Flaherty sie beruhigen.

Immer wieder mußte John Sinclair an Dr. Tod denken. Daß dieser Mann wieder hinter allem steckte, machte die Sache noch schlimmer. John dachte auch an die Rocker und wußte jetzt, daß Dr. Tod es gewesen war, der diese Menschen zu Mordrobotern programmiert hatte.

Der Inspektor fragte sich, wie viele Rocker noch in Aweshire herumliefen. Je länger er über die Probleme nachdachte, um so größer kam ihm die Gefahr vor, und John Sinclair fühlte sich plötzlich dem Grauen gegenüber unsagbar hilflos.

»Wir sind da«, sagte Mrs. Kilrain. Im selben Moment stutzte sie. »In der Wohnung brennt ja Licht«, sagte sie.

Auch John wurde mißtrauisch. »Haben Sie es vielleicht brennen lassen?« fragte er vorsichtshalber.

»Nein. Ich weiß es ganz bestimmt, daß ich es überall ausgeknipst habe. Aber vielleicht ist Doktor McGrath zurückgekommen.«

»Ja, das ist eine Möglichkeit«, gab John zu, obwohl er selbst daran nicht glaubte. Aber noch war nicht bewiesen, daß Dr. McGrath nicht mehr lebte.

»Ich gehe sicherheitshalber mit rein«, sagte John.

Sie stiegen aus. Der Inspektor lockerte die Waffe in seiner Halfter.

Sie gingen durch den kleinen Vorgarten des Hauses, und Sarah Kilrain schloß die Tür auf.

Schon in der kleinen Diele kam ihnen der Mann entgegen.

»Doktor McGrath«, rief die Haushälterin und blieb vor Überraschung stocksteif stehen.

Auch John war überrascht. Er wunderte sich nur, denn der Arzt sagte keinen Ton. Auch sah sein Gesicht seltsam bleich und aufgedunsen aus. Außerdem störte ihn der Geruch, der in dem

Raum lag. Es roch irgendwie nach fauligen Pflanzen, nach Moder . . .

Da drehte sich der Arzt ein wenig zur Seite. Und da wußte John, was mit ihm los war.

In der Brust des Arztes klaffte ein Loch, eine Wunde.

Dr. McGrath war eine lebende Leiche . . .

Erst jetzt sah sich John Dr. McGrath genauer an. Seine Kleidung war feucht. Sie strömte den widerlichen Geruch aus. McGrath hatte die Augen verdreht. Das Gesicht war aufgedunsen und zeigte weiße Flecken. Die Finger waren zu Krallen gebogen – und, was John vollends davon überzeugte, daß er hier eine Leiche vor sich hatte: McGrath atmete nicht.

Noch hatte Sarah Kilrain nicht richtig begriffen, was mit dem Arzt los war. Sie tat einen Schritt vorwärts, wollte auf den lebenden Leichnam zugehen . . .

John hielt sie im letzten Augenblick zurück. »Keinen Schritt!« zischte er.

»Aber . . .«

»Los, in das Zimmer!«

Rechts von sich sah John eine braungestrichene Tür. Er zog sie auf und schob Sarah Kilrain in das dahinterliegende Zimmer. »Hier bleiben Sie erst mal.«

John zog die Tür wieder zu. Der lebende Leichnam drehte sich schwerfällig um, starrte John Sinclair direkt an.

Der Inspektor zog seine mit Silberkugeln geladene Pistole. Er zielte genau. Es gab keine andere Möglichkeit, diesen lebenden Toten aufzuhalten. John mußte ihn erschießen. Mit der geweihten Kugel. Nur dann fand der Tote endgültig seine Ruhe.

In diesem Augenblick hörte John den Schrei.

Der Inspektor verharrte. Leicht geduckt stand er da, lauschte. Kein Zweifel, der Schrei war aus dem Zimmer gekommen, in das er Mrs. Kilrain geschickt hatte.

John Sinclair riß die Tür auf.

Zuerst sah er nichts, hörte nur wimmernde Geräusche. Johns Hand tastete nach dem Lichtschalter . . .

Da spürte er etwas Feuchtes, Kaltes auf seinen Fingern.

Die Hand des toten Dr. McGrath!

John Sinclair vereiste.

Die Totenfinger packten gnadenlos zu, drückten Johns Handgelenk zusammen.

Wieder hörte er die Frau wimmern.

John Sinclair kämpfte. Der Tote besaß übermenschliche Kräfte. Er war mit Faustschlägen nicht zu stoppen.

Das Wimmern der Frau endete in einem erstickten Röcheln. Das Geräusch ging John Sinclair durch Mark und Bein. Wenn er in der nächsten Sekunde nicht etwas unternahm, war die Frau verloren!

Noch einmal sammelte John alle Kräfte. Der Tote hatte ihm den Arm zurückgedreht. John stand in einer gebückten Haltung.

Noch war sein rechter Arm frei. Er bog ihn zurück, so daß die Mündung der Pistole über seine Schulter zeigte.

Inspektor Sinclair zog durch.

Er spürte den Rückschlag der Pistole und hörte, wie die Kugel gegen eine weiche Masse klatschte.

Sofort ließ der Druck an Johns linkem Arm nach. Er konnte sich wieder frei bewegen.

Der Geisterjäger kreiselte herum, berührte mit dem Handballen den Lichtschalter.

Die Lampe an der Decke glühte auf. John brauchte vielleicht eine Sekunde, um das in sich aufzunehmen, was er sah.

Mrs. Kilrain lag auf dem Boden. Über ihr hockte eine schon halb verweste Gestalt und hatte die knochigen Hände um die Kehle der Frau gelegt.

John Sinclair flog quer durch das halbe Zimmer. Seine Absätze rammten den Kopf des Toten.

Die Gestalt wurde zur Seite geworfen, ließ den Hals der Frau aber nicht los.

John machte kurzen Prozeß.

Blitzschnell setzte er dem Toten die Pistole gegen die Schläfe. Ein Schuß reichte.

Die Wucht des Einschlages schleuderte den schon halb skelettierten Schädel zur Seite. Die Hände lösten sich von dem Hals der Frau.

Behutsam hob John Sinclair die ohnmächtige Haushälterin hoch. Er brachte sie in ein anderes Zimmer und legte sie dort auf eine Couch.

Dann ging er zu den Toten zurück und überzeugte sich davon,

daß er ihnen endgültig den Garaus gemacht hatte. Anschließend schloß John das Zimmer ab.

Aber noch etwas anderes war ihm klargeworden. Der Dämon hatte bereits seine Vorboten geschickt. Bestimmt war auch er schon aus seinem jahrhundertealten Schlaf erwacht, und der Bann des Fluches war gebrochen.

Das hieß: Für John Sinclair wurde es höchste Zeit!

Der Inspektor hastete zurück in das Wohnzimmer, in dem Mrs. Kilrain lag.

Sie kam gerade wieder zu sich.

John schilderte der Frau mit ein paar Worten das Nötigste und riet ihr, sich so lange, bis alles vorbei war, bei einer Verwandten einzuquartieren.

Sarah Kilrain wollte Johns Rat beherzigen.

John verabschiedete sich hastig und kehrte zu seinem Bentley zurück.

Eine Minute später rollte er schon in Richtung See. John Sinclair wollte sich dem Ungeheuer stellen . . .

Die Zeltplane riß wie billiger Stoff!

Erschreckt fuhr das Pärchen auseinander. Das Mädchen sah einen drohenden Schatten im Zelteingang stehen und schrie gellend auf. Sie trug nur einen Slip und versuchte mit beiden Händen ihre Brüste zu bedecken.

Der junge Mann handelte.

Er dachte sofort an einen Spanner oder einen Überfall und griff zu der kleinen Gaspistole, die unter der Luftmatratze lag.

Die lebende Leiche blieb stehen. Modergeruch erfüllte das Halbdunkel des Zeltes. Noch waren nur die Umrisse der Gestalt zu erkennen, noch wußten die beiden jungen Leute nicht, was auf sie zukam.

»Bleiben Sie stehen!« brüllte der Mann, während seine Freundin hastig nach einem Pullover griff und ihn überstreifte.

Kein Laut drang aus dem Mund des Unheimlichen. Er glotzte die beiden Menschen nur an.

Der Junge griff mit der freien Hand nach der Taschenlampe, knipste sie an.

Wie ein Speer fuhr der Lichtstrahl durch das Halbdunkel – und . . .

Das nackte Entsetzen sprang die beiden Menschen an.

Der Eindringling hatte kein Gesicht mehr!

Bleiche Knochen schimmerten im Licht der Lampe. Zahnstümpfe waren in einem halbgeöffneten Mund zu sehen. Die Kleidung des Unheimlichen war zerrissen. Zum Teil klebte sie an den blanken Knochen des Körpers.

Der junge Mann zog automatisch den Abzug der Pistole durch. Die Gaspatronen zerplatzten. Ätzender Qualm breitete sich aus, und dem Mann wurde plötzlich klar, daß diese Schüsse das Monster nicht abschrecken konnten.

»Lauf weg, Ginny!« keuchte er. »Lauf weg!«

Ginny begann zu schreien und weinen. Das Gas trieb beiden die Tränen wie Sturzbäche aus den Augen. Eine graue Nebelwand lag in dem Zelt.

Da warf sich das Monster vor.

Der Junge sah auf einmal die wuchtige Gestalt auftauchen und spürte den mörderischen Schlag, mit dem ihm die Lampe aus den Fingern gefegt wurde. Sie brannte auf dem Boden weiter. Doch das bekam er gar nicht mehr mit.

Der Tote stürzte sich auf ihn. Knochenfinger tasteten nach seiner Kehle, drückten gnadenlos zu.

»Ginny . . . weggg . . . ahhh . . .« Das waren die letzten Worte, die der junge Mann herausbringen konnte.

Ginny, die der Schock bisher gelähmt hatte, sprang auf. Automatisch griff sie zu den Jeans und jagte dem Zeltausgang zu.

Eine Hand wischte durch die Luft, wollte Ginnys Fuß packen.

Da flog Ginny nach draußen. Die Hand des Toten packte ins Leere. Für ein paar Sekunden blieb das Mädchen auf dem Boden liegen. Dann raffte es sich hoch.

Im nächsten Augenblick sah sie, was auf dem Zeltplatz los war. Sie wurde mit dem Chaos konfrontiert.

Markerschütternde Schreie gellten in ihren Ohren und trieben ihr einen Schauer nach dem anderen über den Rücken. Menschen flohen nur halb bekleidet in wilder Panik. Es waren noch weitere vier Ungeheuer, die mordend und plündernd über den Platz zogen.

Eine Freundin kam auf Ginny zugerannt. »Sie haben ihn umgebracht!« kreischte sie. »Die Leichen, sie haben ihn . . .«

»Bleib stehen!« schrie Ginny und griff nach dem Arm der Freundin.

»Laß mich los. Laß mich los, die Bestie.« Das Mädchen hatte den Verstand verloren.

Ginny hetzte weiter. Neben ihr tauchte plötzlich eine halbverweste Gestalt auf.

Ginny fuhr erschreckt zurück.

Die Gestalt griff zu. Übergroß kamen dem Mädchen die Hände vor.

Da wurde sie von hinten gepackt. »Los, weg, Mädchen!« zischte eine Stimme.

Ginny kannte den Mann nicht, der sie festhielt, doch er hatte sie den Klauen der Bestie entrissen.

Der Tote nahm die Verfolgung auf.

Im selben Augenblick stolperte Ginnys Retter über ein dicht am Boden gespanntes Zeltseil.

Der Mann fiel hin.

Und schon war die Bestie da. Ginny sah nicht, was der Tote mit ihrem Retter anstellte. In blinder Panik hetzte sie davon.

Überall rannten schreiend und brüllend die Menschen aus den Zelten. Und die gräßlichen Toten verfolgten sie. Es war wie in einem Horror-Film. Nur war dies hier schreckliche Wirklichkeit.

»Wir müssen ins Hotel!« hörte Ginny plötzlich eine Männerstimme brüllen.

Als sei diese Stimme ein Signal gewesen, schüttelten die Menschen plötzlich die sinnlose Panik ab und rannten in Richtung des nächstliegenden Hotels.

Es war das *Sea-View,* das Haus, in dem auch John Sinclair und Bill Conolly sich eingemietet hatten.

Ginny war eine der ersten. Noch immer hatte sie es nicht geschafft, ihre Jeans anzuziehen. Barfuß und nur mit Pulli und Slip bekleidet hetzte sie durch die Nacht.

Aber darauf achtete jetzt niemand. Jeder hatte mit sich selbst zu tun.

Der hellerleuchtete Eingang des Hotels tauchte auf. Die ersten Menschen rüttelten schon an der Glastür.

Sie war verschlossen.

Die Schreie der Enttäuschten hallten durch die Nacht. In der Halle standen zwei Portiers. Sie schlossen die Tür nicht auf. Die ersten Gäste wurden wach. Fenster klappten auf. Wieder brüllten Menschen.

Steine flogen.

Sie knallten gegen die Scheiben. Doch das Glas hielt. Es war schlag- und schußsicher.

Die geflohenen und verzweifelten Menschen hatten keine Chance. Und die mordenden Leichen kamen immer näher . . .

Bill Conolly fand keinen Schlaf. Unruhig wanderte er in seinem Zimmer auf und ab. In der rechten Hand hielt er ein halbvolles Whiskyglas. Hin und wieder nahm er einen Schluck des goldbraunen Getränks.

Bill machte sich Vorwürfe. Er hätte sich nicht von John überreden lassen sollen. Er hätte mitgehen sollen, mitkämpfen. Hätte, hätte, hätte . . .

Nahezu wütend trank Bill sein Glas leer und griff zu den Zigaretten.

Rauchend trat er ans Fenster.

Sein Zimmer lag im vierten Stock, und er hatte von hier einen phantastischen Blick über den See, der jetzt allerdings nur zu erahnen war.

Im Hotel war es still. Bill hatte den Aschenbecher in die linke Hand genommen und drückte die Zigarette aus. Ich warte noch eine Viertelstunde, nahm er sich vor, dann gehe ich John suchen.

Der Reporter wollte sich gerade vom Fenster abwenden, als er die Schreie hörte.

Lauschend blieb Bill Conolly stehen.

Kein Zweifel, das waren Schreie. Gellend, markerschütternd. So schrien nur Menschen in höchster Not.

Da war irgend etwas passiert.

Bill riß das Fenster auf. Weit lehnte er sich nach draußen. Jetzt hörte er die Schreie deutlicher. Sie kamen vom Zeltplatz her und wurden immer lauter.

Bill lief ein Schauer über den Rücken. Das waren viele Menschen, die dort angelaufen kamen. Menschen in Panik.

Bill Conolly ahnte Schreckliches. Und er nahm an, daß die

Verzweifelten vor etwas Schutz suchen wollten. Schutz in diesem Hotel.

Für den Reporter gab es kein Halten mehr. Er holte sein Jackett aus dem Schrank und warf es sich über. Er nahm sich nicht erst die Zeit, die Pistolenhalfter umzuschnallen, sondern steckte seine Waffe – eine Beretta – kurzerhand in die Jackentasche, die durch das Gewicht nach unten gezogen wurde.

Bill lief auf den Gang.

Er war nicht der einzige, der die Tür aufgezogen hatte. Andere Gäste hatten ebenfalls die Schreie gehört. Sie standen herum, blickten sich an und waren ratlos.

Natürlich war kein Lift oben.

Bill nahm die Treppe, sprang drei, vier Stufen auf einmal herunter.

Er raste in die Empfangshalle.

Dort standen die Portiers mit blassen Gesichtern und starrten durch die große Scheibe der Eingangstür, vor der sich halbbekleidete, schutzsuchende Menschen zusammengeballt hatten.

Bill sah angstverzerrte Gesichter. Augen, in denen das nackte Grauen und die Panik geschrieben standen.

Steine knallten gegen das Glas.

Bill riß einen der Portiers an der Schulter herum. »Warum lassen Sie die Leute nicht rein?« schrie er.

Der Portier, ein Mann mit rotem, aufgedunsenem Gesicht, zuckte die Achseln.

»Diesen Pöbel? Aber Sir . . .«

Bill Conolly konnte sich nur mit Mühe beherrschen. Am liebsten hätte er dem Portier seine Faust in das feiste Gesicht gesetzt. »Ich will Ihnen mal was sagen, Mann«, sagte er mit vor unterdrückter Wut bebender Stimme. »Das ist kein Pöbel, das sind Menschen, die Angst haben. Angst, verstehen Sie?«

»Dann gehen Sie doch zu denen!« sagte eine andere Stimme.

Bill wandte den Kopf. Der zweite Portier hatte sich eingemischt. Er war ein bulliger Typ mit Armen wie ein Ringkämpfer.

Bill ging langsam auf ihn zu.

Der Portier grinste ihm frech entgegen.

Und da schlug Bill Conolly zu. All seine Wut, seine Enttäuschung über die verbohrten Typen legte er in einen Aufwärtshaken, der den Portier genau auf den Punkt traf.

Der Mann wurde wie ein Geschoß zurückgefegt und krachte gegen das Rezeptionspult, wo er einen Telefonapparat und einen Stoß Anmeldeformulare zu Boden riß.

Bill war sofort herumgewirbelt und hatte seine Pistole gezogen. »Wetten, daß Sie jetzt aufschließen?« knarrte seine Stimme.

»Gut. Ich beuge mich der Gewalt«, sagte der Rotgesichtige. »Aber die Sache wird ein Nachspiel haben, verlassen Sie sich darauf.«

»Abwarten!«

Der Portier holte aus seiner Tasche einen Schlüssel. Betont langsam fummelte er an dem Schloß herum.

Die Menschen draußen trommelten mit den Fäusten gegen das Glas. Einige drehten die Köpfe, blickten zurück, und als sie die Gesichter wieder der Tür zuwandten, waren sie in noch wilderer Panik verzerrt.

Bill ahnte, daß dort im Rücken der Menschen das Grauen immer näher kam.

»Schneller!« herrschte er den Portier an.

Der Rotgesichtige beeilte sich tatsächlich.

Dann war die Tür offen.

Mit einem vielstimmigen Erlösungsschrei quollen die angstgepeinigten Menschen in die Hotelhalle.

Der Portier wurde wie ein Blatt im Wind zur Seite gefegt.

»Die Tür muß wieder geschlossen werden!« brüllte ein Mann. »Die Monster! Sie kommen!«

Bill Conolly handelte. Er bahnte sich einen Weg durch die Menschentraube und hetzte auf den schimpfenden, am Boden liegenden Portier zu.

Der Mann hielt den Schlüssel noch in der Hand, hatte ihn nicht stecken lassen.

»Gib her!« schrie Bill.

Als der Portier nicht sofort reagierte, riß Bill ihm den Schlüssel aus den Fingern. Er paßte zu dem Sicherheitsschloß, war beste Feinmechanikerarbeit.

Der Reporter rannte zu der Eingangstür, die jetzt vollständig von den Menschen geräumt worden war.

Sie stand sperrangelweit offen!

John packte den linken Glasflügel, stieß ihn gegen die Metallhalterung am Boden.

Dann griff er nach dem rechten Flügel.

Im selben Augenblick sah er den ersten Toten! Drei Schritte war er noch von der Tür entfernt.

Bill starrte in das aufgedunsene, völlig entstellte Gesicht einer Wasserleiche und war für ein, zwei Herzschläge wie gelähmt.

Die Leiche warf sich vor.

Gleichzeitig knallte Bill den Glasflügel zu. Der schwere Türflügel schmetterte gegen das Gesicht der Bestie, trieb sie zurück.

Aber Bill hatte nicht genügend Schwung hinter seinen Stoß gelegt, oder die Bestie hatte zuviel Kraft.

Auf jeden Fall klemmte der rechte Arm der Bestie zwischen dem Türspalt.

Bill sah, wie sich die Finger bewegten, wie die langen Nägel versuchten, sich in seiner Anzugsjacke zu verhaken.

Da riß der Reporter die Tür wieder auf.

Gleichzeitig fiel ihm der Tote entgegen. Bill verhakte die Hände ineinander und schmetterte sie der lebenden Leiche in das teigige Gesicht.

Die Bestie flog zurück.

Blitzschnell knallte Bill Conolly die Tür zu. Aufatmend lehnte er sich mit dem Rücken gegen das Glas. Für einige Sekunden schloß er die Augen.

Sein Herzschlag raste. Dieser Kampf war ihm an die Substanz gegangen. Aber er hatte einen ersten Sieg errungen.

Die Geflohenen hatten sich in eine Ecke zusammengedrängt. Viele Frauen weinten. Und auch den Männern stand das Grauen im Gesicht geschrieben.

Bill Conolly versuchte zu lächeln, aber es wurde nur eine Grimasse daraus.

»Das hätten wir geschafft«, sagte er nicht gerade überzeugend und mit heiserer Stimme.

»Sie kommen wieder!« meinte ein Mann resignierend.

»Dann werden wir vielleicht eine Möglichkeit gefunden haben, um sie abzuwehren«, erwiderte Bill.

»Das kann ich nicht glauben!« Der Mann deutete plötzlich an Bill vorbei. »Da, sehen Sie doch!«

»Das ist der Wärter vom Campingplatz!« schrie ein blondhaariges Mädchen und schlug die Hände vors Gesicht.

Eine Zeitlang sprach niemand ein Wort. Dann geschah das

Unfaßbare. Die Bestien gaben auf, verschwanden wie ein Spuk in der Nacht.

»Sie sind weg!« stöhnte jemand. »Himmel, sie sind weg! Sie haben aufgegeben!«

Die Menschen atmeten auf. Doch Bill Conolly teilte ihren Optimismus nicht so recht. So leicht waren die lebenden Leichen nicht von ihren Opfern abzubringen.

Bill fand noch drei Zigaretten in seiner Packung. Er zündete sich eine an und gab die anderen weiter. Inzwischen waren auch die Gäste aufgeschreckt worden. Ratlos standen sie auf der Treppe und in der Halle.

»Was machen wir denn jetzt?« fragte einer der Männer vom Campingplatz.

Bill Conolly nahm einen Zug aus seiner Zigarette. »Das beste ist, sie verteilen sich auf die Zimmer. Denn wenn Sie hier alle zusammen stehen, ist es für die Bestien leicht, sich die Opfer zu holen. Gehen Sie in die Zimmer im ersten und zweiten Stock.«

»Und Sie?«

»Ich?« Bill grinste schmal. »Ich versuche, die Toten aufzuhalten.«

»Das schaffen Sie doch nie, Mann.«

»Lassen Sie das mal meine Sorge sein.« Bill gab sich optimistisch. »Aber jetzt gehen Sie schon. Je länger Sie warten, um so . . .«

Das Klirren einer Scheibe unterbrach Bills Redefluß. »Verdammt!« rief er, »jetzt haben wir den Salat. Weg! Los, weg!«

Schreiend rannten die Menschen zu den Lifts und der Treppe.

Bill jagte auf das Fenster zu.

Da klirrte die zweite Scheibe!

Kühle Nachtluft drang in die Halle. Schon tauchten die ersten gräßlichen Gesichter in der Fensteröffnung auf. Die spitzen, noch im Rahmen sitzenden Scherben schnitten in die Haut der Toten. Doch kein Tropfen Blut quoll hervor.

Gelenkig flankten die Bestien in die Halle. Noch längst waren nicht alle Menschen geflohen.

Die, die in der Halle standen, spritzten schreiend auseinander, suchten irgendwelche spärlichen Deckungen, um den Mörderhänden der lebenden Leichen zu entkommen.

Es war ein verzweifeltes, von Angst und Panik dirigiertes Unterfangen.

Und Bill Conolly stellte sich einem aussichtslosen Kampf . . .

Eingebettet zwischen den waldreichen Hängen des schottischen Hügellandes lag Loch Awe.

Säuselnd strich der Wind von den Kuppen der Hänge kleine Wellenkämme auf der Oberfläche des Sees vor sich her. Ab und zu schnellte ein Fisch aus dem Wasser und tauchte in einem eleganten Bogen wieder ein.

Der Nebel des Abends hatte sich längst verflüchtigt. Nur noch eine Stunde, dann würde die Morgendämmerung mit ihren rotgoldenen Sonnenstrahlen alles verzaubern.

So war es bisher immer gewesen.

Doch in dieser Nacht hatte die Hölle zugeschlagen. Sieben Leichen waren dem See entstiegen. Sie waren die Vorboten für das schreckliche Monster.

Noch lauerte es in der Tiefe . . .

Doch auf einmal geriet das Wasser des Sees an einer bestimmten Stelle in Bewegung. Wellen schwappten hoch, und plötzlich bildete sich ein Strudel.

Immer schneller begann das Wasser zu wirbeln. Der Trichter wurde tiefer, größer.

Kalter Wind pfiff über den See. Wolken jagten auf einmal am Nachthimmel. Sie sahen aus wie unheimliche Gebilde aus einer anderen, fernen Welt.

Und dann kam das Monster!

Aus den Tiefen des Trichters tauchte es auf, ein Geschöpf, das der Teufel selbst gemacht zu haben schien.

Drohend erhob sich das Monster in der Mitte des Sees. Ein wildes Fauchen drang aus seinem Mund.

Und dann setzte es sich in Bewegung, kam mit weiten Schritten dem Ufer zu, um das zu vollenden, was seine Diener schon vorbereitet hatten . . .

John Sinclair hatte für seinen Bentley unten am See einen guten Parkplatz gefunden. Dann hatte er sich die Armbrust über die Schulter gehängt und war losgezogen, um sich eine Taucherausrüstung zu besorgen.

Um diese Zeit ein fast aussichtsloses Unterfangen. So hatte John auch kein Glück. Die Verleiher hatten ihre Geschäfte geschlossen. Sie selbst wohnten woanders. Sie aus dem Bett zu klingeln, hätte zuviel Zeit gekostet.

Ehe John jedoch eine Entscheidung treffen konnte, hörte er die Schreie.

Spitz und grell stachen sie über den See. Trotz der großen Entfernung rann John ein kalter Schauer über den Rücken. So schrien nur Menschen in größter Not und Panik.

Die Schreie kamen vom Zeltplatz her, und John Sinclair, der nur eins und eins zusammenzuzählen brauchte, konnte sich vorstellen, daß das Monster seine Todesboten ausgeschickt hatte.

Im ersten Moment war der Inspektor versucht, zum Zeltplatz hinüberzulaufen, um dort zu helfen.

Dann ließ er es bleiben. Seine Aufgabe war wichtiger, sosehr das andere auch drängte.

Und so entfernte sich der Geisterjäger mehr und mehr von Aweshire. Er wollte an einer gewissen Stelle warten, um das Monster dann zu packen, wenn es aus dem Wasser stieg.

Noch tat sich nichts. Schwarz und irgendwie regungslos lag der See vor Johns Augen.

Der Geisterjäger tauchte in ein Gebüsch. Es wuchs auf einer kleinen Landzunge, die in das Wasser hineinragte. Sie war nur zur Hälfte bewachsen. Nach vorne hin war sie frei.

Von hier hatte John Sinclair einen phantastischen Ausblick über den See.

Der Geisterjäger wollte noch warten. Er hatte sich eine Stunde als Frist gesetzt. War das Monster dann noch nicht aufgetaucht, wollte John Sinclair selbst den Ausflug in die Tiefe unternehmen. Erst einmal ohne Taucherausrüstung.

Die Armbrust hatte er neben sich auf den Boden gelegt. John hatte die Sehne geprüft und mit Erstaunen festgestellt, daß sie im Laufe der Jahrhunderte nichts von ihrer Spannkraft eingebüßt hatte. Auch der Pfeil, dessen Oberfläche oxidiert war, lag sicher auf dem langen Schaft.

John Sinclair duckte sich in ein Gebüsch und rauchte eine Zigarette in der hohlen Hand.

Die Panikschreie der Menschen hatten aufgehört. John hoffte inständig, daß die Leute Schutz gefunden hatten.

Die Zeit vertickte. Zweimal fuhr ein Wagen die Uferstraße entlang. Nur schwach hörte John das Brummen des Motors.

Doch auf einmal – ganz ohne Übergang – schien sich die Natur zu verändern.

Zuerst war es nur der auffrischende Wind, der über das Wasser strich und am Ufer die Zweige der Büsche gegeneinander rieb. Doch dann begann die Oberfläche des Sees in Bewegung zu geraten. Auslaufende Wellen klatschten gegen die kleine Landzunge.

John Sinclair verließ sein Versteck.

Der Wind jaulte über den See. Wellen wurden hochgeschleudert, Gischt spritzte.

Und dann begann das Wasser zu kreisen, wurde zu einem wirbelnden Strudel, der alles mit in eine unauslotbare dunkle Tiefe riß.

John Sinclair war fasziniert. Er spürte, daß etwas in der Luft lag, daß gleich, in den nächsten Sekunden, etwas geschehen würde, was über den Verstand eines Menschen geht.

Dann tauchte das Monster auf!

Jahrhundertelang hatte es in den Fluten des Sees dahingedämmert. Jetzt war der Fluch gelöscht, und es konnte sein eigentliches Werk vollenden.

Zuerst sah John zwei riesige Arme, die sich langsam aus den Fluten hoben. Die Arme, die Hände, alles war von einem silbriggrünen Lichtschimmer umgeben, der die Umrisse des unheimlichen Monsters haarscharf nachzeichnete.

Es folgte der Kopf. Ein Ungetüm von Schädel, mit riesigen grüngelb schimmernden Augen, die weit aus der Fratze hervorquollen und in rastloser Bewegung waren. Das Monster hatte strähnige lange Haare, die mit Tang und Schlick zu einem undurchdringlichen Filz verwoben waren. Das Maul klaffte weit auseinander. Ein riesiger Schlund, der alles in sich hineinzog.

Der Körper war über und über mit einer Schuppenhaut bedeckt, die selbst Maschinengewehrkugeln standhielt.

Es war ein grauenerregender Anblick. Turmhoch kam John

diese gräßliche Kreatur vor. Die Beine des Monsters peitschten das Wasser, und plötzlich drang aus dem offenen Maul des Höllenwesens ein schauriger Siegesschrei, der einem Menschen das Blut in den Adern gefrieren ließ.

Weit hallte der Schrei über den See und verlor sich in den Bergen als rollendes Echo.

Schwer stampfte das Monster durch das Wasser. Die Arme wirbelten wie Dreschflegel, durchpflügten die Oberfläche des Sees.

Das Wasser schien zu kochen. Welle auf Welle klatschte gegen das Ufer.

Für einige Zeit hatte der Geisterjäger ganz im Bann dieser Horrorgestalt gestanden, doch dann siegte Johns Wille.

Er mußte das Monster vernichten! Koste es, was es wolle.

Mit Schrecken dachte er daran, wenn es dem Untier gelang, in die Stadt einzudringen. Die Menschen waren alle dem Tod geweiht. John kam sich beinahe lächerlich mit seiner Armbrust vor, wenn er davon ausging, daß ein einziger Pfeil diese Kreatur töten sollte.

Doch er mußte es versuchen.

John Sinclair packte die Armbrust, drückte den Kolben fest gegen die Schulter.

Noch nie hatte er mit solch einer Waffe geschossen. Er hatte es zwar auf vielen Abbildungen gesehen, aber selbst . . .

Johns Arme zitterten. Breitbeinig stand der Geisterjäger auf der schmalen Landzunge, seine Hacken hatten sich in den weichen Boden eingegraben, suchten den besten Stand. Mit dem Mittel- und Zeigefinger der rechten Hand zog John die Sehne zurück. Er spürte die Spannung, die ungeheure Kraft, die hinter der Sehne lag, und geriet für einen kurzen Augenblick in Panik. Er hatte Angst, daß er es diesmal nicht schaffen könnte.

Jetzt erst hatte das Monster den Inspektor entdeckt. Der Kopf wandte sich John Sinclair zu, ein unmenschliches Brüllen drang aus dem Maul des Monsters. Es war ein Siegesgeheul, denn für das Monster war das erste Opfer schon so gut wie sicher.

Schwer stapfte es auf den Geisterjäger zu. Die grünliche, dicke Schuppenhaut glänzte.

Gewaltsam unterdrückte John die aufkeimende Panik. Er kam

sich vor wie eine Fliege, die in den nächsten Sekunden von einem Elefanten zerquetscht werden soll.

Noch zögerte John, holte alle Kraft aus seinem rechten Arm und zog die Sehne bis zum Anschlag zurück.

Schon brüllte das Monster wieder siegessicher, da ließ John Sinclair die Sehne los.

Mit einem pfeifenden Geräusch sirrte sie zurück in ihre alte Lage.

Weit riß John die Augen auf, verfolgte die Flugbahn des Pfeils.

Wie ein silberner Blitz flirrte der Pfeil durch die Luft. Er war mit den Augen kaum zu verfolgen.

Und dann bohrte sich der geweihte Pfeil in die Brust des Monsters, durchdrang die dicke Schuppenhaut wie Butter.

Der Vorwärtsdrang des Monsters wurde gestoppt. Als wäre es vor eine Wand gelaufen, so plötzlich blieb es stehen. Fast augenblicklich war es still. Der Wind legte sich, die Wellen liefen aus. Die gesamte Natur schien den Atem anzuhalten. Sie hoffte auf das Sterben der Höllenkreatur.

Auch John wagte kaum zu atmen. Mit fiebernden Nerven wartete er auf eine Reaktion des Monsters.

Vier, fünf Sekunden vergingen.

Und dann drang ein Todesschrei aus dem Maul des Monsters. Die riesigen Arme fuhren zur Brust, versuchten, den Pfeil zu packen und ihn herauszureißen.

Das Monster schaffte es nicht.

Schon brach es in die Knie. Der Körper schien auf einmal von innen her zu brennen. Ein roter Schein leuchtete aus der Gestalt des Untiers, fraß sich blitzschnell weiter.

Haut platzte weg.

Flämmchen schlugen aus den offenen Stellen. Es war das Feuer der Reinheit, die das Böse fraß und vernichtete.

Die Flammen züngelten weiter. Selbst das Wasser vermochte sie nicht zu löschen.

Das Monster kippte nach vorn.

Unwillkürlich sprang John Sinclair zurück, als der schreckliche Schädel dicht vor seinen Füßen auf den Strand klatschte.

Die Schädeldecke wurde spröde, und Sekunden danach schossen Flammen daraus hervor.

Noch war das Monster nicht tot. Es warf sich herum, gequält

von unsagbaren Todeskrämpfen. Wasser, Dreck und Sand wurden aufgepeitscht. Und in den Todeskampf mischte sich das schreckliche Geheul der Höllenkreatur.

Eine volle Viertelstunde dauerte der Kampf des Ungeheuers. Dann lag es still.

Wellen schäumten heran und spülten die Überreste des Monsters weg. Nichts blieb mehr von diesem grauenhaften Dämon übrig.

Plötzlich sah John etwas im Uferschlick blitzen.

Den silbernen Pfeil.

John Sinclair hob ihn auf. Der Pfeil lag warm und irgendwie beruhigend in seiner Handfläche.

Der Geisterjäger steckte ihn wieder in den Köcher. Dann nahm er die Armbrust auf und machte sich auf den Rückweg. Er wollte zum Hotel.

Trotz der Vernichtung des Monsters empfand der Inspektor keinen Triumph. Denn noch lebte der Anstifter dieser Höllenorgie: Dr. Tod. Und John Sinclair war sicher, daß dieser Menschenhasser schon zu einem neuen Schlag ausholte.

Breitbeinig stand Bill Conolly in der Hotelhalle. Er hatte den rechten Arm mit der Pistole vorgestreckt, jagte Kugel auf Kugel aus dem Lauf.

Sechsmal konnte Bill schießen, und sechsmal traf er auch.

Die Geschosse klatschten in die Körper der Toten, warfen sie zurück.

Eine Leiche, die noch auf der Fensterbank hockte, wurde wieder nach draußen geschleudert, doch die anderen verdauten die Kugeln wie stählerne Roboter. Es hatte sogar den Anschein, als würde durch Bills Gegenwehr ihre Wut noch mehr angestachelt.

Schnell waren sie wieder auf den Beinen.

Mit pendelnden Armbewegungen gingen sie gegen die in Angst und Schrecken erstarrten Menschen vor.

Schreie gellten durch die Halle.

Plötzlich löste sich ein kleines Mädchen aus dem Pulk, rannte direkt auf eines der Monster zu.

Bill Conolly sah das Unheil kommen. Wenn das Kind in die Klauen der Monster geriet, dann . . .

Der Reporter überlegte nicht eine Sekunde. Mit Riesensätzen jagte er durch die Halle, stieß sich dann plötzlich ab und flog dem kleinen Mädchen entgegen.

Das Kind schrie, als Bills Hände sich in seine Kleidung krallten. Gemeinsam mit dem Kind fiel der Reporter zu Boden.

Schon sah er den Schatten des Toten über sich.

Bill riß das Kind hoch und stieß es mit einer schnellen Bewegung einem Mann zu, der Mut gefaßt hatte und Bill zu Hilfe eilen wollte.

Ob seine Bemühungen von Erfolg gekrönt waren, bekam der Reporter nicht mehr mit.

Der lebende Tote stürzte sich auf ihn. Ekliger Modergeruch drang in Bills Nase. Und dieser Modergeruch war es, der Bills Kräfte mobilisierte.

Er zog seine Beine an den Körper und schnellte dann kraftvoll vor.

Der Tote – schon in der Bewegung – bekam die Füße voll gegen die Brust. Er wurde zurückgeschleudert und schlitterte über den Boden.

Bill sprang auf.

Da drang ein gellender Angstschrei an sein Trommelfell. Eine der Leichen hielt den rotgesichtigen Portier gepackt. Der Mann wand sich in dem Griff des Untoten und hatte doch keine Chance. Er starb Sekunden später.

Inzwischen waren die meisten Menschen die Treppe hochgerannt. Sie waren durch ihre Reaktionsschnelligkeit dem Zugriff der Untoten entkommen. Viele waren auch aus den Fenstern gesprungen. In der Halle standen jetzt praktisch nur noch drei Männer. Bill und zwei weitere Beherzte.

»Laufen Sie auch weg!« schrie der Reporter.

»Und Sie?« kam die Antwort.

Bill zuckte die Achseln. Dann glitt er blitzschnell zur Seite und schnappte sich einen der Stühle, die in der Halle herumstanden. Es war schon mehr ein leichter Sessel und relativ stabil.

Zwei Leichen griffen Bill an. Sie nahmen den Reporter in die Zange, wollten ihn regelrecht töten.

Der Stuhl fegte durch die Luft. Er krachte gegen die Schädel der Untoten. Für Sekunden wurde der Angriff gestoppt.

Da peitschten Schüsse.

Einer der Männer hatte unter der Anmeldungstheke einen Revolver entdeckt.

Der Mann stand hinter dem Tresen und hielt die Revolvermündung dicht vor den Kopf des Untoten.

»Stirb endlich, du Bastard!« brüllte der Mann und leerte in rasender Folge die Trommel des Revolvers.

Sämtliche Kugeln trafen, zerfetzten Gesicht und Oberkörper der lebenden Leiche.

Und doch konnten die Geschosse sie nicht töten!

Der Tote stand wieder auf, startete einen neuen Angriff.

Der Mann hinter der Rezeption verlor die Nerven.

Da packte der Untote zu. Mit einem gewaltigen Ruck zog er sein Opfer über den Tresen.

Der Mann brüllte auf. Harte Klauennägel zerrissen sein Hemd. Schon zielte die Hand nach seinem Hals.

Bill Conolly, der alles aus den Augenwinkeln mitbekam, konnte dem Mann nicht helfen. Er hatte selbst mit zwei Leichen zu kämpfen.

Dann geschah das Unfaßbare.

Mitten in ihren Bewegungen brachen die Toten zusammen. Sie krachten auf den Boden, zuckten noch einmal und blieben dann still liegen.

Im ersten Augenblick konnte es keiner der Männer begreifen. Es dauerte wirklich lange, bis sie erfaßt hatten, daß ihnen keine Gefahr mehr drohte.

Ein weiterer, nun endlich Toter, rollte sich überschlagend die Treppe herab.

Mitten in der Halle blieb er liegen.

»Mein Gott!« stöhnte einer der Männer, schlug die Hände vors Gesicht und weinte wie ein kleines Kind.

Auch Bill war schockiert. Er fand einfach keine Erklärung. Und doch gab es eine.

In dem Moment, als die Toten zusammenbrachen, hatte John Sinclair das Monster besiegt. Und so hatte er es indirekt geschafft, auch diese Menschenleben hier zu retten.

Es war wirklich eine Fügung des Schicksals und in allerletzter Sekunde gewesen.

Die ersten Gäste, gemischt mit den Zeltplatzflüchtlingen trauten sich wieder in die Halle. Noch immer stand in ihren Augen der Schrecken zu lesen.

»Gehen Sie bitte in Ihre Zimmer«, sagte Bill Conolly und griff zum Telefon.

Die Menschen verschwanden nur zögernd, nachdem sie angstvolle Blicke auf die Leichen geworfen hatten.

Bill wählte die Nummer der Polizei. Eine aufgeregte Stimme meldete sich.

In drei Sätzen schilderte der Reporter die Lage.

Der Polizist am anderen Ende der Leitung stöhnte auf. »Nein, nicht schon wieder«, schrie er. »Erst ein toter Sergeant, dann zwei weitere Leichen, die schon tot waren. Herr im Himmel, ich verstehe das nicht. Ich drehe noch durch.«

»Kommen Sie ins *Sea-View«,* sagte Bill knapp. »Ich glaube, ich kann Ihnen einiges erklären.«

»Und die Panik am Zeltplatz? Auch dort liegen vier Tote!«

»Es hängt alles zusammen. Mehr kann ich Ihnen jetzt nicht sagen«, erwiderte Bill. »Und behalten Sie um Himmels willen die Nerven. Es ist alles vorbei.«

Damit legte Bill auf.

Er trat an eines der zerstörten Fenster und merkte erst jetzt, wie sehr ihm die Knie zitterten.

Im Osten zog schon die Morgendämmerung über die Berge. Langsam wurde die Nacht verdrängt. Es war eine Nacht, die Bill Conolly nie in seinem Leben vergessen würde.

Wenige Minuten später sah er einen Mann auf den Hoteleingang zustreben.

John Sinclair!

Der Inspektor hatte die Armbrust wieder in seinen Bentley gelegt und den Wagen auf den Hotel-Parkplatz gefahren.

Bill lief zur Tür und schloß sie auf. Er sagte nur zwei Worte: »Endlich, John . . .«

Urplötzlich verlosch das magische Feuer.

Dr. Tod zuckte herum. Wie ein Blitzstrahl traf ihn die Erkenntnis.

Das Monster war vernichtet!

Dr. Tod stöhnte auf. Unbeschreiblicher Haß durchflutete ihn.

Haß auf John Sinclair. Denn nur dieser Mann hatte die Kraft, das Monster zu besiegen.

Aber noch war er da! Und seine Diener.

Die Rocker hatten sich im Moment zurückgezogen, um den Leichen freie Bahn zu lassen. Sie würden das Werk der Vernichtung später fortsetzen. Doch vorher wollte Dr. Tod alle Kräfte nur auf ein Ziel konzentrieren.

Auf John Sinclairs Vernichtung!

Dieser Mann mußte endlich weg. Und dabei sollten ihm die Rocker helfen.

Dr. Tod zündete seine Lampe an. Der zuckende Schein erhellte das Verlies, das mehr einer finsteren Gruft glich als einem Kellerraum.

Dr. Tod begann sich zu konzentrieren. Er streckte beide Arme aus und murmelte dumpfe Beschwörungsformeln. Es waren Sprüche, die im Buch der Schwarzen Magie standen und nur wenigen bekannt waren. Dr. Tod zählte zu den Auserwählten.

Wie Wellen pflanzten sich die Formeln fort und erreichten ihr Ziel.

Die zu Mordrobotern programmierten Rocker gehorchten prompt ihrem Meister . . .

John Sinclair blieb auf der Türschwelle stehen. Sein Blick erfaßte die auf dem Boden liegenden fünf Leichen. Er sah die schrecklich entstellten Körper und fragte sich wieder einmal, wie so etwas möglich war.

»John, ich erkläre dir alles«, sagte Bill Conolly. »Komm erst mal rein.«

Der Inspektor betrat die Halle. Da sah er den Portier. Fragend blickte er Bill an.

»Eines der Opfer.«

Mit langsamen Schritten durchmaß John Sinclair die Hotelhalle. Dabei sprach er mehr zu sich selbst als zu Bill Conolly. »Es waren sieben, die das Monster begleiteten. Zwei habe ich erledigt, und fünf sind hier getötet worden. Hattet ihr Silberkugeln, Bill?«

»Nein. Das Ende kam so abrupt, daß ich es selbst noch nicht fassen kann. Plötzlich fielen die Toten um, und es war aus. Vorbei.«

»Ja«, sagte John, »ich kann mir denken, weshalb das geschah.«

Er berichtete in knappen Sätzen von seinem Kampf mit dem Monster.

Bill Conolly atmete auf. »Dann ist ja alles in Ordnung.«

»Leider nicht.«

»Wieso?«

»Das Monster ist zwar tot, Bill. Aber noch lebt der Mann, der es durch finstere Beschwörungen aus dem Reich der Hölle geholt hat.«

Bill Conolly war blaß geworden. »Du meinst, das alles wurde gesteuert?«

»Ja.«

»Aber, um alles in der Welt, wer ist denn dieser Kerl?« rief Bill Conolly wild.

»Doktor Tod!«

»Nein!« Bill Conolly flüsterte das Wort und ließ sich dann auf einen Stuhl fallen. »Ist es der Mann, von dem du mir erzählt hast, der dir damals entkommen ist?«

»Genau.«

Bill hatte die Überraschung langsam verdaut. »Was willst du jetzt tun?«

»Versuchen, ihn zu packen. Ist doch klar. Leider weiß ich nicht, wo er sich aufhält, und wie ich meinen speziellen Freund kenne, ist er bestimmt schon von meiner Anwesenheit informiert. Die Rocker mit den Teufelsfratzen, das sieht ganz nach Doktor Tod aus. Er sucht sich immer Diener, die für ihn die Drecksarbeit ausführen. Wie er an diese Leute kommt, ist meistens ein schmutziges Geschäft. Außerdem holt er sich fast immer Menschen aus der Unter- und Halbwelt. Sie kann er am meisten beeinflussen.«

Bill stand auf. »Kannst du dir denn nicht denken, wo dieser Doktor Tod haust?«

»Nein. So gut kenne ich die Gegend hier um Aweshire herum nicht.«

»Tja, dann weiß ich auch nicht mehr weiter.« Der Reporter sah nach draußen, wo der Tag langsam, aber sicher die Nacht verdrängte.

Ein Polizeiwagen hielt Sekunden später vor dem Hotel. Zwei Beamte spangen heraus.

»Jetzt kommen sie«, sagte Bill.

Ehe die Polizisten groß fragen konnten, präsentierte John seinen Ausweis und sagte: »Ich bin der Mann, der Sergeant Riordan erschossen hat.«

Die Polizisten schluckten. »Wir haben es bereits gehört«, sagte einer. »Aber Mrs. Kilrain erzählt viel, wenn der Tag lang ist . . .«

»Diesmal stimmt es«, sagte John. Dann zog er die beiden Beamten zur Seite und sprach fünf Minuten auf sie ein. Als er fertig war, stand in den Augen der Polizisten nur ungläubiges Staunen. Wer hätte es ihnen auch verdenken können!

Danach sorgten die Polizisten für den Abtransport der Leichen. Auf dem Zeltplatz hatte es ebenfalls Tote gegeben, und die Leichenhalle des Ortes war überfüllt. So etwas hatte es noch nie gegeben.

»Was hältst du von einem Frühstück?« fragte Bill Conolly plötzlich.

John schüttelte den Kopf. »Danke, Bill, aber ich habe keinen Appetit. Dieser Doktor Tod liegt mir zu sehr im Magen. Eine Tasse Kaffee könnte ich schon vertragen.«

»Okay, alter Junge, ich werde seh'n, was sich machen läßt.«

Bill verschwand.

John Sinclair holte sich inzwischen den älteren der beiden Polizisten heran.

»Ja, Sir?« fragte der Mann diensteifrig.

»Sie kennen sich doch bestimmt in dieser Gegend rund um Aweshire aus.«

»Und wie, Sir. Ich bin hier groß geworden.«

»Dann lassen Sie das Sir mal weg«, sagte John.

»Ja, Sir.«

Der Polizist bekam einen roten Kopf, und John mußte lachen.

»Es geht um folgendes, Konstabler. Wenn Sie hier ungestört leben wollten, wo würden Sie dann hinziehen?«

»Das ist eine schwere Frage, Inspektor.« Der Beamte kratzte sich am Kopf. »Also, ich für meinen Teil wohne ja schon in der alten Stadt, um dem Touristenrummel zu entgehen.«

»Nein, Konstabler, das meine ich nicht. Ich denke mehr an ein einsam gelegenes Haus. Gibt es so etwas hier?«

»Selbstverständlich.« Der Polizist nickte eifrig. »Nur sind die

Häuser alle verfallen. Vor vielen Jahren waren es die Jagdschlösser der Herzöge und Grafen. Sie sind aber zerstört worden.«

»Demnach gibt es also kein bewohnbares Haus hier in der näheren Umgebung. Überlegen Sie genau, Konstabler.«

Der Polizist legte seine Stirn in Falten. »Ich weiß nicht so recht. Aber ich kann ja mal meinen Kollegen fragen. Der weiß auch ganz gut Bescheid.«

Während die beiden Beamten miteinander redeten, rief John in dem Krankenhaus an, in dem Shirley Adams untergebracht war.

Auch im Krankenhaus war der Teufel los. Viele Verletzte – Opfer der lebenden Leichen – mußten behandelt werden. John bekam schließlich eine Schwester an den Apparat. Sie gab ihm eine positive Auskunft.

»Der Patientin geht es besser«, sagte sie. »Allerdings kann sie noch keinen Besuch empfangen.«

John fiel der berühmte Stein vom Herzen. Wenigstens ein Lichtblick in diesem schrecklichen Fall!

Als der Inspektor sich umwandte, stand der zweite Polizist neben ihm.

»Ich glaube, ich weiß, was Sie meinen, Sir«, sagte er, und man sah ihm direkt an, daß er sich freute, John behilflich sein zu können.

»Reden Sie, Konstabler.«

»Da gibt es eine alte Bude, die mal einem Einsiedler gehört hat. Das Haus liegt so abgelegen, daß es nicht einmal ein erholungsuchender Tourist kaufen würde.«

»Ist es denn jetzt wieder bewohnt?« wollte John wissen. Instinktiv spürte er, daß er auf der richtigen Spur war.

»Das kann sein.«

»Erklären Sie das genauer.«

»Uns ist zu Ohren gekommen, daß man in der Umgebung des Hauses eine Rockerbande gesehen hat. Das kann natürlich Zufall sein, aber ich sage mir immer, solch ein Haus ist für wilde Rocker-Orgien geradezu ideal.«

Das dachte auch John Sinclair. Aber nicht nur für Rockerbanden war es ideal, sondern auch für Dr. Tod.

»Beschreiben Sie mir den Weg«, sagte der Geisterjäger.

Der Konstabler blickte ihn für einen Moment erstaunt an, stellte jedoch keine weiteren Fragen.

Der Weg, der zu dem Haus führte, war so schwierig zu beschreiben, daß der Konstabler John schließlich eine Skizze anfertigte. Auch sie war ziemlich ungenau, aber besser als gar nichts.

»Wollen Sie diesem Haus einen Besuch abstatten?« fragte der Beamte erstaunt.

»Ja, Konstabler. Aber ich möchte Sie bitten, das nicht weiterzuerzählen.«

»Selbstverständlich, Inspektor.«

Bill Conolly kam zurück. Auf einem Tablett trug er vier Tassen Kaffee. Außerdem hatte er noch einige Milchbrötchen mitgebracht. »Das wird uns allen guttun«, sagte Bill und stellte das Tablett an der Rezeption ab.

John Sinclair, Bill Conolly und die beiden Polizisten langten zu. Erst jetzt fühlte John, wie müde er war. Diese einzige Nacht hatte verdammt an seinen Energien gezehrt. Auch Bill Conolly ging es nicht besser. Unter seinen Augen lagen tiefe Ränder, und dunkle Bartschatten zogen sich von den Wangen bis zum Kinn hin.

Der Kaffee kurbelte die Lebensgeister an. Bill hatte in jede Tasse noch einen Schuß Cognac gegeben, was die Wirkung noch steigerte.

John Sinclair schlürfte schweigend das heiße Getränk. Er war mit seinen Gedanken schon ganz woanders. Er dachte an die Auseinandersetzung mit Dr. Tod.

Die Polizisten verabschiedeten sich nach zehn Minuten. Sie wurden woanders gebraucht, denn noch immer herrschte auf dem Zeltplatz ein Chaos.

»Und du?« sagte Bill. »Ich seh' dir doch an, daß du etwas auf Lager hast.«

»Ja, Adlerauge«, erwiderte John grinsend. »Ich weiß mit großer Wahrscheinlichkeit, wo sich Doktor Tod versteckt hält.«

»Na, wenn das kein Ding ist.« Bill rieb sich die Hände. »Dann lerne ich ja diesen sauberen Gentleman auch mal kennen.«

John wollte schon zu einer Antwort ansetzen, als Bill ihm gegen die Brust tippte. »Hör auf, ich weiß, was du sagen willst. Aber ich bleibe nicht hier. Ich stecke genauso in dem Fall drin wie du.«

»Ja, ist gut. Bei dir redet man ja sowieso gegen eine Wand. Dann wollen wir mal.«

»Jetzt schon?«

»Denkst du, ich warte, bis der Winter kommt?«

Der Reporter schüttete noch schnell den Rest des Kaffees in die Kehle, verbrannte sich prompt den Gaumen und lief dann fluchend hinter John Sinclair her.

Diesmal sollte Dr. Tod nicht entkommen!

Der Rocker kauerte hinter einem Baum!

Er war einer der Vorposten, die Dr. Tod rings um das Haus verteilt hatte. Denn der Menschenhasser wußte, daß John Sinclair seine Spur finden würde. Und dann lief er in die Falle.

Die Teufelsfratze auf der Brust des Rockers glühte tiefrot. Unaufhörlich strömten die bösen Gedanken in das Gehirn des willfährigen Werkzeugs.

Der Rocker war kein Mensch mehr. Er war zu einer Kreatur der Hölle umfunktioniert worden.

Dicht vor ihm befand sich der schmale Weg, der zu dem alten Haus führte. Mit einem Wagen kam man nicht bis an das Haus heran. Der Inspektor mußte also zu Fuß gehen. Und darauf baute Dr. Tod seinen Plan auf.

Langsam stahl sich die Morgendämmerung in den Wald. Die ersten Vögel begannen zu zwitschern, und vereinzelte Sonnenstrahlen fielen wie glitzernde Speere durch das Blätterdach.

Der Rocker hockte völlig regungslos in seinem Versteck. Wenn es sein mußte, würde er bis zum anderen Tag warten.

Seine übrigen fünf Kumpane waren an anderen Stellen gut verteilt. Es würde schwer sein, überhaupt einen Zipfel von ihnen zu entdecken.

Die Zeit verstrich.

Mittlerweile war es hell geworden, und die Sonne hatte schon Kraft.

Der Rocker begann zu schwitzen, doch seiner Aufmerksamkeit tat das keinen Abbruch.

Plötzlich horchte er auf.

Schritte waren an sein Ohr gedrungen.

Der Rocker zog sich unhörbar ein Stück zurück, legte sich auf den Boden und peilte zwischen den Zweigen eines Strauches hindurch.

Die Schritte kamen näher. Kleinere Äste knackten unter den Sohlen der Person.

Und dann sah der Rocker den Mann auftauchen. Er hob ein wenig den Kopf, um ihn genau erkennen zu können.

Im selben Augenblick zuckte er zusammen.

Das war nicht John Sinclair, der dort kam. Es war ein Mann, den er nie gesehen hatte.

Der Rocker wurde nervös. Was sollte er machen? Dr. Tod hatte nur immer von John Sinclair gesprochen.

Trotzdem, er mußte diesen Ankömmling melden.

In der rechten Hand hielt der Rocker ein Sprechfunkgerät. Er wollte es gerade einschalten, als plötzlich etwas Kaltes gegen seinen Nacken drückte. Und eine leise, gefährlich klingende Stimme sagte: »Ich würde es lieber lassen, mein Freund . . .«

Der Rocker erstarrte. Unendlich langsam drehte er den Kopf. John Sinclair, dieser verhaßte Polizist, starrte ihn an.

Unhörbar hatte sich der Inspektor angeschlichen. Und er war durch den anderen abgelenkt worden.

Ein teuflisches Spiel.

»Steh vorsichtig auf«, sagte der Inspektor, »und laß dein Sprechgerät liegen!«

Der Rocker gehorchte. Er hatte höllische Angst vor der mit Silberkugeln geladenen Pistole. Zwei seiner Kumpane waren durch diese Waffe schon getötet worden.

Der Rocker trat hinter dem Baum hervor. Auf dem Weg wurde er von Bill Conolly in Empfang genommen. Der Reporter drehte dem Mann blitzschnell die Arme auf den Rücken und ließ Handschellen – John führte immer welche mit sich – um seine Handgelenke schnappen.

Der Geisterjäger hatte das Sprechfunkgerät aufgenommen und trat ebenfalls auf den Weg. Mit einem Ruck zog er den Reißverschluß der Lederjacke ganz herunter.

Die Teufelsfratze auf der Brust des Rockers grinste ihn an.

Bill Conolly zog scharf die Luft durch die Zähne. »Sind das überhaupt noch Menschen?« zischte er.

»Keine Ahnung. Aber das werden wir gleich haben.« John zog seine Pistole aus der Halfter.

Der Rocker schrie plötzlich erstickt auf. Grenzenlose Angst flackerte in seinen Augen.

»Silber«, sagte John ruhig. »Geweihtes Silber. Jeder Dämon hat davor Angst.«

»Wollen Sie mich erschießen?« keuchte der Rocker.

»Er reagiert noch verdammt menschlich«, meinte Bill.

John nickte zustimmend. »Vielleicht ist das auch sein Vorteil.«

Der Inspektor nahm das Reservemagazin aus seiner Tasche. Die Pistole steckte er weg.

»Wir werden jetzt einen Test machen«, sagte er zu dem Rocker. Und zu dem Reporter gewandt: »Bill, halte ihn fest.«

John entnahm dem Magazin eine Silberkugel. Matt glänzend lag sie auf seinem Handteller. John nahm die Kugel zwischen Daumen und Zeigefinger und näherte die Hand der Brust des Rockers.

Der Rocker bäumte sich in dem Griff des Reporters auf. »Was haben Sie mit mir vor?« keuchte er. »Ihr Schweine, ihr wollt mich umbringen!«

Ungerührt setzte John die Spitze der Kugel gegen die Brust des Dämonendieners.

Es schien, als würde diese Berührung des geweihten Silbers bei dem Rocker eine Kettenreaktion auslösen. Die Fratze auf seiner Brust begann sich zu verfärben, er selbst riß den Mund auf, wollte schreien, doch Bill Conolly preßte ihm blitzschnell seine Hand zwischen die Lippen.

Der Schrei erstickte in einem dumpfen Röcheln.

John Sinclair kannte kein Pardon. Er durfte kein Pardon kennen, wenn er den Rocker noch retten wollte.

Vorsichtig zeichnete John Sinclair die Konturen der Teufelsfratze mit der Silberkugel nach. Die Spitze des Silbers berührte die Hornhaut – und . . .

Plötzlich begann sich die Fratze zu verfärben. Das tiefe Rot verschwand, die Umrisse zerflossen. Gelblicher, nach Schwefel riechender Qualm stieg auf. Es zischte und brodelte, und auf einmal war die Teufelsfratze verschwunden.

Sie hatte sich in Nichts aufgelöst.

Die Beine des Rockers gaben nach. Bill ließ den Mann langsam zu Boden gleiten. Die Brust sah wieder völlig normal aus.

John beugte sich über den Rocker. »Er ist nur bewußtlos«, sagte der Inspektor.

»Das hätte ich nicht gedacht«, flüsterte Bill und wischte sich den Schweiß von der Stirn.

Der Geisterjäger zuckte die Achseln. »Wir mußten es versuchen. Der Erfolg hat uns recht gegeben. Das heißt aber auch, daß wir die übrigen Rocker auf keinen Fall töten dürfen.«

»Dann hätten wir die beiden anderen auch am Leben lassen können.«

John Sinclair nickte. »Sicher, aber da war das Leben des Mädchens in Gefahr, und wer wußte vorher schon, was alles dahintersteckt? Außerdem konnte in der letzten Nacht die hypnotische Kraft der Maske voll zur Geltung kommen. Diesmal hat uns das Silber geschützt.«

Bill deutete auf den Bewußtlosen. »Was machen wir mit ihm?«

»Wir lassen ihn liegen. Er ist keine Gefahr mehr.«

Sekunden später begann das Sprechfunkgerät zu rauschen, und dann erklang die Stimme des Mannes, den John bis aufs Blut haßte.

»Nummer fünf! Melde dich!«

Fragend sah der Reporter den Geisterjäger an. John legte einen Zeigefinger auf die Lippen, drückte auf die Taste und erwiderte flüsternd: »Alles ruhig. Er ist noch nicht da.«

Einige Sekunden lang war nur ein Rauschen zu vernehmen. Doch dann drang ein satanisches Lachen aus dem kleinen Gerät.

»Sinclair, du bist es! Hast du es also doch geschafft. Ich wußte es. Aber es wird dir nichts nützen. Diesmal gewinnst du nicht!«

Einen Herzschlag später war die Verbindung unterbrochen.

»Verdammt!« fluchte Bill. »Er hat etwas gemerkt.«

John warf das Funkgerät weg. »Los, Bill, wir müssen uns beeilen, ehe Doktor Tod seine Leute zusammenzieht.«

Die beiden Männer liefen los. Mit langen Schritten hetzten sie den Weg entlang. Immer wieder sahen sie sich nach Verfolgern um, doch noch war nichts zu entdecken.

Zweige und kleinere Äste peitschten ihre Gesichter. Der Wald wurde noch dichter.

Und dann sahen sie das Haus. Es klebte förmlich an einem Felshang.

Blitzschnell gingen die beiden Freunde in Deckung. Der Wald reichte fast bis an die Vorderseite des Hauses. Man konnte nur einen Teil der grauen Mauer sehen. Fenster entdeckte der Inspektor keine.

»Und jetzt?« fragte Bill.

»Ich werde in das Haus eindringen. Bleib du als Rückendeckung hier.«

»Paßt mir gar nicht!« knurrte der Reporter.

»Kann ich auch nicht ändern. Also, gib auf dich acht.«

Nach diesen Worten tauchte John Sinclair in der Deckung des Waldes unter.

Bill Conolly aber beobachtete weiter die Vorderfront des unheimlichen Hauses.

Wie Schatten schlichen die letzten fünf Rocker durch den Wald. Dr. Tods Alarmruf hatte sie aufgeschreckt. Schnell und doch vorsichtig näherten sie sich der Festung, in der ihr Meister hauste.

Sie nahmen nicht den Weg. Geschickt wichen sie sperrigem Buschwerk aus und tauchten unter starken Ästen hinweg.

Lautlos näherten sie sich Bill Conollys Deckung.

Und der Reporter war ahnungslos. Er nahm an, daß die Rocker bereits in dem Haus stecken würden. Deshalb war er mit John Sinclairs Plan nicht einverstanden. Allein war das, was John vorhatte, kaum zu schaffen.

Nur noch ein paar Meter, dann hatten die ersten Rocker den Reporter erreicht.

In den Händen der menschlichen Mordroboter blitzten Messer. Nie hatten die Teufelsfratzen so stark geglüht wie in diesen Augenblicken.

Bill Conolly wurde immer nervöser. Er machte sich Sorgen um John Sinclair, und an seine eigene Sicherheit dachte er nicht.

Schon konnten die Rocker den auf dem Boden hockenden Reporter erkennen.

Ihre Messerarme schwangen hoch. Nur noch einen winzigen Augenblick, dann würden die Klingen durch die Luft flirren und sich in den Rücken des ahnungslosen Opfers bohren.

Da war es Bill Conolly leid. Er wollte nicht länger hier hocken bleiben.

Mit zwei schnellen, gleitenden Schritten verließ er seine Deckung.

Und gleichzeitig flogen die Messer!

Bill spürte noch den Luftzug und hörte den dumpfen Aufprall, wie sich die Messer in einen Baumstamm bohrten.

Er kam nicht mehr dazu, sich irgendwelche Gedanken zu machen, denn die Rocker griffen ihn an.

Wild stürmten die lebenden Mordmaschinen vorwärts. Und Bill sah auch von der anderen Seite zwei Rocker auftauchen.

Damit war ihm der Fluchtweg abgeschnitten.

Blieb nur noch die Flucht nach vorn.

Und das war zum Haus hin . . .

John Sinclair fluchte unterdrückt.

Das Haus hatte vorn nicht einmal eine Tür, geschweige denn ein Fenster.

Also von der Rückseite.

Mit langen, möglichst lautlosen Schritten jagte der Inspektor um das Haus herum – und blieb enttäuscht stehen.

Vor ihm erhob sich eine Felswand. Krüppelsträucher wuchsen in Spalten und Rissen. Darüber dann – etwa zwanzig Meter höher – begann kärglicher Baumwuchs, der sich mit zunehmender Höhe zu einem Wald mauserte.

Und die Rückseite des Hauses klebte genau an der Wand. Aber irgendwie mußte Dr. Tod doch auch in das Haus hineinkommen. Es mußte also einen Eingang geben.

John sah sich um.

Die Büsche wuchsen bis dicht an die Wand. Moos schimmerte grünlich-feucht. Der Inspektor schob ein paar Zweige zur Seite und ging wieder einige Schritte zurück.

Da sah er die Tür!

Sie wurde von einem mannshohen Ginsterbusch verdeckt. Der Inspektor grinste grimmig. Jetzt würde ihm Dr. Tod nicht mehr entkommen.

Die Tür war verschlossen. Doch das Schloß war ziemlich primitiv, und John Sinclair, der gewisse Gegenstände immer bei sich trug, hatte es schnell geknackt. Verantworten konnte er das schon, denn hier lag ein akuter Notfall vor.

Die Angeln waren verrostet, und sie quietschten häßlich, als John die Tür aufzog.

Kalte, muffig riechende Luft wehte um seine Nase.

Längst schon hatte der Geisterjäger seine Waffe in der Hand. So war er gerüstet, denn auch ein Dr. Tod konnte gegen Silberkugeln nicht bestehen.

Ein dunkles Loch tat sich vor John auf. Der Inspektor ließ seine Bleistiftlampe aufblitzen.

Zwei kahle Mauern, ein Gang, eine Tür.

John schob sich vorwärts. Alle Sinne waren bis aufs äußerste gespannt. Er rechnete jeden Moment mit einem Angriff seines Erzfeindes.

Doch alles blieb ruhig. Unbehelligt erreichte der Inspektor die Tür.

»Kommen Sie ruhig herein, John Sinclair«, hörte der Geisterjäger eine höhnische Stimme.

Unter Tausenden hätte er sie wiedererkannt. Sie gehörte Dr. Tod.

Tief atmete John Sinclair durch. Er fühlte plötzlich ein Prickeln im Nacken, das sich immer dann einstellte, wenn Gefahr drohte.

John griff nach der Klinke, drückte sie herunter, stieß mit einem Ruck die Tür auf und tauchte nach rechts weg in Deckung.

Nichts geschah.

Der Raum oder das Verlies, das John betreten hatte, war leer.

Sekundenlang blieb der Geisterjäger wie festgenagelt auf der Stelle stehen.

Nichts regte sich.

Doch plötzlich vernahm er ein schleifendes Geräusch. Es hörte sich an, als liefe etwas durch ein Rad oder eine Spule.

Spule? Johns Gedanken stockten. Er riskierte es und schaltete die Bleistiftleuchte ein.

Wie ein leuchtender langer Finger fuhr der Strahl durch die Dunkelheit.

John trat noch zwei Schritte nach vorn, um alles genau erkennen zu können.

Er befand sich tatsächlich in einem Verlies. Die Wände waren mit gräßlichen Folterwerkzeugen vollgehängt, und John sah auch das Eisen, mit dem die Brandmale auf die Körper der Rocker gedrückt worden waren.

Der Inspektor schauderte, wenn er daran dachte.

Er schwenkte den Arm.

Ein Kamin wurde aus der Dunkelheit gerissen, und vor dem Kamin stand ein kleines Tischchen, auf dem sich die Spulen in einem Tonband drehten.

»Warum denn so ängstlich, John Sinclair?« vernahm er wieder Dr. Tods Stimme.

John fuhr herum. Obwohl er wußte, daß die Stimme von dem Tonband kam, rechnete er jedoch jeden Moment mit einer Gemeinheit seines größten Widersachers . . . Vielleicht lauerte er in seinem Rücken, wartete nur auf eine Blöße.

Nichts.

Langsam wurde John die Sache unheimlich. Angst schlich sich in seinen Körper. Wurde er nicht schon längst beobachtet? Lauerten nicht unzählige Augen auf ihn . . .?

John begann zu schwitzen.

Und wieder hörte er die höhnische Stimme, die in seinen Ohren schmerzte.

»John Sinclair, der berühmte Geisterjäger, hier wirst du deinen letzten Fall gehabt haben. Ich bin zwar nicht mehr anwesend, und doch werde ich dich töten.«

John ahnte nicht die tödliche Gefahr, in der er schwebte, denn die Mächte der Hölle waren noch einmal mobilisiert worden.

Plötzlich schlugen Flammen aus dem Kamin.

Augenblicklich war das Verlies von einer rotgelben, flackernden Helligkeit erfüllt.

Instinktiv war John zurückgewichen, hatte mit der Hand seine Augen abgeschirmt, doch da geschah das Unheimliche.

Feuerfingern gleich leckten die Flammen aus dem Kamin hervor, griffen nach dem Inspektor. Alles geschah so schnell und überraschend für ihn, daß er kaum reagieren konnte.

Die langen Feuerzungen kamen ihm vor wie Geisterwesen aus einer anderen Welt. Fratzen entstanden. Arme, Hände.

Die Feuersbrunst leckte über Johns Kleidung. Schon stand sein Jackett in Flammen.

John warf sich auf den Boden, rollte wie ein Berserker um die eigene Achse.

Die Flammen erloschen nicht. Wie zum Hohn brannten sie weiter.

Der Geisterjäger riß sich die Jacke vom Leib, warf sie in die Ecke.

Doch schon schossen die nächsten Flammenfinger auf ihn zu.

John sprang zur Seite. Jetzt leckten sie von allen Seiten nach ihm.

Er mußte die Tür erreichen. Mußte es um jeden Preis schaffen!

John Sinclair hetzte in Richtung Ausgang. Der Boden schien unter seinen Füßen zu lodern.

Der Geisterjäger riß die Tür auf. Während er aus dem Verlies in den Gang hechtete, warf er für Sekundenbruchteile einen Blick über die Schulter zurück.

So knapp die Zeit auch war, das Bild, was er sah, prägte sich unauslöschlich in sein Gedächtnis ein.

Dr. Tod stand inmitten der Flammenhölle!

Er hatte beide Arme erhoben und das Gesicht zu einem grausamen, triumphierenden Lachen verzogen. Er bewegte die Hände, und seine Finger ringelten sich wie Schlangen.

Dr. Tod schien die Feuersbrunst zu dirigieren. Er war der Herrscher über das Flammenmeer, das ihm nichts anhaben konnte.

Dann war John Sinclair draußen. Er schleuderte seinen Körper auf den Gang, prallte hart auf und wirbelte um die eigene Achse.

Doch sofort war er wieder auf den Beinen. Mit Riesensätzen hetzte John den Gang hinab, riß die Tür auf, die nach draußen führte, und in derselben Sekunde bannte ihn ein Angstschrei auf die Stelle.

Bill Conolly! Er war in Gefahr . . .

Die Rocker waren unheimlich schnell. Die beiden, die von der Seite kamen, schnitten dem Reporter den Weg ab.

Bill Conolly flog förmlich auf das Haus zu. Er wollte die Mauer im Rücken haben, damit die Mörder nicht von hinten kommen konnten.

Der Reporter schaffte es.

Breitbeinig und wild keuchend stand er da. In der rechten Hand hielt er die Pistole.

Die Rocker blieben stehen.

Aus blutunterlaufenen, haßerfüllten Augen starrten sie ihren Feind an. Die Messer in ihren Händen blitzten gefährlich.

Da zog Bill durch.

Es gab einen trockenen Knall, und die Kugel schlug einem der Rocker in den Arm.

Doch zwei andere schleuderten die Messer. Während ihr Kumpan zusammenbrach, sirrten die blitzenden Klingen auf Bill zu.

Einem Messer konnte der Reporter ausweichen, doch das zweite fuhr mit unheimlicher Wucht in seine Hüfte.

Im ersten Augenblick nahm Bill Conolly an, man hätte ihm die linke Körperhälfte weggerissen. Der Schmerz flutete wie glühende Lava in ihm hoch. Ob Bill wollte oder nicht, er mußte einfach schreien. Und während ihm der gellende Schmerzensschrei über die Lippen drang, brach der Reporter zusammen.

Vier Rocker waren noch übriggeblieben. Und diese vier stürzten sich mit heiserem Wutgeheul auf den wehrlosen Reporter . . .

John Sinclair räumte mit der verdammten Rockerbrut auf.

Doch John tötete nicht. Er schoß auf Arme und Beine der Mordmaschinen.

Schreiend brachen die Rocker zusammen. Dicht vor Bill Conolly knallten sie zu Boden und wälzten sich auf der Erde.

John ließ die Waffe sinken. Um seine Mundwinkel hatten sich zwei harte Kerben gegraben.

Bill Conolly stützte sich auf. Mit schmerzverzerrtem Gesicht sah er seinem Freund entgegen.

»Bist du okay, Bill?« fragte John.

»Ja, verdammt. Es geht schon. Hätte auch nicht gedacht, daß solch ein dämlicher Ritzer so weh tut. Und du? Hast du Doktor Tod geschafft?«

»Nein!« John schüttelte den Kopf. »Dieser Höllenhund ist mir wieder entkommen.«

John Sinclair half seinem Freund auf die Beine.

»Erzähl«, bat Bill.

»Später.«

John Sinclair besah sich die Rocker, mit denen eine seltsame Veränderung vorgegangen war. Die Teufelsfratzen auf ihrer Brust waren verschwunden, hatten sich in Nichts aufgelöst. Genau wie Dr. Tod, der der Gerechtigkeit wieder einmal entwischt war.

Die Rocker blickten den Inspektor ängstlich an. John beruhigte sie mit ein paar Worten. Die Verletzungen waren nicht so schwer, daß die Rocker daran gestorben wären.

Mit Schaudern dachte John daran, was passiert wäre, wenn er seine Pistole nicht festgehalten hätte.

»Ich gehe zum Wagen«, sagte John zu seinem Freund, »und hole Hilfe.«

Bill Conolly nickte nur.

Der Geisterjäger lief so schnell es ging den Weg zurück. Von seinem Bentley aus telefonierte er mit dem Revier in Aweshire. Man versprach, einen Krankenwagen mit mehreren Helfern zu schicken, denn die Verletzten mußten erst noch durch den Wald getragen werden.

John Sinclair aber rauchte eine Zigarette und sah nachdenklich den blauen Rauchringen nach.

Er dachte an Dr. Tod und wußte, daß er ihm bald wieder gegenüberstehen würde.

Eine Schlacht hatte John Sinclair gewonnen, doch der Krieg ging weiter . . .

ENDE

In Satans
Diensten
FF 93

»Endlich!«

Mit einem befreiten Seufzer ließ sich Ramona Navarra auf den Garderobenstuhl fallen.

Noch schwach war der Beifall aus dem Zuschauerraum zu vernehmen, und ein schmerzliches Lächeln umspielte Ramonas Lippen. Sie überlegte ernsthaft, ob sie noch mal hinausgehen sollte, um den Applaus einzufangen, ließ es dann aber bleiben. Zu kindisch kam es ihr vor.

Ein Jahr Pause! Zwölf Monate keine Proben, keine Auftritte – nichts mehr.

Der Star verschwand von der Bildfläche, breitete für dreihundertfünfundsechzig Tage den Mantel des Vergessens über sich.

Ob sie das durchhalten würde? Und was würde das Publikum sagen? Wie würde es reagieren?

Abermals seufzte Ramona Navarra auf. Dann hob sie den Kopf und blickte in den Spiegel.

Sie war noch immer schön. Trotz ihrer sechsunddreißig Jahre. Aber sie wußte auch, daß unter der dicken Schminkschicht die ersten Falten lauerten. Eine Tatsache, die in ihrem Beruf doppelt so schwer wog wie bei einer normalen Frau.

Ramona Navarra – die Königin des Chansons, so wurde sie genannt. Sie hatte die ganze Welt gesehen, in fast allen Ländern große Triumphe gefeiert und ein Vermögen verdient.

Geld, mit dem sie sich jetzt ihre Schönheit und Jugend zurückkaufen wollte.

Mit einer automatischen Bewegung griff Ramona zu einem Plastikumhang und legte ihn sich um die makellosen Schultern. Dann nahm sie die Abschminkdose und verteilte die geleeartige Masse in einer dicken Schicht über ihr Gesicht.

Die Tür wurde geöffnet.

Ramona wandte sich ärgerlich um, sie wollte nun niemanden sehen. Aber es war nur die Garderobenfrau. Sie trug zwei wundervolle Rosensträuße in den Händen, hinter denen ein Teil ihres Oberkörpers fast verschwand.

»Die letzten Sträuße, Señora«, sagte die Frau. »Sind sie nicht wunderbar?«

»Legen Sie sie auf den Tisch«, erwiderte Ramona gleichgültig und wandte ihr Gesicht wieder dem Spiegel zu.

Die Garderobiere trat an ihre Seite. Es war eine etwas füllige Person, knapp über 50, und Ramona kannte sie schon lange.

»Sie waren großartig, Señora«, schwärmte die Frau. »So haben ich Sie noch nie erlebt. Von diesem Auftritt wird man in Madrid noch lange sprechen.«

»Hoffentlich, Alva, hoffentlich.«

»Aber Señora. Sie haben doch keine Angst, daß man Sie vergißt. Eine Frau wie Sie. Nein, das kann ich mir nicht vorstellen.«

Ramona lachte auf. »Haben Sie eine Ahnung, wie das Publikum reagiert, Alva. Die Leute vergessen so schnell. Eine andere kommt, eine Jüngere . . .«

»Was können diese Hüpfer schon gegen sie ausrichten? Nein, ich bleibe bei meiner Meinung. Aber warum machen Sie ein Jahr Pause? Ich habe mich nie getraut zu fragen. Wo werden Sie hingehen?«

Ramona drehte sich auf ihrem Stuhl. »Das, meine liebe Alva, werde ich Ihnen nicht verraten. Es muß ein Geheimnis bleiben. Meinetwegen könnte es jeder wissen, aber ›ER‹ will es nicht.«

»Wer ist dieser . . .«

»Keine weiteren Fragen mehr, Alva«, sagte Ramona. »So, und nun reichen Sie mir bitte das Abschminktuch.«

»Bitte, Señora.«

Die Sängerin wischte sich die Schminke aus dem Gesicht. Jetzt sah sie ihre Haut, wie sie wirklich war. Die kleinen Falten um die Augen und Mundwinkel. Und trotzdem – Ramona Navarra war noch immer eine berückend schöne Frau. Ihre Haare waren lackschwarz und fielen wie ein Vorhang bis auf die Schultern. Die Augen waren groß und dunkel, und wer tief in sie hineinblickte, hatte das Gefühl, in einem unendlich tiefen See zu ertrinken. Aber aus diesen Augen sprach auch die Leidenschaft und das Temperament, das in ihr schlummerte. Ramona wischte nur den Rest der Abschminke von ihrem Nasenrücken, stand dann auf und schlüpfte aus dem engen, langen Kleid.

Sie trug nur noch BH und Slip. Auf ein Korsett konnte sie verzichten. Im Gegensatz zu mancher Kollegin.

Während sie sich wieder hinsetzte und ein leichtes Make-up auflegte, kämmte die Garderobiere die langen Haare aus. Sie erzählte dabei von ihrer Familie, aber Ramona hörte gar nicht zu. Sie war mit ihren Gedanken weit in der Zukunft.

Schließlich war Alva fertig. Sie ging zum Schrank und reichte Ramona einen hellroten Pullover und einen flaschengrünen Wildlederhosenanzug. Ramona schlüpfte in die Sachen, die wie eine zweite Haut ihren Körper umschmiegten. Mit einer raschen Kopfbewegung schüttelte sie die langen Haare in den Nacken.

Alva sah ihr dabei zu, und plötzlich stahlen sich einige Tränen in ihre Augen. Sie wußte, daß es ein Abschied war.

»Aber Alva«, sagte die Sängerin. »Sie brauchen doch nicht zu weinen. Sie tun gerade so, als wären sie auf meiner Beerdigung.«

Ramona Navarra ahnte nicht, wie nah sie diesem Punkt schon war . . .

Alva zog die Nase hoch und holte dann erst ein Taschentuch aus ihrem Kittel.

»Es ist die reine Gewöhnung, Señora.«

»Ist ja schon gut.« Ramona faßte die Frau an beiden Schultern und hauchte ihr einen Kuß rechts und links auf die Wangen. »Jetzt müssen Sie aber wirklich gehen, Alva.«

»Ja, Señora. Adios.«

Die Garderobiere ging zur Tür, sah sich noch einmal um und verschwand dann nach draußen.

Ramona Navarra ließ sich in einen Sessel fallen. Mit verlorenem Lächeln betrachtete sie die beiden Rosensträuße. Auf den Blumenkelchen glitzerten noch Tautropfen.

Ein unbekannter Verehrer hatte ihr diese Blumen geschickt.

Ramona griff zu den Zigaretten und zündete sich ein Stäbchen an. Genußvoll blies sie den Rauch durch die Nase. Sie hatte noch Zeit. Erst in einer Stunde wollte sie die Männer treffen.

Schließlich war es soweit. Ramona Navarra mußte sich auf den Weg machen.

Das Theater hatte sich inzwischen geleert. Auch das Personal war gegangen.

Ramonas Absätze klapperten laut, als sie über dem langen Gang dem Notausgang zustrebte.

Die Sängerin besaß einen Schlüssel und schloß auf. Schnell huschte Ramona durch den Türspalt.

Kühle Nachtluft traf ihr Gesicht. Am Tag war es ziemlich heiß gewesen, aber jetzt hatte es sich zum Glück abgekühlt.

Ramona war in einem Hof gelandet. Sie mußte den Theaterbau umgehen, damit sie zu ihrem Wagen gelangte.

Die Sängerin kannte Schleichwege. Schließlich stand sie auf dem Parkplatz. Ihr kanariengelber Lamborghini stand direkt neben einer Mauer. Die Autoschlüssel hielt Ramona schon in der Hand.

Plötzlich löste sich eine Gestalt von der Mauer.

Erschreckt fuhr die Sängerin herum.

»Ramona«, zischte eine Stimme.

Die Frau schlug beide Hände vor die Brust. »Himmel, Carlos, hast du mich erschreckt.«

»Verzeihung, aber das wollte ich nicht.«

Carlos Ortega war einer ihrer hartnäckigsten Verehrer. Der vierzigjährige, gutaussehende Mann besaß eine Anzahl Hotels an der Costa Brava, die es ihm ermöglichten, ein Playboy-Leben zu führen. Carlos Ortega hatte eigentlich schon alles mitgemacht, bis er Ramona kennenlernte und sich hoffnungslos in sie verliebte. Die Heiratsanträge konnte er schon gar nicht mehr zählen, aber die Sängerin hatte immer abgelehnt. Trotzdem gab Ortega nicht auf.

»Ich muß mit dir reden, Ramona.«

Die Frau schüttelte den Kopf. »Nein, Carlos. Ich weiß, was du sagen willst, aber es hat keinen Zweck. Du bringst mich von meinem Entschluß nicht ab. Tut mir leid für dich.«

Ramona schloß den Wagen auf und wollte sich hinter das Lenkrad setzen.

»Moment.« Carlos Ortega sprang vor. Er faßte Ramona an der Schulter und zog sie zurück. »So haben wir nun doch nicht gewettet.«

»Laß los!« fauchte die Sängerin. »Du tust mir weh.«

»Gut.« Carlos senkte die Hand. »Aber ich will eine Erklärung. Glaubst du denn, du kannst so mir nichts dir nichts für ein Jahr verschwinden? Ich habe ein Recht darauf, zu erfahren . . .«

»Ein Recht?« rief Ramona. »Daß ich nicht lache! Ich habe keinem gesagt, wo ich hingehe, und auch dir werde ich es nicht unter die Nase binden. Und jetzt laß mich in Frieden.«

Ortega war unwillkürlich einen Schritt zurückgetreten. Diese Chance nutzte die Sängerin aus.

Ehe Ortega sich versah, hatte sie sich in den Sitz geworden, die Tür zugeknallt und verriegelt.

Ortega stieß einen leisen Fluch durch die Zähne und trommelte gegen die Scheibe.

Doch da sprang der Motor schon an. Mit einem Kavalierstart rauschte Ramona davon.

Ortega mußte zurückspringen, um nicht von dem Wagen erfaßt zu werden.

»Na warte!« knurrte der Mann. »So leicht kommst du mir nicht davon.«

Carlos Ortega war verrückt nach dieser Frau. Er mußte sie haben. Bisher hatte ihm noch keine widerstehen können. Und bei Ramona Navarra sollte es nicht anders sein.

Aber Ortega wußte auch, daß diese Frau ihren Stolz hatte. Und gerade das machte ihn wütend. Er nahm sich fest vor, noch in dieser Nacht mit Ramona Navarra zu schlafen.

Sein Mercedes-Coupé parkte auf der Straße. Jetzt ärgerte Ortega sich, daß er den Wagen nicht auf dem Parkplatz abgestellt hatte. Mit einem wütenden Fluch wandte er sich um und hetzte mit Riesenschritten zu seinem Flitzer.

Schon bald saß er hinter dem Steuer, startete und rauschte davon. Er wußte, wohin Ramona fahren würde. Zu ihrer Wohnung. Und dort wollte er sie abfangen.

Carlos Ortega ahnte nicht, daß ihn das Grauen erwartete . . .

Immer wieder blickte Ramona Navarra in den Innenspiegel. Sie wußte, daß Carlos Ortega hartnäckig war, und sie konnte sich auch gut vorstellen, daß er sie nicht so einfach fahren ließ. Sicher würde er die Verfolgung aufnehmen. Und was noch schlimmer war, er kannte ihre Adresse.

Ramona biß sich auf die Lippen.

Ihre langen Finger hielten das Lenkrad fest umklammert. Die Sängerin saß längst nicht so gelöst wie sonst in dem Schalensitz. Man merkte ihr an, wie nervös sie war.

Eine kaum angerauchte Zigarette verqualmte in dem Aschenbecher am Armaturenbrett.

Ramona lenkte den Wagen auf die Madrider Altstadt zu. Sicher nahm sie die zahlreichen Kurven. Der Lamborghini lag wie ein Brett auf der Straße, und nach zehn Minuten wilder Kurverei war Ramona überzeugt, einen etwaigen Verfolger abgeschüttelt zu haben.

Wenn er ihr aber nun vor dem Haus auflauerte?

Ramona merkte erst jetzt, daß diese ganze Jagerei sinnlos gewesen war. Sie hätte sofort zu ihrer Wohnung fahren sollen.

Das Haus, in dem sie, wenn sie hier in Madrid war, wohnte, lag in einer stillen Seitenstraße. Das Gebäude stammte noch aus dem vorigen Jahrhundert, war aber außen renoviert und innen modernisiert worden.

Ein kunstvoll geschmiedeter Zaun grenzte Haus und Grundstück ein. Ramona stieg aus. Scheu blickte sie sich um.

Sie wohnte in einer stillen Gegend, und die Menschen, die hier lebten, gehörten nicht gerade zu den unteren Gehaltsklassen. In die Garage wollte Ramona den Lamborghini nicht bringen. Das hätte nur Zeit gekostet.

Die Tür des teuren Autos schnappte ins Schloß. Noch einmal blickte Ramona die Straße hinauf.

Kein weißer Mercedes zu sehen. Bestimmt hatte Carlos Ortega die Nase von ihr gestrichen voll. Ein wenig tat es ihr schon leid.

Ramona schloß das Tor auf.

Über den Steinplattenweg ging sie zu der breiten Treppe, die zur Haustür hochführte.

Im Vorgarten duftete es nach unzähligen Blumen. Grillen zirpten ihre schrille Melodie. Der Himmel war dunkelblau, fast schwarz, und die Sterne glitzerten, ein Meer von hellen Punkten.

Ramona schloß die Haustür auf. Das Personal hatte sie schon entlassen, und sie kam sich in dem großen Haus plötzlich unsagbar allein vor.

Zwölf Zimmer hatte die Villa. Dabei benötigte Ramona höchstens vier. Alles andere war Luxus, Repräsentation.

Sie machte überall Licht.

Kostbare Leuchter flammten auf. Auf dem Marmorboden lagen dicke Teppiche. Die Möbel waren kostbar und handgearbeitet. Die Räume waren hoch und bestückt mit vielen Fenstern, die mit dicken Samtvorhängen zugezogen werden konnten.

Ramona seufzte, blickte auf ihre Uhr und erschrak.

Nur noch eine halbe Stunde, dann würden die Männer erscheinen, und sie wollte noch ein Bad nehmen und sich umziehen.

Die Sängerin lief in ihr geräumiges Wohnbadezimmer. Es war ein Luxusbad der ersten Klasse. Die feuchtigkeitsabstoßenden Tapeten waren in Himmelblau gehalten und umrahmten die ovalförmige Badewanne mit den echt goldenen Kränen. Die Einrichtung des Badezimmers hatte Ramona keine Pesete gekostet. Es war ein Geschenk eines Verehrers gewesen.

Außerdem gab es eine Liege, mehrere Waschbecken, einen Schrank, Fernseher und Stereoanlage.

Ramona Navarra zog die Tür zum Badezimmer auf, schlüpfte aus ihrer Jacke und blieb wie festgenagelt auf der Schwelle stehen.

Die beiden Männer waren schon da!

Sie saßen auf der Liege und blickten Ramona stumm entgegen. Das Licht an der Decke verlieh ihren maskenhaft starren Gesichtern einen rötlichen Schein.

Es dauerte einige Zeit, bis Ramona ihren Schrecken überwunden hatte. Nur zögernd betrat sie das Badezimmer.

»Ich habe Sie noch nicht so früh erwartet, Señores«, sagte sie und hob mit einer hilflosen Gebärde beide Arme. »Außerdem möchte ich noch ein Bad nehmen.«

Die Männer blickten sie an. Trotz der dunklen Brillen, die sie trugen, glaubte Ramona, hinter dem Glas helle Augen funkeln zu sehen. Unwillkürlich zuckte sie zusammen. Auf einmal waren ihr die Männer unheimlich, und sie sehnte sich direkt Carlos Ortega herbei.

Ihre beiden Besucher trugen helle Anzüge und gemusterte Hemden ohne Krawatten. Man hätte sie bei flüchtigem Hinsehen für Zwillinge halten können.

Nur keine Angst zeigen, hämmerte sich Ramona ein. Betont forsch trat sie vor und tippte dem rechten der Männer auf die Schulter. »Wie gesagt, ich möchte gerne baden, und deshalb wäre ich Ihnen sehr verbunden, wenn Sie mich allein ließen.«

Noch immer hatten die Männer kein Wort gesprochen.

Plötzlich schoß der Arm des einen Kerls vor. Wie ein Schraubstock klammerten sich die Finger um Ramonas Handgelenk.

»Was fällt Ihnen ein?« schrie die Frau. »Sie tun mir weh. Ich werde mich beschweren. Ich werde . . .«

Ein harter Stoß ließ sie zurücktaumeln.

Mit den Kniekehlen berührte Ramona den Rand der ovalen Badewanne, bekam das Übergewicht und kippte nach hinten. Sie hatte Glück, daß sie sich noch mit dem Arm abstützen konnte. Trotzdem befand sie sich wie ein gefangenes Tier in der Falle. Hilflos lag sie in der Wanne.

Die Männer hatten sich rechts und links der Badewanne aufgebaut. Noch immer trugen sie ihre Sonnenbrillen. Die Gläser waren starr auf die hilflose Sängerin gerichtet.

Jetzt erst wurde Ramona klar, daß sie sich auf ein Spiel eingelassen hatte, das sie nicht gewinnen konnte, und eine heiße, nie gekannte Angst stieg in ihr hoch.

Die Körper der Männer verschwammen vor ihren Augen. Instinktiv wollte Ramona sich aufrichten, aus der Wanne klettern, doch ein harter Schlag warf sie wieder zurück.

Ramona stöhnte.

Die beiden Männer kümmerten sich nicht darum. Einer griff in die Tasche und brachte ein Rasiermesser zum Vorschein.

Langsam klappte er es auf.

Die höllisch scharfe Klinge funkelte.

Übergroß kam Ramona die Hand mit dem Rasiermesser vor. All die Schauergeschichten, die sie gelesen hatte, fielen ihr wieder ein. Sie dachte an einen Rasiermessermörder, der vor Jahren für eine lange Zeit Madrid in Atem gehalten hatte. Der Killer hatte damals seinen Opfern die Kehle aufgeschlitzt . . .

»Nein«, ächzte Ramona, »das könnt ihr doch nicht machen. Ich habe euch doch nichts getan. Ich . . .«

Die Sängerin sprach gegen eine Wand. Diese beiden Mordroboter kannten keine Gefühle.

Ungerührt beugte sich der Mann mit dem Rasiermesser nieder. Der Schaft verschwand völlig in seiner nervigen Faust. Nur die Klinge blitzte und näherte sich immer mehr dem Gesicht der Frau.

Ramona rutschte zurück. Der Selbsterhaltungstrieb brach in ihr durch. Sie hielt den rechten angewinkelten Arm vor das Gesicht gepreßt und stützte sich mit der linken Hand ab.

Bis sie das Kopfende der Wanne im Rücken spürte.

Ramona vereiste.

Vorbei! Es gab keine Chance mehr. Nicht für sie!

Aus weit aufgerissenen Augen starrte die Sängerin dem Mann entgegen, der das Rasiermesser hielt.

Und plötzlich war der andere Kerl in ihrem Rücken!

Ramona sah noch die Bewegung, und dann preßte sich eine Hand auf ihren zum Schrei geöffneten Mund.

Augenblicklich wurde ihr die Luft knapp.

Mit Todesverachtung stemmte sich Ramona gegen den Griff an, doch der Mann war stärker.

Die Sängerin strampelte mit den Beinen. Jedesmal, wenn sie den Rand der Wanne traf, dröhnte es wie bei einem Glockenschlag.

Der Kerl mit dem Messer beugte sich noch weiter zu ihr herunter.

Jetzt würde er zustoßen. Jetzt . . .

Ramona schloß mit ihrem Leben ab.

Doch da geschah das Unwahrscheinliche. Der Mann stieß einen freien Arm vor und packte Ramonas rechtes Handgelenk. Gleichzeitig vollführte das Messer eine kreisende Bewegung.

Einen Herzschlag später spürte die Sängerin einen brennenden Schmerz auf ihrem Handrücken. Sie versuchte, den Kopf zu drehen, wollte mitbekommen, was mit ihrer Hand geschah, doch im selben Augenblick ließ der Luftmangel sie bewußtlos werden.

Haltlos sackte Ramona zusammen. So brauchte sie das Schreckliche nicht zu sehen.

Der Mann schnitt ein quadratisches Stück Haut von ihrem Handrücken ab. Wie ein Blatt Papier hob er die blutende Haut hoch und verstaute sie in einer Plastiktüte, die er aus der Außentasche seines Jacketts zog.

Sein Kumpan hievte inzwischen die bewußtlose Ramona aus der Wanne. Blut tropfte auf den flauschigen Teppich. Die Männer, die bisher noch kein Wort miteinander gewechselt hatten, nickten sich zu.

Jetzt begann Teil zwei ihrer Aufgabe.

Die Sängerin mußte verschwinden! Und sie wußten auch schon wie. Nicht umsonst war ihr Plan bis ins kleinste ausgeklügelt worden. Von einem Mann, dessen Diener sie waren, und den sie nur unter einem Namen kannten.

Dr. Tod!

Nachdenklich stand Carlos Ortega vor dem kanariengelben Lamborghini. Seine Augen blickten über das flache Dach des Sportwagens hinweg und tasteten die Fassade des prunkvollen Hauses ab.

Überall in den Räumen brannte Licht. Demnach war Ramona zu Hause.

Er hatte es ja geahnt.

Ortega war wütend. Nie war eine Frau so mit ihm umgesprungen. Und er war nicht der Mann, der sich das gefallen ließ. Ortega ballte die Hände zu Fäusten. Nein, Ramona war ihm eine Antwort schuldig. Und das noch heute.

Entschlossen stieß Carlos Ortega das Tor auf. Schon auf dem Weg zum Haus holte er die Schlüssel aus seiner Hosentasche. Ramona hatte sie ihm einmal gegeben. Nie hätte er gedacht, sie doch noch brauchen zu müssen.

Aber vorher wollte er schellen. Sie sollte ihn einlassen. Wenn nicht, dann allerdings . . .

Seine Gedanken stockten. Beinahe zögernd schritt er die Treppenstufen hoch. Fast kam er sich wie ein Einbrecher vor.

Unsinn . . .

Die Klingel befand sich neben der Tür in einer kleinen Vertiefung der Hausfassade. Der Perlmuttknopf glänzte matt.

Ortega trat seine Zigarette aus, die er hastig geraucht hatte. Dann legte er entschlossen seinen Zeigefinger auf den Knopf.

In mehreren Zimmern des Hauses ertönte ein melodisches Läuten. So konnte die Sängerin die Klingel immer hören, sogar im Bad.

Innen rührte sich nichts.

Nach einer Minute drückte Ortega noch mal auf den Knopf.

Wieder wartete er.

Schließlich wurde es ihm zuviel.

»Na warte«, knurrte er. »Das Spielchen kannst du mit Carlos Ortega nicht machen.«

Der Spanier bückte sich und sah nach dem Schlüsselloch. Er fand es nach zweimaligem Probieren.

Leicht drehte sich der Schlüssel im Schloß.

Die Tür sprang auf.

Carlos Ortega betrat das Haus . . .

Die beiden Männer kannten sich in der Villa aus, als würden sie hier wohnen.

Mit der bewußtlosen Ramona verließen sie das Badezimmer, durchquerten den luxuriös eingerichteten Schlafraum und standen schließlich in der großen Halle.

Der Mann, der beide Arme frei hatte, deutete auf eine braunlackierte Tür.

Sein Kumpan nickte.

Dort ging es zum Keller.

Die Männer setzten sich wieder in Bewegung. Der erste hatte schon die Hand auf der Türklinke, da schlug die Klingel an.

Das melodische Läuten klang in der herrschenden Stille überlaut.

Die Männer blieben stehen, tauschten Blicke. Dann hatten sie sich verstanden.

Der eine von ihnen huschte mit der bewußtlosen Ramona durch die Tür, die zu den Kellerräumen führte.

Er hatte sie kaum hinter sich geschlossen, da schellte es zum zweitenmal.

Der in der Halle Zurückgebliebene sah sich blitzschnell nach einem Versteck um.

Er fand es zwischen einer hohen Standuhr und einem Mauervorsprung.

Hastig klemmte er sich in die Nische. Mit einer nahezu andächtigen Bewegung nahm er die Sonnenbrille ab.

Ramona Navarra konnte froh sein, daß ihr dieser Anblick erspart geblieben war, denn . . .

Die Haustür öffnete sich.

Der Mann in dem Versteck hielt den Atem an. Schritte klangen auf. Der nächtliche Besucher schob sich in die Diele und schloß die Tür.

Der Kerl neben der Standuhr lächelte. Der Ankömmling war schon so gut wie tot.

Er wußte es nur noch nicht . . .

»Ramona?«

Carlos Ortegas Stimme füllte die gesamte Halle.

Der Spanier erhielt keine Antwort. Seltsam leer und unwirklich kam ihm das Haus auf einmal vor.

Aber es brannte doch Licht. Ramona mußte zu Hause sein.

Ortega fühlte, wie ihm eine Gänsehaut über den Rücken lief. Er war kein Feigling, beileibe nicht, aber hier war etwas faul. Das spürte er.

Behutsam ging er einige Schritte vor. Der dicke Teppich dämpfte seine Schritte bis zur Geräuschlosigkeit.

Die Tür zum Schlafzimmer stand offen. Sollte Ramona dort sein? Aber dann hätte sie geantwortet.

Schweiß bildete sich auf Ortegas Stirn. Er sammelte sich zu Tropfen und lief in die buschigen Augenbrauen.

Carlos Ortega drehte den Kopf, tastete jeden Winkel der Halle ab.

Sein Blick glitt über die handgeschnitzte Garderobe, an der ein grüner Schweinsledermantel hing. Daneben hatte Ramona eine Standuhr hingestellt, direkt an einem Vorsprung – und . . .

Plötzlich zog ein heißer Schrecken über das Gesicht des Mannes. Sein Mund öffnete sich entsetzt zu einem Schrei, doch seine Kehle war wie zugeschnürt.

In der Nische stand ein Mann! Ein Fremder!

Ortega schauderte beim Anblick dieses Typen zusammen. Das mußte ein Irrer sein . . .

Carlos Ortega konnte seinen Blick nicht von dem Gesicht des Unbekannten wenden. Das Gesicht wirkte wie aus Fels gehauen, hart, kantig, brutal.

Doch schlimm waren die Augen. Völlig verdreht hingen sie in den Höhlen. Ortega sah nur die weißen, von kleinen Äderchen durchzogenen Augäpfel. Ihm war es unbegreiflich, daß dieser Mann überhaupt noch sehen konnte.

»Wer – wer sind Sie?« stammelte der Spanier.

Der Fremde gab keine Antwort. Er setzte sich plötzlich in Bewegung. Mit zwei gleitenden, pantherhaften Schritten, die man ihm wegen seiner Figur gar nicht zugetraut hätte, hatte er sein Versteck verlassen.

Unwillkürlich sprang Ortega zurück.

Obwohl der Mann keine Waffe in der Hand hielt, ahnte der Spanier doch instinktiv, daß er diesem Fremden im Kampf unterlegen war.

Noch immer hatte der Mann kein Wort gesprochen. Dafür trieb er Ortega immer mehr in die Enge.

Der Spanier lief einen Halbkreis, versuchte, in ein anderes Zimmer zu gelangen.

Er huschte ins Schlafzimmer.

Das breite Bett war unberührt. Wie ein hellroter Himmel spannte sich der Baldachin darüber.

Vor dem großen Spiegel stand ein Hocker. Ortega schnappte sich das leichte Möbel.

Da betrat der Fremde das Zimmer.

»Bleiben Sie stehen!« keuchte Carlos Ortega.

Der Umheimliche ging weiter.

Da schlug Ortega zu. Er drosch dem Mann den Hocker voll vor die Brust.

Der Kerl schluckte den Schlag, ohne einen Ton von sich zu geben. Er wankte nicht einmal.

Noch einmal schlug der Spanier zu, legte alle Kraft in den Hieb.

Wieder traf er voll.

Es gab ein splitterndes Geräusch, und der leichte Hocker löste sich in seine Einzelteile auf. Ortega hielt nur noch ein Bein in der Hand.

Ortega begann langsam durchzudrehen. Was dieser Kerl verdauen konnte, war unheimlich. Das grenzte schon an . . .

Ortegas Gedanken stockten. War dieser Mann überhaupt ein Mensch? Himmel, wenn er es hier mit einem Roboter zu tun hatte? Siedendheiß fiel ihm diese Version ein.

»Wer bist du?« brüllte Ortega. »Stell dich doch, du verfluchte Bestie!«

Während er die Sätze hinausschrie, warf er sich zurück, wollte dann in Richtung Fenster rennen.

Ortega übersah den kleinen Teppich. Als hätte er auf Schmierseife getreten, wurden ihm plötzlich die Beine unter dem Körper weggerissen.

Carlos Ortega sah den Boden auf sich zurasen. Verzweifelt ruderte er mit den Armen.

Ohne Erfolg.

Hart knallte der Spanier auf die Erde. Der Schmerz lähmte für Sekunden seine rechte Schulter.

Dann stand der Unheimliche vor ihm, beugte sich nieder.

Noch einmal holte Ortega aus, wollte das Holzbein in das maskenhaft starrte Gesicht dreschen.

Da schoß der Arm des Unheimlichen vor. Der Knüppel knallte gegen das Handgelenk des Mannes, federte zurück und traf den liegenden Ortega noch am Kopf.

Der Unheimliche lachte kehlig, ballte die rechte Hand zu einer Faust und holte aus.

Ortega brüllte auf.

Mitten in sein Gebrüll hinein traf ihn die Faust mit der Wucht eines Dampfhammers.

Carlos Ortega sah unzählige Sterne blitzen und versank dann in den unendlich tiefen Schacht der Bewußtlosigkeit.

Die Treppe zum Keller war lang und schmal. Man hatte hier mit Platz gespart, im Gegensatz zu den übrigen Räumen des Hauses.

Wie eine leblose Puppe lag Ramona Navarra auf den Armen des Mannes. Sicher, als sei er hier zu Hause, stieg der Kerl die Treppe hinab.

Der Keller war wieder etwas großzügiger angelegt. Es war feucht und kühl hier unten. An den dicken Steinwänden glänzte die Nässe. Irgendwo tropfte Wasser.

Verschiedene Türen zweigten zu kleineren Verschlägen ab. Weinflaschen und Konserven lagerten hier unten. An der rechten Wand des großen Kellerraumes stand ein Ungetüm von Ofen. Es war ein mattglänzender Kessel mit Schiebern, Türen und Ventilen.

Der Mann legte die bewußtlose Ramona auf den kalten Boden. Dann sah er sich um.

Vom Kessel aus liefen Rohre durch die Decke bis zu den Heizkörpern oben in der Villa. Die Rohre waren hell angestrichen, und man konnte es der Anlage ansehen, daß sie noch neu war.

Der Unheimliche lächelte schmal, als er die größte Klappe öffnete. Dazu mußte er erst zwei dicke Eisenriegel beiseite schieben.

Er steckte den Kopf in die Heizkammer des Kessels. Ölgeruch kitzelte seine Nase. Der Mann hatte sich vorher genau informiert, kannte sich mit der Bedienung des Kessels ausgezeichnet aus.

Er drehte an einigen Ventilen und öffnete eine Luftklappe. Nun war der Umlauf frei.

Der Mann ging in die Knie, betätigte nochmals einen Hebel und wartete ab.

Nach einigen Minuten war es soweit.

Jetzt wurde ein Teil des Öls aufgeheizt, und schon bald mußte es brennen.

Der Mann lächelte. Niemand würde Ramona Navarra vermissen. Er zog jetzt die große Klappe des Heizkessels auf.

Eine Hitzewelle fuhr durch den Raum. Flammenzungen leckten aus der Öffnung.

Mit einem Ruck hob der Mann Ramona hoch.

Er zeigte keinerlei Regung. Unbewegt näherte er sich der Öffnung.

Da wurde oben an der Treppe die Tür aufgezogen.

Der Mann stoppte.

Sein Kumpan kam die Stufen herunter. Er hatte sich einen Bewußtlosen über die Schulter geworfen.

»Er muß ebenfalls rein«, sagte der Neuankömmling.

Der andere nickte.

Den Kopf voran, näherte sich der erbarmungslose Mörder mit ihm dem Feuerofen.

Schon leckten die ersten Flammen nach seinem Gesicht. Unerträglich wurde die Hitze.

»Jetzt die Frau«, sagte der andere Killer nach einer Weile.

Sie verfuhren mit ihr wie mit Ortega.

Die Klappe wurde geschlossen. Die beiden Mordbestien hatten ihre Aufgabe erfüllt.

Zwei Zeugen existierten nicht mehr. Nur noch ein Stück Haut war vorhanden. Das Wichtigste in diesem höllischen Spiel.

Jetzt konnte Dr. Tod gezielt gegen seinen Gegner vorgehen . . .

Das Haus lag an der Küste. Dort, wo die Costa Brava am wildesten und urwüchsigsten war. Seit Urzeiten schon schäumte die Brandung gegen die scharfen Klippen und warf meterhohe Schaumkronen in die hitzeflirrende Luft.

Der Tourismus hatte diesen Fleck gemieden. Zu unwirtlich war das Gelände. Außerdem gab es in näherem Umkreis kaum ein Dorf, in dem sich die Touristen hätten amüsieren können.

Um so erstaunlicher war es, daß sich vor Jahren ein Mann auf einem Felsplateau einen Bungalow gebaut hatte. Das Haus stand erst lange Zeit unbewohnt, bis vor einigen Wochen mehrere Männer dort eingezogen waren. Unter unsäglichen Mühen hatten sie Kisten und Kästen den schmalen Weg hinaufgeschleppt. Handwerker hatten eine Steintreppe in den Fels gehauen, damit die Bewohner bequem zum Wasser gelangen konnten. Doch die Treppe wurde bewacht. Tag und Nacht.

Gerüchte entstanden. Bewohner des nächstliegenden Ortes stahlen sich ab und zu in die Nähe des Gebäudes. Sie wurden schnell wieder verscheucht.

Niemand wußte, daß hier an der wilden Küste Spaniens der größte Feind der Menschheit sein neues Hauptquartier errichtet hatte.

Dr. Tod war der Besitzer des Bungalows.

Von hier aus wollte er die Fäden spinnen, um wieder groß ins Geschäft einzusteigen.

Diesmal sollte es der Schlag werden!

Das Haus lag nachts völlig im Dunkeln. Dr. Tod verzichtete auf jede Art von Beleuchtung. Wenn Licht in den Zimmern brannte, dann wurden die Vorhänge zugezogen.

An diesem späten Abend näherte sich ein dunkler Mercedes dem Felsenbungalow.

Der Wagen kam aus Richtung Barcelona und fuhr die prächtige Küstenstraße entlang.

Die Insassen waren zwei Männer. Sie trugen dunkle Brillen, und niemand ahnte, daß es zwei gefährliche Mordbestien waren.

Der Fahrer lenkte den Wagen ruhig und sicher. Es war Hochsaison in Spanien und die Straßen dementsprechend belebt.

Irgendwann bogen die beiden Männer dann von der Küstenstraße ab. Jetzt fuhren sie über einen holprigen Feldweg, der die Stoßdämpfer des Wagens stark beanspruchte.

Die Scheinwerfer des Mercedes durchbrachen die Dunkelheit. Die Männer hatten die Fenster geöffnet. Kühler Wind umspielte ihre erhitzten Gesichter.

Immer tiefer ging es in das Felsenwirrwarr. Der Weg wurde noch schmaler. Hierher verirrten sich nicht einmal Liebespaare.

Bald mußten sie auch in der Nähe des Hauses sein.

Vom Bungalow aus wurden sie bereits beobachtet. Dr. Tod stand am Fenster und blickte auf die tanzenden Scheinwerferpaare. In seinem Gesicht zuckte kein Muskel. Nur die Augen glühten in einem höllischen Feuer.

Dr. Tod war ein Typ, vor dem man sich fürchten konnte. Auf einem beinahe schmächtigen Körper thronte ein haarloser Schädel, in dem die dunklen Augen besonders hervorstachen. Auch hatte dieser Mann keine Augenbrauen, und die Haut war blaß, beinahe durchscheinend. War Dr. Tod ein Mensch oder ein Monster? Niemand konnte es sagen. Auf jeden Fall stand er mit dem Satan im Bunde. Er war Asmodis erster Diener.

Dr. Tod wandte sich ab. Seine schmalen Lippen hatten sich zu einem zynischen Lächeln verzogen. Auf seine Männer war Verlaß. Er hatte sie sich sorgfältig ausgesucht und für seine Zwecke präpariert. Ihre Augen mußten die Männer als Pfand lassen. Sicher, sie konnten sehen. Das verdankten sie allerdings Dr. Tods chirurgischem Können. Er hatte ihnen zwei Ersatzaugen eingesetzt, die die gleichen Funktionen erfüllten wie die eigenen. Nur mußten diese Augen nach gewisser Zeit wieder präpariert werden. Und das konnte nur Dr. Tod. Deshalb waren seine Leute auf ihn angewiesen.

Doch heute nacht wollte er sein größtes Experiment starten. Aus einem Stück Haut sollte ein neuer Mensch entstehen!

Unvorstellbar grausam war dieses Experiment, aber die Hölle, mit der Dr. Tod paktierte, kannte kein Erbarmen. Er bediente sich ihrer Kräfte, um seine teuflische Aufgabe durchzuführen.

Ramona Navarra! Sie war die erste Person in einer langen Kette. Für die Welt war sie verschwunden. Auf einer der zahlreichen Schönheitsfarmen. Aber sie würde schon bald wieder auftauchen. Wenn das Experiment klappte . . .

Der Wagen hatte jetzt das Haus erreicht. Neben dem Bungalow hatte Dr. Tod eine Garage bauen lassen, die einen direkten Zugang zum Haus hatte.

Im Bungalow selbst war es still. Nicht einmal Dr. Tods Schritte waren zu hören, als er durch die Räume ging und die Tür zur Garage öffnete.

Soeben schwang das Tor automatisch in die Höhe. Die Scheinwerfer des Mercedes erfaßten für einem Moment Dr. Tods Gestalt. Die beiden Männer stiegen aus. Ihre Schritte klangen laut auf dem Betonboden.

Dr. Tod erwartete seine Helfer auf der Türschwelle.

»Habt ihr es?« Seine Stimme klang hart und spröde.

»Ja.« Einer der Männer griff in die Tasche und brachte eine Plastiktüte zum Vorschein.

Dr. Tod nahm sie ihm aus der Hand. Er ging damit ins Haus und hielt sie gegen das Licht.

Das Stück Haut schimmerte weißrosa. An der Innenseite der Tüte befanden sich Blutspritzer.

»Es ist alles so erledigt worden, wie Sie es befohlen haben«, sagte einer der Männer. »Nur mußten wir noch jemanden töten.«

Dr. Tod kreiselte herum. »Wie war das?«

Der Mann begann zu erzählen. In Dr. Tods Gesicht zuckte kein Muskel, aber ein unbestimmtes Gefühl sagte ihm, daß es Ärger geben konnte. Dieser zweite Mord war nicht geplant. Nicht daß Dr. Tod Gewissensbisse gekannt hätte. So etwas gab es bei ihm nicht, aber das Verschwinden des Mannes könnte unter Umständen Aufsehen erregen. Aufsehen, das er im Augenblick nicht brauchen konnte. Er sah jedoch auch ein, daß seine Männer das einzig Richtige getan hatten. Wenigstens aus seiner teuflischen Sicht.

Seine Gehilfen blickten ihn mit ihren starren weißen Augäpfeln an. Sie rechneten mit einer Bestrafung, doch Dr. Tod wandte sich ab.

»Wartet auf mich«, sagte er.

Dann wandte er sich um und verschwand im Innern des geräumigen Bungalows.

Über die Hälfte der Räume bestand aus Labors. Doch selbst ein Laie hätte erkannt, daß sie eher Schreckenskammern glichen. Auf langen Tischen lagen Glasbehälter. Sie waren mit Nährlösung gefüllt. In mancher Lösung schwammen Körperteile. Sogar ein menschliches Gehirn hatte Dr. Tod in einem der Glasbehälter liegen. Damit wolle er sich jedoch später beschäftigen.

Er betrat den Kühlraum. Grelles Licht flackerte auf. Die Wände waren bis zur Decke gekachelt. Auf einem Metalltisch lag eine nackte Frauenleiche.

Es war eine junge Frau aus Barcelona. Eine Liebesdienerin, die niemand vermissen würde. Dr. Tod hatte die Leiche mit einer Konservierungssalbe eingerieben, damit sie nicht verweste.

Jetzt hob er die Leiche hoch. Die Arme der Toten baumelten zu beiden Seiten herab. Immer wenn Dr. Tod einen Schritt machte, schwangen sie hin und her.

Er brachte die Leiche in sein Labor und legte sie dort in eine mit roter Nährlösung gefüllte Wanne.

Die Tote tauchte unter.

Dr. Tod knipste das Licht aus. Nur noch die Instrumentenskalen waren beleuchtet. Sie gaben gerade so viel Licht ab, um alles einigermaßen erkennen zu können.

Jetzt begann der schwierigste Teil seiner Aufgabe.

Aus der Toten sollte ein neuer Mensch entstehen.

Dr. Tod konzentrierte sich. Dumpfe Beschwörungen drangen aus seinem Mund und füllten das geheimnisvolle Labor.

Dr. Tod rief den Satan an!

Er mußte ihm in dieser Stunde beistehen.

Es waren Worte, wie es sie in keiner Sprache der Welt gab, die aus Dr. Tods Mund drangen. Kehlige Laute, die nur den großen Magiern und Satansdienern bekannt gewesen waren. Seit Urzeiten existierte die Sprache schon, und doch wußte man nichts über sie.

Die Luft in dem Labor begann sich plötzlich zu verdichten. Blitze zuckten.

Schwefelgeruch erfüllte den Raum.

Der Satan war da!

Eine Rauchwolke puffte auf. Schemenhaft darin zu erkennen eine schreckliche Fratze.

Für Sekunden nur, dann verschwand sie wieder.

Hier wurde die Hölle beschworen. Mit all ihrem Greuel und Schrecken.

Dr. Tod begann am gesamten Körper zu zittern. Seine Stimme steigerte sich, wurde zu einer gräßlichen Disharmonie.

Und der Satan erhörte seinen Diener.

»Ich werde dir die Kraft geben!« drang plötzlich eine Stimme aus dem Nichts an Dr. Tods Ohren.

Und dann war alles vorbei. Weggefegt war der Schwefelgeruch. Die Luft wurde kalt und atemfrei.

Dr. Tod keuchte. Solch eine Satansbeschwörung ging an die Substanz. Aber er tat es gern, denn er hatte sich dem Teufel verkauft.

Langsam fuhr seine Hand in die Tasche, und als sie wieder hervorkam, hielt sie die Plastiktüte mit dem Stückchen Haut.

Dr. Tod zog die Tüte auf.

Jetzt war der Augenblick gekommen. Das Gesicht des Höllendieners blieb unbewegt. Niemand sah ihm die innere Spannung an.

Mit einer Pinzette zog er die Haut aus der Tüte. Vorsichtig

tunkte er sie in die Flüssigkeit, in der die Leiche der Prostituierten schwamm.

Mit der freien Hand hob er den Kopf der Leiche aus der Flüssigkeit.

Die glasigen Augen starrten ihm entgegen.

Dann preßte Dr. Tod das Stück Haut auf den Hals der Toten. Gleichzeitig ließ er die Leiche wieder in die Flüssigkeit zurücksinken.

Jetzt hieß es abwarten.

Zuerst geschah nichts.

Doch dann begann die Nährlösung zu brodeln, fing an, Blasen zu werfen. Dampfschwaden stiegen auf.

Dr. Tod trat zurück.

Schon bald konnte er von der Wanne nichts mehr erkennen und sah auch nicht, welch grausame Verwandlung mit der Leiche vor sich ging.

Die alte Haut löste sich wie Papier. Es war ein gräßlicher Anblick. Ein Körper ohne Haut. Nur das Stückchen am Halsansatz blieb kleben.

Und es dehnte sich aus!

Die Zellen vermehrten sich. Unheimlich schnell und nach einem mathematischen Rhythmus.

Schon war der gesamte Hals der Frau von einer neuen Hautschicht bedeckt. Und die Haut pflanzte sich immer weiter fort.

Die Verwandlung dauerte fast eine Stunde. Dann war alles vorbei.

Dr. Tod, der mit vibrierenden Nerven gewartet hatte, trat an den Rand der Wanne.

In der Nährflüssigkeit lag wieder eine nackte Frau. Aber nicht die Dirne aus Barcelona.

Es war Ramona Navarra!

Dr. Tod atmete auf. Sein Experiment hatte geklappt. Und das schon beim ersten Versuch.

Ramona Navarra war der Anfang. Weitere würden folgen. Politiker, Wirtschaftskapitäne, Männer, die Einfluß und Macht besaßen und die Dr. Tod zu seinen willenlosen Marionetten machen konnte.

Der Satan würde seine Herrschaft über die Erde antreten.

Doch bevor all dies geschah, mußte noch ein Mann erledigt werden. Inspektor John Sinclair. Dieser Mann, der Dr. Tod schon zweimal eine Falle gestellt hatte. Diesmal war er fällig. Dr. Tod wollte ihn nicht einfach töten – nein, er hatte etwas anderes mit ihm vor.

Ramona begann sich plötzlich zu bewegen. Ihre Arme fuhren hoch, und die Hände umfaßten den Rand der Wanne.

Dann stieg sie aus der Flüssigkeit.

Jeder Zentimeter ihres Körper war vollkommen. Niemand wäre auf den Gedanken gekommen, hier eine ›Tote‹ vor sich zu haben. Der Satan selbst hatte ihr das teuflische Leben eingehaucht.

»Komm her, Ramona«, sagte Dr. Tod.

Die Frau gehorchte. Sie ging mit den gleichen hüfteschwingenden Bewegungen wie die echte Navarra. Ihre Stimme, ihr Aussehen – alles war eine perfekte Nachbildung.

Niemand hätte sie von der echten unterscheiden können.

»Was hast du für Befehle, Meister?« fragte sie.

»Du wirst dieses Haus hier verlassen«, sagte Dr. Tod. »Du fliegst nach England. Genauer gesagt nach London.«

Ramona nickte. »Was soll ich dort, Meister?«

»Einen Mann treffen und ihn hierher bringen . . .«

Zwei Tage nach Ramona Navarres Verschwinden hielt der Lieferwagen einer Ölfirma vor ihrem Haus.

Drei Männer stiegen aus und luden ihre Arbeitsgeräte ab.

Die Leute hatten den Auftrag, die Heizung zu überholen. Es war eine Wartung, wie sie regelmäßig vorgenommen wurde.

Der Vorarbeiter hieß Franco Lagusta. Er war Spezialist in Sachen Heizungsbau.

»Mensch, in solch einer Bude möchte ich auch mal wohnen«, meinte einer seiner Helfer. »Aber unsereins wird wohl ewig schuften können.«

Lagusta zuckte die Achseln. »Was soll's, ändern kannst du doch nichts!«

Lagusta war nicht der Typ, der wegen politischer Ansichten auf die Barrikaden ging. Er verdiente für spanische Verhältnisse relativ viel und konnte sich sogar ein Auto leisten. Daß andere mehr hatten, nun, das würde immer der Fall sein. Aber auch viele, die mit weniger Geld auskommen mußten.

Lagusta war verheiratet und Vater eines Kindes. Seine Frau arbeitete als Sekretärin in der gleichen Firma, und wenn die Arbeit weiter so gut lief, konnten sie sich bald ein Haus kaufen.

Die anderen beiden Mechaniker hatten inzwischen alles abgeladen. Sie steckten sich Zigaretten an und warteten auf den Hausverwalter, der noch als einziger einen Schlüssel hatte.

Der Verwalter kam nach zehn Minuten. Er war ein mürrischer Mann, der laufend mit der Leber Ärger hatte.

»Machen Sie nur nichts dreckig«, meinte er zur Begrüßung.

»Keine Angst. Ihrer Villa geschieht schon nichts«, erwiderte Lagusta.

»Ihrer ist gut«, knurrte der Verwalter und ging voraus. Er gehörte zu den wenigen, die Ramonas Vertrauen besaßen und auf das Haus achtete, wenn sie auf Reisen war.

Die Arbeiter schnappten sich ihre Geräte und folgten dem Mann.

Der Verwalter verschwand als erster im Haus. Er hatte kaum die Türschwelle überschritten, als er abrupt stehenblieb.

»Verdammt, die Heizung ist ja an!« schimpfte er. »Waren Sie etwa schon hier?« wandte er sich an den Vorarbeiter.

Lagusta platzte bald der Kragen. »Wenn Sie noch einmal solche komischen Verdächtigungen aussprechen, können Sie Ihren Kram allein machen. Verstanden, Señor?«

»Schon erledigt. Komisch ist es nur, daß die Heizung brennt. Hier ist eine Hitze in den Räumen, das gibt es gar nicht.«

»Señorita Navarra wird schon einen Grund gehabt haben, weshalb sie die Heizung aufgedreht hat«, meinte einer der Männer.

»Aber sie wußte doch, daß sie nachgesehen wird«, sagte Lagusta.

»Kenn einer die Weiber.«

Der Verwalter steuerte direkt die Kellertür an. Auch hier drang ihnen ein Schwall warmer Luft entgegen.

»Und das im Sommer!« stöhnte Lagusta. Schon jetzt war er in Schweiß gebadet.

Der Verwalter machte Licht, und die Männer schleppten ihre Geräte die Kellertreppe hinunter.

Als erstes drehte Lagusta die Heizung ab. »So, jetzt sieht die Sache schon anders aus.«

»Anfangen können wir doch noch nicht«, sagte einer der Mechaniker. »Der Kessel muß erst kalt werden.«

»Dann warten wir eben«, entschied Lagusta.

»Wird ganz schön dauern. Mir soll's recht sein.« Der Mechaniker hockte sich auf seinen Werkzeugkasten.

Der Verwalter rang die Hände. »Wie lange wollen Sie sich denn hier aufhalten? Ich habe meine Zeit auch nicht gestohlen.«

»Sie können ja gehen«, schlug Lagusta vor.

»Und Sie hier allein lassen? Nein, das ist unmöglich.«

»Warum reden Sie dann?« Der Verwalter ging Franco Lagusta auf den Wecker. Zum Glück hatte er nicht jeden Tag mit so einem mickrigen Typ zu tun.

Lagusta drehte sich um und peilte ins Innere des Ofens. Die Flammen waren zusammengesunken, trotzdem strahlten die Kessel noch eine große Hitze ab.

Lagusta überlegte bereits, wo sie zuerst anfangen sollten, als er stutzte.

Etwas blitze auf dem Boden des Ofens.

Die Männer hatten vorhin das meiste Öl in einen Auffangbehälter abgelassen. Was dann noch verbrannt war, bestand aus einem Rest.

Lagusta kniff die Augen zusammen und sah genauer hin.

»Ist was, Franco?« fragte einer der Männer.

»Ich glaube schon, Pedro. Komm doch mal her.«

Pedro erhob sich ächzend von seiner Kiste. Der Vorarbeiter machte Platz.

Jetzt blickte Pedro durch das Sichtfenster.

»Tatsächlich«, meinte er nach einer Weile. »Da liegt wirklich was drin. Ein Ring oder so.«

»Ja, ein Ring«, bestätigte auch der Vorarbeiter.

Jetzt wurde der Verwalter ebenfalls aufmerksam. »Lassen Sie mich doch mal sehen.«

Der Mechaniker trat zur Seite, und der Verwalter starrte durch die Scheibe.

Die Männer sahen, wie er plötzlich anfing zu zittern. Als der

Mann sich umdrehte, war sein Gesicht kalkweiß. »Der Ring«, stotterte er, »gehört Ramona Navarra. Ich erkenne ihn genau. Mein Gott, aber wie kommt er in den Ofen?«

Die Männer sahen sich an. Jeder hatte plötzlich ein ungutes Gefühl. Man merkte es ihnen an, daß sie nach irgendeiner Ausrede suchten.

»Da wird doch nichts passiert sein?« flüsterte der Verwalter.

Er erhielt keine Antwort.

Nach einer halben Stunde öffneten die Männer schließlich den Kessel.

Franco Lagusta sah es als erster.

Er merkte, wie ihm schlecht wurde. »Wir . . . wir . . . müssen die Polizei holen«, würgte er hervor. »Da drin ist jemand verbrannt worden.«

Selbst die abgebrühten Beamten der Mordkommission waren schockiert von dem grauenhaften Anblick.

Kommissar Cello leitete die Untersuchungen. Er war ein hagerer Mann mit einer dicken Hornbrille auf der schmalen Nase. Sein Anzug schlotterte ihm um den Körper. Nichtsdestoweniger war Cello einer der fähigsten Madrider Polizeioffiziere.

Der Arzt ließ die Überreste in Kunststoffbeutel packen. Die Sachen würden noch im Polizeilabor untersucht werden.

Vorerst beschäftigte man sich mit den Funden. Da war der Ring. Ein kostbares Schmuckstück aus Gold und Brillanten. Das Gold war geschmolzen, hatte sich verformt, doch den Brillanten hatte das Feuer nichts anhaben können.

Ferner hatte man eine Uhr gefunden. Eine Herrenuhr. Von einem der teuersten Juweliere Madrids. Es gab nicht sehr viele Menschen in der Stadt, die dort kaufen konnten.

»Zwei Leichen also«, sagte Kommissar Cello zu seinem Assistenten. »Aber wer ist die zweite? Der Ring gehörte Ramona Navarra, das steht fest.«

»Entschuldigen Sie, wenn ich mich einmische, Kommissar«, sagte der Verwalter. »Aber Señorita Navarra befindet sich auf einer Schönheitsfarm. Für ein Jahr will sie nicht mehr auftreten. Sie will sich sozusagen generalüberholen lassen, wenn mir diese Bemerkung gestattet ist.«

»Sie ist«, sagte Cello. »Und die Adresse?«

»Welche Adresse?« Der Verwalter machte ein ungläubiges Gesicht.

»Himmel«, stöhnte Kommissar Cello, »sind Sie wirklich so naiv? Die Adresse der Schönheitsfarm.«

»Die habe ich nicht.«

Jetzt machte der Kommissar ein dummes Gesicht. »Aber wer hat sie dann?«

»Niemand, soviel ich weiß. Kein Mensch sollte wissen, wo Señorita Navarra hinfährt. Das war ja der Trick. Sie wollte Ruhe haben, nichts als Ruhe. Und für das Haus hier sorge ich.«

»Das ist 'n Ding.« Der Kommissar dachte nach. Dann meinte er. »Wann genau ist sie denn gefahren?«

»Vor zwei Tagen.«

»Waren Sie dabei?«

Der Hausverwalter schüttelte den Kopf. »Nein, natürlich nicht. Wieso auch.«

»Ja, wieso auch«, erwiderte Cello leise. Er trat ein paar Schritte zur Seite und zündete sich eine Zigarette an. Er spürte bereits das berühmte Kribbeln in den Fingerspitzen, das immer dann einsetzte, wenn Ärger in der Luft lag. Und danach sah es hier verdammt aus.

Lopez, sein Assistent, stellte sich neben ihn. »Tja, Alfredo, das ist ein ganz schöner Mist.«

Lopez konnte sich diese lockere Anrede erlauben, weil er inzwischen mit Cellos Tochter verlobt war.

»Mist hin – Mist her«, knurrte der Kommissar, »wir werden nicht in die Betten kommen. Wenn ich nur wüßte, wer diese beiden Personen sind, die man hier in den Ofen gesteckt hat.«

»Ich denke, die Navarra.«

»Das steht noch längst nicht fest. Wenn sie dich in den Ofen schmeißen und werfen den Ring meiner Alten hinterher, denkt auch alle Welt, mein süßes Eheweib wäre verbrannt. Und dabei keift sie immer noch. Eins sage ich dir, Junge«, der Kommissar klopfte seinem Assistenten zwei Finger gegen die Brust. »Laß du dich nur nicht von den Weibern fertig machen. Aber wir kommen vom Thema ab. Also: Es ist nicht sicher, daß Ramona Navarra verbrannt ist. Erst wenn wir die Anschrift dieses Schönheitsinstituts haben, dann wissen wir mehr. Aber das ist eine Aufgabe für dich, mein Sohn. So viele Schönheitsfarmen gibt es in Spanien gar nicht.«

»Und wenn sie ins Ausland gegangen ist?« sagte Lopez.

Der Kommissar fletschte die Zähne. »Dann nimmst du auch die unter die Lupe.«

»Wir sehen uns dann im nächsten Jahr«, sagte Lopez.

»Wieso?«

»Dann bin ich vielleicht fertig«, grinste der zukünftige Schwiegersohn des Kommissars.

Ehe der Alte etwas erwidern konnte, hörte er draußen Männer herumbrüllen. Dann stürmte einer der Polizisten die Treppe zum Keller hinunter.

»Kommissar, Kommissar«, rief er atemlos. »Oben sind Reporter. Sie haben Blut gerochen, umlagern das Haus.«

»Keine Angst, mein Freund«, sagte der Kommissar. »Ich gehe rauf. Die Kameraden werden sich freuen.«

Mit bullig vorgerecktem Kinn zog der Kommissar los. Der Polizist wischte sich inzwischen den Schweiß von der Stirn und wandte sich an Lopez. »Mein Beileid.«

»Wofür?«

»Für Ihren Schwiegervater. Wenn die Tochter genauso ist. Por dios . . .«

Lopez gab keine Antwort.

Draußen hatte sich der Kommissar bereits mit den Reportern angelegt. Wie ein Fels in der Brandung stand er da.

»Was ist mit Ramona? Weshalb sind Sie hier? Bitte eine Erklärung! Ist Ramona Navarra ermordet worden? Wenn ja, welches Motiv?«

Die Fragen schwirrten nur so um den Kommissar herum. Er wagte immer nur einen Satz: »Kein Kommentar. Warten Sie die nächste Pressekonferenz ab.«

Und dann ließ er den Platz räumen. Es gab Geschrei, einige lockere Zähne und ein paar zerstörte Kameras. Schließlich hielten sich die Pressehaie doch in respektabler Entfernung auf.

»Das wäre geschafft«, schnaufte der Kommissar. Er wollte sich umdrehen und wieder in das Haus gehen, da fiel sein Blick auf den Boden.

Eine Zeitung lag dort. Sie war von heute und mußte wohl irgendeinem Reporter aus der Manteltasche gerutscht sein.

Der Kommissar hob die Zeitung auf. Die Schlagzeile sprang ihm förmlich ins Auge.

PLAYBOY CARLOS ORTEGA SPURLOS VERSCHWUNDEN!

Der Kommissar las die Zeile einmal, zweimal, und dann machte es in seinem Gehirn ›klick‹.

Carlos Ortega gehörte zu den bevorzugten Begleitern der Sängerin. Und man hatte in dem Ofen eine Herrenarmbanduhr gefunden. Ein schrecklicher Verdacht keimte in dem Kommissar hoch . . .

Der Anblick der Frau traf John Sinclair mit der Wucht eines Keulenschlages.

Teufel, war das ein Weib!

Pechschwarze Haare, bis auf die Schulter hinabfallend. Augen, die tief wie Seen waren und alles versprachen. Ein Mund, der zum Küssen einlud – und eine Figur . . . so etwas gab es nur alle hundert Jahre einmal.

Sie trug einen kostbaren Nerzmantel, aus dem sie sich mit den geschmeidigen Bewegungen eines Raubtieres herausschälte. Zwei Ober sprangen hinzu und nahmen der Frau den Mantel ab. Sie nickte mit einem huldvollen Lächeln.

John Sinclair trank hastig sein Glas leer. Selten war ihm der Anblick einer Frau so unter die Haut gegangen.

Inspektor John Sinclair, der auch den Spitznamen Geisterjäger trug, hatte an diesem Abend seine Bummeltour. Er wollte in einem der exquisitesten Londoner Restaurants speisen und dann mal sehen . . .

John Sinclair war einer der Topmänner von Scotland Yard. Er kam immer dann zum Zug, wenn andere aufgaben. Sein Spezialgebiet waren die übersinnlichen Fälle. Er hatte Vampiren, Dämonen und Magiern schon das Fürchten beigebracht. Das heißt nicht, daß er vom Weltlichen ab war – im Gegenteil: Eine schöne Frau reizte ihn mehr als ein noch so grausamer Dämon.

John Sinclair räusperte sich. Er konnte seine Augen nicht von der Frau lassen, und plötzlich überkam ihn die Erkenntnis.

Er kannte die Frau. Sie war niemand anderes als Ramona Navarra, eine Sängerin, die John sehr verehrte und von der er einige Platten zu Hause hatte.

Ein Autogramm war das mindeste, was sie ihm geben mußte, nahm er sich vor.

Ramona Navarra sah sich um. Die vielen Männeraugen, die sich an ihr festsaugten, schien sie nicht zu bemerken. Der Geschäftsführer wieselte heran und flüsterte ihr etwas zu, worauf die Frau den Kopf schüttelte. Dann deutete sie auf einen freien Tisch, direkt neben dem John Sinclairs.

Der Geschäftsführer nickte eifrig und geleitete die Sängerin an den gewünschten Platz.

Ein Ober brachte sofort Champagner.

»Geht auf Kosten des Hauses«, hörte John den Geschäftsführer flüstern.

Die Diva nickte huldvoll.

Sie trug ein mit Perlen besetztes Kleid, das tief ausgeschnitten war und die Ansätze ihres Busens freigab.

Ramona Navarra nahm einen Schluck Sekt, ließ ihren Blick kurz durch das Lokal schweifen und lächelte John flüchtig zu.

Der Inspektor kriegte abermals eine trockene Kehle.

Ein Ober reichte der Diva die Speisekarte. Ramona suchte lange und bestellte dann erst mal eine Kleinigkeit.

John, der ebenfalls essen wollte, war der Anblick der Schönen so auf den Magen geschlagen, daß ihm erst mal der Appetit vergangen war. Vorerst hielt er sich an seinem Whisky fest.

Das Lokal war nur wenigen Eingeweihten bekannt. Es war als Club deklariert, und man suchte sich hier seine Gäste aus. Die Einrichtung war vornehm und teuer. Es herrschte der gewisse Grad an Eleganz, den sich nur der leisten konnte, der genügend Geld besaß.

John Sinclair allerdings kaum. Aber er war ja eingeladen worden.

Bill Conolly, sein Freund, wollte – wie er selbst sagte – einen in die Kolonne schmeißen. Deshalb hatten sie sich hier verabredet. Für zwanzig Uhr. Und bis dahin war es noch eine halbe Stunde. Sheila, Bills Frau, hatte mal wieder ein weibliches Wesen für den Junggesellen John aufgetan. Sie wollte den Inspektor unbedingt unter die Haube bringen. John ließ ihr diese kleine Freude. Manchmal hatte sie tatsächlich süße Täubchen mitgebracht.

Aber sie waren alle nichts gegen Ramona Navarra. Diese Frau stellte Johns bisherige Bekanntschaften völlig in den Schatten.

John rückte seinen Sessel so zurecht, daß er Ramona beobachten konnte, ohne daß es groß auffiel.

Die Sängerin lehnte sich zurück und schlug die makellosen Beine übereinander. Dabei rutschte das Kleid in jugendgefährdende Höhen.

Ramona merkte es wohl. Sie versuchte jedoch vergeblich, das Kleid weiter nach unten zu ziehen. Schließlich gab sie es auf und griff nach ihrer Handtasche. Sie holte ein goldenes Zigarettenetui hervor, klappte es auf und steckte sich ein Stäbchen zwischen die kirschrot geschminkten Lippen.

Zwei Ober spritzten hinzu, um ihr Feuer zu geben.

Doch John Sinclair war am schnellsten. Sein Feuerzeug klickte, und die Gasflamme sprang aus der kleinen Düse.

Ramona neigte sich ein wenig vor.

»Danke«, sagte sie und stieß den Rauch durch die Nase aus.

John lehnte sich wieder zurück. Für einen Augenblick nur hatte er ihr Parfüm gerochen. Diesen schweren, sinnlichen Duft. John hatte ihn wie Balsam aufgesaugt.

Ramona Navarra stäubte die Asche ab. Dann drehte sie ihren Kopf zur Seite und wandte sich direkt an John.

»Entschuldigen Sie, Mister . . .«

»Sinclair«, stellte sich John vor. »John Sinclair.«

Ramona lächelte. »Ich möchte nicht aufdringlich erscheinen, aber erwarten Sie noch jemanden?«

John war im ersten Augenblick perplex. Dann sagte er schnell: »Nein, nein.«

»Würde es Ihnen etwas ausmachen, mir Gesellschaft zu leisten?«

»Aber Señorita Navarra, ich wüßte nicht, was ich lieber täte.«

»Sie kennen mich?« fragte sie. Ihre Stimme klang dunkel und voller Verheißung.

»Wer kennt Ramona Navarra nicht! Sie gestatten?«

»Selbstverständlich.«

John setzte sich zu ihr an den Tisch. Er zündete sich ebenfalls eine Zigarette an.

»Sind Sie beruflich hier in England?« wollte er wissen.

»Nein. Privat. Sehr privat sogar«, gab die Frau zurück, und in ihre Augen trat ein seltsamer Ausdruck.

»Na dann. Auf einen gelungenen Abend.« John hob sein Glas.

Sie tranken sich zu. Dabei ließ die Sängerin keinen Blick von Johns Gesicht.

Dem Inspektor wurde es langsam heiß unter dem Kragen.

Ramonas Essen kam. Sie hatte sich einen Langusten-Cocktail bestellt.

»Sie entschuldigen«, sagte sie zu John und begann zu essen.

Der Inspektor drückte seine Zigarette aus. Das lief ja besser, als er gedacht hatte. Jetzt mußte er nur noch eine Möglichkeit finden, mit der Frau von hier zu verschwinden. Man saß in diesem Lokal wie auf dem Präsentierteller. Eine kleine Bar war wesentlich gemütlicher.

»Sie kommen aus London, Mister Sinclair?« fragte Ramona. Ihr Englisch hatte einen etwas harten Akzent.

»Ja. Ich kenne diese Stadt wie meine Westentasche.«

»Macht es Ihnen dann etwas aus, mir London bei Nacht zu zeigen? Ich meine, nur wenn Sie Zeit haben.«

»Aber Señorita Navarra«, sagte John. »Wie könnte ich solch einen Vorschlag ablehnen.«

Die Sängerin lächelte. John stellte fest, daß sie phantastische Zähne hatte.

»Sagen Sie Ramona zu mir.«

»Nur, wenn Sie John sagen.«

»Cheerio, John.«

Sie tranken sich zu, und John Sinclair vergaß zum erstenmal seit langem seinen Job. Er wollte nicht mehr an Geister und Vampire denken. Dieser Abend sollte endlich mal nur ihm gehören. Er dachte auch nicht mehr an seine Verabredung, zum Teufel auch, man mußte die Gunst der Stunde nutzen.

Ramona schlug die Hände zusammen. »Tja, John. Eigentlich hält uns hier nichts mehr. Meinetwegen können wir gehen.«

Der Inspektor stand auf, und Ramona erhob sich ebenfalls.

Ein Ober brachte den Mantel. John hatte seinen Burberry im Wagen gelassen. Es war schließlich Sommer, wenn die Nacht auch ein wenig kühl war.

John übernahm die Rechnung. Ein Ober hielt ihnen die Tür auf. Er vollführte einige Verbeugungen.

Als sie draußen standen, streckte Ramona beide Arme weit aus. »Herrlich, diese Luft.« Dann hakte sie sich bei John unter.

»Kommen Sie, ich möchte heute einmal richtig Mensch sein. Und kein Wort von meinem Beruf. Einverstanden?«

»Mir soll es recht sein.«

Sie nahmen den Wagen des Inspektors. Als John losfuhr, war er in einer euphorischen Stimmung.

Er ahnte nicht, daß neben ihm eine Tote saß . . .

Die letzte Bar, die sie verließen, hieß Spotlight. Es war ein schummriger Club mit heißem Programm.

»Und jetzt?« fragte John.

Ramona lachte silberhell. »Jetzt fahren wir irgendwohin. Am besten«, sie überlegte einen Moment und legte den Zeigefinger gegen die Stirn. »Am besten zu mir. Ja?« Ramonas Stimme klang schon leicht angeschlagen.

Auch John hatte einiges getrunken und traute sich nicht mehr zu fahren.

»Ich rufe uns ein Taxi«, sagte er.

»Du bist ein Schatz«, erwiderte Ramona und hauchte John einen Kuß auf die Wange.

Die beiden waren im Laufe des Abends zu einem vertraulichen Du übergegangen. Sie hatten dabei mehrmals Brüderschaft getrunken, und John spürte jetzt noch den Nachgeschmack des Lippenstiftes.

»Und wohin soll die Reise gehen?«

»Park Lane Hotel.«

John nickte anerkennend. »Teurer Laden.«

Das war das Hotel in der Tat. Es lag nicht weit vom Piccadilly Circus und grenzte an den Green Park.

Ein Taxi war schnell gefunden.

Ramona lachte, als sie einstiegen. »Ich kann mich an diese komischen Monstren nicht gewöhnen«, kicherte sie. »Aber irgendwie finde ich sie irre.«

John konnte ein Schmunzeln nicht unterdrücken. Die Sängerin war während der vergangenen Stunden richtig aufgetaut. Hier konnte sie endlich mal tun und lassen, was sie wollte, und war nicht die Navarra.

Zehn Minuten dauerte die Fahrt, und Mitternacht war schon vorüber, als John den Fahrer entlohnte.

Die Hotelhalle war gähnend leer.

»Versteck dich hinter einer Säule«, flüsterte Ramona. »Der Portier braucht nicht zu sehen, daß ich noch Besuch mitbringe. Sonst steht es morgen in allen Klatschspalten.«

John zwinkerte der Sängerin zu und ging in Deckung.

Sie holte sich den Zimmerschlüssel und erkundigte sich, ob die Hotelbar noch geöffnet sei.

Sie war es.

John Sinclair betrat mit seiner neuesten Eroberung die Bar. Sie setzten sich jedoch nicht in eine der zahlreichen Nischen, sondern nahmen von hier aus direkt den Lift.

Ramona wohnte im vierten Stock. Es war schon eine kleine Suite, die sie gemietet hatte.

Living-room, Schlafzimmer und Bad. Alles war großzügig angelegt.

Ramona schloß die Tür und schleuderte beide Schuhe von den Füßen. Dann fiel sie John um den Hals.

Es war ein heißer Kuß, der dem Inspektor beinahe den Atem raubte. John fühlte, daß Ramona nicht einmal einen BH trug, und spürte, wie Ramonas Körper unter der Seide des Kleides zitterte.

Nach einigen Minuten löste sich die Frau von dem Inspektor. »Warte hier«, flüsterte sie John zu, »ich gehe nur noch ins Bad und zieh' mich um.«

»Aber bleib nicht zu lange.«

»Keine Angst, du wirst zufrieden sein.«

Ramona verschwand.

John ließ sich in einen Sessel sinken. Eine Zigarette verkürzte ihm die Wartezeit.

War das eine Nacht gewesen – und sie war noch nicht zu Ende. Das Beste lag noch vor ihm.

Schon bald rauschte die Dusche. John malte sich aus, wie Ramona unter den heißen Wasserstrahlen stand – und . . .

»John!« Ramonas Stimme übertönte das Rauschen der Dusche.

»Ja?«

»Bring mir doch bitte das Badetuch, John. Es liegt auf dem Bett im Schlafzimmer.«

»Wüßte nicht, was ich lieber täte«, erwiderte der Inspektor.

Er ging ins Schlafzimmer. Das grünrot gesprenkelte Tuch lag tatsächlich dort.

Der Inspektor legte es sich über den Arm und öffnete die Tür zum Bad.

Heiße Schwaden nahmen ihm für einen Augenblick die Sicht. John wischte sich über die Augen. Dann sah er klarer.

Es gab eine Wanne und davon getrennt eine Duschkabine. Ein nackter Arm kam hinter dem Plastikvorhang hervor.

»Das Tuch, John.«

Der Inspektor trat vor, stieß die Tür ganz auf.

Genau drei Schritte schaffte er. Plötzlich vernahm er links von sich eine Bewegung.

Seine Reflexe waren durch den getrunkenen Alkohol längst nicht mehr so schnell und sicher. Er sah nur noch etwas auf sich zusausen, hörte ein Zischen, und dann traf etwas mit elementarer Wucht seinen ungeschützten Nacken.

Reingelegt, dachte John Sinclair noch. Einen Herzschlag später war sein Bewußtsein ausgelöscht. Hart knallte der Inspektor auf die Fliesen.

Die Dusche wurde abgedreht.

Ramona tauchte auf und schlüpfte wieder in ihr Kleid. Sie hatte neben den Wasserstrahlen gestanden, und nicht einmal ihr Haar war naß geworden.

Der Mann, der John niedergeschlagen hatte, trat aus seinem Versteck hinter der Tür hervor.

Weiß schimmerten seine Augäpfel in den Höhlen. Lässig steckte er den Totschläger weg. Mit dem rechten Fuß drehte er den bewußtlosen Inspektor auf den Rücken.

Mit eiskaltem Blick sah Ramona Navarra auf John Sinclair nieder. Nichts war mehr von ihrem Charme und der Fröhlichkeit vorhanden. Sie war nur noch die Dienerin eines brutalen Verbrechers.

»Erledigt«, sagte Ramona Navarra kalt und stieg über John Sinclair hinweg.

»Ich verstehe das nicht«, sagte Bill Conolly, »John ist doch sonst immer pünktlich.«

Der Reporter war echt ärgerlich, und auch Sheila und ihre Bekannte zogen lange Gesichter.

Über eine halbe Stunde warteten sie schon. Selbst die Drinks stießen Bill sauer auf.

Sheila Conolly hatte Pamela Gordon vor zwei Tagen getroffen. Die beiden Frauen kannten sich aus ihrer Studienzeit. Pamela lebte schon lange in Frankreich und war quasi hier nur zu Besuch. Sie arbeitete in Paris bei einem Public-Relation-Unternehmen und verdiente recht gut.

Pamela hatte eine schlanke, biegsame Figur und trug ihr dunkelbraunes Haar im modernen Locken-Look. Ihr Gesicht war etwas blaß, und der kirschrot geschminkte Mund stach wie ein Blutfleck hervor.

Pamela wollte seit Jahren mal wieder richtig in London ausgehen, und ausgerechnet jetzt kam John Sinclair nicht. Sie war gespannt auf diesen Mann, von dem ihr Sheila einiges erzählt hatte.

Sheila Conolly trug an diesem Abend einen eleganten Hosenanzug und eine schlichte, aber echte Perlenkette um den Hals. Ihr Haar hatte sie hochgesteckt und leicht rötlich gefärbt. Auf den Strähnen tanzten flirrende Lichtreflexe.

»Frag doch einen von den Kellnern«, sagte Sheila zu ihrem Mann. »Vielleicht war John schon hier und hat eine Nachricht für uns hinterlassen.«

Bill zuckte die Achseln. »Versuchen kann ich es ja mal.«

Der Reporter stand auf. Sein dunkelblauer Samtanzug spannte sich um die breiten Schultern.

Der Ober sah dem Reporter fragend entgegen.

»Es geht um einen Bekannten von uns«, begann Bill Conolly. »Sein Name ist John Sinclair. War er vielleicht heute abend hier und hat uns eine Nachricht hinterlassen?«

»Nein, Sir. Mir ist nichts bekannt.»

»Hm.« Bill biß sich auf die Lippe.

»Fangen wir mal anders herum an. Dieser Gentleman, nach dem ich fragte, sieht folgendermaßen aus.«

Bill Conolly beschrieb John Sinclair haargenau, und was der Reporter nicht für möglich gehalten hatte, geschah. Das Gesicht des Obers hellte sich auf.

»Dieser Gentleman war allerdings hier. Er ist allein gekommen und hat sich dann zu einer Dame an den Tisch gesetzt.« Der Ober hatte bei dem letzten Satz seine Stimme ein wenig gesenkt.

John, du alter Schwerenöter, dachte Bill.

»Wissen Sie, Sir, diese Dame . . .« Der Ober räusperte sich, und seine Augen bekamen einen gewissen Glanz.

Bill verstand und steckte ihm einen mittleren Schein zu.

»Aber so war das doch nicht gemeint, Sir.« Mit erstaunlicher Geschwindigkeit ließ der Ober jedoch das Geld verschwinden. »Also, diese Dame ist eine sehr bekannte Persönlichkeit. Sie ist eine Sängerin. Ramona Navarra heißt sie.«

Der Ober blickte zu Bill und machte ein Gesicht, als wolle er sagen: »Da bist du platt, was?«

Bill war auch in der Tat überrascht. »Und es war wirklich die Navarra?« vergewisserte er sich.

»Wenn ich es Ihnen doch sage, Sir.«

»Sicher, sicher. Sie wissen nicht zufällig, wo die beiden hin wollten?«

»Nein, da kann ich Ihnen beim besten Willen nicht helfen. Aber wenn ich mal aus der Erfahrung sprechen darf. Unsere Gäste gehen meistens noch nach einem gelungenen Essen bummeln. Sie haben wahrscheinlich eine intime Bar besucht. So hätte ich es wenigstens gemacht, Sir.«

»Ich auch«, murmelte Bill in Gedanken versunken. Er bedankte sich noch mal bei dem Ober und ging dann zum Tisch zurück.

Die beiden Frauen sahen ihm gespannt entgegen. »Nun? Erfolg gehabt?« fragte Sheila.

»Ja und nein.«

»Was heißt das?«

Bill berichtete in kurzen Sätzen.

Sheila pfiff ganz undamenhaft leise durch die Zähne. »John und die Navarra? Kaum vorzustellen. Das ist doch eine von denen, die nur auf aalglatte Playboys fliegt und nicht auf richtige Männer. Nein, der Ober wird sich vertan haben. Ganz bestimmt sogar.« Sheila legte nachdenklich ihre Hand auf die Stirn. »Natürlich, jetzt fällt es mir wieder ein. Von der Navarra stand neulich etwas in der Zeitung. Sie wollte doch für ein Jahr aussetzen oder so ähnlich. Bill, der Ober hat die Frau bestimmt mit einer anderen verwechselt.«

Der Reporter schüttelte den Kopf. Besorgnis stahl sich in seine Augen. »Ich kenne John verflixt lange. Er fällt nicht auf irgendeine

Biene herein. Bestimmt war die Navarra echt. Außerdem hat John einige Platten von ihr.«

Sheila stöhnte auf. »Aber die Zeitungen . . .«

»Hör doch mit den Zeitungen auf«, knurrte ihr Mann. »Die schreiben viel, wenn der Tag lang ist.«

»Du mußt es ja wissen«, entgegnete Sheila spitz. »Bist ja selbst Journalist.«

Bill warf ihr einen undefinierbaren Blick zu.

»Also, ich verstehe nur Bahnhof«, sagte Pamela Gordon. »Ich weiß nur, daß euer lieber John Sinclair verschwunden ist und der Abend langsam, aber sicher in die Binsen geht.«

Bill hob die Schultern. »Tut mir leid, Pam. Das habe ich nicht gewollt.«

»Und wie hast du dir den weiteren Verlauf gedacht?« fragte Sheila.

»Das ist eben das Problem, meine liebe Mrs. Conolly. Ich für meinen Teil möchte John gern suchen gehen.«

»Das heißt im Klartext, wir müssen alle möglichen Bars abklappern.«

»Nicht alle. Überleg doch mal. Wo geht man mit einer Frau wie der Navarra hin? Doch nicht nach Soho.«

»Hast du eine Ahnung.« Sheila lachte leise. »Frauen wie die sind zu allem fähig. Vielleicht will sie mal die Unterwelt von London kennenlernen. Ist doch drin. Was meinst du, Pam?«

»Ich halte mich da raus.«

»Und ich bezahle jetzt die Rechnung«, sagte Bill.

Fünf Minuten später hatten die drei das Restaurant verlassen. Die Suche begann.

Bar für Bar nahmen sie unter die Lupe, und es wurde beileibe kein billiger Abend. Oft mußten sie etwas trinken, und auch Orangenflips hatten ihre Preise.

Schließlich gerieten sie auch in die Nähe des Spotlights.

Sheila sah Johns Wagen zuerst. »Da steht ein Bentley«, sagte sie.

Bill drehte den Kopf. »Tatsächlich. Wartet einen Moment.« Er lief ein paar Schritte vor, um das Nummernschild besser erkennen zu können.

»Es stimmt«, rief er. »Das ist Johns Wagen. Na, dann wird er ja noch drin sein.«

Aber John Sinclair befand sich nicht mehr in der Bar. Und hier erst fragte Bill Conolly auch konkret nach den beiden.

»Die waren hier«, sagte ein Mixer. »Mein Gott, hatte der Typ ein Weib bei sich. Da lief sogar bei mir das Wasser unter der Zunge zusammen. Und das soll schon was heißen.«

Ehe er jedoch ins Schwärmen geriet, stoppte Bill seinen Redefluß.

»Wann sind die beiden denn gegangen?«

»Vielleicht vor einer Stunde. So genau kann ich das auch nicht mehr sagen.«

Bill ließ sich das Telefon reichen.

»Wen willst du denn jetzt anrufen?« fragte Sheila.

»John natürlich«, erwiderte Bill, ohne von der Wählscheibe aufzusehen.

»Der ist verrückt«, hörte er in seinem Rücken Sheila flüstern.

Bei John meldete sich niemand. Resignierend ließ Bill den Hörer zurückfallen.

»Und nun?« Sheila lächelte spöttisch. »Jetzt schweigt der große Meister, wie?«

»Im Augenblick ja«, gab Bill zu. »John und die Navarra«, meinte er leise. »Da stimmt was nicht. Irgend etwas ist faul an der ganzen Sache.«

Sheila furchte die Augenbrauen. »Sag nur nicht, du witterst schon wieder ein Verbrechen.«

»Kann schon sein«, entgegnete Bill und rutschte langsam vom Barhocker.

Die Dunkelheit um ihn herum war absolut.

John Sinclair wußte nicht, wie lange er bewußtlos gewesen war. Auf jeden Fall hatte er mörderische Kopfschmerzen. Außerdem taten ihm sein Nacken und ein Teil der Schulter weh.

Unendlich langsam öffnete John die Augen. Kein Lichtschimmer drang durch die verdammte Schwärze.

John wollte sich bewegen, doch er konnte kein Glied rühren.

Man hatte ihn an Händen und Füßen gefesselt!

Auch fühlte er etwas Hartes zwischen seinen Zähnen. Ähnlich wie ein Mundstück.

Mundstück?

John bewegte seine Lippen. Tatsächlich, da hatte ihm jemand ein Mundstück zwischen die Zähne gepreßt. Jetzt spürte er auch den Druck im Rücken.

Kein Zweifel, das konnten nur Sauerstoffflaschen sein. Deshalb lag er auch auf der Seite.

Aber wo?

Vielleicht in einer Kiste. John winkelte die Beine an. Er stieß mit den Knien gegen etwas Hartes.

Holz oder Metall . . .

Sollten sie ihn womöglich in einen Sarg verfrachtet haben?

Der Inspektor blieb ganz ruhig liegen, konzentriete sich.

Nun merkte er auch die schaukelnden Bewegungen, hörte das brummende Geräusch.

Ein Wagen. Du liegst auf der Ladefläche eines Wagens, sagte sich John.

Gleichzeitig setzte auch die Erinnerung wieder bei ihm ein.

Ramona Navarra kam ihm in den Sinn. Der Abend, der Barbummel, dann das Hotelzimmer – und dann . . . die Nachwirkungen des Schlages spürte er jetzt noch.

Aber wo schafften sie ihn jetzt hin, und was sollte diese Entführung bezwecken?

Egal, es würde sich herausstellen. Erst einmal in aller Ruhe abwarten. Daß man etwas von ihm wollte, war ihm klar, sonst hätten sie ihn sofort umgelegt.

Die Zeit verging, und plötzlich wurde die Straße oder der Weg schlechter. John wurde in der Kiste ganz schön durcheinandergeschüttelt.

Er fluchte innerlich wie ein Maultiertreiber und nannte sich selbst den größten Esel.

Irgendwann stoppte der Wagen.

Türen klappten, dann klangen Schritte auf. John hörte Männerstimmen, und jemand zog an der Kiste.

Anschließend wurde sie getragen. Der Geisterjäger merkte es an den schaukelnden Bewegungen.

Schließlich wurde die Kiste abgesetzt. Die Schritte entfernten sich wieder.

John blieb weiterhin in seinem unfreiwilligen Gefängnis liegen. Er war direkt froh, als die Schritte wieder aufklangen und sich jemand an dem Kistendeckel zu schaffen machte.

Wenig später wurde er hochgeklappt.

Licht blendete den Inspektor. Unwillkürlich kniff er die Augen zusammen und öffnete sie auch nur intervallweise.

Was er sah, erstaunte ihn.

Eine weiße Decke mit einer runden Leuchtstoffröhre darunter. Er sah auch den Ausschnitt einer gekachelten Wand. Mehr konnte John aus seiner Perspektive nicht erkennen.

Zwei Männer tauchten auf. Einer am Kopf-, der andere am Fußende.

Die Männer packten zu, hoben John aus der Kiste. Sie trugen Sonnenbrillen. John hatte die beiden noch nie gesehen.

Einer nahm ihm die Sauerstoffflasche ab und zog auch das Mundstück zwischen den Zähnen hervor.

Tief pumpte John die Lungen voll Luft. Sie schmeckte doch ganz anders.

Gefesselt blieb er allerdings weiterhin. John wollte etwas fragen, doch seine Stimme versagte. Sein Hals war trocken wie Sandpapier.

Die Männer legten ihn auf eine Bahre oder ein Bett. Dann traten sie zurück.

John drehte den Kopf.

Er lag in einem Labor. Dies erkannte er an den zahlreichen Meßgeräten.

Und dann weiteten sich seine Augen.

Neben einem der Tische stand Ramona Navarra.

Das Lächeln, das John so geschätzt hatte, war verflogen. Langsam näherte sich die Frau der Bahre.

Jetzt wollte John Klarheit haben. »Was ist geschehen?« krächzte er mühsam. »Und wo bin ich hier?«

»Wir mußten dich leider etwas unsanft behandeln«, erwiderte Ramona. »Erst einen Schlag in den Nacken und dann die Spritze. Aber du hast es überstanden. Wo du bist, kann ich dir auch sagen, mein Freund. Du befindest dich in Spanien.«

»Spanien?« echote John.

»Ja. Du warst fast einen Tag lang bewußtlos.«

Der Geisterjäger schloß erst einmal die Augen. Die Überraschung hatte ihn wie in Tiefschlag gepackt. Nun ja, er mußte sich mit dieser Tatsache abfinden. Wahrscheinlich hatte man ihn erst in ein Flugzeug und danach in einen Wagen geschafft.

»Und was ist der Grund dieser Entführung, wenn ich mal fragen darf?«

»Der Meister wollte es so.«

»Wer ist denn der Meister?«

»Du wirst ihn sofort kennenlernen.«

Ramona hatte den Satz kaum ausgesprochen, da öffnete sich eine Tür.

John wandte den Kopf, und im selben Augenblick war ihm, als träfe ihn der Schlag.

In dem Labor stand niemand anderes als sein größter Feind.

Dr. Tod!

»Überrascht, Inspektor?« fragte Dr. Tod. Ein siegessicheres, zynisches Lächeln umspielte seine strichdünnen Lippen.

John Sinclair riß sich zusammen. Dieser Anblick hatte ihn tatsächlich geschockt. Aber sein Gegner sollte auch nicht merken, wie ihm zumute war.

»Ein wenig schon«, erwiderte John. Noch immer klang seine Stimme kratzig.

Wieder lächelte Dr. Tod. Er trat ein paar Schritte vor bis dicht an die Bahre, auf der sein Gefangener lag. John sah den Ring an Dr. Tods Finger schimmern. Dieser Ring war sozusagen sein Markenzeichen. Er hatte eine rubinrote Oberfläche, in die ein weißer Totenkopf eingraviert war. Der Totenkopf konnte je nach Körpertemperatur des Ringträgers seine Farbe ändern.

Selbstverständlich hatte John gewußt, daß er irgendwann wieder mit Dr. Tod zusammentreffen würde. Aber daß es so schnell ging, schockierte ihn doch. Der letzten Fall lag erst einige Wochen zurück. Damals war ihm Dr. Tod auch wieder im allerletzten Moment entwischt.

Dr. Tod blickte triumphierend auf sein gefesseltes Opfer hinunter.

»Inspektor Sinclair, der Mann, der es beinahe geschafft hätte, mich zu schlagen. Nun befinden Sie sich in meiner Gewalt, Inspektor. Gefesselt. Ihre Grenzen sind gesteckt, und mein Plan hat reibungslos funktioniert.«

»Ja, das sieht man«, entgegnete John sarkastisch. Trotz seiner miesen Lage behielt er die Übersicht. »Man erzählte mir, ich sei hier in Spanien. Okay, ich glaube es. Nur – wie haben Sie es geschafft, sich so schnell zu erholen? Die Schlappe, die ich Ihnen am Loch Awe beigebracht habe, war ja auch nicht von schlechten Eltern.«

Dr. Tod lachte überheblich. »Wie ich es geschafft habe? Ganz einfach, ich habe geplant. Schon monatelang. Die Sache in Schottland war nur ein kleines Zwischenspiel. Ein Doktor Tod hat sich mit Asmodis' Hilfe überall in der Welt seine Stützpunkte geschaffen. Ich brauche keine langen Vorbereitungen, Inspektor. Und in Ihrem Fall, habe ich das Netz so raffiniert gespannt, daß Sie sich zwangsläufig darin verstricken mußten.«

»Mit Ramona Navarra als Lockvogel war es nicht schwer.«

Dr. Tod winkte ab. »Ramona Navarra ist tot. Sie sind auf eine Doppelgängerin reingefallen. Inspektor!«

John hatte das Gefühl, als träfe ihn ein Hammerschlag. »Eine Doppelgängerin?« Der Geisterjäger schluckte. »Das müssen Sie mir näher erklären. Ich wüßte nicht, wie man . . .«

»Eine Erklärung erhalten Sie schon noch, Inspektor. Aber keine theoretische, sondern eine praktische. Doch ich will Ihnen meinen Plan weiter erzählen. Ich bin in der Lage, von jedem Menschen auf dieser Erde einen Doppelgänger zu schaffen. Keinen Roboter – nein, einen echten Menschen. Denken Sie mal nach, Inspektor. Heute ist es eine Sängerin, morgen ein Polizist und übermorgen vielleicht ein Politiker und Wirtschaftsmagnat. Ich kann die Welt in die Tasche stecken. Jeder tanzt nach meiner Pfeife.«

John Sinclair glaubte diesem Mann aufs Wort. Er wußte, daß Dr. Tod mit der Hölle im Bund stand und daß er kein Mittel scheute, die Welt in ein Chaos zu stürzen. Nur dann konnte der Teufel triumphieren.

War das schon der Anfang des Weltuntergangs, von dem in der Bibel gesprochen wurde?

John fühlte, wie ihn die Worte erregt hatten. Das Blut hämmerte in seinen Adern, sein Körper war schweißnaß. Die Erkenntnis, hier untätig herumzuliegen und diesem Satan kein Paroli bieten zu können, brachte John dem Wahnsinn nahe.

»Ich sehe Ihnen an, Sie haben sich meine Worte durch den Kopf gehen lassen«, sagte Dr. Tod. »Nun, gut, dann komme ich zum zweiten Teil meiner Ausführungen. Aber Sie müssen sich einen

Moment gedulden, meine Männer sind noch nicht soweit. Ramona leistet Ihnen solange Gesellschaft.«

Dr. Tod verschwand durch eine weißlackierte Tür.

Ramona Navarra, die sich bisher im Hintergrund des Labors aufgehalten hatte, nahm Dr. Tods Platz ein. Die Sängerin trug noch immer das gleiche Kleid wie in London. Doch die erotische Ausstrahlung, die John bei ihrem ersten Auftreten gespürt hatte, war längst verschwunden. Der Geisterjäger betrachtete die Frau nur noch als reines Studienobjekt – und als Gegner!

Trotzdem versuchte er es auf die weiche Tour. »Ramona«, sagte er leise, »was hat das alles hier zu bedeuten? Warum bin ich gefesselt? Komm, nimm mir die Stricke ab. Denk an unsere Zeit in London.«

John, der die Sängerin genau anblickte, sah mit Entsetzen, daß sich deren Gesicht zu einer Grimasse verzerrte.

»Nichts werde ich tun!« zischte Ramona Navarra böse. »Ich werde dich höchstens umbringen, denn du bist ein Feind unseres Meisters. Seine Feinde sind auch meine Feinde.«

Sie hatte ihre Finger zu Krallen gebogen. Die rotlackierten Nägel erschienen John wie dicke Blutstropfen.

»Ich kratze dir die Augen aus!« keuchte Ramona. »Du brauchst sie doch nicht mehr . . .«

Mit gefletschten Zähnen warf sie sich vorwärts. Wie eine Furie.

John wußte, daß er jetzt alles aufbieten mußte, um dem Teufelsweib zu entgehen.

Er paßte den richtigen Sekundenbruchteil ab.

Mit einer blitzschnellen Drehung rollte er sich von der Bahre. Die gekrümmten Nägel fuhren in das Laken.

John krachte zu Boden.

Er spürte den Aufprall bis in die letzten Haarspitzen. Sterne blitzten vor seinen Augen.

Über sich hörte er das enttäuschte Kreischen der Frau. Er sah, wie sie um die Bahre herumrannte, um sich auf ihn zu werfen.

John zog die Beine an. Zum Glück erlaubte es die Fesselung.

Ramona war mitten im Sprung, als Johns Füße sie trafen. Ihr Körper wurde zurückgeschleudert.

Hinter dem Tritt saß so viel Wucht, daß die Sängerin bis gegen einen Schrank krachte dessen Glasscheiben unter dem Aufprall in tausend Stücke zerbrachen.

Einige im Rahmen steckengebliebene Scherben drangen Ramona in die Arme.

John, der von seiner Froschperspektive alles gut erkennen konnte, hatte auf einmal das Gefühl, sein Verstand würde streiken.

Aus den Wunden quoll nicht ein Tropfen Blut!

Jetzt wurde es John mit aller Deutlichkeit klar: Ramona Navarra war kein Mensch mehr. Sie war ein Monster, eine Untote . . .

Und sie hielt eine lange spitze Scherbe in der Hand.

Wie ein Raubtier schlich die Frau auf den am Boden liegenden Inspektor zu. Ihr Gesicht war nur noch eine Grimasse. Das Kleid war durch die Scherben zerschnitten worden. In Fetzen hing es ihr vom Körper.

Sie flüsterte unverständliche Worte. Worte, die vom Haß und vom Mordwillen diktiert wurden.

John Sinclair rollte sich ein paarmal um die eigene Achse. Er schaffte es, unter die Bahre zu gelangen.

Die Sängerin lachte schrill.

Mit einem Fußtritt fegte sie die Bahre zur Seite. Das Gestell kippte um.

Jetzt hatte die Frau freie Bahn.

Wieder traten Johns Füße in Aktion. Doch diesmal hatte Ramona aufgepaßt. Ja, sie ging sogar zum Gegenangriff über.

Mit einer geschickten Drehung wich sie den Füßen aus und rammte gleichzeitig ihren rechten Arm vor.

Johns Hosenbein zerriß ratschend. Wie ein glühendes Stück Eisen fuhr die Spitze der Scherbe über Johns Wade.

Der Inspektor biß die Zähne zusammen. Blut lief an seinem Bein entlang.

Ramona riß ihre Hand wieder zurück. Jetzt wollte sie noch mal zustoßen. Sie hatte gesehen, daß der verhaßte Geisterjäger doch nicht unverwundbar war.

Da wurde die Tür aufgerissen.

Dr. Tod stürmte in den Raum.

»Ramona!« gellte seine Stimme.

Die Sängerin zuckte herum. Geduckt blieb sie stehen. Ihr Atem ging schnell und flach. Die Augen hatte sie weit aufgerissen.

Mit schnellen Schritten war Dr. Tod bei ihr, packte sie an der Schulter und schleuderte sie durch den Raum.

Ramona fiel kreischend in eine Ecke.

John Sinclair atmete auf. Die Gefahr war gebannt. Vorerst jedenfalls . . .

Dr. Tod lachte, als er Johns blutendes Bein sah. »Ich sehe, Sie haben sich nicht gerade freundschaftlich unterhalten. Na ja, verständlich ist es schon. Am liebsten hätte ich Ramona den Spaß gelassen, aber ich brauche Sie noch, Inspektor.«

»Wie freundlich von Ihnen«, quälte John zwischen zusammengepreßten Lippen hervor.

»Ihr Humor wird Ihnen noch vergehen«, prophezeite Dr. Tod. Er wandte sich um und stieß einen Pfiff aus.

Die beiden Männer mit den Sonnenbrillen betraten wieder den Raum.

»Hebt ihn auf!« befahl Dr. Tod.

Die Kreaturen gehorchten. Sie trugen John in einen Nebenraum, wo schon alles bereitgestellt war.

Diesmal wurde John Sinclair auf einer anderen Bahre festgeschnallt. Die breiten Lederriemen spannten sich wie Stahlseile um seinen Körper. Sogar die Luft wurde ihm knapp. John konnte nur den Kopf drehen.

Er sah lange, schmale Tische, auf denen große, mit Nährlösung gefüllte Glasbehälter standen. Körperteile schwammen darin herum. Es war ein makabrer Anblick.

John schluckte. Hier wurde mit Menschen experimentiert. Und zwar in der grausamsten Weise.

Doch der Mittelpunkt der Schreckenskammer war eine Wanne. Auch sie war mit einer Lösung gefüllt. Und in der Lösung schwamm ein Mensch. Ein Toter.

Die Leiche mußte noch frisch sein, denn sie zeigte keinerlei Verwesungserscheinungen.

»Na, alles gut angesehen?« drang Dr. Tods Stimme in Johns Gedanken.

»Es geht«, krächzte John Sinclair. Er konnte nicht verhindern, daß seine Stimme flatterte.

Dr. Tod lachte wieder. Dann deutete er auf die nackte Männerleiche in der Wanne.

»Das wird der neue John Sinclair«, sagte er.

Obwohl John so etwas bereits geahnt hatte, traf ihn diese Erklärung doch bis ins Mark. Und zum ersten Mal spürte er die heißen Angstschauer in sich hochjagen. Ihm war mit erschreckender Deutlichkeit bewußt, daß er diesmal verloren hatte.

Endgültig . . .

Tief atmete John die Luft ein. Sein Herz hämmerte gegen die Rippen. In seinen Ohren rauschte das Blut, und sein Magen hatte sich zusammengekrampft.

»Es geht ganz einfach«, erklärte Dr. Tod. Er sprach wie ein Dozent zu seinen Studenten. »Sie wissen selbst, daß in einem Stück Haut sämtliche Zellen enthalten sind, um ein neues Leben zu schaffen. Was noch fehlt, wird mir durch Asmodis' Hilfe gegeben. Deshalb bin ich auch in der Lage, das durchzuführen, was schon viele versucht haben und niemandem gelungen ist.«

Dr. Tod griff in die Tasche eines weißen Kittels und holte ein Skalpell hervor.

»Ein Stück Haut nur, Inspektor. Ein kleines Stückchen, herausgeschnitten aus ihrer Wange, und alles ist erledigt.«

John fühlte, wie ihm der Angstschweiß auf die Stirn trat. Er dachte an die vielen Opfer, die dieser Mann schon auf dem Gewissen hatte, und ihm war bewußt, daß Dr. Tod seinem Triumph jetzt die Krone aufsetzen wollte.

Sein größter Feind befand sich in seiner Hand. Wehrlos – ohne eine Chance zu entkommen.

Dr. Tod hielt das Skalpell gegen das Licht. Die Schneide warf funkelnde Reflexe. Gleichzeitig sah John, daß die Farbe des Totenkopfes sich auf Dr. Tods Ring veränderte.

Der Totenkopf wurde tiefschwarz, ein Zeichen, daß auch Dr. Tod unter einer starken Erregung stand.

Der Menschenhasser trat dicht an die Bahre. Langsam beugte er sich über den wehrlosen John Sinclair.

Das Skalpell näherte sich Johns Gesicht.

Dr. Tods Augen funkelten. Endlich hatte er seinen Sieg errungen.

Endlich . . .

Die höllisch scharfe Schneide des Skalpells berührte Johns Wange.

Ein kurzer Druck – und . . .

John Sinclair schloß die Augen.

Dann kam der Schmerz . . .

Alles dauerte nur Sekunden. Sekunden, die John Sinclair jedoch wie Ewigkeiten erschienen.

Tränen traten in seine Augen, doch kein Laut des Schmerzes drang über seine zusammengepreßten Lippen.

Dann hatte Dr. Tod seine grausame Arbeit beendet. Zwischen den Spitzen einer Pinzette hielt er das Stückchen Haut. Es war nicht größer als ein Daumennagel – und doch war es ein Teil von ihm. Von John Sinclair.

Die rechte Seite der Wange brannte wie Feuer. John fühlte, wie das Blut seinen Hemdkragen näßte. Er atmete mit offenem Mund. Gnadenlos spannten sich die Lederriemen um seinen Körper. Nicht einmal den kleinen Finger konnte er rühren. Außerdem hatte sich in seinen Armen und Beinen durch die lange Fesselung das Blut gestaunt. Der Kreislauf war schwer angegriffen.

Triumphierend hielt Dr. Tod das Hautstück hoch, schwenkte es vor John Sinclairs Augen hin und her.

»Das ist der endgültige Sieg«, verkündete er mit lauter Stimme.

John erwiderte nichts. Er wollte seine Kräfte schonen, denn sogar das Sprechen bereitete ihm Mühe.

Dr. Tod trat zu der Leiche in der Wanne. Der Tote schwamm auf der Oberfläche, seine gebrochenen Augen starrten gegen die Decke.

Noch einmal wandte Dr. Tod den Kopf. »Die Hölle hat mir Kraft gegeben«, flüsterte er. »Kraft, die ich für viele weitere Versuche brauchen werde.«

Er hatte sich während dieser Worte hingekniet und griff mit der linken Hand in die Flüssigkeit.

Dr. Tod hob den Kopf der Leiche an.

Vorsichtig nahm er das Stück Haut und legte es der Leiche auf das feucht glänzende Kinn.

Die Haut verband sich auf der Stelle mit dem Körper der fremden Leiche.

Dr. Tod ließ den Toten wieder zurücksinken.

Die Flüssigkeit schwappte ein paarmal, beruhigte sich wieder.

Der Menschenhasser erhob sich und trat zurück. »Gleich geschieht es«, sagte er rauh. »Gleich, Inspektor, werden Sie das größte Wunder der Menschheit erleben.«

Der Moment dauerte wenige Minuten.

Dann begann die Flüssigkeit zu brodeln. Blasen bildeten sich zerplatzten an der Oberfläche. Und aus den unzähligen Blasenkratern stiegen dicke Dampfschwaden, die die Wanne im Nu einnebelten. Niemand der beiden Männer konnte genau erkennen, was im Innern der Wanne vor sich ging.

John wollte es auch gar nicht sehen, ihm reichte es, wenn das Endprodukt vor ihm stand.

Die Dampfwolke wurde dünner, löste sich in feine Schleier auf, die sich schnell verflüchtigten.

Schon konnte John die Umrisse der Wanne erkennen, sah wieder die brodelnde Flüssigkeit – und die Leiche, die darin herumschwamm.

Da traf ihn der Schock.

Der Tote hatte sein Gesicht!

John Sinclair stöhnte unter dieser ungeheuren Erkenntnis auf. Das war mehr, als ein Mann vertragen konnte. An die Folgen durfte er gar nicht denken.

Dr. Tod war fasziniert. Er kniete vor der Wanne nieder und hob den neuen ›John Sinclair‹ hoch.

»Phantastisch«, flüsterte er. »Einfach genial. Asmodis hat wieder einmal gezeigt, wer der eigentliche Herrscher der Welt ist.«

Dr. Tod zog ›John Sinclair‹ aus der Wanne und legte ihn auf den Boden. Dann wandte er sich dem echten John Sinclair zu. »Ich hätte Sie auch sofort umbringen lassen können, doch diesen Triumph sollten Sie noch miterleben. Ich wünsche Ihnen eine angenehme Reise in die Hölle!«

Danach begann er schaurig zu lachen. Das Gelächter dröhnte noch in Johns Ohren, als Dr. Tod bereits verschwunden war.

Stille senkte sich über den Raum. Die Stille des Todes.

John versuchte verzweifelt, sich zu bewegen, doch die Lederriemen saßen zu fest. Er hatte sogar das Gefühl, je mehr er sich bewegte, um so härter wurden die Riemen gespannt.

Es war ein Teufelskreis.

Plötzlich unterbrach John seine Bemühungen. Ein Geräusch hatte ihn aufgeschreckt.

Der neue John Sinclair begann sich zu bewegen!

Mit Entsetzen sah der Inspektor, wie sein Doppelgänger aufstand. Er tat es mit ruckartigen, roboterhaften Bewegungen. Die Kräfte der Hölle, die Dr. Tod schon bei der Erschaffung einer Ramona Navarra beschworen hatte, zahlten sich nun aus.

Der untote John Sinclair nahm keine Notiz von seinem Doppelgänger. Mit eckigen Bewegungen ging er auf eine Tür zu, zog sie auf und verschwand in einen anderen Raum.

Dumpf fiel die Tür wieder ins Schloß.

Der Inspektor ahnte, was Dr. Tod vorhatte. Er würde den falschen Sinclair nach London schicken, und niemandem würde etwas auffallen.

Nicht einmal seinem Chef, Superintendent Powell. Der untote Sinclair konnte im Yard schalten und walten.

Und Bill und Sheila Conolly? Würden sie auch auf die Person hereinfallen?

John wagte sich die Folgen gar nicht auszumalen.

Was aber geschah mit ihm? Er sollte umgebracht werden. Aber wo? Hier – und von wem?

John erhielt schnell die Antwort auf diese Fragen. Die beiden Männer mit den Sonnenbrillen tauchten wieder auf.

Wortlos traten sie an die Bahre und lösten die Lederriemen. Endlich konnte John wieder richtig Luft in die Lungen pumpen.

»Was – was habt ihr mit mir vor?« krächzte er.

Zuerst gaben sie ihm keine Antwort, doch schließlich sagte einer »Du wirst verbrannt, bis nur noch Asche von dir übrigbleibt . . .«

»John Sinclair meldet sich nicht!«

Mit diesen Worten stürmte Bill Conolly in das Büro von Superintendent Powell, John Sinclairs Chef.

»Ich habe überall herumtelefoniert. Nichts. John ist wie vom Erdboden verschwunden!«

Ein wenig außer Atem ließ sich Bill auf den Besucherstuhl fallen. Er hob resignierend die Schultern und blickte Superintendent Powell ebenso resignierend an.

»Sie erzählen mir keine Neuigkeiten«, sagte der Yard-Beamte. Er hockte wie ein brütender Pavian hinter seinem Schreibtisch. Vor sich auf der Platte hatte er Tablettenröhrchen aufgebaut, die von einigen Mineralwasserflaschen überragt wurden. Zwei Gläser standen in bequemer Reichweite.

Powells Augen hinter den dicken Brillengläsern zwinkerten nervös. Seine Hängebacken zuckten, der Mann war in wenigen Stunden um Jahre gealtert.

Bill zündete sich eine Zigarette an und blickte aus dem Fenster. Der Himmel über London war postkartenblau. Ein seltenes Bild. Nur in der Ferne erkannte Bill einige Wolken. Im Büro summte die Klimaanlage und sorgte für eine normale Temperatur. Eine dicke Fliege kreiste brummend an der Decke. Im Nebenraum klapperte eine Schreibmaschine.

Bill drückte die Zigarette aus. »Und was soll jetzt werden?« fragte er. »Sie können mir doch nicht erzählen, daß Sie Ihren besten Mann seinem Schicksal überlassen.«

»Das hat auch niemand behauptet«, entgegnete Superintendent Powell. »Selbstverständlich haben wir alle Hebel in Bewegung gesetzt. Aber bis jetzt ist nichts Positives dabei herausgesprungen.«

»Wie sieht es denn mit der Fahndung nach der Navarra aus?«

»Schlecht oder auch gut, ganz, wie Sie wünschen. Wir haben herausgefunden, daß sie von London nach Barcelona geflogen ist. Mehr nicht.«

»Haben Sie denn die spanische Polizei nicht eingeschaltet?«

»Was dachten Sie denn!«, gab Powell gereizt zurück. »Aber die Navarra ist einfach nicht mehr aufzutreiben. Bekanntlich wollte sie ja für ein Jahr in der Versenkung verschwinden.«

Bill Conolly lachte bitter. »Es ist also alles glatt gelaufen. Zu glatt für meinen Geschmack.« Der Reporter beugte sich ein wenig vor und schlug mit der flachen Hand auf den Schreibtisch. Dadurch fielen einige Tablettenröhrchen um. »Wenn ich mal meine Meinung sagen darf, Sir, dann kann man der Navarra nicht über den Weg trauen. Ihr allein gebe ich die Schuld an Johns Verschwinden.«

Powell nahm seine Brille ab und putzte voller Hingabe die starken Gläser. »Es ist doch nicht alles so glatt verlaufen«, meinte er. »Man hat in der Madrider Wohnung der Navarra die Überreste von zwei verbrannten Leichen gefunden. Und unter anderem einen Ring, welcher der Sängerin gehört hat.«

»Machen Sie Scherze?« fragte der Reporter und schluckte vor Aufregung einen unsichtbaren Kloß herunter.

Powell setzte sich seine Brille wieder auf. »Ich scherze selten, Mister Conolly.«

»Ja, ich weiß. Aber Augenblick mal, wenn man in der Wohnung verbrannte Leichen gefunden hat . . .«

»In einem Heizkessel«, verbesserte Powell den Reporter.

»Auch gut«, erwiderte Bill. »Wenn man also die Leichen gefunden hat, dann bedeutet das, daß Ramona Navarra tot ist. Die echte, meine ich. Dann ist John unter Umständen auf eine Doppelgängerin hereingefallen.«

»Eine sehr gewagte Theorie, finden Sie nicht auch, Mister Conolly?«

»Das gebe ich zu, Sir. Aber ich habe mit John Sinclair schon so manchen Strauß ausgefochten und kann Ihnen aus eigener Erfahrung sagen, daß nichts unmöglich ist. Man hat John eine ganz raffinierte Falle gestellt. Eine Falle, wie sie sich eigentlich nur ein Mann ausdenken kann.«

»Sie meinen Doktor Tod?«

»Ja.« Bills Stimme klang sehr ernst. »Wenn John tatsächlich in Doktor Tods Klauen steckt, müssen wir damit rechnen, daß er nicht mehr am Leben ist. Dieser Verbrecher hat ihm gnadenlose Rache geschworen.

Bill Conolly sprang erregt auf. »Wissen Sie was, Sir? Lassen Sie mich nach Spanien fliegen. Das heißt, ich fliege noch heute, sofort. Ich werde in Barcelona und Madrid die Spur aufnehmen. Und dann werden sich gewisse Leute wundern, wenn . . .«

Das Summen des Telefons unterbrach Bills Ausführungen.

Superintendent Powell schnappte sich den Hörer, lauschte kurz und sagte dann: »Stellen Sie durch.«

Bill Conolly hatte sich auf die Fensterbank gehockt. Er war so in Gedanken versunken, daß er auf das Telefongespräch nicht achtete.

Er merkte nicht einmal, daß Superintendent Powell sich an seinem Mineralwasser verschluckte.

»Ja, ist gut«, sagte der Beamte schließlich. »Kommen Sie her. Die nächste Maschine. Ich glaube, Sie haben uns eine Menge zu erklären, Inspektor.«

Jetzt ruckte Bills Kopf herum. Im gleichen Moment legte der Superintendent auf.

Mit einem Taschentuch wischte er sich den Schweiß von der Stirn.

Bill sprang von der Fensterbank. Ehe er eine Frage stellen konnte, sagte Superintendent Powell: »Sie können sich die Reise nach Spanien sparen. Inspektor Sinclair hat soeben angerufen. Er kommt mit der nächsten Maschine.«

»Na, Gott sei Dank.« Bill stieß erleichtert den Atem aus. »Und? Hat er irgend etwas gesagt, eine Erklärung abgegeben?«

»Nein! Aber daß er nicht mehr so einfach verschwinden kann, werde ich ihm schon klarmachen, und wenn er tausendmal John Sinclair heißt.«

Daß Superintendent Powell mit dem falschen John Sinclair gesprochen hatte, ahnten beide Männer nicht. Und so nahm das Verhängnis seinen Lauf . . .

Sie schleiften John Sinclair zwischen die Felsen!

Es war eine herrliche Nacht. Die Luft fühlte sich an wie Samt, sie kühlte Johns erhitztes Gesicht. Am Himmel funkelten unzählige Sterne, dazwischen – sozusagen als Mittelpunkt – ein heller Vollmond. Unten am Strand hörte man die Brandung gegen die Klippen rauschen. Bestimmt lagen dort Liebespaare im Sand oder wurden Parties gefeiert – und John Sinclair sollte sterben.

Die Männer hatten die Brillen abgenommen. Mit Schaudern dachte John an die verdrehten Augen, in denen nur das Weiße schimmerte. Der Inspektor war noch immer gefesselt. Mit dem Mut der Verzweiflung hatte er an den Nylonstricken gearbeitet, hatte versucht, sie zu dehnen, doch Erfolg – den hatte er nicht erzielt.

Aber noch lebte er . . .

Immer tiefer ging es hinein in die unwirtliche Felslandschaft. Immer mehr entfernten sie sich vom Meer.

Bald vernahm John kaum noch das Rauschen der Brandung. Still wurde es.

Die Kerle hatten John an den Armgelenken gepackt. Seine Hacken schleiften über den harten Steinboden. John hatte überhaupt kein Gefühl mehr in den Gliedern. Alles war abgestorben, tot.

Die Fußfesseln hatten sich zum Glück ein wenig gelockert. John konnte sogar seine Knöchel etwas bewegen. Das gab ihm wieder Auftrieb.

Man wollte ihn verbrennen. Wie ein Stück Holz oder Papier

sollte er den Flammen zum Opfer fallen, den Weg gehen, den viele seiner gespenstischen Gegner schon vor ihm gegangen waren.

Endlich hatten die Männer ihr Ziel erreicht. Sie ließen John kurzerhand zu Boden fallen.

Es war eine kleine Mulde, umgeben von hohen Felsblöcken und somit gut abgeschirmt.

Die Männer verständigten sich flüsternd. Dann verschwanden sie zwischen den Felsen.

Eine kurze Galgenfrist für John Sinclair.

Der Inspektor rollte sich ein paarmal um die eigene Achse, bis er neben einem Felsen zu liegen kam. Jetzt begann der schwierigste Teil der Aufgabe. Er mußte sich hinsetzen.

Es gelang ihm unter unsäglichen Mühen. Da seine Hände auf dem Rücken gefesselt waren, war es kaum möglich, das Gleichgewicht zu halten.

John spürte hinter sich die rauhe, rissige Felswand. Es gab Vertiefungen, Kanten und winzige Vorsprünge.

Wenn es für John noch eine Chance gab, die Fesseln zu lösen, dann mußte es jetzt und schnell geschehen.

John begann seine Arme zu bewegen. Sein Körper pendelte hin und her. Immer wieder preßte der Inspektor die gefesselten Handgelenke gegen die rauhe Felswand.

Er riß sich die Haut auf. Blut lief an seinen Fingern hinab.

Nur nicht aufgeben! hämmerte sich John ein.

Sein Atem ging schnell und keuchend. Der Inspektor betete, die Männer mögen lange wegbleiben.

Es war eine mörderische, schweißtreibende Arbeit, immer wieder von kleinen Atempausen unterbrochen.

John zerrte an den Handfesseln wie ein Verrückter.

Und plötzlich riß der erste Faden.

John hätte bald vor Freude aufgeschrien. Mit doppelter Energie machte er weiter.

Da hörte er die Schritte.

Die Kerle kamen zurück.

John Sinclair vereiste. Jetzt war alles vorbei. Wenn sie entdeckten, daß es ihm gelungen war, einen Teil der Fesseln zu lösen, dann . . .

Der erste tauchte auf, sah John Sinclair, stutzte und zischte einen Fluch zwischen die Zähne.

Mit zwei Schritten war er neben dem Geisterjäger und riß ihn brutal von der Felswand weg.

John fiel auf die Seite, und die Wunde an seiner Wange begann wieder zu bluten.

Inzwischen war auch der andere Mann eingetroffen. Er hielt einen Kasten in der Hand.

John erkannte mit Entsetzen, daß es ein Benzinkanister war. In der anderen Hand hatte der Mann eine Decke. Er mußte die Dinge hier irgendwo zwischen den Felsen versteckt gehabt haben.

Die Männer schleiften John genau in die Mitte der kleinen Mulde. Noch hatten sie von seinen Befreiungsversuchen nichts bemerkt.

Einer griff in die Tasche und zog ein Pflaster hervor. »Damit du nicht schreist«, sagte er und klebte John das Pflaster blitzschnell auf den Mund.

Augenblicklich wurde John die Luft knapp.

Seine Henker nickten sich zu.

Die Decke wurde auf den Boden gelegt und mit Benzin übergossen. Das Gluckern der herauslaufenden Flüssigkeit war für John Sinclair wie eine Todesmelodie.

Bald war die Decke nur ein Benzinlappen.

Sie legten John darauf, wickelten ihn ein wie in einen Teppich. Die Benzingase drangen in Johns Atemwege, erschwerten das Luftholen.

Verzweifelt spannte John Sinclair seine gefesselten Arme. Er merkte, daß er die Handgelenke besser bewegen konnte.

Die Männer flüsterten noch miteinander, dann zog einer eine Streichholzschachtel aus der Hosentasche.

John stockte der Atem.

Gleichzeitig begann er mit der verzweifelten Kraft an den Fesseln zu zerren, warf sich hin und her. Ihm war es jetzt egal, ob die Kerle etwas merkten.

Sie lachten. Ahnten nicht im entferntesten, daß John versuchte, die Fesseln zu lösen. Sie schrieben die Bewegungen seiner Todesangst zu.

Das Streichholz ratschte über die Fläche. Einen Herzschlag später flammte es auf.

Der Mann hielt das Holz in der hohlen Hand, ließ die Flamme etwas größer werden.

Dann bückte er sich.

John sah sein grinsendes Gesicht, die schrecklichen Augen und spannte zum letzten Mal seine Muskeln an.

Da warf der Mann das Streichholz . . .

Um siebzehn Uhr vierzig sollte die Maschine aus Barcelona auf dem Flughafen Heathrow landen.

Bill Conolly war schon eine halbe Stunde früher dort.

Der Reporter war nervös. Er wußte auch nicht so recht, warum, aber die innere Unruhe ließ sich nicht wegleugnen.

Seine nervigen Finger spielten mit dem Whiskyglas. Immer wieder blickte er auf seine Uhr. Das ewige Brausen in der Flughalle nahm er nur im Unterbewußtsein wahr.

Dann rutschte er vom Hocker.

Die restliche Wartezeit vertrieb er sich mit einer Zigarette.

Schließlich landete die Maschine, und schon bald tauchten die ersten Passagiere an der Abfertigung auf.

Bill entdeckte seinen Freund sofort.

»John«, rief er und winkte mit beiden Armen.

Der Inspektor schien ihn nicht gehört zu haben. Ungerührt ließ er die Kontrolle über sich ergehen.

Bill konnte ihn von seinem Standpunkt aus beobachten. Das Gesicht seines Freundes war ernst, wenn nicht sogar verkniffen. Wie weggewischt war das ewige spöttische Lächeln um seine Mundwinkel.

Schließlich konnte ›John‹ gehen. Jetzt erst entdeckte er den Reporter.

»Bill, alter Junge«, sagte er und schlug seinem Freund in die Seite.

Sie gingen zu Bills Wagen, einem Porsche Targa. »Deinen Bentley hat man zum Yard gebracht«, sagte der Reporter. »Du hattest ihn ja kurzerhand stehenlassen. Auch etwas, was ich nicht verstehe.«

Bill startete. Er lenkte den Porsche von dem Flughafenareal hinunter und nahm Kurs auf die Londoner City. »Du kannst heute abend zu uns kommen, John. Ich glaube, wir haben uns allerlei zu erzählen.«

»Das hätte ich sowieso gemacht.«

Der Rest der Fahrt verlief schweigend. Bill, der noch viele Fragen auf dem Herzen hatte, verkniff sie sich.

Nach fünfundvierzig Minuten stoppte der Reporter vor dem Gebäude von New Scotland Yard.

»Danke, Bill.«

»John?«

»Ja.«

»Ich drücke dir die Daumen. Es wird sich bestimmt alles aufklären. Jeder flippt mal aus.« Aber nicht John Sinclair. Das dachte Bill allerdings nur.

›John‹ verschwand mit schnellen Schritten hinter der breiten Eingangstür. Er fuhr sofort zu seinem Büro hoch. Es lag in derselben Etage wie das von Superintendent Powell.

Der Superintendent hatte gewartet. Wie ein wütender Stier hockte er hinter seinem Schreibtisch. Das Gesicht war rot angelaufen, und sein Magen spielte wieder verrückt. Trotzdem bezwang er sich, so gut es ging.

»Nett, Sie auch mal wieder zu sehen, Inspektor. Wie geht es Ihnen?« Powells Stimme troff vor Hohn.

»Danke der Nachfrage. Eigentlich recht gut.«

»Und Sie waren im sonnigen Spanien. Haben bestimmt während der Dienstzeit mit irgendwelchen Weibern geflirtet und mal so richtig einen draufgemacht.«

›John‹ grinste und lehnte sich zurück. »Wenn Sie das meinen, muß es ja stimmen.«

Powell blieb der Mund vor Überraschung offen stehen. »Das ist alles, was Sie mir zu erklären haben, Inspektor?«

›Sinclair‹ behielt sein Grinsen bei. »Da wäre noch etwas, Sir«, sagte er und betonte das Wort Sir ganz besonders. Gleichzeitig griff er in die Tasche seiner Jacke und holte eine Pistole hervor.

»Reicht Ihnen diese Erklärung?« fragte er schleppend . . .

Wie ein leuchtender Komet flackerte das Streichholz zu Boden. In einem Halbkreis senkte es sich auf den gefesselten John Sinclair zu.

Die beiden Männer sprangen zurück. Sie wollten nicht von den Flammen erfaßt werden.

Aber auch John reagierte.

Er rollte sich blitzschnell um die eigene Achse. Einmal, zweimal, weg aus der unmittelbaren Gefahrenzone.

Das Streichholz fiel zu Boden – und verlöschte!

Die Männer brüllten vor Wut und Haß auf. Damit hätten sie nie gerechnet. Sie hatten John Sinclair schon für erledigt gehalten.

Jetzt setzte der Geisterjäger alles auf eine Karte. Er hatte schon in den letzten Minuten die Reserven mobilisiert. Mit einer nahezu unmenschlichen Anstrengung riß er die Arme auseinander.

Die Fesseln platzten!

Der Inspektor schrie vor Schmerzen auf, während er sich das Pflaster vom Mund riß.

Doch er konnte sich nicht darum kümmern, denn schon flog der erste Angreifer auf ihn zu. In seiner Hand blitzte ein Messer.

John federte ihm die Beine entgegen.

Mitten im Flug wurde der Kerl zurückgeschleudert. In einer Reflexbewegung ließ er das Messer fallen, bevor er gegen einen Felsen krachte.

John hechtete nach der Klinge.

Seine Finger umfaßten schon den Griff, da raste ein Fuß auf ihn zu.

Der Inspektor konnte nicht mehr ausweichen. Ein mörderischer Tritt traf seinen Hals. Eine Schmerzwoge flammte in John Sinclair auf. Tränen schossen ihm in die Augen, sein Schädel schien zu platzen.

Doch instinktiv rollte John weiter, versuchte, aus der Gefahrenzone zu gelangen.

Es gelang.

Der nächste gemeine Tritt ging daneben.

Aber noch war John nicht aus dem Schneider. Noch waren seine Beine gefesselt.

Der Geisterjäger lag auf dem Rücken. Das Messer hatte er festgehalten. Die Klinge zeigte nach oben.

Und der Killer kam. Er hechtete einfach auf John zu, kümmerte sich einen Dreck um das Messer.

Er hielt keine Waffe in der Hand, hatte jedoch die Arme weit vorgestreckt und die Finger zu Klauen gekrümmt. Er wollte dem Inspektor die Kehle zudrücken.

John blieb keine Wahl.

Der Mann fiel genau in das Messer. Tief bohrte sich die Klinge in seine Brust.

Jetzt mußte er zusammensacken, jetzt . . .

Nichts geschah.

Wie ein Raubtier rollte sich der Mann zur Seite und sprang wieder auf die Füße.

Auf seiner Brust klaffte die Wunde, und nicht ein Tropfen Blut quoll daraus hervor.

Das nackte Grauen sprang den Inspektor an. Wie sollte er diesen Kampf jemals gewinnen?

Auch der andere Mann hatte sich erholt. Wieder sah John die vier schrecklichen Augen auf sich gerichtet. In einer blitzschnellen Bewegung schoß sein Arm mit dem Messer hervor. Die Schneide säbelte an den Fesseln.

Sie fielen zur Hälfte. Weiter kam John nicht, denn er wurde wieder angegriffen.

Der Inspektor riß die Beine auseinander, und auch der Rest der Fesseln zerriß.

Da wurde er hochgerissen. Jemand packte seine Arme.

John stöhnte, beugte seinen Oberkörper nach vorn und stieß mit dem Kopf zu.

Er traf etwas Weiches, und einer seiner Gegner kippte zurück.

John wirbelte um die eigene Achse, riß mit einer blitzschnellen Bewegung seinen linken Arm aus der Umklammerung.

Er ballte die Hand zur Faust und schmetterte sie dem Killer ins Gesicht.

Der Kerl schnaubte nur, ließ John aber nicht los.

Noch einmal schlug der Inspektor zu.

Diesmal löste sich der Griff.

John Sinclair hatte freie Bahn. Er stürzte förmlich auf die benzingetränkte Decke zu.

Der zweite griff ihn von der Seite her an.

John schleuderte die Decke. Der Mann reagierte zu spät. Die Decke segelte auf ihn zu, schlang sich um seinen Körper.

John sprang vor. Ein mit beiden Fäusten geführter Schlag schmetterte den lebenden Toten zu Boden.

Man hatte John sein Feuerzeug gelassen!

Blitzschnell holte er es aus der Tasche, während der Mordroboter versuchte, sich von der Decke zu befreien.

Jetzt kam es auf Sekunden an.

John sah den zweiten Killer plötzlich zwischen den Felsen auftauchen. Er hielt einen riesigen Stein über seinen Kopf. Es gab keinen Zweifel, er wollte John den Schädel zertrümmern.

Der Inspektor ging in die Knie.

Das Feuerzeug klickte auf.

Es gab ein pfeifendes Geräusch, und dann stand die Decke in Flammen.

Im selben Augenblick fing auch Johns Anzug Feuer. Durch die Decke war er mit Benzin getränkt worden.

John hechtete zur Seite.

Schon kam der Stein angeflogen. Hautnah fegte er über Johns Kopf hinweg und polterte gegen einen Felsblock.

Der Inspektor wälzte sich über den Boden. Im Liegen riß er sich das Jackett vom Leib. Es verbrannte neben ihm. Mit beiden Händen schlug er die Flammen an seiner Hose aus.

Da peitschte ein grauenhaftes Gebrüll durch die Nacht.

Der eine Mordroboter sprang plötzlich auf und rannte als lebende Fackel zwischen die Felsen. Sein Todesschrei hallte noch lange in Johns Ohren nach.

Der Inspektor wandte sich dem zweiten Gegner zu.

Aber der war verschwunden. Er hatte aus Furcht vor dem Feuer die Flucht ergriffen.

John Sinclair atmete tief ein. Dann machte er ein paar torkelnde Schritte – und brach zusammen.

Irgendwann stand John wieder auf. Es dauerte etwas, bis er sich wieder an alles erinnern konnte.

Zwei Gegner hatte er geschlagen, doch die Auseinandersetzung stand erst am Anfang.

Er mußte zurück zum Bungalow, denn dort wartete noch jemand, dem er etwas schuldig war . . .

»Sind Sie verrückt, Inspektor?« zischte Superintendent Powell. »Nehmen Sie sofort die Waffe weg!«

›John‹ schüttelte den Kopf.

»Das ist ein Befehl!« schrie Powell. Gleichzeitig tastete seine rechte Hand zu dem Alarmknopf unter der Schreibtischplatte.

›Sinclair‹ sprang auf. Blitzschnell schlug er mit der Pistole zu.

Powell stöhnte und hielt sich sein Handgelenk. »Was bezwekken Sie damit?« keuchte er. Seine Brille war ihm weit auf die Nase gerutscht, und über seinen Augen lag ein trüber Schleier. »Sie – Sie werden nicht weit kommen, Inspektor. Noch einmal, stecken Sie die Waffe weg, und dann reden wir vernünftig miteinander.«

›John Sinclair‹ gab keine Antwort. Er ging um den Schreibtisch herum und stieß Powell die Waffe in den Rücken.

»Los jetzt, Alter! Aber keine überflüssige Bewegung.«

Powell setzte sich in Bewegung. Er ging, als hätte er einen Ladestock verschluckt.

»Nicht so auffällig!« zischte ›Sinclair‹.

Sie erreichten die Tür.

»Öffnen!« befahl der ›Inspektor‹.

»Und wohin wollen Sie mich bringen?« knurrte Powell.

»Das werden Sie schon sehen.«

Die Männer betraten den Gang. Er war um diese Zeit leer. Die offiziellen Bürostunden waren vorbei und die Bereitschaft saß im Keller.

»Zum Fahrstuhl!«

›Sinclair‹ drückte Superintendent Powell die Pistole hart ins Kreuz und zog mit der anderen Hand die Türen auf.

Dann verschwanden die Männer in der Kabine.

Der Fahrstuhl stoppte.

»Wenn Sie Ärger machen, Powell, schieße ich sofort«, drohte ›Sinclair‹.

Seine Stimme klang sanft, aber Powell überhörte auch nicht den metallischen Unterton. Dieser Mann meinte es verdammt ernst. Und er, Superintendent Powell, würde sich strikt an die Anordnungen halten.

Powell öffnete die Tür, trat aus der Kabine.

›Sinclair‹ ging jetzt schräg neben ihm und hielt die Waffe unter seinem Jackett verborgen. So konnte sie auch von dem diensttuenden Auskunftsbeamten nicht gesehen werden.

Die Halle war riesig. Die Kabine des Auskunftsbeamten bestand zu neunzig Prozent aus schußsicherem Glas.

Der Mann stand auf und grüßte, als Powell und der Inspektor an ihm vorbeigingen.

Er schöpfte keinen Verdacht.

Unbehelligt gelangten die beiden Männer nach draußen.

»Wo steht Ihr Wagen?« fragte ›Sinclair‹.

»Auf dem Parkplatz, wie immer.«

»Gehen Sie vor.«

Powell setzte sich in Bewegung.

»Schneller!« forderte ›Sinclair‹.

Superintendent Powell fuhr einen Bentley, genau wie sein direkter Untergebener, Inspektor John Sinclair. Nur war der von Powell schwarz.

Der Superintendent schloß die Tür auf.

»Steigen Sie ein!«

Powell drückte sich hinter das Lenkrad.

»Weiterrutschen!« befahl Sinclair. »Los, auf den Beifahrersitz!«

Der Superintendent gehorchte.

Er hatte kaum Platz genommen, als auch ›Sinclair‹ in den Wagen huschte.

»Die Schlüssel!«

Powell gab sie ihm.

›John Sinclair‹ drehte sich zu dem Superintendenten um. Ein zynisches Grinsen lag auf den Lippen des ›Inspektors‹. Dann hob er blitzschnell den rechten Arm und ließ ihn in derselben Sekunde wieder hinuntersausen.

Der Pistolenlauf traf Superintendent Powell seitlich hinter dem Ohr.

Dann startete er den Wagen. Bis jetzt war alles gut verlaufen. Die erste Probe hatte er bestanden. Nun waren Bill und Sheila Conolly an der Reihe . . .

Der Bungalow lag im Dunkeln.

Der echte John Sinclair hatte sich bis auf wenige Meter an das Haus herangeschlichen.

Man hatte John alles genommen. Seine Brieftasche mit Ausweis und den Papieren. Auf eine Waffe hatte er an dem bewußten Abend verzichtet. Der Inspektor sah aus wie der letzte Tramp. Das Jackett war verbrannt, sein Hemd zerfetzt, und die Hose war auch zum Teil eingerissen. Das Gesicht war blutig und dreckverschmiert. Es gab kaum eine Stelle an seinem Körper, die nicht schmerzte. Aber John biß die Zähne zusammen. Er mobilisierte seinen eisernen Willen. Nicht umsonst zählte er zu den besten Leuten des Yard.

Wichtig war, daß er lebte. Über alles andere machte er sich im Augenblick keine Gedanken.

John dachte an den Killer, der geflohen war. Er war bestimmt zum Bungalow gelaufen und hatte seinen Boß gewarnt. Aber so schnell gab Dr. Tod nicht auf. Bestimmt heckte er eine neue Gemeinheit aus.

John wußte nicht, wie spät es war. Seine Uhr war zersplittert. Sie hatte den Kampf nicht ausgehalten. Er nahm aber an, daß es nicht mehr lange bis zur Morgendämmerung war.

John huschte zur Eingangstür. Sie war verschlossen. Daneben sah er ein kleines Fenster mit einer Rauchglasscheibe. Es war gerade so groß, daß sich ein Mann hindurchzwängen konnte.

John schlich zurück und suchte nach einem passenden Stein. Er fand ihn und wickelte ihn in sein Taschentuch.

Dann huschte er wieder neben das Fenster. John zögerte noch einen Moment und schlug zu.

Die Scheibe zerbrach. John hatte das Gefühl, als würde man das klirrende Geräusch meilenweit hören.

Er hielt den Atem an. Nichts geschah. Anscheinend war das Haus wirklich leer.

Kein Geräusch drang an seine Ohren. Nur das ewige Raunen des Windes war zu hören.

John drehte sich, streckte die Arme vor und fand die Zimmerwand. Er suchte nach einem Lichtschalter.

Mittlerweile hatten sich seine Augen an die herrschende Dunkelheit gewöhnt, und er konnte die Umrisse der einzelnen Gegenstände erkennen.

Aus diesem Grund ließ John es auch bleiben, das Licht anzuschalten.

Die hell gestrichene Tür schimmerte in der Dunkelheit. John legte eine Hand auf die Klinke, atmete noch einmal tief durch und zog dann behutsam die Tür auf.

Sie quietschte nicht ein bißchen.

John schlüpfte durch den Spalt und stand in dem Raum, in den man ihn zuerst hineingebracht hatte. Er sah die Bahre, die verschiedenen Geräte und Schalttafeln.

Auch hier konnte er niemanden entdecken.

John ging weiter. Seine Augen suchten jeden Winkel des Raumes ab. Plötzlich stutzte er.

Da lag etwas auf dem Boden.

Der Inspektor ging in die Knie. Seine vorgestreckten Hände berührten etwas Weiches.

Einen Körper!

John drehte den Kopf ein wenig nach links, und plötzlich streifte ihn das Entsetzen wie ein eiskalter Hauch.

Er lag ein Stück weiter, geradewegs unter einem Labortisch. Weiße Augen stachen aus dem Gesicht.

Der Geisterjäger atmete gepreßt. Jetzt wußte er, wie Dr. Tod mit Versagern verfuhr, und er erkannte auch gleichzeitig, wie man diese lebenden Toten endgültig vernichten konnte.

Der Tote hatte keinen Kopf mehr!

Man mußte ihnen den Kopf abschlagen!

Eine grauenhafte Vorstellung.

John preßte die Lippen zusammen. Er spürte, daß er am gesamten Körper zitterte.

Langsam erhob er sich.

John war noch mitten in der Bewegung, als er hinter sich ein Geräusch hörte.

Geduckt wirbelte der Inspektor herum.

Die Tür zu dem Versuchsraum war aufgestoßen worden. Gleichzeitig flammte Licht auf.

Wieder bekam John Sinclair einen Schock. Auf der Türschwelle stand niemand anderes als Ramona Navarra.

Sie hatte die Arme erhoben, und ihre Hände umklammerten den Griff eines Schwertes.

Schlagartig wurde John alles klar. Sie war die Mörderin des Mannes, den John gefunden hatte, und er brauchte kein Hellseher sein, um zu wissen, daß ihm das gleiche Schicksal beschert sein sollte.

»Jetzt hilft dir niemand mehr, John Sinclair«, sagte Ramona Navarra und näherte sich John mit raubtierhaften Schritten . . .

Das neue Haus der Conollys lag im Londoner Süden. Es war ein phantastischer Bau. Holz, Glas und Beton ergänzten sich zu einer prächtigen Einheit. Der Architekt hatte hier sein Meisterwerk vollbracht.

Bill saß an diesem Abend in der großen Wohnhalle und hatte die Füße hochgelegt. In der Hand hielt er ein Glas mit Mineralwasser.

»Jetzt bin ich schon bald soweit wie Powell«, knurrte er und stand auf.

»Er kommt bestimmt noch«, hörte Bill in seinem Rücken Sheilas Stimme.

Der Reporter wandte sich um.

Bill bestaunte seine Frau immer wieder aufs neue. Er hatte tatsächlich Glück gehabt, Sheila kennenzulernen. Und unter welchen Umständen. Wenn er daran noch dachte. Sheilas Vater – ein mehrfacher Millionär und Besitzer eine Chemiekonzerns – war damals unter schrecklichen Umständen ums Leben gekommen. Bill und John hatten Sheila retten können.

Bill und Sheila hatten geheiratet und die Leitung des Konzerns in gute Managerhände gelegt.

Doch Bill konnte sich nicht auf die faule Haut legen. Er war mit Leib und Seele Reporter. Allerdings konnte er sich jetzt den Luxus erlauben, frei zu schreiben und seinem Hobby frönen – der Geisterjagd.

Sehr zum Ärger seiner jungen Frau. Sheila haßte es, wenn Bill sich in die gefährlichen Abenteuer stürzte, und konnte dabei doch nicht verhindern, oft selbst mit hineingezogen zu werden. Aber wo immer es ging, hielt Sheila ihren Mann von diesen Sachen fern. Das gelang jedoch nur teilweise. »Mach dir doch nicht soviel Sorgen, Bill. John wird aufgehalten worden sein, das ist alles. Schließlich hat er sich nicht gerade gentlemanlike benommen. Das mußt du doch einsehen.«

»Selbstverständlich sehe ich das ein. Aber das ist es ja, was mir Sorgen macht. So kenne ich John nicht. Irgend etwas ist mit ihm geschehen, da kannst du sagen, was du willst. John hat sich verändert, glaub mir das. Außerdem wirst du es gleich selbst feststellen können.«

Bill trank sein Glas leer und schüttelte sich. »Wenn ich nur wüßte, was in Spanien passiert ist. Ramona Navarra – sie ist die Schlüsselfigur in diesem höllischen Spiel.«

»Was kann sie von John gewollt haben?«

»Vielleicht war es gar nicht die Navarra, mit der John losgezogen ist. Denk mal an die Zeitungen. Wenn die schreiben, daß sich Ramona Navarra zurückziehen will, dann stimmt das. Außerdem habe ich dir ja von dem Fund in der Madrider Wohnung der Sängerin erzählt«, meinte Bill.

»Das besagt nichts, Bill. Man kann ihr den Ring gestohlen haben, um ihn in den Ofen zu werfen. Möglich ist alles.«

»Und warum sollte man das gemacht haben? Kannst du mir ein Motiv sagen?«

Sheila hob die wohlgerundeten Schultern. »Da bin ich allerdings überfragt.«

»Na bitte.«

Er ging zum Telefon.

»Wen willst du denn jetzt anrufen?« fragte Sheila.

»Powell.«

»Ob das richtig ist?«

»Versuchen kann ich es ja.«

Bill wählte. Falls niemand im Büro war, ging der Ruf zurück zur Anmeldung.

Nach dem vierten Klingeln wurde abgehoben. Der Beamte vom Nachtdienst meldete sich.

Bill stellte seine Fragen.

»Superintendent Powell und John Sinclair haben vor etwa zehn Minuten das Haus verlassen«, sagte der Mann. »Wohin, weiß ich leider nicht.«

»Schon gut«, erwiderte Bill, »und vielen Dank.«

Nachdenklich legte er den Hörer auf.

Sheila kam zu ihm. »Was ist?«

»Er ist unterwegs«, sagte Bill. »Aber mit Powell.«

»Powell? Der rührt sich doch sonst nicht aus seinem Büro.« Sheila war echt erstaunt.

Unruhig wie ein Tiger lief Bill in dem großen Wohnraum auf und ab.

Auch seine Frau war jetzt besorgt. Johns Verhalten kam ihr doch sehr seltsam vor.

»Na ja«, sagte sie, »wir werden es bald wissen.«

Es dauerte noch fünfzehn Minuten, ehe unten am Weg die Scheinwerfer eines Wagens zu sehen waren.

»Da sind sie«, sagte Bill und betätigte den Knopf. Das Tor schwang jetzt automatisch zur Seite.

Der Wagen näherte sich.

Bill ging zur Tür. »Ich gehe ihnen entgegen«, sagte er.

Wenig später stand er draußen. Er konnte erkennen, daß John hinter dem Steuer saß. Powell hockte auf dem Nebensitz.

Der Bentley stoppte. Die Fahrertür wurde aufgestoßen, und John Sinclair schraubte sich aus dem Wagen.

Bill lief seinem Freund die paar Schritte entgegen. »Mensch, John«, rief er, »wir haben uns schon Sorgen gemacht. Was ist geschehen?«

Der ›Inspektor‹ drehte Bill den Kopf zu. »Gar nichts ist passiert. Powell wollte nur gerne mitfahren.«

»Und warum steigt er nicht aus?«

›John Sinclair‹ lachte. »Er kann nicht.«

»Wieso?«

»Powell ist bewußtlos.«

›Johns‹ Stimme hatte sich bei den letzten Worten verändert, und ehe sich Bill Conolly versah, griff der ›Inspektor‹ unter sein Jackett und zog eine Pistole hervor.

»Los, hol Powell aus dem Wagen! Aber ein bißchen plötzlich!«

›Sinclair‹ trat zwei Schritte zur Seite, damit er besseres Schußfeld hatte.

Bill Conolly war echt ratlos. »Himmel, John, was ist nur mit dir geschehen?« flüsterte er.

Dann zog er die Tür auf. Der bewußtlose Powell kippte ihm entgegen.

»Trag ihn ins Haus!« befahl ›John Sinclair‹. »Und keine Dummheiten, mein Freund. Ich müßte sonst schießen. – Dabei würde es mir nicht einmal leidtun.«

›John Sinclair‹ lachte schallend, und Bill Conolly verstand die Welt nicht mehr.

Das kalte Licht brach sich in der Klinge des Schwertes zu funkelnden Reflexen. Ramona hielt die schwere Waffe mit einer spielerischen Leichtigkeit, und John kam zu der Überzeugung, daß sie damit auch umgehen konnte.

Der Inspektor wich zurück.

Immer mehr drängte sie John in die Defensive, trieb ihn mit wuchtig geführten Schwerthieben bis zur Wand.

»Jetzt werde ich dich aufspießen!« kreischte sie. »Du . . .«

Das Schwert schoß vor. Die Spitze zielte auf Johns Brust und hätte ihn an die Wand genagelt, wenn Ramona getroffen hätte.

Blitzschnell steppte John zur Seite. Gleichzeitig tauchte er nach unten weg.

Klirrend bohrte sich die Schwertspitze in die Wand. Funken sprühten. Kalk und Putz rieselten John in den Nacken.

Ramona fluchte lästerlich, holte zu einem zweiten, vernichtenden Schlag aus.

John stieß sich ab, hechtete flach über den Boden und prallte gegen die Beine der Navarra.

Sie Sängerin fluchte. Sie taumelte zurück, konnte sich aber noch fangen.

John setzte nach, doch ein blitzschnell geführter Hieb stoppte seine Attacke.

Johns Hemd zerriß ratschend. Die Schwertspitze zog einen blutigen Streifen über seine Brust.

Jetzt wurde Ramona Navarra munter. Ein dämonisches Lachen schallte aus ihrer Kehle. Sie sah sich schon als große Siegerin. Wild mit der Waffe schwingend, drang sie auf John ein.

Der Inspektor mußte zurück. Mit der Hüfte prallte er gegen die Bahre, auf der er schon einmal gelegen hatte.

Wieder führte die Besessene einen mörderischen Schwerthieb. Die Klinge fegte von oben auf John zu.

Der Inspektor wälzte sich, auf der Bahre liegend, zur Seite. Dicht neben seiner Hüfte prallte die Klinge in den Stoff.

Ein Wutschrei gellte durch den Raum. Die Navarra hatte ihn ausgestoßen. Ehe sie das Schwert zurückziehen konnte, hatte John ihr Handgelenk gepackt und es auf den Rücken gedreht.

Die Navarra mußte sich bücken. John wußte auch, daß sie keinen Schmerz verspürte. Wenn er den Kampf gewinnen wollte, mußte er schnell handeln.

Er riß mit der freien Hand die Finger der Navarra auseinander, die das Schwert hielten.

Die Waffe klirrte zu Boden.

John gab der Sängerin einen Stoß, so daß sie quer durch den Raum taumelte.

Dann packte der Inspektor das Schwert. Schwer lag es in seiner rechten Hand.

Es war verdammt nicht einfach, diese Waffe sicher zu führen. Erst jetzt konnte John ermessen, welche Kräfte die Untote hatte.

John fühlte es warm an seiner Brust hinabrinnen. Es war sein Blut, das dort lief.

Der Geisterjäger lachte kehlig. Jetzt hatte er das Schwert. Er wollte ein für allemal mit dieser verdammten Brut Schluß machen.

Ramona Navarra lag in einer Ecke. Sie konnte ihren Blick nicht von der blitzenden Klinge des Schwertes lösen. Sie ahnte, was ihr bevorstand.

John ging langsam auf sie zu. In seinem blutverschmierten Hemd sah er aus wie ein Mann, der geradewegs aus der Hölle gekommen war.

Einen Meter vor der lebenden Leiche blieb John Sinclair stehen.

Aus weit aufgerissenen Augen blickte ihn die Navarra an. Ihr Kleid war zum großen Teil zerrissen und gab manche Stelle ihres Körper frei. Eines Körpers, der John einmal so sehr erregt hatte.

Der Geisterjäger schüttelte diese Gedanken ab. Er durfte sich jetzt nicht von Gefühlen leiten lassen. Diese Frau war nicht mehr Ramona Navarra. Sie war eine mordende blutgierige Bestie.

»Steh auf!« befahl John Sinclair.

Die Navarra stemmte sich vom Boden hoch. Schwankend stand sie vor dem Geisterjäger.

»Du – du wirst mich töten?« fragte sie flüsternd.

»Ja.«

Die Navarra begann zu lachen. »Ich würde es mir an deiner Stelle überlegen. Unter Umständen kann ich dir noch sehr wertvoll sein.«

»Was meinst du damit?«

»Nun – du willst doch wissen, wo Doktor Tod steckt. Oder?«

»Das will ich allerdings.«

»Das ist gut. Wir schließen einen Pakt. Du läßt mich am Leben, und ich sage dir, wo du Doktor Tod finden kannst. Ist das ein Geschäft?«

»Nicht für mich«, erwiderte John. »Du bist eine Untote, ein Geschöpf der Hölle. Ich kann dich nicht so ohne weiteres laufen lassen. Du brauchst Opfer. Du würdest unter den Lebenden eine Panik auslösen. Nein, Ramona, es geht nicht. Ich muß dich töten!«

Für einen kurzen Augenblick flackerte die heiße Angst in den Augen der Sängerin auf. Doch dann hatte sie sich wieder gefangen.

»Dann interessiert dich Doktor Tod also nicht?«

»Doch. Aber ich fasse ihn auch ohne deine Hilfe.«

»Du Narr. Du hirnverbrannter Narr!« Wieder begann die Sängerin grausam zu lachen. »Doktor Tod ist für dich im Augenblick unerreichbar. Aber im fernen London ist bereits dein Doppelgänger aufgetaucht. Und deine Freunde befinden sich in seiner Gewalt. Kümmert dich nicht das Schicksal einer Sheila oder eines Bill Conolly? Auch ein gewisser Superintendent Powell befindet sich in der Gewalt des zweiten John Sinclair.«

Der Geisterjäger hatte das Gefühl, einen Tiefschlag erhalten zu haben. Für einen Moment verschwamm alles vor seinen Augen. Dann hatte er den Schock überwunden. Hart preßte er seine Zähne aufeinander. Sein Gesicht wirkte wie eine Maske aus Stein. Er fühlte, wie ein Schauer über seinen Körper jagte.

»Nur ich kann dir noch helfen«, hörte er die Navarra sagen.

John atmete tief ein. Die Sängerin hatte recht. Er würde zu spät kommen. Er hatte kein Geld, keinen Ausweis – nichts. Wie sollte er dieses Land verlassen?

»Nun? Hast du es dir überlegt?« durchbrach Ramonas Stimme seine Gedanken.

»Ich höre«, erwiderte John rauh.

Ramona Navarra lächelte zynisch. »Gibst du mir dein Wort, daß ich am Leben bleibe?«

John dachte an das Schicksal seiner Freunde. Sheila und Bills Gesichter tauchten plötzlich vor seinen Augen auf. Und da wußte John, daß er sich bereits entschieden hatte.

»Ich gebe dir mein Wort.«

»Das hatte ich mir fast gedacht, John.« Die Navarra bewegte sich auf ihn zu.

Der Geisterjäger wich zurück, gab den Weg frei.

»Und wie kann ich ihnen helfen?« fragte er.

Ramona blieb stehen. »Wir werden die Zeit überlisten. Es gibt in diesem Haus eine Stelle, ein Tor, das die Grenzen von Zeit und Raum sprengt. Folge mir.«

Die Navarra ging in Richtung Tür. John überlegte einen Augenblick und ging der Sängerin dann nach. Er wußte, daß er sich auf ein gefährliches Spiel eingelassen hatte. Aber es gab für ihn im Moment keine andere Möglichkeit.

Sie durchquerten mehrere Räume und standen schließlich vor einer Tür, die in den Keller führte.

Ramona zog die Tür auf. Sie wandte John das Gesicht zu und lächelte hintergründig.

John witterte Gefahr. Er hob das Schwert, das er als einzige Waffe noch behalten hatte.

»Solltest du mich reinlegen, werde ich dich ohne Erbarmen töten.«

Johns Worte klangen wie ein Schwur.

»Du traust mir immer noch nicht?«

John schüttelte den Kopf.

»Dein Problem.« Die Navarra hob die Schultern und öffnete die Tür.

Kühle Luft schlug John entgegen. Die Sängerin knipste das Licht an.

Eine Steintreppe wurde aus der Dunkelheit gerissen.

Die Navarra ging vor. Ihre Schritte waren auf den Stufen kaum zu hören.

Johns Haltung war gespannt. Er rechnete mit einem Trick, mit einer Falle, in die er endgültig tappen sollte.

Doch nichts passierte.

Unangefochten erreichte er einen geräumigen Kellerraum. Allerlei Gerümpel stand darin herum. Unter anderem auch ein großer Schrank.

»Hier ist es«, sagte die Navarra und deutete auf den Schrank.

Ehe John eine Antwort geben konnte, hatte sie schon die Türen aufgezogen.

Ein magischer Spiegel war zu sehen. Die Fläche erinnerte an mattes Silber, sie warf kein Bild zurück.

»Bist du nun überzeugt?« fragte die Navarra.

John nickte. Er wußte von diesen magischen Spiegeln, die oft den Eingang zur Dämonenwelt darstellten. Man ging einfach durch sie hindurch und landete in einer anderen Dimension.

Die Entscheidung war gekommen. Noch gab es ein Zurück für John Sinclair, denn er hatte nicht die Garantie, daß er auch dort wieder auftauchen würde, wo er es sich vorgenommen hatte. Es bestand durchaus die Möglichkeit, daß er in ganz andere Dimensionen geschleudert wurde.

Doch er riskierte es!

»Laß uns gehen«, sagte er und packte blitzschnell den Arm der Navarra. »Sollte ich merken, daß du mich hereingelegt hast, werde ich dich auch in der anderen Welt zu töten wissen. Dieses Schwert hier«, John hielt die Waffe hoch, »nehme ich mit! Denke immer daran, Ramona Navarra!«

Die Sängerin erwiderte nichts. Gemeinsam taten sie den ersten Schritt.

Johns Fuß berührte die Spiegelfläche, er verschwand darin. Und plötzlich hörte der Inspektor ein unheimliches Brausen, und dann erfaßte ihn ein mörderischer Strudel, der ihn in unendliche Tiefen riß.

John Sinclair war ein Gefangener der Zeiten . . .

Bill Conolly hielt den bewußtlosen Powell über den Armen. Der Nacken des Superintendenten war angeschwollen. Im ersten Moment dachte Bill, der Mann wäre tot, doch dann sah er, daß sich die Brust unter flachen Atemzügen hob und senkte.

›John Sinclair‹ stand zwei Schritte hinter dem Reporter. Nach wie vor hielt er seine Waffe schußbereit in der Hand.

»Geh ins Haus!« befahl der ›Inspektor‹.

Bill Conolly hielt alles noch für einen riesigen Irrtum. Er wandte sich halb zur Seite, wollte etwas sagen, doch ein Rammstoß mit der Pistolenmündung traf seinen Rücken.

Bill taumelte nach vorn und hatte Mühe, das Gleichgewicht zu bewahren.

Jetzt war ihm klar, daß ›John‹ es ernst meinte.

Zähneknirschend setzte er sich in Bewegung. Sein Atem klang scharf und gepreßt.

Das Licht über der breiten Eingangstür brannte. Hinter der Scheibe konnte man Sheilas Umrisse erkennen.

Bill stieß die Tür mit dem Fuß auf und betrat dicht gefolgt von ›John Sinclair‹ das Haus.

Sheila lief auf die beiden zu. »John, was ist? Hast du . . .«

Da sah sie die Pistole in der Hand des ›Inspektors‹. Sheila

stoppte abrupt und wurde kreidebleich. »Himmel, John, was ist geschehen? Du kannst doch nicht . . .«

Sie brach ab. Unsicher flackerte ihr Blick zwischen Bill und ›John‹ hin und her. Sie begriff nichts. Tausend Gedanken auf einmal kreisten in ihrem Hirn.

»Geht ins Wohnzimmer!« befahl ›John Sinclair‹. »Los, beeilt euch«, setzte er noch hinzu, als er sah, daß die beiden seiner Aufforderung nicht sofort nachkamen.

»Tu, was er sagt«, flüsterte Bill rauh.

Sie betraten die große Wohnhalle. Das gedämpfte Licht verbreitete einen gemütlichen Schein. Alles wirkte ruhig, friedlich . . .

Bill Conolly blieb stehen. Fragend sah er ›John Sinclair‹ an.

»Leg ihn auf die Couch!« befahl der ›Inspektor‹.

Bill gehorchte. Sein Gesicht war eine steinerne Maske. Behutsam ließ er Powell auf die Couch gleiten und legte noch ein Kissen unter dessen Hinterkopf.

Der Superintendent war noch immer bewußtlos. Manchmal drang ein schwaches Röcheln aus seinem halbgeöffneten Mund.

Billy Conolly stemmte beide Fäuste in die Hüften und blickte John geradewegs ins Gesicht. »Kannst du mir jetzt mal erklären, was das eigentlich soll? Bist du wahnsinnig? Was ist überhaupt in dich gefahren? Herr im Himmel, du schleppst deinen bewußtlosen Chef hier an, bedrohst uns mit der Waffe . . .« Bill Conolly brach ab. »Also, ich finde einfach keine Worte mehr.«

»Das ist auch nicht nötig, Bill«, erwiderte ›John Sinclair‹ kühl. »Du und Sheila, ihr befolgt genau meine Anweisungen, dann wird euch nichts geschehen.«

»Einen Dreck werde ich tun!« schrie der Reporter.

»Bill, ich bitte dich. Sei ruhig.« Sheila hatte gesprochen. Ihre Stimme klang rauh.

»Halt du dich da raus!« brüllte Bill Conolly wieder. Trotz der auf ihn gerichteten Waffe stapfte er auf ›John Sinclair‹ zu. »So, jetzt werden wir mal deutlich miteinander reden . . .«

Da drückte ›John Sinclair‹ ab. Eiskalt und ohne daß auch nur ein Muskel in seinem Gesicht zuckte, betätigte er den Stecher.

Hautnah jaulte die Kugel an Bills linkem Ohr vorbei und klatschte in einen Sessel.

Der Reporter blieb wie vom Donner gerührt stehen. Sheila

unterdrückte nur mühsam einen Schrei. Zu absurd, zu wahnsinnig war das, was ›John Sinclair‹ getan hatte.

»Ich hoffe, wir verstehen uns jetzt«, sagte der ›Inspektor‹. »Beim nächstenmal setze ich dir die Kugel genau zwischen die Augen, Bill.«

Der Reporter schluckte nur. »Okay, John«, flüsterte er, »du hast gewonnen. Und was nun?« Bill Conolly ging zu einem Sessel und setzte sich auf die Lehne.

Sheila hatte auf der breiten Couch Platz genommen, direkt neben dem bewußtlosen Superintendenten. Sie hielt die Hände ineinander verkrampft. Man sah ihr an, daß sie sich nur mit Mühe beherrschen konnte.

›John Sinclair‹ stand so, daß er beide im Blickfeld hatte. Noch immer regte sich in seinem Gesicht kein Muskel. Die Augen blickten wie Murmelsteine. Leblos, kalt.

»So«, sagte ›John Sinclair‹, »nun zu meinem Plan. Einer von euch wird Powell umbringen!«

Die Worte tropften wie flüssiges Blei in die herrschende Stille.

Sheila faßte sich als erste.

»Nein«, ächzte sie, »nein, das darf nicht wahr sein. Das ist unmöglich, das kannst du nicht verlangen.« In einer schützenden Gebärde legte sie ihren Arm um den Bewußtlosen.

›John Sinclair‹ lächelte kalt. »Von dir verlangt es auch keiner. Dein Mann soll es tun!«

Bill schüttelte stumm den Kopf. Dann sagte er mit schwerer Stimme: »Ich werde ihn nicht töten. Nur über meine Leiche.«

»Dann eben über deine Leiche«, gab ›John‹ zurück und hob die Pistole um ein winziges Stück.

Die Mündung zielte jetzt auf Bills Kopf.

»Nun?« fragte ›John‹ gedehnt.

Die Zeit schien stillzustehen in diesen Sekunden. Beinahe körperlich spürbar lag die Spannung in der Luft.

»Ich warte nicht mehr länger«, klirrte ›Johns‹ Stimme.

Bill stützte sich vom Sessel ab. »Gut, ich tu's«, sagte er schleppend.

»Nein, das darfst du nicht tun!« schrie Sheila. »Bill, um Himmels willen, denk doch an die Folgen!« Sheila sprang auf, wollte auf ihren Mann zulaufen.

»Bleib stehen!« ›John‹ machte eine halbe Körperdrehung, richtete die Waffe für einen winzigen Moment auf Sheila.

Diese Zeitspanne der Ablenkung reichte dem Reporter. Aus dem Stand hechtete er vor. Seine Handkante säbelte durch die Luft, versuchte ›John Sinclairs‹ Waffenarm zu treffen.

Doch der ›Inspektor‹ reagierte gedankenschnell. Er steppte zur Seite, gleichzeitig fuhr sein Arm mit der Pistole hoch. Und während Bills Schlag ins Leere zischte, traf ›Sinclair‹ genauer.

Der Pistolenlauf dröhnte dem Reporter gegen die Schläfe. Bewußtlos sackte Bill Conolly zusammen.

Sheila hielt es nicht länger auf ihrem Platz. »Bill!« schrie sie und rannten auf ihren Mann zu.

›Sinclairs‹ Faustschlag trieb sie wieder zurück. Zum Glück fiel Sheila in einen Sessel.

»Es hätte nicht zu sein brauchen«, sagte ›John Sinclair‹ eisig. »Du hast es dir selbst zuzuschreiben. Da dein Mann ja jetzt ausgeschaltet ist, wirst du die Sache übernehmen. Ich will, daß du Powell tötest!«

Ein heftiges Schluchzen schüttelte Sheilas Körper. Ihre Nerven spielten einfach nicht mehr mit. Zuviel war auf sie in den letzten Minuten eingestürmt.

›Sinclair‹ riß die Frau hoch. »Hör auf zu flennen!« herrschte er sie an. »Los, pack dir den Bewußtlosen, und dann nach draußen.«

Sheila stolperte zur Couch. Sie bemühte sich, den Superintendenten hochzuwuchten, doch er war zu schwer.

»Ich schaff's nicht«, keuchte sie.

»Dann schleif ihn raus!« kommandierte ›Sinclair‹. »Faß ihn an der Schulter!«

Sheila nickte. Ihre Hände griffen unter Powells Achselhöhlen. Ein Ruck, und der Bewußtlose fiel von der Couch. Seine Beine knallten auf den Teppich.

›Sinclair‹ stand schon an der Tür. »Hier geht's entlang«, sagte er und stieß die Tür auf.

Sheila keuchte unter der Last. Die Kleidung klebte ihr schweißnaß am Körper. Einmal wäre ihr Powell bald aus den Händen gerutscht, doch im letzten Moment konnte sie ihn noch festhalten.

Sie gelangten nach draußen.

»Um das Haus herum!« befahl ›Sinclair‹.

»Was – was sollen wir da?« fragte Sheila keuchend.

»Wirst du schon merken!«

Ungeheuer lang kam Sheila der Weg vor. Doch schließlich hatte sie es geschafft.

Neben einer Gruppe Tannen konnte sie innehalten.

Schweratmend richtete sich Sheila Conolly auf. Es war mittlerweile völlig dunkel geworden. Der Himmel war frei von Wolken, und die unzähligen Sterne funkelten wie Diamanten. Es war eine selten schöne Sommernacht.

»Habt ihr Gartengeräte?« fragte ›Sinclair‹?

Sheila zögerte einen Augenblick, dann nickte sie.

»Auch einen Spaten?«

»Ja.«

»Dann hol ihn!«

»Aber was soll ich denn mit einem Spaten. Ich meine, ich . . .«

›Sinclair‹ schnitt ihr mit einer knappen Handbewegung das Wort ab. »Du wirst ihm ein Grab schaufeln!«

Sheila hatte das Gefühl, einen elektrischen Schlag erhalten zu haben. Ihre Augen weiteten sich entsetzt. Namenloses Grauen erfaßte sie.

Das durfte nicht wahr sein! Das war unmöglich! Sie sollte die Totengräberin von Superintendent Powell werden. Schon allein der Gedanke daran ließ ihre Nerven vibrieren.

»Gehen wir«, sagte ›Sinclair‹.

»Das Gerät liegt im Keller«, flüsterte Sheila.

»Nicht schlimm. Wir haben Zeit.«

Sheila mußte wieder vorgehen. Im Keller stand tatsächlich ein Spaten. Er war noch nicht gebraucht. Die grüne Farbe des Schaufelblatts leuchtete.

»Laß dir nur nicht irgendwelche Dummheiten einfallen«, warnte ›John‹ und deutete mit der freien Hand auf den Spaten. »Eine Revolverkugel ist auf jeden Fall schneller.«

Sheila nickte verkrampft. Sie hatte tatsächlich mit dem Gedanken gespielt.

Zehn Minuten später standen sie wieder neben dem bewußtlosen Powell.

»Los, fang an!« befahl ›Sinclair‹.

Sheila Conolly stieß den Spaten in die weiche Erde. Während sie grub, liefen die Tränen an ihren Wangen hinunter.

›Sinclair‹ trieb sie mit knappen Worten immer mehr zur Eile an. Und Sheila gehorchte, mußte tun, was diese Bestie sagte.

Es dauerte fast eine Stunde, dann war das Grab fertig. Es hatte nicht die gleiche Tiefe wie ein normales Friedhofsgrab, aber für ›Sinclairs‹ Zwecke reichte es.

»Gut!« sagte der ›Inspektor‹.

Sheila warf den Spaten zu Boden. Sie wußte, was jetzt kam, und doch trafen sie die Worte wie ein Schock.

»Leg ihn rein!« sagte ›Sinclair‹.

»Nein, das kannst du nicht . . .«

»Mach schon!« zischte ›Sinclair‹.

Sheila zog den Bewußtlosen um den Erdhaufen herum und ließ ihn dann in das Grab rutschen.

»So ist es gut!« ›Sinclair‹ lachte. »Und jetzt brauchst du ihn nur noch zuzuschaufeln.«

Sheila bückte sich schwerfällig und griff nach dem Spaten. Die erste Schaufel Dreck fiel auf Powells Körper.

Die zweite Schaufel.

Die dritte . . .

In diesem Augenblick öffnete Superintendent Powell die Augen . . .

Bill Conolly ächzte schwer. Intervallweise erlangte er das Bewußtsein wieder.

Mühsam stemmte sich der Reporter hoch, legte seine Arme auf die Sessellehnen und verharrte in kniender Stellung.

Sein Kopf fühlte sich an wie ein Ballon, der kurz vorm Platzen steht.

»Teufel, ist mir schlecht«, stöhnte Bill.

Der Reporter ruhte sich einige Minuten aus, dann unternahm er den Versuch, auf die Beine zu gelangen.

Er schaffte es beim dritten Anlauf.

Wie ein Betrunkener torkelte er durch den Living-room, wankte durch die Tür und suchte den Weg zu dem luxuriös eingerichteten Bad.

Wieder mußte er sich ausruhen, und wieder drohte ihm der Magen in die Kehle zu steigen.

Tief atmete Bill ein und aus. Das Würgegefühl verschwand. Mit zitternder Hand drehte Bill einen Wasserkran auf.

In dickem Strahl sprudelte das Wasser in das Waschbecken. Bill beugte sich nach vorn und hielt seinen Kopf unter den Wasserstrahl. Er tat es so lange, bis ihm die Luft knapp wurde.

Pfeifend atmete er ein, schloß für Sekunden die Augen und riß sie wieder auf.

Mit einem Handtuch trocknete er sich das Gesicht ab.

In diesem Augenblick fiel ihm siedendheiß ein, was geschehen war.

»Um Himmels willen, Sheila!«

Bill lief zurück in die Wohnhalle. Auf der Türschwelle blieb er stehen.

Keine Spur von Sheila und John Sinclair.

Bill Conollys Magen zog sich zusammen. Seine Knie begannen plötzlich zu zittern.

John Sinclair hatte von ihm einen Mord verlangt. Bill hatte sich geweigert. Es war zu einem Kampf gekommen, er war bewußtlos geschlagen worden. Und in der Zwischenzeit . . .

Bills Gedanken stockten.

Was hatte John Sinclair mit Sheila angestellt? Wohin war er mit ihr verschwunden?

Hatte er sie schon umgebracht? Der Gedanke daran trieb Bill Conolly den Schweiß auf die Stirn. Er sah in John nicht mehr einen Freund, sondern einen Mann, den er vernichten mußte.

So schnell er konnte, lief Bill ins Schlafzimmer. Dort hatte er in der Nachttischlade seine Pistole verwahrt. Bill steckte die Waffe in den Hosenbund, nachdem er sich davon überzeugt hatte, daß das Magazin gefüllt war.

Bill war schon in der großen Diele, als das Telefon summte.

Die Conollys hatten in mehreren Zimmern Apparate stehen, unter anderem auch in der Diele.

Bill stoppte und riß den Hörer von der Gabel.

»Conolly!«

»Ich bin's, John«, hörte er eine gehetzte Stimme . . .

Erst gab es einen gewaltigen Ruck. Dann fühlte John Sinclair ein nie gekanntes Schwindelgefühl, und danach dachte er, sein Körper würde auseinandergerissen.

Plötzlich war alles vorbei.

John schüttelte sich wie ein begossener Pudel. Er merkte, daß er auf dem Rücken lag, die Augen weit aufgerissen.

Der Inspektor rappelte sich auf. Das Schwert lag nach wie vor in seiner Hand.

Verwundert blickte John Sinclair sich um.

Er lag auf einer Weise oder einem Feld. Er trug noch immer die gleiche zerfetzte und verdreckte Kleidung wie in Spanien. Aber der Tunnel der Zeiten hatte ihn wieder losgelassen. Er war nicht in der Unendlichkeit verschwunden.

Es war Nacht. Sterne funkelten am Himmel. Eine leichte Brise wehte. Es roch nach Feld und Wald. Irgendwie heimisch, fand John. Sollte er tatsächlich in England gelandet sein?

»Du bist in England«, hörte er in seinem Rücken eine Frauenstimme.

John wirbelte herum.

Ramona Navarra stand vor ihm. Sie lächelte und nickte John zu.

»Ich habe mein Versprechen gehalten«, sagte sie. »Tu du es jetzt auch.«

Der Geisterjäger mußte sich räuspern, ehe er sprechen konnte. »Keine Angst, ich werde dich nicht umbringen. Doch wo sind wir hier?«

»In der Nähe eines kleinen Ortes. Nicht weit von London. Bevor wir in den Tunnel der Zeiten eintauchten, konnte ich noch die magischen Formeln sprechen. Sonst wären wir in der Unendlichkeit verschollen oder in eine andere Dimension geschleudert worden, in der man sehnsüchtig auf dich wartet.«

»Doktor Tod?«

»Ja.«

John gab keine Antwort. Er setzte sich kurzerhand in Bewegung. Der Inspektor ahnte, daß es auf jede Minute ankam.

Mit langen Schritten lief er über die Wiese und erreichte bald das schmale Band einer Straße.

John sah sich um. Einige hundert Yards weiter hoben sich die Konturen eines Dorfes wie ein Scherenschnitt vor dem silbernen Mondlicht ab.

John atmete auf. Wo ein Ort ist, sind auch Menschen.

Zügig ging er los. Hinter sich hörte er die Schritte der Sängerin. Nach einer Weile war sie an seiner Seite.

»Ich kann dir jetzt nicht mehr helfen«, sagte sie. »Du mußt von nun an allein weitermachen.«

»Werde es schon schaffen!« knirschte John.

Er überlegte bereits, ob er die Untote nicht doch endgültig töten sollte. Es war das beste. Ein kurzer Schwerthieb, und . . .

Nein, John verwarf diesen Gedanken wieder. Er konnte Ramona Navarra auch anders ausschalten. Sie würde für die Wissenschaftler ein dankbares Objekt sein.

Ein Unbeteiligter hätte das Paar auf der Landstraße für Penner halten können. Sie in einem zerfetzten Kleid und er auch nicht gerade in einem salonfähigen Aufzug.

Das Dorf tauchte auf.

›Opington‹, las John auf einem Schild. Der Inspektor stutzte, überlegte einen Augenblick, und dann kam ihm die Erkenntnis.

Opington lag im Süden von London, höchstens fünf Meilen von Bills und Sheilas neuer Bleibe entfernt.

Mit frischen Kräften marschierte John Sinclair weiter.

Die Dorfstraße war neu asphaltiert worden. Der Teergeruch lag noch in der Luft.

John suchte die Polizeistation. Meist lag sie in diesen Ortschaften an der Hauptstraße.

Außer dem Geisterjäger und Ramona Navarra befand sich niemand auf der Straße. Alles wirkte wie ausgestorben, fast tot. Nur vereinzelt brannte Licht hinter den Fenstern.

Plötzlich hörte John hinter sich ein unterdrücktes Stöhnen. Er blieb stehen und wandte den Kopf.

Ramona Navarra war etwas zurückgeblieben. Sie taumelte auf eine Hauswand zu und lehnte sich schwer dagegen.

»Ramona, was ist?« rief John.

Er war mit ein paar Schritten bei ihr.

Die Sängerin starrte ihn an. »Er rächt sich«, stöhnte sie. »Doktor Tod kann niemand entkommen. Aaahhh . . .«

Die Frau brach zusammen. Sie hatte die Hände vor den Leib gepreßt, wand sich unter unsäglichen Schmerzen.

John Sinclair sah mit Entsetzen, wie ihre Haut blasser wurde, ja, durchscheinend.

Die blanken Knochen schimmerten . . .

Noch einmal öffnete Ramona den Mund. »Er holt mich zurück«, gurgelte sie, »zurück in sein Reich. Ich – ich sehe ihn. Nein! Nicht! Nicht!« schrie sie schrill. »Das Feuer! Das Feuer!«

Urplötzlich spaltete ein Blitz die Dunkelheit. Die feurige Lanze fuhr in den Leib der Sängerin. Für den Bruchteil eines Augenblicks zischte eine Flamme auf, und dann war alles vorbei.

Ramona Navarra war verschwunden!

John Sinclair war unwillkürlich zurückgesprungen. Jetzt trat er wieder vor und starrte auf die Stelle, an der Ramona Navarra noch vor wenigen Sekunden gelegen hatte.

Ein kalter Schauer lief John über den Rücken. Wieder hatte er Dr. Tods Macht gespürt. Dieser Teufel ließ niemanden entkommen.

Ramonas Schrei war gehört worden. Irgendwo wurde ein Fenster aufgerissen.

»Was ist da los, verdammt noch mal!« brüllte eine wütende Männerstimme.

John verschwand gedankenschnell in einem Hauseingang.

Auf der gegenüberliegenden Straßenseite beugte sich ein Mann über die Fensterbrüstung, schaute nach links und rechts und schlug das Fenster dann wieder zu.

John atmete auf.

Jetzt hieß es die Polizeistation zu finden.

Der Geisterjäger hetzte los. Endlich – etwa zehn Minuten später – hatte er sie entdeckt.

Die Dienststelle befand sich in einem Eckhaus. Alles war dunkel.

John fand eine Klingel und legte seinen Finger auf den Knopf.

Er mußte zweimal schellen, ehe sich drinnen etwas rührte. Dann wurde die Tür aufgerissen.

Ein dickbäuchiger Beamter stand vor ihm. Der Mann trug einen blauen Bademantel und sah nicht gerade aus, als wäre er über die Störung erfreut.

Ehe er etwas sagen konnte, übernahm John das Wort. »Ich bin Inspektor Sinclair von Scotland Yard. Es liegt ein Notfall vor. Bitte, lassen Sie mich telefonieren.«

»Sind Sie eigentlich wahnsinnig?« polterte der Beamte los.

»Besoffen, was? In diesem Augenblick und mit dem Ding da in der Hand . . .«

John ließ den Mann gar nicht weiter ausreden. Er schob ihn kurzerhand zur Seite und tauchte in dem kleinen Flur unter.

Die Tür zum Dienstraum stand offen.

John machte Licht.

Hinter sich hörte er die wütende Stimme des Beamten. Da polterte der Mann auch schon herein.

»Ihnen werde ich's zeigen!« brüllte er und ging mit schwingenden Fäusten auf John zu.

John wollte eine Erklärung abgeben, doch ein Schlag auf die Leber raubte ihm die Luft.

Der Inspektor ließ das Schwert fallen, wich einem nächsten Faustschlag geschickt aus und ging seinerseits zum Angriff über.

John brauchte noch nicht einmal fünfzehn Sekunden, dann war der Beamte ausgeknockt.

»Tut mir leid«, sagte der Geisterjäger, »aber es ging nun mal nicht anders.«

Das schwarze Telefon stand auf dem Schreibtisch.

Bill Conollys Nummer kannte John auswendig. Er hob den Hörer ab und setzte die Wählscheibe in Bewegung.

Hoffentlich war noch nicht alles zu spät . . .

Sheila Conolly ließ den Spaten fallen, als wäre er ein glühendes Stück Eisen. Sie sah Powells ungläubigen Blick, mit dem er sie anstarrte.

Die Frau wankte zurück. Ein trockenes Schluchzen entrang sich ihrer Kehle, und dann drehte Sheila durch.

Sie warf sich auf dem Absatz herum und hetzte los.

Nur weg hier! Weg von der Stätte des Grauens! hämmerte es in ihrem Hirn.

In ihrem Gesicht spiegelte sich ihr Seelenzustand wider. All die Verzweiflung, die Angst, ließen ihre sonst ebenmäßigen Züge zu einer Grimasse werden.

›Sinclair‹ war von Sheilas Reaktion überrascht worden. Bevor er sich in Bewegung setzte, hatte die Frau schon einigen Vorsprung. Mit langen Schritten rannte sie in Richtung Haus.

Der ›Inspektor‹ preßte einen Fluch zwischen den Zähnen hervor und nahm augenblicklich die Verfolgung auf.

Sheila hatte keine Chance.

Nach zwei Sekunden befand sich ›Sinclair‹ schon dicht hinter ihr. Ein Hechtsprung, und der Mann prallte gegen ihre Beine.

Sheila Conolly wurde zu Boden geschleudert.

Zum Glück dämpfte der Rasen ihren Fall, so daß sie sich nicht übermäßig wehtat.

Sofort war ›Sinclair‹ über ihr.

»Willst du unbedingt sterben?« zischte er. Hart drückte er die Waffenmündung gegen Sheilas Schläfe.

Unbeweglich wie eine Statue lag Sheila Conolly auf dem Boden. Sie wußte, daß sie verloren hatte. Ihr Herz hämmerte gegen die Rippen. Ihr Atem ging schnell und keuchend.

›Sinclair‹ riß sie hoch.

Er drehte ihren Kopf so, daß sie genau in sein Gesicht blicken mußte. ›Sinclairs‹ Augen waren kalt und unbeweglich. Nichts verriet, was in ihm vorging.

Die Pistolenmündung drückte jetzt gegen Sheilas Hals. »Du tust genau, was ich dir sage«, flüsterte ›Sinclair‹. »Du wirst Powell zuschaufeln, verstanden?«

»Aber – aber er lebt doch.«

»Spielt das eine Rolle?«

Sheila Conolly fehlten die Worte bei soviel Grausamkeit. Dieser Mann scheute sich nicht, einen Menschen bei lebendigem Leibe begraben zu lassen.

Sheila durfte gar nicht weiter darüber nachdenken, was in John gefahren war. Er hatte sich zu einer mordgierigen Bestie verwandelt. Ein Menschenleben, das für ihn früher das Höchste aller Werte gewesen war, bedeutete nun nichts mehr.

›Sinclair‹ stieß die Frau herum. »Geh jetzt.«

Mehr taumelnd setzte sich Sheila in Bewegung. Ihre Beine wollten einfach nicht mehr gehorchen, ein dumpfer Druck lastete auf ihrem Körper.

Plötzlich blieb sie wie angewurzelt stehen.

Ihre Augen weiteten sich, als sie das offene Grab ansah.

Superintendent Powell war dabei, aus der Grube zu klettern.

»Verdammt!« hörte sie in ihrem Rücken die Stimme des ›Inspektors‹.

Dann raste ›Sinclair‹ an ihr vorbei, bückte sich und packte blitzschnell den Spaten.

Powell hatte den Kopf gedreht.

Mit einem irren Blick in den Augen starrte er auf ›John Sinclair‹.

Der ›Inspektor‹ holte aus.

Der Spaten zischte durch die Luft. Es war ein Schlag, der einem Mann glatt den Schädel gespalten hätte.

Doch Superintendent Powell, der Mann, der angeblich mit seinem Bürostuhl verwachsen war, reagierte, wie man es nie von ihm erwartet hätte.

Im letzten Moment zog er den Kopf ein.

Das Spatenblatt fegte über seinen Schädel und knallte in den Erdhaufen.

Von der Wucht des Schlages wurde ›Sinclair‹ nach vorn gerissen.

In derselben Sekunde spürte Sheila eine Hand auf ihrer Schulter.

Sie stieß einen gellenden Schrei aus!

»Nein!« Bill Conolly heulte das Wort hinaus. In diesen Augenblikken begriff er gar nichts mehr. John Sinclair, der vorhin bei ihm im Wohnzimmer . . .

»John, das ist unmöglich. Verdammt, wo bist du denn?« Bills Stimme überschlug sich.

Der Geisterjäger wußte in diesen Sekunden, daß schon etwas passiert war.

»Bill, was ist geschehen?« drang seine fordernde Stimme aus dem Hörer.

»Das fragst du noch? Ausgerechnet du?« Bill Conolly war nicht mehr zu halten. »Los, sag schon, wo hast du Sheila hingeschleppt, du verdammtes Schwein! Ich werde dich in Fetzen schießen, wenn ich dich zwischen die Finger bekomme.«

An Powell dachte der Reporter in diesen Augenblicken nicht. Die Sorge um seine Frau machte ihn halb wahnsinnig.

»Nun mal langsam, Bill«, sagte John. »Erzähl bitte alles der Reihe nach. Ich habe wirklich keine Ahnung, was bei euch vorgefallen ist.«

»Tu doch nicht so, zum Teufel! Du hast mich doch vor zehn

Minuten oder einer halben Stunde bewußtlos geschlagen. Dann bist du mit Sheila verschwunden. Und Powell lag auf der Couch. Er war bewußtlos. Ich sollte ihn töten. Ich . . .«

Der Reporter brach ab. Er war völlig durcheinander, was John bereits an seinen Erklärungen festgestellt hatte.

»Ich bin in spätestens einer Viertelstunde bei euch«, sagte der Geisterjäger. »Und noch eins, Bill. Ich habe einen Doppelgänger. Doppelgänger, verstehst du?«

»Ja«, erwiderte Bill Conolly schwach.

Er wollte noch etwas hinzufügen, doch da hatte der Inspektor bereits aufgelegt.

Doppelgänger! Bill schüttelte den Kopf. Sollte es dies tatsächlich geben?

Bill verstand die Welt nicht mehr. Er hatte schon oft gegen Geister und Dämonen gekämpft, aber so etwas war ihm noch nicht vorgekommen.

Plötzlich erinnerte sich Bill wieder an seine eigentliche Aufgabe. Himmel, er mußte Sheila finden!

Bill rannte nach draußen.

Der Bentley stand noch dort.

Aber hinter dem Haus hörte er Geräusche.

Bill zog seine Waffe aus dem Hosenbund. Auf Zehenspitzen ging er los, bog um die Hausecke und versteifte sich unwillkürlich, als er das Bild sah, das sich seinen Augen bot.

Zuerst entdeckte der Sheila. Sie stand unbeweglich auf ihrem Platz, von Grauen gelähmt.

›John Sinclair‹ holte soeben mit einem Spaten aus, um Superintendent Powell den Schädel zu spalten.

Bill hetzte los. Er wußte, daß er den Schlag nicht mehr verhindern konnte, aber er konnte Sheila aus der Gefahrenzone holen.

Der Rasen dämpfte Bills Schritte. Wie ein Schatten tauchte er hinter Sheila auf und zog sie an der Schulter zurück.

Sheila schrie auf.

Da erkannte sie ihren Mann.

Ihr Schrei endete in einem befreiten Schluchzen. Sie wollte Bills Hals umklammern, doch der Reporter schob sie weg.

»Lauf, Sheila! Flieh!« zischte Bill. »Los, weg von hier!«

Bill riß seine Frau zur Seite und schubste sie auf das Haus zu.

Sheila begann zu rennen. Bill atmete auf. Wenigstens sie hatte er gerettet.

»Das nützt dir auch nichts mehr«, hörte er ›Johns‹ Stimme.

Bill wirbelte herum.

Durch sein Auftauchen war ›Sinclair‹ von Powell abgelenkt worden. Der Reporter hatte dem Superintendenten in diesen Augenblicken das Leben gerettet.

Bill hob seine Waffe.

»Ich glaube, jetzt reden wir mal deutlich miteinander«, sagte er mit ätzender Stimme.

›Sinclair‹ lachte. »Was willst du denn, Bill? Auf deinen besten Freund schießen?«

›Sinclair‹ hatte den Spaten fallen gelassen. Demonstrativ hob er beide Arme.

»Nun, Bill? Was ist? Ich bin wehrlos. Ich habe keine Waffe in der Hand. Traust du dich nicht, abzudrücken? Denk doch mal an die vielen Kämpfe, die wir beide schon bestanden haben. Wie oft habe ich dir das Leben gerettet! Oder du mir. Und jetzt willst du einfach schießen, als wenn nichts gewesen wäre?«

›John‹ war während dieser Worte immer näher auf Bill zugegangen, und der Reporter wich zwangsläufig zurück.

»Bleib stehen!« keuchte Bill. »Du bist nicht John Sinclair. Nicht der, den ich kenne.«

›Sinclair‹ lachte. »Und wer bin ich dann?«

»Ein Doppelgänger. Von einem Satan erschaffen.«

Wieder lachte der ›Inspektor‹. »Bist du dir dessen so sicher, Bill? Wer hat dir das überhaupt gesagt?«

»Der echte John Sinclair.«

»Aha. Und du weißt genau, daß es der echte John Sinclair war?«

»Wer denn sonst? John Sinclair käme nie auf die Idee, seinen eigenen Chef und seine besten Freunde umbringen zu wollen.«

»Da ist was dran«, sagte ›John‹. »Aber vielleicht ist alles nur ein Bluff? Eine Illusion. Komm, Bill, gib mir deine Waffe. Wir werden in Ruhe reden.«

›Sinclair‹ tat wieder einige Schritte und streckte seinen rechten Arm aus. Er hielt Bill die geöffneten Handfläche entgegen.

Plötzlich sah der Reporter hinter ›John‹ eine Bewegung. Powell hatte sich aus dem Grab aufgerafft.

Unsicher taumelte er auf die beiden Männer zu.

»Schießen Sie, Conolly!« brüllte er. »Schießen Sie!«

Während die Worte des Superintendenten noch in Bills Ohren gellten, hechtete ›Sinclair‹ vor.

Da drückte Bill ab . . .

John Sinclair war bleich wie ein Leichentuch, als er den Hörer auf die Gabel legte.

Bills wirre Erklärungen schwirrten durch seinen Schädel. Und der Geisterjäger mußte sich eingestehen, daß sich seine schlimmsten Befürchtungen bewahrheitet hatten.

Sein Doppelgänger war bereits am Werk! Und er hatte sogar Powell in das grausame Spiel mit einbezogen.

In diesem Augenblick kam der Polizist zu sich.

John hörte die stöhnenden Laute in seinem Rücken. Er wirbelte herum und beugte sich zu dem am Boden Liegenden nieder.

»Haben Sie einen Wagen?«

Der Mann war noch immer benommen. »Nein – aber ein Motorrad.«

»Wo steht es?«

»Im Hof.« Der Polizist wollte sich aufrichten, doch John drückte ihn wieder zurück.

»Wie komme ich dahin?«

»Dort. Durch die Tür.«

John Sinclair schnellte hoch. Er packte das Schwert und lief zu der bezeichneten Tür.

Der Schlüssel steckte.

John drehte ihn herum und riß die Tür auf. Eine Sekunde später stand er in dem schmalen Hof.

Das Motorrad lehnte an der Hauswand. John konnte in der Dunkelheit nicht erkennen, was für eine Marke es war. Aber das war egal. Wenn es nur ansprang . . .

Der Geisterjäger trat den Starter.

Es klappte beim zweiten Durchtreten.

Der Motor röhrte auf. John betätigte den Lichthebel und schwang sich in den Sattel. Das Schwert hatte er so in seinem Hosengürtel verhakt, das es mit der Scheide auf seinem linken Bein lag. So konnte er sich nicht verletzen.

Eine schmale Einfahrt wurde aus der Dunkelheit gerissen. John fuhr darauf zu und jagte schon wenige Herzschläge später die Straße entlang.

Jetzt kam es auf jede Sekunde an . . .

Die Kugel traf ›John Sinclair‹ mitten im Sprung.

Der ›Inspektor‹ wurde hochgerissen und gestoppt. Das Geschoß war in seine Brust gedrungen und hatte dort ein tiefes Loch gerissen.

›Sinclair‹ fiel auf den Rücken, rollte sich jedoch sofort herum und sprang wieder auf die Beine. Wieder stand er Bill Conolly frontal gegenüber.

Das nackte Entsetzen bannte den Reporter auf die Stelle. Das Kugelloch gähnte ihn an. Nicht ein Tropfen Blut quoll aus der Wunde. Das Stück Blei war in ›Sinclairs‹ Körper stecken geblieben.

›Sinclair‹ lachte schaurig. »Nun, Bill? Willst du es nicht noch einmal versuchen?«

Der Reporter atmete schwer. Sein Blick flackerte. Unwillkürlich hatte er seine Rechte, die die Pistole hielt, gesenkt. Ihm kam alles völlig sinnlos vor.

Auch Superintendent Powell konnte das grausame Geschehen nicht begreifen. Fassungslos starrte er auf ›John Sinclair‹.

Totenstill war es geworden. Wie die berühmte Ruhe vor dem Sturm, dachte Bill Conolly.

›John Sinclair‹ übernahm wieder die Initiative. Er hatte die Pistole vorhin in die Jackentasche gesteckt. Jetzt zog er sie mit einer aufreizenden langsamen Bewegung wieder hervor.

»Wen soll ich zuerst umlegen?« fragte er lächelnd. »Dich, Bill? Oder Powell? Sucht es euch aus. Kostet die Sekunden aus, die ihr noch am Leben seid.«

Plötzlich trat Superintendent Powell vor. »Erschießen Sie mich, Sinclair«, sagte er mit fester Stimme.

»Oh – ein Ehrenmann.«

›Sinclair‹ schien die Situation zu genießen. Er tippte Powell mit der Waffe an. »Hau ab, Alter. Dich übernehme ich als letzter. Du sollst wenigstens erleben, wie dein liebster Untergebener einen kleinen Mord ausführt.«

Sein hämisches Lachen war bühnenreif.

›Sinclair‹ drehte sich wieder Bill Conolly zu und hob den Arm mit der Waffe.

Unwillkürlich spannte der Reporter die Magenmuskeln an. Er, der bisher alle Gefahren gemeistert hatte, wußte nicht mehr weiter. Er war hilflos einem Satan in Menschengestalt ausgeliefert.

Da drang das Geräusch eines fahrenden Motorrads durch die Stille.

›Sinclair‹ zuckte zusammen.

Aber auch Bill Conolly reagierte. Das ist John, dachte er und hechtete im gleichen Atemzug zur Seite.

›Sinclair‹ feuerte.

Das Projektil fegte an Bill vorbei und pflügte hinter ihm den Rasen auf.

Wieder stieß der Reporter sich ab, flog in einem wahren Panthersatz in ein Gebüsch hinein.

Schüsse peitschten.

Über Bill Conolly rissen die Kugeln Laub und kleinere Zweige weg.

Bill preßte sich gegen die Erde.

Das Motorengeräusch war lauter geworden, dröhnte in seinen Ohren. Bill riskierte es und hob den Kopf.

Das Motorrad war auf das Grundstück gejagt, bog jetzt um die Hausecke.

Die Lichtbahn eines Scheinwerfers übergoß die Rasenfläche.

Der falsche ›Sinclair‹ hatte sich dem Neuankömmling zugewendet. Er brüllte haßerfüllt auf, als er den Geisterjäger erkannte.

»Stirb, du Hund!«

›Sinclair‹ riß die Waffe hoch, drückte ab.

John flog förmlich aus dem Sattel. Das Motorrad raste weiter und krachte in einen Buschgürtel, wo es gestoppt wurde und mit drehenden Rädern und röhrendem Motor liegenblieb.

Die Kugel war fehlgegangen. Unbeschadet kam John auf die Beine.

Für Sekunden starrten sich die beiden Gegner an.

John Sinclair kämpfte gegen ›John Sinclair‹. So etwas hatte es noch nie gegeben.

Der Geisterjäger sah aus, als wäre er geradewegs der Hölle entsprungen, was in gewisser Weise ja auch stimmte. Aber in seinem Gesicht hatte sich eine harte Entschlossenheit eingekerbt.

Die Wunde auf seiner Wange brannte. Sie erinnerte ihn an Dr. Tod und daran, daß er ihn und seine Kreaturen vernichten mußte.

John hatte das Schwert gezogen. Breitbeinig stand er vor seinem Gegner. Das Schwert lag ruhig und sicher in seiner rechten Hand.

Die Spitze zeigte nach oben.

Der falsche Sinclair war durch Johns Auftreten für einem Moment aus dem Konzept gebracht worden. Die Pistolenmündung zielte an dem Geisterjäger vorbei.

Nur langsam kam John Sinclair wieder zu Atem. »Jetzt wird abgerechnet«, sagte er. Er erkannte seine Stimme kaum wieder, so rauh und kratzig klang sie. »Zu lange schon hast du dein verdammtes Unwesen getrieben.« John hob den Arm mit der Klinge. »Dieses Schwert hier wird deinem unseligen Leben ein Ende bereiten. Ich werde dir den Kopf abschlagen!«

Für einen winzigen Augenblick flackerte die Angst in den sonst leblosen Augen des ›Inspektors‹ auf. Eine Kugel konnte ihm nichts anhaben – aber das Schwert . . .

Fieberhaft suchte der falsche Sinclair nach einem Ausweg aus dieser höllischen Situation. Glasklar war es für ihn, daß er gegen den echten John Sinclair ohne Chance war.

›Sinclair‹ duckte sich, wirbelte blitzschnell herum, hetzte mit langen Sätzen auf die Hausmauer zu und wollte an der Vorderseite entkommen.

John spurtete ebenfalls los. Er flog förmlich über den Rasen, holte alles aus seinem Körper heraus. Schon rannte sein Doppelgänger auf dem Weg entlang, der hinunter zum Tor führte.

Der Geisterjäger keuchte. Noch einmal legte er einen Zahn zu.

Immer näher kam er seinem verhaßten Gegner. Noch zwei, drei Schritte . . .

Da warf sich ›Sinclair‹ herum.

John hatte nicht mehr damit gerechnet. Er prallte gegen seinen Doppelgänger. Die Schwertspitze bohrte sich in dessen Brust. ›Sinclair‹ wurde regelrecht aufgespießt.

Aber so konnte man ihn nicht töten. Die Wunde, die entstanden war, blutete nicht einmal. Und es schien sogar, als würde sie dem falschen Sinclair neue Kraft geben, denn urplötzlich riß er sein Knie hoch.

John wurde voll getroffen. Der Schmerz jagte wie Feuer durch seinen gesamten Körper.

John kippte zurück, hatte aber die Geistesgegenwart genug, die Klinge aus der Brust zu ziehen und sie festzuhalten.

Und jetzt machte der falsche Sinclair einen Fehler. Anstatt sich auf John zu werfen, rannte er weg.

Sein Ziel war das Motorrad, das immer noch mit röhrendem Motor und drehenden Rädern in dem Gebüsch lag.

Schon hatte ›Sinclair‹ die Maschine erreicht, richtete sie auf und schwang sich in den Sattel.

Der Lichtkegel des Scheinwerfers fuhr wie ein riesiger Geisterfinger durch den Park und blieb an dem echten John Sinclair kleben.

›Sinclair‹ gab Gas.

Die Maschine bäumte sich auf. Gras und Erdklumpen spritzten weg. Dann gewann das Motorrad an Fahrt.

Im höllischen Tempo jagte ›Sinclair‹ die kleine Anhöhe hinunter. Genau auf den Inspektor zu, den der Schmerz immer noch am Boden hielt.

John sah den grellen Scheinwerfer, der immer größer wurde, und er hörte das urwelthafte Dröhnen der schweren Maschine.

Du mußt hier weg! schrie es in ihm.

John raffte sich mit letzter Kraft auf und federte zur Seite.

Gerade noch rechtzeitig.

Haarscharf raste die Maschine an ihm vorbei. John spürte noch den Luftzug, dann war alles vorbei.

Der falsche Sinclair jagte durch das offene Tor des Grundstücks.

John Sinclair hätte heulen können vor Wut. Er ballte die Hände zu Fäusten und preßte die Zähne zusammen. Es half alles nichts. Sein Doppelgänger war entkommen!

Da wankte eine Gestalt über den Rasen auf ihn zu.

Bill Conolly!

»John«, rief er, »nimm meinen Wagen. Du holst ihn ein. Bestimmt!«

Ehe der Inspektor eine Antwort geben konnte, warf ihm Bill schon die Wagenschlüssel zu.

John fing sie auf und lief los. Das »Danke« verschluckte er, er brauchte die Luft zum Atmen.

Zum Glück war das Garagentor offen.

Bill Conolly fuhr einen roten Porsche Targa, einen Flitzer par excellence.

John riß die Tür auf und faltete sich hinter das Steuer.

Der Porsche kam sofort.

John preschte aus der Garage, sah im Vorbeihuschen Bills Gestalt und war Sekunden später schon unten am Tor.

John riß den Porsche nach links. Er hatte vorhin noch soeben mitbekommen, in welche Richtung der falsche John Sinclair gefahren war.

John gab dem Porsche die Sporen. Die starken Scheinwerfer des Wagens machten die Nacht zum Tag.

Zum Glück war die Straße gut ausgebaut und auch die Kurven relativ übersichtlich. Dazu kam, daß John ein glänzender Fahrer war.

Fünf Minuten dauerte die Jagd.

Und dann sah John das Motorrad.

Wie ein dicker, auf der Straße liegender Klumpen tauchte es plötzlich auf.

Der Geisterjäger grinste verbissen. Er dachte an sein Schwert, das er auf den Nebensitz gelegt hatte. Diesmal sollte ihm sein Doppelgänger nicht entkommen.

Unaufhaltsam holte John Sinclair auf. Zu seinem großen Glück herrschte kein Gegenverkehr.

Dreißig, zwanzig, zehn Yards noch.

Dann waren sie auf gleicher Höhe.

John ging etwas vom Gas. Er riskierte einen kurzen Blick aus dem Fenster.

›Sinclair‹ hockte wie ein sprungbereites Tier auf dem Motorrad. Sein Gesicht war verzerrt.

Langsam überholte der Geisterjäger seinen Doppelgänger. Und ebenso langsam zog er den Porsche nach links.

Die Taktik war klar. John wollte den falschen Sinclair zur Seite drücken.

Zu beiden Seiten der Straße huschten Wiesen und Gartenzäune vorbei. Die Geschwindigkeit war hoch. Siebzig Meilen. Wenn der falsche Sinclair jetzt nicht langsamer fuhr, dann . . .

Johns Doppelgänger dachte nicht im Traum daran.

Er tat das, was normalerweise Irrsinn war. Er riß plötzlich den Lenker nach rechts.

Sekundenbruchteile später war es dann soweit. Blech kreischte gegen Blech. Der Porsche wurde zur Seite gedrückt. Das Motorrad kickte weg, hob vom Boden ab, durchbrach einen Wiesenzaun, überschlug sich, prallte gegen eine Bodenwelle und blieb krachend liegen. Der Tank war geplatzt. Flammenzungen züngelten daraus hervor, und im Nu fing die Maschine Feuer.

Der falsche Sinclair war durch die Luft geflogen und wie vom Katapult geschleudert über die Wiese gesegelt. Ein normaler Mensch hätte diesen Sturz nicht überlebt, doch ›Sinclair‹ war ein Teufel.

Wie eine Marionette kam er wieder auf die Beine, fest davon überzeugt, den Inspektor endgültig abgeschüttelt zu haben.

Doch das war ein Irrtum.

John konnte nicht nur schießen und kämpfen, sondern auch autofahren.

Er hatte nach dem Zusammenprall sofort gegengelenkt und war wieder auf die Fahrbahnmitte gerutscht. Dies war auch nur möglich gewesen, weil John so gut wie keine Schrecksekunde hatte.

Jetzt trat der Geisterjäger auf die Bremse.

Die Reifen radierten quietschend den Asphalt. John wurde in seinem Gurt nach vorn gepreßt, doch er bekam den Porsche unbeschadet zum Stehen.

John löste den Gurt, packte das Schwert und sprang aus dem Wagen.

Er sah die lodernde Fackel, die die Teile des Motorrads einhüllte.

Wieder begann der Geisterjäger zu rennen.

Er flankte über den Straßengraben, sprang über einem Zaun und geriet auf eine Wiese.

John Sinclair lief, so schnell er konnte. Und da sah er auch seinen Doppelgänger.

›Sinclair‹ hetzte auf ein Waldstück zu, das im Westen lag. Noch hatte er John nicht entdeckt.

Der Geisterjäger warf alles an Energie und Kondition in diesen höllischen Lauf.

Und er holte auf.

Plötzlich wandte sich der falsche Sinclair um.

Ein Wutschrei drang aus seiner Kehle, als er John sah.

»Hund!« brüllte er.

Schon war John heran. Noch im vollen Lauf schwang er das

Schwert. Die Klinge fauchte durch die Luft, und ›Sinclair‹ konnte nur im letzten Moment wegtauchen.

Zu einem zweiten Schlag kam John nicht mehr, denn sein Doppelgänger unterlief ihn mit einer katzenhaften Bewegung. Eine Faust wie ein Dampfhammer jagte in Johns Magen.

Der Geisterjäger knickte zusammen.

Darauf hatte ›Sinclair‹ nur gewartet. Zwei zu Würgeklammern gekrümmte Hände legten sich um Johns Hals. Tief gruben sich die Fingernägel in das straffe Fleisch.

Der Geisterjäger ächzte.

Weit riß er die Augen auf – und blickte in sein eigenes Gesicht.

John setzte alles auf eine Karte, denn noch hielt er das Schwert in der Hand.

Seine Rechte beschrieb vom Boden her einen Halbkreis. Die Klinge blitzte auf und trennte den Kopf vom Rumpf der Mordbestie.

Sofort lösten sich die würgenden Hände von Johns Kehle.

Der kopflose Torso knallte neben John Sinclair zu Boden. Aus weit aufgerissenen Augen verfolgte John, was nun geschah.

Ein Blitzstrahl zuckte vom Himmel und fraß sich in den Körper des Geköpften.

John rollte zur Seite und sprang auf.

Sekunden später war der Körper verbrannt.

Und der Kopf?

Der Mund war zu einem Schrei geöffnet, doch kein Laut drang zwischen den Lippen hervor. Für John Sinclair war es besonders grausam, daß der Kopf, der dort am Boden lag, seine Gesichtszüge trug.

Es war ein Bild, das sich fest ins Johns Erinnerung grub. Nie würde er es aus seinem Gedächtnis streichen können.

Von einer Sekunde zur anderen zerfielen die Gesichtszüge, wurden schwammig und lösten sich zu einer zähen Flüssigkeit auf, die im Boden versickerte.

John taumelte ein paar Schritte zur Seite. Er fühlte, wie die Narbe auf seiner rechten Wange brannte. Dies war ein Andenken, das er immer behalten würde.

Nur langsam beruhigten sich die Nerven des Inspektors. John fingerte nach Zigaretten und zündete sich ein Stäbchen an.

Der Rauch beruhigte ihn kaum.

John hob das Schwert auf und ging mit unsicheren Schritten zur Straße.

Die Scheinwerfer eines Wagens tauchten auf.

Sekunden später quietschen Bremsen. Der Wagen, der gehalten hatte, war ein roter VW. Er gehörte Sheila Conolly. Bill hatte ihn gefahren.

Der Reporter stürzte auf John zu. »Alles in Ordnung?« keuchte er.

Der Geisterjäger nickte schwer und stützte sich auf Bills rechte Schulter.

»Es gibt keinen zweiten John Sinclair mehr«, sagte er leise. »Er ist vernichtet.«

Bill grinste. »Ich will dir mal ehrlich was sagen, John. Zwei von deiner Sorte hätte ich auch nicht verkraften können. Einer macht schließlich schon genug Dummheiten.«

Obwohl John erschöpft war, konnte er sich ein Lachen doch nicht verbeißen. Und er war plötzlich froh, einen Mann wie Bill Conolly zum Freund zu haben. Denn Bill war jemand, auf den man sich echt verlassen konnte. Und so etwas findet man in der heutigen Zeit äußerst selten.

Der gesamte Fall wurde so gut wie totgeschwiegen. Auch die Ermittlungen der spanischen Polizei verliefen im Sande. Es gab zwar einige Anfragen, doch Scotland Yard zeigte kein Interesse, den Spaniern Schützenhilfe zu leisten. Zu unglaublich war alles gewesen. Denn wenn die Presse einmal von dem Fall Wind bekommen hatte, war alles aus. Nein, der Weg, der eingeschlagen wurde, war schon der beste.

John Sinclair jedoch fuhr für ein paar Tage weg. Er hatte niemandem seine Adresse verraten, auch nicht den engsten Freunden. John brauchte die Zeit. Er wollte die schrecklichen Vorgänge vergessen. Schließlich war auch er nur ein Mensch aus Fleisch und Blut und nicht irgendeine Papierfigur.

Die Pension, in der John sich einquartiert hatte, lag mitten im Wald. Er hatte soeben noch ein Einzelzimmer erwischen können und kam sich unter den vielen Urlauberfamilien vor wie ein Fremdkörper.

Doch schon am zweiten Tag hatte John sich mit einigen Leuten angefreundet. Es waren nette Menschen, die auch ihre Probleme hatten und sich nur entspannen wollten. Es wurde über alles geredet, nur nicht über den Beruf.

Und das war gut so, fand John.

Der Wirt allerdings wunderte sich über seinen Gast, der oft stundenlange Spaziergänge machte und abends in gemütlicher Runde mit den Familien beisammensaß. Immer mal wollte er John ansprechen, und immer wieder traute er sich nicht.

Doch am sechsten Tag faßte er sich ein Herz. Das war genau ein Tag vor Johns Rückreise.

Der Inspektor saß allein bei einem Bier und rauchte in Ruhe eine Zigarette.

Der Wirt schlich an Johns Tisch.

»Darf man sich setzen?« fragte er.

»Bitte sehr.«

Der Wirt nahm Platz und druckste herum. Dann sagte er plötzlich: »Entschuldigen Sie, Sir, aber ich will mich ja nicht aufdrängen. Aber darf man fragen, woher Sie die Narbe an der Wange haben?«

John Sinclair sah den Mann nachdenklich an. Dann meinte er: »Das ist eine so lange und unglaubliche Geschichte, daß Sie sie mir doch nicht abnehmen würden. Die Narbe wird mich für immer an einen gewissen Mann erinnern.«

»Ist er ein Freund von Ihnen?«

»Nein, genau das Gegenteil. Aber diese Narbe ist auch praktisch das Brandzeichen und die Garantie dafür, daß es von mir keinen Doppelgänger mehr gibt.«

Der Wirt schüttelte den Kopf. »Jetzt verstehe ich gar nichts mehr.«

John Sinclair trank sein Glas leer. »Ist auch nicht tragisch, guter Mann. Wissen Sie, es gibt so viele Dinge zwischen Himmel und Erde, die unerklärbar sind, dann wollen wir es hierbei auch so lassen. Freuen Sie sich, daß Sie ein Leben führen, das in normalen Bahnen verläuft. Manchmal wünsche ich es mir auch. Aber wenn man meinen Job hat . . .«

»Was sind Sie denn von Beruf?«

John lächelte. »Ich bin bei der Polizei.«

Der Wirt bekam große Augen. »Etwa beim Yard?«

»Genau.«

»Warum haben Sie das nicht eher gesagt. Sie hätten ja erzählen können . . .«

»Gerade das wollte ich nicht.«

»Mister Sinclair, tun Sie mir doch den Gefallen.«

John stand auf. »Vielleicht später mal.«

»Aber Sie reisen doch morgen ab.«

»Ich komme bestimmt irgendwann mal wieder.«

John nickte dem Wirt zu, stand auf und ging nach oben, um sein Zimmer aufzusuchen. Dort legte er sich lang aufs Bett und verschränkte beide Arme unter dem Kopf.

Eins stand für John Sinclair fest. Dr. Tod würde sich bestimmt in nächster Zukunft wieder melden. John ahnte nicht, wie recht er damit hatte.

Am anderen Tag fuhr John wieder nach London zurück. Ein neuer Fall wartete bereits auf ihn. Ein Fall, der ihn nach Transsylvanien führen sollte, um dort an der Hochzeit der Vampire teilzunehmen . . .

ENDE

Hochzeit
der Vampire
93

Kalt pfiff der Wind über die karstigen Höhenzüge hinunter ins Tal. Der einsame Mann fröstelte. Er hatte den Kragen seines dicken Mantels hochgeschlagen und stemmte sich geduckt gegen den Wind. Der Mann hatte es eilig. Um Punkt Mitternacht wollte er an dem bewußten Treffpunkt sein. Urplötzlich blieb der Mann stehen. Ein Geräusch war an seine Ohren gedrungen. Es war ein gefährliches Knurren, das sogar das Pfeifen des Windes übertönte.

Der einsame Wanderer bekam es mit der Angst zu tun. Er drehte sich um, wollte weglaufen, doch da hatten sie ihn schon eingekreist.

Gelbe, tückische Augen bannten ihn auf der Stelle.

Dem Mann stockte der Atem.

Die Wölfe waren da!

Die vier grauen Schatten huschten auf die Straße. Wie Schemen waren sie aus den Büschen zu beiden Seiten des schmalen Weges aufgetaucht.

Sie hatten auf den Einsamen gelauert.

Der Mann zitterte plötzlich. Kalter Schweiß legte sich auf seine Stirn. Er bereute es, sich auf den Weg gemacht zu haben. Aber er war Geschäftsmann, mußte sehen, daß er Geld verdiente, und Horror-Tours waren etwas Außergewöhnliches.

Der Mann hieß Janos Ruff. Im vorigen Monat war er vierzig Jahre alt geworden und hatte vor, doppelt so lange zu leben.

Ruffs Gedanken stockten.

Die Wölfe schlichen näher. Kein Laut war zu hören. Die Bestien bewegten sich wie auf Samtpfoten.

Ruffs Blicke irrten zwischen den gelblich funkelnden Augen der Tiere hin und her. Jeden Moment rechnete er damit, daß sie ihn anfallen würden.

Nichts geschah. Sie standen um ihn herum und lauerten.

Sekunden wurden für Ruff zu Ewigkeiten. Wenn er doch nur etwas tun könnte . . .

Mit der Zeit flaute die Erregung ab. Seine Zunge huschte über die spröden, aufgerissenen Lippen. Der Wind trocknete den Schweiß.

Ruff atmete durch den Mund. Noch einmal riß er sich zusammen und wagte den ersten, vorsichtigen Schritt.

Den zweiten . . .

Die Wölfe wichen zur Seite, bildeten eine Gasse.

Ruff atmete auf. Langsam und auf Zehenspitzen ging er weiter. Er hielt seinen Kopf zur Seite gewandt und beobachtete aus verdrehten Augen die Bestien.

Sie folgten ihm, flankierten den einsamen Wanderer.

Wie Leibwächter, dachte Ruff. Vielleicht waren sie es sogar. Vielleicht hatte der Graf sie vorgeschickt.

Ja, so mußte es gewesen sein. Eine andere Möglichkeit konnte sich Ruff nicht vorstellen.

Er sah zum Himmel.

Wolkenberge türmten sich dort oben und wurden von dem Wind wie Spielbälle durcheinander geschleudert.

Der Mond war nicht zu sehen. Es funkelte auch kein einziger Stern. Es war eine Nacht zum Fürchten. Ideal für dunkle Gestalten aus dem Totenreich.

Janos Ruff ging weiter. Karren und Wagen hatten tiefe Furchen in den Weg gegraben. Die Erde war hart und trocken. Es hatte lange nicht mehr geregnet.

Ruff suchte eine Zigarette aus der Packung. Es waren amerikanische Stäbchen. Ruff mochte keine anderen.

Er riß ein Zündholz an. Der Wind blies die Flamme aus. Beim vierten Versuch brannte die Zigarette endlich.

Janos Ruff sog den Rauch tief in die Lungen. Seine Nerven beruhigten sich etwas.

Der Mann rauchte hastig. Schon nach ein paar Minuten warf er die Zigarette weg. Sie wurde vom Wind noch weitergetrieben und blieb dann im Graben für kurze Zeit als glühender Punkt liegen.

Die Wölfe waren noch immer da, ließen den Mann keine Sekunde aus den Augen.

Ruff ging schneller. Durch den Aufenthalt vorhin hatte er zuviel Zeit verloren. Und er wollte pünktlich sein. Zuviel hing davon ab.

Dann hatte er sein Ziel erreicht. Ein anderer Pfad schnitt seinen Weg, er wurde zum Kreuzweg.

Der Kreuzweg! Mythen und Legenden rankten sich darum. Der Kreuzweg war die Inkarnation des Bösen. Gerade in Süd- und Osteuropa spielte er eine große Rolle. Er wurde von den Menschen gemieden, denn er galt als Treffpunkt der Untoten und Hexen.

Janos Ruff blieb stehen. Ein unheimliches Gefühl beschlich ihn, denn auch er kannte die alten Geschichten.

Ruffs Blick wanderte ein Stück zur Seite, saugte sich an der knorrigen uralten Eiche fest, die ihre dicken Äste wie lange Totenfinger in den grauen Himmel reckte.

Der Galgenbaum! Noch vor siebzig Jahren hatte man hier Mörder und Sittenstrolche gehängt. Nachts – meistens bei Vollmond – sollten die Geister der Verbrecher noch heulen und wehklagen.

Ruff dachte an den Mann, den er hier treffen wollte.

Graf Montesi. Er kannte ihn nicht, hatte nicht einmal von ihm gehört. Brieflich war der Graf an ihn herangetreten. Er hatte Ruffs Annonce in der Zeitung gelesen.

HORROR TOURS – *Eine Reise, die mehr ist als ein Abenteuer. Wenn Sie etwas Besonderes erleben wollen, dann buchen Sie bei* HORROR TOURS! *Wir garantieren für Gänsehaut!*

Dann war der Anruf von Graf Montesi gekommen. Der Graf hatte sich nach den Bedingungen erkundigt und sein Schloß zur Verfügung gestellt. Es lag irgendwo in den Karpaten. Ruff sollte erst heute Einzelheiten erfahren. Doch eins mußte er dem Grafen versprechen. Er durfte mit niemandem über dieses Treffen reden.

Da Janos Ruff sowieso ein Einzelgänger war, hatte ihn das nicht weiter gestört.

Ruff sah auf seine Uhr.

Noch zehn Minuten bis Mitternacht. Dann würde sich alles entscheiden.

Wieder warf er einen Blick zum Galgenbaum hinüber. Die vier Wölfe hatten sich vor dem dicken Stamm niedergelassen und belauerten Ruff.

Unruhig ging Janos Ruff hin und her. Wirre Gedanken tanzten in seinem Schädel. Er war neugierig und ängstlich zugleich. Wenn das Geschäft klappen sollte, dann brauchte er sich keine Sorgen mehr um die Zukunft zu machen.

Hufgetrappel schreckte Ruff aus seinen Gedanken. Es kam von Osten und wurde schnell lauter.

Auch die Wölfe hatten das Geräusch gehört. In lauernder Haltung starrten sie in die entsprechende Richtung.

Sollte der Graf etwa auf einem Pferd kommen? Oder waren es Soldaten, die . . .

Etwas schälte sich aus der Dunkelheit. Etwas Großes, Wuchtiges. Pferde schnaubten.

Janos Ruff sprang unwillkürlich einen Schritt zur Seite, als die beiden schwarzen Tiere vor ihm auftauchten und, wie von Geisterhand gelenkt, anhielten.

Janos Ruff stockte der Atem.

Die Pferde zogen einen Wagen.

Einen Leichenwagen!

Jede Einzelheit prägte sich in Ruffs Gehirn ein. Der Leichenwagen war pechschwarz. Vier hohe Räder trugen ihn. An den vier Ecken steckten in eisernen Haltern Kerzen, die ebenfalls schwarz waren. Die Flammen wurden von einem Glaszylinder vor dem Wind geschützt. Die Fenster waren im Innern des Leichenwagens durch dunkle Vorhänge verhängt. Zwei prächtige Pferde zogen den Wagen.

Die Tiere standen still und hatten die Köpfe gesenkt. Aus ihren Nüstern drang warmer Atem, der wie eine Wolke vor den Mäulern stand.

Janos Ruff räusperte sich die Kehle frei. Er traute sich nicht, die Tür des Leichenwagens zu öffnen. Mit pochendem Herzen wartete er ab, was geschah.

Zuerst blieb es still.

Dann hörte Ruff ein Geräusch aus dem Innern des Leichenwagens. Die Tür wurde geöffnet.

»Komm her!« hörte Ruff eine leise, aber dennoch befehlsgewohnte Stimme.

Janos Ruff setzte sich in Bewegung. Da er seitlich des Leichenwagens gestanden hatte, mußte er um ihn herumgehen, um zur Hinterseite zu gelangen.

Der Dreck knirschte unter Ruffs Sohlen. Überlaut kam ihm das Geräusch vor.

Janos Ruff wich den Türflügeln aus und konnte endlich in den Leichenwagen sehen.

In derselben Sekunde traf ihn der Schock.

In dem Leichenwagen stand ein offener Sarg . . .

In London blätterte ein gewisser Bill Conolly einen Stapel Zeitungen durch. Unter anderem fiel ihm auch ein Blatt in die Hand, das erst seit einem Jahr auf dem Markt war und meistens von Skandalen berichtete.

Bill Conolly war freier Reporter. Da seine Frau Sheila ein großes

Vermögen mit in die Ehe gebracht hatte, konnte er sich seine Beschäftigung aussuchen. Meistens jedenfalls. Er schrieb mal für diese Zeitschrift und mal für jene. Im Augenblick arbeitete er an einem Reisebericht über Südamerika. Er hatte den Kontinent vor einigen Wochen mit seiner Frau bereist, und die Eindrücke waren noch dementsprechend frisch. Wenn Bill nicht schrieb, ging er meistens mit seinem Freund Inspektor John Sinclair auf Geisterjagd. Sehr zum Ärger seiner jungen Frau Sheila.

Aber sie war für drei Tage verreist. Es ging um eine Filiale, die das Werk, das Sheila gehörte, in Schweden errichten wollte. Und dazu brauchten die Manager ihr ›Okay‹. Bill wollte erst mitfahren, hatte es sich dann aber anders überlegt.

Bill Conolly fühlte sich in seinem mit allem Komfort eingerichteten Haus ziemlich einsam. Außerdem schmeckte ihm das Frühstück längst nicht so gut.

Bill nahm einen Schluck Kaffee, verzog das Gesicht und schlug die letzte Seite der Zeitung auf.

Sie war fast ausschließlich mit Anzeigen bedruckt.

Eine fiel Bill besonders ins Auge. Ein gewisser Janos Ruff pries Horror-Touren nach Rumänien, in das klassische Vampirland, an.

Der Reporter las die Anzeige einmal und dann noch ein zweites Mal.

»Eigentlich sollte man da mitfahren«, murmelte er. Er wußte, daß in letzter Zeit solche Reisen up to date waren. Aber bisher war Ruff der einzige Unternehmer, der nach Rumänien fuhr. Und das klassische Vampirland wollte Bill immer schon mal kennenlernen. Besonders, da er sich selbst schon mit Vampiren herumgeschlagen hatte.

Eine Woche würde die Reise dauern.

Bill war noch im Zweifel, als das Telefon anschlug. Sheila, seine Frau, war am Apparat.

»Es tut mir leid, Bill. Aber ich muß noch einige Tage länger bleiben«, teilte sie ihrem Mann mit. »Vor einer Woche bin ich nicht in London.«

»Ist es denn so wichtig?«

»Ja. Du kennst mich, Bill. Ich wäre viel lieber zu Hause.«

Das war kein leeres Gerede, Sheila meinte es tatsächlich so.

»Gut, dann kann ich ja auch etwas unternehmen.«

Sofort wurde Sheila mißtrauisch.

»Hat dich John in einen Fall verwickelt? Willst du wieder auf Geisterjagd gehen?«

»Nein, nein«, lachte Bill, »so schlimm ist es nicht.« Dann berichtete er Sheila von den Horror-Touren.

Seine Frau blieb mißtrauisch. Schließlich stimmte sie doch zu, denn sie wußte, daß Bill sowieso nicht zu halten war.

Die beiden wechselten noch ein paar Worte, und Bill Conolly schrieb sich anschließend Mister Ruffs Telefonnummer auf.

Hoffentlich hat er noch einen Platz frei, dachte er und fing im selben Moment an zu grinsen.

»Nee, eigentlich zwei Plätze«, sagte Bill Conolly zu sich selbst. »Vielleicht hat John, der alte Geisterjäger, auch noch Lust, mitzukommen.«

Der Reporter ahnte nicht, daß der Entschluß, den er gefaßt hatte, der Beginn eines unheimlichen und haarsträubenden Abenteuers war . . .

Das Grauen packte Janos Ruff wie eine eisige Faust. Er war unfähig, einen klaren Gedanken zu fassen, sondern starrte immerzu auf den offenen Sarg. Es war ein Prunkstück. Aus edlem Holz gefertigt und mit weißem, seidigem Stoff ausgeschlagen.

Doch das alles nahm Ruff nur am Rande wahr. Magisch wurde sein Blick von dem Mann angezogen, der in dem Sarg lag.

Richtig konnte Ruff nur den völlig haarlosen Schädel erkennen, in dessen Höhlen die Augen wie zwei dunkle Kohlenstücke lagen. Die Finger des Mannes waren lang und dürr. Der Unheimliche hatte die Hände auf seine Brust gelegt. An einem Finger – Ruff konnte nicht genau erkennen, an welchem – steckte ein Ring, in dessen rubinrote Oberfläche ein weißer Totenkopf graviert war. Der Körper des Unheimlichen war eher schmächtig zu nennen.

Die Hände des Mannes lösten sich von der Brust und umklammerten zu beiden Seiten die Kanten des Sarges.

Der Mann stemmte sich hoch.

Ruff erkannte, daß er ganz in Schwarz gekleidet war. Ein Umhang, an den Schultern festgesteckt, verdeckte seinen Rücken.

»Graf Montesi?« ächzte der noch immer schreckensstarre Janos Ruff.

Der Unheimliche lachte leise. Es klang blechern, ohne jedes Gefühl.

»Ja, so kannst du mich nennen«, lautete seine Antwort. »Für dich bin ich Graf Montesi.«

Mit geschmeidigen Bewegungen stieg Montesi aus dem Sarg. Geduckt sprang er nach draußen. Der Umhang bauschte sich auf wie ein Vorhang.

Janos Ruff konnte nicht erklären, welche Gefühle ihn in diesen Augenblicken beherrschten. War es Angst, Grauen oder Neugierde? Vielleicht alles zusammen, und Janos Ruff spürte von Sekunde zu Sekunde mehr, daß dieser Mann Macht über ihn bekam und seinen Willen ausschaltete.

Ruff atmete gepreßt.

Unhörbar waren die Wölfe herangeschlichen, kauerten sich zu beiden Seiten des Grafen nieder. Die Raubtieraugen funkelten böse. Leises Knurren drang aus den halboffenen Mäulern.

Montesi hob die rechte Hand. Das Knurren der Wölfe verstummte.

»Du bist also gekommen, um dich in meine Dienste zu begeben«, stellte der Graf fest.

Ruff wollte etwas antworten, doch er brachte nur ein Nicken zustande.

Montesi fuhr fort. Seine Stimme war klar und deutlich. »Ich habe mich in dieses Land zurückgezogen, um einen ganzen Staat in meine Gewalt zu bekommen. Und dabei wirst du mir helfen, Janos Ruff!«

Der Arm des Grafen schoß vor, und Janos Ruff sah, wie der Ring an Montesis Finger seine Farbe änderte. Das Rubinrot verschwand, und der Totenkopf begann zu strahlen, wurde zu einem Sender, der seine Schwingungen in Ruffs Gehirnzentrum schickte.

Janos Ruff war geblendet. Er sah nur den Ring und spürte plötzlich das drängende Gefühl in seinem Innern, nur noch diesem Mann zu dienen.

Unbeweglich standen sich die beiden verschiedenen Personen gegenüber.

Dann – nach Minuten – nahm der Ring wieder sein normales Aussehen an.

Janos Ruff erwachte wie aus einem Traum. Er war begierig darauf, die nächsten Worte seines Meisters zu hören.

»Ja«, hörte er sich flüstern, »ich werde alles tun. Alles«, fügte er noch einmal hinzu.

»Ich wußte, daß du mir gehorchen wirst«, sagte Montesi. »Doch nun höre gut zu. Du wirst zurück nach England reisen und dort eine Gruppe zusammenstellen, die in dieses Land fährt. Du führst sie auf mein Schloß. Sie sollen Gäste bei einer Hochzeit sein. Bei der Hochzeit der Vampire. Es wird ein herrliches Fest, und danach gehören die Menschen selbst dem Fürsten der Finsternis. Ich werde sie zu Vampiren machen. Aber das ist erst der Anfang. Andere werden folgen. Und du hast die Aufgabe, sie mir zu bringen. Doch solltest du dich jemals weigern oder irgend jemandem etwas verraten, so ist dein Leben auch verloren. Hast du mich verstanden, Janos Ruff?«

»Ja.«

»Dann ist es gut. Ich erwarte dich in einer Woche auf meinem Schloß. Hier.« Graf Montesi griff unter seine Jacke und holte ein Blatt Papier hervor. »Das ist der Weg zum Schloß Montesi. Du wirst einen Bus besorgen und selbst fahren.«

Janos Ruff nahm die Zeichnung an sich. Sorgfältig verstaute er sie in seiner Manteltasche.

Graf Montesi zog den Umhang fester um seine Schultern. Noch einmal blickte er Janos Ruff in die Augen. Dann ging er an ihm vorbei und kletterte wieder in den Leichenwagen.

Bevor er die Tür zuzog, sagte er noch einen Satz: »Vergiß nicht, in einer Woche.«

Dann verschwand Graf Montesi.

Sekunden später setzten sich die beiden Pferde wieder in Bewegung. Ihre Hufe klapperten hohl auf dem harten Boden. Doch niemand saß auf dem Kutschbock, um zu lenken. Es war eine gespenstische Fahrt.

Der Leichenwagen umrundete den Galgenbaum. Die Rappen schnaubten und warfen wild ihre Köpfe hoch.

Dann raste der Wagen an Janos Ruff vorbei.

Für Augenblicke glaubte er, Graf Montesis Gesicht hinter den zur Seite gezogenen Vorhängen zu erkennen, aber es war doch wohl eine Täuschung.

Das Geräusch der Hufe verlor sich in der Nacht.

Jetzt erst spürte Janos Ruff wieder die Kälte. Eine Gänsehaut hatte seinen Körper überzogen. Ruff atmete schwer. Schweißtropfen rannen an seinem Hals hinab.

Böses Knurren schreckte ihn aus seinen Gedanken.

Ruff wandte den Kopf.

Die Wölfe waren noch da, belauerten ihn. Sie glitten auf ihn zu. Rosige Zungen hingen aus den Mäulern, vor denen der Atem als kleine, nie abreißende Wolke stand.

Janos Ruff setzte sich wieder in Bewegung. Er wollte so schnell wie möglich weg von diesem unheimlichen Ort. Noch einmal warf er dem Galgenbaum einen scheuen, ängstlichen Blick zu.

Raben saßen auf den kahlen Ästen.

Totenvögel! Ihr Gekrächze hallte laut durch die Nacht. Die Laute kamen Janos vor wie Hohngelächter. Gelächter, das nur ihm galt.

Er ging noch schneller. Über drei Kilometer hatte er zurückzulegen.

Die Wölfe wichen nicht von seiner Seite.

Nach einigen Minuten wurde der Weg breiter und mündete schließlich in eine schmale, asphaltierte Straße. Eine Seltenheit in dieser Gegend.

Laut schlugen Ruffs Absätze auf den Asphalt. Er war heilfroh, als er die Umrisse seines Leihwagens erkannte. Es war ein Wartburg.

Ruff schloß die Tür auf und setzte sich hinter das Steuer. Die Scheiben beschlugen schnell. Ruff wischte eine Stelle blank und starrte nach draußen.

Die Wölfe kauerten in einiger Entfernung auf der Straße. Ruff sah nur die gelben Raubtieraugen.

Janos Ruff drehte den Zündschlüssel. In diesem Augenblick verschwanden auch die Wölfe. Wie Schatten huschten sie zwischen die Felsen.

Janos Ruff erschien alles wie ein böser Traum. Und doch war es keiner. Tief in seinem Gehirn zwang ihn eine unbestimmte Macht, den Befehlen des Grafen zu gehorchen.

Graf Montesi! Ihm hatte er sich verschrieben. Doch Janos Ruff ahnte nicht, daß dieser Mann gar nicht Montesi hieß. Daß er diesen Namen nur angenommen hatte. Das Geschlecht der Montesis war längst ausgestorben.

Der Graf war niemand anders als Dr. Tod!

Schon seit Wochen liefen die großen Computer bei Scotland Yard auf Hochtouren. Informationen wurden gesammelt. Spuren ausgewertet. Jedes noch so kleine Detail wurde festgehalten und verglichen.

Scotland Yard hatte die Polizeibehörden vieler Länder um Hilfe gebeten. Jedes ungewöhnliche Verbrechen wurde gemeldet und gespeichert.

Unzählige Beamte waren mit diesen Arbeiten beschäftigt. Und dabei wußte kaum jemand, worum es eigentlich ging. Und vor allen Dingen um wen.

Der Kreis der Eingeweihten war klein. Man hatte es bewußt so gehalten, um eine Panik zu vermeiden, denn wenn Dr. Tod zuschlug, gab es meistens Furcht und Schrecken.

Dr. Tod! Diesen Menschenhasser wollte man endlich fassen und das, falls es möglich war, noch vor seinem nächsten teuflischen Plan.

Das unsichtbare Netz zog sich über Dr. Tods Kopf zusammen. Doch einen Erfolg hatte man noch nicht verbuchen können.

Zu den wenigen, die Dr. Tod genau kannten, gehörte John Sinclair, Topagent beim Yard. Er hatte schon mehr als einmal mit diesem Verbrecher zu tun gehabt. Mit Schaudern dachte er an die letzte Begegnung, wo Dr. Tod ihm John Sinclair Nummer zwei präsentiert hatte, einen Doppelgänger des Inspektors.

Aber das war nun schon Wochen her, und nur die rechteckige Narbe an John Sinclairs Wange erinnerte ihn noch ab und zu daran.

Trotzdem war Dr. Tod nicht vergessen.

John Sinclair hatte in den letzten vier Wochen fast ausschließlich Schreibtischarbeit erledigt. Er hatte sich über die Computerauswertungen hergemacht und gehofft, auf irgendeine Spur zu stoßen. Vergebens.

Auch weitere Nachforschungen an den Orten, an denen Dr. Tod seine blutigen Spuren hinterlassen hatte, waren im Sande verlaufen.

Dieser Menschenhasser spielte selbst der modernen Technik einen Streich, denn Dr. Tod war unberechenbar. Man konnte ihn nicht in eine Formel zwängen, seine nächsten Taten vorausberechnen – nein, bei ihm mußte man sich auf Fingerspitzengefühl und Intuition verlassen.

Jeden Tag trafen sich John Sinclair und sein Chef, Superintendent Powell, zu einer Lagebesprechung.

Sie fand immer in Powells Büro statt. Und immer wieder das gleiche Resultat.

Nichts.

Auch an diesem Morgen saßen sich die beiden Männer gegenüber. Akten türmten sich auf Powells Schreibtisch.

John verzog das Gesicht, als er die Aktenstöße sah.

»Neue oder alte?« fragte er.

»Auswertungen der letzten Woche. Es sind uns einige Verbrecher ins Netz gegangen, das will ich mal vorwegnehmen. Mehr aber auch nicht. Na ja, vielleicht finden Sie etwas.«

Superintendent Powell wirkte müde. Klar, er trug die Verantwortung, und man erwartete von ihm Erfolge. In der letzten Zeit machte ihm sein Magen noch mehr zu schaffen. Dementsprechend stieg auch sein Tablettenverbrauch. Da Powell Dr. Tods Gefährlichkeit am eigenen Leibe zu spüren bekommen hatte, war er der letzte, der John Sinclair irgendeinen Vorwurf machte.

Der Geisterjäger, wie John scherzhaft genannt wurde, rauchte seine erste Zigarette. Während er den Rauch zwischen die Akten blies, meinte er: »Ich habe mir die ganze Sache hundertmal durch den Kopf gehen lassen, aber herausgekommen ist dabei nichts. Wir müssen tatsächlich warten, bis Doktor Tod wieder aktiv wird.«

»Was Menschenleben kostet«, fügte Powell hinzu.

»Ja.«

Superintendent Powell nahm einen Schluck Mineralwasser. Dann stand er auf und ging zum Fenster.

»Alles, was wir angekurbelt haben, kostet eine Unmenge Geld. Wir haben Interpol eingeschaltet, das FBI und noch andere Polizeiorganisationen. Und dabei durften wir nicht einmal genau sagen, um was es eigentlich geht. Aber unser Innenministerium weiß Bescheid. Und von dort aus hat man mir quasi ein Ultimatum gestellt. Ich *muß* Doktor Tod innerhalb der nächsten zwei Wochen haben, sonst«, Powell machte eine Pause und fuhr sich über die schweißnasse Stirn, »sonst kann ich meinen Hut nehmen«, vollendete er den Satz.

»Das darf doch nicht wahr sein.« John Sinclair flüsterte die Worte.

»Es stimmt aber. Sie sind der einzige, Inspektor, dem ich etwas gesagt habe, und ich möchte Sie auch bitten zu schweigen.«

»Das ist doch selbstverständlich.«

John konnte es immer noch nicht fassen. Er wußte, wie Powell an seinem Job hing. Dieser Mann gab alles dafür. Er hatte sich um Scotland Yard verdient gemacht und war dafür sogar geadelt worden. Und jetzt sollte er auf so miese Art und Weise abgeschoben werden? Unmöglich! Das würde Powell nicht überleben.

John biß die Zähne zusammen. Diese verdammten Schreibtischhengste aus dem Innenministerium. Zwei Wochen Zeit gaben sie Powell. Vierzehn Tage.

John schluckte seine Wut hinunter. Dann sagte er mit rauher Stimme: »Wenn Sie gehen, Sir, dann gehe ich auch.«

Powell wandte sich um. Die Augen hinter den dicken Brillengläsern funkelten. »Das kommt auf keinen Fall in Frage. Außerdem ist es mein Job, und es sind noch zwei Wochen Zeit. Da kann noch viel passieren.«

»Glauben Sie im Ernst, daß es uns gelingt, Doktor Tod zu fangen? In dieser kurzen Zeit?«

»Warum nicht, Inspektor? Gerade Sie müßten wissen, daß man die Hoffnung nie aufgeben sollte.«

»Ihr Wort in Gottes Ohr«, sagte John, schnappte sich den Aktenstoß und verließ Powells Büro.

Der Superintendent blickte lange auf die Türfüllung. Dann sagte er: »Er schafft es, da bin ich ganz sicher.«

Schloß Montesi lag in einem engen Tal. Hoch türmten sich die schroffen Felsen zu beiden Seiten in den Himmel. Sie waren schmal und langgezogen und wuchsen mit zunehmender Höhe aufeinander zu, so daß von unten immer nur ein schmales Fleckchen Himmel zu sehen war.

Es drang so gut wie kein Wind ins Tal. Die Felsen schirmten alles ab.

Das Schloß selbst war über vierhundert Jahre alt. Das Geschlecht der Montesis war ausgestorben. Die Männer und Frauen hatten im Laufe der Zeit immer wieder Kriege geführt, und die Montesis waren selbst bei den Türken bekannt und gefürchtet gewesen. Jetzt stand das Schloß schon beinahe hundert Jahre verlassen da.

Hinter den wuchtigen Felsen begannen die Berge. Die Karpaten mit ihren tiefen Wäldern, in denen es Flecken gab, die noch nie eines Menschen Fuß berührt hatte. Hier war die Heimat der Bären und Wölfe.

In den verstreut liegenden Dörfern wuchsen die Sagen und Legenden. Tief steckte noch der Vampirglaube in den Gehirnen der Menschen. Nicht umsonst hatte in dieser Gegend Vlad Dracula sein grausames Regiment geführt.

Schloß Montesi hatte man vergessen. Es lag zu abgelegen, das nächste Dorf war vierzig Kilometer entfernt. Nur ab und zu verirrte sich ein einsamer Wanderer an die düsteren Mauern, doch er kehrte immer schnell um, denn das Schloß strömte etwas Unheimliches, Drohendes aus.

Und so verging die Zeit. Bis Dr. Tod das Schloß für seine Pläne entdeckte. Er, der überall in der Welt Stützpunkte geschaffen hatte, war von dem Schloß begeistert gewesen. Und er hatte das Geheimnis des Schlosses Montesi herausgefunden. Ein Geheimnis, das schrecklich und grausam war. Für Dr. Tod war es der Anfang seines genialen Planes gewesen.

Es gab nur eine Zufahrt zum Schloß. Ein schmaler Weg, auf dem dicke Steine lagen. Schon allein die Anfahrt war für ängstliche Gemüter schaurig. Der Weg wurde immer schmaler, und die Felsen rückten mehr und mehr zusammen. Man hatte das Gefühl, von den Steinmassen erdrückt zu werden. Dann – nach einigen hundert Metern – beschrieb der Weg eine Kurve, und der Besucher konnte das Schloß vor sich liegen sehen.

Die dicken Mauern waren mit Moos und Efeu bewachsen. Raben und Elstern hatten hier ihre Nistplätze gefunden. Das Schloß hatte mehrere Flügel und einen eigenen Brunnen. Er befand sich auf dem Hof. Jetzt war er zum Teil eingefallen und die Öffnung mit einem Muster aus Spinnennetzen überzogen.

So verkommen das Schloß von außen aussah, so elegant war sein Inneres.

Dr. Tod hatte es zusammen mit dem alten Haduk nach seinem Geschmack eingerichtet. Die Räume waren gesäubert worden, und Haduk hatte für alles gesorgt, was ein Mensch brauchte. Nur elektrisches Licht gab es nicht. Aber das nahmen die Touristen bei einer Horror-Tour gern in Kauf.

In dieser stockfinsteren Nacht jagte der Leichenwagen über den schmalen Weg. Die hohen Räder prallten gegen die kopfgroßen Steine. Oft wurde der Leichenwagen hochgerissen, doch er kippte immer wieder in die alte Lage zurück.

Die Pferde kannten jeden Fußbreit. Beinahe mit traumwandlerischer Sicherheit fanden sie den Weg.

Schweißflocken bedeckten ihre Flanken, und Atemwolken fauchten aus den Nüstern.

Die beiden Rappen sprengten mit einem Höllentempo aus der Wegmündung, liefen noch ein paar Meter auf das Schloß zu und standen dann still.

Die Leiber der prächtigen Tiere zitterten.

Die Pferde hatten kaum angehalten, als die schwere Tür aufgezogen wurde.

Haduk trat nach draußen.

Mit gemessenen Schritten näherte er sich dem Leichenwagen und öffnete die Türen, um seinen Herrn, Dr. Tod, aussteigen zu lassen.

Haduk war Türke. Er hatte die meiste Zeit seines Lebens im Zuchthaus gesessen. Er war bepackt mit Muskelpaketen und trug das schwarze Haar streng nach hinten gekämmt. Man sah Haduk seine sechzig Jahre nicht an. Er war ein Kraftprotz, ein Gewaltmensch. Aber das brauchte Dr. Tod. Haduks tückische Augen verschwanden fast hinter den Fettpolstern, und seine Nase war von einem Messerhieb gespalten. An den Ohren trug er blitzende Ringe, und in seinem Gürtel steckte ein Krummschwert.

Haduk tat all das, was Dr. Tod verlangte. In ihm paarten sich der Instinkt eines Raubtieres und die Gefährlichkeit eines Killers.

Dr. Tod blieb für wenige Augenblicke vor Haduk stehen, der den Kopf demütig gesenkt hatte.

»Es hat alles geklappt«, sagte Dr. Tod mit rauher Stimme. »In einer Woche werden die Leute hier sein.«

Haduk kicherte. Dabei rieb er sich die fleischigen Hände. »Wir werden ihnen einen gebührenden Empfang bereiten und sie vorbereiten für die große Hochzeit.«

Dr. Tod nickte nur und ging an Haduk vorbei, der die Pferde und den Leichenwagen wegbrachte.

Dr. Tod betrat das Schloß.

In der riesigen Halle verharrte er für einen Moment. Kostbare Leuchter, in denen brennende Kerzen steckten, zierten die Wände. Ihr flackerndes Licht gab ein gespenstisches Halbdunkel. Vor den Fenstern hingen schwere Vorhänge, und eine breite Treppe führte zur Galerie, wo die Ahnenbilder der Montesis hingen. Mitten in der Halle stand ein schwerer Holztisch mit zehn hochlehnigen Stühlen. Die Ecken waren mit Ritterrüstungen ausgefüllt, und an den Wänden hingen allerlei Waffen.

Die Zimmer der Gäste befanden sich im Obergeschoß. Sie waren prunkvoll ausgestattet, boten den Komfort, den man vor vierhundert Jahren geliebt hatte.

Doch das alles interessierte Dr. Tod nur in zweiter Linie. Sein Reich waren die Verliese und Folterkammern im Keller. Hier fühlte er sich wohl. Hier hatten auch seine schrecklichen Pläne Gestalt angenommen.

Mit langen Schritten durchquerte Dr. Tod die Halle und zog die Tür zur Bibliothek auf.

Ein breiter Kamin nahm bald eine ganze Wand ein. Holzscheite knisterten in den zuckenden Flammen. Eine behagliche Wärme herrschte in der Bibliothek.

Der Kamin war in den Raum hineingebaut worden. Durch einen schmalen Schacht konnte der Rauch abziehen.

Neben dem Kamin stand ein Eisenkorb. Er war mit handlichen Holzscheiten gefüllt.

Dr. Tod nahm zwei Scheite in die Hand und warf sie in die Flammen. Er beobachtete, wie das Feuer die Scheite umfing und sie langsam verkohlten.

Dann drehte Dr. Tod sich um und trat an eine der drei Bücherwände. Die Regale waren nur zur Hälfte mit Büchern gefüllt.

Dr. Tod stellte sich auf die Zehenspitzen und zog ein bestimmtes Buch heraus. So weit, daß es noch soeben auf dem Regal stand.

Ein Mechanismus wurde in Gang gesetzt. Das Regal schob sich wie von Geisterhänden bewegt zur Seite und gab eine etwa türgroße Öffnung frei.

Feuchte, verbrauchte Luft schlug Dr. Tod entgegen.

Der Menschenhasser streckte den rechten Arm aus. Er nahm

eine Pechfackel, die in einem Haken an der Wand des Geheimganges steckte, in die Hand.

Dann ging er zum Kamin zurück und setzte die Fackel in Brand.

Mit der brennenden Fackel betrat er den Geheimgang. Treppenstufen wurden aus der Dunkelheit gerissen. Sie waren schmal und hoch. Schimmel lag fingerdick auf den Steinen.

Langsam ging Dr. Tod die Stufen hinunter. Obwohl er den Weg schon oft gegangen war, nahm er sich doch in acht. Zu leicht konnte man ausrutschen.

Immer tiefer ging er in den Keller des Schlosses.

Schließlich hörte die Treppe auf. Mehrere Gänge zweigten ab. Einer davon war breiter und jeweils mit Nischen ausgestattet. In ihnen standen die Sarkophage, in denen die Montesis ihre letzte Ruhe gefunden hatten.

Nur eine Nische war leer . . .

Dr. Tod nahm jedoch einen anderen Gang. Er war niedrig, und der Menschenhasser mußte sich manchmal bücken.

Andere Gänge tauchten auf. Es war ein wahres Labyrinth hier unten.

Dr. Tod bog in einen schmalen, etwas höheren Quergang ein und blieb schließlich vor einer kaum mannshohen Holztür stehen.

Ein schweres Schloß sicherte die Tür.

Doch Dr. Tod hatte den Schlüssel.

Er wechselte die Fackel in die Linke und zog mit der rechten Hand den Schlüssel hervor.

Kratzend drehte er sich in dem Schloß.

Dr. Tod stieß die Tür auf. Sie schabte über den Boden und kam dicht vor der Wand zur Ruhe.

Geduckt betrat Dr. Tod das Verlies.

Kahle, feuchte Wände wurden aus der Dunkelheit gerissen. Das Verlies war leer bis auf einen makabren Gegenstand.

Er stand in der Mitte dieses unheimlichen Raumes.

Es war ein Sarkophag!

Der Stein glänzte graugrün. Der schwere Sarkophagdeckel war mit einem Namen versehen worden.

Vera Montesi! Geboren 1834 – Gestorben . . .

Hinter dem Wort gestorben stand keine Jahreszahl. Vera Montesi war eines Tages verschwunden. Genau drei Wochen vor ihrer Verlobung. Offiziell hatte man erklärt, sie wäre in ein Kloster gegangen, aber das hatte niemand geglaubt. Gerüchte entstanden. Man sprach vom Selbstmord der schönen Vera. Und als ihr Zukünftiger eines Tages tot aufgefunden wurde, glaubte man, in Vera die Mörderin zu kennen.

Seit diesem Tage lastete ein Fluch auf dem Hause der Montesis, und tatsächlich starb das Geschlecht dann aus.

Vera Montesi wurde nie wieder gesehen. Ihr Sarkophag fehlte in der Reihe, aber dafür stand er hier, in diesem unheimlichen Verlies.

Dr. Tod neigte seinen Kopf und legte das linke Ohr auf den Sarkophagdeckel.

Ganz schwach hörte er die Geräusche.

Es war ein Seufzen und Stöhnen, das aus dem Sarkophag drang. Schaurig anzuhören, und doch wie Balsam für Dr. Tods Ohren.

Immer lauter wurde das Stöhnen. Hände schlugen von innen gegen den Deckel.

»Öffne!« gurgelte eine Stimme.

»Einen Augenblick mußt du noch warten«, flüsterte Dr. Tod. Er ging zur Wand und steckte die Fackel in eine Felsritze.

Dann trat er wieder an den Sarkophag, legte beide Hände auf den Deckel und schob ihn ächzend zur Seite.

Licht fiel in den Sarkophag. Die Flamme der Fackel malte Schatten auf das wunderschöne Gesicht einer Frau.

In dem Sarkophag lag – Vera Montesi!

Das Telefon schrillte, als John Sinclair gerade die Akten auf den Schreibtisch warf.

Rasch griff der Inspektor zum Hörer. Er war bei seiner momentanen Tätigkeit für jede Störung dankbar.

»Sinclair.«

Bill Conollys fröhliches Organ schallte ihm entgegen.

John stöhnte auf. »Wer kann um diese Zeit schon anderes anrufen. So gut wie du möchte ich es auch mal haben, Bill. Den ganzen Tag frei, außerdem noch Strohwitwer . . .«

»Hör auf, hör auf«, lachte Bill. »Übrigens, das Strohwitwerdasein verlängert sich noch. Sheila hat noch einige Tage zu tun, und da muß ich ja irgendwie die Zeit totschlagen.«

»Und in mir siehst du dafür ein Opfer, was«, konterte John.

»Mensch Bill, ich habe einen Ärger am Hals, daß ich wohl kaum dazu kommen werde, abends noch groß einen draufzumachen.«

»Aber John. Wer spricht denn von solch profanen Dingen? Nein, darüber sind wir doch längst hinaus.«

»Jetzt tu mal nicht so.« John verzog säuerlich grinsend sein Gesicht. »Wenn ich da so an manche Abende denke . . .«

»Streich sie aus deinem Gedächtnis«, sagte Bill. »Ich habe was viel besseres gefunden.«

»Du machst mich neugierig, Bruder.«

»Ja«, rief Bill. »Das war auch der Sinn der Sache. Und zwar habe ich die Sensation aufgerissen. Du fällst von einem Schock in den anderen.« Bills Stimme steigerte sich zu Reporterlautstärke. »Horror-Tours, das ist das Irrste, das Neueste.« Der Reporter schnaufte. »Jetzt bist du platt, was John?«

»Allerdings, mein Freund. Damit hätte ich nun nicht gerechnet, daß du mir solch einen Unsinn auftischst.« John Sinclair setzte sich erst mal, fingerte eine Zigarette aus der Schachtel und gab sich Feuer. Dann meinte er: »Die Horror-Tours sind doch ein alter Hut. Wie viele Clubs gibt's allein bei uns auf der Insel, die Woche für Woche die traditionellen Spukschlösser besuchen. Nee, damit lockst du mich nicht mehr hinterm Ofen hervor.«

»Du hast mich ja auch gar nicht ausreden lassen.« Bills Stimme klang beleidigt. »Klar, einem Geisterjäger kann man mit Spukschloßromantik nicht imponieren. Aber diese Tour, von der ich gesprochen habe, die geht nach Rumänien. Direkt in die Karpaten, in Draculas ehemaligen Wirkungskreis. Na, ist das nichts?«

»Es ist aber eine reiseprogrammäßig erfaßte Horror-Tour?«

»Allerdings.«

»Dann hat es doch keinen Zweck, Bill.«

»Himmel, bist du heute aber eine Träne«, stöhnte der Reporter. »Ich wollte uns beide anmelden. Wie ist es, machst du nun mit?«

John überlegte. An und für sich hielt er solche Reisen für blanken Unsinn. Aber irgendein Gefühl riet ihm, sich den Laden doch mal näher anzusehen.

»Okay, Bill, du hast mich halb überzeugt. Hol mich hier ab, ich fahre mit.«

»Wußte doch, du bist der Größte«, lachte Bill. »Also, bis gleich dann. Du wirst den Entschluß bestimmt nicht bereuen, John.«

Damit sollte Bill Conolly allerdings recht haben . . .

Vera Montesi war eine Schönheit!

Selbst bei dem flackernden Licht konnte die vollendete Ebenmäßigkeit ihres Gesichtes nicht verborgen bleiben. Das Haar war lang und schwarz. Es umgab den Kopf wie ein dunkler Rahmen. Die feingeschwungenen Brauen lagen über grünen, leicht schräggestellten Augen. Diese Augen waren es, die im seltsamen Kontrast zu der Farbe des Haares standen. Hochangesetzte Wangenknochen und ein verlockender Mund gaben dem Gesicht die Faszination, die einen Mann so anzog.

Lange starrte Dr. Tod die Frau an, die jetzt stumm in ihrem Sarg lag.

Der Menschenhasser ballte die Hände zu Fäusten. Dann flüsterte er: »Du wirst leben, schöne Vera. Das Blut der Menschen wird dir die Kraft geben, die du brauchst.«

Dr. Tod trat an das Ende des Sarkophags und zog den Deckel ganz herunter. Er kippte die schwere Steinplatte hoch und stellte sie gegen die Wand.

Vera Montesi trug ein langes weißes Gewand, das eng an ihrem Körper lag.

»Steh auf«, sagte Dr. Tod.

Vera gehorchte.

Ruckartig schraubte sich ihr Oberkörper in die Höhe. Dr. Tod streckte ihr seine Hand entgegen, die sie ergriff und sich dann von ihm aus dem Sarg ziehen ließ.

Noch hatte sie keinen Ton gesagt. Unbeweglich wie eine schöne, von einem Meister seines Fachs geschaffene Statue stand sie in dem düsteren Verlies. Den Blick der grünen Augen in unendliche Fernen gerichtet.

Plötzlich öffnete sie den Mund. Langsam schoben sich die Lippen auseinander. Für Augenblicke blitzte eine herrlich gewachsene Zahnreihe auf – und . . .

Dr. Tod lachte leise, als er die beiden spitzen Zähne links und rechts im Oberkiefer sah.

Vera Montesi war ein Vampir!

Das war das Geheimnis dieser Frau. Jahrhunderte war sie schon alt, hatte sich von dem Blut Unschuldiger ernährt und damit ihre Schönheit erhalten. Sie, die von der Familie für verschollen erklärt worden war, hatte in Wirklichkeit im Keller des Schlosses ein schreckliches Dasein geführt. Sie hatte immer ihre Opfer bekommen. Es waren Soldaten gewesen und einfache Menschen, deren Verschwinden niemand bemerkt hatte.

Als es die Montesis nicht mehr gab, war sie nachts aus ihrem Sarg gestiegen und hatte sich ihre Opfer geholt.

Dann war Dr. Tod erschienen. Er, der mit Asmodis, dem obersten Höllenfürsten, in Verbindung stand, hatte sofort gespürt, daß diese Frau ein Werkzeug für seine teuflischen Pläne war. Sie hatten einen finsteren Pakt geschlossen, mit dem Siegel des Teufels.

Vera Montesi brauchte einen Mann, einen Bräutigam. Und Dr. Tod wollte ihn besorgen. Hier auf dem Schloß sollte die Hochzeit der Vampire stattfinden. Der Anfang zur Invasion der Untoten. Wie ein Schwarm würden sie über das Land kommen und sich ihre Opfer holen. Und diese Opfer wurden wieder Vampire. Ein höllischer Kreislauf wurde in Bewegung gesetzt. Und niemand konnte ihn stoppen . . .

Veras grüne Augen waren unverwandt auf Dr. Tod gerichtet. »Wann ist die Hochzeit?« fragte sie. Ihre Stimme klang rauh und ungeduldig.

»Warte noch ein paar Tage, schöne Vera. Dann wirst du dir selbst unter den Gästen deinen Bräutigam aussuchen können.«

Vera schüttelte den Kopf, daß die langen Haare flogen. »Nein«, sagte sie. »Das ist zu spät. Ich spüre, wie die Kraft meinen Körper verläßt. Ich brauche Blut, um zu leben. Ich will vorher ein Opfer haben!«

Dr. Tods Augen zogen sich zu Schlitzen zusammen. Er wußte, daß Vera Montesi in diesem Stadium unberechenbar war. Also mußte er dafür sorgen, daß ein Opfer bereit stand.

Dr. Tod nahm die Fackel und ging in Richtung Ausgang. »Gedulde dich noch ein paar Stunden. Du bekommst, was du brauchst, das verspreche ich dir.«

Sekunden später war Dr. Tod verschwunden.

Dunkelheit legte sich über das Verlies. Eine Dunkelheit, in der zwei grüne Augen kalt und mörderisch leuchteten . . .

Bill Conolly war pünktlich.

Er erzählte dem Portier in der Halle gerade ein paar Witze, als John den Lift verließ.

Der Inspektor trug einen sandfarbenen Cordanzug und dazu passend Hemd und Krawatte. Man hätte bei ihm eher auf einen Playboy getippt, denn er gehörte zu den Leuten, denen man den Beruf nicht ansah.

John hatte die Dreißig knapp überschritten, war groß, schlank und durchtrainiert. Sein blondes Haar trug er kurzgeschnitten, und um seine Mundwinkel lag immer ein etwas jungenhaftes Lächeln. Nur die Narbe auf seiner rechten Wange zeugte davon, was für einen gefährlichen Beruf er hatte. Dieses Andenken an Dr. Tod würde er immer behalten.

Die beiden Freunde schüttelten sich die Hände.

»Wir nehmen meinen Wagen«, sagte Bill. »Du sollst schließlich mal mit einem vernünftigen Auto fahren.«

John grinste. »Hoffentlich komme ich in deine Sardinenbüchse auch rein.«

Mit Sardinenbüchse war Bills Porsche gemeint. John Sinclair fuhr einen silbermetallicfarbenen Bentley, das einzige Hobby, das er sich leistete.

Bill Conolly sah seinen Freund von der Seite an und meinte: »Sei froh, daß ich gute Laune habe, sonst hättest du gleich schon mit 'ner Krankenschwester flirten können.«

Die beiden lachten, und Bill öffnete die Wagentüren. Wenig später fädelte er sich in den fließenden Verkehr ein.

»Sag mal, wo ist eigentlich dieses komische Reisebüro?« fragte John.

»Am Bahnhof. In irgendeiner kleinen Seitenstraße. Ufford Street, glaube ich. Ich habe übrigens mit dem Besitzer telefoniert. Er heißt Janos Ruff.«

»Hört sich schon rumänisch an.«

Bill zuckte die Achseln. »Kann auch ein Pseudonym sein. Wegen der Publicity.«

Sie quälten sich durch den Londoner Morgenverkehr und nahmen die Auffahrt zur Waterloo Bridge, um die Themse zu überqueren. Sie ließen den Bahnhof rechts liegen und bogen ein paar Minuten später in die Ufford Street ein.

Es war ein reines Geschäfts- und Hotelviertel. Die Häuser stammten aus den fünfziger Jahren und beherbergten zumeist Mittelklasse-Hotels. Es gab zahlreiche kleine Läden und Boutiquen, die Andenken und Kleidung zu überhöhten Preisen verkauften.

Ein Reisebus aus Deutschland hatte Schwierigkeiten mit dem Linksverkehr und hätte Bill bald mit seinem Porsche gegen eine Hauswand gedrückt.

Der Reporter fluchte.

Die Gehsteige waren voller Menschen. Es war ein herrlicher Spätsommertag. Vor den Schaufenstern der Geschäfte hingen bunte Markisen, und bei vielen Cafés hatte man Stühle und Tische nach draußen gestellt.

»Da, auf der rechten Seite, das müßte es sein«, sagte John Sinclair.

»Schon gesehen«, erwiderte Bill, sah kurz in den Innenspiegel und zog den Porsche herum. Er hatte vor dem Laden eine Parklücke entdeckt, die soeben ausreichte.

Bill rangierte mit der Routine eines Könners. Dann stiegen die beiden Männer aus.

John sah sich den Laden an. Er machte nicht gerade einen vertrauenerweckenden Eindruck. Wenigstens nicht, was die Werbung betraf. Es gab ein Schaufenster. Über die Scheibe war mit schwarzer Farbe das Wort ›Horror-Tours‹ gemalt. Zwischen den Buchstaben konnte man ins Innere des Geschäftes blicken.

Bill drückte sich bald die Nase platt.

»Ich schlage vor, wir gehen rein«, sagte John.

Bill grinste. »Manchmal hast du wirklich gute Ideen. Aber das macht der Umgang mit mir.«

Eine Glocke läutete melodisch, als John die Tür aufstieß. Halbdunkel empfing die beiden Männer. Es roch nach Bohnerwachs.

Im Hintergrund des Ladens wurde ein Vorhang zur Seite gezogen, und ein Mann tauchte auf.

Er ging um den Tresen herum, auf dem einige Prospekte lagen, und blieb höflich lächelnd vor John und Bill stehen.

»Womit kann ich den Gentlemen dienen?« fragte er.

»Mein Name ist Bill Conolly«, sagte der Reporter.

Über das Gesicht des Mannes flog ein Lächeln. »Sie hatten heute schon angerufen, Sir, und sich nach einer Reise erkundigt.«

»Genauso ist es.«

»Dann darf ich Sie bitten.«

Der Mann wies auf den zurückgezogenen Vorhang. Bill sah John an, zuckte die Achseln, und sie setzten sich in Bewegung.

Während Bill mit dem Mann geredet hatte, hatte sich John Sinclair Janos Ruff ansehen können.

Er machte auf ihn keinen besonders sympathischen Eindruck. Ruff war ziemlich klein und hatte fahlblondes, beinahe gelbes Haar. Er trug einen alten Anzug und ein gestreiftes, fleckiges Hemd. Auf eine Krawatte hatte er verzichtet. Unter seinen Augen hingen dicke Tränensäcke, und seine Finger waren in dauernder Bewegung. Außerdem konnte Ruff keinem Blick standhalten, ein Zeichen, daß er instinktiv irgend etwas verbergen wollte.

John beschloß, auf der Hut zu sein.

Das Hinterzimmer war zugleich Geschäftszimmer. Ein Schreibtisch, einige Stühle, zwei Aktenschränke. Ein schmales Fenster wies zur Hofseite hinaus.

Ruff knipste seine Schreibtischlampe an und holte aus einem Aktenschrank zwei Anmeldeformulare.

»Darf ich dann um einige Angaben bitten«, sagte er und setzte sich hinter seinen Schreibtisch. Gespannt blickte er seine beiden Besucher an.

»Einen Augenblick noch, Mister Ruff«, meinte John Sinclair. »Sie werden verstehen, daß wir nicht so einfach etwas unterschreiben, ohne zu wissen, um was es eigentlich genau geht. Der Begriff Horror-Tours ist ziemlich weitläufig gefaßt.«

Ruff lächelte gequält. »Selbstverständlich, Gentlemen, werde ich Ihnen einige Erklärungen geben.« Er senkte den Blick und spielte nervös mit dem Kugelschreiber. »Wie ich Mister Conolly schon mitteilte, fahren wir nach Rumänien, direkt in die Heimat der Vampire und anderer Horror-Gestalten.«

»Wird es eine Rundreise?« wollte John wissen.

»Nein, Sir. Wir bleiben eine Woche lang auf einem Schloß. Es gehört dem Grafen Montesi, und Sie finden dort all das, was sonst nur in Gruselfilmen zu sehen ist. Folterkammern, Geheimgänge, alte Rittersäle, Wendeltreppen und so weiter. Selbstverständlich sind Sie gut untergebracht. Die Zimmer sind modern ausgestattet, und es wird Ihnen an nichts fehlen. Außerdem können Sie Ausflüge in die nähere Umgebung unternehmen, bei denen der Graf Sie selbst führen wird.«

»Graf Montesi?« hakte John nach.

»Ja.«

»Kennen Sie ihn persönlich?«

Janos Ruff hob den Kopf. »Natürlich, Sir. Ich habe selbst mit ihm alles geregelt.«

»Komisch«, sagte John. »Soweit ich informiert bin – und ich habe mich ein wenig mit der Geschichte Rumäniens beschäftigt –, ist das Geschlecht der Montesis ausgestorben.«

Nach Johns Worten entstand eine kurze Pause. Janos Ruff biß sich auf die Lippe. Sein Blick flackerte. Dann hatte sich der Mann wieder gefangen.

»Das kann nicht stimmen. Man muß Sie falsch informiert haben.«

John lächelte. »Man hat mich nicht informiert, sondern ich selbst habe es in einer alten Chronik gelesen. Mich interessiert die Vergangenheit, es ist ein Hobby von mir. Aber lassen wir das. Ich werde es ja selbst feststellen können.«

»Dann bist du also einverstanden?« fragte Bill.

»Ja. Horror-Reisen haben mich schon immer fasziniert.« Der Inspektor wandte sich wieder an den Reiseunternehmer. »Was wird die Fahrt kosten, und wie sieht es mit den Visa aus?«

»Mit den Visa gibt es keine Schwierigkeiten. Ich habe das bereits mit den offiziellen Stellen geregelt. Der Unkostenbeitrag beträgt zweihundert Pfund.«

John schürzte die Lippen. »Nicht gerade billig.«

Janos Ruff hob die Schultern. »Alles ist teuer, Sir.«

»Wir sind einverstanden«, erklärte John. »Wann soll die Reise überhaupt losgehen?«

»Übermorgen.« Ruff wühlte in seinen Papieren herum und zog eine Landkarte von Rumänien hervor. »Wenn Sie mal sehen wollen, Gentlemen?«

John und Bill beugten sich über die Karte. »Wir fliegen bis Bukarest. Von dort geht es dann mit einem Bus weiter, direkt bis zum Schloß. Es ist eine herrliche Fahrt durch die wildromantischen Karpaten. Sie werden auf Ihre Kosten kommen, Gentlemen.«

John und Bill nahmen wieder Platz. Ruff war etwas irritiert. Er hatte angenommen, die beiden würden wieder gehen. »Kann ich Ihnen sonst noch behilflich sein?« fragte er.

»Ja«, sagte John. »Wieviel Personen werden es sein?«

»Mit Ihnen genau siebenundzwanzig. Als Reiseleiter müssen Sie sich mit mir zufriedengeben. Wie wollen Sie zahlen? Bar oder mit Scheck?«

John wollte schon in die Tasche greifen, als Bill abwinkte. »Laß mal, das übernehme ich. Schließlich bin ich es gewesen, der dich dazu überredet hat.«

Ruffs Augen leuchteten auf, als Bill Conolly einen Scheck über vierhundert Pfund ausstellte.

»So«, sagte der Reporter, »das wäre erledigt.« Er schob Janos Ruff den Scheck zu.

Der Reiseleiter ließ das Papier blitzschnell verschwinden. »Wir sehen uns dann übermorgen, Gentlemen«, sagte er und reichte jedem die Hand. John verzog das Gesicht. Ruff hatte einen feuchten Händedruck. »Treffpunkt hier. Wir werden gemeinsam zum Heathrow Airport fahren.«

Ruff ging vor und zog den Vorhang noch ein Stück zur Seite. »Ich darf Sie wirklich zu diesem Entschluß beglückwünschen. Sie werden die Reise auf keinen Fall bereuen, das verspreche ich Ihnen. Außerdem haben wir noch einen Höhepunkt in unserem Programm. Eine echte Hochzeit.«

»Hochzeit?« dehnte Bill. »Wer heiratet denn? Etwa Sie?«

Ruff lachte gekünstelt. »Nein, nein. Ich sage nichts. Lassen Sie sich überraschen.«

»Das werden wir auch«, sagte Bill. Er wollte noch etwas hinzufügen, doch da wurde die Tür des Ladens aufgezogen, und eine Frau betrat das Geschäft.

Bill und John hatten wirklich Mühe, einen Pfiff zu unterdrücken, denn die Puppe, die gerade den Laden betreten hatte, war wirklich Extraklasse. Sogar Janos Ruff bekam feuchte Augen, als er sie sah.

Das Girl trug ein himbeerrotes T-Shirt, und ein Halbindianer konnte erkennen, daß sie darunter keinen BH anhatte. Die langen Beine steckten in engen flaschengrünen Cord-Jeans, und das blonde Haar fiel ihr bis auf die Schultern. Über der kleinen Nase gruppierten sich einige Sommersprossen. Die Lippen waren zu einem höflichen Lächeln verzogen.

Janos Ruff wieselte auf die Frau zu.

»Guten Morgen, Miss Collins. Was verschafft mir die Ehre Ihres Besuches?«

Das Girl lachte silberhell. »Ich hatte vollkommen vergessen zu fragen, wann die Fahrt losgeht. Und da ich gerade hier in der Gegend war, wollte ich mich eben danach erkundigen.«

»Aber natürlich, Miss Collins. Übermorgen. Übermorgen geht es los. Es wäre wirklich schade gewesen, wenn wir auf Sie hätten verzichten müssen.«

Die faden Komplimente des Reiseunternehmers verursachten John Magenbeschwerden.

»Na, dann ist ja alles in Ordnung«, sagte Miss Collins. Sie wandte sich schon wieder zum Gehen, als Ruff einfiel, die beiden neuen Reiseteilnehmer mit ihr bekannt zu machen.

»Das sind Mister Sinclair und Mister Conolly. Zwei Gentlemen, die ebenfalls den Mut gefunden haben, sich uns anzuschließen.«

In Miss Collins' Augen blitzte es auf. Sie reichte John und Bill die Hand. »Dann bin ich ja nicht ganz ohne männlichen Schutz«, sagte sie lachend.

»Es wird mir ein Vergnügen sein, auf Sie zu achten«, entgegnete John.

»Tja.« Miss Collins lächelte noch einmal und wandte sich dann zur Tür. »Wir sehen uns übermorgen. Bis bald dann.«

Bill stieß die Luft aus. »Ein heißer Ofen, John. Was meinst du?«

»Ja, ein sehr mutiges Girl, diese Jane Collins«, schnappte Janos Ruff. »Es wird ihr bestimmt auf dem Schloß gefallen«, fügte er noch mit einem seltsamen Unterton in der Stimme hinzu.

John bemerkte es wohl, sagte aber nichts.

Wenig später standen die beiden Männer wieder vor Bills Porsche. »Also eins verstehe ich nicht«, meinte der Reporter. »Wieso hast du dich so schnell für diese Reise entschieden?«

»Das kann ich dir genau sagen. Das Geschlecht der Montesis ist tatsächlich ausgestorben, und ich bin gespannt, wen man uns dort in Rumänien als Graf Montesi präsentieren will.«

»Vielleicht deinen alten Freund Doktor Tod«, sagte Bill und grinste.

Der Reporter ahnte nicht, wie nahe er damit der Wahrheit kam . . .

Von einem Augenblick zum anderen gab der Motor seinen Geist auf. Er stotterte noch ein paarmal und erstarb dann in schrillem Misston.

Dino Zachew fluchte. Ausgerechnet jetzt und hier mußte das passieren. Mit einer wütenden Bewegung drehte er den Anlasser. Es gab einige undefinierbare Geräusche unter der Kühlerhaube, aber sonst nichts.

Dino murmelte noch eine Verwünschung und stieß die Tür des Fahrerhauses auf.

Er sprang nach draußen. Geräuschlos landete er auf dem weichen Waldboden.

Es war Nacht und außerdem stockfinster. Wie eine undurchdringliche Mauer lag der Wald zu beiden Seiten des schmalen Weges. Überall im Gebüsch raschelte und schabte es. Die Tiere der Nacht waren auf Beutezug. Ein Uhu flog mit rauschenden Schwingen über Dinos Kopf hinweg. Unwillkürlich sträubten sich dem Mann die Haare.

Er war nicht ängstlich, eher das Gegenteil. Aber er befand sich in der Nähe von Schloß Montesi, und die Leute erzählten sich so manch schaurige Dinge.

Dino war fünfundzwanzig Jahre alt und kräftig gebaut. Er hatte braunes, lockiges Haar und ein verwegenes, auf seine Art hübsches Gesicht. Das sagten jedenfalls die Mädchen in der näheren und weiteren Umgebung, die Dino schon mehr als einmal beglückt hatte.

Dino Zachew hatte Holz geladen. Für eine Papierfabrik in der Kreisstadt. Er gehörte einer Lastwagenkolonne an und war als letzter abgefahren. Und jetzt lag er fest.

Dino öffnete die Motorhaube. Da fiel ihm ein, daß er ja die Taschenlampe im Wagen liegengelassen hatte. Er ging noch einmal zurück und brachte auch den Werkzeugkasten mit.

Dino schaltete die Lampe an. Der breite Lichtstrahl schnitt durch die Dunkelheit.

Ein Fuchs wurde aufgeschreckt und verschwand mit ein paar schnellen Sätzen in ein nahes Gebüsch.

Hoffentlich kommen keine Wölfe, dachte Dino.

Langsam gewöhnte sich Dino Zachew an die Geräusche der Nacht. Für ihn war es erst einmal wichtig, den Wagen wieder flottzukriegen.

Dino war so in seine Arbeit vertieft, daß er nicht bemerkte, wie eine Gestalt aus den Büschen trat. Die Gestalt hatte den jungen

Mann schon eine ganze Weile beobachtet und hielt jetzt die Zeit zum Eingreifen für gekommen.

Lautlos betrat der Unheimliche den schmalen Weg. Unhörbar näherte er sich dem arbeitenden Dino Zachew.

Drei Schritte von dem jungen Mann entfernt blieb die Gestalt stehen.

»Kann ich Ihnen behilflich sein?«

»Ah.« Dino Zachew kreiselte erschreckt herum und riß instinktiv einen Arm hoch.

Ein schwerer Schraubenschlüssel glitzerte gefährlich im Licht der Lampe.

»Aber, aber.« Der Neuankömmling schüttelte den Kopf. »Wer wird denn gleich gewalttätig sein?« Er ging zwei Schritte zur Seite, damit Dino ihn besser sehen konnte.

»Wer sind Sie?« fragte der junge Mann flüsternd. Noch immer hielt er den Schraubenschlüssel fest.

»Ich bin Graf Montesi!«

»Nein!« Dino wankte zurück. »Nein, das gibt es nicht. Der Graf ist schon lange tot.«

Dino atmete schwer. Er stieß mit dem Rücken gegen die offenstehende Tür des Führerhauses. »Hauen Sie ab, Mann! Los, weg von hier! Sonst schlage ich Ihnen den Schädel ein!«

Der Unheimliche kümmerte sich nicht um die Worte. Geradewegs ging er auf Dino Zachew zu. Er hatte den rechten Arm vorgestreckt. Dinos Blick wurde von dem Ring angezogen, auf dem ein Totenkopf immer greller strahlte.

Dino kniff die Augen zusammen. Er wußte nicht, wer dieser Unheimliche war. Er hatte ihn noch nie in der Gegend gesehen. Dino fühlte jedoch instinktiv, daß von diesem Mann etwas Böses, Schreckliches ausging, und obwohl Dino den Unbekannten um einen halben Kopf überragte, hatte er doch Angst vor dieser unheimlichen Erscheinung.

»Sieh diesen Ring genau an!« hörte Dino die Stimme des Unheimlichen.

Der junge Mann schüttelte in wilder Verzweiflung den Kopf. »Nein!« keuchte er immer wieder. »Ich will nicht. Verschwinden Sie endlich. Ich will weiterfahren. Ich . . .«

»Du Narr! Was glaubst du denn, weshalb dein Motor gestreikt

hat? Weil ich, der Graf Montesi, meine magischen Kräfte habe spielen lassen. Du bist schon längst als Opfer ausersehen.«

Da brüllte Dino Zachew auf. Urplötzlich warf er sich vor und drosch mit dem schweren Schraubenschlüssel auf seinen unheimlichen Gegner ein.

Beinahe spielerisch tauchte Dr. Tod zur Seite.

Dino wurde von seinem eigenen Schwung mitgerissen und fiel der Länge nach auf den Weg.

Er wollte sich sofort herumwerfen, doch ein mörderischer Druck in seinem Rücken nagelte ihn auf den Boden fest.

Dr. Tod hatte Gino seinen Fuß ins Kreuz gedrückt.

Der junge Mann stöhnte. Vergebens stemmte er sich gegen den Druck an. Er krallte seine Hände in das Erdreich. Die Augen traten ihm vor Anstrengung aus den Höhlen.

Urplötzlich ließ der Druck nach. Wie ein Ertrinkender saugte Dino Luft in die Lungen. Er wälzte sich auf den Rücken und schloß im selben Augenblick geblendet die Augen.

Übergroß erschien ihm auf einmal der Totenkopf. Dino merkte, daß etwas von diesem Totenkopf ausging, sich in sein Gehirn bohrte und seinen Willen lähmte.

Ein paar Sekunden kämpfte Dino noch dagegen an. Dann verlor er die Besinnung . . .

Haduk war es, der Dino Zachew in Empfang nahm.

»Bring ihn in die Folterkammer!« befahl Dr. Tod.

Haduk nickte eifrig. »Ist er der Bräutigam?« fragte er zischend.

»Nein!«

Der Türke hatte sich den Bewußtlosen über beide Arme gelegt. Während er den Weg zur Folterkammer ging, baumelte der Kopf des jungen Mannes haltlos hin und her.

Haduk begleitete jeden seiner Schritte mit einem irren Flüstern. Er war außer Dr. Tod als einziger eingeweiht, wußte, welch ein grausames Spiel hier in diesem Schloß ablief. Und es machte ihm Freude, denn er war seinem Meister hündisch ergeben.

Fackeln brannten Tag und Nacht in der Folterkammer. Ihr Licht strich über die mörderischen Instrumente, mit denen in der blutigen Vergangenheit die Menschen zu Tode gequält worden waren.

Es gab Streckbänke, Vorrichtungen für Daumenschrauben und eine Feuerstelle, über der man die Füße der Verurteilten geröstet hatte. In einer Ecke stand auch eine Eiserne Jungfrau.

Die Wände waren mit Ketten und Ringen bestückt. Hier hatte man früher Menschen angekettet.

Haduk preßte Dinos Handgelenke in Eisenmanschetten, die mit dicken Haken in der Wand verankert worden waren. Die Manschetten waren so hoch angelegt, daß der Bewußtlose in einer Schräglage von der Wand weghing. Um die Fußgelenke schnappten die Ringe einer schweren Eisenkette.

Haduks Augen funkelten, als er den Gefangenen betrachtete. Wehrlos hing das Opfer in den Ketten. Haduk, dem es Spaß machte, Unschuldige zu quälen, trat an die Wand und hob einen der langen Eisenspeere aus der Halterung.

Ein paar Sekunden wog er den Speer in der Hand. Dann trat er blitzschnell vor und fetzte mit einer schnellen Handbewegung das Hemd des Opfers auseinander.

Pfeifend ging Haduks Atem, als er den Speer hob. Die Spitze zielte auf die Brust des Opfers.

In diesem Augenblick wurde die Tür der Folterkammer aufgerissen. Dr. Tod sah mit einem Blick, was los war.

Mit einem Fluch sprang er vor und schlug Haduk die geballte Faust gegen den Kopf.

Der Türke wurde zur Seite geschleudert. Er knallte auf den harten Steinboden und hielt weiterhin den Speer umklammert wie ein Ertrinkender den Strohhalm.

»Du weißt doch, daß du ihn in Ruhe lassen sollst!« zischte Dr. Tod und gab seinem Diener einen Fußtritt. »Wir brauchen ihn noch. Was du hinterher mit den anderen machst, ist mir egal. Aber erst, wenn ich es befehle. Verstanden?«

Haduk heulte vor Schmerz. Er, der andere lächelnd tötete, konnte selbst keine Schmerzen erdulden.

Schweratmend trat Dr. Tod zur Seite. Haduk quälte sich auf die Beine.

»Stell den Speer weg!« befahl Dr. Tod.

Haduk gehorchte zitternd. Dann verließ er wie ein geprügelter Hund die Folterkammer.

Dr. Tod folgte ihm wenige Minuten später. Die Tür schloß er nicht ab. Das Opfer war ihm sicher.

Es war ein makabrer Anblick!

Die Frau stand neben dem Sarkophag. Nichts war mehr von ihrer Schönheit übriggeblieben. Vera Montesi war eine alte Frau geworden.

Das einst so schwarze Haar hing grau und strähnig bis auf die Schultern. Die Haut war welk, eingesunken und zeigte gelbliche Flecken. Deutlich traten die beiden Vampirzähne aus dem Oberkiefer hervor.

Vera Montesi war eine Greisin. Die Kleidung schlotterte um ihren Körper. Die Untote verfiel zusehends.

Nur Blut konnte sie verjüngen.

Vera Montesi wankte zur Tür. Sie rüttelte an der Eisenklinke. Ohne Erfolg. Die Tür war abgeschlossen.

Vera Montesi heulte auf wie ein waidwundes Tier. Ihre langen Fingernägel kratzten gegen das Holz.

Sie schluchzte, jammerte und flehte.

Und dann hörte sie Schritte.

Blitzschnell trat sie zurück. Ihr ausgemergelter Körper nahm eine angespannte Haltung an. Leben trat in die vorhin noch stumpf blickenden Augen.

Sekunden später wurde ein Schlüssel im Schloß gedreht. Dann ging die Tür auf.

Vera Montesi fauchte. Kam dort das Opfer?

Sprungbereit stand sie neben ihrem Sarkophag. Weit stachen die beiden mörderischen Vampirzähne aus ihrem Gebiß hervor. Das Gesicht war nur eine einzige Fratze.

Dann stand Dr. Tod in dem Verlies. Mit einem Blick sah er, was los war. Vera Montesi war in einer Verfassung, in der sie auch ihn anfallen würde.

»Dein Opfer ist da!« sagte Dr. Tod.

Die Finger der Untoten begannen zu zucken. »Wo?«

»In der Folterkammer . . .«

Es waren die Schmerzen, die Dino Zachew aus der Bewußtlosigkeit rissen.

Er hatte das Gefühl, als wären seine Arme abgestorben. Er spürte sie einfach nicht mehr. Dino wollte die Beine heben. Es ging nicht. Zentnergewichte schienen daran zu hängen.

Der junge Mann öffnete die Augen. Er brauchte Sekunden, um zu begreifen, wo er sich überhaupt befand. Sein Blick irrte über die schrecklichen Folterinstrumente, und er ahnte, was ihm alles bevorstand.

Urplötzlich kam die Angst!

Eine heiße Todesangst, die sein Herz wild pochen ließ und ihm Schauer über den Rücken jagte.

Wehrlos war er dem Grafen ausgeliefert.

Dino schrie!

Schrie seine Verzweiflung, seine Panik hinaus und wußte doch, daß es nichts half.

Er riß an den Ketten. Doch sie hatten Jahrhunderte gehalten und hielten auch jetzt. Dino scheuerte sich nur die Haut von seinen Handgelenken. Blut war zu sehen.

Dino hatte den Mund halb geöffnet und saugte die schlechte Luft in seine Lungen. Der Fackelschein gaukelte ihm Höllengestalten vor, und er spürte bereits die glühenden Eisenspitzen auf seiner Brust.

Irgendwann hatte Dino keine Kraft mehr. Haltlos sackte er in seinen Ketten zusammen.

Dino Zachew war in tiefe Lethargie verfallen. Ihm war nun alles egal.

Schritte schreckten ihn auf.

Sie waren nicht laut, sondern eher schlurfend, gleitend. Unbeirrbar näherten sie sich der Tür der Folterkammer.

Dino hielt den Atem an.

Kamen sie jetzt? Weshalb hatte man gerade ihn als Opfer ausgesucht? überlegte er.

Wieder kam die Angst.

Kälteschauer jagten über seinen Körper. Er zitterte wie Espenlaub.

Die Schritte verstummten.

Aus brennenden Augen starrte Dino zur Tür.

Da, jetzt bewegte sich die schwere Klinke, wurde unendlich langsam heruntergedrückt.

Dinos Zähne schlugen aufeinander. Eisiges Entsetzen umkrampfte sein Herz.

Stück für Stück wurde die Tür aufgeschoben.

Eine Hand umkrallte das Holz. Sie hatte spitze Fingernägel, die wie Dolche wirkten.

Dino hielt den Atem an. Er konnte seinen Blick nicht mehr von der Tür wenden.

Zur Hälfte war sie offen.

Eine Gestalt schob sich in die Folterkammer.

Dino Zachew stöhnte auf. Er konnte nicht glauben, was seine Augen sahen.

Eine Frau hatte die Folterkammer betreten. Sie war uralt und unbeschreiblich häßlich.

Doch das war es nicht, was die Panik in Dino hochtrieb.

Es waren die beiden mörderischen Vampirzähne, die aus dem Oberkiefer hervorstachen und Schreckliches ahnen ließen.

Also gab es sie doch. Die Vampire!

Dino hatte den Geschichten der Alten nie so recht geglaubt. Er war Soldat gewesen, war modern erzogen worden und hatte die Sagen und Legenden als Unsinn abgetan.

Er hatte sich geirrt!

Die Unheimliche kam näher. Sie atmete nicht, sondern stieß nur immer ein gräßliches Fauchen aus.

Dicht vor Dino blieb sie stehen.

Der junge Mann konnte jede Einzelheit ihres entstellten Gesichtes erkennen.

Langsam hob sie die Arme.

Spitze Fingernägel fuhren über Dinos Gesicht, zeichneten Streifen auf seine nackte Brust.

Die Untote kicherte. Die gebeugte Gestalt begann sich zu straffen, als würde sie mit neuem Leben gefüllt.

Dino wandte den Kopf zur Seite. Er konnte diesen Anblick nicht länger ertragen.

Die Alte stand jetzt direkt vor ihm. Ihre rechte Hand wurde zur Klaue. Die Finger griffen in Dinos lockigen Haarschopf, drehten den Kopf noch weiter nach hinten.

Der junge Mann stöhnte vor Schmerzen. Aus den Augenwinkeln sah er, wie sich das Gesicht der Untoten seinem Hals näherte . . .

Vera Montesi hatte ihre Lebenskraft zurückgewonnen. Das, was Jahrhunderte geholfen hatte, tat auch jetzt seine Wirkung.

Die Verwandlung nahm ihren Anfang.

Die Haut – vorhin noch welk und faltig – begann zu leben. Ihre Zellen erneuerten sich und ließen Vera Montesis jugendliche Schönheit wieder erblühen.

Und das Opfer wurde dabei selbst zum Vampir, zu einem Untoten, der nie Ruhe finden und immer auf der Suche nach neuen Opfern sein würde.

So war es schon immer gewesen. In den alten Chroniken und Kirchenbüchern kann man noch heute nachlesen, daß immer wieder im Laufe der Zeit Vampire aufgetaucht waren. Die Menschen in diesem Landstrich – selbst tief im Vampirglauben verwurzelt – hatten mehr als einmal Untote mit einem Pflock getötet und die Körper anschließend verbrannt.

Fünfzehn Minuten dauerte dieses schreckliche Schauspiel.

Endlich ließ die Untote von ihrem Opfer ab. Ihr Körper war jugendlich frisch und eine Verlockung für jeden Mann.

Die Untote wandte sich um. Ihr Blick traf Dr. Tod, der auf der Türschwelle stand und alles mit tiefer Befriedigung beobachtet hatte.

»Bist du nun zufrieden?« fragte Dr. Tod.

Die Untote nickte.

»Das war erst der Anfang«, sagte Dr. Tod. »Schon bald wirst du die Menschen bekommen, die du brauchst. Deiner Hochzeit steht nichts mehr im Wege.«

Der Menschenhasser wandte sich ab. Draußen im Gang blickte er sich noch einmal um.

»Komm jetzt. Es gibt viel zu tun!«

Die Untote folgte willig ihrem Meister. Sie und der Menschenhasser waren ein Paar, wie es nur der Satan schaffen konnte. Denn der Höllenfürst selbst hatte in Dr. Tod seinen besten Diener gefunden.

Der Flug von London nach Bukarest verlief ohne Zwischenfälle. John Sinclair hatte die meiste Zeit verschlafen, ebenso Bill Conolly, der neben John im Sitz lag.

Für den Inspektor war es ein Risiko gewesen, jetzt zu fliegen.

Beim Yard wurde jede Hand gebraucht, aber John, der immer seinen Intuitionen und Gefühlen nachgab, hatte Superintendent Powell überzeugen können, daß unter Umständen ein neuer Fall auf ihn zukam. Und länger als eine Woche hatte John auf keinen Fall vor zu bleiben.

Dann hatte John seinen kleinen Koffer gepackt, der das enthielt, was der Inspektor seine Berufsausrüstung nannte.

Eine mit geweihten Silberkugeln geladene Pistole, drei Reservemagazine, ein silbernes Kreuz, das unten zugespitzt war und mit dem man besonders Vampiren Herr werden konnte. Ferner hatte John einige Flaschen mit Weihwasser eingesteckt. So gerüstet, hoffte er, allen Gefahren gewachsen zu sein.

Kurz vor der Landung weckte ihn die Stewardeß. Sie war ein wenig pausbäckig und hatte rehbraune Augen. Bill war schon wach. Er grinste John an. »Und da sagt man immer, Beamte würden nicht schlafen.«

John reckte sich. »Ich habe ja schließlich keinen Dienst.« Gelassen schnallte er sich den Sicherheitsgurt um. Dann drehte er den Kopf nach rechts und blickte aus dem Fenster.

Strahlend blauer Himmel präsentierte sich seinen Augen. Kaum ein Wölkchen war zu sehen. Sie waren direkt in einen glühendheißen Sommertag hineingeflogen.

»Über den Karpaten hat es gestürmt«, erklärte Bill, der Johns Blick bemerkt hatte. »Und da wollen wir ja schließlich hin.«

»Auf die Busfahrt freue ich mich jetzt schon«, brummte der Inspektor.

»Freu dich lieber auf die Zollkontrollen.« Bill senkte die Stimme. »Wie willst du dein Spezialköfferchen denn durchkriegen?«

»Keine Angst. Ich habe meine Verbindungen.«

»Verstehe. Hast wohl vorher an den wichtigen Fäden gezogen.«

»Genau. Unser Innenministerium hat bei dem hiesigen interveniert. Ich reise demnach mit der offiziellen Genehmigung der rumänischen Regierung.«

Bill zog die Augen zusammen. »Da stimmt doch was nicht, John. Bestimmt steckt hinter dem Fall mehr, als du sagen willst. Komm schon, raus mit der Sprache, was ist los?«

»Hör zu, Bill. Du weißt, daß Rumänien eine andere Staatsform hat als wir, und wenn in den letzten Monaten und Wochen Gerüchte aufgekommen sind, daß es in den Karpaten Vampire geben soll, dann ist das ein Ding der Unmöglichkeit. So etwas darf es hier gar nicht geben. Man hat selbst hohe Polizeibeamte in die Dörfer geschickt, um den Leuten den Vampirglauben auszutreiben, aber ohne Erfolg. Die Erlebnisse sind zu tief verwurzelt. Außerdem sind Menschen verschwunden. Spurlos, ohne Motiv.«

Bill nickte bedächtig. »Hat man diese Vampire denn gesehen?«

»Angeblich ja.«

Bill Conolly grinste verschmitzt. »Jetzt verstehe ich. Um sich nicht zu blamieren, haben die offiziellen Stellen mit Freuden zugegriffen, als das Angebot aus London kam. Wenn du nichts erreichst, haben sie wenigstens jemanden, dem sie den Schwarzen Peter zuschieben können. Raffiniert gedacht.«

»Bist du nun zufrieden?« fragte John.

»Nicht ganz.«

»Dann hör aber bitte auf zu fragen.«

»Schon gut. Aber vergiß nicht, schließlich war ich es, der dich auf die Spur gebracht hat.«

»Ich werde dich in meinem Testament erwähnen. Als Erbe meiner Schulden. Und die Alimente kannst du auch weiterzahlen.«

»Teufel«, lachte Bill. »Wieviel ist es denn?«

»Für zwanzig Kinder. Sie sind in ganz England verteilt.«

»Wußte gar nicht, daß Sie so potent sind«, hörte John in seinem Rücken eine Frauenstimme.

Der Inspektor drehte den Kopf und peilte zwischen den Sitzlehnen hindurch.

Zwei Beine, die von einem Rock in modischer Länge umschmeichelt wurden, gerieten in Johns Blickfeld. Der dazu gehörige Oberkörper beugte sich ein wenig vor. Es war Jane Collins, die John anlächelte.

»Zu dieser Leistung kann man Ihnen wirklich gratulieren, Mister Sinclair«, sagte sie, und ein Kranz von kleinen Lachfältchen umgab ihre Augen.

John brachte es tatsächlich fertig und wurde leicht rot. Während Bill neben ihm sich das Lachen nicht verbeißen konnte und John seinen Freund dosiert gegen das Schienbein trat, erwiderte er: »Sie müssen schon entschuldigen, Miss Collins, ich ahnte nicht, daß Sie hinter uns sitzen.«

»War auch nicht schlimm. Sie glauben gar nicht, welch ein Vergnügen mir Ihre Unterhaltung bereitet hat.«

Das Flugzeug setzte in diesem Moment auf, verringerte die Geschwindigkeit und rollte langsam aus.

Ein Bus wartete schon und fuhr die Passagiere über das Rollfeld bis zu den Abfertigungshallen. Ein Mann, der Zivil trug, und trotzdem zehn Meilen gegen den Wind nach Polizei aussah, kam auf John Sinclair zu.

»Inspektor Sinclair?« fragte er in schlechtem Englisch.

»Ja.«

»Darf ich Sie bitten, mir zu folgen?«

John nickte. Er sah sich unauffällig um, ob Janos Ruff nicht etwas bemerkte. Doch er war zu sehr mit einigen anderen Reisenden beschäftigt, um von John Notiz zu nehmen.

Nur Jane Collins fiel es auf. Sie sah aber schnell wieder weg, als Johns Blick sie streifte.

Der Beamte führte John in einen kleinen Raum, in dem es unerträglich schwül war.

Das Gepäck des Inspektors lag auf dem Tisch. Ungeöffnet. John bekam es auch so weitergereicht. »Ich wünsche Ihnen einen angenehmen Aufenthalt in unserem Land, Inspektor. Und wir hören von Ihnen.«

»Selbstverständlich«, erwiderte John und schnappte sich seinen Koffer. »Dann bis demnächst.«

Der Geisterjäger hielt sich noch etwas in der Halle auf und beobachtete die Reisegruppe.

Es war wirklich ein buntgemischtes Völkchen. Von der älteren Jungfer bis zur heißen Puppe wie Jane Collins. Dazwischen gab es noch skurrile Typen wie Dr. Motherlain, ein – wie er sich selbst nannte – Schloßforscher. Mister Motherlain hatte in England schon ein Buch über Gespenster veröffentlicht und war natürlich während der Reise ein begehrter Gesprächspartner gewesen. Denn was er zu berichten wußte, ließ manchem jetzt schon die Haare zu Berge stehen.

Insgesamt waren nur dreiundzwanzig Personen mitgeflogen. Vier waren im letzten Augenblick abgesprungen. Ein junges Ehepaar befand sich sogar auf der Hochzeitsreise. Sie hieß Carol und er Simon Shuster. Der junge Mann wurde aber von seiner Frau nur Rocky genannt, weil er tatsächlich wie ein Felsen aussah.

Simon gab damit an, früher einmal geboxt zu haben, und jedem, der es hören wollte, zählte er seine angeblichen Meisterschaften auf. Während dieser Gespräche hing seine Frau dann mit glänzenden Augen an den Lippen ihres Mannes.

John konnte sich ein Lächeln nicht verkneifen, wenn er die beiden sah.

Schließlich hatte die Reisegesellschaft die Kontrollen überstanden, und Janos Ruff sammelte seine Schäfchen wieder ein. Auch John gesellte sich dazu.

Er stellte sich neben Bill und kniff seinem Freund ein Auge zu.

Ruff schlug ein paarmal in die Hände und bat um Ruhe. Dann sagte er: »Wir werden jetzt in den Bus steigen und eine längere Fahrt unternehmen. Ich fahre den Bus und hoffe, Sie vertrauen sich meinen Künsten an.«

»Was bleibt uns denn anderes übrig?« konnte Bill sich nicht verkneifen zu sagen.

Ruff verzog das Gesicht und grinste pflichtschuldig mit, weil die anderen begonnen hatten zu lachen.

»Dann folgen Sie mir bitte«, sagte Ruff.

Mit langen Schritten und leicht vornübergeneigtem Oberkörper ging er voran. Man konnte direkt merken, daß Ruff in seinem Element war.

Und dann sahen sie den Bus.

Es war ein Mercedes aus den fünfziger Jahren, mit einer langen Kühlerschnauze und einem blitzenden Stern darauf.

Stolz schloß Janos Ruff die Tür auf. »Bitte einsteigen, die Herrschaften.«

»Einen besseren haben Sie wohl nicht finden können, was?« fragte Bill Conolly, als er an Janos Ruff vorbeiging.

»Wie meinen Sie?«

»Hier den komischen Transporter.«

»Sie werden sich noch daran gewöhnen, Mister Conolly. Und an manch andere Sachen.«

Die letzten Worte zischte Ruff nur so heraus.

Ehe Bill eine Antwort geben konnte, wurde er angestoßen. »Weitergehen«, rief eine Stimme, und Bill kletterte in den Bus, ohne Ruffs haßerfüllte Blicke zu bemerken.

Durch diesen kleinen Zwischenfall waren John Sinclair und Bill Conolly getrennt worden. John hatte sich bereits hingesetzt und seinen Koffer auf das Gepäcknetz gelegt, als Jane Collins plötzlich neben dem Inspektor stand.

»Ist dieser Platz noch frei?«

»Aber bitte.«

Jane setzte sich und blies eine Haarsträhne aus der Stirn. John stemmte inzwischen ihren Koffer in das Gepäcknetz.

Da sah er Bill Conolly. Der Reporter winkte ihm zu. »Wie ich sehe, hast du angenehmere Gesellschaft, John. Ich werde die Fahrt auch ohne dich überstehen.«

»Dann war der Platz also doch besetzt?« Jane Collins Gesicht nahm einen erstaunten Ausdruck an.

»Aber nicht für Sie«, erklärte John.

»Ah, so ist das.«

»Und weshalb haben Sie gerade diesen Platz gewählt?« wollte John wissen. Er mußte laut sprechen, um das Stimmengewirr im Bus zu übertönen.

»Weil Sie und Ihr Freund die einzigen sind, die ich schon kenne.«

»Das ist eine Antwort.« John nickte beifällig. »Damit stehen Sie ab jetzt unter meinem persönlichen Schutz. Ich werde darauf achten, daß Ihnen im Geisterschloß kein Vampir über den Weg läuft.«

John meinte die Worte mehr scherzhaft, doch sie sollten sich noch auf grausame Weise bestätigen.

Fünf Minuten später fuhren sie los. In Richtung Nordwesten, geradewegs auf die Karpaten zu.

John Sinclair und Jane Collins beschlossen, sich für die weitere Zeit beim Vornamen zu nennen. Als der Geisterjäger sich einmal umdrehte, mußte er feststellen, daß sich die ältere Jungfer ausgerechnet neben Bill Conolly gesetzt hatte. Der Reporter verdrehte vor lauter »Freude« die Augen.

Auch John konnte sich ein Grinsen nicht verbeißen, und es fiel sogar etwas schadenfroh aus.

»Sagen Sie, John, weshalb haben Sie sich eigentlich zu dieser etwas außergewöhnlichen Reise entschlossen?« fragte Jane Collins plötzlich.

Der Inspektor zuckte die Achseln. »Reine Abenteuerlust. Wenn man den ganzen Tag im Büro sitzt, will man ja auch mal etwas anderes sehen.«

»Was machen Sie denn beruflich?«

»Ich bin bei einer Versicherung angestellt.«

»Oh.« Jane Collins lächelte hintergründig. »Und dann sind Sie schon so bekannt?«

»Wie meinen Sie das?«

»Nun, Sie waren bei der Gepäckkontrolle nicht dabei und sind gesondert behandelt worden. Das bedeutet etwas.«

Der Inspektor war wirklich im ersten Moment überrascht. Doch ehe er sich eine glaubhafte Ausrede einfallen lassen konnte, winkte Jane Collins lachend ab. »Sie brauchen mir nichts zu erklären. Schließlich gibt es ein Dienstgeheimnis, nicht wahr, Inspektor Sinclair.«

Jetzt war John völlig platt. »Sie kennen mich?« fragte er.

»Ja. Sie hatten vor ungefähr zwei Jahren einen Fall gelöst, der Schlagzeilen gemacht hat. Es ging damals um eine Sekte, deren Anführer sich Dämonos nannte. Ich hatte zu der Zeit gerade mein Studium abgeschlossen und meine kleine Detektei eröffnet. Ich war immer auf der Suche nach außergewöhnlichen Fällen. Und dabei bin ich über John Sinclair gestolpert.«

Der Geisterjäger pfiff durch die Zähne. »Aha, eine Privatdetektivin also. Damit hätte ich allerdings nicht gerechnet. Und Sie sind beruflich an dieser Reise interessiert?«

Jane Collins lachte. »Nein, da kann ich Sie beruhigen. Aber wenn ein Inspektor Sinclair mitfährt, wird es bestimmt nicht langweilig.«

»Ich kann Ihnen nicht widersprechen, Jane. Aber tun Sie mir einen Gefallen: zu niemandem ein Wort, ja?«

»Sie können sich auf mich verlassen, John.«

»Dann bin ich ja beruhigt. Außerdem, vielleicht wird es tatsächlich nur eine Vergnügungsreise.«

Doch hier sollte sich John Sinclair irren . . .

Die Zeit wurde immer länger. Jedenfalls hatten die Reisenden das Gefühl. Die meisten von ihnen waren eingeschlafen und hockten mehr oder weniger unbequem auf den Kunststoffsitzen. Auch John Sinclairs Unterhaltung mit Jane Collins war versiegt.

Einmal nur hatten sie unterwegs eine kurze Pause eingelegt. Abseits der Straße, an einem alten Gasthof. Dort hatte es noch nicht einmal etwas zu essen gegeben. John Sinclair und Bill Conolly mußten sich schließlich mit lauwarmem, dünnem Bier zufriedengeben.

Der Tag schwand, und die Dämmerung brach herein. Mittlerweile hatten sie schon die Ausläufer der Karpaten erreicht. Die Gegend wurde immer einsamer und unwirtlicher.

Hohe, mit Wald bewachsene Berge flankierten die schmale Straße. Die Temperatur war stark gefallen, und der Wind trieb dicke, dunkle Wolken über den fahlgrauen Himmel. Die Wipfel der dicht belaubten Bäume bogen sich unter dem Druck des Windes. Oft fuhr der Bus durch enge Schluchten, und nicht selten hörte man das Rauschen eines Wasserfalls.

Orte wurden nicht mehr angefahren. Es tauchten wohl ab und zu verwitterte Hinweisschilder auf, das war aber auch alles. Die Dörfer lagen dann meist mehrere Kilometer von der Straße entfernt.

Nur wenige Reisende warfen einen Blick nach draußen. Dazu gehörte auch John Sinclair. Die Gedanken des Inspektors waren nicht gerade freundlich. Er ahnte, daß sie in eine gottverlassene Gegend kutschiert wurden und daß sie dort auf Gedeih und Verderb dem Schloßherrn ausgeliefert waren.

John zündete sich eine Zigarette an. Die zweite während der langen Fahrt. Genußvoll blies er den Rauch gegen die Decke des Busses.

Neben ihm im Sitz schlief Jane Collins. Aus dieser Frau wurde John auch nicht schlau. Sie gab vor, Detektivin zu sein. Ob es jedoch stimmte, stand in den Sternen. John hatte jedenfalls keinen Ausweis von ihr gesehen. Aber das spielte auch im Augenblick nur eine sekundäre Rolle.

Bill Conolly schlief ebenfalls. Wahrscheinlich hatte ihn seine Nachbarin in den Schlaf geredet. Im Bus brannte nur eine Notbeleuchtung und übergoß die Gesichter der Reisenden mit einem schwachen rötlichen Schein.

Janos Ruff fuhr relativ schnell. Er nahm die Kurven wie ein Grand-Prix-Matador, und der schwere Bus schwang oft von einer Seite zur anderen. Nur gut, daß kein Gegenverkehr herrschte.

John drückte seine Zigarette in dem Aschenbecher aus. Er wollte sich gerade zurücklehnen und noch ein wenig die Augen schließen, da trat Ruff voll auf die Bremse.

Ein gewaltiger Ruck ging durch den Bus.

Wie Puppen wurden die Reisenden hin und her geschüttelt. John flog gegen die Rückenlehne des Vordersitzes und stieß sich schmerzhaft den Ellenbogen an. Zum Glück konnte er die schlafende Jane Collins mit dem freien Arm noch etwas abfangen, so daß sie sich nicht allzu weh tat.

Im Gegensatz zu den anderen.

John hörte Schmerzensschreie und Flüche. Bills Nachbarin war auf den Gang gefallen und wurde von dem Reporter gerade hochgezogen.

Wenig später hatten sich die Menschen wieder beruhigt. John sah gespannte, erwartungsvolle – aber auch ängstliche Gesichter. Alle warteten auf eine Erklärung des Busfahrers.

Jane Collins hatte ihre Hand auf Johns Arm gelegt. Ein paar nachdenkliche Falten hatten sich in ihre sonst glatte Stirn gegraben, und sie nagte nervös an der Unterlippe.

»Haben Sie eine Erklärung dafür, John?«

»Noch nicht.«

Endlich erhob sich Janos Ruff von seinem Platz hinter dem Steuer. Er stellte sich in den Gang zwischen die ersten beiden Sitzbänke und hielt sich mit beiden Händen an den Griffstangen unter dem Dach des Busses fest.

»Ich möchte mich für diese plötzliche Vollbremsung entschuldigen, aber es war leider nicht anders zu machen. Wir werden nämlich ab jetzt einige Begleiter bekommen.«

Gemurmel wurde laut.

»Wollen Sie noch mehr Menschen in diese Kiste pferchen?« rief ein Mann.

Ruff lächelte überheblich. »Keine Angst. Ihre neuen Begleiter werden keine Menschen sein.«

»Vielleicht Vampire, was?« sagte der Mann wieder und lachte schrill.

Doch niemand der Mitreisenden ging auf den »Witz« ein.

Auch Janos Ruff nicht, der sich abwandte, zur Tür ging und sie öffnete.

John Sinclair hatte sich in die äußerste Ecke des Sitzes geklemmt und preßte sein Gesicht gegen die Scheibe.

Draußen war es schon zu dunkel, und er konnte nichts erkennen.

Sekunden später ließ ihn ein spitzer Schrei zusammenzucken.

Johns Kopf flog herum.

Im ersten Augenblick dachte der Geisterjäger, ihn träfe der Schlag. Er sah zwei graue Schatten in den Bus springen und mit geschmeidigen Bewegungen durch die Sitzreihe huschen.

Wölfe!

»Um Himmels willen«, flüsterte Jane Collins neben ihm.

Da brach schon die Panik los.

Viele Reisende sprangen auf, wollten nach draußen stürzen.

Die Raubtiere reagierten blitzschnell. Sie flogen auf die Menschen zu. Durch den Anprall wurden die meisten zu Boden geworfen. Schreiend versuchten sie, sich vor den Raubtieren in Sicherheit zu bringen.

Ohne Erfolg.

Mittlerweile waren noch zwölf Wölfe in den Bus gehuscht. Sie kauerten sprungbereit vor der Tür. Die Zähne waren gefletscht, und die gelben Raubtieraugen funkelten gefährlich.

Alle Menschen waren aufgesprungen. Urplötzlich hatte sie die heiße Angst überfallen. Manch einer biß die Zähne zusammen, um nicht laut aufzuschreien.

Seltsamerweise hatten die Wölfe niemandem etwas getan. Keiner war verletzt worden, und Janos Ruff schaffte es, die Leute wieder zu beruhigen.

Verängstigt krochen die Reisenden zurück in ihre Sitze.

Die Wölfe hatten auf dem Gang Stellung bezogen. Ihre Schnauzen waren halb geöffnet, und die nadelspitzen Zähne waren für jeden Reisenden eine stumme Drohung.

Abermals gab Janos Ruff eine Erklärung.

»Ich kann Ihre Angst gut verstehen, meine Herrschaften«, sagte er. »Aber wollten Sie nicht eine Horror-Tour unternehmen?« Er machte nach diesen Worten eine kurze Pause, um die Sätze richtig wirken zu lassen.

Niemand gab Antwort.

Janos Ruff spreizte die Arme wie ein Pfau. »Gut, dann will ich fortfahren. Die Wölfe, die sich zu uns gesellt haben, sind die Boten des Grafen Montesi. Sie müssen sich einfach damit abfinden. Sie werden uns bis zum Schloß begleiten. Ein Zurück gibt es nicht mehr. Ich hoffe, ich habe mich deutlich genug ausgedrückt.«

Janos Ruff ließ seine Blicke noch einmal über die Reisenden

schweifen und setzte sich dann wieder hinter das Steuer. Sekunden später brummte der Motor des Busses auf.

Erst jetzt wurde den Passagieren die Bedeutung der Worte klar. Stimmengewirr brandete auf, das bald verstummte, als die Wölfe anfingen zu knurren.

John Sinclair, der allem bisher schweigend gefolgt war, warf einen Blick auf Bill Conolly. Der Reporter saß mit geballten Fäusten auf seinem Sitz und starrte stur geradeaus. Seine Nachbarin war blaß wie ein Leichentuch.

Jane Collins ging es nicht besser.

Direkt neben ihrem Sitz hatte sich ein Wolf niedergelassen, der sie mit gelblich funkelnden Augen anstarrte und auf jede ihrer Bewegungen achtete.

John Sinclair sah wohl, unter welcher nervlichen Anspannung die Frau stand.

»Lassen Sie sich nicht verrückt machen, Jane«, sagte er. Seine Stimme klang beruhigend.

Die Detektivin lächelte gequält. »Wird schon schiefgehen«, erwiderte sie. »Außerdem habe ich ja männlichen Schutz. Ich bin nur gespannt, welche Überraschungen noch auf uns warten. Weit kann es bis zu dem Schloß doch nicht mehr sein.«

John blickte auf die Uhr. »Eigentlich nicht. Schließlich sollen wir dort noch zu Abend essen. Na ja, mal sehen, was der Graf uns bietet. Und die Wölfe, Jane, die dürfen Sie nicht so ernst nehmen. Eine kleine Spielerei, mehr nicht.«

Jane Collins blickte John schräg von der Seite an. »Das glauben Sie doch selbst nicht.«

John unterdrückte eine Antwort, denn der Bus bog soeben in einen schmalen Weg ein. Baumzweige kratzten über das Dach des Busses. Die Strecke wurde noch schlechter, und die weitere Fahrt war eine einzige Holperei.

Dreißig Minuten später war es dann soweit.

Schloß Montesi tauchte auf. Der Bus – gerade noch hatte er sich durch die enge Schlucht gewunden – stoppte vor dem großen Portal.

Mit einem hustenden Geräusch erstarb der Motor.

Die Wölfe wußten genau, daß die Reise hier zu Ende war. Sie erhoben sich aus ihrer kauernden Haltung und drängten dem Ausgang entgegen.

Janos Ruff öffnete die Tür.

Die Wölfe sprangen nach draußen.

»Bitte aussteigen, die Herrschaften«, sagte er. »Das Gepäck können Sie ruhig schon mitnehmen. Es gibt hier leider niemanden, der sich darum kümmert.«

Die Reisenden drängten aus ihren Sitzen. Jeder wollte als erster draußen sein. Und so kam es, daß John Sinclair und Bill Conolly zusammentrafen.

Bill stieß seinen Freund in die Seite. »Was hältst du von der Sache, John?«

»Im Augenblick noch nichts«, erwiderte der Inspektor flüsternd. »Ich glaube aber, daß ich in einer Stunde mehr weiß.«

John sprang nach draußen und half anschließend Jane Collins beim Aussteigen.

Dunkelheit und herrlich kühle Luft empfingen sie.

Johns Augen suchten vergeblich nach einem Lichtschimmer an der Frontseite des Schlosses. Eingekeilt zwischen den anderen Reisenden sah er, wie Janos Ruff auf das Portal zuging und mit beiden Fäusten gegen das Eingangstor trommelte.

Sekunden später wurde es aufgezogen.

Eine breite Lichtbahn fiel nach draußen.

Ein Mann stand auf der Türschwelle. Sowohl John Sinclair als auch die anderen Reisenden konnten ihn deutlich erkennen.

Ein, zwei Sekunden starrte John den Mann an. Und da traf ihn die Erkenntnis wie ein Blitzstrahl. Dieser Mann, der sich hier wahrscheinlich als Graf Montesi ausgab, war in Wirklichkeit Johns Erzfeind.

Dr. Tod!

Die grausame Überraschung war gelungen.

Überdeutlich konnte John Sinclair den Menschenhasser erkennen. Er sah den großen kahlgeschorenen Schädel und den im Verhältnis dazu schmächtig wirkenden Körper. Sogar den Ring konnte John im Lichtschein blitzen sehen.

Innerhalb von Sekunden zuckten unzählige Gedanken durch Johns Kopf.

Dr. Tod hier? Was hatte das zu bedeuten? Weshalb gab er sich als Graf Montesi aus? Welche Teufelei hatte er hier wieder ausgeheckt?

Eines war John Sinclair jedoch klar. Dr. Tod durfte ihn nicht sehen. Noch nicht . . .

John schaute sich blitzschnell um. Niemand achtete auf ihn. Selbst Jane Collins hatte ihr Gesicht dem Eingang zugewandt.

John mußte die Zeit der Ablenkung nutzen.

Gewandt schlängelte er sich durch die Gruppe der Reisenden und kassierte manch erstaunten oder ärgerlichen Blick. Dann hatte John sich von der Gruppe gelöst.

Wie ein Schatten tauchte er in der Dunkelheit unter, hielt sich für Sekunden in Deckung des Busses und huschte dann im Bogen auf die Seite des Schlosses zu.

Hinter einem Baum legte John eine Pause ein.

Von hier aus konnte er die Gruppe noch sehen. Gerade setzten sie sich in Bewegung und gingen auf das Schloß zu. Janos Ruff an der Spitze.

John schürzte verächtlich die Lippen. Janos Ruff! Er war auch eine undurchsichtige Figur in diesem höllischen Spiel. Wieder einer von den armen Teufeln, die mit Dr. Tod paktierten und sich von ihm unermeßlichen Reichtum erhofften. Meistens starben sie jämmerlich. Janos Ruff wäre nicht der erste gewesen.

John beglückwünschte sich dazu, daß er seinen Koffer mitgenommen hatte. Jetzt stellte er ihn auf den Boden ab und ging in die Knie.

Die Schlösser schnappten zurück. John nahm eine handliche Taschenlampe heraus, schaltete sie ein und schirmte den Strahl mit den Fingern ab. Es sickerte noch genügend Licht in den Koffer, um Einzelheiten zu erkennen.

Die Pistole lag in einem mit Samt ausgeschlagenem Kästchen. Ebenfalls der Dolch.

John nahm beides an sich. Das Magazin der Pistole war mit Silberkugeln gefüllt. Die Ersatzmagazine verschwanden in den Hosentaschen. Den Dolch steckte John in eine lederne Scheide, die er an seinem Gürtel befestigte.

Der Inspektor nahm sich vor, diesmal besser auf seine Waffen zu achten. Die Pistole war eine Spezialanfertigung. Seine vorherige Waffe war in Spanien seinen Gegnern in die Hände gefallen.

Genau wie Johns Papiere. Es hatte einen ziemlichen Aktenkrieg gegeben, damit Ersatz herbeigeschafft werden konnte.

John nahm auch noch die beiden Fläschchen mit Weihwasser an sich und versteckte den Koffer dann in einem Gebüsch.

Jetzt fühlte er sich um vieles wohler.

Selbstverständlich hatte der Inspektor schon einen Plan, wie er vorgehen wollte. Daß etwas mit den Reisenden geschehen sollte, stand außer Zweifel. Nur durfte man es soweit nicht kommen lassen. John hatte vor, Dr. Tod zu überraschen. Er wollte sich dieses Menschenhassers bemächtigen und ihn ein für allemal ausschalten. Dann war die Gefahr auch von den übrigen Reisenden genommen.

Aber wie sollte er in das Schloß gelangen? John hoffte, es von der Rückseite zu schaffen. Meistens gab es bei diesen Schlössern Eingänge, wo früher die Kaufleute ihre Waren abgeliefert hatten.

Der Geisterjäger schob sich aus seiner Deckung.

Der Platz vor dem Schloß war jetzt leer. Nur noch der Bus stand dort. Er war als kompakter Schatten zu erkennen.

Es war merklich kühler geworden.

John kam es vor wie die berühmte Ruhe vor dem Sturm.

Vorsichtig bewegte er sich an der Schloßmauer entlang. Steine und Äste knirschten unter seinen Sohlen. John hatte das Gefühl, dieses Geräusch wäre meilenweit zu hören.

Neben der Schloßmauer befand sich nur ein schmaler Pfad. Die Bergfelsen reichten bis dicht an das Schloß heran. In den Ritzen der kahlen Steine fristeten Bäume, deren Astspitzen bereits die Mauer berührten, ihr kärgliches Dasein.

Ab und zu riskierte es John und ließ die Lampe aufblitzen. Der Lichtstrahl huschte als gelber Streifen an der rissigen Mauer empor, doch ein Fenster oder eine andere Öffnung waren nicht zu entdecken.

Der Inspektor zerbiß einen Fluch zwischen den Zähnen. Sollte er tatsächlich nur von vorn in das Schloß hineingelangen können?

Er ging weiter.

Der Pfad wurde immer schmaler. Die Felsen drängten sich noch näher an das Schloß heran.

John blieb stehen und sah sich um.

Grabesstille herrschte hier, und dazu kam die pechschwarze Finsternis, die nicht einmal ein fahler Mond erhellte.

Der Inspektor beschloß, so weit zu gehen, bis der Pfad zu Ende war. Er hatte seine Schritte gezählt und kam jetzt schon auf etwa fünfzig Meter.

Schloß Montesi hatte wirklich gigantische Ausmaße.

Dann hatte er plötzlich die Rückseite erreicht. Wieder ließ der Inspektor seine Lampe aufblitzen.

Der Berghang trat hier etwas zurück, bildete um die Rückseite des Schlosses einen Halbkreis. Dichter Baumbestand breitete sich bis zur ebenen Erde aus.

Der Inspektor drehte sich um die eigene Achse. Die Lampe hielt er in der rechten Hand.

Und da sah er die Tür.

Sie war aus Holz, ziemlich schmal, doch ziemlich hoch. Ein eisenbeschlagenes Schloß warf das Lampenlicht zurück.

John trat näher, wollte sich das Schloß ansehen. Doch zuerst probierte er die geschwungene Klinke.

Es kreischte, als er sie nach unten drückte.

John verzog das Gesicht. Natürlich war die Tür abgeschlossen.

John überlegte gerade, was er weiter unternehmen sollte, da hörte er hinter sich ein leises Kichern.

Wie vom Blitz getroffen, fuhr der Inspektor herum. Der Lampenstrahl brach sich auf der blitzenden Klinge eines Krummschwertes, das ein wild aussehender Bursche in der Hand hielt . . .

Bill Conolly bemerkte John Sinclairs Verschwinden als erster, machte sich jedoch keine weiteren Gedanken, sondern starrte auf die Wölfe, die an Graf Montesi vorbei in das Schloß huschten.

Der Reporter kannte Dr. Tod nicht. Er hielt den Mann dort auf der Schwelle des Eingangstores immer noch für den Grafen Montesi.

Bill hatte zwar schon viel von Dr. Tod gehört, er war auch in Auseinandersetzungen mit dessen Schergen verwickelt gewesen, aber zu Gesicht bekommen hatte er diesen Menschenhasser noch nicht.

Bill warf einen zweiten Blick zu der Stelle hin, wo John eben noch gestanden hatte.

Von dem Inspektor keine Spur.

Jetzt wurde Bill nervös. Aber wahrscheinlich wußte Jane Collins Bescheid.

Bill schob sich in Janes Richtung.

»Miss Collins«, sagte er leise.

Die Detektivin zuckte zusammen. Irritiert wandte sie den Kopf.

Bill grinste. »Keine Angst. Ich bin es nur.«

»Was wollen Sie denn?«

Bill strich über sein Haar und blickte sich prüfend um. »Ich suche John Sinclair. Wissen Sie nicht, wo er . . .?«

»Aber er steht doch neben . . .«

Jane Collins verstummte wie zwei Sekunden vorher der Reporter. Ihr Gesicht nahm einen ungläubigen Ausdruck an. »Das begreife ich nicht. Ich habe doch noch vor einer Minute mit ihm gesprochen. Bevor dieser Graf aus der Tür trat.«

»Jetzt ist er auf jeden Fall weg«, bemerkte Bill trocken. »Und wie ich John kenne, hat er auch seine Gründe für dieses urplötzliche Untertauchen.«

Jane Collins faßte nach Bills Arm. »Sie meinen, er hat etwas entdeckt?«

»Möglich.«

»Dann ist er *doch* beruflich mitgefahren«, sagte Jane.

Bill pfiff leise durch die Zähne. »Er hat Ihnen gesagt, was er von Beruf ist?«

»Nicht direkt. Ich habe mal sein Foto in den Zeitungen gesehen.«

»Aha, daher weht also der Wind. Aber passen Sie auf, Miss Collins, es geht los.«

Bill hatte recht. Janos Ruff rief seine Schäfchen wieder zusammen. Graf Montesi hatte sich in das Innere seines Schlosses zurückgezogen.

Nacheinander betraten die Reisenden die große Halle. Es mangelte nicht an erstaunten Ah- und Oh-Rufen.

Der Graf selbst war verschwunden. Bill wunderte sich darüber, denn normalerweise ließ es sich ein Gastgeber nicht nehmen, seine Gäste persönlich zu begrüßen.

Janos Ruff gab eine Erklärung ab.

»Der Graf wird Sie offiziell bei dem heute abend stattfindenden Gala-Essen empfangen. In genau zwei Stunden. Er hat sich jetzt zurückgezogen und bittet Sie, dies zu entschuldigen.« Janos Ruff wies auf die breite Treppe, die nach oben führte. »Dort liegen Ihre Zimmer. Der Graf hat mich beauftragt, sie Ihnen zu zeigen.«

»Habt ihr denn hier kein Personal?« rief Rocky Shuster.

Janos Ruff wandte sich dem ehemaligen Boxer zu. »Tut mir leid, Sir, aber auf diesen Luxus müssen Sie für die Dauer des Aufenthaltes verzichten.«

Rocky wollte etwas erwidern, doch seine Frau zischte ihm einige Worte zu, und daraufhin zog er es vor, zu schweigen.

»Darf ich Sie dann bitten«, sagte Ruff und betrat als erster die Treppe.

Bill nahm seinen und Janes Koffer und setzte sich in Bewegung.

Der flackernde Kerzenschein warf tanzende Schatten auf die Gesichter der Reisenden, und manch einem lief schon jetzt eine Gänsehaut über den Rücken.

Die Zimmer waren über den ersten und zweiten Stock des Schlosses verteilt.

Bill und Jane wohnten im zweiten, daher kamen sie auch als letzte an die Reihe.

Der Reporter merkte, daß Ruff nervös geworden war. Schließlich trat der Reiseleiter auf Bill Conolly zu. Er warf noch einen schrägen Blick auf Jane Collins und flüsterte dann: »Ich vermisse Mister Sinclair. Er war doch vorhin noch im Bus. Können Sie mir sagen, wo er hingegangen ist?«

Bill grinste von einem Ohr zum anderen. »Keine Ahnung, mein Bester. Aber wenn Sie ihn finden, dann grüßen Sie ihn von mir.«

Ruff blickte Bill wütend an und machte auf dem Absatz kehrt. Immer noch grinsend öffnete der Reporter seine Zimmertür.

»Mister Conolly?« Jane Collins' Stimme hielt Bill zurück.

»Was ist denn?« Bill wandte sich noch einmal um.

Die Detektivin hielt die Türklinke in der Hand. Die eine Hälfte ihres Gesichtes lag im Schatten, und doch konnte Bill erkennen, daß die Frau Angst hatte. Er sah es an ihren Augen.

»Ich weiß, was Sie jetzt sagen wollen, Miss Collins. Aber keine Bange, uns passiert schon nichts. Falls wirklich etwas Ungewöhnliches geschieht, rufen Sie mich. Unsere Zimmer liegen sich ja schließlich gegenüber.«

»Danke.«

Bill lächelte ihr noch einmal zu, wartete, bis sie in ihrem Zimmer verschwunden war, und öffnete dann seine Tür.

Überrascht blieb er stehen.

Der Raum war wirklich fantastisch eingerichtet. Den Mittelpunkt bildete ein breites Himmelbett, dessen Baldachin aus schwerer Seide war. Unter seinen Füßen spürte Bill dicke Teppiche, und an der Wand stand neben einem Schrank ein kleiner Tisch mit zwei gepolsterten Stühlen. Es gab außerdem noch einen Schrank und einen mit Schnitzereien verzierten Sekretär.

»Alle Achtung«, murmelte Bill. »Hier kann man es aushalten.«

»Es freut mich, daß es Ihnen gefällt«, sagte plötzlich eine Frauenstimme.

Bill zuckte im ersten Augenblick zusammen und wandte dann den Kopf.

Eine Frau trat aus der Deckung des Schrankes hervor. Eine Frau, die an Schönheit sämtliche Filmstars übertraf.

Es war Vera Montesi . . .

Aus dem Stand heraus hechtete Haduk den Inspektor an. Ein geballtes Bündel aus Kraft und Energie. Das mörderische Krummschwert zielte auf Johns Kopf.

Der Inspektor reagierte wie aus dem Lehrbuch. Er ging in die Knie und riß gleichzeitig den rechten Arm hoch.

Das Schwert pfiff über seinem Kopf durch die Luft, während die Taschenlampe gegen den Schädel des Angreifers krachte.

Es gab ein dumpfes Geräusch, und Haduk grunzte überrascht auf.

Doch stoppen konnte John ihn so nicht.

Der Inspektor ließ die noch brennende Lampe fallen. Er sprang mit einem großen Satz aus dem unmittelbaren Gefahrenbereich.

Haduk drehte sich auf der Stelle. Seine tückisch glitzernden Augen suchten den Gegner.

John stand in geduckter Haltung dem Mörder gegenüber. Er war voller Konzentration und dachte nicht daran, seine Pistole zu ziehen. Wenn eben möglich, wollte er den Kerl mit bloßen Fäusten überwältigen, denn er erhoffte sich von ihm noch einige Informationen über das Schloß und Dr. Tod.

Aber auch Haduk wußte, daß hier jemand vor ihm stand, der

nicht so leicht zu überwältigen war, daß er hier sein gesamtes Können aufbieten mußte, um den Mann zu überwältigen.

Die brennende Taschenlampe legte einen breiten Lichtstreifen zwischen die beiden Kämpfer. Jeder sah die Bewegung des anderen.

Das Krummschwert war eine mörderische Waffe. Die gesamte Schneide an der Innenseite war höllisch scharf. Und Haduk machte ganz den Eindruck, als könnte er damit umgehen.

Instinktiv wußte er, daß dieser Fremde eine Gefahr für Dr. Tod darstellte.

Haduk fintierte geschickt, setzte all seine Tricks ein. Immer wieder stieß er das Schwert vor und zog es dann blitzschnell wieder zurück. Dabei blieb Haduk nicht auf einem Fleck stehen. Immer war er in Bewegung.

Der Geisterjäger pendelte mit, beobachtete jede Aktion aus schmalen Augenschlitzen. Eine Zehntelsekunde der Unaufmerksamkeit konnte ihn das Leben kosten.

Nur das Keuchen der beiden Männer klang durch die drückende Stille.

John Sinclair wurde immer mehr zurückgedrängt. Neben ihm ragten bereits die hohen Bäume des auslaufenden Berghangs in den Himmel. Wenn John es schaffte, in diesem Wald zu verschwinden, sahen seine Chancen wesentlich besser aus.

Aber das wußte auch Haduk. Er setzte alles auf eine Karte.

Leichtfüßig wie ein Ballettänzer sprang er vor. Aus seinem Mund drang ein wilder Kampfschrei. Der Arm mit dem Schwert zerteilte die Luft.

Es war ein höllischer Angriff.

Kleinere Äste und Blätter fegten auf John zu. Und dazwischen sah er immer wieder die blitzende Schwertklinge auftauchen.

Da! Ein weiterer schriller Schrei drang über Haduks Lippen. Sein Arm schwang zurück. Haduk setzte zum letzten, alles vernichtenden Schlag an.

Doch auch John Sinclair war kein Anfänger. Während Haduk sich seines Opfers sicher war und mehr oder weniger glaubte, mit John Sinclair zu spielen, hatte sich der Geisterjäger einen handlichen Ast gepackt.

John sah das Schwert auf sich zurasen, sah gleichzeitig Haduks schweißnasse, haßverzerrte Fratze und schlug seinerseits zu.

John spürte, wie an seiner linken Schulter das Jackett riß. In derselben Sekunde traf der Knüppel Haduks Gesicht.

Der Kampfschrei ging in ein gräßliches Heulen über. Haduk war abgelenkt, hatte genug mit sich selbst zu tun.

Johns Handkante fegte heran. Die geballte Wucht des Schlages traf Haduks Waffenarm.

Der Schrei des Türken brach ab. Das Schwert fiel auf den Waldboden. Bewegungsunfähig hing Haduks rechter Arm an der Seite herunter, während der Türke die linke Hand vor das Gesicht gepreßt hielt.

Johns knallharte Rechte ließ Haduk endgültig zusammensacken.

Der Türke krümmte sich am Boden.

John zog den Kerl hoch. »So, mein Freund, jetzt werden wir uns mal in aller Ruhe unterhalten.«

Der Geisterjäger stieß Haduk mit dem Rücken gegen einen Baumstamm.

Aus der Nase des Türken lief Blut. Seine Augen waren weit aufgerissen. Kein Zweifel, der Mörder hatte Angst.

Johns rechte Faust umkrallte Haduks Hemd. »Raus mit der Sprache!« zischte der Inspektor. »Was wird hier gespielt?«

Haduk schüttelte den Kopf. Dumpfe, unverständliche Laute drangen aus seinem Mund.

John zog den Griff fester. »Rede, zum Teufel!«

Wieder schüttelte Haduk den Kopf. Er zitterte am gesamten Körper.

Plötzlich wurde John klar, daß der Mann kein Wort Englisch verstand. Und der Geisterjäger beherrschte die rumänische Sprache nicht.

John ließ den Türken los, der augenblicklich zusammensackte. Er fiel auf den Rücken. Stoßweise kam der Atem aus seinem Mund.

Inspektor Sinclair hob das Schwert auf, wog es in seiner Hand.

Haduk verkrampfte die Hände ineinander und hob sie mit einer flehenden Geste. Er nahm an, John würde ihn jetzt umbringen.

Der Geisterjäger grinste verächtlich. Nein, von dieser Sorte war er nicht.

John drehte Haduk auf den Rücken. Dann zog er ihm den Gürtel aus der Hose und fesselte ihm so gut es ging die Hände. Johns Taschentuch diente anschließend als Knebel.

Schließlich zog der Inspektor den Türken noch ein Stück den Hang hoch und legte ihn in ein Gebüsch. Er wußte, daß die Fesselung nicht lange vorhalten würde, aber im Moment gab es keine andere Möglichkeit. Das Krummschwert des Türken steckte er in seinen Gürtel.

John rutschte den Berghang wieder hinunter und stand bald an der Schloßmauer. Er hatte vorher noch Haduks Taschen durchsucht und tatsächlich ein Schlüsselbund gefunden. Drei Schlüssel hingen daran. Einer paßte bestimmt.

John hob seine Lampe auf. Das Glas war wirklich bruchsicher, so wie es der Hersteller versprochen hatte.

Erst jetzt spürte John den Schmerz. Das Krummschwert hatte ihn an der linken Schulter getroffen, dort das Jackett zerfetzt und eine blutige Furche über seine Haut gezogen. Johns Hemd war an dieser Stelle blutgetränkt.

Der Inspektor zerbiß einen Fluch. So eine kleine Schramme konnte ihn nicht aufhalten.

Er klemmte sich die Taschenlampe zwischen die Zähne und probierte die Schlüssel.

Der dritte paßte.

Nach anfänglichem Widerstand drehte er sich im Schloß. John drückte auf die Klinke, und die Tür schwang knarrend auf.

Ein finsteres Loch gähnte dem Inspektor entgegen.

John nahm die Taschenlampe aus dem Mund und ließ den Strahl in die Dunkelheit wandern.

Feuchte, dicke Mauern und eine niedrige Decke boten sich seinen Augen.

John betrat den Gang und zog die Tür wieder hinter sich zu.

Totenstille umfing ihn.

Vorsichtig ging John durch den Gang. Auf dem Boden lag Geröll.

Nach einigen Metern verbreiterte sich der Gang und endete schließlich vor einer Treppe, die in die Tiefe führte.

Die Stufen waren hoch und mit einer graugrünen Schimmelschicht überzogen.

John schwenkte den Arm mit der Lampe. Eine dicke Steinsäule versperrte die Sicht. John ging die paar Schritte um die Säule herum und sah, daß die Treppe auch nach oben führte.

Der Inspektor überlegte. Für welche Richtung sollte er sich entscheiden?

Wie er aus Erfahrung wußte, begannen solche Treppen meistens hinter einem Geheimgang. Aber wo endete sie?

Für John Sinclair waren die Kellergewölbe viel interessanter. Unter Umständen entdeckte er dort Dr. Tods Geheimnis.

John stieg vorsichtig die Stufen hinab. Sie schienen kein Ende nehmen zu wollen.

Doch dann hatte er es geschafft. Die letzten fünf Stufen wurden von der Lampe aus der Dunkelheit gerissen.

Der Geisterjäger sah mehrere Gänge vor sich. Einer davon war besonders breit.

Der Inspektor ging neugierig darauf zu.

Staub und Spinnweben zitterten in dem gebündelten Lichtstrahl. John entdeckte Nischen in den Wänden, in denen kostbare Sarkophage standen.

Hier waren die Montesis zur letzten Ruhe gebettet worden. Die Sarkophage schienen unberührt.

John ging wieder zurück. Er hatte vorhin noch einen anderen Gang entdeckt. Er war wesentlich schmaler als die anderen und auch niedriger.

Schon nach wenigen Metern traf der Lichtstrahl eine dicke Holztür. Zu Johns Erstaunen war sie offen.

Der Inspektor lauschte einige Sekunden, doch kein Laut drang aus dem dahinterliegenden Raum.

John Sinclair zog die Tür noch ein Stück weiter auf, damit er hindurchschlüpfen konnte. Das Holz schleifte über den Boden, und dieses Geräusch verursachte bei John Sinclair eine Gänsehaut.

Der Geisterjäger betrat ein Verlies. Es war stickig und roch irgendwie süßlich.

John zog schnuppernd die Nase hoch. Dann wußte er, wonach es hier roch.

Nach Blut?

Welch schauriges Geschehen mußte sich hier unten abgespielt haben? Fröstelnd zog John die Schultern hoch.

Der Lampenschein war auf einem offenen Sarkophag hängengeblieben.

John Sinclair trat näher heran.

Der Sarkophag war innen mit rotem Samt ausgeschlagen. In Höhe des Kopfes lag ein weißes Kissen.

John Sinclair hatte das Gefühl, daß in diesem Sarkophag bis vor kurzem noch jemand gelegen haben mußte. Er dachte sofort an einen Vampir. Und wenn es tatsächlich so war, dann waren die Menschen der Reisegruppe verloren, denn gegen die Blutsauger hatten sie keine Chance. Nicht mit normalen Mitteln. John Sinclair ahnte, daß die Zeit jetzt drängte, wenn er noch etwas retten wollte.

Plötzlich zogen sich seine Augen zusammen. Der Lichtkegel der Taschenlampe hatte einen gelben Kreis auf das Kissen geworfen. John erkannte ein langes schwarzes Haar.

Mit zwei Fingern hob er es hoch.

Kein Zweifel, es war ein Frauenhaar und mußte der Person gehören, die in dem Sarkophag gelegen hatte.

Eine Frau also – eine Untote.

John öffnete die Finger, und das Frauenhaar schwebte zu Boden.

Im selben Augenblick hörte der Inspektor in seinem Rücken ein Hecheln.

Instinktiv trat er einen Schritt zur Seite und wandte sich um.

Zwei Wölfe starrten ihn an. Die gelblichen Raubtieraugen funkelten mordlüstern, und aus den halboffenen Mäulern troff der Geifer.

John Sinclair brauchte kein Prophet zu sein, um zu wissen, daß er jetzt kämpfen mußte.

Kämpfen – oder untergehen . . .

Bill Conolly überwand seine Überraschung ziemlich schnell. »Na, wenn das kein Service ist«, sagte er und warf den Koffer schwungvoll auf das prächtige Himmelbett.

Die Frau trat zwei Schritte vor. Auf ihrem Gesicht lag ein verlockendes Lächeln.

Sie trug ein grünlich schimmerndes langes Kleid mit einem offenherzig geschnittenen Dekolleté, das den Ansatz ihres Busens sehen ließ. Um ihren makellosen Hals wand sich eine kostbare Perlenkette. Das Gesicht war von ebenmäßiger Schönheit, jedoch seltsam bleich, und der Mund wirkte darin wie ein blutrotes Mal.

Die Augen waren es, die Bill am meisten faszinierten. Sie hatten eine grüne Farbe und strahlten etwas aus, das einen Mann unwillkürlich in seinen Bann zog.

Bill räusperte sich die Kehle frei und senkte den Blick. »Darf man erfahren, was dieser Besuch bedeutet, oder bin ich versehentlich in einem falschen Zimmer gelandet?«

»Nein, das bestimmt nicht«, sagte die Frau. Sie hatte eine wohlklingende Stimme. Ihr Englisch hatte einen harten Akzent, wie man ihn bei den Osteuropäern oft findet.

»Was verschafft mir dann die Ehre Ihres Besuches?« wollte Bill wissen. Er tastete unwillkürlich nach seinen Zigaretten, um mit einem Stäbchen seine Nervosität zu zügeln.

»Lassen Sie doch«, sagte die Unbekannte.

Bill steckte automatisch die Packung wieder weg.

»Ich bin Vera Montesi«, hörte Bill die Schöne sagen.

»Die Gräfin?« echote der Reporter.

»Ja.«

Bill sah wieder in die grünen Augen, die eine einzige Verlockung darstellten. Zum Teufel, diese Frau machte ihn noch verrückt.

Bill riß sich zusammen, doch da spürte er schon Vera Montesis Hände über seine Brust gleiten.

»Dich habe ich ausgesucht«, flüsterte die Gräfin, und ihre Lippen befanden sich dicht vor Bills Gesicht.

Der Reporter zog scharf die Luft zwischen seine Zähne. Wenn er jetzt nicht standhaft blieb, dann . . .

Plötzlich stutzte Bill. Unwillkürlich trat er einen Schritt zurück.

Ein seltsamer Geruch war in seine Nase gedrungen.

Bill kniff die Augen zu Schlitzen zusammen. Die Gräfin mußte wohl etwas bemerkt haben, denn auch sie hatte eine angespannte Haltung angenommen.

Bill schluckte. Dann sagte er: »Ich möchte Sie doch jetzt bitten, das Zimmer zu verlassen. Ich will mich vor dem Essen noch ein wenig ausruhen.«

»Vor dem Essen?« Die Gräfin lachte leise. »Aber es wird doch nur für uns gegeben. Es ist ein Hochzeits-Dinner.«

»Wie bitte?«

»Ein Hochzeits-Dinner. Ich werde heute heiraten, und du wirst mein Bräutigam sein.«

Die Gräfin hatte bestimmt gesprochen, so, als dulde sie keinen Widerspruch.

Bill Conolly hatte den Verdacht, in einem Irrenhaus gelandet zu sein. Am liebsten hätte er diese Person rausgeworfen. Trotz ihrer Schönheit. Aber Bill beherrschte sich.

»Das soll doch wohl nur ein Scherz sein«, sagte er. »Suchen Sie sich Ihren Bräutigam, wo Sie wollen, nur lassen Sie mich in Ruhe. Und falls es ein Spaß des Reiseleiters sein soll, dann bestellen Sie ihm, es war ein verdammt schlechter.«

Das Gesicht der Gräfin verschloß sich. »Ich habe das Gefühl, Sie verkennen noch immer Ihre Lage.« Sie war wieder in einen förmlichen Tonfall zurückgefallen. »Es gibt für Sie kein Zurück mehr. Sie werden mir gehorchen – oder sterben!«

Jetzt wurde der Reporter endgültig ärgerlich. Okay, er hatte diese Reise mitgemacht, hatte sich eine gruselige Abwechslung versprochen, aber mit solchem Unsinn durfte man ihm doch nicht kommen.

»Verschwinden Sie endlich«, zischte er, »sonst vergesse ich, daß Sie eine Frau sind.«

Vera Montesi lachte leise. »Ich glaube, das werden Sie sich überlegen.«

»Raus!« schrie Bill. Sein Gesicht war zornrot. Er sprang auf die Gräfin zu und packte ihren Arm.

Im selben Moment zuckte Bill zurück.

Die Haut der Gräfin war eiskalt. Wie bei einer Toten.

Schlagartig erinnerte sich Bill wieder an den Geruch. Unwillkürlich fielen ihm seine Auseinandersetzungen mit Vampiren ein. Sollte Vera Montesi eine Untote sein?

Bill Conolly wandte den Kopf, blickte der Frau ins Gesicht.

Die Gräfin lächelte böse. »Ich merke, du ahnst etwas«, sagte sie und schob langsam ihre Oberlippe zurück.

Bill Conolly ballte die Hände zu Fäusten. Gebannt starrte er auf die beiden nadelspitzen Vampirzähne, die langsam zum Vorschein kamen.

Seine schrecklichen Ahnungen hatten sich bestätigt. Vera Montesi war eine Untote . . .

Wie ein Triumphator stand Dr. Tod in dem großen Saal.

Dr. Tod! Das war die Inkarnation des Bösen, das war der Mann, der die Menschheit bis aufs Blut haßte und sich mit allen Konsequenzen dem Satan verschrieben hatte.

Schüchtern klopfte es gegen die Tür.

»Ja.« Dr. Tods Stimme klang metallisch.

Die große Flügeltür wurde ein Stück geöffnet. Janos Ruff schaute herein. Sein fahlgelbes Haar klebte schweißnaß am Kopf. In seinem Gesicht zuckten einige Muskeln. Kein Zweifel, der Mann war nervös.

»Was gibt es, Ruff?« Dr. Tods Augen fixierten den Reiseunternehmer, schienen auf den Grund seiner Seele blicken zu können und bemerkten die Angst, die in diesem Mann steckte.

»Sir, ich – ich weiß nicht so recht, wie ich es ihnen sagen soll. Aber von der Reisegesellschaft fehlt jemand.«

»Was heißt das?«

Janos Ruff lächelte verzerrt. »Nun – im Bus waren sie noch alle vorhanden, und hinterher, als ich den Leuten ihre Zimmer zeigte, war eine Person nicht mehr dabei.«

»War es ein Mann oder eine Frau?«

»Ein Mann.«

»Wo kann er Ihrer Meinung nach geblieben sein?«

Janos Ruff zuckte die Achseln. »Er kann sich nur draußen in der Nähe des Schlosses herumtreiben. In die nächste Stadt zu laufen wird ihm kaum gelingen, dazu noch in einem völlig fremden Land.«

»Der Bus steht doch noch vor dem Schloß?« fragte Dr. Tod.

»Ja.«

»Dann wird es für den Mann keine Schwierigkeiten bedeuten, zu fliehen.«

»Das ist unmöglich, Sir. Ich habe die Schlüssel.«

»Man kann solche Wagen auch knacken.«

Ruff zuckte die Achseln. »Ich könnte die Reifen durchstechen«, schlug er vor.

»Das wäre eine Möglichkeit«, gab Dr. Tod zu. »Aber vorher versuchen Sie den Mann zu finden. Kennen Sie seinen Namen?«

»Selbstverständlich, Sir.« Janos Ruff nickte eifrig. »Sein Name lautet John Sinclair . . .«

In den ersten Sekunden danach war es totenstill. Dann schlug Dr. Tod seine geballte rechte Faust in die offene linke Handfläche.

»Inspektor Sinclair«, flüsterte er. »Der Bluthund vom Yard.« Ein haßerfüllter Ausdruck stahl sich in Dr. Tods Gesicht. Janos Ruff merkte dies und trat unwillkürlich einige Schritte zurück. Er wußte nichts von den Auseinandersetzungen dieser beiden Männer.

Doch plötzlich lächelte Dr. Tod. Aber es war ein kaltes, gefühlloses Lächeln.

»Ja«, flüsterte der Menschenfeind. »Der Zufall hat mir die Möglichkeit in die Hand gespielt, diesen Inspektor endgültig zu vernichten. Hier, auf Schloß Montesi, bin ich der Herrscher. Und Sinclair wird in meine Falle laufen, das ist sicher. Er kann gar nicht anders. Dann werde ich ihn endgültig vernichten!«

Der letzte Satz klang wie ein Urteil.

Der graue Körper flog durch die Luft, setzte mit einem Sprung über den Sarkophag und wollte John an die Kehle.

Der Inspektor sah die messerscharfen Zähne blitzen, und der heiße Atem streifte sein Gesicht.

Im letzten Augenblick drehte sich John ab, konnte jedoch nicht verhindern, daß die Bestie gegen seine linke Schulter prallte.

Der Geisterjäger ging zu Boden. Augenblicklich hockte das Raubtier auf ihm. Eine kurze Drehung mit dem Kopf, das Maul schnappte auf, und dicht vor seinen Augen sah John Sinclair die mörderischen Hauer blitzen.

John hatte die Lampe fallen lassen. Er brauchte jetzt beide Hände.

Sein angewinkelter Arm stieß in den geöffneten Rachen der Bestie, verhinderte so das Zuschnappen des Gebisses.

Der Wolf knurrte, riß seinen Schädel nach hinten.

John ließ nicht locker, bäumte sich auf und stemmte das Raubtier immer weiter zurück.

Doch schon hockte die zweite Bestie sprungbereit vor den beiden Kämpfenden. Sie wartete nur darauf, eingreifen zu können.

John Sinclair kämpfte verbissen, mobilisierte alle Kräfte. Und der Wolf mußte weichen. Immer weiter wurde er zurückgedrängt.

Mit der freien Hand umklammerte John jetzt die Kehle der Bestie und warf das Tier mit einem ruckartigen Ausfall von sich.

Da sprang der andere.

Während die erste Bestie jaulend über den Boden rollte, hechtete er auf John Sinclair zu.

Mit einem gewaltigen Satz wich der Inspektor dem Wolf aus. Die Bestie sprang ins Leere, wirbelte jedoch auf der Stelle herum, um wieder anzugreifen.

John zog das Krummschwert. Jetzt war es für ihn eine wertvolle Waffe.

Der Wolf wich zuckend zurück. Er mußte wohl die Waffe kennen, hatte vielleicht schon selbst damit Bekanntschaft gemacht.

Auch die andere Bestie hatte sich wieder erholt. Sie versuchte, John in den Rücken zu gelangen. Die gelben Raubtieraugen fixierten den Inspektor.

Der Geisterjäger wollte sich nicht einkreisen lassen. Wenn das geschah, konnte ihm auch das Schwert nicht viel helfen, dann war er geliefert. Eine Bestie brauchte ihm nur auf die Schultern zu springen und die Zähne in seinen Hals zu schlagen . . .

John Sinclair übernahm selbst die Initiative. Er griff an, kam über die Bestien wie ein Tornado.

John drehte sich auf der Stelle, und ein gewaltiger Satz brachte ihn direkt neben den Wolf, der ihn von hinten überlisten wollte.

Die Bestie war zu überrascht.

Das Schwert blitzte auf. Pfeifend zerschnitt es die Luft und trennte Sekundenbruchteile später den Kopf vom Rumpf der mordgierigen Bestie.

Aus den Augenwinkeln sah John den zweiten Schatten heranfliegen.

Der Inspektor packte das Schwert mit beiden Händen, riß es hoch, und im nächsten Augenblick jagte die Schneide dem Raubtier entgegen.

Der Wolf wurde mitten in der Luft getroffen.

Der Inspektor sprang schnell zur Seite, damit der Körper nicht gegen ihn prallte.

Schwer stützte sich John auf den Rand des Sarkophags. Das Schwert hatte er wieder in seinen Gürtel gesteckt.

Johns Atem ging schnell und keuchend. Der Inspektor war in

Schweiß gebadet. Die Sachen klebten nur so an seinem Körper. Und die verbrauchte Luft tat ein übriges, um seinen Magen revoltieren zu lassen.

Minutenlang blieb John so stehen. Zwei Bestien hatte er erledigt. Aber es waren noch zwei da.

John Sinclair hob die Taschenlampe vom Boden auf.

Damit leuchtete er das Verlies ab. Er sah die Kadaver der Wölfe und schüttelte sich. Dann traf der Strahl einen der abgetrennten Köpfe.

Johns Herzschlag stockte. Urplötzlich überkam den Inspektor das nackte Grauen.

Der Kopf hatte sich verwandelt, hatte menschliche Züge angenommen. Die Schnauze war flacher geworden, ein Teil der Haare war verschwunden, und die Augen hatten einen fast flehenden Ausdruck angenommen.

John Sinclair schüttelte sich. Was war hier geschehen? Waren diese Wölfe in Wirklichkeit Menschen gewesen, oder Wolfsmenschen? Welch grausames Spiel hatte Dr. Tod mit ihnen getrieben? Er hatte diese Menschen mit Hilfe der schwarzen Magie in Wölfe verwandelt. Eine unvorstellbare Tat.

John Sinclair wandte sich ab. Er konnte diesen Anblick nicht länger ertragen.

Er war auf der Hut, als er den Schauplatz des Kampfes verließ. John rechnete jeden Augenblick mit einem Angriff der anderen beiden Wölfe.

Nichts geschah.

John blieb stehen und lauschte. Kein Hecheln oder Keuchen drang an seine Ohren. Es war merkwürdig still in diesem unterirdischen Labyrinth von Gängen und Verliesen.

John Sinclair rechnete mit weiteren Überraschungen, während er durch die Gänge schlich. Der helle Lampenstrahl wies ihm den Weg.

John Sinclair ging durch Quergänge und machte makabre Entdeckungen.

In einem Verlies lagen die Überreste von Menschen, die hier vor Hunderten von Jahren einen grausamen Hungertod erlitten haben mußten.

Die bleichen Knochen und Schädel waren teilweise schon zu Staub zerfallen.

Sie waren Zeugen einer grausamen Vergangenheit, in der Menschen oft wie Tiere behandelt wurden, teilweise sogar noch schlechter.

Und dann stand John Sinclair vor der Folterkammer. Die Tür, die die Kammer verschloß, war größer und massiver als die anderen.

Johns Lippen preßten sich hart aufeinander, als er die Tür aufzog. Er streckte den Arm mit der Lampe vor.

Der Lichtstrahl riß die Marterinstrumente aus der Dunkelheit.

Der Inspektor betrat die Folterkammer. Bis auf die Marterinstrumente schien sie leer zu sein.

Schien, denn John sah den Schatten nicht, der hinter der Tür lauerte. Kein Atem verriet dessen Anwesenheit.

Denn Untote atmen nicht . . .

Der Geisterjäger trat noch einen Schritt vor.

Schräg hinter ihm hob der Vampir den rechten Arm. Seine Finger umklammerten einen armlangen Knüppel.

Einen Herzschlag später spürte John hinter sich einen Luftzug. Er wollte sich noch herumwerfen, doch es war schon zu spät.

Etwas traf mit mörderischer Wucht seinen ungeschützten Schädel, und für John Sinclair gingen die Lichter aus.

Wie ein Ballon, aus dem man die Luft läßt, sackte John auf den harten Steinboden. Er blieb auf dem Gesicht liegen. Die Lampe rollte ihm aus den Fingern.

Der Vampir trat aus dem Schatten der Tür. Er lachte triumphierend auf.

Dort lag sein erstes Opfer.

Der Untote – es war niemand anderes als Dino Zachew – drehte John auf den Rücken.

Ein Rausch packte den Untoten. Er beugte seinen Kopf vor. Die langen, häßlichen Zähne schimmerten.

Plötzlich zuckte der Vampir zurück. Nein, dieses Opfer war ihm sicher. Aber dort oben, da befanden sich Menschen, die noch nichts von seiner Existenz ahnten.

Zachew packte John Sinclair unter beide Achselhöhlen und schleifte ihn zu der Wand hin, an der die Ketten befestigt waren.

Zachew lachte wild. Auch er hatte hier schon gehangen. Bis Vera Montesi gekommen war und ihn befreit hatte.

Ja, so würde er es mit diesem Fremden auch machen.

Schon bald hing der bewußtlose John Sinclair in den Ketten, und es gab keine Chance für ihn, sich zu befreien . . .

Vera Montesi lachte grausam. Ihr einst so schönes Gesicht war nur noch eine Fratze. Zwischen den blutroten Lippen stachen drohend die Vampirzähne hervor. Die grünen Augen blickten gierig.

Bill Conolly war bis zur Wand zurückgewichen. Wenn die Untote annahm, er hätte Angst, dann hatte sie sich geirrt. Es war nicht das erste Mal, daß Bill Conolly mit einem Vampir zusammentraf. Er wußte, wie man diese Bestien bekämpfen mußte. Nur fehlten ihm in diesem Augenblick die Mittel.

Vera Montesi krümmte ihre Finger zu Krallen. Sie fixierte ihr Opfer aus starren, kalten Augen.

»Nun – hast du es dir jetzt überlegt?« zischte sie.

Bill grinste hart. »Ich denke gar nicht daran. Du hast dir den falschen ausgesucht, liebe Vera. Ich werde dich dorthin schicken, wohin du gehörst. In die Hölle.«

Die Untote fauchte haßerfüllt. Sie hatte damit gerechnet, einen vor Angst gelähmten Mann vorzufinden, doch das war ein Irrtum. Dieser Mann zeigte keine Angst. Also mußte er mit Gewalt gefügig gemacht werden.

»Ich werde dich zu meinem Diener machen«, keuchte die Montesi.

Während dieser Worte kam sie unbeirrbar auf Bill Conolly zu.

Der Reporter war kalt bis ins Mark. Er würde sich seiner Haut schon zu wehren wissen.

Ganz dicht ließ Bill die Gräfin herankommen. Dann riß er blitzschnell seine Faust hoch, schmetterte sie in die Vampirfratze.

Wie von einem Katapult wurde Vera Montesi zurückgeschleudert. Sie krachte gegen einen Stützpfosten des Baldachins und fiel dann auf das Bett. Ihr wütender Aufschrei gellte in Bills Ohren. Für Sekunden hatte sie mit sich selbst zu tun.

Eine Zeit, die Bill ausnutzen wollte.

Er hatte draußen auf dem Flur eine Anzahl Ritterrüstungen gesehen. Rüstungen, die von Schwertern und Degen flankiert wurden. Und solch einen Degen brauchte er jetzt als Waffe gegen die Untote.

Bill hetzte auf den Gang.
Die Waffen steckten in eisernen Ösen.
Bill zog einen Degen heraus.
Der Reporter rannte damit zurück in das Zimmer.
Vera Montesi hatte sich inzwischen aus dem Bett gerollt. Wie ein Raubtier vor dem Sprung stand sie geduckt in der Mitte des Raumes.
Bills Augen verengten sich zu schmalen Schlitzen. »So«, flüsterte er, »jetzt sieht die Sache schon ganz anders aus. Denk daran, was ich dir vorhin versprochen habe, schöne Vera.«
Die heiße Angst legte sich auf das Gesicht der Untoten. Sie wußte plötzlich, daß sie jetzt um ihr »Leben« kämpfen mußte.
Bill hielt den Degen in der rechten Hand. Der Arm war weit vorgestreckt.
Mit federnden Schritten ging er auf die Untote zu, die immer weiter zurückwich. Das Kerzenlicht brach sich funkelnd auf der blanken Degenklinge.
Die Untote stieß mit dem Rücken gegen die Wand. Sie konnte nicht mehr weiter. Es gab keinen Ausweg.
Bill hob die Waffe zum Stoß.
Vera Montesi hatte beide Arme abwehrend vorgestreckt. Aus ihrem Mund drangen unartikulierte Angstschreie. Ja, auch Vampire empfanden die Todesangst.
Bill holte noch einmal tief Luft, um dann diesem unseligen Leben ein Ende zu bereiten.
»Wenn Sie das tun, schieße ich Ihnen eine Kugel in den Rücken«, hörte Bill Conolly plötzlich eine Stimme.
Der Reporter vereiste. Der Arm mit dem Degen blieb in der Luft hängen.
Vor ihm lachte Vera Montesi hysterisch auf. Fauchend fuhr sie Bill entgegen.
»Bleib stehen!« erscholl wieder die kalte Stimme. »Und Sie, Mister, lassen den Degen fallen.«
Bill öffnete die Finger. Die Waffe polterte zu Boden.
»So, jetzt können Sie sich umdrehen.
Bill gehorchte.
Vor ihm stand niemand anderes als Graf Montesi!

Es dauerte Sekunden, bis Bill Conolly den Schock überwunden hatte. Dann zuckte er mit den Schultern und sagte krächzend: »Okay, Graf, Sie haben gewonnen.«

Montesi lächelte zynisch: »Ich gewinne immer, Mister . . .«

»Conolly«, knurrte Bill. »Merken Sie sich den Namen gut. Wahrscheinlich werde ich es sein, der Sie zur Hölle schickt.«

Montesi krauste die Stirn. »Große Worte, Mister Conolly. Mich haben schon viele auszuschalten versucht. Doch niemand hat es geschafft. Sogar die Leute von Scotland Yard nicht.«

»Scotland Yard?« echote Bill.

»Ja. Es gibt dort einen Mann, der mich seit einigen Monaten jagt und hetzt. Sinclair heißt er. John Sinclair. Doch ihm bin ich besser bekannt unter dem Namen Doktor Tod!«

Bill hatte das Gefühl, von einem Pferdehuf getroffen zu werden. Das war also der legendäre Dr. Tod. Sicher, er hätte es sich sofort denken können. John hatte ihm den Mann schon einige Male beschrieben.

Auch jetzt trug er wieder seine dunkle Kleidung. Die Augen in dem übergroßen kahlen Schädel schienen Bill bis auf den Grund seiner Seele zu durchbohren. Der weiße Totenkopf – eingefaßt in den rubinroten Ring – leuchtete in einem kalten Feuer.

Unverwandt hielt Dr. Tod einen Revolver auf Bill Conolly gerichtet. Die Waffe hatte sich um keinen Millimeter bewegt.

Jetzt mischte sich Vera Montesi wieder in das Gespräch ein. Sie lief um Bill Conolly herum, achtete jedoch darauf, nicht in die Schußlinie zu geraten.

»Überlaß ihn mir!« keuchte sie. »Ich will ihn zu meinem Bräutigam machen. Er soll als Vampir an meiner Seite sitzen. Ich will ihn haben!«

»Du bekommst ihn auch«, erwiderte Dr. Tod. »Aber nicht als Vampir. Er wird an der Hochzeit teilnehmen und alles bewußt erleben und doch nicht eingreifen können. Satan selbst hat mir die Macht der Hypnose gegeben, und dieser Mann wird sie zu spüren bekommen. Was halten Sie davon, Mister Conolly?«

Bill gab keine Antwort. Ihm war klar, daß er Dr. Tod im Moment nichts entgegenzusetzen hatte. Schweißtropfen sammelten sich auf Bills Stirn und liefen in kleinen Bächen in seine Augenbrauen.

»Sieh mich an!« forderte Dr. Tod.

Und Bill gehorchte, mußte gehorchen, ob er wollte oder nicht.

Dr. Tods Augen wirkten plötzlich wie Schächte, in denen alles zu versinken drohte.

Bill sah nur diese Augen, hörte Dr. Tods monotone Stimme und merkte, wie ein fremder Wille den seinen verdrängte.

Bill Conolly wurde zu Dr. Tods Sklaven. Sekunden dehnten sich zu Ewigkeiten. Bill verlor das Gefühl für Raum und Zeit. Der Reporter wurde zu Wachs in den Händen eines Satans.

Was auch geschah, er würde jeden Befehl ausführen . . .

Jane Collins hatte sich gleich in ihrem Zimmer hingelegt. Die Einrichtung des Raumes glich der der anderen. Jane hatte Rock und Pullover abgestreift und lag auf dem breiten Bett.

Doch der Schlaf wollte sich nicht einstellen. Zuviel war auf die Frau eingestürmt.

Die Eindrücke der langen Busfahrt schwirrten vor ihren Augen. Sie sah die gefährlichen Wölfe, die sie plötzlich angriffen und zerfleischen wollten. Dann tauchte plötzlich John Sinclair auf, um sie zu beschützen. Sinclair hielt eine Maschinenpistole in den Händen und trieb die Bestien in die Flucht.

Ein zufriedenes Lächeln legte sich auf das Gesicht der Frau.

John Sinclair – er bedeutete ihr mehr, als sie zugeben wollte. Sie sah sich in den Armen dieses Mannes liegen – und . . .

Ein Schrei drang an ihre Ohren!

Erschreckt sprang Jane Collins auf. Sie faßte sich an den Kopf. Himmel, jetzt war sie doch eingeschlafen.

Jane atmete tief ein. Sie fröstelte plötzlich. Rock und Pullover lagen auf dem Bett. Sie streifte sich beides über.

Da hörte sie wieder den Schrei. Er klang gedämpft, war aber dennoch deutlich zu vernehmen.

Jane fröstelte.

Sie zog ihre Schuhe an und schlich auf Zehenspitzen zur Tür.

Schritte waren draußen zu hören.

Jane zog vorsichtig die Tür auf und lugte auf den Gang.

Sie sah gerade noch, wie Graf Montesi in Bill Conollys Zimmer verschwand.

Die Detektivin grub die Zähne in die Unterlippe. Was hatte das zu bedeuten? Was suchte der Graf in Bill Conollys Zimmer?

Jane wartete einige Minuten. Dann hörte sie, wie die Tür gegenüber geöffnet wurde.

Wieder sah sie in den Gang.

Drei Personen verließen das Zimmer. Zwei Männer und eine Frau.

Einer der Männer war Bill Conolly, der andere Graf Montesi, und die Frau hatte Jane noch nie gesehen.

Ohne sich umzudrehen, gingen die Personen den Gang entlang.

Jane Collins kam sich auf einmal unsagbar verlassen vor. Sie hatte sich auf Bill Conolly verlassen. Wenn er jetzt wegging, war sie ganz auf sich allein gestellt.

Entschieden schüttelte Jane den Kopf. Nein, sie wollte auf eigene Faust losziehen, wollte herausfinden, was in diesem Schloß geschah.

Jane zog die Tür des Zimmers hinter sich zu. Der Gang lag im Halbdunkel. Zur Treppe hin wurde er etwas erhellt, doch auf der anderen Seite verlor er sich in der Dunkelheit.

Jane schlug den Weg in Richtung Treppe ein.

Vorsichtig setzte sie ihre Schritte. Man brauchte sie nicht gerade zu hören.

Überall standen Ritterrüstungen oder hingen Waffen an den Wänden. Dazwischen sah Jane prächtige Ölgemälde.

Die Ahnengalerie der Montesis. Kerzenlicht traf die Gesichter auf den Bildern und gab ihnen ein unwirkliches, düsteres Leben.

Jane schlich weiter.

Rechts stand eine große Rüstung. Das Eisen glänzte matt. Zwischen den Fingern des eisernen Handschuhs war ein Speer geklemmt, dessen Spitze gegen die Decke zeigte.

Jane war schon an der Rüstung vorbei, da sah sie den Schatten.

Erschreckt fuhr sie herum.

Ein grauenhaftes Gesicht starrte sie an. Die Nase war eingedrückt, und eine dicke Blutkruste lief bis zum Mund.

Jane hatte das Gefühl, ihr Herz würde stehenbleiben. Aus mit vor Angst weit aufgerissenen Augen starrte sie auf die gräßliche Erscheinung.

Es war Haduk, der vor Jane Collins stand. Der Türke hatte sich befreien können und war in das Schloß gekommen, um sich zu rächen.

Seine stämmigen Arme fuhren vor.

Finger umkrallten Janes Kehle, erdrückten jeden Hilfeschrei.

»Töten werde ich!« keuchte Haduk. »Töten!« Er drückte noch fester zu. »Die Eiserne Jungfrau wartet«, geiferte der Türke, und in seinen Augen glühte der nackte Haß.

Diese Worte waren die letzten, die Jane Collins hörte, bevor eine gnädige Ohnmacht sie erlöste.

John Sinclair erwachte mit bohrenden Kopfschmerzen. Sein Schädel schien ein Bergwerk zu sein, in dem tausend Zwerge hämmerten und klopften.

Der Geisterjäger stöhnte auf und öffnete mühsam die Augen.

Er hockte in kniender Stellung am Boden. Die Beine waren auseinander gedrückt und die Arme nach oben gezogen. John wollte die Arme herunternehmen, doch das Klirren von Kettengliedern machte ihm deutlich, in welcher Lage er sich befand.

Du bist angekettet! schoß es ihm durch den Kopf.

Für Sekunden drohte John die Panik zu überwältigen. Wild riß er an den Ketten. Doch nur das Klirren der Glieder, das ihm wie Musik aus der Hölle vorkam, war der einzige Erfolg.

John Sinclair zwang sich zur Ruhe. Er mußte jetzt einfach einen klaren Kopf behalten. Gut, er befand sich in einer verteufelten Lage, aber noch lebte er. Und solange dies der Fall war, gab ein John Sinclair nie auf.

Die Waffen hatte man ihm gelassen. Haduks Schwert steckte noch in seinem Gürtel. Es wurde von der linken Jackenhälfte verdeckt. Ferner besaß John noch seinen geweihten Dolch und die mit Silberkugeln geladene Pistole. Außerdem steckten die beiden Fläschchen mit Weihwasser in seinen Taschen. Sie waren wie die Taschenlampe unzerbrechlich.

Jemand hatte eine Fackel angezündet und sie in eine eiserne Halterung in der Wand gesteckt. Die Fackel gab soviel Licht, daß John die Einzelheiten der Folterkammer erkennen konnte. Und er rechnete durchaus mit der Möglichkeit, daß man diese Marterinstrumente an ihm ausprobieren würde.

John Sinclair schluckte bei dieser Vorstellung.

Schon jetzt taten ihm die Schultergelenke weh. Auch die Wunde, die Haduks Schwert gerissen hatte, schmerzte wieder. Dazu kamen noch die bohrenden Kopfschmerzen.

John biß die Zähne zusammen, bewegte sich zurück, bis er die Wand im Rücken spürte, und stemmte sich dann hoch. Die Jacke kratzte über die rauhen Steine, aber John schaffte es schließlich doch, auf eigenen Füßen zu stehen.

Schweiß lief ihm über das Gesicht. Er keuchte verbissen. Jetzt hingen seine angeketteten Arme in einer waagerechten Lage. Sie war auch unbequem und auf die Dauer kaum zu ertragen.

Johns Zunge fuhr über die spröden Lippen. Durst quälte den Inspektor. Er hätte wer weiß was für einen Schluck Wasser gegeben.

Bill Conolly und Jane Collins kamen ihm in den Sinn. Himmel, wie mochte es den beiden gehen? Ahnten sie überhaupt etwas von der Gefahr, in der sie schwebten? Welch grausames Spiel hatte Dr. Tod sich für die Menschen ausgedacht?

Johns Blick flog zu der Eisernen Jungfrau hin. Für ihn war es das schlimmste Marterinstrument, das sich ein menschlicher Geist jemals ausgedacht hatte.

Langsam schwand das Gefühl aus Johns Armen. Der Kreislauf wurde gehemmt. Wenn er noch lange hier hing, war sein Widerstandswille schnell gebrochen.

John drehte den Kopf nach rechts. Er sah, daß die Ketten in dicken, in die Wand eingemauerten Ösen hingen. Da war nichts zu machen.

Aber seine Handgelenke waren von einer Stahlmanschette umklammert. John Sinclair entdeckte kein Schloß, sondern nur eine Klammer, die die Manschette festhielt. Allerdings konnte er aus eigener Kraft an die Klammer nicht heran. Es mußte ihn schon jemand befreien.

Plötzlich hörte John Schritte. Unwillkürlich spannte der Inspektor seine Muskeln.

Kam man jetzt, um ihn zu holen?

Die Schritte näherten sich der Folterkammer. John hörte eine heisere, wahnsinnig klingende Stimme, und im selben Augenblick erkannte er, wem diese Stimme gehörte.

Haduk, dem Mörder!

Von Haß beseelt, irrte Haduk durch die finsteren Gänge des Schlosses. Auf seinen Armen lag die bewußtlose Jane Collins. Das blonde Haar hing wie ein dichter Vorhang von ihrem Kopf herab. Ihre Brust hob und senkte sich unter schwachen Atemzügen.

Haduk, der von Frauen und Mädchen wegen seines Aussehens immer verstoßen worden war, hatte jetzt endlich die Gelegenheit, sich zu rächen. Außerdem fraß die Niederlage, die ihm John Sinclair bereitet hatte, wie Säure in ihm. Sie stachelte seinen Haß noch mehr an.

Obwohl es hier unten dunkel war, fand sich Haduk mit traumwandlerischer Sicherheit zurecht. Nicht ein einziges Mal stieß er gegen irgendeinen Mauervorsprung. Dieses Labyrinth von Gängen und Verliesen war seine eigentliche Heimat. Hier hatte er sich jahrelang versteckt gehalten.

Er war auf dem Weg zur Folterkammer, seinem eigentlichen Reich. Endlich hatte er wieder ein Opfer gefunden.

Die Schritte des Türken klangen dumpf. Er bemühte sich erst gar nicht, leise zu sein. Niemand würde ihm hier in die Quere kommen. Unentwegt murmelte er unverständliche Worte vor sich hin.

Der schwache Fackelschein in der Folterkammer drang durch die spaltbreit geöffnete Tür bis in den Gang. Haduk blieb einen Augenblick stehen und stieß dann die Tür auf.

Sie schwang gegen die dahinterliegende Wand.

Zwei schnelle Schritte brachten den Türken in das Innere der Folterkammer.

Und plötzlich weiteten sich seine Augen. Sein Blick war auf John Sinclair gefallen, der angekettet an der Wand hing. Für ein paar Sekunden nahm Haduk dieses Bild in sich auf, dann entrang sich seiner Kehle ein mörderischer Wutschrei.

Er hatte nur noch Augen für seinen verhaßten Gegner.

Wie ein Stück Holz ließ er die bewußtlose Jane Collins fallen. Unartikulierte Schreie ausstoßend, rannte Haduk auf John zu.

Der Geisterjäger sah den Mordrausch in Haduks Augen leuchten und verkrampfte sich unwillkürlich.

Noch im Laufen holte Haduk aus, wollte dem Inspektor seine Faust in das Gesicht schmettern.

Dieser Schlag hätte unter Umständen tödlich für John sein können.

Wie ein Geschoß zischte die Faust heran.

Und jetzt zeigte sich, wie Inspektor Sinclair reagieren konnte. Im letzten Augenblick nahm er den Kopf zur Seite.

Die Faust rasierte an seinem linken Ohr vorbei und klatschte gegen die Wand.

Unwillkürlich schloß John die Augen. Er konnte sich vorstellen, welch ein Schmerz jetzt in Haduk tobte.

Zuerst geschah gar nichts. John hatte das Gefühl, als würde die Faust an der Wand kleben bleiben, doch dann drang aus Haduks Kehle ein wilder Schmerzensschrei.

Haduk zog seine blutige Hand zurück und preßte sie gegen den aufgerissenen Mund, wo sie den Schrei erstickte.

Tränen schossen aus den Augen des Türken. Er wankte zurück. Sein blutverkrustetes Gesicht war zu einer Grimasse verzogen. Wahrscheinlich konnte er die rechte Hand nicht mehr gebrauchen.

John warf einen schnellen Blick zu Jane Collins hin. Die Detektivin kam soeben zu sich.

Verstört blickte sie sich in der Folterkammer um. Sie konnte nicht begreifen, wo sie sich befand.

»Jane!«

Johns Stimme übertönte das Heulen des Türken.

Die Detektivin wandte den Kopf. Sie sah John gefesselt in den Ketten hängen und stieß einen spitzen Schrei aus.

»Kommen Sie, Jane. Sie müssen mich befreien! Hier an den Manschetten!«

Der Inspektor hatte seine einzige Chance erkannt. Noch hatte Haduk mit sich selbst zu tun, und wenn Jane jetzt richtig reagierte, dann . . .

Die Detektivin kam auf die Beine. Ihr Blick war leicht glasig, sie konnte noch nicht so exakt reagieren wie sonst.

Sie stolperte in Johns Richtung.

Da wandte Haduk den Kopf.

Innerhalb eines Herzschlags erfaßte er, was Jane Collins vorhatte.

Haduk brüllte auf wie ein Tier. Mit einem gewaltigen Satz schnitt er Jane den Weg ab. Wie ein furchterregendes Ungeheuer stand er vor der Detektivin. Seine blutige rechte Hand hielt er gegen den Körper gepreßt. Und mit der anderen schlug er zu.

John Sinclair schloß die Augen und biß sich vor Wut und Verzweiflung auf die Lippen.

Jane Collins wimmerte.

Sie lag auf dem Boden, und Haduk, das menschliche Ungeheuer, stand über ihr.

»Komm her, du Ratte!« keuchte John Sinclair. »Komm doch, damit ich dir zeigen kann, was man mit Kerlen macht, die Frauen brutal zusammenschlagen.«

Haduk wandte den Kopf und stierte John mit trübem Blick an.

Verzweifelt schloß der Inspektor die Augen. Was nutzte alles Reden, der Türke verstand ihn ja doch nicht.

Doch plötzlich kam Bewegung in Haduk. Er bückte sich und hob die angstschlotternde Jane Collins mit der linken Hand hoch. Wie ein Paket hatte er sie sich unter den Arm geklemmt.

Zielstrebig ging er mit seinem Opfer auf die Eiserne Jungfrau zu.

»Nein!« John Sinclair brüllte das Wort hinaus. Er wollte Haduk stoppen, ihn von dieser Wahnsinnstat abbringen, doch der Türke lachte nur häßlich.

Da wußte John Sinclair, daß Jane Collins verloren war. Was er in diesen Augenblicken fühlte, war unbeschreiblich. Haß, Wut, Zorn, eine innere Leere, das Gefühl, versagt zu haben – alles drehte sich wie in einem Kreisel.

Aber auch Jane Collins wurde plötzlich klar, was Haduk mit ihr vorhatte.

Sie wehrte sich verzweifelt, versuchte den gnadenlosen Griff des Türken zu sprengen.

Es gelang ihr nicht. Zu stark war dieses Muskelpaket.

Plötzlich wirbelte er Jane Collins herum und stellte sie auf die Füße. Ehe Jane jedoch aus dieser Situation Kapital schlagen konnte, schnellte die linke Pranke des Türken vor und umklammerte ihren Hals.

Jane wurde die Luft abgewürgt.

Haduk schob die Detektivin weiter.

Mordlust spiegelte sich jetzt in seinen Augen.

Die eine Hälfte der Eisernen Jungfrau stand offen. Schon konnte Jane die Eisenspitzen sehen, und heiße Angstschauer jagten durch ihren Körper.

Und John Sinclair mußte dieses grausame Schauspiel mit

ansehen. Wie ein Berserker zerrte er an seinen Ketten. Mit dem Erfolg, daß er sich seine Handgelenke blutig scheuerte.

Noch einmal stemmte sich Jane Collins gegen den drohenden Tod. Doch Haduks Kraft war ungebrochen.

Er stieß Jane Collins in die freie Hälfte der Eisernen Jungfrau.

»Tun Sie's nicht!« schrie John. »Tun Sie's nicht!«

Der Türke hörte nicht auf ihn.

Außer Haduk war noch jemand auf der Suche nach einem Opfer.

Dino Zachew, der Vampir!

Wenn er nicht bald ein Opfer fand, würde er in die Folterkammer zurückgehen.

Doch plötzlich vernahm Zachew Schritte.

Augenblicklich verschwand er in einer Nische und verhielt sich still.

Die Schritte kamen näher. Zachew hörte einen Mann irgend etwas vor sich hinflüstern.

Dann huschte der Unbekannte an seinem Versteck vorbei.

Zachew wartete ein paar Sekunden und nahm die Verfolgung auf. Unhörbar schlich er hinter dem Mann her.

Der Unbekannte steuerte die Folterkammer an, öffnete die Tür.

Licht fiel in den Gang.

Der Vampir blieb etwas zurück, damit er nicht gesehen wurde.

Dann hörte er einen mörderischen Schrei.

Zachew ballte die Hände zu Fäusten. Wollte sich der Mann an seinem Opfer vergreifen? Nein, das durfte er nicht zulassen. Der Angekettete gehörte ihm ganz allein.

Der Untote schlich auf die Folterkammer zu. Es kostete ihn Beherrschung, nicht einfach loszurennen.

Er preßte sich gegen die Gangwand und lugte in die Folterkammer.

Nur mit Mühe konnte er einen Freudenschrei unterdrücken.

Eine Frau lag auf dem Boden, und über ihr stand der Kerl, der sie hergeschleppt hatte.

Der Vampir hatte nur noch Augen für die Frau. Sie hatte lange blonde Haare und war genau das, was er jetzt brauchte. Aber da war noch der andere.

Nein, die Frau gehörte auch ihm.

Für John Sinclair hatte Zachew keinen Blick. Er achtete auch nicht darauf, was der Geisterjäger sagte. Für ihn gab es nur das blonde Opfer.

Haduk – Zachew hatte ihn inzwischen als seinen Gegner eingestuft – riß die Blonde hoch. Gewaltsam zerrte er sie zu der Eisernen Jungfrau. Die Frau wehrte sich, konnte gegen die rohe Kraft des Türken jedoch nichts ausrichten.

Brutal stieß der Mann sie in das Innere des Gehäuses.

Seine Rechte faßte nach der mit Eisenspitzen bestückten Klappe.

In der nächsten Sekunde würde er das Folterinstrument schließen . . .

Da sprang der Vampir vor.

Mit einem Fauchlaut jagte er in die Folterkammer, war mit zwei Sprüngen bei dem Türken und riß ihn an der Schulter zurück.

Haduk wurde von dem Angriff völlig überrascht. Hinter dem Griff hatte soviel Kraft gesessen, daß der Türke auf den Boden geschleudert wurde.

Der Vampir hatte Jane Collins das Leben gerettet. Wenigstens für die nächsten Minuten . . .

Haduk – ein geübter Kämpfer – rollte sich sofort zur Seite. Ehe sich Zachew versah, stand er wieder auf den Beinen.

Der Vampir fletschte die Zähne. Drohend traten die spitzen Hauer aus seinem Oberkiefer hervor.

Haduk wich zurück. Angst entstellte sein Gesicht. Er wußte um die Vampire und kannte auch ihre Gefährlichkeit. Dieser dort wollte ihn töten.

Ein pantherhafter Sprung brachte Haduk bis an die Wand. Dort hing ein Morgenstern, eine höllisch gefährliche Waffe. Sie bestand aus einem armlangen Holzstück, an dessen Ende eine Eisenkugel befestigt war. Die Kugel hatte man dann mit fingerlangen Speerspitzen bestückt.

Wie zwei Raubtiere belauerten sich die beiden Gegner. Auf John Sinclair und Jane Collins achtete niemand.

In den nächsten Sekunden entbrannte ein mörderischer Zweikampf. Ein Kampf, wie ihn John Sinclair selten in seinem Leben erlebt hatte . . .

Jane Collins konnte ihr augenblickliches Glück noch gar nicht fassen. Das Entsetzen und die Angst hielten sie immer noch in ihrem Bann.

Wie eine Puppe stand sie in der Eisernen Jungfrau, den Blick auf die tödlichen Spitzen gerichtet, die sie höhnisch anzugrinsen schienen.

Nur im Unterbewußtsein nahm sie das Keuchen und Schreien der Kämpfenden wahr.

Aber John Sinclair sah seine Chance.

Wie Wasser lief der Schweiß über sein Gesicht. Sein Blick saugte sich an Jane Collins fest.

»Jane!«

Die Detektivin hörte ihn nicht.

John stöhnte auf. Noch einmal rief er ihren Namen.

Da wandte Jane Collins den Kopf. Sie konnte ihn nur um ein paar Zentimeter bewegen, doch es reichte, um John ansehen zu können.

John Sinclair war aufs höchste konzentriert. »Komm zu mir, Jane. Komm!«

Seine Stimme klang beschwörend. Sein und das Leben der Detektivin hingen an einem hauchdünnen Faden.

Und Jane Collins hörte den Ruf.

Sie schien aus einem tiefen Traum zu erwachen. Ihre Augen bekamen wieder den alten Glanz, und sie begriff plötzlich die schreckliche Situation, in der sie sich befand.

Sie sah die beiden gräßlichen Gestalten, die verbissen miteinander kämpften, und ihr Mund öffnete sich zu einem erlösenden Schrei.

Wenn sie nur nicht schreit! betete John Sinclair.

»Jane!«

Johns Stimme riß die Detektivin aus ihrer Panik. Plötzlich wußte sie, was sie zu tun hatte.

Sie verließ das Marterinstrument.

Haduk und Zachew waren zu sehr mit sich selbst beschäftigt, als daß sie etwas gemerkt hätten.

Wankend lief Jane Collins auf den Geisterjäger zu.

»John«, schluchzte sie.

»Schnell, Jane, die Manschetten.« John bewegte die Arme. »Sie haben Bügel, die du nur zu lösen brauchst. Beeil dich!«

Jane Collins handelte wie in Trance. Sie umfaßte die eiserne Manschette, sah den Riegel und riß ihn zurück.

Die Kette fiel.

John atmete auf.

»Und jetzt die andere!«

Die Detektivin trat an Johns linke Seite. Sie bemerkte nicht, was um sie herum geschah. Für sie gab es nur John Sinclair. Den Mann, den sie befreien mußte.

Doch dann kam alles ganz anders.

Haduk war es, der gesehen hatte, was mit dem Inspektor passierte. Er brauchte nur eine Sekunde, um zu begreifen, daß er verloren war, wenn John Sinclair freikam.

Er tat das für ihn einzig Richtige.

Mit einem Hechtsprung flankte er über die Streckbank und rannte, den Morgenstern wild über seinen Kopf schwingend, auf John Sinclair zu . . .

Es war ein unheimlicher Anblick!

Die Menschen gingen wie Marionetten. In einer langen Reihe schritten sie durch die Gänge des Schlosses.

Dr. Tods Hypnose hatte hundertprozentig gewirkt.

Die Augen der Reisenden waren seltsam leer und verdreht. Niemand sprach ein Wort. Die gesamte Szene erinnerte an einen Leichenzug.

Die ersten erreichten bereits die Treppe, während das Ende der makabren Prozession noch im Dunkel des Ganges lag.

Janos Ruff war der Anführer. Auch er stand unter Hypnose. Dr. Tod hatte es für sicherer gehalten. Ruff wirkte wie eine große Spielzeugpuppe. Seine Arme pendelten bei jedem Schritt rhythmisch hin und her.

Die Schritte der Reisenden dröhnten in einer monotonen Gleichheit. Das Licht der Kerzen zauberte zuckende Muster auf die bleichen Gesichter.

Niemand sprach ein Wort. Wie Geister wirkten diese Menschen.

Janos Ruff ließ die letzte Stufe hinter sich und ging nach links. Mit beiden Händen stieß er eine breite Doppeltür auf, in deren Holz gräßliche Dämonenfratzen geschnitzt waren.

Die Flügel schwangen zurück und kamen zur Ruhe.

Ein großer Saal tat sich auf.

Der Boden bestand aus Stein, bemalt mit Szenen aus der Vergangenheit des Schlosses. Die Malereien an der Decke zeigten meist ähnliche Motive.

Die hohen Fenster waren durch dicke Vorhänge verhängt. Kerzen spendeten Licht.

Die Wände waren kahl und schwarz getüncht. Die Farbe glänzte und reflektierte das Licht der Kerzen.

Doch den Mittelpunkt des Saales bildete ein Tisch.

Er hatte die Form eines Dreiecks. Eines magischen Dreiecks.

Pechschwarz war die Tischplatte. Auf ihr standen ebenfalls dunkle Kerzen. Sie steckten in Holzleuchtern und brannten mit ruhiger Flamme.

Jeweils an den spitzen Enden des Dreiecks standen drei Sessel. Sie waren mit dunklem Samt überzogen, und die Enden der Armlehnen zeigten einen geschnitzten Dämonenkopf.

An den Seiten des dreieckigen Tisches standen die Stühle für die Hochzeitsgäste. Sie waren ebenfalls gepolstert und hatten hohe Lehnen.

Wie einstudiert gingen die Reisenden auf den seltsam geformten Tisch zu. Jeder nahm seinen Platz ein, als hätte man ihn ihm vorher zugewiesen.

Unbeweglich saßen die Menschen auf ihren Stühlen, harrten der Dinge, die da kommen sollten.

Sie hatten die Hände auf den Tisch gelegt, und viele spürten plötzlich das seltsame Brennen, das von der Tischplatte ausging.

Die magischen Kräfte begannen zu wirken. Unsichtbar wurden die Menschen aneinandergekettet.

Und es war niemand da, der sich diesem höllischen Einfluß entziehen konnte . . .

Bill Conolly lächelte verklärt.

Er sah dieses schaurig-schöne Gesicht mit den beiden Vampirzähnen dicht vor sich und hatte plötzlich das Verlangen, die Lippen der Schönen zu küssen.

Doch irgend etwas hielt ihn davon ab. Es war nicht sein eigener Wille, sondern die Macht, die Dr. Tod auf ihn, Bill Conolly, ausübte und die nie wieder gebrochen werden sollte.

Vera Montesi stand der erste Kuß zu. Der Kuß des Vampirs. Dann erst würde Bill Conolly endgültig eingehen in das Reich der Finsternis, wo der Teufel regierte und das Böse Trumpf war.

Mit aufreizender Langsamkeit schlüpfte Vera Montesi aus ihrem Kleid.

Der Reporter starrte gebannt auf den makellosen Körper. Er sah sich bereits in den Armen der Frau liegen – und . . .

Die Untote lächelte verführerisch.

Der Reporter saß in einem Sessel. Er hatte sich umgezogen, trug jetzt ein blutrotes Gewand, das mit Symbolen der Schwarzen Magie bemalt war.

Er war der Bräutigam! Und er war nicht mehr Herr seiner selbst. Die Hypnose, unter der er stand, hatte sein eigenes Denken völlig ausgelöscht.

Eine uralte Zeremonie würde heute ablaufen, so wie es in den Büchern des Schreckens stand.

Ein Mensch sollte sein Leben der Hölle opfern.

Vera Montesi schritt auf einen Schrank zu, öffnete die Türen und zog ein pechschwarzes Kleid hervor.

Mit einer lässigen Bewegung schlüpfte sie hinein.

Das Kleid saß wie eine zweite Haut, betonte jede Bewegung ihres Körpers.

Die Untote warf ihren Kopf in den Nacken. Die langen Haare fielen wie ein Vlies auf die Schultern.

Vera Montesi war bereit.

Ganz dicht trat sie an den Sessel heran. Ihre Hände mit den blutroten Fingernägeln strichen über Bills Gesicht.

»Komm, Geliebter«, sagte die Untote. Sie reichte Bill ihre Hände und zog den Reporter hoch.

Bill Conolly lächelte, als er dicht vor ihr stand. Ihre Körper berührten sich.

»Es wird Zeit«, sagte die Gräfin.

Gemeinsam schritten sie zur Tür. Vera Montesi hatte sich bei Bill Conolly eingehakt, und der Reporter spürte nicht einmal die Kälte ihres Körpers.

Bill öffnete die Tür.

Sekunden später hatte sie ein dunkler Gang verschluckt. Traumhaft sicher gingen sie durch das Schloß und erreichten schließlich die Treppe, die nach unten in den Saal führte.

Nur ihre Schritte waren zu hören, als sie die Stufen hinunterstiegen.

Die Tür zum Festsaal stand offen.

Bill sah die Menschen an dem Tisch sitzen, und ein seltsames Glücksgefühl überkam ihn und belebte seinen von Dr. Tod kontrollierten Geist.

Sie waren seinetwegen gekommen, wollten dabeisein, wenn er in das Reich der Finsternis eintrat.

Drei Plätze waren frei.

Vera Montesi geleitete Bill zu seinem Sessel.

Der Reporter setzte sich, legte beide Hände flach auf den Tisch. Auch Vera Montesi hatte Platz genommen. Nur einer fehlte noch in diesem höllischen Reigen.

Dr. Tod!

Er kam Minuten später und hatte einen Auftritt wie der Höllenfürst persönlich.

Begleitet wurde er von zwei Wölfen, die furchterregend ihre Zähne fletschten.

Dr. Tod trug über seiner Kleidung einen schwarzen Seidenumhang, auf dessen Rücken ein großer Totenkopf eingestickt worden war. Der Umhang bauschte sich hinter dem Rücken des Menschenhassers wie eine Fahne im Wind.

Dr. Tods Gesicht glich einer Maske. Niemand konnte ahnen, was in dem Mann vorging. Selbst die Augen in dem starren Gesicht zeigten keinerlei Gefühl.

Die Gesichter der Menschen hatten sich dem Eintretenden zugewandt. Eine unsichtbare Spannung lag über den hier Versammelten.

Dr. Tod ging an seinen Platz. Für ihn war der prächtigste Sessel reserviert. Er war aus kostbarem Holz geschnitzt, und die hohe Rückenlehne reichte bis zu Dr. Tods Nacken.

Jeder der Menschen hatte das Gefühl, der Meister würde bis in seine Seele blicken. Alle standen sie unter dem schrecklichen Bann.

Zwei Plätze waren leer geblieben.

Dort hätten John Sinclair und Jane Collins sitzen sollen. Es kümmerte Dr. Tod nicht weiter. Er war sicher, daß der Inspektor noch in dieser Nacht sterben würde.

Mit der Geste eines großen Magiers hob Dr. Tod beide Arme.

»Die Hochzeit kann beginnen!« sagte er.

Im selben Augenblick ertönte ein dumpfes Brausen. Wind fuhr durch den Raum und ließ die Kerzen flackern.

Die Türen klappten zu.

Dr. Tod regierte die Kreaturen der Hölle. Sie waren zu einem makabren Hochzeitsreigen erschienen.

Schreckliche, durchscheinende Gestalten tanzten plötzlich in dem großen Saal. Es waren Ungeheuer aus dem Schattenreich, die Dr. Tod und dem Brautpaar ihre Reverenz erweisen wollten.

Die gräßlichen Wesen umtanzten den Tisch und stießen schrill klingende Laute aus.

Kalte Flammen züngelten aus offenen Mäulern, glitten wie feurige Schlangen über den Tisch und huschten auf die Sitzenden zu.

Bill spürte, wie die Zungen über sein Gesicht leckten, und er empfand diese Berührungen als Liebkosung.

Minutenlang dauerte dieser höllische Reigen. Dann verschwanden die Höllenboten so schnell, wie sie aufgetaucht waren.

Die Wölfe, die während des Tanzes aufgesprungen waren, hockten sich wieder nieder. Ihr hechelnder Atem drang durch die Stille.

Schließlich erhob sich Dr. Tod von seinem Sitz. Er blickte erst Vera Montesi an und dann Bill Conolly. Auf dem Reporter blieb sein Blick etwas länger ruhen, man konnte spüren, daß Dr. Tod große Genugtuung empfand, diesen Mann in seine Gewalt gebracht zu haben.

Bill reagierte nicht. Sein seelenloser Blick hing an Dr. Tods Lippen.

Für den Reporter war alles vergessen. Nicht eine Sekunde dachte er zurück an sein eigentliches Leben. Für ihn existierte nichts Positives mehr. Nicht seine Frau, nicht John Sinclair. Es gab nur noch Dr. Tod.

Der Menschenhasser begann seine makabre Hochzeitsrede. Er sprach mit kühler, leidenschaftsloser Stimme wie ein Henker zu seinem Opfer.

»Der Fluch der Schwarzen Magie ist erfüllt«, sagte er. »Wie es in den Schriften des Satans geschrieben steht. Ein Mensch wird sich heute mit einer Gefährtin aus dem Schattenreich vermählen. Das Blut dieses Mannes wird Vera Montesi die Kraft geben, weiterzuleben. Er selbst überschreitet in wenigen Minuten die Schwelle zum Reich der Schatten, und ihr, die ihr als ausgesuchte Gäste an dieser Hochzeit teilhabt, werdet seinem Beispiel folgen. Als Armee von Untoten lebt ihr weiter und nehmt dieses Land in euren Besitz. Wir werden das Reich des Schreckens gründen.«

Dr. Tod drehte den Kopf und sah Vera Montesi an.

Die Untote hatte den Mund geöffnet. Die langen Vampirzähne berührten ihre Unterlippe. Kalkweiß sah die Haut aus.

»Geh jetzt zu deinem Bräutigam und gib ihm den Vampirkuß«, befahl Dr. Tod.

Vera Montesi stand auf. Der Stuhl ruckte leicht zurück. Das Schaben drang überlaut durch die herrschende Stille.

Sehnsuchtsvoll blickte Bill Conolly der Untoten entgegen. Er konnte es kaum erwarten, den Vampirkuß zu empfangen.

Unter einem unheimlichen Zwang erhob sich der Reporter von seinem Stuhl. Er drehte sich und ging Vera Montesi einen Schritt entgegen.

Die Gäste starrten die beiden an. Die Zeit schien für Augenblicke stillzustehen. Der Hauch des Bösen lag drohend in der Luft.

Ein unbeschreiblicher Rausch hatte die Untote gepackt. Sie hatte nur noch Augen für Bill Conolly.

Ihre Arme fuhren vor, faßten nach Bills Schultern.

Willenlos ließ der Reporter alles mit sich geschehen. Er stand völlig unter dem magischen Bann.

Vera Montesi drückte Bills Kopf zur Seite. Die Haut des Halses straffte sich.

Vera Montesi öffnete den Mund. Ein heiseres Fauchen drang aus ihrem Rachen.

Bill schloß die Augen und wartete auf den Kuß . . .

Der Inspektor erfaßte die brandgefährliche Situation innerhalb von Sekundenbruchteilen. Noch hatte er nur den rechten Arm frei, und wenn Haduk zuschlug, dann war nicht nur er, sondern auch Jane Collins erledigt, die dem Türken den Rücken zuwandte und an Johns eiserner Fessel hantierte.

John Sinclair riß seinen rechten Fuß hoch und stieß den Absatz in Jane Collins verlängerten Rücken.

Die Detektivin flog schreiend durch die Folterkammer. Noch

während Johns Bein in Aktion war, riß der Inspektor das Krummschwert aus seinem Gürtel.

Im selben Moment fegte der Morgenstern auf ihn zu.

Der Geisterjäger ging blitzschnell in die Knie.

Die gefährliche Waffe pfiff über seinen Kopf. Die Eisenspitzen der Kugel knallten gegen das Mauerwerk. Funken sprühten. Dicht neben John Sinclair prallte der Morgenstern auf den Boden.

Der Inspektor hielt das Schwert so in der Hand, daß die Spitze nach oben zeigte.

Haduks Schwung war nicht mehr zu bremsen. Er rannte genau in die Klinge des Schwertes hinein.

Ein gurgelnder Schrei drang aus seinem Mund und ging in ein gequältes Röcheln über.

John ließ das Krummschwert los. Der Türke brach zusammen.

Haduk war tot!

Aber noch lebte der Vampir. Er war nicht so leicht zu erledigen wie Haduk.

Bevor John sich auf die neue Situation einstellen konnte, rannte Zachew los. Mit langen Sprüngen hetzte er auf die am Boden liegende Jane Collins zu.

Die Detektivin schrie.

Johns Hand raste unter das Jackett, zog die mit Silberkugeln geladene Pistole hervor.

Zielen, feuern – es war eins.

Das silberne Geschoß flirrte durch die Luft und drang dem Vampir in die Hüfte.

Zachew wurde mitten im Sprung gestoppt. Er wußte, daß Silber für einen Untoten tödlich war – aber nur, wenn die Kugel oder der Dolch das Herz trafen.

Johns Geschoß steckte in seiner Hüfte, lähmte zwar die Kampfkraft des Vampirs, machte ihn jedoch nicht kampfunfähig.

Zachew war zu Boden geschleudert worden. John wollte ein zweites Mal schießen, doch er sah kein Ziel.

Der Untote wurde durch die Streckbank gedeckt.

Nur sein Stöhnen war zu hören. Die Silberkugel, die in seinem Körper steckte, mußte ihm wahnsinnige Schmerzen bereiten.

Jane Collins kniete auf dem Boden. Ihr Blick fraß sich an dem Vampir fest, der langsam auf sie zugekrochen kam.

Zachews Augen waren blutunterlaufen. Er hatte das Gesicht zu einer Fratze verzogen. Die Arme waren vorgestreckt, die Finger gekrümmt.

Zentimeterweise näherte er sich seinem Opfer.

»Jane!« brüllte John Sinclair. »Kommen Sie, Jane. Los! Sie müssen da weg!«

Jane Collins schüttelte in grenzenloser Panik den Kopf. Zuviel war auf sie eingestürmt. Sie reagierte kaum noch auf seinen Anruf.

Und der Vampir kam immer näher.

John Sinclair war nahe daran, die Nerven zu verlieren. Wieder brüllte er den Namen der blonden Frau.

Da endlich bewegte sich Jane Collins.

Mühsam stützte sie sich an der Wand hoch. Ihre Knie zitterten, und ihr Herzschlag ging wie rasend.

Mit einem Panthersatz warf Dino Zachew sich der angstschlotternden Frau entgegen. Seine langen Arme wollten Janes Hüfte umfassen – und . . .

Der Geisterjäger feuerte.

Schießen konnte er wie kein Zweiter. Darin hatte man ihn getrimmt. Jetzt machte sich diese Schule bezahlt.

Die Silberkugel klatschte in den Hals des Vampirs.

Ein langer Schrei drang aus seiner Kehle, und ehe er doch noch zupacken konnte, sprang Jane Collins zur Seite.

Dino Zachew prallte gegen die Wand.

Aufheulend warf er sich wieder herum.

Der Vampir bot ein schreckliches Bild. Er drehte sich kreischend auf der Stelle. Er hatte vollends die Kontrolle und Übersicht verloren. Die Schmerzen mußten ihn völlig verrückt gemacht haben – und unberechenbar.

Mit beiden Händen packte er eine Lanze, riß sie aus der Halterung. Hoch schwang er die Waffe über den Kopf.

Im nächsten Augenblick würde die Lanze auf John Sinclair zufliegen und ihn durchbohren.

Breitbeinig und leicht in den Knien federnd stand der Inspektor an der Wand. Wie festgeschweißt lag die Pistole in seiner Rechten.

Der Untote beugte sich etwas zurück, wollte noch mehr Schwung holen.

Das kostete Bruchteile von Sekunden . . .

John Sinclair schoß ein drittes Mal.

Hart bellte die Waffe auf. Das silberne Geschoß bohrte sich genau in Herzhöhe in die Brust des Untoten.

Die Wucht des Einschlages stieß Zachew herum. Er hatte nicht mehr die Kraft, die Lanze zu schleudern. Sie rutschte ihm aus den Fingern.

Dann brach der Untote zusammen.

Mit dem Gesicht schlug er auf dem steinigen Boden auf.

John Sinclair hatte den Kampf gewonnen. Jetzt erst merkte er, wie erschöpft er war. Die Beine konnten das Gewicht seines Körpers kaum halten. John mußte sich an der Wand abstützen, um nicht umzufallen.

Janes Schluchzen drang an seine Ohren.

John wollte etwas sagen, mußte jedoch erst die Kehle freiräuspern, um einen Ton herauszubringen.

»Kommen Sie, Jane. Es ist vorbei.«

Die Detektivin hob den Kopf. Ihre Augen waren gerötet vom Weinen. Strähnig klebte das blonde Haar auf ihrer schweißnassen Stirn. Sie taumelte auf John zu und vermied es tunlichst, die beiden Leichen anzublicken.

Mit zitternden Fingern machte sie sich an der Schelle zu schaffen. Dabei brach sie sich zwei Nägel ab, doch schließlich hatte sie es geschafft.

Die Kette fiel.

John hatte das Gefühl, von einer Zentnerlast befreit worden zu sein.

Im nächsten Augenblick fiel ihm Jane Collins schluchzend in die Arme. Sie barg ihr Gesicht an Johns Schultern.

Der Inspektor strich der Detektivin sacht über das blonde Haar. Ihm saß zwar die Zeit im Nacken, doch er brachte es nicht fertig, Jane Collins jetzt wegzustoßen.

Schließlich hob Jane den Kopf und blickte John aus tränenfeuchten Augen an.

»Jetzt ist doch alles vorbei, nicht?« fragte sie hoffnungsvoll.

Johns Lächeln fiel gequält aus. »Fast alles«, sagte er.

Jane stieß einen erstickten Schrei aus. »Sie – Sie meinen, es gibt noch mehr von diesen – Vampiren?«

»Ja, das glaube ich.«

»Mein Gott, wann hat das alles ein Ende?«

Sanft schob der Inspektor Jane Collins von sich. »Ihnen wird nichts mehr passieren, Jane, das verspreche ich. Trotzdem müssen wir jetzt nach oben gehen. Es geht um das Leben von über zwanzig Menschen.«

John Sinclair steckte seine Pistole weg, nicht ohne sie vorher nachgeladen zu haben, und faßte Jane Collins an der Hand. Bevor sie die Folterkammer verließen, nahm John noch die Pechfackel von der Wand. Sie gab mehr Licht als seine Taschenlampe.

Wie zwei Verschwörer schlichen John Sinclair und Jane Collins durch die düsteren Gänge.

Der Geisterjäger war darauf gefaßt, wieder den Wölfen zu begegnen, doch keines der Tiere ließ sich blicken.

»Wissen Sie denn, wie wir hier hinauskommen?« fragte Jane flüsternd.

»Ich hoffe es doch«, erwiderte der Inspektor. »Vor allen Dingen müssen wir die Treppe finden.«

»Welche Treppe?«

John wandte den Kopf und lächelte Jane an. »Die Treppe, die nach oben führt.«

Janes Augen wurden groß. »Ja, gibt es denn solch eine?«

»Sicher.«

John ging jetzt schneller. Irgendein unbestimmtes Gefühl drängte ihn zur Eile.

Und dann standen sie vor den ersten Stufen.

Jane seufzte auf. »Jetzt haben wir es geschafft, John. Kommen Sie.« Sie hatte es plötzlich schrecklich eilig.

John übernahm die Führung. Sie passierten die dicke Säule, hinter der die Stufen weiter nach oben führten.

Auf einmal war die Treppe zu Ende. Sie standen jetzt vor einer Tür oder Wand. So genau ließ es sich nicht erkennen.

John suchte vergebens nach einer Klinke. Auch Jane hatte seinen suchenden Blick bemerkt.

»Jetzt ist wohl alles aus«, sagte sie.

Der Inspektor gab keine Antwort. Er drückte Jane die Fackel in die Hand und tastete flink die Holzwand nach irgendwelchen Fugen oder Einbuchtungen ab.

Er fand einen kleinen Hebel.

John zog ihn nach vorn.

Sekunden später gab es ein schabendes Geräusch. Die Holzwand schob sich in der Mitte auseinander.

John schlüpfte als erster durch den Zwischenraum.

Er befand sich in der Bibliothek des Schlosses. Die hohen Regale reichten bis zur Decke. Ein großer Kamin war von der Wand in den Raum hineingebaut worden. Verkohlte Holzscheite verbreiteten einen scharfen Geruch.

John schloß daraus, daß das Feuer noch bis vor kurzem gebrannt haben mußte.

»Und jetzt?« fragte Jane Collins.

»Wir werden die anderen suchen. Das heißt, ich mache es. Sie bleiben in sicherer Deckung.« John nahm ihr die Fackel aus der Hand.

»Was wollen Sie denn damit?«

»Vampire kann man auch mit Feuer bekämpfen«, gab der Geisterjäger zur Antwort.

Dann ging er mit schnellen Schritten auf die Tür der Bibliothek zu.

Sie war zum Glück offen.

John Sinclair stand in der großen Halle des Schlosses.

Sein Blick schweifte an den Wänden entlang und an den zahlreichen Türen, die dort abzweigten. Auch die breite Treppe geriet in sein Blickfeld.

Langsam ging der Inspektor durch die Halle.

Jane Collins stand in dem offenen Türrechteck der Bibliothek und wartete.

Der Inspektor hatte die Qual der Wahl. Er kannte das Schloß nicht, wußte nicht, wie viele Räumlichkeiten es hier gab.

Plötzlich blieb er stehen.

Ein Geräusch war an sein Ohr gedrungen. Es hatte sich angehört wie das Schaben eines Stuhls, der zurückgesetzt wurde.

John hob den Blick. Seine Augen glitten über die breite Doppeltür. Er sah die gräßlichen Dämonenfratzen, die in das Holz geschnitzt waren, und wußte mit einemmal, daß er hier richtig war.

Hinter der Tür mußte etwas Schreckliches geschehen.

John faßte nach den beiden Griffen. Bevor er die Tür öffnete, wandte er noch einmal den Kopf und bedeutete Jane Collins, sich nicht vom Fleck zu rühren.

Dann zog er die Griffe auseinander. Es ging leichter, als er gedacht hatte.

Wie ein Schatten huschte John in den dahinterliegenden Raum.

Im selben Augenblick packte ihn das Grauen. Unauslöschlich prägte sich das makabre Bild in sein Gedächtnis ein.

Er sah Dr. Tod, sah die Menschen wie Puppen an dem dreieckigen Tisch sitzen und sah die spitzen Zähne der Gräfin, die sich über Bill Conolly gebeugt hatte.

Mit einem Satz sprang John mitten in den Saal.

»Ich glaube, hier fehlt noch der Ehrengast. Nicht wahr, Dr. Tod?« Die stahlharte Stimme des Geisterjägers zerschnitt die unheimliche Stille . . .

Die Detonation einer explodierenden Bombe hätte keine größere Wirkung zeigen können. Für kurze Zeit waren die Hauptakteure dieses grausamen Spiels mitten in ihren Bewegungen erstarrt.

Vera Montesi hatte den Kopf gedreht. Ihr Gesicht war dem Inspektor zugewandt. Deutlich sah John die beiden gräßlichen Vampirzähne.

Bill Conollys Blick zeigte einen nichtssagenden Ausdruck. Dem Reporter schien alles gleichgültig zu sein. John wußte sofort, daß er unter Hypnose stand.

Auch Dr. Tod war überrascht. Er sah aus, als könne er Johns Auftritt nicht begreifen. Dieser Mann hatte einen regelrechten Schock erlitten, und das sollte bei ihm etwas heißen.

Der Geisterjäger hielt die brennende Pechfackel in der linken Hand, während er mit der rechten schnell und glatt seine Pistole zog. Die Narbe auf seiner rechten Wange brannte schmerzhaft. Es war immer der Fall, wenn John Sinclair nervös war. Dieses Andenken verdankte er Dr. Tod, und John hatte ihm dafür noch immer nicht die Rechnung präsentiert.

Als erste reagierten die Wölfe.

Während die Menschen stumm und starr in ihrer Hypnose saßen, hetzten die beiden Raubtiere mit gefletschten Zähnen auf John Sinclair zu.

John schoß zweimal blitzschnell hintereinander.

Beide Kugeln trafen.

Noch in der Luft wurden die Wölfe zurückgeschleudert, prallten auf den Boden und verendeten.

Doch diese beiden Schüsse wirkten auf Vera Montesi wie ein Signal.

Kreischend wollte sie sich auf Bill Conolly stürzen, als wüßte sie, daß das Opfer ihr im letzten Augenblick noch entrissen werden sollte.

Zwei lange Sprünge brachten John Sinclair in die Nähe der Untoten. John riß den Arm mit der Pistole hoch und zielte auf die Gräfin.

Da griff Dr. Tod ein.

John sah aus den Augenwinkeln, wie der Menschenhasser von seinem Stuhl sprang und unter den Umhang griff.

Johns linke Hand beschrieb einen Bogen.

Wie ein feuriger Schweif segelte die Fackel durch die Luft, prallte gegen den überraschten Dr. Tod, der wieder zurück auf seinen Stuhl fiel und für Sekundenbruchteile nicht reagierte.

Das warme Pech der Fackel klebte an der Kleidung. Im Nu stand der Stoff in Flammen, wobei der Seidenumhang besonders leichte Nahrung bot.

Alles hatte sich innerhalb von Sekunden abgespielt, und doch reichte die Zeit der Untoten.

Finger wie Stahlklammern umfaßten plötzlich Johns rechtes Handgelenk.

Der Inspektor schrie auf und ging in die Knie.

Über ihm fauchte Vera Montesi triumphierend auf.

Und während Dr. Tod brüllend durch den Saal nach draußen rannte, kämpfte Sinclair mit der höllischen Gräfin um sein Leben.

Immer weiter wurde sein Arm zurückgebogen. Ob er wollte oder nicht – John mußte mit dem Oberkörper folgen.

John riß den rechten Arm hoch und drosch die Faust in das Gesicht der Untoten.

Es half nichts.

Der Geisterjäger mußte nachgeben. Der Griff um den Pistolenknauf lockerte sich.

Die Pistole fiel zu Boden.

Vera Montesi lachte gellend auf.

Da fiel John Sinclair der silberne Dolch ein, sein letztes Abwehrmittel. Es mußte ihm gelingen, den linken Arm hinter den Rücken zu schieben, um an die Waffe zu gelangen.

John renkte sich bald das Gelenk aus. Schon berührten seine Fingerspitzen den Griff, da hatte Vera Montesi es geschafft.

Mit ungeheurer Kraft zwang sie den Inspektor zu Boden.

Johns Finger glitten von dem Griff des Dolches ab. Schmerzhaft schlug sein Gesicht auf den kalten Stein. Ein Tritt traf seinen Rücken.

John Sinclair brüllte auf.

Die Schmerzwellen pulsierten durch Johns Körper.

Da hörte er den gellenden, von panischer Angst erfüllten Schrei!

Als lebende Fackel rannte Dr. Tod aus dem Saal. Der Umhang wirbelte wie eine feurige Lohe hinter seinem Rücken her. Verzweifelt versuchte der Menschenhasser ihn abzustreifen.

Dr. Tod erreichte die Halle. Blind vor Wut und Schmerzen warf er sich auf den Boden, wälzte sich zuckend herum und versuchte, so die Flammen zu löschen.

Dr. Tod sah nicht Jane Collins, die die Szene mit angstgeweiteten Augen beobachtete.

Die Detektivin hatte sich hinter einer Ritterrüstung versteckt. Im ersten Augenblick wußte sie nicht, was sie tun sollte. Dem Mann helfen – oder . . .

Unwillkürlich trat Jane Collins zwei Schritte vor, konnte so durch die offene Schiebetür in den Saal blicken.

Sie sah John Sinclair am Boden und Vera Montesi, die im Gefühl ihres Sieges den Inspektor auf dem Boden festhielt.

Da drehte Jane Collins durch. All ihre in letzter Zeit ausgestandene Angst und Sorge ließ sie durch die offene Tür vorwärtsschnellen, auf die beiden Kämpfenden zu.

Ein wilder, panikartiger Schrei entrang sich ihrer Kehle. Ein Schrei, der Leben rettete.

Vera Montesi wurde ein paar Lidschläge lang abgelenkt. Sie riß den Kopf hoch, sah der anstürmenden Jane Collins entgegen und lockerte unwillkürlich den gnadenlosen Griff.

Eiskalt nutzte John Sinclair seine Chance, kämpfte sich frei.

Er rollte sich ein paarmal um die eigene Achse.

Die beiden Frauen prallten zusammen.

»Jane!« gellte John Sinclairs Stimme.

Der Inspektor war auf die Knie gekommen, hatte seinen Dolch gezogen und hielt die Schneide zwischen Daumen und Zeigefinger geklemmt.

Jane Collins – ausgebildete Detektivin – duckte sich unter Vera Montesis Griff hinweg und warf die Untote mit einem Hüftschwung zu Boden.

»Weg, Jane!« brüllte John.

Die Detektivin schnellte zur Seite.

John Sinclair hatte freie Bahn.

Mit ungeheurer Wucht schleuderte er den silbernen Dolch. Die Waffe traf die Brust der Untoten.

Vera Montesi brach zusammen.

Noch immer brüllte sie markerschütternd. Die Schreie hallten grell und spitz durch den hohen Saal.

Es war ein makabres Bild, wie die ebenmäßigen Gesichtszüge zerflossen, zu einer grauen Masse wurden, die langsam zerbröckelte und als Staub liegenblieb.

Die Untote hatte aufgehört zu existieren. Die letzte aus dem Geschlecht der Montesis war nicht mehr.

Aber noch lebte Dr. Tod.

Der Gedanke traf John wie ein Blitzschlag.

»Wo ist Doktor Tod?«

Jane Collins wandte den Kopf. Sie deutete mit zitternder Hand zur Halle hinüber. »Dort, ich . . .«

John hörte ihre nächsten Worte schon nicht mehr. Er rannte los.

Dr. Tod lag auf dem Rücken. Noch immer brannte ein Teil der Kleidung.

Dann sah John das Gesicht.

Der Geisterjäger schluckte. Hier konnte niemand mehr helfen. Es war überhaupt ein Wunder, daß der Menschenhasser noch lebte.

»Du – du hast es nun doch geschafft, Geisterjäger«, gurgelte Dr. Tod. »Aber eins ist gewiß, mein Erbe wird weiterleben. Asmodis wird sich einen neuen Diener holen, und dich . . . ahhhh . . .«

Mit einem Schmerzensschrei hauchte Dr. Tod sein Leben aus.

Er war ein Mann gewesen, der sich dem Teufel verschrieben und den der Teufel jetzt endgültig geholt hatte.

Gleichzeitig wurde auch der Ring an seiner Hand zu Staub.

Gedankenversunken blieb er neben der Leiche hocken, bis ihn die Stimmen aufschreckten.

John wandte den Kopf.

Durch den Tod des Menschenhassers war auch die Hypnose erloschen. Die Reisenden redeten wild durcheinander. Sie stürmten mit Fragen auf Jane Collins ein. Besonders Bill Conolly, der sich wunderte, wie er zu solch einer Kleidung kam.

Der Reporter bahnte sich einen Weg zu John Sinclair.

»Also, John, ich muß schon sa . . .« Da fiel Bills Blick auf die Leiche. Seine Augen wurden groß vor Entsetzen. »Was ist denn geschehen?«

Der Inspektor winkte ab. »Geh zurück in den Saal, ich erkläre es euch.«

Bill nickte.

Wenig später schloß John Sinclair die große Flügeltür hinter sich.

Zwei Tage später befanden sich die Reisenden wieder in Bukarest. Sie hatten Dr. Tods Leiche mitgenommen. Die Behörden bestanden darauf, daß er in England begraben wurde.

Im Flugzeug saßen John Sinclair und Jane Collins nebeneinander. Sie hatten sich einiges zu erzählen. Unter anderem hatte Jane vor, ihren Job an den Nagel zu hängen und beim Yard anzufangen.

»Vielleicht als Assistentin von Ihnen, John«, machte sie den Vorschlag.

Der Inspektor lachte. »Wissen Sie denn überhaupt, wie gefährlich mein Job ist?«

»Selbstverständlich. Ich habe es ja am eigenen Leibe erfahren.«

»Das stimmt nun auch wieder«, mußte John zugeben.

»Und außerdem ist das Kapitel Doktor Tod ja nun endgültig abgeschlossen«, sagte Jane Collins und ließ sich behaglich in ihrem Sitz zurücksinken.

John Sinclairs Gesichtsausdruck wurde düster. Hoffentlich behielt Jane Collins mit ihrer Prognose recht . . .

ENDE

FF 93
Doktor Tods
Höllenfahrt

Es war ein schmuckloser Sarg. Mehr eine Totenkiste. Sie war aus rohen, ungehobelten Brettern zusammengezimmert. Billigstes Fichtenholz. Hier und da blinken die großen Nägelköpfe metallisch.

Das frische Holz des Sarges verströmte einen Geruch, der bei empfindlichen Menschen einen Niesreiz bewirkte. Auch bei den beiden Polizisten, die den Sarg bewachten.

»Mist«, brummte der eine und nieste. Da er kein Taschentuch besaß, wischte er sich die Nase am Uniformärmel ab. »Ich habe ja schon viele Aufträge erhalten, aber einen billigen Sarg bewachen – nee, ich weiß nicht so recht.«

Sein Kollege gab ihm keine Antwort. Der Mann hatte die Hände auf dem Rücken verschränkt und ging langsam auf und ab. Manchmal zuckte sein linker Arm hinter dem Körper hervor, und der Polizist warf einen Blick auf seine Uhr.

Schon sechs Minuten über die Zeit.

Langsam wurde der Beamte ungeduldig. Schließlich war der alte Schuppen im ausrangierten Teil des Londoner Hafens nicht gerade der ideale Aufenthaltsort. Es stank erbärmlich, und Ratten feierten hier ihre Feste.

Der Polizist bedachte den billigen Sarg mit einem wütenden Blick.

Die Totenkiste kam aus Rumänien, mehr wußten die Bewacher nicht. Sie wußten nicht, wer darin lag und ob es ein Mann oder eine Frau war. Ihnen war nur gesagt worden, daß jemand den Sarg zu einer bestimmten Tageszeit abholen würde. Und diese Zeit war bereits überschritten.

Durch die teilweise zerbrochenen Fenster des Schuppens fielen die Sonnenstrahlen eines Spätsommertages. Staubpartikel flirrten im hellen Licht.

Es war ruhig in der Halle. Nur der Sand unter den Sohlen des Polizisten knirschte.

Plötzlich hörte der Beamte ein klopfendes Geräusch. Es klang irgendwie dumpf und hohl.

Der Mann wandte den Kopf.

»He, Garry«, spottete er, »klopfst du neuerdings auf deinem eigenen Schädel herum?«

Doch Garry gab keine Antwort. Er stand wie zur Salzsäule erstarrt und hatte den Oberkörper leicht vorgebeugt.

»Was ist?«

Konstabler Garry Bedford stieß pfeifend die Luft aus. »Das Klopfen eben . . .«

»Ja, was ist damit?«

»Es ist – es ist . . .« Garry mußte zweimal schlucken, ehe er weitersprechen konnte. »Es ist aus dem Sarg gekommen.«

Sein Kollege gab keine Antwort, konnte aber nicht vermeiden, daß ihm eine Gänsehaut über den Rücken lief.

»Sag das noch mal.«

Im selben Augenblick hörten es die beiden Beamten wieder.

Tock, tock, tock.

Dumpf klangen die Laute.

Aus schreckgeweiteten Augen starrten die Polizisten auf den billigen Sarg. Sie sahen, wie sich der Sargdeckel wölbte, wie er hochgedrückt wurde, als stemme sich jemand mit aller Macht von innen gegen die Verriegelung.

Konstabler Bedford machte den Anfang. »Hier bleibe ich nicht länger!« schrie er. »Das geht nicht mit rechten Dingen zu. Ich hau ab. Los, Bill, komm mit.«

Bedford faßte seinen Kollegen am Arm.

Da hörten sie das Motorengeräusch. Ein Wagen war auf den Pier gefahren.

»Jetzt wird die Kiste abgeholt«, flüsterte Konstabler Bill Spencer. »Solange können wir noch warten.«

Spencer warf einen scheuen Blick auf den Sarg, der wieder so ruhig und harmlos auf dem Boden stand wie vorher.

»Und laß dir nichts anmerken«, schärfte Spencer noch seinem Kollegen ein.

»Nein, nein. Schon gut.«

Das Motorengeräusch verstummte. Wenig später klappte eine Tür. Und dann wurde das große Eingangstor der Halle zurückgezogen.

Im Gegenlicht der Sonne war die Gestalt des Ankömmlings wie ein Scherenschnitt zu erkennen.

»Guten Tag«, sagte eine dunkle, etwas heisere Stimme.

Konstabler Spencer räusperte sich. »Kommen Sie, Mister, hier steht die Kiste.«

Der Mann trat näher.

Er trug trotz des warmen Wetters einen breitkrempigen Hut, der seine Stirnpartie verdeckte. In dem roten, grobporigen Gesicht blitzten zwei kleine, verschlagene Augen. Die Nase des Mannes war lang und spitz und der Mund nur ein dünner Strich. Eine Alkoholfahne wehte den Polizisten entgegen. Der Mann trug eine abgewetzte, ehemals braune Jacke und eine ausgebeulte Hose. Seine Füße steckten in unmodernen Schuhen.

»Ich heiße Doug Pender«, sagte er und deutete auf die Kiste. »Das ist also mein neuer Gast.«

»Ja«, meinte Konstabler Bedford. »Wieso eigentlich Gast?«

Pender hob den Blick. »Ja, wissen Sie das denn nicht? Ich bin Leichenbestatter. Der beste in ganz London. Ich habe die besonderen Aufgaben zu erfüllen. Ich verscharre nur Mörder und anderes Gesindel, die auf einem normalen Friedhof keinen Platz finden würden.« Doug Pender kicherte.

Konstabler Bedford zog unbehaglich die Schultern hoch. Auch seinem Kollegen war nicht wohl in seiner Haut.

»Gibt es denn so etwas auch?« fragte Bedford.

»Und ob.« Pender schlich um den Sarg herum wie die Katze um die Maus. »Die meisten wissen nur nichts davon. Es ist kein schöner Friedhof, wo ich ihn hinbringe. Und nachts soll es dort sogar spuken.« Pender blieb stehen, breitete die Arme aus und verdrehte die Augen.

»Hören Sie auf«, schnarrte Bedford, dessen Nerven nach dem eben Erlebten nicht mehr die besten waren. »Packen Sie sich die Kiste und dann weg.«

»Allein?«

»Gut, wir helfen Ihnen, Pender.«

»Danke sehr, Gentlemen.«

Der Sarg hatte keine Griffe. Die Männer mußten unter die Kiste fassen, um sie anheben zu können. Sie schafften es.

Bedford und Spencer trugen an einem Ende, Pender am anderen. Die Gesichter der beiden Polizisten waren starr wie Masken, als die seltsame Prozession dem Ausgang zustrebte. Nur Pender brabbelte unverständliches Zeug in seinen Bart.

Sie näherten sich dem Tor.

Da hörten die Männer ein schreckliches Ächzen. Es kam direkt aus dem Sarg.

Abrupt blieben die beiden Polizisten stehen. Pender reagierte gerade noch im letzten Moment, sonst wäre ihm der Sarg aus den Händen gerutscht.

»Was ist denn? Warum gehen Sie nicht weiter? Ich hab' keine Zeit, muß noch ein ganzes Stück fahren.«

Spencer fing sich als erster. »Haben Sie das gehört? Das Ächzen, es ist direkt aus dem Sarg gekommen.«

Der Leichenbestatter öffnete die Lippen. »Das hat man schon mal«, erwiderte er und senkte seine Stimme. »Vielleicht ist der da drin nur scheintot und knabbert jetzt vor Hunger an seinem eigenen Totenhemd.«

»Sie sind verrückt!« zischte Spencer. »Damit macht man weiß Gott keine Scherze.«

Pender kicherte wieder. »Was wissen Sie denn?«

»Los, gehen wir weiter«, sagte Spencer.

Die Männer traten nach draußen. Trotz des warmen Sonnenscheins blieb die Gänsehaut auf ihren Rücken. Das Grauen hatte sie gestreift und seine Spuren hinterlassen.

Penders Wagen war ein Combi. Die Ladefläche war mit einer Plane abgedeckt. Die Klappe hing bereits nach unten, so daß der Sarg sofort auf die Ladefläche geschoben werden konnte.

Die Männer beeilten sich. Erst als Doug Pender die Ladeklappe wieder schloß, atmeten die Polizisten auf.

Pender grinste. »Jetzt fahre ich wieder in mein Reich. Besuchen Sie mich doch mal. Einen guten Schluck habe ich immer da.«

»Man riecht es«, sagte Korporal Bedford. »Normalerweise dürften wir Sie mit dieser Fahne gar nicht fahren lassen, aber in Ihrem Fall wollen wir nichts gerochen haben.«

»Danke für die Großzügigkeit, Gentlemen«, sagte Pender und deutete eine linkische Verbeugung an.

Der Leichenbestatter richtete sich wieder auf und wollte zum Führerhaus gehen, doch Bedford hielt ihn zurück. »Einen Augenblick noch, Pender. Jetzt sagen Sie uns doch mal, wer in diesem Sarg liegt.«

»Ich weiß es nicht. Ich habe nur den Auftrag erhalten, ihn zu verscharren. Der Sarg ist aus Rumänien gekommen. Sie haben ihn vom Flugplatz aus hierher geschafft, damit ich ihn ungestört abholen kann. Aber wenn Sie meine Meinung wissen wollen«, Pender machte eine kurze Kunstpause, um die Spannung zu erhöhen. »Also, ich meine, in dem Sarg liegt ein Vampir. Rumänien ist ein Land, wo es auch heute noch Vampire gibt.«

»Jetzt hauen Sie aber ab«, knurrte Spencer, dem das Thema auf einmal zuwider war und der auch an die seltsamen Vorfälle dachte.

Pender zuckte die Achseln und schwang sich in seinen Wagen. Laut schlug er die Tür des Fahrerhauses hinter sich zu.

Bald rumpelte der Wagen davon.

Doug Pender und die beiden Polizisten ahnten nicht, welch eine Fracht da durch London rollte. Denn in dem Sarg lagen die sterblichen Überreste von Dr. Tod . . .

Es ging schon auf den Abend zu, als Doug Pender sein Revier erreichte. Unter Revier verstand er den Friedhof und das Wohnhaus, das allerdings mehr einer baufälligen Steinbaracke glich.

Die ersten Schatten der Dämmerung krochen bereits über den Totenacker. Es roch nach Laub und frisch aufgeworfener Erde. Ein paar Raben zogen krächzend ihre Kreise. Diese schwarzen Todesvögel waren Penders einzige Freunde – und die Toten natürlich.

Sonst lag über dem Friedhof eine beinahe beängstigende Stille. Dieser Flecken Erde wurde gemieden. Niemand besuchte hier seine Verwandten. Wer auf diesem Totenacker landete, war für immer vergessen, ausgelöscht.

Die Gräber waren ungepflegt. Es gab keine Kreuze oder andere christliche Symbole. Nur Lehmhügel, die im Laufe der Zeit zusammenfielen. Noch nicht einmal Namensschilder waren an den Gräbern angebracht.

Und doch war die Stadt London froh, daß es diesen Ort und einen Mann wie Doug Pender gab. Denn hier wurden die Leute verscharrt, die der Moloch London ausgespuckt hatte. Pender wurde sogar besser bezahlt als die Kollegen auf den »normalen« Friedhöfen. Man tat dies, um dem Mann den Job schmackhaft zu machen. Und Pender blieb. Ihm war es noch nie so gut gegangen. Er hatte sogar einen Wagen, wenn dieser auch der Stadt gehörte.

Eine Mauer umgab den Friedhof. Die Steine waren dick, und zwischen den Ritzen und Fugen wuchs dunkelgrünes Moos.

Trauerweiden schirmten einen Teil des Sonnenlichtes ab, und einige Kastanien streckten ihre knorrigen Äste aus wie übergroße Finger.

Der nächste Ort lag vier Meilen entfernt. Er gehörte gebietsmäßig schon nicht mehr zu der Riesenstadt London. Die Einwohner hüteten sich, überhaupt in die Nähe des Friedhofs zu kommen. Das Gerücht, daß es dort spuken solle, hielt sich schon mit einer phänomenalen Beharrlichkeit.

Doug Pender freute es natürlich, daß sich hier kein Mensch blicken ließ. So hatte er sein Reich für sich allein. Selbst die verantwortlichen Männer in der Stadtverwaltung hatten ihn noch nicht besucht. Sein Geld wurde Pender immer pünktlich auf eine Londoner Bank überwiesen.

Der Totengräber fühlte sich pudelwohl in Gesellschaft der Toten. Außerdem hatte er nicht allzuviel zu tun und konnte seinem Hobby – dem Whisky – frönen.

Doch an diesem frühen Abend hatte es Doug Pender eilig. Er wollte das Grab noch vor dem Dunkelwerden zugeschaufelt haben.

Langsam rollte der Lieferwagen durch das verrostete, windschief in den Angeln hängende Tor. Zum Glück hatte er das Grab schon am Tag vorher ausgehoben, so brauchte er nur noch den Sarg in das Loch hinunterzulassen. Es war jedesmal eine Quälerei für einen einzigen Mann.

Pender fuhr den Wagen quer über das Gelände. Die Reifen warfen den Dreck der eingefallenen Gräber auf, und Doug Pender wurde von der Rumpelei ganz schön durchgeschüttelt.

Schließlich stoppte er vor dem frisch ausgehobenen Grab. Er drehte den Wagen noch so, daß er mit der Ladefläche etwa einen halben Meter vor dem Grabrand stehenblieb.

Steifbeinig sprang Pender aus dem Führerhaus. Dann öffnete er die Klappe.

»So, mein Freund«, murmelte der Totengräber, »jetzt wirst du endlich deine letzte Ruhestätte finden. Hast ja einen verdammt langen Weg hinter dir.«

Pender sprach gerne mit seinen Toten, denn die gaben keine Widerworte mehr.

Schnaufend kletterte Pender auf die Ladefläche. Der Sarg war ein wenig zur Seite gerutscht.

Pender schob ihn vor. Er ging dabei in die Knie. Sein Gesicht befand sich ziemlich nah an dem Sargdeckel.

Da hörte Pender das Stöhnen.

Mit einem Schrei fuhr der Totengräber zurück. Sein Herz drohte ihm aus der Kehle zu springen.

Pender hielt den Atem an.

Totenstill war es plötzlich. Das schreckliche Geräusch wiederholte sich nicht.

»Langsam werde ich auch schon verrückt«, murmelte Pender, der sich wieder einigermaßen gefangen hatte. »Wer tot ist, ist tot.«

Der Totengräber machte sich an die Arbeit, diesmal entschlossen, sich nicht mehr aufhalten zu lassen.

Er hatte Routine beim Abladen des Sarges. Unbeschädigt schaffte er die Totenkiste auf den Boden.

In dem aufgeworfenen Erdhaufen neben dem Grab steckte Penders Schaufel. Die schwieligen Hände des Totengräbers umklammerten den Holzstiel.

Pender wollte die Schaufel aus dem Erdhaufen ziehen, um sie sich griffbereit zu legen, da vernahm er das Knarren.

Überdeutlich drang es durch die Stille.

Pender blieb wie vom Donner gerührt stehen. Unendlich langsam wandte er den Kopf, starrte auf die hölzerne Totenkiste.

Der Deckel bewegte sich!

Doug Pender überkam das Grauen. Er spürte, wie er anfing zu zittern.

»Nein«, flüsterte der Totengräber. »Ich – ich schlag' die Totenkiste kaputt. Ich . . .«

Pender verstummte. Der Sarg stand wieder dort wie voher. Harmlos und irgendwie unberührt.

Pender wischte sich über die Stirn. Er hatte doch nicht geträumt! Das Holz hatte sich tatsächlich gewellt. Als versuche der Tote, die Kiste von innen aufzubrechen, und als habe er noch nicht die Kraft dazu.

Doug Pender ahnte nicht, wie nah er mit seiner Vermutung der Wahrheit kam.

Der Totengräber schwitzte vor Angst. Fieberhaft machte er sich an die Arbeit. Er packte den billigen Sarg und warf ihn überstürzt in die Grube.

Der Sarg polterte auf den Boden des Grabes, sprang noch einmal zurück und blieb dann endgültig stehen.

Pender starrte in das Grab. Er erwartete jeden Moment, daß sich der Deckel heben würde – und . . .

Nichts geschah.

Doug Pender atmete aus. Wahrscheinlich hatte er sich das doch alles nur eingebildet.

Der Totengräber packte seine Schaufel. Wild stieß er das blanke Metallblatt in das feuchte Erdreich.

Die erste Ladung klatschte auf den Sargdeckel.

Die zweite Ladung.

Pender arbeitete verbissen. Bald war nur noch die Hälfte des Sarges zu erkennen.

Der Totengräber schaute nicht mehr in das Grab hinein. Er schuftete wie ein Roboter.

Und deshalb bekam er den Beginn des grausamen Spiels gar nicht mit. Erst als das Holz knackte, wurde Pender aufmerksam.

Er trat an die Grube.

Im selben Augenblick platzte der Sargdeckel weg. Die Nägel wurden einfach aus ihrer Verankerung gerissen. Der Deckel rutschte zur Seite. Ein geringer Druck reichte, und er würde neben den Sarg fallen.

Doug Pender konnte das Grauen nicht fassen.

Schreckensstarr stand er am Rand der Grube und starrte in die Tiefe.

Der Anblick war mehr, als die Nerven eines normalen Menschen vertragen konnten.

Noch ein winziges Stück wurde der Sargdeckel zur Seite gerückt. Ein Zwischenraum entstand.

Und aus diesem Spalt schob sich wie im Zeitlupentempo eine kalkig weiße Hand . . .

Doug Pender sah die Hand wie in Großaufnahme. Er glaubte, jeden einzelnen Knochen an den fünf Fingern zu erkennen.

Die Hand bewegte sich, wurde gedreht, so daß die Fläche nach oben zeigte.

Pender bibberte am gesamten Körper. Seine Zähne klapperten wie bei Schüttelfrost aufeinander.

Nein! Nein! Nein! Und nochmals nein. Das durfte es nicht geben. Das war Wahnsinn, das war . . .

Penders Gedanken stockten. Und doch sah er es mit eigenen Augen. Sah, wie der Hand ein Arm folgte, dann ein Stück Schulter . . .

Von einem Atemzug zum andern wich bei Doug Pender die Erstarrung.

Er warf sich auf dem Absatz herum und rannte los. Nur weg von hier. Weg von dem Ort des Grauens.

In seiner Panik dachte Pender nicht daran, sich in den Wagen zu setzen und abzufahren. Er hetzte mit keuchenden Lungen auf sein Haus zu. Nur da glaubte er sich in der ersten aufwallenden Panik sicher.

Die Dämmerung war schon fortgeschritten. Die Konturen der Bäume verwischten, wurden zu einem undurchsichtigen Grau.

Und Doug Pender rannte. Rannte wie noch nie in seinem Leben. Ein paarmal rutschte er aus, rappelte sich jedoch sofort wieder auf die Beine und hetzte weiter.

Schon tauchte seine Wohnbaracke auf.

Pender hatte sie wie immer nicht abgeschlossen. Er riß die Tür auf und warf sie blitzschnell hinter sich zu.

Zum Glück gab es von innen einen Riegel. Er war schon verrostet und ließ sich nur schwer bewegen. Pender schaffte es trotzdem, ihn in die dafür vorgesehene Halterung zu schieben.

Jetzt war ihm wohler.

Pender taumelte in sein Zimmer. Die Flasche stand auf dem Tisch. Penders Hände umfaßten den schlanken Hals. Den Korken zog der Totengräber mit den Zähnen heraus.

Dann nahm er einen tiefen Schluck. Warm rann der Alkohol durch seine Kehle und in den Magen.

Pender rülpste. Jetzt fühlte er sich besser.

Er ahnte nicht, daß das Grauen schon zu ihm unterwegs war . . .

Er war tot und doch noch am Leben.

Starr, kalt und steif lag er in dem stockfinsteren Sarg. Jegliches menschliches Fühlen war ausgeschaltet worden. Es gab keine speziellen Gedanken mehr, keine Ahnungen – nichts.

Er wußte nicht, wie lange er in dem Sarg gelegen hatte. Tage, Wochen, Monate?

Zeitbegriffe waren ausgeschaltet.

Doch sein Geist lebte weiter. Tief in den Dimensionen des Grauens und Wahnsinns irrte er umher. Losgelöst von einem Körper, der schrecklich entstellt war.

Unruhig wanderte der Geist durch diese unheimlichen Welten. Regionen, in denen das Böse regierte und die die Heimat der fürchterlichsten Dämonen waren.

Aber Asmodis, der Höllenfürst, hatte ein Einsehen. Er, dem Dr. Tod bis an sein Lebensende gedient hatte, knüpfte auch diesmal wieder die Fäden. Über die Zeitschranken hinweg führte er den Geist wieder dem Körper zu.

Die Regenerierung begann.

Noch dauerte es Tage, bis der Tote wieder zum Leben erweckt wurde.

Nur langsam begannen die Lebenssäfte zu kreisen, und Dr. Tod erlebte seine große Wiedergeburt . . .

Mit einem Knall platzte der Sargdeckel endgültig weg. Mit ungeheurer Wucht wurden die letzten Nägel aus dem Holz gerissen. Der Deckel fiel neben den Sarg.

Ein Schimmer des letzten Tageslichtes drang in das offene Grab, beschien das schrecklich entstellte Antlitz des Wiedererweckten.

Dr. Tods Gesicht war verbrannt. Genauso sah sein gesamter Körper aus. John Sinclair hatte damals in Rumänien diesen menschlichen Teufel auf diese Art und Weise vernichtet.

Doch Dr. Tod war nicht ganz verbrannt. Natürlich hatte er sich Wunden zugezogen, die bei einem normalen Menschen alles Leben auslöschen – aber er war nicht zu Staub zerfallen.

Und das sollte sich noch bitter rächen.

Ächzend kniete sich Dr. Tod hin. Er hob den Kopf. Schattenhaft nur sah er die Wipfel der hohen Bäume. Sie kamen ihm vor wie riesige Dächer.

Dr. Tod stieg aus dem Sarg.

Von Minute zu Minute kehrte mehr Kraft in seinen Körper zurück. Er brauchte Energie, um Satan persönlich ein Dankesopfer zu bringen.

Der Unheimliche kicherte bei diesem Gedanken. Er hatte noch viel vor. Die Menschen in London würden sich wundern.

Dr. Tod stellte sich auf den Sargrand, balancierte seinen Körper aus und erreichte mit den Fingern den Rand des Grabes. Verbissen zog er sich hoch.

Es war kaum zu glauben, welche Kräfte wieder in dem Körper steckten.

Dr. Tod trug nicht einmal ein Leichenhemd. Er steckte noch in den verbrannten Sachen, die eigentlich nur noch verkohlte Fetzen waren.

Man hatte ihn, so wie er war, in den Sarg gelegt.

Wenig später stand Dr. Tod vor dem Grab, das beinahe seine letzte Ruhestätte geworden war. Verächtlich blickte er auf die Schaufel, die der Totengräber hatte fallen lassen.

Dr. Tod setzte sich in Bewegung.

Er wandte sich nach links, dem gelben Lichtpunkt zu, der aus dem Fenster eines Hauses drang.

Lautlos näherte sich der Menschenhasser dem Haus. Hier wartete auf ihn sein erstes Opfer.

Es war still auf dem kleinen Friedhof. Selbst die Tiere der Nacht hatten sich versteckt. Es war, als spürten sie genau die Gefahr, die von dem Unheimlichen ausging.

Kleinere Zweige knackten unter den Füßen des Menschenhassers. Verfaultes Laub raschelte.

Ein schmaler Weg führte zu der Tür des Hauses. Er war zu beiden Seiten mit roten Backsteinen befestigt, ein minimaler Schutz gegen Regen und Unwetter.

An der Hausmauer rankte Efeu hoch bis zum Dach. Die Zweige wuchsen selbst an den Fenstern vorbei.

Der Unheimliche blieb stehen. Er witterte förmlich die Nähe des Menschen. Sein entstelltes Gesicht verzog sich zu einem häßlichen Grinsen.

Gleich war es soweit. Gleich . . .

Das hellere Holz der Tür war deutlich zu erkennen. Die Klinke war verrostet und hing leicht nach unten.

Dr. Tod hob beide Arme.

Einen winzigen Moment zögerte er noch, dann dröhnten seine Fäuste gegen das Holz. Dumpf hallten die Schläge durch das Haus.

Drinnen wurde ein Stuhl zurückgeworfen. Schritte klangen auf. Unsicher, zögernd.

Wieder hämmerte Dr. Tod gegen die Tür.

Die Schritte verstummten.

Sekundenlang herrschte Stille.

Dann knarrte das Holz eines Fensterrahmens. Die Flügel wurden aufgezogen.

Ein Gesicht tauchte auf.

Dr. Tod ging einen Schritt zurück, dann zwei nach links. Er wandte dem Mann am Fenster sein Gesicht zu.

Einen Atemzug später zerschnitt ein gellender Schrei die hereinbrechende Nacht . . .

Doug Pender kicherte.

Fast eine halbe Flasche Whisky hatte er geleert, und sein Alkoholpegel war schon in beträchtliche Höhen gestiegen.

»Geister«, gluckste der Totengräber. »Leichen, die auferstehen. Das soll mir einer mal erzählen. Alles Mist, alles . . .«

Pender wischte mit der Hand über den Tisch und stieß gegen die Flasche. Sie fiel um und rollte bis zum Rand des Tisches. Der Whisky gluckerte auf den Boden.

»Mist, verdammter«, brabbelte Pender und stellte die Flasche wieder hin.

Zwei Fingerbreit Whisky hatte er noch gerettet. Er trank den Fusel schnell aus. Man konnte ja nie wissen, ob die Flasche nicht noch einmal umkippte.

Das Licht in dem Zimmer war trübe. Fliegendreck klebte auf der ehemals weißen Lampenschale. In der Bude sah es aus, als hätten Vandalen darin gehaust. Überall lagen Kleidungsstücke. Der Tisch war wackelig, und das alte Sofa hatte Pender vom Müllabladeplatz geholt.

Was soll's, er fühlte sich hier wohl.

Pender glotzte mit stierem Blick auf die leere Flasche. Wieder dachte er an die vergangene halbe Stunde. Für einen Moment spielte er mit dem Gedanken, zurückzugehen und das Grab doch noch zuzuschaufeln. Aber dann ließ er es lieber bleiben. Wer weiß, was auf dem Weg noch alles geschehen würde.

Aber jetzt hatte er keinen Whisky mehr. Und das war am schlimmsten.

Pender rülpste. »Geister«, brabbelte er. »Wenn es wirklich Geister gibt, dann sollen sie mir Whisky herzaubern.«

Der Totengräber verzog das Gesicht, vollführte mit beiden Armen ein paar unkontrollierte Bewegungen und kicherte albern.

Da schlug es gegen die Tür.

Pender zuckte zusammen.

Es waren wuchtige Schläge. Sie dröhnten durch das ganze Haus.

Pender stand auf. Wer wollte ihn denn um diese Zeit noch besuchen? Sonst kam doch keiner, und erst recht nicht bei Nacht.

Pender wischte sich über das Gesicht. Er stand auf und mußte sich im nächsten Moment an der Tischkante festhalten, da das Zimmer plötzlich in Bewegung geriet.

Pender merkte nicht einmal, wie hinter ihm der Stuhl umfiel. Er hatte sich vielmehr entschlossen, zu öffnen.

Unsicher wankte er in den schmalen Korridor. Hier gab es nicht einmal Licht. Die feucht gewordenen Tapeten hingen von den Wänden.

Wieder hämmerte der Unbekannte gegen die Tür.

»Ja, doch«, murmelte Pender, »ich komme. Hoffentlich hast du was zu trinken mitgebracht«, fügte er noch hinzu.

Mit beiden Händen stützte sich Doug Pender an der Flurwand ab. Wenn nur dieses blöde Schwindelgefühl nicht gewesen wäre. Er konnte die Tür gar nicht richtig erkennen.

Noch einen Schritt – dann hatte er die Haustür erreicht.

Plötzlich blieb Doug Pender stehen. Sein Gesicht nahm einen erschrockenen Ausdruck an.

Wenn nun der Tote aus dem Sarg vor der Tür stand?

Glasklar kamen Doug Pender diese Gedanken. So betrunken er auch war, er tat genau das in seiner Lage Richtige.

Er machte auf dem Absatz kehrt und wankte zurück in sein Zimmer.

Unsicher schob er sich an dem Sofa vorbei und trat ans Fenster. Der Griff befand sich etwa in Kopfhöhe.

Pender reckte den Arm.

Mit einem Ruck riß er den Riegel nach unten. Holz schabte knarrend über Holz.

Pender zog das Fenster auf. Durch den plötzlichen Ruck hatte er Mühe, das Gleichgewicht zu bewahren.

Er gab sich einen Schwung, kippte wieder nach vorn und steckte den Kopf aus dem Fenster.

Das gräßliche Monstrum sehen und begreifen war eins. Noch in derselben Sekunde gellte Penders Angstschrei durch die Dunkelheit.

Doug Pender wurde schlagartig nüchtern!

Verschwunden war der Whiskyrausch, das drückende Gefühl auf den Schläfen.

Er sah nur den Unheimlichen.

Dieses Gesicht, die Gestalt, die Brandwunden am Körper – es muß der Mann aus dem Sarg sein. Es gab keine andere Möglichkeit für Pender.

Der Totengräber spürte, wie sein Herzschlag sich verdreifachte, wie die Nerven immer mehr seiner Kontrolle entglitten. Und immer noch schrie er seine bohrende Angst in die anbrechende Nacht hinaus.

Dr. Tod reagierte wie ein Roboter. Er ließ keine unnütze Sekunde verstreichen.

Er machte zwei schnelle, gleitende Schritte und packte zu.

Penders Schrei endete wie abgeschnitten.

Zwei kalte Totenhände hatten sich um seinen Hals gelegt. Sofort wurde dem Mann die Luft knapp.

Er röchelte.

Doch der gnadenlose Würgegriff gab ihn nicht frei.

Das unheimliche Wesen hatte übermenschliche Kräfte. Während seine Hände noch um Penders Hals lagen, zog er den Mann aus dem offenen Fenster.

Penders Füße verloren den Kontakt mit dem Boden. Sein Körper rutschte über die Fensterbank. Dicht vor sich sah der Totengräber das schreckliche Gesicht des Ungeheuers.

Pender wünschte sich auf einmal, tot zu sein oder zumindest bewußtlos.

Seine rechte Schulter blieb am Holzrahmen des Fensters hängen.

Für einen Augenblick dachte Pender, das Monstrum würde ihn loslassen.

Doch er hatte sich geirrt.

Noch fester griffen die Klauen zu.

Das Fensterkreuz splitterte. Ein Teil der Scheibe fiel heraus und zerbrach klirrend.

Dann war Pender draußen.

Er spürte den Aufprall auf dem Boden kaum noch. Er befand sich bereits auf dem schmalen Grat zwischen Bewußtlosigkeit und Wachsein.

Luft! Das war sein einziger Gedanke.

Die Fratze vor ihm verschwamm zu einem dicken Nebel. Sterne zerplatzten vor seinen Augen. Nur noch Sekunden, dann hatte ihn der Unheimliche endgültig erwürgt.

Doug Pender lag auf dem Rücken. Seine Augen waren weit aus den Höhlen getreten. Dr. Tod kniete auf seinem Opfer.

Doch plötzlich lösten sich die würgenden Hände vom Hals des Totengräbers.

Pender riß den Mund auf, schnappte nach Luft wie ein Ertrinkender.

Am Anfang hatte er das Gefühl, gar nicht mehr atmen zu können, doch dann strömte der erlösende Sauerstoff in seine gepeinigten Lungen.

Das Schwindelgefühl ließ nach. In schnellen Zügen pumpte Doug Pender die Luft in sich hinein.

Dann öffnete er die Augen.

Ein dunkler Himmel spannte sich über den Baumkronen. Die Sterne wirkten wie eine unendliche Kette von Diamanten.

Doug Pender überkam ein nie gekanntes Glücksgefühl. Er hatte schon mit seinem Leben abgeschlossen gehabt. Nie hätte er gedacht, noch einmal den Himmel sehen zu können.

Er fühlte fast eine Euphorie in sich aufsteigen.

Doug Pender bewegte den Kopf.

Im selben Augenblick hatte ihn die brutale Wirklichkeit wieder. Das Gesicht des Toten starrte ihn an.

»Nein!« schrie Pender und riß die Hände schützend vor seine Augen. Zwischen den gespreizten Fingern hindurch blickte er ängstlich auf den Unheimlichen.

Dr. Tod bewegte sich. Er hob das rechte Bein und stellte den Fuß auf Doug Penders Brust.

Wieder wurde dem Totengräber die Luft knapp. Doch er konnte wenigstens noch atmen.

»Hör zu, du Wurm«, sagte Dr. Tod. Seine Stimme klang rauh, befehlend. Und dabei kalt wie Eis. »Ich hätte dich töten können. Aber ich habe darauf verzichtet. Und dafür erwarte ich deine Dankbarkeit.«

»Ja«, krächzte der Totengräber. Ihm war in dieser Sekunde alles egal. Er wollte nur weiterleben.

»Du wirst mir dienen. Alles das ausführen, was ich dir befehle. Denn ich bin der Erste Diener des Satans. Und damit du weißt, mit wem du es zu tun hast: Man nennt mich Doktor Tod!«

Doug Pender schluckte. Schon allein dieser Name ließ einen kalten Schauer über seinen Rücken gleiten. Dr. Tod! Das klang nach Dämon, Geist oder Magier. Aber vielleicht war es auch der Teufel persönlich, der sich seiner Seele bemächtigen wollte.

Dr. Tod nahm den Fuß von Doug Penders Brust.

»Steh auf!« befahl der Unheimliche.

Ächzend quälte sich Doug Pender auf die Beine. Er mußte sich an der Hauswand abstützen, denn ein plötzliches Schwindelgefühl ließ ihn taumeln.

Mit halb offenem Mund und schreckgeweiteten Augen starrte Doug Pender die unheimliche Gestalt an. Noch immer weigerte sich sein Verstand, das zu glauben, was Doug mit eigenen Augen sah.

Die kalte Totenhand griff nach seinem Arm. Die Finger waren wie Stahlklammern.

»Geh ins Haus!«

Doug Pender gehorchte zitternd. Mit taumelnden Schritten ging er voraus. Der aufkommende Nachtwind kühlte sein erhitztes Gesicht. Noch immer hatte Doug Pender Angst, von einem plötzlichen Angriff überrascht zu werden.

Doch nichts passierte. Der Totengräber hörte nur in seinem Rücken die Schritte des Unheimlichen.

Vor der Haustür blieb Pender stehen. Jetzt erst fiel ihm ein, daß er sie von innen verriegelt hatte.

»Es ist zu«, sagte er, »ich habe den Riegel vorgelegt.«

»Brich die Tür auf!« herrschte ihn Dr. Tod an. »Du brauchst das Haus sowieso nicht mehr.«

Pender warf sich gegen die Holzbohlen. Jedesmal, wenn er gegen die Tür krachte, zuckte der Schmerz wie eine Flamme durch seinen Körper.

Beim vierten Versuch hatte er es geschafft.

Mitsamt der Tür flog Pender in den schmalen Flur. Der Totengräber verlor das Gleichgewicht und knallte auf die Erde. Mit der Stirn stieß er auf den harten Boden.

Für Sekunden blieb er liegen.

»Hoch mit dir!« dröhnte Dr. Tods Stimme durch sein schwindelndes Bewußtsein.

Doug Pender nahm alle Kraft zusammen und zog sich an der Wand hoch. Er wunderte sich selbst, daß in seinem Körper noch soviel Energie steckte.

Dr. Tod trieb ihn in das Zimmer, das einer Rumpelkammer glich. Das Fenster war zum Teil zerbrochen. Ein paar Scheibenreste hingen noch im bröckeligen Kitt.

Doug Pender fiel auf das alte Sofa. Die Springfedern quietschten erbärmlich.

Dr. Tod ließ Pender Zeit, sich wieder zu beruhigen. Dann sagte er: »Es geht mir um einen Mann hier in London. Um Inspektor Sinclair. Er hat mich damals vernichtet, doch nicht damit gerechnet, daß Satan mich zurückholen würde.« Man spürte förmlich, daß der Haß dieses Monstrum bald auffraß. »Erst wenn John Sinclair vernichtet ist, kann ich mich den größeren Aufgaben zuwenden. Ich bin diesmal im Vorteil. Er weiß nicht, daß ich wieder in London bin. Wir werden ihm eine Falle stellen, aus der es kein Entrinnen mehr gibt. Und du wirst mir dabei helfen!«

Doug Pender schien ein Kloß im Hals zu sitzen. Er konnte nur noch nicken.

Für Dr. Tod war es keine Frage, daß er diesmal den Inspektor endgültig bezwingen würde . . .

»Doktor Tod ist wieder in London!«

»Was sagen Sie da?« Inspektor Sinclair wäre bald wie eine Rakete von seinem Stuhl hochgeschossen. Nur mit Mühe bewahrte er die Fassung.

Es war selten, daß Superintendent Powell John mal in seinem Büro aufsuchte. Heute war so ein Tag, und der Geisterjäger ahnte nichts Gutes.

Powell ließ sich auf den Besucherstuhl fallen und putzte umständlich seine Brillengläser.

John brannte vor Ungeduld, bezähmte sich aber. Powell setzte die Brille wieder auf und lächelte süffisant.

»Das war eine Überraschung, was, Inspektor?« fragte Powell und lächelte immer noch. »Aber keine Angst«, fuhr er fort. »Ihr Doktor Tod lebt schließlich nicht mehr. Die Rumänen haben die Leiche überführt. Sie wollten sie nicht haben.«

»Entschuldigen Sie, wenn ich Sie unterbreche, Sir. Aber warum hat man uns nicht in Kenntnis gesetzt? Ich meine, wir wußten doch am besten Bescheid. Und schließlich bin ich es gewesen, der Doktor Tod damals zur Hölle geschickt hat.«

»Was fragen Sie mich, Inspektor? Die Sache ist auf diplomatischem Wege bereinigt worden. Das Außenministerium hat sich eingeschaltet. Der Geheimdienst hat auch eine Rolle gespielt, und letzten Endes landete der Sarg in London, wo er dann abgeholt wurde.«

»Und wo ist er jetzt?«

»Da gibt es einen alten Friedhof in der Nähe von Skull. Dort hat man die Leiche hingeschafft.«

»Ist das nicht dieser komische Totenacker, auf dem nur Mörder und andere Verbrecher begraben werden?«

»Genau, Inspektor. Der Totengräber dieses Friedhofs hat den Sarg abgeholt. Das ist schon einige Tage her.«

John schüttelte immer wieder den Kopf. »Ich verstehe das einfach nicht. Es wird alles über unsere Köpfe hinweg gemacht. Anstatt daß man uns benachrichtigt, nein, man stellt uns vor vollendete Tatsachen. Wissen Sie, Sir, die Behörden ahnen nicht, was sie mit Doktor Tod für einen Fang gemacht haben. Er sollte in Rumänien verscharrt werden. Man wollte direkt vor seine Grabstelle ein Kreuz setzen, damit das Böse abgehalten wird. So hat man es mir wenigstens erzählt. Und jetzt?«

»Ich kann es auch nicht ändern, Inspektor«, sagte Superintendent Powell und stand auf. »Ich habe das Schreiben heute erhalten. Es war quasi nur eine Aktennotiz, mehr nicht. Und was haben Sie jetzt vor, Inspektor?«

»Ich weiß es noch nicht. Ich werde aber wahrscheinlich zum Friedhof fahren, um mir das Grab meines größten Gegners einmal anzusehen.«

»Das würde ich an Ihrer Stelle auch tun«, sagte Powell. »Und informieren Sie mich, wenn Sie zurück sind, Inspektor.«

»Selbstverständlich, Sir.«

Powell verzog das Gesicht und ging aus dem Zimmer. John wußte, daß sein Chef jetzt eine Magentablette nehmen würde. Powell ärgerte sich maßlos über diese Sache. Er konnte einfach nicht leiden, wenn man ihn überging. Und das war sogar verständlich.

John Sinclair blieb einige Minuten hinter dem Schreibtisch sitzen und stützte das Kinn in beide Handflächen.

Er dachte an die Kämpfe, die er gegen den Menschenhasser Dr. Tod schon ausgefochten hatte. Manchmal war John nur haarscharf mit dem Leben davongekommen. Einmal hatte Dr. Tod sogar einen Doppelgänger des Inspektors geschaffen. Er hatte dafür von Johns Wange ein Stück Haut abgeschnitten. Mit Hilfe dämonischer Mächte hatte er dann den zweiten John Sinclair gefertigt. Die Narbe, die John davongetragen hatte, blieb eine ewige Erinnerung an Dr. Tod.

Inspektor John Sinclair kämpfte jetzt schon einige Jahre gegen die Mächte der Finsternis. Er hatte viel Unheil verhindern können, doch manchmal fragte er sich, wann es auch ihn mal erwischen würde. Möglich war alles.

John Sinclair, der immer eine mit geweihten Silberkugeln geladene Pistole bei sich trug, hatte erst vor kurzem von seinem indischen Freund Mandra Korab einen Silbernagel geschickt bekommen. Der Inder hatte diesen Nagel von einem Mönch aus China geerbt. Dort hatte man mit dieser Waffe vor einigen hundert Jahren einen Vampir erledigt. Und Mandra Korab, der wußte, welche Aufgaben sich John gestellt hatte, hatte sofort an den Inspektor gedacht und ihm den Nagel geschickt.

Der Nagel war handlang und etwa doppelt so dick wie ein normaler. In das Metall waren Dämonenbanner eingraviert. Sie gaben die Garantie, daß selbst die stärksten höllischen Kräfte an ihm abprallten.

Den Nagel trug John in einem kleinen Etui bei sich.

Der Inspektor schüttelte die düsteren Gedanken ab und stand auf. Es war später Nachmittag, und die heißen Strahlen einer Augustsonne machten die Millionenstadt London zu einem Backofen.

John fuhr nach unten in die Tiefgarage des Yard, wo sein silbergrauer Bentley parkte.

Minuten später hatte sich John Sinclair bereits in den fließenden Verkehr eingeordnet.

Er fuhr in Richtung Norden. Er kam nur schlecht voran, und erst auf den Ausfallstraßen wurde es besser.

John mußte sich mit Hilfe der Karte orientieren, doch schließlich hatte er den kleinen Friedhof gefunden.

Er lag ein paar Meilen von der nächsten Ansiedlung entfernt, inmitten eines trostlosen Gebietes. Eine Steinmauer grenzte den Totenacker ein.

Das alte Tor war geöffnet.

John fuhr den Wagen dicht an die Mauer und stieg aus.

Kein Lüftchen regte sich. Es war nahezu grabesstill. Selbst die Natur schien diesen Ort zu meiden.

John betrat das Friedhofsgelände.

Alles war verwildert und ungepflegt. Die frischen Gräber sahen aus wie große, braune Maulwurfshaufen. John entdeckte kein Kreuz oder irgendein anderes christliches Symbol. Wer hier verscharrt wurde, gehörte zu den Ausgestoßenen.

Trotz der Hitze fröstelte den Inspektor. Die ganze Atmosphäre hatte etwas Unheimliches an sich.

John blieb neben einer Trauerweide stehen und blickte nach rechts. Dort stand ein Haus. Es war ziemlich verfallen und glich mehr einer Baracke.

Anscheinend das Wohnhaus des Totengräbers. Der Geisterjäger sah die Abdrücke einer Reifenspur, die zum Haus hinführte. Der Lehm war bröckelig, von der Sonne ausgetrocknet.

John wunderte sich ein wenig, daß der Totengräber nicht zu sehen war, aber wahrscheinlich hatte der Mann irgendwo anders zu tun.

John sah schon von weitem, daß die Tür des Hauses fehlte. Dunkel gähnte ihm die Öffnung entgegen.

Der Inspektor beschleunigte seine Schritte. Hier stimmte etwas nicht. Er spürte es genau.

Die Haustür lag im Innern des Korridors, dessen Wände feucht waren und einen muffigen Geruch ausströmten.

John betrat das Haus.

Links führte eine Tür in ein Zimmer.

John schlich in den Raum.

Er sah mit einem Blick, was los war. Das einzige Fenster war zersplittert. Es herrschte eine Unordnung wie in einem Trödlerladen.

John untersuchte das Fenster genauer.

Ein paar dunkle Flecken stachen ihm ins Auge. Sie hingen an einem Stück des Rahmens.

Blut?

John biß sich auf die Unterlippe. Welches Drama hatte sich hier abgespielt? War der Totengräber vielleicht überfallen worden? Aber wer sollte das getan haben? Rocker? Straßenräuber? Kaum, denn diese Typen beraubten nur Menschen, bei denen es etwas zu holen gab. Und daß der Totengräber kaum Geld gehabt haben konnte, davon zeugten allein schon die leeren Whiskyflaschen, die überall herumlagen. Wenn man das zusammenrechnete, was sie gekostet haben mußten, kam schon der Monatslohn eines Totengräbers dabei heraus.

Nein, John Sinclair hatte einen ganz anderen, einen schrecklichen Verdacht. Bestimmt hatte hier Dr. Tod bereits seine Hand im Spiel gehabt. Oder . . .?

John stieß einen leisen Fluch aus. Er durchsuchte das Haus sicherheitshalber von oben bis unten, ohne jedoch einen Hinweis auf den Verbleib des Totengräbers zu entdecken.

John trat wieder nach draußen und zündete sich eine Zigarette an.

Während er rauchte, glitt sein Blick über den verlassenen Friedhof. Alles war ungepflegt und verlottert. Die Gräber waren zum Teil eingefallen, und Reifenspuren zeugten davon, daß der Totengräber oft quer durch das Gelände gefahren war.

John trat die Zigarette aus. Ihm war eine Idee gekommen. Er wollte sich Dr. Tods Grab einmal ansehen. Das Grab würde bestimmt zu finden sein, es mußte eins von den neueren sein.

John nahm nicht den Weg, sondern schritt kurzerhand die neuen Grabhügel ab.

In den braunen Lehmhaufen kroch allerlei Getier herum. Ameisen und Würmer fanden ihre Nahrung.

John ging weiter.

Plötzlich weiteten sich seine Augen. Der Inspektor war an ein frisch ausgeschachtetes Grab gekommen. Doch das war es nicht, was ihn aus der Fassung brachte.

Es war der zerstörte Sarg auf dem Boden des Grabes. Der Deckel war zersplittert und lag neben dem Unterteil. Jemand hatte schon einige Schaufeln Lehm in das Grab geworfen, denn neben dem Sarg wölbte sich ein kleiner Erdhaufen.

Hatte hier Dr. Tod gelegen?

John Sinclair sog scharf die Luft ein. Alle Anzeichen deuteten darauf hin.

Aber der Inspektor wollte Gewißheit haben. Kurz entschlossen sprang er in das Grab. Er bückte sich und untersuchte den Sarg genauer. Vielleicht hatte der Hersteller irgendein Zeichen eingraviert. John untersuchte jedes Stück Holz. Er fand nichts.

Trotzdem war er sicher, daß Dr. Tod hier gelegen hatte und es mit Asmodis' Hilfe wieder geschafft hatte, lebendig zu werden.

Eine grauenhafte Vorstellung!

John konnte sich an den Fingern einer Hand abzählen, daß Dr. Tod jetzt nur noch eins wollte.

Seine Rache.

Und das Ziel seiner Rache war John Sinclair.

Der Inspektor konnte nicht vermeiden, daß ihm trotz der Hitze ein kalter Schauer über den Rücken glitt . . .

John Sinclair kletterte aus dem Grab und säuberte, so gut es ging, seine Kleidung.

Mit gemischten Gefühlen machte er sich auf den Weg zu seinem Wagen.

Der Totengräber ging ihm nicht aus dem Sinn. Hatte Dr. Tod ihn umgebracht? Möglich war es, denn eine Leiche ließ sich hier leicht verscharren. Aber wann? Wie lange trieb dieser Unhold schon sein Unwesen? Johns Laune sank auf den Nullpunkt, wenn er an die Reaktion der Behörden dachte. Sie hatten noch nicht einmal angegeben, wann der Sarg England erreicht hatte. John beschloß, sich sofort hinter die Sache zu klemmen.

Er hatte etwa die Hälfte des Weges zu seinem Bentley zurückgelegt, als das Klingeln eines Telefons die Stille unterbrach.

Der Inspektor blieb stehen.

Er erinnerte sich, im Haus des Totengräbers einen Apparat gesehen zu haben.

John lief schnell zu der Wohnbaracke.

Beim siebenten Schellen hob er den Hörer ab.

»Ja?«

»Endlich erreiche ich Sie, Pender«, hörte der Inspektor eine Stimme. »Seit vier Tagen versuche ich, Sie anzurufen. Sagen Sie mal, wo haben Sie eigentlich gesteckt, zum Teufel? Es ist wieder Nachschub da, den Sie sich abholen können. Und eins sage ich Ihnen: Wenn Ihre Dienstauffassung nicht anders wird, müssen wir uns nach einem neuen Mann umsehen. Es gibt viele Leute, die sich um Ihren Posten reißen.«

Der Mann sprach, ohne Luft zu holen.

Schließlich unterbrach ihn John mit einem knappen »Moment mal«.

Der Mann am anderen Ende der Leitung verschluckte sich fast. Solch einen Ton war er von Pender wohl nicht gewohnt.

»Ich bin nicht Pender«, sagte John. »Ich bin Inspektor Sinclair von Scotland Yard.«

Der Unbekannte am anderen Ende der Leitung war sprachlos. »Scotland Yard?« echote er nach einer Weile.

»Ja. Ich suche Mister Pender ebenfalls.«

»Zum Teufel, weshalb denn? Hat er etwas ausgefressen?«

»Nein. Er ist verschwunden. Wann haben Sie zum letztenmal mit Pender gesprochen?« wollte John wissen.

»Lassen Sie mich nachdenken, Inspektor. Das war vor einer Woche etwa. Nein, genau vor sechs Tagen.«

»Und worum ging es da?«

»Pender sollte eine Leiche abholen. Vom Hafen. Es war ein Toter, der von Rumänien übergeführt worden ist. Aber davon müßten Sie doch wissen. Es sind doch extra zwei Beamte abgestellt worden, die den Sarg bewachten.«

»Aber nicht von unserer Dienststelle«, sagte John.

»Komisch. Na ja, manchmal arbeiten die Behörden ja auch gegeneinander.«

»Haben Sie die Namen der beiden Polizisten?« fragte John.

»Da müßte ich nachsehen.«

»Tun Sie das.«

»Bleiben Sie solange am Apparat, Inspektor.«

John wartete. Nach zwei Minuten hatte er den Mann wieder an der Strippe. »Hören Sie, Inspektor. Die beiden Polizisten waren Konstabler Bedford und Konstabler Spencer. Sie sind vom Vierten Revier. Hafenzone eins.«

»Ich danke Ihnen«, sagte John.

»Keine Ursache, Inspektor.«

John legte den Hörer auf die Gabel. Jetzt wußte er, seit wann Dr. Tod wieder sein Unwesen trieb. Fast eine Woche hielt er sich schon in London auf. Oder war er bereits nicht mehr im Land? Aber an diese Möglichkeit glaubte John nicht so recht, denn immerhin würde Dr. Tod alles daransetzen, sich an John Sinclair zu rächen. Erst wenn seine Rache befriedigt war, konnte er sich anderen Aufgaben widmen.

In einer Hinsicht war es sogar gut, daß John die Zielscheibe dieses Menschenhassers war. Er mußte nur zusehen, daß nicht noch Unschuldige in diesen Kampf mit hineingezogen wurden.

John Sinclair hatte seinen Bentley erreicht. Das Innere des Wagens glich einem Backofen. John kurbelte während der Fahrt beide Fenster herunter, um sich wenigstens etwas Kühlung zu verschaffen.

Bis zum Vierten Revier fuhr er über eine Stunde. Das Gebäude lag inmitten des Hafengeländes. Durch die Fenster hatte man einen Blick auf die Themse. Pausenlos wurden Schiffe be- und entladen. Die Männer mußten einiges aufholen, denn der letzte Streik lag noch nicht lange zurück.

Zwei Streifenwagen standen vor dem Gebäude. John parkte seinen Bentley hinter dem zweiten Wagen, stieg aus und betrat die Polizeistation.

Vier schwitzende Beamte saßen hinter ihren Schreibpulten. Ein Mann hackte auf einer altertümlichen Schreibmaschine herum. Der Ventilator unter der Decke verteilte nur die Luft, brachte aber keine Kühlung.

Der Revierleiter – ein Sergeant – kam John entgegen und fragte nach dessen Wünschen.

Der Mann von Scotland Yard stellte sich vor und verlangte die beiden Beamten zu sprechen, die vor einigen Tagen zur Bewachung des Sarges abgestellt worden waren.

Der Sergeant fuhr über seinen fast kahlen Schädel und zeigte mit dem Kopf zu dem Mann hin, der direkt neben dem Fenster saß.

»Konstabler Bedford. Kommen Sie doch mal her. Hier ist Inspektor Sinclair, der mit Ihnen reden möchte.«

Bedford war der Mann, der auf der Schreibmaschine getippt hatte.

John stellte sich noch mal vor und fragte nach dem bewußten Tag.

Bedford verzog das Gesicht. »Ich kann Ihnen sagen, Inspektor, so was mache ich auch nur einmal.«

»Wieso?«

»Nun ja!« Der Konstabler stockte. Er wußte wohl nicht so recht, wie er weitersprechen sollte. »Also mein Kollege und ich, wir hatten das Gefühl, daß irgendwas mit diesem Sarg nicht geheuer war.«

»Konstabler Spencer ist übrigens auf Streifenfahrt«, erklärte der Sergeant.

»Schon gut«, sagte John. »Erzählen Sie weiter, Konstabler.«

»Also, wir haben ja einige Zeit auf den Totengräber warten müssen. Der Sarg stand in einer Halle, und man hat ziemlich geheimnisvoll getan. Das ganze Drumherum und so. Auf jeden Fall haben wir deutlich die Geräusche gehört.«

»Welche Geräusche?« fragte John.

Konstabler Bedford blickte erst den Sergeanten an und dann den Inspektor. »Die Geräusche kamen aus dem Sarg. Erst war es nur ein Klopfen, und hinterher, als wir den Sarg dann transportierten, haben wir sogar ein Ächzen gehört. Wenn Sie meinen Kollegen fragen, Inspektor, der kann es bestätigen.«

»Warum haben Sie mir denn nichts davon gesagt?« blaffte der Sergeant.

Bedford hob die Schultern. »Hätten Sie mir geglaubt, Sergeant?«

»Hm. Wahrscheinlich nicht.«

»Das spielt ja auch keine Rolle«, mischte sich John Sinclair ein. »Tatsache ist, daß Ihr Kollege und Sie die Geräusche vernommen haben.«

»Ja.«

Der Sergeant hatte sich noch immer nicht beruhigt. »Sie waren doch nicht betrunken?«

»Auf keinen Fall, Sir.«

John hielt sich noch einige Minuten in dem Revier auf und bedankte sich dann bei dem Konstabler. Der Inspektor vergatterte die Beamten, über diesen Fall Stillschweigen zu bewahren.

Anschließend fuhr John Sinclair wieder zum Yard zurück. Er ahnte nicht, daß Dr. Tod schon längst seine Fäden gezogen hatte.

Daß er es mit List und Tücke geschafft hatte, John Sinclair ständig unter Beobachtung zu halten.

Er würde zuschlagen. Aber zu einem Zeitpunkt, wo der Inspektor nicht damit rechnete . . .

Knarrend öffnete sich der Sargdeckel. Die beiden Kerzenflammen zu beiden Seiten des Podestes begannen zu flackern.

Mit schreckgeweiteten Augen starrte die junge, blonde Frau auf den Sarg.

Die Gestalt schraubte sich langsam aus der Totenkiste.

Die junge Frau konnte nicht schreien. Sie war unfähig, überhaupt ein Glied zu rühren.

Der Unheimliche aus dem Sarg war ein Vampir. Überdeutlich traten die spitzen Zähne zu beiden Seiten des Kiefers hervor. Die Hände waren zu Krallen gekrümmt, die Augen verrieten eine namenlose Gier.

Lautlos näherte er sich seinem Opfer.

Nadine Berger krampfte ihre Hände um die Sitzlehnen. Ihr Atem ging flach und schnell. Ein Schweißfilm hatte sich auf ihre Stirn gelegt. Das Geschehen auf der Leinwand hielt sie gefesselt. Denn die junge Frau, die die schreckliche Angst vor dem Vampir hatte, war sie selbst.

Nadine Berger, Schauspielerin in diesem gräßlichen Horrorfilm. Sie durchlebte noch einmal die Angst, die sie auch schon bei den Aufnahmen gespürt hatte, obwohl bald alles vorbei war.

Der Vampir kam nicht mehr dazu, die blonde Frau zu seiner Sklavin zu machen.

Sekunden vorher tauchte der Retter auf und erledigte den Untoten auf die klassische Art und Weise. Genüßlich wurde der Todeskampf des Vampirs gezeigt, um den Film dann anschließend mit einer Liebesszene enden zu lassen.

Alles hatte wieder seine Ordnung.

Intervallweise ging in dem großen Saal das Licht an. Und dann brach ein Beifallssturm los, wie Nadine Berger ihn selten erlebt hatte.

»Das wird ein Erfolg«, sagte neben ihr ein Mann. »Los, Nadine, Sie müssen aufstehen.«

Nadine erhob sich. Sie war noch immer etwas benommen. Auch

die anderen Hauptdarsteller waren aufgestanden. Gemeinsam gingen sie zu der provisorisch aufgebauten Bühne. Als letzter kam der Regisseur des Horror-Streifens. Sein Zahnpastalächeln war reklamereif. Er hatte die Hände über dem Kopf verschränkt und stand da wie Muhammed Ali in seinen besten Tagen.

Ein geringschätziges Lächeln umspielte Nadines Lippen. Sie mochte Mike Callahan nicht. Er erinnerte sie immer an einen aufgeblasenen Geier.

Trotzdem, dieser Mann hatte Einfälle. Schon allein der heutige Abend war eine Bombe.

Premiere eines Horror-Streifens an den Originalschauplätzen. Wenn das kein Reklamegag war! Gedreht hatten sie auf Darwood Castle, einem garantiert »echten« Spukschloß. Es waren zwei aufregende Monate gewesen. Geschlafen wurde oben in den Gästezimmern. Das gesamte Filmteam war in den zwei Monaten zu einer Familie geworden. Beleuchter, Kameramänner, Schauspieler – jeder war für den anderen da.

Und dann die Premiere. Mike Callahan, Regisseur und gleichzeitig Produzent, hatte seine Beziehungen spielen lassen. Die Presse war geladen, Vertreter der Filmindustrie und die Repräsentanten der großen Illustrierten.

Mike Callahan hatte eine Horror-Nacht arrangiert. Eine Horror-Nacht mit kaltem Buffet, Champagner, Musik und einigen engagierten Statisten, die die Gruselatmosphäre bringen sollten. Die Leute sollten gegen Mitternacht auftreten. Als Werwölfe oder Vampire verkleidet. Auch waren einige Monsterrollen vorgesehen. Man versprach sich von diesem Gag eine tolle Wirkung. Eingeweiht waren nur wenige. Die Gäste sollten überrascht werden.

Es dauerte eine Weile, bis sich der Lärm in der großen Vorführhalle gelegt hatte. Hier hatten in früheren Zeiten Ritter ihre Feste gefeiert.

Mike Callahan griff zum Mikrophon. Der Regisseur war ein mittelgroßer Mann mit dichtem Schnurrbart. Seine wieselflinken Augen schienen überall zu sein. Die wenigen schwarzen Haare hatte er zurückgekämmt. Der vordere Teil des Kopfes leuchtete wie eine Billardkugel. Callahan hatte schon über dreißig Filme gedreht und wollte mit diesem Horror-Streifen an die Spitze vorstoßen.

Dann hielt der Regisseur seine Rede. Er setzte sich darin selbst ein Denkmal, versäumte es aber auch nicht, die Schauspieler zu erwähnen.

»Und nun, Ladies and Gentlemen, darf ich sie zu einem kleinen Aperitif einladen. Das kalte Buffet folgt später. Schließlich haben wir noch eine lange Nacht vor uns.«

Wieder klatschten sich die Gäste die Hände wund.

Callahan genoß den Beifall wie ein Pfau seinen Federschmuck. Er gab eine ziemlich lächerliche Figur ab. Sein Smoking war um eine Nummer zu groß. Er wirkte darin wie ein Pinguin.

Der Rittersaal war groß. Die Wände waren mit Malereien aus der historischen Vergangenheit des Schlosses bemalt. Sie zeigten die großen Schlachten, die damals das Land verwüstet hatten.

Kristallüster spendeten Licht. Der Schein brach sich auf dem üppigen Schmuck der Damen und ließ Hunderte von Lichtreflexen aufblitzen.

Man begab sich in die anderen Räume.

Diener in weinroter Livree eilten hin und her. Sie servierten Cocktails auf silbernen Tabletts. Die Party versprach ein Riesenerfolg zu werden.

Nadine Berger stürzte das erste Glas Sekt förmlich hinunter und griff sofort nach dem zweiten.

Die Gäste standen in Gruppen beisammen und unterhielten sich. Es wurde viel gelacht, und auch an Komplimenten fehlte es nicht.

Nadine war von einigen Herren eingekreist. Die interessierte weniger der Film als die Hauptdarstellerin. Jeder versuchte, bei Nadine mit mehr oder weniger galanten Bemerkungen zu landen.

»Wenn Sie demnächst einen Beschützer brauchen, Nadine, ich bin immer für Sie da«, sagte ein schwarzgelockter Gigolo theatralisch und zeigte seine strahlenden Jacketkronen.

»Danke, aber ich suche mir meine Beschützer selbst aus.«

»Oh, die Lady ist emanzipiert«, meinte ein anderer.

»Warum auch nicht?« erwiderte ein dunkelhaariger Zeitungsmann, »wir haben schließlich das Jahr der Frau. Was halten Sie übrigens davon, Nadine?«

»Nichts, meine Herren. Wenigstens im Augenblick nichts. Ich bin hier, um mich zu amüsieren.«

Wie auf Kommando begann die Kapelle zu spielen. Heiße Rhythmen erfüllten die ehrwürdigen Räume des Schlosses.

Die Tänzer rissen sich um Nadine. Doch ehe sie sich entschlossen hatte, durchbrach Mike Callahan den Kreis. »Den ersten Tanz hat Nadine mir versprochen.«

Das stimmte zwar nicht, aber Nadine wollte keine Spielverderberin sein.

Die Herren zogen sich leicht verärgert zurück. Aber es war ja noch genügend Weiblichkeit da.

Die Musiker spielten einen Blues. Callahan ging bei Nadine auf Tuchfühlung.

Die Schauspielerin versteifte sich. Sie mochte diesen Mann nicht.

Callahan merkte das wohl. Er lächelte überfreundlich. »Nun, Nadine, war das ein Erfolg?«

»Das muß sich erst noch herausstellen. Man weiß nie, wie das Publikum reagiert. Schließlich gibt es Horrorfilme en masse.«

»Ja, aber nicht solch einen Film. Das ist ein Top-Streifen. Und es wird nicht der letzte bleiben, verlassen Sie sich darauf.«

»Das kann ich verstehen.«

»Ich suche für meinen nächsten Film noch eine Hauptdarstellerin«, sagte Callahan. »Ich habe da an Sie gedacht, Nadine.«

»Soll das wieder ein Horror-Film werden?«

»Ich weiß es noch nicht. Aber sprechen wir doch von Ihnen. Sie bekommen die Hauptrolle, vorausgesetzt . . .«

»Ja?«

»Vorausgesetzt, Sie behandeln mich nicht so kühl und sind etwas entgegenkommender.«

Jetzt war die Katze aus dem Sack. Nadine hatte es geahnt. Callahan war schon vom ersten Drehtag an hinter ihr hergewesen. Doch sie war es gewohnt, sich ihre Männer selbst auszusuchen. Und Callahan war nicht ihr Typ.

Nadine blickte dem Regisseur in die Augen. Sie sah dort das gierige Leuchten, diesen Blick, der allen Männern zu eigen war, wenn sie unbedingt etwas von einer Frau wollten. Nadine spürte, wie Callahan sie näher an sich ziehen wollte, und stemmte sich gegen den Griff.

»Nun, wie lautet Ihre Antwort?« Callahans Stimme klang heiser vor Aufregung.

»Nein!«

Nadine sagte es so kalt und entschieden, daß Mike Callahan regelrecht zusammenzuckte. Innerhalb von Sekunden wechselte sein Gesichtsausdruck. Haß stahl sich in seine Augen. »Sie werden das bereuen, Nadine. Ich werde Sie in der Filmbranche unmöglich machen. Niemand wird Ihnen noch eine Rolle geben. Selbst in einem Pornofilm werden Sie nicht landen können. Für Sie ist die Filmkarriere beendet.«

Nadine war bleich geworden. »Danke, Mister Callahan. Ich habe verstanden.« Mit einer schnellen Bewegung löste sie sich aus den Armen des Regisseurs. Wie ein dummer Junge blieb Mike Callahan auf der Tanzfläche stehen. Sein Gesicht war hochrot vor Zorn und Wut.

Nadine Berger bahnte sich einen Weg durch die tanzenden Paare. Immer wieder wollte man sie auffordern, doch Nadine lehnte ab.

An der Tür stand Ross Taylor, ihr Partner in dem Horror-Streifen.

»Hallo, Nadine«, sagte er und verzog das braungebrannte Gesicht zu einem Lächeln.

Taylor war ein Bilderbuch-Mann. Er hatte dunkles, modisch geschnittenes Haar und hellblaue Augen. Sein Gesicht strahlte die Männlichkeit aus, die Frauen immer fasziniert. Doch zu Nadines Leidwesen machte sich Taylor nichts aus Frauen. Er war ein prächtiger Kollege, doch mit einer Frau eine Liebschaft anzufangen, das hätte er nie über sich gebracht.

»Ach, du bist's, Ross«, erwiderte Nadine und legte ihren Arm auf seine Schulter.

Ross Taylor wandte den Kopf. »Hast du Kummer?«

»Ach, woher. Ich bin nur etwas müde, weißt du. Ich glaube, ich werde mich mal für ein paar Minuten zurückziehen.«

»Die Idee ist gut«, sagte Ross Taylor. Er ging einige Schritte zur Seite und deutete den Gang hinunter. »Die letzte große Tür auf der rechten Seite führt in den Gemäldesaal des Schlosses. Dort kannst du dem Trubel für ein paar Minuten entkommen.«

»Dank dir, Ross«, sagte Nadine, hauchte dem Mann einen Kuß auf die Wange und verschwand.

Die schwere Doppeltür war offen.

Nadine hatte tatsächlich Kopfschmerzen. Dieser Trubel, der

Zigarettenqualm, die leeren Unterhaltungen – das war nichts für Nadine. Sie brauchte manchmal die Stille.

Nadine Berger schloß die Tür sorgfältig hinter sich zu. Der Gemäldesaal war groß. Prachtvolle Bilder hingen an den Wänden. Die Decke war kuppelförmig gebaut worden und ebenfalls bemalt. Eine Absperrung – bestehend aus einem dicken Tau – zog sich quer durch den Saal. Schilder wiesen darauf hin, daß ein Berühren der Bilder nicht gestattet war.

Der Boden war mit Parkett ausgelegt. Nadines Schritte hallten von den Wänden wider, während sie langsam durch den Saal ging und sich die Bilder betrachtete.

Von dem Lärm und Trubel war kaum etwas zu hören. Die Stille tat ihr richtig gut.

Vor einem besonders prunkvollen Schlachtgemälde blieb Nadine länger stehen. Sie betrachtete jede Einzelheit und war so darin vertieft, daß sie die Schritte erst im letzten Moment hörte.

Erschreckt kreiselte Nadine herum. Unwillkürlich preßte sie ihre rechte Hand gegen den Mund.

Der Mann, der ihr gegenüberstand, war groß, breitschultrig und hatte ein gutgeschnittenes Gesicht. Ein Ehering blitzte an seiner rechten Hand.

»Entschuldigen Sie, Miss Berger, wenn ich Sie erschreckt habe. Es lag bestimmt nicht in meiner Absicht. Gestatten Sie, daß ich mich vorstelle. Mein Name ist Bill Conolly.«

Nadine überwand ihre Überraschung schnell. Außerdem war ihr der Mann sympathisch. Er machte nicht den Eindruck eines Schürzenjägers.

»Sind Sie aus der Filmbranche, Mister Conolly? Ich habe Sie noch nie gesehen.«

Bill wehrte lachend ab. »Nein, um Himmels willen. Mit dem Film habe ich nichts zu tun. Dort ist es mir zu hektisch. Ich bin freier Journalist und Reporter. Ich arbeite für verschiedene Zeitungen und Magazine.«

»Muß ein interessanter Beruf sein.«

»Das gebe ich zu. Aber man gewöhnt sich an alles.«

Bill blickte Nadine an. Sie war wirklich eine außergewöhnlich schöne Frau. Nadine trug ein hellblaues, figurbetontes Chiffonkleid mit einem raffinierten Ausschnitt, der den Ansatz ihres Busens sehen ließ. Das weizenblonde Haar fiel bis auf die nackten Schultern und war sorgfältig gekämmt. Nadine war kaum geschminkt, was die Apartheit ihres Gesichtes besonders betonte. Sie fiel irgendwie aus dem Rahmen der üblichen Filmschauspielerinnen. Es war gerade diese Natürlichkeit, die Männer so anzog.

»Zufrieden mit der Musterung, Mister Conolly?« fragte Nadine.

»Danke, ja.«

Nadine lachte. »Dann wollen Sie mich bestimmt interviewen.«

»Nicht unbedingt.«

Nadine hob überrascht die Augenbrauen. »Das ist ja ein neuer Zug, den ich an euch Journalisten entdecke.«

»Man darf eben nicht alle über einen Kamm scheren.«

»Und was hat Sie in diesen Saal geführt, Mister Conolly?«

»Ich wollte dem Trubel ein wenig entgehen.«

»Dann geht es Ihnen so wie mir.«

»Außerdem interessiere ich mich für Schlösser und Burgen. Vor allen Dingen für die Kunst der vergangenen Jahrhunderte. Manchmal bekommt man direkt Ehrfurcht vor den Künstlern, finden Sie nicht auch, Miss Berger?«

»Ja. Aber für Sie bin ich Nadine.«

»Nur wenn Sie Bill sagen.«

»Abgemacht.«

Nadine Berger ging ein paar Schritte zurück. Ihr Blick schweifte durch den großen Saal. »Wissen Sie, Bill, ich freue mich immer, wenn ich noch einen normalen Menschen treffe.«

»Wie soll ich das denn verstehen?«

»Nun – einen Mann, der nicht so überverrückt ist. Es gibt in unserer Branche Leute, ach, was erzähle ich Ihnen, das wissen Sie bestimmt selbst.«

»Und woraus entnehmen Sie, daß ich anders bin?« fragte Bill.

»Reine Menschenkenntnis. Dazu Ihr Benehmen. Es paßt einfach alles. Ihre Frau kann sich freuen. Sie sind doch verheiratet, oder?«

»Ja. Sogar sehr glücklich.«

»Das hört man selten.«

Eine kleine Pause entstand.

Nadine fiel auf, daß Bill mehrmals auf seine Uhr blickte.

»Erwarten Sie jemanden?« fragte die Schauspielerin.

»Ja. Einen Freund. Ich habe ihn auf diese Party mitgeschleift.«

»Ist dieser Mann ein Kollege von Ihnen?« Nadine legte ihre Hand auf die Lippen. »Entschuldigen Sie, wenn ich so neugierig bin, aber ich möchte von einem Menschen immer gerne alles wissen. Es ist so eine Marotte von mir.«

»Das macht doch nichts. Mein Freund wird nichts dagegen haben, Sie kennenzulernen. Es ist kein Kollege von mir, sondern ein Polizeibeamter. Inspektor bei Scotland Yard und Junggeselle aus Prinzip«, fügte Bill lachend hinzu.

»Da kenne ich viele, die ihre Meinung hinterher geändert haben«, erwiderte Nadine Berger schmunzelnd.

Im selben Moment öffnete sich die Tür, und John Sinclair betrat den Raum.

Nadine hielt unwillkürlich den Atem an. Dieser Inspektor war ein außergewöhnlicher Mann, das sah sie auf den ersten Blick.

Der Smoking saß wie angegossen. Das blonde Haar war kurzgeschnitten, und die blauen Augen in dem leicht gebräunten Gesicht strahlten Härte und Humor zugleich aus.

Bill Conolly ging John entgegen. »Darf ich miteinander bekannt machen. Nadine Berger – John Sinclair.«

Nadine reichte dem Inspektor die Hand. Sein Händedruck war fest, und Nadine war sicher, daß dieser Mann zupacken konnte, wenn es sein mußte.

»Jetzt störe ich wohl«, sagte sie und blickte unsicher von einem zum anderen.

»Aber gar nicht, Miss Berger«, sagte John. »Ich wollte mich sowieso gleich wieder in den Trubel stürzen.«

Bill mischte sich ein. »Ich habe Miss Berger erzählt, daß du Junggeselle bist und für diesen Abend noch unbeweibt. Es ist doch naheliegend, wenn . . .«

John lachte. »Hör auf, Bill, du weißt, daß Kuppelei verboten ist.« Mit einem entschuldigenden Lächeln wandte sich der Inspektor an Nadine Berger. »Ich kann nichts machen, Bill Conolly ist so. Seit er verheiratet ist, will er auch mich dauernd unter die Haube bringen.«

»Nun hör aber auf, John«, sagte Bill und mußte sich ein Lachen verbeißen. »Wissen Sie, Nadine, John Sinclair ist ein ganz heimlicher. Der sieht nur so harmlos aus. In Wirklichkeit ist er . . .«

»Finden Sie, daß Mister Sinclair so harmlos aussieht?« fragte

Nadine kokett, der die Unterhaltung großen Spaß bereitete. »Ich meine, daß . . .«

Die Schauspielerin kam nicht mehr dazu, weiterzusprechen. Abermals wurde die Tür aufgestoßen.

Jack Motta stand auf der Schwelle. Motta war einer von Nadines Partnern. Er hatte in dem Streifen den Vampir gespielt. Motta war ein verschlossener Typ mit kantigen Gesichtszügen. Der Maskenbildner hatte ihn gar nicht groß zu schminken brauchen. Ängstliche Gemüter fürchteten sich auch schon so vor ihm.

»Ach, hier bist du«, sagte Motta mit schwerer Stimme. Er war leicht angetrunken und hielt noch ein halbvolles Whiskyglas in der rechten Hand. »Ich habe dich schon überall gesucht. Man will noch einige Fotos von uns machen.« Motta warf John und Bill einen verächtlichen Blick zu. »Seit wann verkehrst du mit Pressefritzen?« fragte er anzüglich.

»Jack, ich bitte dich.« Nadines Augen sprühten vor Zorn. »Du hast schon wieder zuviel getrunken.«

Motta lachte albern. »Na und? Ist es ein Fehler? Sonst kann man dieses beschissene Leben doch gar nicht ertragen. Außerdem geht dich das einen . . .«

»Ja, ja, schon gut«, sagte Nadine, ging auf ihren Kollegen zu und schob ihn aus dem Saal. An der Tür wandte sie noch einmal den Kopf und warf einen entschuldigenden Blick zurück.

»Wir sehen uns später«, sagte Bill noch, bevor sie die Tür hinter sich schloß. Dann wandte sich der Reporter an John Sinclair. »Na, was sagst du?«

John nickte anerkennend. »Die Kleine gefällt mir wirklich. Nicht so überdreht wie manch andere Schauspielerinnen.«

Bill schlug seinem Freund auf die Schulter. »Hab' ich doch das richtige getroffen. Übrigens, gibt es was Neues? Ich meine, du hast doch vorhin beim Yard angerufen.«

»Nein.« John schüttelte den Kopf. »Es ist nichts passiert, was auf Doktor Tod hindeutet.«

»Na, siehst du. Ich habe es ja immer gesagt, du machst die Pferde scheu. Jetzt bist du schon tagelang nicht ansprechbar, wartest förmlich darauf, daß man dir an den Kragen will, und vielleicht ist alles nur eine Täuschung. Was hat mich das für eine Überredung gekostet, daß du mitkommst. So, und jetzt wollen wir feiern. Was ich dir noch sagen wollte, Sheila geht es wieder besser. Die Grippe ist fast überstanden.«

Sheila war Bills Frau. Die beiden waren schon in manche Abenteuer verwickelt worden, und immer wieder war es Sheila gewesen, die ihren Mann davor warnte, sich in Sachen einzumischen, die ihn nichts angingen.

John und Bill hatten schon fast die Tür erreicht, als eine blecherne Lautsprecherstimme aufklang.

»Mister Sinclair bitte zum Telefon. Mister Sinclair bitte zum Telefon.«

John zuckte zusammen und sah seinen Freund bedeutungsvoll an.

»Das wird irgendein normaler Anruf sein«, meinte Bill und versuchte zu lachen. Dann bedachte er den Lautsprecher an der Decke mit einem bösen Blick. »Man sollte die Dinger abreißen«, knurrte er.

Diese Lautsprecher waren in allen Räumen des Schlosses installiert worden. Man wollte sie in den nächsten Tagen wieder entfernen, wenn das Filmteam abgereist war.

John war schon draußen. Mit schnellen Schritten ging er den Gang entlang.

Immer wieder mußte er einigen Leuten ausweichen, die ihm lachend entgegen kamen. Die Party schien tatsächlich ein großer Erfolg zu werden.

Das Telefon war unter einer schallschluckenden Haube an der Wand des Ganges angebracht. Es gab noch mehrere Apparate wie diesen im Schloß.

Ein Bediensteter hielt den Hörer in der Hand. Er übergab ihn John und zog sich diskret zurück.

Der Inspektor duckte sich unter die Haube.

»Sinclair«, sagte er.

Zuerst hörte er nur ein Lachen. Dann fragte eine Stimme: »Inspektor Sinclair?«

»Ja.« John wurde bereits ungeduldig.

»Genießen Sie noch die letzten Stunden Ihres Lebens, Inspektor. Denn diese Party werden Sie nicht mehr lebend verlassen. Das garantiere ich Ihnen. Denken Sie daran: Doktor Tod ist da.«

Im selben Atemzug wurde die Verbindung unterbrochen.

John Sinclair hatte das Gefühl, in eiskaltes Wasser getaucht worden zu sein.

Also doch. Dr. Tod befand sich unter den Lebenden. Er war sogar auf dem Schloß. Und was das bedeutete, war kaum zu ermessen. Es bestand durchaus die Möglichkeit, daß die Party zu einem Mörderfest wurde . . .

Mit einer müde wirkenden Bewegung legte John Sinclair den Hörer auf. Sein Körper war schweißnaß. Das kam nicht nur von der Hitze, nein, dieser Telefonanruf hatte ihn zutiefst geschockt. Dr. Tod in den Räumen des Schlosses! Unvorstellbar! Diesem Menschenhasser würde es nichts ausmachen, wahllos die Gäste zu töten, nur, um für die Hölle einen Sieg zu erringen.

Aber eine Hoffnung gab es noch. Vielleicht war Dr. Tods Haß auf John Sinclair so groß, daß er sich mit seinen Angriffen nur auf ihn konzentrieren würde. Und John mußte dann zusehen, daß er den Kampf gewann.

Diesmal für immer.

Der Inspektor tauchte unter der schalldichten Haube weg. Ein Bediensteter, der einen Sektkübel trug, kreuzte seinen Weg.

»Einen Augenblick«, sagte John.

Der Mann blieb stehen. »Sir?«

»Ich bin eben hier angerufen worden«, erklärte John. »Ist es möglich, daß der Anruf auch von außerhalb gekommen ist?«

»Ausgeschlossen, Sir. Dieser Apparat ist nur mit der schloßinternen Leitung gekoppelt. Sobald das Filmteam abreist, werden die Telefonapparate wieder demontiert.«

»Es muß aber doch Außenapparate geben«, sagte John.

»Selbstverständlich, Sir. Sie befinden sich im Herrenhaus. Es sind mehrere. Diese Räume liegen übrigens im Südflügel und sind von den Filmleuten nicht benutzt worden. Der Count of Darwood hat sich das ausgebeten.« Der Ober mußte zur Seite treten, um einige Leute vorbeizulassen. Er sagte dann, daß es noch einen Apparat im provisorischen Büro des Regisseurs gäbe.

John bedankte sich für die Auskünfte und zündete sich erst einmal eine Zigarette an.

Die Musikfetzen drangen nur verschwommen an seine Ohren.

Er hörte auch nicht das Gelächter der Partygäste. Seine Gedanken gingen in eine ganz andere Richtung.

»Was ist dir denn für eine Laus über die Leber gelaufen?« fragte Bill Conolly plötzlich.

John hob den Kopf und sah seinen Freund neben sich stehen. Er hatte ihn nicht kommen gehört.

»Mensch, John, diese Nadine hat schon nach dir gefragt. Komm, stell dich nicht so an.«

Der Inspektor schüttelte den Kopf. »Ich werde nicht mit euch feiern, Bill. Dieser Anruf vorhin. Weißt du, wer am Apparat war?«

»Du bist gut. Wie sollte ich?«

»Es war Doktor Tod. Und er ist hier im Schloß.«

»O verdammt«, flüsterte Bill und verlor schlagartig seine Gesichtsfarbe.

John berichtete in knappen Sätzen.

Bill Conolly wußte auch von Dr. Tod. Er hatte die Gefährlichkeit dieses Mannes schon mehr als einmal am eigenen Leibe zu spüren bekommen.

»Na, dann können wir uns ja auf etwas gefaßt machen«, stöhnte der Reporter. »Aber woher weiß der Kerl denn, daß du hier bist?«

»Er wird mich beobachtet haben. Wahrscheinlich schon tagelang.«

»Und warum hat er dann nicht schon früher zugeschlagen? Es widerspricht doch den Gesetzen der Logik. Hier sind viel zu viel Menschen.«

»Aber es widerspricht nicht Doktor Tods Natur«, unterbrach John seinen Freund. »Er muß Publikum haben, so schlimm es auch ist.«

»Na dann«, sagte Bill. »Aber – da fällt mir etwas ein.« Der Reporter legte zwei Finger seiner rechten Hand an die Stirn. Ein Zeichen, daß er nachdachte. »Dieser Doktor Tod ist doch damals in Rumänien verbrannt. Ich habe die Leiche schließlich selbst gesehen. Wenn er jetzt durch schwarze Magie wieder zum Leben erweckt worden ist, dann fällt er doch auf, vorausgesetzt, er hat sich nicht verändert.«

»Das stimmt«, gab John zu, »aber hast du schon mal erlebt, daß Doktor Tod immer ganz allein arbeitet? Er hat jedesmal Helfer gehabt. Er selbst wird sich im Verborgenen halten. Erst wenn

Angst und Schrecken regieren, tritt er in Erscheinung. Ich kenne ihn bald besser als mich selbst.«

»Und was willst du unternehmen? Die Party abbrechen lassen? Niemand würde dir glauben. Das ist eine Horrorfete, denk daran. Soviel ich weiß, will man um Mitternacht mit einigen Überraschungen aufwarten. Der Regisseur hat Statisten engagiert, die als Monster verkleidet herumlaufen. Dann wird man Doktor Tods Erscheinen ebenfalls für einen Gag halten.«

John Sinclair wußte nur zu gut, wie recht sein Freund hatte. Und es machte ihn wahnsinnig, untätig herumsitzen zu müssen und zu warten, wann Dr. Tod zum erstenmal zuschlug.

»Sollen wir das Schloß durchsuchen?« fragte Bill.

»Es wäre eine Möglichkeit.« John überlegte. »Wir können uns aber auch draußen umsehen.«

»Okay. Besser, als hier herumzustehen. Sag mal, John, hast du eigentlich deine Pistole mit?«

»Ja.«

»Wenigstens etwas.«

Die beiden Männer orientierten sich in Richtung Ausgang. Die Party fand im gesamten Mittelteil des Schlosses statt. Es gab kaum einen Raum mehr, in dem nicht getanzt wurde. Lautsprecher übertrugen die heiße Musik der Kapelle.

»Der Spaß hat etwas gekostet«, sagte Bill und betrat als erster die Stufen der großen Freitreppe, die hinaus in den Schloßhof führte.

Der Schloßhof war ein großzügig angelegtes Geviert mit gepflegten Rasenflächen, sorgfältig gestutzten Bäumen und einigen Buschinseln. Die kiesbestreuten Wege durchkreuzten wie das Netz einer Spinne die kultivierte Landschaft.

Doch heute war der Schloßhof zweckentfremdet worden.

Bunte Girlandenketten verbanden die Bäume miteinander. Hunderte von Glühbirnen leuchteten in allen Farben. Scheinwerfer waren an den Bäumen befestigt. Ihre grellen Lichtbündel konzentrierten sich auf den Mittelpunkt dieser Party im Freien – das kalte Buffet.

Es war meterlang und bestückt mit Köstlichkeiten aus aller Welt. Noch immer liefen Ober hin und her und gaben den Speisen den letzten Schliff.

Es gab Hummer, unzählige Salate, Pasteten, Fisch und vielerlei

Fleischsorten. Eine Extratafel war nur für das Käsebuffet hergerichtet worden.

John und Bill blieben unter einer der alten Platanen stehen.

»Glaubst du im Ernst, daß sich hier jemand versteckt hält?« fragte der Reporter.

John zuckte die Achseln. »Wohl kaum.«

Es würde wohl bald losgehen, denn die Musik wurde bereits in den Schloßhof übertragen. Es sprangen noch ein paar Scheinwerfer an und rissen zahlreiche Lichtinseln aus der Dunkelheit.

»Laß uns solange reingehen«, sagte Bill und faßte nach Johns Arm.

Im selben Augenblick hörten sie den Schrei!

»Das war im Schloß«, rief John Sinclair und spurtete los.

Bill Conolly konnte kaum Schritt halten.

Mit Riesensätzen jagte John die Treppe hoch. Aufruhr herrschte in der Halle, aber auch Gelächter.

John drängte sich durch die Menschenmenge, die nur auf einen Punkt starrte.

Nach einigen Ellenbogenstößen konnte John auch sehen, was los war.

Ein Werwolf war aufgetaucht und hatte sich einer Frau bemächtigt. Das Gebiß mit den Reißzähnen schimmerte gefährlich, und aus dem Maul drangen knurrende Laute. Was die Sache lächerlich machte, war das Kostüm des Werwolfs. Es war am Rücken geplatzt und ließ das Unterhemd des darin steckenden Mannes sehen.

Auch die ›Überfallene‹ hatte sich wieder beruhigt. Der Gag war angekommen, da gab es keinen Zweifel. Am meisten freute sich Mike Callahan. Er kreischte vor Vergnügen und erzählte jedem, der es hören wollte, daß dies seine Idee gewesen sei. Und es sollte nicht die letzte sein, wie er versicherte.

Callahan sprang auf einen Stuhl. Der Regisseur war auch nicht mehr ganz nüchtern. »Und nun, Ladies and Gentlemen«, rief er, »habe ich einen tollen Vorschlag. Nach diesem Schrecken veranstalten wir einen Generalangriff. Einen Angriff auf das kalte Buffet.«

Seine nächsten Worte gingen im Beifallsgeschrei der Gäste

unter. Der Werwolf war von seinem Opfer ›entführt‹ worden. John sah die beiden gemeinsam in einem Raum verschwinden.

Der Inspektor wollte sich gerade abwenden, als ihn jemand auf die Schulter tippte.

Es war Nadine Berger. Sie hatte schon einen kleinen Schwips. John sah es am Ausdruck ihrer Augen.

»Wenn Sie jetzt nicht mit mir kommen, bin ich Ihnen ernstlich böse«, sagte Nadine und lehnte sich so fest gegen John, daß er den Druck ihrer Formen deutlich spüren konnte. »Was meinen Sie, Inspektor, wie viele Männer ich schon Ihretwegen abgewiesen habe. Kommen Sie. Sie werden mir die besten Sachen am kalten Buffet aussuchen. Ja?«

John zuckte ergeben die Achseln. Er konnte nichts machen. Als er für einen Augenblick den Kopf drehte, sah er Bill Conolly zwischen zwei Damen eingeklemmt. Bill machte ein langes Gesicht.

Sie gingen nach draußen.

Nadine hatte sich bei John eingehängt.

»Ist diese Nacht nicht herrlich?« flüsterte sie. »Der Mond, die Luft. Ich wünschte mir, daß dies alles nie vorbeigehen würde.«

John ging nicht auf ihren Ton ein. Seine Gedanken beschäftigten sich mit etwas anderem.

Popmusik sollte den Appetit der Gäste anregen.

Wie hungrige Löwen stürzte sich die Meute auf das kalte Buffet. John war so ziemlich einer der letzten, der an die Reihe kam. Nadine zeigte ihm, was sie haben wollte.

John reichte ihr den gefüllten Teller. Er wollte gerade selbst nach einem Hähnchenschenkel greifen, als er die Gestalt sah.

Und da wußte John Sinclair, daß Dr. Tod zum erstenmal zugeschlagen hatte.

Die Küchenräume lagen im westlichen Seitentrakt des Schlosses direkt über den Vorratskammern.

Hier wurde hart geschuftet. Mike Callahan hatte zusätzliches Personal eingestellt, um die leiblichen Bedürfnisse der Gäste zu befriedigen. Zwar wurde vieles schon fertig geliefert, doch es blieb noch sehr viel zu tun.

Der große Küchenraum hatte fast die Ausmaße eines Saales. An den Wänden standen mehrere wuchtige Öfen, die mit Gas beheizt wurden. Tische standen in der Mitte des Raumes. Hier gab man vielen Speisen noch den letzten dekorativen Schliff.

Über all die Arbeiten wachte der Chefkoch mit Argusaugen. Er leitete die Küche wie ein Patriarch, und manch einer der Gesellen hätte ihn am liebsten selbst zu Gulasch verarbeitet.

Die Abzüge funktionierten kaum noch. Sie sollten in den nächsten Wochen erst überholt werden. Dunstschwaden hingen wie eine Nebelwand in der Küche und trieben den fünf arbeitenden Köchen den Schweiß auf die Stirn.

Tim, der jüngste von ihnen, schnitt gerade ein Filetstück, als der Chefkoch ihn zu sich rief.

»Du weißt, wo die Weinkeller sind?«

Tim nickte. Mit der Schürze trocknete er sich den Schweiß ab.

»Nimm dir den großen Korb und hole mir zwanzig Flaschen Portwein. Die Kellner sind im Augenblick überlastet. Außerdem wissen sie auch in den Räumen nicht so gut Bescheid.«

Tim wollte schon gehen, als ihn der Chefkoch noch mal zurückhielt. »Schinken brauchen wir auch noch, Tim. Nimm das Messer mit.«

»Wird gemacht.«

Tim schnappte sich das scharfe Fleischmesser an der Wand. Es hatte einen massiven Holzgriff und eine lange, beidseitig geschliffene Klinge.

»Paß auf, daß du dir den Dolch nicht in die Brust rammst«, witzelte ein Kollege.

Tim zuckte mit den Schultern. Er hatte für solcherlei Späße nichts übrig. Tim war ein stiller, junger Mann, der zu allem ja und amen sagte.

Die Kellerräume waren von der Küche aus nicht direkt zu erreichen. Man mußte erst auf den Gang gehen, und von dort aus gelangte man durch eine alte Tür in den Keller.

Tim hörte das Lachen der Menschen, und der Neid kam in ihm auf.

Wie gerne hätte er da jetzt mitgemacht. Statt dessen mußte er den Leuten noch die Köstlichkeiten holen. Tim fluchte leise vor sich hin. Er wußte auch nicht, was heute in ihn gefahren war.

Den Schlüssel hatte er mitgenommen. Immer wieder warf Tim

einen sehnsüchtigen Blick nach draußen. Man hatte alle Türen, die aus diesem Teil des Schlosses führten, geöffnet.

Tim schloß die Kellertür auf. Den Korb hatte er in die linke Hand genommen.

Dunkelheit gähnte Tim entgegen.

Er machte Licht.

Eine trübe Funzel beleuchtete hohe, ausgetretene Steinstufen. Das Eisengeländer hatte schon Rost angesetzt. Es war lebensgefährlich, die Treppe hinunterzugehen.

Tim war auch dementsprechend vorsichtig.

Die Treppe mündete in ein großes Gewölbe. Holzregale verdeckten die Wände. Tausende von Weinflaschen lagerten hier unten. Die Weine waren nach Herkunftsort und Jahrgang in den Regalen sortiert. Ein seltsamer Geruch lag über dem Keller.

Tim machte sich an die Arbeit. Der Portwein lagerte im letzten Fach des Regals. Vorsichtig legte Tim die Flaschen in den Korb. Nach einigen Minuten hatte er zwanzig Stück abgezählt.

Jetzt brauchte er nur noch den Schinken zu holen.

Dazu mußte er in die Vorratskammer. Sie schloß sich direkt an den Weinkeller an, war aber durch eine Holztür gesichert.

Tim stutzte, als er das einfache Vorhängeschloß sah. Es war beschädigt, aus der Halterung gerissen.

Da hat es jemand vor Hunger nicht mehr ausgehalten, dachte Tim und zog die Tür auf. Den Korb hatte er vorher abgestellt.

Nichtsahnend betrat der junge Mann die Vorratskammer.

Das Messer hielt Tim in der rechten Hand. Die Klinge zeigte nach unten.

Er machte zwei Schritte – und . . .

Das Grauen packte ihn wie ein wildes Tier.

Vor ihm stand eine schreckliche Gestalt.

Es war ein Mensch, oder das, was von ihm übriggeblieben war. Das Gesicht war völlig entstellt. Brandwunden hatten die Haut zerstört.

Nur die Augen lebten in diesem Gesicht. Sie leuchteten wie zwei helle Flecke und hielten Tim in einem dämonischen Bann.

Sekunden vertickten.

Immer noch starrte Tim den Unheimlichen an. Er hatte das Gefühl, einen Alptraum zu erleben.

»Was willst du hier?« hörte Tim plötzlich eine Stimme. Sie kam aus dem Schädel des Unheimlichen.

Es war, als hätten diese Worte den Bann gelöst. Ein Zittern lief durch Tims Gestalt. Er warf sich auf dem Absatz herum und rannte weg. Erst jetzt löste sich der befreiende Angstschrei von seinen Lippen.

Tim hetzte durch den Keller. Das kalte Entsetzen peitschte ihn vorwärts.

Und noch immer schrie er.

Da sah er die Treppe. Die Stufen verschwammen vor seinen Augen. Tim stolperte und knallte mit dem Gesicht gegen den Stein.

Er kam wieder auf die Füße, wollte weiterlaufen.

Zu spät.

Eine kalte Hand umklammerte seinen Nacken, riß ihn herum.

Das Gesicht war genau vor ihm.

Tim hielt noch immer das Messer in der Hand. Er dachte gar nicht daran, es zu gebrauchen.

Dafür aber der Unheimliche. Mit einem blitzschnellen Griff wand er Tim das Messer aus der Hand.

Tim sah die Klinge über seinem Kopf schweben. Seine Augen weiteten sich vor Entsetzen.

In diesen schrecklichen Sekunden wurde Tim klar, daß er sterben mußte, daß dieses Monster vor ihm keine Gnade kannte.

Noch einmal nahm Tim alle Kraft zusammen. Instinktiv trat er nach dem Unheimlichen, bekam für einige Augenblicke Luft, umklammerte das rostige Geländer und zog sich ein paar Stufen hoch.

Doch Dr. Tod, denn er war es, gab kein Pardon.

Er brauchte nur zwei Schritte zu machen, hob den Arm mit dem Messer und stieß zu.

Der junge Mann spürte einen siedendheißen Schmerz und hatte das Gefühl, als wäre er in zwei Hälften geteilt worden. Die Treppe begann sich auf einmal vor seinen Augen zu drehen. Und trotzdem, Tim stolperte weiter.

Irgend etwas hielt ihn noch aufrecht. Mit dem letzten Funken Lebenswillen zog er sich die Stufen hoch.

Sein Mund war zu einem lautlosen Schrei geöffnet. Der Schmerz wurde immer schlimmer. Er kam von innen, schien ihn aufzufressen.

Tim erreichte die Kellertür.

Mit beiden Händen klammerte er sich an dem Holz fest.

Er spürte, wie seine Knie nachgaben, und stieß sich ab.

Wie ein Betrunkener torkelte Tim durch die Tür nach draußen. Er hörte die Stimmen der Menschen wie aus weiter Ferne, sah die bunten Lichter der Lampions als zerfließende Flecke und dann die unendliche Schwärze, die ihn in die Welt des Todes zog.

Der Mann torkelte aus dem Schatten der Schloßmauer wankte durch eine Lichtinsel und schwankte auf den letzten Tisch des kalten Buffets zu.

John Sinclair ließ das Besteck fallen. Er wußte, daß es diesmal kein Trick war. Der Mann trug die Kleidung eines Kochs. Ein Messer steckte in seinem Körper.

John Sinclair sprang vor.

Doch auch er konnte das Unheil nicht mehr verhindern. Der Schwerverletzte hatte den Rand des Tisches erreicht, bekam das Übergewicht und fiel in die Speisen des kalten Buffets. Mit ausgebreiteten Armen blieb er liegen. Sein Körper zuckte noch einmal, dann war es vorbei.

John Sinclair war mit ein paar Sätzen bei dem Mann und drehte ihn auf den Rücken.

Blicklose Augen starrten den Inspektor an. Da war nichts mehr zu machen.

Der Mann war tot.

John wandte den Kopf.

Im selben Augenblick gellte ein vielstimmiger Entsetzensschrei durch den Schloßpark. Erst jetzt begriffen die Leute, was eigentlich los war, daß dies kein Scherz gewesen war, sondern ein grausamer, brutaler Mord.

Frauen kreischten schrill und standen dicht vor einer Ohnmacht. Die Männer fluchten und bekamen blasse Gesichter.

Plötzlich stand Bill Conolly an Johns Seite.

Auch Bill war blaß geworden. »Doktor Tod?« fragte er leise.

»Wahrscheinlich.«

Mike Callahan bahnte sich mit rudernden Armen einen Weg durch die Menge.

»Das gehört nicht zu den Scherzen!« brüllte er. »Was fällt dem Kerl ein, sich auf das Kalte Buffet zu schmeißen.«

Da verlor John Sinclair die Geduld. Er packte den Regisseur am Kragen und schüttelte ihn wie eine Stoffpuppe hin und her. »Dieser Mann ist tot!« brüllte er Callahan an. »Er ist auf dieser verdammten Party umgebracht worden. Auf eine bestialische Weise. Begreifen Sie das?«

Callahans Mund klappte zu. John stieß den Mann von sich.

»Das werden Sie bereuen!« kreischte Callahan. »Das brauche ich mir nicht gefallen zu lassen. Ich werde Sie unmöglich machen. Was stört es mich, wenn dieser Kerl hie . . .«

Bill Conolly sprang vor. Er war kein Polizist wie John Sinclair. Er konnte auch mal zuschlagen, wenn es die Situation erforderte.

Bills flache Hand klatschte in das Gesicht des Regisseurs. Callahans Schimpftirade brach ab. Der Regisseur flog ein paar Schritte zur Seite und wurde erst durch einen Baumstamm gestoppt.

»Das mußte mal sein«, sagte Bill und rieb sich die Faust.

John Sinclair gab keine Antwort. Er sah in die Richtung, aus der der Schwerverletzte vorhin gekommen war.

Bill Conolly wollte noch etwas sagen, doch in diesem Augenblick ging das Licht aus.

Wie eine riesige Glocke stülpte sich die Dunkelheit über den Park und das Schloß. Die Musik brach mit einem jaulenden Missklang ab.

Sekundenlang standen die Menschen wie festgewachsen.

Bis ein gellendes Gelächter durch die Stille schnitt. Es schien von überall her zu kommen und jagte den Gästen Angstschauer über den Rücken.

Das Lachen war so teuflisch, daß selbst der abgebrühte Inspektor spürte, wie seine Nerven vibrierten.

Dr. Tod hatte seinen ersten Sieg errungen . . .

Eine halbe Stunde später.

Die Gäste waren wieder in das Schloß gestürmt. Und gestürmt ist genau der richtige Ausdruck. Beinahe panikartig hatten sie den

Ort des Schreckens verlassen. Ein Diener hatte festgestellt, daß ein Unbekannter – als plötzlich das Licht verlöscht war – die Hauptsicherung herausgedreht hatte.

Jetzt war aber alles wieder in Ordnung gebracht worden.

Noch immer stand der Schrecken auf den Gesichtern der Menschen. Jemand hatte mehrmals versucht, die Polizei anzurufen, doch der Ruf kam nicht durch. Irgend etwas mußte mit der Leitung nicht stimmen.

Das hatte natürlich die Furcht der Gäste noch gesteigert. Man sprach wild durcheinander, machte die verrücktesten Vorschläge und verwarf sie wieder.

Schließlich suchte man einen Sündenbock. Und da kam Mike Callahan, der Regisseur, gerade recht.

Callahan hatte seinen Hemdkragen geöffnet und diskutierte wild mit einigen Pressevertretern. Sein Gesicht hatte dabei die Farbe einer überreifen Tomate angenommen.

»Niemand hindert Sie daran, abzureisen«, rief Callahan soeben, »aber Sie sind anscheinend nur Schreibmaschinenhelden. Schon ein kleiner Mord bringt Sie aus der Fassung.«

»Der kleine Mord war ein Verbrechen«, sagte der Erste Kameramann des Films. Er gehörte zu dem Team, das wieder abfahren wollte. Er hatte sich unbemerkt an Callahan herangeschlichen.

Der Regisseur fuhr wie von der Tarantel gebissen herum. »Daß Sie mir Schwierigkeiten machen werden, habe ich geahnt, Ballard. Hauen Sie ab, Mann, ich kann Ihre Visage nicht mehr sehen!«

Ballard grinste böse. »Das werden wir auch, Mister Callahan. Und wir kommen mit der Polizei zurück, darauf können Sie sich verlassen.«

»Ja, ja, machen Sie doch, was Sie wollen«, rief der Regisseur ärgerlich.

Es waren insgesamt acht Leute, die abhauen wollten. Die Wagen parkten hinter dem Schloß auf einem Platz.

Ballard war der erste in der Reihe. Er fuhr einen nagelneuen Austin.

Hart knallten die Wagentüren. Jeweils vier Personen saßen in den Fahrzeugen.

Der Kies spritzte wie Popcorn unter den Reifen weg, als die

beiden Fahrzeuge Kurs auf das Tor nahmen. Sie fuhren relativ schnell, und deshalb traf sie der Schock um so überraschender.

Ballards Austin wurde plötzlich brutal abgestoppt. Da der Kameramann nicht angeschnallt war, knallte er mit dem Kopf gegen die Scheibe. Dem Mann auf dem Beifahrersitz ging es nicht besser. Auch die beiden im Fond wurden kräftig durcheinandergeschüttelt.

»Was ist? Warum fährst du nicht weiter, Jim?«

Ballard richtete sich ächzend auf. Er hatte an der Stirn eine Platzwunde. Ein dünner Blutfaden sickerte über die Wange bis zum Mundwinkel. Ballard wischte ihn mit dem Ärmel weg und warf einen Blick aus dem Fenster.

Dem anderen Wagen war es nicht anders ergangen. Auch er stand.

»Warum fährst du nicht?« schrie Ballards Assistent vom Rücksitz her. »Denkst du, ich will hier übernachten?«

»Halt die Schnauze!« erwiderte Ballard und startete den Motor.

Kupplung, erster Gang, Gas.

Nichts.

Der Austin blieb stehen wie ein störrisches Maultier.

Ballard fluchte.

Wütend sprang er nach draußen, lief die paar Schritte bis zur Kühlerhaube – und . . .

Da traf ein mörderischer Schlag seinen Körper. Ballard spürte, wie er ein Stück durch die Luft flog und gegen die Motorhaube des Austin krachte.

Langsam rutschte er daran herunter.

Die anderen waren ebenfalls aus den Autos gesprungen. Gemeinsam umringten sie den Kameramann.

»Was ist geschehen, Jim?«

Man half Ballard hoch.

»Ich weiß es nicht«, stöhnte der Kameramann. »Ich bin ein paar Schritte gegangen, und dann erhielt ich einen Schlag wie mit dem Hammer. Als wäre ich gegen eine unsichtbare Wand gelaufen.«

Unwillkürlich sahen die anderen in die von ihm gezeigte Richtung.

»Da ist aber nichts«, sagte einer.

»Das weiß ich auch, du Trottel. Aber du kannst es ja mal ausprobieren«, gab Ballard wütend zurück.

»Das werde ich auch.«

Der Mann ging los. Forsch und angriffslustig zugleich.

Sekunden später schrie er auf. Dicht neben dem Austin landete er auf dem Boden.

»Das ist Hexerei«, sagte ein Tontechniker.

Die Männer versuchten es an einer anderen Stelle. Überall das gleiche.

»Und jetzt?« fragte Ballard.

»Hier kommt niemand mehr raus«, erwiderte der Tontechniker. »Jemand muß ein elektrisches Feld um das Schloß gelegt haben. Das ist die einzige Erklärung, die ich für dieses unheimliche Phänomen habe.«

»Am besten, wir gehen zurück«, schlug Ballard vor.

Die anderen waren einverstanden und ahnten nicht, daß sie genau das taten, was Dr. Tod von ihnen wollte.

Es war ein magischer Ring, den Dr. Tod um das gesamte Schloß gelegt hatte. Er hatte dieses Gelände von der Außenwelt abgeschnitten.

Und Mitternacht rückte immer näher . . .

Von all diesen Dingen ahnten John Sinclair und Bill Conolly nichts.

Sie hatten den Weg des Toten zurückverfolgt und befanden sich jetzt im Weinkeller des Schlosses. Der Küchenchef war ebenfalls bei ihnen. John hatte sich ausgewiesen und somit die Bedenken des Kochs zerstreut.

Die Leiche des jungen Mannes hatten John und Bill in eine Abstellkammer des Schlosses getragen. Hier wurde sie bis zum Abtransport aufbewahrt.

Der Chefkoch starrte auf den Korb mit den Weinflaschen. Immer wieder schüttelte er seinen Kopf. »Ich kann es nicht glauben. Das ist so unmöglich, so . . .«

»Wir müssen uns aber mit den Tatsachen abfinden, Mister Hammond«, sagte John. »Und wir müssen alles tun, um jetzt den Mörder dieses Mannes zu finden.«

»Natürlich, Inspektor. Sie haben recht.«

Der Chefkoch war entgegen der landläufigen Meinung von einem Koch überdurchschnittlich hager. Er hatte sein blondes

Haar unter einer hohen Mütze verborgen und das Gesicht in nachdenkliche Falten gelegt.

»Ich kann Ihnen beim besten Willen nichts sagen, Inspektor. Der Mann ist ganz normal in den Keller gegangen, und dann dies hier.« Der Koch schüttelte sich.

Bill Conolly hatte eine Taschenlampe aufgetrieben und leuchtete den Boden ab. Fußspuren waren kaum zu sehen, nur ein paar Blutflecke auf der Treppe, die sich wie eine Kette die Stufen hinaufzogen.

John Sinclair konnte sich vorstellen, wie sich der Kampf hier unten abgespielt hatte. Dieser junge Mann mußte Dr. Tod entdeckt und dann sein Wissen mit dem Leben bezahlt haben.

John Sinclair ging in die kleine Vorratskammer. An einem Holzgestell hingen Würste und Schinken. Der Geruch kitzelte in der Nase.

»Irgendwie muß Doktor Tod doch in die Kammer gelangt sein«, sagte der Inspektor.

Bill Conolly hatte die Worte aufgeschnappt. »Das Schloß war doch aufgebrochen.«

»Das schon. Nur brauchte er ja auch einen Schlüssel zum Keller. Woher hat er ihn?«

»Den wird ihm irgend jemand gegeben haben.«

»Aber wer?«

»Keine Ahnung.«

John überlegte weiter. »Vielleicht der Schloßbesitzer. Der Count of Darwood.«

»Da fragen wir ihn am besten selbst«, meinte Bill.

John ging die paar Schritte in den Weinkeller zurück.

»Was ist eigentlich mit dem Besitzer des Schlosses?« fragte John den Chefkoch.

»Wie soll ich Ihnen das erklären, Inspektor? Der Count of Darwood residiert im Mitteltrakt des Schlosses. Er ist an den Rollstuhl gefesselt und läßt sich so gut wie nie außerhalb seiner Räume sehen. Er ist ein etwas komischer Kauz. Unterhält eine gesamte Dienerschaft für sich allein. Er lebt praktisch von seinem Vermögen. Ab und zu stellt er sein Schloß auch für irgendwelche publikumswirksamen Zwecke zur Verfügung, wie für diesen Horror-Film.«

»Kann man den Count sprechen?« fragte John.

Der Chefkoch verzog das Gesicht. »Das ist so gut wie unmöglich. Der Count empfängt nur sehr selten Besucher. Und schon gar nicht ohne vorherige Anmeldung.«

»Dann wird er diesmal eine Ausnahme machen«, sagte John, »schließlich geht es um einen Mordfall.«

»Ich werde am besten mit Ihnen gehen, Inspektor«, sagte der Koch, »mich kennt der Count.«

John war einverstanden. Auch Bill Conolly schloß sich an.

Zu dritt traten die Männer auf den Schloßhof. Das kalte Buffet war verwaist. Die Gäste hatten sich wieder in die Schloßräume verzogen. Es waren erregte Diskussionen im Gange. Man hörte die lauten Stimmen bis nach draußen.

John Sinclair konnte sich um diese Leute jetzt nicht kümmern. Ihm kam es darauf an, Dr. Tod so schnell wie möglich aufzuspüren und unschädlich zu machen.

Es hatte sich abgekühlt. Ein leichter Nachtwind rauschte durch die mächtigen Baumkronen.

John hatte es eilig. Mit langen Schritten überquerte er den sorgfältig gestutzten Rasen. Sie mußten den Westflügel umgehen, ehe sie sich dem Mitteltrakt des Schlosses näherten.

Der Vollmond hing wie eine große Scheibe am Himmel. Sein fahles Licht tauchte die Zinnen des Schlosses in einen ungewissen Glanz.

Wie ein Scherenschnitt wirkte der Turm von Darwood Castle. Er gehörte noch zu dem alten Schloß, das 1620 zerstört worden war. Man hatte Darwood Castle dann wieder aufgebaut und diesen Turm praktisch als Überbleibsel stehenlassen.

Ein ideales Versteck für Dr. Tod! schoß es John durch den Kopf. Zu gegebener Zeit wollte er sich in dem Turm umsehen.

Bald standen sie vor dem wuchtigen Eingangsportal.

»Sie müssen klopfen, wenn Sie hinein wollen«, sagte der Chefkoch und zeigte auf einen gußeisernen Klopfer, der etwa in Augenhöhe an der Tür befestigt war.

Wuchtig schlug John Sinclair gegen das Holz.

Die Schläge dröhnten durch die Halle.

»Ich glaube ja kaum, daß jemand öffnet«, sagte der Koch und zog fröstelnd die Schultern hoch.

Doch der Mann sollte sich irren. Schon nach einigen Sekunden klangen Schritte auf. Dann bewegte sich die Klinke, und die Tür wurde aufgezogen.

Ein älterer Mann in der Kleidung eines Bediensteten hatte ihnen geöffnet. Er hielt einen dreiarmigen Leuchter in der Hand. Die brennenden Kerzen übergossen sein Gesicht mit zuckenden Schatten.

»Sie wünschen?« fragte der Mann.

John Sinclair trat vor. »Wir hätten gern den Count of Darwood gesprochen«, sagte der Inspektor.

Der Mann stutzte einen Moment, gab aber dann den Weg frei und sagte: »Bitte folgen Sie mir.«

Die Männer sahen sich bedeutungsvoll an.

»Den habe ich aber hier noch nie gesehen«, flüsterte der Chefkoch Bill Conolly zu.

Der Reporter gab keine Antwort. Die Atmosphäre dieses Schloßteils nahm ihn irgendwie gefangen. Alles wirkte düster und unheimlich.

Die Gemälde an den Wänden, der flackernde Kerzenschein, die langen Vorhänge, die hohen Räume . . .

Bill Conolly hatte das Gefühl, in eine Falle zu tappen. Er sagte aber nichts.

Der Bedienstete ging voraus und zog eine breite Schiebetür auseinander.

Die drei Männer gingen an dem Butler vorbei. Keiner von ihnen sah das siegessichere Lächeln auf dem Gesicht des Dieners. Denn dieser Mann war niemand anderes als Doug Pender, Dr. Tods neuer Gehilfe.

Die Tür glitt wieder ins Schloß.

John Sinclair ließ seine Blicke schweifen. Sie befanden sich in einer hohen Halle, deren Decke durch dicke Säulen gestützt wurde. An der rechten Längswand der Halle gab es kleine Nischen, in denen jeweils zwei Stühle standen.

Die Männer gingen weiter. Laut hallten ihre Schritte von den kahlen Wänden wider.

Der größte Teil der Halle lag im Schatten. Das Kerzenlicht reichte nur für einen kleinen Umkreis.

Der Diener blieb stehen. Er drehte sich halb zur Seite, wechselte den Leuchter in die linke Hand und sagte: »Der Count of Darwood.«

Zuerst sah man nichts, dann wurde plötzlich ein Rollstuhl aus dem Dunkel der Halle gefahren. Die Speichen der luftbereiften Räder blitzten im Kerzenlicht.

Dicht vor John Sinclair kam der Rollstuhl zur Ruhe. Eine Gestalt saß darin.

John ging einen Schritt vor. Unwillkürlich hielt er den Atem an. Er ahnte etwas Schreckliches.

Eine Sekunde später hatte er Gewißheit. Der Kopf des Counts war seitlich auf die Kopfstütze gefallen. Blicklose Augen starrten gegen die Decke. Die Arme baumelten zu beiden Seiten des Rollstuhls hinab.

Es gab keinen Zweifel – der Count of Darwood war tot!

Noch im selben Augenblick erkannte John Sinclair die grausame und brutale Wahrheit. Dr. Tod hatte sein Netz geflochten, und sie hatten sich wie ahnungslose Fliegen darin verfangen.

John starrte in das wächserne Gesicht des Toten. Auch diesen Mann hatte der Menschenhasser auf dem Gewissen. John konnte nicht sagen, auf welche Weise der Count of Darwood umgebracht worden war. Äußerlich war jedenfalls keine Wunde zu erkennen.

»Wir müssen hier raus, John!« zischte Bill Conolly hinter dem Rücken des Inspektors und stieß gleich darauf einen leisen Fluch aus.

Doug Pender war verschwunden. Nur noch die Kerzen brannten. Pender mußte den Leuchter irgendwo abgestellt haben.

Beinahe körperlich spürte der Inspektor die Gefahr. Sie war ein Hauch, der ihn streifte, und Johns Instinkte arbeiteten wie hochempfindliche Sensoren.

Die Stille war drückend, gefährlich . . .

Bill Conolly und der Koch orientierten sich schon in Richtung Tür, als eine kalte Stimme die Männer stoppte.

»Flucht hat keinen Sinn. Ihr seid die Gefangenen des Herrn der Hölle!«

Die Stimme kannten die Männer. Sie gehörte dem Kerl, der sie auch in die Halle geführt hatte.

Der Koch verlor als erster die Nerven. Er riß den Mund auf und fing an zu schreien. »Laßt mich gehen. Ich will weg hier! Ich habe euch nichts getan. Ich . . .«

Seine Stimme brach ab, und die Augen des Mannes weiteten sich in einem ungläubigen Entsetzen. Auch John und Bill fühlten, wie ihnen die kalte Furcht über den Rücken lief.

Lautlos hatten sich vier Gestalten aus dem Schatten der Säulen genähert.

Die Gesichter wirkten bleich und wächsern in dem grauen Halbdunkel. Gekleidet waren die Männer wie Bedienstete. Sie trugen gestreifte Westen, weiße Hemden und enge Hosen.

Doch das schlimmste an ihnen waren die Speere, die sie in ihren Fäusten hielten . . .

Blitzschnell hatten die vier Unheimlichen die Männer eingekreist. Die Spitzen der Speere waren eine stumme, tödliche Drohung.

Der Weg zur Tür war abgeschnitten. Jetzt gab es nur noch eine Alternative.

Kampf.

Ein Starlet drehte als erste durch.

Das Girl war schon leicht angetrunken und schüttete auch weiterhin den Alkohol wie Wasser in sich hinein.

»Ich will hier raus!« kreischte sie. »Ich will weg von hier! Diese verdammte Party raubt mir den letzten Nerv!«

Mit einer schnellen Bewegung hob sie ihre rechte Hand und warf ihr leeres Whiskyglas mit einem Wutschrei gegen die Wand.

Mike Callahan sprang vor. Er zog die Kleine an der Schulter zurück und schlug ihr ein paarmal ins Gesicht.

»Ich hoffe, das reicht!« brüllte Callahan.

Das Starlet schluchzte. Sie riß beide Hände vor ihr Gesicht und ließ sich heulend in einen Sessel fallen.

Mike Callahan spürte, daß auch die anderen Gäste gegen ihn waren. Wenn er jetzt nichts unternahm, würde es wohl noch zu einer Panik kommen.

Der Regisseur sprang auf das Podest, auf dem vorher die Kapelle gespielt hatte. Mit wilden Armbewegungen verschaffte er sich die gewünschte Ruhe.

»Hört zu, Leute«, rief er. »Wir lassen uns doch nicht die Party verderben. Okay, es sind einige unerklärliche Dinge geschehen.«

»Zählen Sie auch einen Mord dazu?« rief jemand.

Callahan wurde durch den Zwischenruf aus dem Konzept gebracht. »Nun, sicher, das ist das unerfreulichste an der ganzen Geschichte, aber ich bin überzeugt, daß die Polizei den Mörder finden wird.«

»Wie soll die denn herkommen, und wer will sie alarmieren?«

Darauf wußte Callahan auch keine Antwort. Aufgeregt winkte er die Musiker herbei.

Es kamen nur zwei.

»Machen Sie Musik!« schnauzte Callahan die Männer an. »Schließlich bezahle ich Sie dafür.«

»Okay, spielen wir mal einen Horror-Pop«, sagte der Band-Leader und gab seinen Kollegen ein Zeichen.

Murrend nahmen die Musiker ihre Instrumente. Schon bald fegten die Rhythmen der Pop-Musik durch den Raum.

Mike Callahan wischte sich den Schweiß von der Stirn und stieg wieder nach unten.

Jack Motta, der Filmbösewicht, wartete schon auf ihn.

Motta war sturzbetrunken. Sein Blick war glasig und das Gesicht aufgedunsen. Die Finger seiner rechten Hand hatten sich um ein Whiskyglas geklammert.

»Hier – trink, du größter aller Filmemacher. Trink auf den morgigen Tag, den wir alle nicht mehr erleben.«

Motta wollte Callahan sein Glas in die Hand drücken.

Der Regisseur verzog das Gesicht. Angewidert stieß er den Schauspieler zurück.

»Hau ab, du bist ja besoffen.«

Doch Motta ließ sich nicht abwimmeln. »Ich besoffen?« röhrte er. »Ich bin ein Vampir. Und Vampire brauchen Blut. Wußtest du das nicht, Callahan?«

Mit einem Fauchen sprang Motta vor und tat, als wolle er dem Regisseur die Zähne in den Hals bohren.

Callahan konnte nicht mehr ausweichen. Motta fiel gegen ihn, und beide krachten zu Boden.

Die Umstehenden sprangen schnell zur Seite. Fotoapparate wurden gezückt.

Wenn das keine Sensation gab: Regisseur schlägt sich mit einem seiner Hauptdarsteller.

Schon zuckten die ersten Blitzlichter.

Motta hielt Callahan umklammert. Mit der Betrunkenen eigenen Sturheit wollte er Callahan tatsächlich in den Hals beißen.

Der Regisseur keuchte und wehrte sich verzweifelt. Viele gönnten ihm die Niederlage. Sie sahen tatenlos zu, ja, manche klatschten sogar noch Beifall.

Bis es Nadine Berger zuviel wurde. Mit rudernden Armbewegungen durchbrach sie den Pulk der Gaffer und riß Motta an der Schulter zurück.

Der Betrunkene verlor das Gleichgewicht und fiel auf den Rücken.

»Ich habe ihn gebissen«, kicherte er, »ich habe ihn gebissen. Ich bin ein Vampir.«

Motta wollte sich krümmen vor Lachen.

Der Regisseur quälte sich auf die Beine. Er warf Motta einen haßerfüllten Blick zu. Der Schauspieler wurde gerade von einigen Leuten hochgestemmt.

Mike Callahan wischte sich über das Gesicht. Er war aufgeregt wie selten zuvor. Sogar sein Schnurrbart vibrierte.

»Das kriegt dieses Schwein zurück«, flüsterte Callahan heiser. »Wenn wir erst mal hier raus sind, werde ich ihm schon zeigen, wer Herr im Haus ist.«

»Können Sie sich eigentlich nur mit Drohungen Respekt verschaffen?« fragte Nadine Berger gelassen.

Callahan hob den Blick. »Mischen Sie sich nicht auch noch ein.«

»Wenn ich nicht gewesen wäre, lägen Sie immer noch da unten«, erwiderte Nadine schlagfertig.

»Dafür werde ich mich auch revanchieren«, sagte Callahan.

»Danke. Ich bin auf eine Rolle in einem Ihrer neuen Filme nicht mehr scharf.«

»Wie Sie wollen.« Callahan wollte noch etwas hinzufügen, doch da hatte Nadine ihm schon den Rücken zugekehrt.

Die Schauspielerin machte sich Sorgen. Vor allen Dingen um John Sinclair und Bill Conolly. Daß hier nicht alles mit rechten Dingen zuging, hatte sie bemerkt, als die acht Männer zurückkehrten, die unbedingt vorher das Schloß verlassen wollten. Sie waren schweigsam und hatten sich von den anderen abgekapselt.

Nadine ging auf die Gruppe zu. Sie kannte Jim Ballard recht gut und erhoffte sich von ihm einige Auskünfte.

Ballard blickte der Schauspielerin mißtrauisch entgegen.

»Warum sind Sie nicht gefahren?« fragte Nadine.
»Weil wir es uns anders überlegt haben«, lautete die Antwort.
»So schnell?«
»Paßt Ihnen das nicht?«
Nadine spürte, wie gereizt die Stimmung war. Sie wollte es deshalb nicht noch weiter auf die Spitze treiben.
»Pardon, es war ja auch nur eine Frage.«
»Schon gut«, sagte Ballard.
»Es ist übrigens jemand von der Polizei unter den Anwesenden«, sagte die Schauspielerin beiläufig.
Jim Ballard ruckte herum. »Wer?«
»Ein Inspektor von Scotland Yard. Er will sich um diese Sache kümmern.«
»Wo ist er, Nadine?« Ballard umklammerte Nadines Schultern.
»Im Augenblick nicht da.«
Ballards Hände sanken herab. Er lachte spöttisch. Genau wie die anderen.
Nadine biß sich auf die Lippe. Sie wußte, daß sie etwas Blödsinniges gesagt hatte, aber schließlich wollte sie herausfinden, was passiert war.
Sie fragte noch einmal, doch eine Antwort erhielt sie nicht. Sie ahnte nur, daß diesen Männern etwas Unheimliches passiert war, etwas, das sie sich nicht erklären konnten.
Nadine spielte schon mit dem Gedanken, selbst durch den Park zu laufen, ließ es aber dann bleiben.
Die Zeit war schnell vergangen. Als Nadine einmal auf die Uhr blickte, sprang der Zeiger gerade auf Mitternacht.
In dieser Sekunde erlosch das Licht.
Und dann stand plötzlich der Unheimliche selbst auf dem Podium.
Dr. Tod war gekommen . . .

John Sinclair und Bill Conolly reagierten beinahe synchron.
Während Bill in die schützende Dunkelheit tauchte, hechtete John flach über den Boden.
Der Koch war als einziger der Männer starr vor Grauen. Er begriff überhaupt nicht, daß ihn nur noch Sekundenbruchteile von einem schrecklichen Tod trennten.

Da krachte John gegen die Beine des Mannes.

Der Koch schrie wild auf, ruderte mit den Armen und bekam das Übergewicht. Hart fiel er auf den Rücken. Der Schmerz lähmte seine weiteren Schreie.

John hatte keinen Augenblick zu spät reagiert. Er hörte noch das Pfeifen der Speere, die über seinen Körper hinwegzischten und mit klirrenden Geräuschen gegen die Steinwand prallten.

Der Geisterjäger rollte sich sofort aus dem Gefahrenbereich. Den Koch zog er mit. Wenn diesem Mann etwas geschah, mußte er sich die bittersten Vorwürfe machen, denn schließlich war John es gewesen, der ihn in diese Lage gebracht hatte.

Der Koch wimmerte. In seiner hellen Berufskleidung gab er ein prächtiges Ziel ab.

»Hören Sie auf!« zischte John den Mann an. »Reißen Sie sich wenigstens für ein paar Minuten zusammen.«

John deckte den Koch so gut es ging mit seinem Körper.

Die vier Mordroboter hatten sich zurückgezogen und lauerten auf ihre Chance.

John hielt den Atem an.

Von Bill Conolly war ebenfalls nichts mehr zu hören. Sogar der Koch hatte begriffen, um was es ging. Er verhielt sich ebenfalls still.

Noch immer brannten die Kerzen des Leuchters. Und John war auch davon überzeugt, daß sich der Kerl, der sie eingelassen hatte, noch hier im Raum befand.

Mit einer gleitenden Bewegung zog John seine Waffe. Die Pistole war zwar mit Silberkugeln geladen, doch auch diese Geschosse waren in der Lage, einen Menschen außer Gefecht zu setzen. Und daß sie es hier mit Menschen zu tun hatten, davon war John überzeugt. Er wußte, daß Dr. Tod über die Kraft der Hypnose verfügte und sie rücksichtslos einsetzte. Wenn es sich eben machen ließ, wollte John ohne Blutvergießen aus dieser scheußlichen Situation herauskommen.

Der Inspektor lag flach auf dem Boden. Seine Augen versuchten die Dunkelheit zu durchbohren. Mittlerweile konnte er schon mehr erkennen. Er sah die Umrisse der Nischen und die der Säulen. Auch die Tür schälte sich als grauer Schatten aus der Dunkelheit.

John tippte den Koch an.

Der Mann hob den Kopf. Trotz der Dunkelheit sah John die Angst in den Augen des Kochs leuchten.

John legte seinen Zeigefinger auf die Lippen und deutete in Richtung Tür.

Der Koch nickte. Er hatte verstanden.

Der Inspektor setzte sich in Bewegung. Wie eine Schlange kroch er über den Boden.

Er hatte gerade einen halben Meter zurückgelegt, da hörte er von der Tür her ein dumpfes Geräusch und dann einen erstickten Fluch.

Die Stimme gehörte Bill Conolly. Anscheinend hatte der Reporter das gleiche vorgehabt wie John. Höchstwahrscheinlich war die Tür abgeschlossen. Sie mußte ein Schloß haben, das, wenn man die Tür von innen zuzog, einrastete.

Aber Bill hatte mit dieser Aktion seinen Standort verraten.

Schattenhaft sah John zwei der Mordroboter in Bills Richtung hetzen. Die Spitzen der Speere blitzten gefährlich.

Für den Inspektor gab es kein Halten mehr. Gegen zwei hatte Bill kaum eine Chance. Außerdem war er unbewaffnet.

John Sinclair sprang hoch. Er sah die Umrisse der Kämpfenden und konnte doch nicht schießen. Zu leicht hätte er Bill Conolly treffen können.

Johns Angriff wurde bemerkt. Einer der Speerträger wirbelte herum. Er riß seine fürchterliche Waffe hoch.

Der Inspektor hielt noch immer seine Pistole in der Hand.

John feuerte im Laufen.

Laut brach sich der Knall an den Wänden und der Decke. Das Projektil traf die Brust des Mordroboters und stieß diesen einige Meter zurück. Mit einem Schrei brach der Mann zusammen.

Aber schon waren die anderen beiden da. Sie hatten sich die Speere wiedergeholt und drangen auf John ein.

Ein harter Schlag traf den rechten Arm des Scotland-Yard-Inspektors.

Zwangsläufig öffnete John die Finger. Die Pistole fiel zu Boden. John konnte sich nicht mehr um die Waffe kümmern, denn er konnte nur durch rasches Wegtauchen einem blitzschnell geführten Stoß entgehen.

John fiel zu Boden, rollte sich gegen die Beine eines seiner Gegner.

Der Mann verlor das Gleichgewicht.

Der Inspektor rollte weiter, versuchte, aus dem tödlichen Bereich der Speere zu gelangen.

Plötzlich spürte er etwas Hartes an seiner rechten Seite.

Es war der hölzerne Speerstiel. Die Stichwaffe war dem Mann entfallen, den Johns Kugel getroffen hatte.

Sinclair packte zu. Mit beiden Händen.

Da sah er über sich das Gesicht des Mordroboters. Es leuchtete wie ein heller Fleck. John erkannte die Umrisse der Gestalt und den zum tödlichen Stoß bereiten Speer.

John hielt seine erbeutete Waffe waagerecht zwischen den Fäusten. Die Spitze zeigte nach links.

Der Mordroboter trat noch einen Schritt vor und wollte John mit einem einzigen Stoß an den Boden festnageln.

Johns Beine schnellten vor. Es war eine blitzschnelle Bewegung, mehr aus dem Instinkt geboren.

Der Inspektor traf.

Seine Absätze knallten gegen die Schienbeine des Angreifers. Der Kerl geriet aus dem Gleichgewicht und konnte trotzdem noch werfen.

Die schwere Waffe rutschte über den Boden und blieb dicht neben Johns Kopf im Parkett stecken.

Der Inspektor spürte noch den Luftzug, so hautnah war er dem Tod entgangen. Er schnellte hoch. Sein Gegner hatte noch immer um sein Gleichgewicht zu kämpfen.

John nützte die Sekunden eiskalt aus. Er schwang den Speer herum, und der Schaft klatschte gegen den Kopf des Burschen.

Ohne einen Laut von sich zu geben, brach der Kerl zusammen.

Im selben Atemzug hörte der Inspektor Bill Conollys Schrei.

Der Reporter war getroffen worden!

John wirbelte herum. Nur undeutlich sah er die drei Gestalten, konnte aber erkennen, wie Bill zu Boden sackte.

Einer der unheimlichen Kerle wollte ihm den Rest geben.

John schleuderte den Speer praktisch aus dem Handgelenk. Es war ein Verzweiflungswurf.

Und er traf.

Die Waffe drang dem Unbekannten in die untere Rückenpartie. Röchelnd kippte er zur Seite.

Der zweite wirbelte herum, ließ somit von Bill Conolly ab.

Eiskalt erwartete John Sinclair seinen Gegner.

Es wurde ein höllischer Kampf, und John Sinclair mußte all seine Kunst aufbieten, um dem Gegner die Stirn zu bieten.

Immer wieder krachten die beiden Speere aufeinander. John parierte geschickt und teilte selbst aus, bis der Bursche plötzlich einen Fehler machte.

Er wagte sich zu dicht an den Inspektor heran.

John ließ ihn leerlaufen und schlug blitzschnell mit der Handkante zu. Der Schlag war genau abgezirkelt und traf den Burschen mitten im Lauf. Wie ein nasser Mehlsack ging Johns Gegner zu Boden.

Er war bewußtlos, bevor er sich auf den kalten Steinen ausstreckte.

John Sinclair wollte sich schon umwenden und zu Bill Conolly laufen, da hörte er die Schritte.

Sie hallten von den Wänden wider und näherten sich der Tür.

John rannte los.

Er sah, wie die Tür aufgerissen wurde, und erkannte gleichzeitig den fünften Mann. Es war Doug Pender, der sie eingelassen hatte.

Pender stand auf der Schwelle, als ihn Johns Stimme zurückhielt.

»Halt.«

Pender zögerte einen Sekundenbruchteil und wandte John das Gesicht zu.

Der Inspektor sah die angstverzerrten Züge und die Waffe in der Hand des Mannes.

Der Kerl riß den Arm hoch. Gleichzeitig drückte er ab.

Der Knall des Schusses riß John Sinclair die weiteren Worte von den Lippen. Er wollte sich noch zur Seite werfen, da traf ein mörderischer Schlag seinen Kopf.

John Sinclair brach zusammen.

»John!«

Bill Conolly wollte den Namen des Freundes hinausschreien, doch nur ein Krächzen drang aus seiner Kehle.

Der Reporter schluchzte auf. Er hatte gesehen, wie John zusammengebrochen war, und eine eiskalte Faust schien sein Herz zu umklammern.

Bill quälte sich auf die Beine. Er selbst hatte eine klaffende Schulterwunde. Sein Jackett war blutdurchtränkt, und er konnte den linken Arm so gut wie überhaupt nicht bewegen.

Bill Conolly taumelte auf den Inspektor zu.

Jetzt endlich wagte sich auch der Koch aus seiner Deckung. Angstschlotternd kam er näher.

»Ist – ist er tot?« krächzte der Mann.

Bill fiel neben John auf die Knie. »Bei Gott, hoffentlich nicht.«

Der Reporter konnte in der Dunkelheit nichts erkennen. Er sah nur das Blut auf Johns Kopf.

»Holen Sie den Leuchter!« herrschte Bill den Koch an.

»Ja, ja, ich geh' ja schon.«

Der Koch stampfte davon.

Gewaltsam mußte Bill ein Würgen unterdrücken. Fast zögerte er, nach Johns Puls zu tasten. Wenn er jetzt nicht mehr schlug, wenn er jetzt . . .

Bill wagte nicht daran zu denken.

Vorsichtig umfaßten seine Finger Johns Handgelenk. Bill konzentrierte sich, soweit es ihm seine eigenen Schmerzen erlaubten – und . . .

Der Puls schlug.

Bill Conolly fiel eine Zentnerlast vom Herzen.

Der Koch kam zurück, in der rechten Hand den Leuchter, in der anderen John Sinclairs Pistole.

»Die habe ich gefunden«, sagte er und stellte den Leuchter auf den Boden.

»Danke«, sagte Bill.

Plötzlich riß der Koch die Augen auf. »Himmel«, rief er, »Sie bluten ja. Sie sind verletzt, Sie . . .«

Bill Conolly hörte nicht auf den Mann. Er hatte gesehen, wie sich die beiden bewußtlosen Gestalten bewegt hatten und sich jetzt langsam aufrichteten.

»Die Pistole her«, rief Bill.

Der Reporter riß die Waffe dem Koch aus der Hand.

Bill hielt die Pistole in der gesunden Rechten. Er war bereit, sein Leben und das seines Freundes so teuer wie möglich zu verkaufen . . .

Wie angeklebt saßen die Musiker auf ihren Plätzen. Mit schrillen Missklängen verstummten die Instrumente.

Das blanke Entsetzen lähmte die Partygäste. Alle starrten sie zu dem Podium hoch, wo Dr. Tod seine Horror-Schau abzog.

Der Menschenhasser war eine grauenhafte Erscheinung. Er trug einen schwarzen Anzug, dessen Jackett hoch zugeknöpft war. Jeder der Gäste konnte das von Brandwunden entstellte Gesicht sehen, wie es kein Maskenbildner in einem Horror-Film besser schminken konnte. Nur die Augen lebten noch und strahlten ein ungebändigtes Feuer aus.

Ein Feuer des Hasses.

Ein Licht umgab die Gestalt des Menschenhassers. Es war ein grüngelb schimmerndes Leuchten, das jede Einzelheit der Spukgestalt deutlich hervorhob.

Die Menschen spürten beinahe körperlich die Bedrohung, die von dem Unheimlichen ausging. Unsichtbare Wellen des Bösen schienen die Gäste zu treffen und sie zu lähmen.

Man hörte kaum jemanden atmen. Die Gesichter waren helle, angstvoll verzerrte Flecken. Viele Augen waren stumpf und blicklos. Wie bei Verurteilten, die sich mit ihrem Schicksal abgefunden hatten.

Dr. Tod ging bis dicht an den Rand des Podiums. Es schien, als sauge er die Angst und das Entsetzen, das ihm entgegenstrahlte, in sich auf. Ja, er weidete sich an der Qual seiner Mitmenschen.

Dr. Tod trat wieder zwei Schritte zurück und richtete sich auf. »Wo ist John Sinclair?« peitschte seine Stimme.

Die Menschen schwiegen.

Dr. Tods Blick glitt über sie hinweg, und der Menschenhasser spürte, daß er diesmal verloren hatte. Der Inspektor befand sich nicht unter den Anwesenden. Er hätte sich sonst längst gemeldet. So gut kannte Dr. Tod seinen ärgsten Feind.

Niemand konnte sagen, woher dieser Mann gekommen war. Er war plötzlich da, und nur das zählte.

Dr. Tod zog die verbrannten Lippen auseinander. Es sollte ein Lächeln darstellen, wurde jedoch nur eine entstellte Grimasse.

»Ich bin der wahre Herrscher auf Schloß Darwood«, dröhnte seine Stimme. »Und ich werde diesmal meine Rache vollenden. Es sollte eine Horror-Party werden. Gut, ich habe sie erst dazu gemacht. Und nur die Kraft der Hölle hat mich dazu befähigt.

Wenn ihr dieses Schloß verlaßt, werdet ihr nur noch dem Satan dienen und in seinem Namen das tun, was von euch verlangt wird. Doch vorher muß ich John Sinclair haben. Ich habe einen magischen Bann um das Schloß gelegt. Niemand kann entkommen. Bringt mir John Sinclair!«

Die letzten Worte schrie Dr. Tod den Menschen ins Gesicht. Man spürte plötzlich den Haß, der in diesem Mann steckte. Und die Gäste duckten sich bei diesen Worten wie unter Peitschenschlägen.

Nur einer hatte von all dem kaum etwas mitbekommen.

Jack Motta, der Vampirdarsteller. Er hatte in einem Sessel gelegen, und sein umnebeltes Gehirn hatte die Worte kaum verstanden. Außerdem saß Motta mit dem Rücken zum Podium.

Er brauchte seine Zeit, bis er alles verdaut hatte. Und die Zeit war jetzt um.

Langsam drehte Motta den Kopf. Mit stierem Blick starrte er auf die kleine Bühne.

Es dauerte noch einige Minuten, bis er begriffen hatte. Doch dann stemmte er sich aus dem Sessel hoch.

Sein plötzliches Gelächter übertönte selbst die Stimme des Menschenhassers.

»He, Callahan!« brüllte Motta. »Ist das wieder einer deiner neuen Scherze? Woher hast du denn die Horror-Figur aufgetrieben?«

Unsicher wankte Motta auf das kleine Podium zu.

Und niemand hielt ihn zurück.

»Ich komme gleich zu dir hoch«, lallte Motta. »Schließlich bin ich ein Vampir.«

Motta bleckte grinsend sein Gebiß.

Dr. Tod gab keine Antwort. Er ahnte, was folgen würde, und war bereit, ohne Erbarmen ein Exempel zu statuieren.

Motta torkelte auf die kleine Holztreppe zu, die zum Podium führte.

Er verfehlte die ersten Stufen und kroch auf allen vieren weiter. Dabei brabbelte er ununterbrochen vor sich hin.

Oben hatte er Schwierigkeiten, sich aufzurichten, schaffte es aber dann doch.

An den Musikern vorbei ging er auf Dr. Tod zu.

Motta grinste einfältig. Sein Geist war so umnebelt, daß er den Hauch der tödlichen Gefahr überhaupt nicht registrierte.

Mit einem schnellen Griff riß Motta einem Musiker ein Instrument aus den Händen.

Es war eine Trompete.

Motta schwenkte das Instrument wie eine Siegespalme. »Ich werde dir jetzt mal den Horror-Blues spielen«, kicherte Motta und versuchte, die Trompete an die Lippen zu setzen.

Es mißlang.

Motta fluchte und startete einen neuen Versuch.

Die gesamte Szene erinnerte an eine makabre Komödie, jedoch ohne Happy-End.

In diesem Moment trat Dr. Tod in Aktion. Bis jetzt hatte er sich zurückgehalten, hatte abgewartet. Doch nun war er an der Reihe.

Mit zwei Schritten stand er vor Jack Motta.

Und plötzlich schien Motta zu begreifen, daß er sich zuviel vorgenommen hatte. Die jähe Erkenntnis traf ihn wie ein Blitzstrahl.

Motta ließ die Trompete fallen, wollte sich herumwerfen und davonlaufen.

Zu spät.

Dr. Tod hatte schon zugepackt.

Seine weiße Hand umklammerte Mottas Arm. Beinahe spielerisch zog er den Schauspieler zu sich heran.

Mottas Augen waren vor Entsetzen weit aufgerissen. Er wollte etwas sagen, sich irgendwie verständlich machen, doch seine Kehle war wie zugeschnürt.

Jack Motta begriff, daß er sterben sollte.

Wild schüttelte er den Kopf, sein gesamter Körper zuckte unter unsichtbaren Stromstößen. Motta hörte nicht, daß Dr. Tod einige Formeln der Schwarzen Magie sprach, er spürte nur, daß ein ungeheures Brennen seinen Körper ergriff.

Es fing bei den Zehenspitzen an, drang durch die Beine hoch zur Hüfte und umklammerte seinen Brustkorb wie ein eiserner Ring.

Dr. Tod ließ Jack Motta los.

Erst jetzt löste sich aus der Kehle des Schauspielers ein Schrei. Es war ein Schrei aus höchster Qual und Pein geboren. Er gellte durch den Saal, kam als vielfaches Echo zurück und erstarb in einem Wimmern.

Jack Motta drehte durch.

Immer heißer wurde das Brennen, und Motta fühlte, wie die Flammen der Hölle ihn von innen auszehrten.

Der Schauspieler warf sich herum. Seine Bewegungen waren grotesk, vom Schmerz diktiert. Er taumelte auf die wie gelähmt dasitzenden Musiker zu, riß Instrumente zu Boden und verfing sich mit den Füßen in einem Kabel.

Mottas Todestanz dauerte mehrere Minuten.

Und die Formeln der Schwarzen Magie taten ihre Wirkung.

Von einer Sekunde zur anderen brach Jack Motta zusammen. Er wälzte sich noch in wilden Zuckungen auf dem Boden herum und lag dann still.

Jack Motta war tot. Das Feuer der Schwarzen Magie hatte seinem Leben ein Ende gesetzt.

Dr. Tods schreckliche Rache an den Menschen war gelungen.

Jack Motta sah nun aus wie er.

Und Dr. Tod war der Sieger. Gellend und böse hallte sein Triumphgelächter durch den Saal. Schon einmal hatten die Menschen dieses Gelächter gehört, und schon einmal hatte ihnen das Grauen die Kehlen zugeschnürt.

Das Lachen des Menschenhassers endete abrupt. Dr. Tod deutete auf Mottas Leiche. »Dieser Narr. Er wollte die Hölle versuchen. Das ist der Erfolg. Und so wird es jedem ergehen, der nicht meinen Befehlen gehorcht. Mir geht es nur um einen. Um John Sinclair. Noch in dieser Nacht werde ich ihn vernichten. Er soll zu mir kommen, sagt es ihm. Ich warte auf ihn im Turm des alten Schlosses. Eine Stunde genau gebe ich ihm Zeit. Wenn er bis dann nicht erschienen ist, stirbt die erste Geisel.«

Dr. Tod ging bis zu der kleinen Treppe. Er blieb einen Augenblick stehen und kam dann die Stufen herunter.

Die Menschen wichen entsetzt zurück, als er sich ihnen näherte.

»Drei Geiseln werde ich nehmen«, sagte Dr. Tod. »Du bist die erste.«

Dr. Tods ausgestreckte Hand zeigte auf Mike Callahan.

Der Regisseur sprang auf. »Nein – ich . . .«

»Willst du so enden wie der oben auf der Bühne?«

Da brach Callahans Widerstand zusammen. Schluchzend schüttelte der Horror-Regisseur den Kopf.

Dr. Tods Blick streifte die anwesenden Personen. Jeden sah er an. Und jeder wünschte sich, daß es der Nachbar sein möge, den sich Dr. Tod als Geisel auserwählte.

Dann hatte er die zweite Geisel gefunden.

»Du«, sagte er und zeigte auf Ross Taylor.

Der gutaussehende Schauspieler zuckte zusammen. Sein braungebranntes Gesicht verzerrte sich zu einer Grimasse. Er wollte etwas sagen, warf aber dann einen Blick zur Bühne hinauf und schwieg.

Ross Taylor wurde aschfahl unter seiner Sonnenbräune. Er schaute zu Callahan hinüber, doch dieser hatte den Kopf gesenkt und stierte zu Boden.

Auch Taylor hatte Mühe, die Panik niederzukämpfen. Im Innern schloß er schon mit seinem Leben ab.

Dr. Tod ging weiter. Schweigend machten ihm die Menschen Platz. Die Aura, die diesen Unheimlichen umgab, umwehte die Anwesenden wie ein Tuch. In allen Gesichtern stand der Schrecken der vergangenen Minuten zu lesen, und es gab niemanden mehr, der an den Worten des Menschenhassers gezweifelt hätte.

Dr. Tod suchte eine bestimmte Person.

Nadine Berger ahnte ihr Schicksal. Auch sie hatte das Grauen gepackt.

Sie sah die schreckliche Erscheinung immer näher kommen und hielt unbewußt den Atem an.

Jetzt mußte Dr. Tod sie sehen.

Nadine hatte sich nicht geirrt.

»Du«, sagte Dr. Tod nur, und die Finger seiner Totenhand zeigten auf Nadine.

Das Mädchen stand auf.

Nadine hatte ja schon vorher geahnt, daß sie das Schicksal treffen würde. Aus diesem Grund nahm sie die Entscheidung auch gefaßter entgegen.

Noch einmal wandte sich Dr. Tod den versammelten Gästen zu. »Sagt Inspektor Sinclair, daß ich ihn oben im Turm erwarte. In einer Stunde. Wenn er nicht kommt, stirbt sie!«

Damit stand Nadine Bergers Schicksal fest!

Die Schweißtropfen sammelten sich auf Bills Stirn und wurden zu kleinen Bächen, die ihm in die Augenbrauen flossen.

Bills Hand zitterte. Schweißfeucht klebte der Pistolengriff zwischen seinen Fingern.

Die beiden Killer stemmten sich auf die Füße. Sie schwankten noch etwas und schienen nicht zu begreifen, in welch einer Situation sie steckten.

Dann sah der erste den am Boden hockenden Reporter und die Pistole in dessen Hand.

Der Mann schüttelte den Kopf, riß ungläubig die Augen auf und stieß einen erschreckten Laut aus.

»Um Himmels willen, Sir. Nicht schießen. Bitte nicht.«

Bill Conolly ließ die Waffe sinken.

Der Mann kam auf ihn zu. »Was ist geschehen, Sir? Ich - ich kann mich an nichts mehr erinnern.«

»Seien Sie froh«, erwiderte Bill, atmete innerlich auf und gab einen kurzen Bericht. Auch der zweite Diener hatte sich inzwischen zu ihnen gesellt und hörte zu.

Man sah den beiden an, wie sehr sie Bills Bericht geschockt hatte. Schweigend machten sie sich anschließend daran, den toten Count of Darwood in seinem Rollstuhl hinauszufahren.

John Sinclair war noch immer bewußtlos. Bill hatte dem Freund mit einem Taschentuch das Blut vom Kopf gewischt und gesehen, daß der Inspektor einen Streifschuß abbekommen hatte.

Die beiden Diener trugen auch ihre toten Kameraden hinaus. Bill hörte, daß die Männer schluchzten.

Erst jetzt spürte er, wie sehr seine Schulter schmerzte.

Der Koch hockte noch immer wie ein Häufchen Elend am Boden.

»Sehen Sie mal zu, daß Sie Verbandszeug auftreiben«, sagte Bill Conolly. »Fragen Sie die Diener. Die haben bestimmt etwas.«

»Ja, natürlich.«

Der Koch sprang auf und lief hinaus.

In Bills Schulter schienen tausend kleine Teufel zu hämmern. Der Schmerz pochte bis in seinen Kopf. Der Reporter hatte höllische Angst vor einer Blutvergiftung. Sein linker Smokingärmel war blutdurchtränkt.

Der Koch kam zurück. Er hatte tatsächlich einen Verbandskasten aufgetrieben und öffnete ihn mit zitternden Fingern.

»Ich habe mal einen Kursus in Erster Hilfe mitgemacht«, sagte er und sah Bills Schulter an.

Bill quälte sich aus der Jacke, und der Koch legte ihm einen Notverband an.

Dann kümmerte er sich um John Sinclair. Er betupfte die Wunde an der Schläfe mit Jod und klebte ein Pflaster darauf.

Es mußte wohl das Brennen gewesen sein, das John aus seiner Ohnmacht riß.

Es dauerte einige Minuten, bis der Inspektor wieder klar sah.

Bill Conolly grinste seinen Freund verzerrt an. »Noch mal Glück gehabt, alter Junge.«

»Das kann man wohl sagen«, gab John stöhnend zurück.

Er rappelte sich auf und mußte sich im nächsten Moment an der Wand abstützen, um das Schwindelgefühl zu überwinden.

Dann half er Bill hoch.

»Kannst du laufen?«

»Ich will es wenigstens versuchen.«

Bill Conolly hatte eine eiserne Konstitution. Er schaffte auch dies.

Die beiden Diener warteten draußen. Noch immer waren ihre Gesichter vom Entsetzen gezeichnet. Sie schienen überhaupt noch nicht richtig begriffen zu haben, was genau vorgefallen war.

John und Bill berichteten alles.

Dann waren die Diener an der Reihe. Sie erzählten von dem Unheimlichen, der gekommen war und sie hypnotisiert hatte. Von der Ermordung des Counts hatten sie nichts mitbekommen.

»Was war mit dem anderen Mann?« wollte John Sinclair wissen. »Oder ist Doktor Tod allein gekommen?«

»Nein, er hatte noch jemanden bei sich. Aber das war ein normaler Mensch.«

Dieser normale Mensch hatte John auch die Kugel verpaßt. Er ließ sich nochmals von den beiden Männern Dr. Tods genaue Beschreibung geben.

»Wie ich es mir schon gedacht habe, Bill. Das verbrannte Gesicht. Doktor Tod muß direkt aus dem Sarg gekommen sein.«

»Eine grauenhafte Vorstellung«, erwiderte der Reporter. Dann fragte er: »Und was machen wir jetzt?«

»Du gar nichts. Wir werden zurückgehen, und ich mache mich allein auf die Suche nach Doktor Tod.«

»John, das . . .«

»Komm, erzähl nichts. Es wird so gemacht und damit fertig.« John wandte sich an die beiden Diener. »Kümmern Sie sich bitte um die Toten. Es wird morgen alles in Ordnung kommen.«

»Falls es ein ›Morgen‹ gibt«, fügte der Koch hinzu.

John Sinclair erwiderte nichts. Er konnte dem Mann diesen Pessimismus noch nicht einmal übelnehmen.

Der alte Turm!

Drohend und düster wirkte er, ein Mahnmal aus einer blutigen Vergangenheit.

Unzählige Legenden rankten sich um das Gemäuer. Es ging die Sage um, daß man in mondhellen Nächten noch das Schreien der Gefolterten hören könne. Niemand hatte sich in den Turm hineingetraut. Einer, der es mal gewagt hatte, war gar nicht bis in die Spitze gelangt. Er war vorher ausgerutscht und hatte sich auf der steilen Wendeltreppe das Genick gebrochen.

Und ausgerechnet diesen Geisterturm hatte sich Dr. Tod als Hauptquartier ausgesucht.

Der Count of Darwood hatte nach dem tödlichen Unfall das Tor durch ein schweres Schloß sichern lassen. Es hatte im Laufe der Zeit Rost angesetzt und Dr. Tod keinen großen Widerstand geboten.

Jetzt schwang das schwere Holztor knarrend in den verrosteten Angeln.

Der Turm war aus dicken Quadern gebaut. In den Mauerritzen wucherte Moos, und Vögel hatten dort ihre Nester gebaut.

Auch in dieser Nacht goß ein silbriger Vollmond wieder sein Licht auf das alte Gemäuer und weckte die Geister der Dahingeschiedenen.

Vier Menschen gingen in gerader Linie auf den alten Turm zu. Es war Dr. Tod mit seinen drei Geiseln.

Die Gefangenen wagten keinen Widerstand. Zu tief saß noch der Schrecken der vergangenen Minuten in ihnen. Der Schock hatte ihren Willen ausgeschaltet.

Nadine Berger konnte die Tränen nicht mehr unterdrücken. Sie hatte die Hände vor das Gesicht geschlagen und stolperte durch die Nacht.

Mike Callahan, der Regisseur, war bleich wie eine Leinwand. Er hatte die Zähne zusammengepreßt und nur einen Gedanken, daß nicht gerade er als erster an die Reihe kommen würde.

Ross Taylor ging es um keinen Deut besser. Der Leinwand-Schönling zitterte am gesamten Körper. Manchmal konnte man sogar das Klappern seiner Zähne hören.

Dr. Tod ging hinter den dreien her. Im ungewissen Mondlicht sah er noch gräßlicher aus als bei normalem Licht. Es war eine Horror-Gestalt, die in dieses Bild paßte. Der Teufel selbst schien hier Regie zu führen.

Sie hatten etwa die Hälfte des Weges hinter sich gebracht, als die Schüsse fielen. Gedämpft klangen sie herüber.

Dr. Tod blieb stehen. Auch die anderen verharrten. Für einen winzigen Augenblick spiegelte sich Hoffnung auf ihren Gesichtern wider. Die Hoffnung auf einen Mann namens John Sinclair, der sie aus dieser schrecklichen Lage befreien konnte.

Doch Minuten später zerplatzte der Funke wie eine Seifenblase. Im Mitteltrakt des Schlosses wurde eine Tür aufgerissen, und ein Mann in der Kleidung eines Bediensteten stürmte heraus. Er blieb einmal kurz stehen, warf einen Blick zurück, lief dann weiter und entdeckte die kleine Menschengruppe.

Stampfend rannte er auf sie zu.

Sein Atem ging schnell und keuchend, als er vor Dr. Tod stehenblieb.

»Was ist geschehen, Pender?« blaffte der Menschenhasser den Mann an.

Pender steckte seine Pistole wieder ein und rang nach Luft. Dann berichtete er stockend von der Auseinandersetzung.

»Und?« fragte Dr. Tod gefährlich leise.

»Ich – ich glaube, dieser Sinclair lebt nicht mehr.«

Dr. Tod blieb überraschend ruhig. Er bekam keinen Tobsuchtsanfall und wurde auch nicht wütend. Rein äußerlich zeigte er gar keine Reaktion. Er sagte nur: »Wenn John Sinclair tatsächlich schon tot ist, werde ich mit dir abrechnen.« Mehr nicht.

Pender wankte zurück. »Aber – ich sollte doch . . .«

»Du solltest gar nichts. Nur zusehen, daß die beiden anderen aus dem Weg geschafft wurden. Aber das ist dir ja anscheinend auch nicht gelungen. Ich hoffe nur in deinem Interesse, daß Sinclair noch am Leben ist.«

Mike Callahan faßte sich ein Herz. »Wenn dieser Inspektor tot ist, was geschieht dann mit uns? Bringen Sie uns wirklich um?«

Dr. Tods Gesicht verzog sich. »Ich weiß es noch nicht. Es ist aber durchaus möglich. Ich werde aber vorher noch neue Pläne machen müssen.«

Der Menschenhasser wandte sich wieder an Doug Pender. »Geh zu den anderen Gästen und warte dort auf John Sinclair. Er soll in den Turm kommen. Ein Teil der Frist ist schon abgelaufen. Und wenn er lebt und nicht kommt, werde ich die erste Geisel über die Brüstung werfen.«

Doug Pender nickte eifrig. »Ich kann ja noch mal nachsehen«, sagte er.

»Das überlasse ich dir.«

Doug Pender verschwand mit schnellen Schritten.

»Und wir gehen weiter!« herrschte Dr. Tod die drei Geiseln an.

Aus der Ferne glich der Turm einer schmalen Röhre, ähnlich wie ein Schornstein. Doch je näher man kam, um so wuchtiger und drohender ragte das Mauerwerk in den Himmel.

Der Eingang des Turms gähnte in der mondhellen Nacht wie ein dunkler, alles verschlingender Schlund.

Nadine Berger zögerte, weiterzugehen, doch Dr. Tods brutaler Stoß in den Rücken trieb sie wieder voran.

Mike Callahan betrat als erster den Turm. Ein Angstschauer lief über seinen Rücken, als die Dunkelheit ihn verschluckte. Er preßte seine Fingernägel in die Handballen und spürte an dem Schmerz, daß es kein Alptraum war, den er erlebte, sondern brutale Wirklichkeit.

Callahan blieb stehen, so daß Nadine Berger bald auf ihn geprallt wäre.

Die Schauspielerin stieß einen Schrei aus, ging ein paar Schritte zur Seite und griff in etwas Glitschiges.

Nadine zuckte zurück. Nur mühsam unterdrückte sie ihren Ekel. Es war in der Dunkelheit nicht zu erkennen, in was sie gefaßt hatte.

Ein Feuerzeug klickte.

Ross Taylor hielt es in der Hand. Die Flamme zitterte mit seinen Fingern um die Wette.

Dr. Tods Krallenhand tauchte auf. Zwischen den Fingern hielt er eine Pechfackel.

Sekunden später hatten sie Licht.

Die ersten Stufen einer schmalen Wendeltreppe wurden aus der Dunkelheit gerissen. Die Treppe war steil. Sie zog sich in engen Kehren um eine steinerne Säule nach oben.

»Die Treppe hoch!« befahl Dr. Tod.

Diesmal machte Nadine den Anfang. Sie trug ein langes Kleid, was das Steigen noch schwieriger machte. Ein Geländer gab es auch. Doch es war alt und verrostet. Nadine faßte mit der linken Hand nach dem Handlauf und raffte mit der rechten ihr Kleid hoch.

Dr. Tod – der letzte in der Reihe – hielt die Pechfackel. Die Schatten zuckten über die dicken Wände. Fledermäuse wurden aufgeschreckt und flogen dicht über die Köpfe der Menschen hinweg.

Immer höher ging es.

Manchmal war ein Raunen und Stöhnen zu hören, das grauenerregend klang und aus der Hölle selbst zu kommen schien.

»Das sind die Geister der Gequälten«, sagte Dr. Tod und stieß ein heiseres Lachen aus. »Wir befinden uns in bester Gesellschaft. Vielleicht werde ich euch selbst einmal mitnehmen in die Dimensionen des Wahnsinns, wo der Schrecken und das Grauen regieren. Es ist ein Land, das noch nie der Fuß eines Sterblichen betreten hat. Ihr werdet die ersten sein, die es sehen und es auch nie vergessen können. Ihr werdet für immer gezeichnet sein, von der Hand des Satans.«

Dr. Tod redete weiter. Er steigerte sich in eine Ekstase hinein, wie er sie selten erlebt hatte. Machtrausch hatte ihn gepackt. Er, der lebende Tote, hatte Macht über die Menschen. Niemand konnte ihn jetzt noch besiegen. Jemand, der schon tot war, konnte nicht mehr sterben.

Auch ein John Sinclair würde machtlos sein . . .«

Immer höher ging es hinauf. Ross Taylor war der erste, der zusammenbrach. Er fiel auf Hände und Füße und blieb einfach auf den Stufen liegen.

Die anderen stoppten.

Dr. Tod trat vor. Er bückte sich und krallte seine freie Hand in Taylors Schulter.

»Steh auf, oder ich werde deine Kleidung anzünden, daß du als lebende Fackel die Treppe hinunterstürzt!«

Ross Taylor drangen die Worte wie Stromstöße ins Gehirn. Er heulte auf.

»Nun? Wird's bald?« Die Fackel näherte sich bereits Taylors Haaren. Der Schauspieler spürte die sengende Hitze und gab auf. Mühsam quälte er sich hoch. Er schnappte nach Luft, und sein Gesicht war schweißnaß.

Den anderen beiden ging es nicht besser. Callahan hatte seine Hände auf die Brust gepreßt. Er sah aus wie jemand, der kurz vor seinem Herzinfarkt steht.

Nadine hatte sich an der Mauer abgestützt. Auch sie war erschöpft und dicht vor dem Zustand, wo einem alles egal wird.

»Weiter!« herrschte Dr. Tod seine Gefangenen an.

Sie quälten sich die Stufen hoch. Mehr stolpernd als gehend.

Und sie schafften es. Irgendwann hatten sie die letzte Stufe überwunden.

Callahan und Taylor ließen sich kurzerhand zu Boden fallen. Alles drehte sich vor ihren Augen.

Nadine Berger war nahe daran, sich zu übergeben. Ihre Frisur war zerzaust. Das Haar klebte schweißfeucht auf ihrer Stirn. In den blauen Augen war jeglicher Hoffnungsschimmer erloschen. Sie blickte stumpf, resignierend.

Eine verfallene Holztür, die nur noch in einer Angel hing, gab den Weg in das Turmzimmer frei.

Dr. Tod stieß seine Gefangenen hinein.

Spinnweben strichen über die erhitzten Gesichter. Niemand nahm davon Notiz.

Dr. Tod steckte die Fackel in eine Halterung an der Wand. Dann zog er Mike Callahans Smokingärmel zurück und blickte auf das Zifferblatt der Uhr.

»Er hat nicht mehr viel Zeit, der liebe Inspektor. Die Hälfte der Frist ist vorbei.«

»Und wenn er tot ist?« warf Callahan ein.

Dr. Tod lachte. Ihm war die Anstrengung nicht anzumerken. »John Sinclair ist nicht tot. Ich spüre so etwas. Und er wird kommen. Glaubt mir.«

»Was geschieht dann?« fragte der Regisseur, der Mühe hatte, seinen Atem unter Kontrolle zu bekommen.

»Ich werde ihn töten. Endgültig.«

Callahan stockte, bevor er die nächste Frage aussprach. »Was geschieht mit uns?«

Dr. Tod lachte blechern. »Der Satan wartet auf neue Opfer.«

Die drei Geiseln hielten den Atem an.

Und als wären die letzten Worte des Menschenhassers ein Signal für Ross Taylor gewesen, schlich er zur Seite.

Auf Zehenspitzen näherte er sich der Fackel.

Dr. Tod wandte ihm den Rücken zu.

Taylor biß die Zähne zusammen. Er kam sich plötzlich unsagbar verloren vor. Noch nie in seinem Leben hatte er vor solch einer Entscheidung gestanden.

Taylors Finger umklammerten den Griff der Fackel. Ein Ruck, und sie glitt aus der Halterung.

Vorhin wollte Dr. Tod ihn verbrennen. Jetzt war er an der Reihe. Ross Taylor hob den Arm mit der Fackel, um sie Dr. Tod in den Rücken zu schmettern . . .

Doug Pender huschte durch den Schloßpark. Wie ein Schatten sprang er von Busch zu Busch. Hinter einem Baum ging er schließlich in Deckung.

Er hatte kaum eine Minute dort verharrt, als aus dem Mittelpunkt des Schlosses drei Gestalten traten.

Pender triumphierte. John Sinclair lebte noch. Er lebte, um von Dr. Tod grausam hingerichtet zu werden.

Pender leckte sich die trockenen Lippen, verließ seine Deckung und rannte zu den Sälen hinüber, wo die Gäste versammelt waren. Er wollte John Sinclair die Nachricht persönlich überbringen. Obwohl der Totengräber Doug Pender diesen Mann nicht kannte, haßte er ihn bis aufs Blut. Es hatte sich wieder einmal bewahrheitet. Dr. Tod machte aus normalen Menschen Marionetten.

John Sinclair mußte seinen Freund stützen, als sie den Mitteltrakt des Schlosses verließen. Die Verletzung machte Bill Conolly doch mehr zu schaffen, als er zugeben wollte. Der provisorische Verband war blutdurchtränkt, und Bill hatte das Gefühl, überhaupt keinen Arm mehr zu besitzen.

Der Koch hatte seinen Schreck überwunden. Trotzdem schaute er sich immer vorsichtig um, als erwarte er, eine neue Horrorgestalt aus dem Dunkel des Schloßparks auftauchen zu sehen.

Die Männer hatten die Treppe hinter sich gelassen und betraten einen geharkten Kiesweg.

»Himmel, John, ich bin doch kein Baby«, knurrte Bill. »Ich kann allein gehen.«

»Red kein Blech«, gab der Inspektor zurück und zog seinen Freund weiter.

Bill fügte sich murrend.

Über dem Park lag eine seltsame Stille. Sie war irgendwie greifbar, erdrückend. Kein Lufthauch regte sich. Es schien, als halte die Natur den Atem an.

Der Kies knirschte unter den Sohlen der Männer. John versuchte die Dunkelheit mit seinen Blicken zu durchbohren. Irgendwo in dieser Schwärze lauerte Dr. Tod.

Wenn der Inspektor den Kopf wandte, konnte er zum Westflügel des Schlosses sehen. Hier hatte die Party stattgefunden. Ein Fest, das einen grauenvollen, blutigen Abschluß gefunden hatte und das unter Umständen noch gar nicht beendet war.

Lichtbahnen fielen aus den Fenstern. Die Lampionkette im Garten leuchtete wieder farbenfroh, doch niemand ließ sich dort draußen blicken. Es gab keine Musik, kein Gelächter – nichts. Unsichtbar hing die Drohung des Dr. Tod über dem Schloß und dem Park.

Der Koch lief ein paar Schritte vor und war dann mit John auf gleicher Höhe.

»Sie brauchen mich nicht mehr, Inspektor?«

»Nein.«

Der Koch lächelte dankbar. »Ich werde dann wieder zurück in die Küche gehen. Sollte noch etwas sein, Sie wissen, wo Sie mich erreichen können.«

»Schon gut.«

Der Koch entfernte sich mit schnellen Schritten. Er hatte es eilig, der Dunkelheit des Parks zu entfliehen. John konnte den Mann gut verstehen.

Der Inspektor drehte den Kopf und blickte seinen Freund an. Bills Gesicht war schweißnaß. Der Reporter hatte den Mund halb geöffnet. Pfeifend drang der Atem zwischen seinen Lippen hervor. Selbst das Gehen bereitete Bill Schwierigkeiten. Er wurde von John mehr mitgeschleift.

»Gleich hast du's überstanden«, sagte der Inspektor.

Bill verzog das Gesicht zu einem Lächeln, doch es wurde nur eine Grimasse.

Sie betraten das Schloß wieder durch einen Seiteneingang. Überall brannten die Lichter. Die gleißende Helligkeit der Lüster blendete John und Bill für einige Augenblicke.

Ein Mann kam ihnen entgegen. Er stutzte für einen Moment, machte dann auf dem Absatz kehrt und rannte schreiend davon.

»Der Inspektor von Scotland Yard!« rief er. »Sinclair ist da. Los, kommt!«

John und Bill hatten den Eingang des Partysaales eben erreicht, als ihnen schon die ersten Menschen entgegenliefen.

An der Spitze Jim Ballard.

»Sie sollen in den Turm kommen, Inspektor«, sprudelte der aufgeregte Mann hervor. »Dort wartet Doktor Tod auf Sie.«

Seine weiteren Worte gingen im Geschrei der Menschen unter, die John alle gleichzeitig von der Sache erzählen wollten.

Mit lauter Stimme verschaffte sich der Inspektor Ruhe.

»Gestatten Sie, daß ich erst mal den Verletzten zu einem Sessel bringe?«

Die Gäste schafften schweigend eine Gasse.

John ließ Bill Conolly in einen Sessel sinken. Dann fragte er nach einem Arzt. Der war natürlich nicht unter den Gästen, dafür aber ein Mann, der einiges von Medizin verstand. Er kümmerte sich um den verletzten Bill Conolly.

John, der auch nicht mehr gerade salonfähig aussah, klopfte sich eine Zigarette aus der Schachtel. »So, nun mal von vorn. Was ist genau geschehen?«

An Stelle einer Antwort faßte Jim Ballard den Inspektor am Ärmel und zog John zu dem kleinen Podium. Anklagend deutete der Kameramann auf die Leiche des Schauspielers.

»Sein Werk«, sagte Ballard, und seine Stimme klang heiser. »Er hat ein Exempel statuiert, als Warnung für alle anderen hier.«

Die Partygäste hatten einen Kreis um die beiden Männer gebildet. Jeder war begierig darauf, zu erfahren, wie John sich verhalten würde.

Der Inspektor preßte die Zähne zusammen. Ja, das war eindeutig. Dr. Tods Werk. Und John spürte, daß er diesmal die Entscheidung wollte. Unwillkürlich fuhr seine rechte Hand zum Gesicht hoch. Dunkelrot glühte dort die Narbe, die John Dr. Tod verdankte. Sie war eine unauslöschbare Erinnerung an diesen Menschenhasser.

»Erzählen Sie«, bat John den Kameramann.

Und Ballard berichtete. Er formulierte kurz und präzise. Zum Schluß wiederholte er noch einmal Dr. Tods Bedingungen.

John Sinclair nickte.

Jim Ballard sah den Inspektor fragend und ängstlich zugleich an. »Werden Sie auf diese Bedingungen eingehen?« fragte er mit leiser Stimme.

John ließ seinen Blick in die Runde schweifen. Diese Menschen spürten seinen Blick, und John las in den Augen, welches Vertrauen die Leute in ihn setzten.

»Eine Stunde, sagten Sie?«

Ballard nickte.

»Dann wird es Zeit, daß ich mich auf den Weg mache.«

Ein hörbares Aufatmen ging durch die Reihe der Gäste. Geraune klang auf, erlösend, und doch schwebte über allem die bange Frage: Wird er es schaffen?

»Ich wünsche Ihnen viel Glück, Inspektor«, sagte Jim Ballard und drückte John die Hand.

»Danke, ich kann es brauchen.«

Der Inspektor hatte das letzte Wort noch nicht ganz ausgesprochen, als er Bill Conollys Schrei hörte.

»John! Da ist der Kerl von vorhin!«

Der Inspektor rannte los. Die anderen Menschen reagierten nicht so schnell. John war gezwungen, sich rücksichtslos eine Gasse zu bahnen.

Aber auch Doug Pender hatte nicht sofort reagiert. Für ihn war Bills Entdeckung ebenfalls völlig überraschend gekommen.

Wertvolle Zeit verging.

Pender stand auf der breiten Türschwelle. Hinter ihm begann ein Gang, an den sich eine Treppe in die oberen Geschosse anschloß.

Pender rannte los. Der Totengräber, der Dr. Tods Ultimatum erst dem Inspektor persönlich überbringen wollte, bekam es nun mit der Angst zu tun. Er rannte weg.

Pender war fast doppelt so alt wie der Inspektor. Er hatte John nichts entgegenzusetzen.

Auf der zweiten Treppenstufe holte John ihn ein.

Unter Sinclairs Griff flog Pender zurück. Krachend landete er auf dem Boden.

John packte blitzschnell einen Arm des Totengräbers und zog den Mann wieder hoch. Eisern hielt er ihn fest.

Mittlerweile war der Verbindungsgang mit Neugierigen verstopft. John kümmerte sich nicht darum. Was er mit Pender auszumachen hatte, war keine Geheimsache.

»So, mein Freund«, sagte der Inspektor, »jetzt werden wir beide uns mal unterhalten.«

Pender hatte inzwischen seine Fassung wiedergefunden. Er grinste John frech ins Gesicht.

»Wollen Sie mich abknallen?« höhnte er. »Darüber wird Dr. Tod dann aber nicht gerade begeistert sein.«

»Wer spricht denn von abknallen?« erwiderte John. »Nein, ich habe andere Methoden.«

Der Totengräber zuckte zusammen. Er dachte an Folterung oder noch etwas Schlimmeres.

»Weshalb wollten Sie meinen Freund und mich erschießen?«

»Das kann Ihnen ja Doktor Tod beantworten.«

»Ich habe aber Sie gefragt!«

Pender wandte den Kopf. Verächtlich blickte er die Partygäste an. »Stellt euch nur nicht auf seine Seite«, zischte er. »Inspektor Sinclair wird bald tot sein. Gegen Doktor Tod kommt niemand an.«

John Sinclair machte kurzen Prozeß. Er zog Pender zur Seite und stieß ihn dann in Richtung Ausgang.

Der Totengräber protestierte, doch Johns Griff war überzeugend genug.

»Drei Geiseln hat Doktor Tod, nicht wahr?« fragte John gepreßt. »Nun gut, ich habe eine.«

»Sie wollen doch nicht. Sie . . .«

»Was dachten Sie denn? Glauben Sie, ich hätte mit einem Mann Mitleid, der mich ermorden wollte?«

Mit einem schnellen Griff seiner freien Hand zog John dem Totengräber die Waffe aus dem Hosenbund und steckte sie selbst ein. »Beweisstück Nummer eins.«

Pender blieb stehen. Er ahnte, daß ihm die Felle wegschwammen. Er hatte den Inspektor unterschätzt. Und das in jeder

Hinsicht. Dieser Mann war nicht so ohne weiteres aus dem Spiel zu bluffen.

John hatte noch zwanzig Minuten Zeit, um das Leben der drei Gefangenen zu retten.

Zwanzig jämmerliche Minuten.

Der Inspektor hielt Pender eisern fest, während er mit ihm durch den Park ging und sie sich dem alten Turm näherten.

Und die Zeit verrann.

Dann hatten sie den Turm erreicht. Die Tür unten stand offen. Dunkel gähnte der Eingang.

»An der Wand hängen Pechfackeln«, sagte der Totengräber.

»Holen Sie eine.«

Johns Augen hatten sich inzwischen an die Dunkelheit gewöhnt. Er konnte die Umrisse erkennen.

Der Inspektor ließ Doug Pender los. Instinktiv rechnete John noch immer mit einem Angriff, und wie gut er daran tat, merkte er drei Sekunden später.

Aus dem Stand kreiselte Pender herum. Er wollte John Sinclair die geballte Faust ins Gesicht schlagen.

Der Inspektor duckte ab, ließ Pender leerlaufen und konterte mit zwei blitzschnellen Geraden. Sie trieben dem Totengräber die Luft aus der Lunge. Ein knallharter Karateschlag schickte Pender endgültig ins Reich der Träume.

»Idiot«, sagte John.

Er holte sich eine Fackel, zündete sie an und begann, die Treppe hochzusteigen.

Es war eine Mordsarbeit. Die Anstrengung trieb John Sinclair den Schweiß auf die Stirn.

Unerbittlich rückte der Minutenzeiger weiter.

John ging schneller.

Noch fünf Minuten.

Verbissen nahm John Sinclair Stufe für Stufe. Zweimal stolperte er und stieß sich schmerzhaft das rechte Schienbein.

Dann war die Zeit um.

John Sinclair hatte erst drei Viertel des Weges geschafft.

Jetzt würde die erste Geisel sterben.

Der Inspektor nahm allen Mut zusammen. Er legte die Fackel auf eine Stufe und formte seine Hände vor dem Mund zu einem Trichter.

»Doktor Tod!« hallte seine Stimme.

. . . Tod . . . Tod . . . Schaurig klang das Echo durch die uralten Mauern.

Ein gellendes Gelächter war die Antwort. »Komm nur her, John Sinclair«, dröhnte die Stimme des Menschenhassers. »Ich habe eine Überraschung für dich. Die erste Geisel – ha, ha, ha . . .«

Das Turmzimmer war voller Gerümpel. Holzlatten lagen übereinandergetürmt am Boden, bedeckt mit Staub und Spinnweben. In der Ecke stand eine vom Holzwurm zernagte Kommode und an der Stirnseite des Raumes ein hohes zerfallenes Bett.

Eine der morschen Holzlatten wurde Ross Taylor zum Verhängnis. Er hatte sich so in seinen Mordwillen gesteigert, daß er sie einfach übersah. Seine rechte Fußspitze prallte dagegen. Die Holzlatte schleifte ein Stück über den Boden.

Das Geräusch riß Dr. Tod herum. Er reagierte innerhalb eines Sekundenbruchteils.

Ross Taylor stand einen Herzschlag lang wie festgewachsen. Den Arm mit der brennenden Fackel erhoben. Die Flammen zuckten über sein schweißfeuchtes, haßverzerrtes Gesicht.

Dr. Tod griff gedankenschnell zu. Seine Klauenhände umklammerten den fackelbewehrten Arm. Es war ein gnadenloser Griff, eisenhart und ohne Erbarmen.

Taylor stöhnte auf. Er wurde zurückgedrängt, ohne daß er etwas dagegen tun konnte.

Dr. Tod lachte häßlich. Er wuchtete sein Knie hoch. Der Schauspieler brüllte auf.

Immer weiter bog der Menschenhasser den Arm mit der Fackel zur Seite. Die Flamme näherte sich Taylors Kopf, versengte seine Haare.

Taylor keuchte. Er wußte, welches Schicksal ihm beschieden war, und konnte doch nichts dagegen tun. Zu gewaltig war die Kraft des Untoten.

»Nein! Nein!« keuchte Taylor, dessen Gesicht und Oberkörper von dem roten Schein übergossen wurden. »Nein – ich . . . ahhhh . . .«

Seine weiteren Worte verstummten in einem kläglichen Wimmern.

Ross Taylors Kleidung hatte Feuer gefangen.

Der Schmerz kam blitzschnell und ließ dem Schauspieler nicht einmal mehr Zeit zu schreien.

Die anderen beiden waren unfähig, sich zu bewegen. Das kalte Entsetzen nagelte Nadine Berger und Mike Callahan auf der Stelle fest.

Dr. Tod riß dem Schauspieler die Fackel aus den Fingern und stieß den Mann in Richtung Tür.

In diesem Augenblick hallte John Sinclairs Stimme auf. »Doktor Tod!«

Der Menschenhasser lachte irr. »Komm nur her, John Sinclair!« schrie er. »Ich habe eine Überraschung für dich. Die erste Geisel . . .«

Wieder folgte ein gellendes Gelächter.

Mit einem letzten Ruck stieß Dr. Tod den Schauspieler die ersten Stufen der Wendeltreppe hinunter. Der schaurige Schrei des Mannes brach sich als vielfaches Echo . . .

John Sinclairs Nackenhaare sträubten sich, als er sah, wen Dr. Tod dort die Treppe hinuntergeworfen hatte. Der Schrei gellte noch in Johns Ohren, als der Schauspieler wenige Stufen vor dem Inspektor verkrümmt liegenblieb.

John hetzte vor.

Er riß sich seine Jacke vom Körper, warf das Kleidungsstück auf den Mann und erstickte die Flammen.

Ross Taylor lebte noch. Das Feuer hatte erst seine Kleidung verbrannt, und die Haut war noch nicht allzuviel in Mitleidenschaft gezogen worden. Es war ein Wunder, daß sich der Mann nicht das Genick gebrochen hatte.

Taylor wimmerte leise vor sich hin. Er starrte John aus weitaufgerissenen Augen an. In seinem Blick lag all der Schrecken, den er in den letzten Sekunden empfunden hatte.

John lächelte. »Es ist alles vorbei. Sie werden schon durchkommen.«

Taylor stöhnte. »Dort oben sind noch zwei. »Ich – ich wollte Nadine und Mike retten. Er – er ist mir zuvorge . . .«

Der Schauspieler brach mitten im Satz ab, bäumte sich auf und lag still.

War er tot?

John hatte im ersten Moment das Gefühl, doch als er sein Ohr auf Taylors Brust legte, hörte er, wie dessen Herz schlug.

Beruhigt richtete John sich auf.

Er nahm wieder die Fackel an sich und stieg einige Stufen höher. Er wollte möglichst nahe an Dr. Tod herankommen, um mit ihm verhandeln zu können. Falls sich dieser Menschenhasser darauf einließ.

»Inspektor Sinclair!« dröhnte wieder die höhnische Stimme.

John blieb stehen. »Ich bin hier.«

»Ist mein erster Gruß bei dir angelangt?«

»Ja«, knirschte John.

Dr. Tod lachte. »Gut, nicht wahr? Soll ich dir jetzt den nächsten schicken?«

Die Angst um die beiden Geiseln krampfte Johns Herz zusammen. »Weshalb? Ich habe mein Wort gehalten und bin gekommen. Halte du es nun auch.«

»Du spekulierst auf meine Ehrlichkeit, Geisterjäger? Wie dumm sind die Menschen doch. Aber ich will dir eine Chance geben. Komm hoch und wirf deine Waffe weg, aber so, daß ich es sehen kann. Ich lasse die Geiseln dann frei.«

»Kann ich mich darauf verlassen?«

»Du mußt es, John Sinclair, du mußt es. Oder soll ich dir den nächsten schicken? Das Mädchen halte ich mir dann bis zum Schluß, als Krönung sozusagen.«

John biß die Zähne zusammen. Dr. Tod saß am längeren Hebel, und er wußte das auch. Er kostete seine Situation bis ins letzte aus.

»Also gut, ich komme!« rief John.

Er wechselte die Fackel in die linke Hand, holte mit der rechten seine Pistole hervor und stieg die nächsten Stufen hinauf.

Nach der zweiten Kehre konnte er schon den Schein von Dr. Tods Fackel sehen.

Noch eine Kehre.

Und dann stand John Sinclair dem Menschenhasser von Angesicht zu Angesicht gegenüber.

Beide starrten sich sekundenlang in die Augen. Dr. Tod hatte seinen Arm um Nadines Kehle gekrallt. Die Schauspielerin röchelte, bekam kaum noch Luft. John konnte nicht riskieren, einen schnellen Schuß zu landen. Er hätte bestimmt den kürzeren gezogen.

Der Inspektor war von Dr. Tods Anblick nicht überrascht. Schließlich hatte er ihn noch so aus Rumänien in Erinnerung.

»Die Waffe weg, Sinclair!«

John warf die Pistole in den Raum. Sie rutschte fast bis unter das Bett.

Dr. Tod hatte seine Fackel in eine der Schießscharten gesteckt, die in dem Mauerwerk verteilt waren.

Johns Augen glitten tastend durch das Turmzimmer. Es mußte schon seit einer halben Ewigkeit nicht mehr bewohnt sein. Alles war zerfallen und mit Staub bedeckt. John sah, daß im Hintergrund des Zimmers – und kaum zu erkennen – eine Steintreppe bis in die Spitze des Turms führte.

»Sinclair«, stöhnte der Regisseur plötzlich. »Endlich. Holen Sie uns hier raus.«

Er lief zwei Schritte vor, doch Dr. Tods Befehl stoppte ihn sofort wieder.

Der Inspektor breitete die Arme aus. »Hier bin ich, Doktor Tod. Halte jetzt dein Versprechen und laß die Geiseln frei!«

Der Menschenhasser lachte. »Ja, John Sinclair, ich werde sie freilassen. Sie gehören mir sowieso. Durch den magischen Bann, den ich um das Schloß gelegt habe, können sie nicht fliehen. Ich werde sie alle zu meinen Kreaturen machen, aber erst rechne ich mit dir ab. Du wirst sterben!«

Dr. Tod ließ Nadine Berger los, die damit nicht gerechnet hatte und zusammenbrach.

John sprang vor und konnte sie gerade noch auffangen. Ein Gedanke blitzte in ihm auf. Jetzt hätte er Dr. Tod vielleicht überrumpeln können, doch der Menschenhasser hatte wohl seine Absicht geahnt. Mit drei schnellen Schritten war er bei Johns Pistole und hob sie auf. Er ließ den Inspektor in die Mündung seiner eigenen Waffe blicken.

»Damit hast du wohl nicht gerechnet, was, Geisterjäger. Jetzt spielen wir mit umgekehrten Vorzeichen. Wie lange habe ich auf diese Stunde gewartet. In den Dimensionen des Wahnsinns hat mir Asmodis die Kraft gegeben, um mit dir abrechnen zu können.«

Dr. Tod schleuderte John seinen ganzen Haß ins Gesicht. Es war ein Haß, wie er nur in der Hölle geboren sein konnte.

John spürte das Fludium des Bösen und der Gefahr, das von diesem ›Toten‹ ausging. Zwei unversöhnliche Feinde prallten aufeinander. Gut und Böse. Und es hatte den Anschein, als sollte die Schwarze Magie diesmal triumphieren.

Noch immer lag Nadine Berger in Johns Armen. Die Schauspielerin schluchzte. Sie war mit ihren Nerven völlig am Ende.

John hob Nadine vorsichtig hoch. Er gab Callahan ein Zeichen mit dem Kopf.

»Gehen Sie mit ihr nach unten!«

Plötzlich schrie Nadine auf. »Und Sie, John? Wollen Sie sich opfern? Wollen Sie für uns Ihr Leben hergeben?«

Die Schauspielerin klammerte sich an den Inspektor, und John mußte sie mit sanfter Gewalt fortstoßen.

»Ich warte nicht länger!« peitschte Dr. Tods Stimme.

Da endlich hatte auch Nadine verstanden. Mike Callahan faßte sie am Arm. John, der seine Fackel vorher auf den Boden gelegt hatte, hob sie auf und gab sie dem Regisseur. »Seien Sie vorsichtig«, sagte er noch, »und nehmen Sie Ross Taylor mit.«

Nadine Berger und Mike Callahan verschwanden. Noch lange hörte der Inspektor Nadines Schluchzen.

»So, jetzt sind wir allein«, sagte Sinclair.

»Ja«, flüsterte Dr. Tod. »Wie lange habe ich darauf gewartet.« Seine Krallenhand hatte sich um die Waffe geklammert. Das Mündungsloch der Pistole glotzte John an. Jede Sekunde konnte Dr. Tod abdrücken . . .

»Ich könnte dich jetzt erschießen«, flüsterte der Menschenhasser rauh, »aber das wäre zu billig. Ich habe mir etwas ganz anderes ausgedacht. Wir werden oben auf die Spitze des Turms gehen. Ich werde dich mit einem magischen Bann belegen und dich anschließend über die Brüstung werfen. Du wirst alles erleben, fühlen, mitbekommen, doch es wird dir nichts nützen. Die Schwarze Magie wird dich völlig wehrlos machen. Los, geh jetzt!«

John Sinclair wußte, wohin er sich zu wenden hatte, und ging auf die Steintreppe zu.

Dr. Tod hielt immer den richtigen Abstand. Nie hatte John eine Chance, ihm die Pistole aus der Hand zu schlagen.

Vielleicht sollte er ihn trotzdem angreifen. Unter Umständen war eine Kugel besser als dieser andere gräßliche Tod, der der Menschenhasser sich für ihn ausgedacht hatte.

Als hätte Dr. Tod seine Gedanken erraten, sagte er: »Wenn du es versuchen willst, schieße ich dir zuerst ins Bein. Deinem Schicksal entgehst du nicht.«

Schweigend ging John die Stufen hoch.

Eine Falltür versperrte den weiteren Weg.

»Drück sie auf!« befahl Dr. Tod.

John stemmte sich mit den Schultern gegen die Tür. Er brauchte seine gesamte Kraft, damit sich das Holz in den rostigen Angeln bewegte.

Dr. Tod stand mit der Waffe im Anschlag auf der zweiten Stufe und beobachtete Johns Bemühungen.

Dann hatte der Inspektor es geschafft. Die Falltür krachte zurück.

Wind wirbelte durch John Sinclairs Haare und kühlte sein erhitztes Gesicht.

»Geh langsam vor, und keine dumme Bewegung«, sagte der Menschenhasser.

John gehorchte.

Beinahe im Zeitlupentempo stieg er die letzten Stufen hoch und schwang sich auf die Spitze des Turmes.

Dr. Tod hatte die letzten beiden Stufen blitzschnell genommen und betrat kurz nach John Sinclair das Dach.

Wie dunkelblauer Samt lag der Sternenhimmel über ihnen. Der bleiche Mond schickte sein silbernes Licht auf die beiden Todfeinde.

Dr. Tod hatte John Sinclair ein Stück zurückgetrieben, bis dicht vor die hüfthohe Mauer.

Trotz der relativ schlechten Sichtverhältnisse sah John Sinclair den Haß in Dr. Tods Augen blitzen. Dieser Mann erlebte den größten Triumph in seinem ruchlosen Leben.

»Ich werde jetzt die magischen Formeln sprechen, John Sinclair«, sagte Dr. Tod, »und nichts kann dich dann noch retten . . .«

Die magischen Formeln!

Schon seit Urzeiten existierten sie. Erfunden von den Mächten des Bösen, waren sie überliefert worden an die Diener des Satans.

Es waren schreckliche Worte. Laute aus der Dämonensprache,

wie sie in fremden, grauenhaften Universen gesprochen wurde. Diese Worte schalteten den menschlichen Willen aus, machten Individuen zu Robotern der finsteren Mächte.

Jahrhundertelang hatten auserwählte Menschen versucht, dagegen anzukämpfen, hatten sich der Weißen Magie bedient, und es war ihnen gelungen, diese schrecklichen Formeln von der Menschheit fernzuhalten.

Und doch wurden diese Worte überliefert. Oft, wenn etwas Grausames, Unerklärliches auf der Welt geschah, waren magische Kräfte und Formeln im Spiel. So auch heute. Der Bann, den Dr. Tod um das Schloß gelegt hatte, beruhte auf diesen grauenhaften Sätzen und Formeln.

Und nun sollte John Sinclair ihnen zum Opfer fallen. Inspektor John Sinclair, selbst der größte Feind des Bösen, sollte ausgeschaltet werden. Sein Tod würde dem Menschenhasser den Weg zur Beherrschung der Erde ebnen. Asmodis, der Höllenfürst, würde triumphieren und all seine Register des Schreckens ziehen, um die Menschheit zu unterdrücken.

John wußte von der Existenz dieser magischen Formeln. Er kannte zwar nicht ihren genauen Wortlaut, hatte aber – da er sich mit Dämonologie beschäftigte – viel darüber gelesen.

John Sinclair hatte die Arme halb erhoben. Sprungbereit stand er da. Er schätzte die Entfernung zu seinem Gegner ab, wollte einen Moment lang alles auf eine Karte setzen.

Doch der Inspektor zögerte. Die Kugel hätte ihn unweigerlich erreicht, ihn verletzt, wenn nicht getötet. Und ein geschwächter John Sinclair war noch weniger wert.

Vielleicht konnte er aber auch den magischen Kräften entgegenwirken. Es kam auf die Konzentration an.

Dr. Tod genoß seinen Sieg! Er ahnte wohl, wie es in John Sinclairs Hirn arbeitete, wie der Inspektor verzweifelt nach einem Ausweg suchte.

»Es gibt keine Chance, Geisterjäger«, sagte der Menschenhasser. »Nicht für dich.«

Der Inspektor sagte nichts. Er blickte an Dr. Tod vorbei, hinaus in die Nacht. Längst hatte der Wind den Schweiß auf Johns Gesicht getrocknet.

Der Geisterjäger biß sich auf die Lippe, bis er Blut schmeckte. Er hatte die Hände zu Fäusten geballt. Die Fingernägel gruben sich tief in das Fleisch der Handballen. Er spürte den Schmerz, wollte sich nur darauf konzentrieren.

Ohne Übergang begann Dr. Tod zu reden.

Urlaute drangen aus seinem Maul. Laute, die so schrecklich waren, daß sie in den Ohren schmerzten.

Eine Kälteaura streifte John. Unsichtbare Wellen glitten auf ihn zu, versuchten in sein Gehirn einzudringen.

John Sinclair keuchte.

Nur nicht aufgeben. Nur nicht aufgeben! hämmerte er sich ein.

Doch was war das?

John konnte den Druck der magischen Ströme spüren, doch die Wellen glitten an seinem Gehirn vorbei oder prallten ab wie an einem Prellbock.

Dr. Tod merkte von alledem nichts. Unbeirrt sprach er weiter, drangen Schreckenslaute aus seiner Kehle.

Johns Gedanken rasten.

Was war geschehen? Weshalb zeigten die magischen Wellen bei ihm keine Wirkung?

Wie ein Blitzstrahl traf John die plötzliche Erkenntnis.

Der Nagel!

Der silberne Nagel des Mandra Korab. Sein Freund hatte ihn aus Indien geschickt. John trug ihn bei sich.

Der Nagel, selbst ein Relikt des Guten, absorbierte die magischen Kräfte, machte sie praktisch wirkungslos.

Und Dr. Tod hatte noch nichts davon bemerkt.

Nach wie vor sprach er weiter. Er hielt die Augen halb geschlossen. Sein von Brandwunden zerstörtes Gesicht wirkte durch das Mondlicht blaß und unwirklich. Dr. Tod selbst befand sich in einer Art Trance. Er hatte die Hand mit der Waffe ein wenig gesenkt, war sich seines Erfolges vollkommen sicher.

John nutzte diese hauchdünne Chance.

Behutsam trat er einen Schritt vor.

Dann noch einen.

In diesem Augenblick schreckte Dr. Tod hoch.

Doch da war es schon zu spät.

Wie ein Rammbock flog der Inspektor dem Menschenhasser entgegen. Sein Kopf bohrte sich in den Magen der schrecklichen Gestalt. Gleichzeitig drosch John mit einer wilden Bewegung Dr. Tods Revolverhand nach oben.

Ein Schuß löste sich.

Wirkungslos pfiff die Silberkugel in den nachtdunklen Himmel.

John fightete hart und ohne Erbarmen. Seine Hände hatten Dr. Tods Waffenhand umklammert und drückten sie zur Seite.

Mit aller Macht stemmte sich Dr. Tod gegen den Griff. Der ›Tote‹ konnte keine Schmerzen mehr spüren – und er besaß ungeheuere Kräfte.

Höllenkräfte!

John Sinclair – noch im ersten Schwung des Angriffs – gelang es, Dr. Tod bis dicht an die Brüstung zu schleudern. Die Mauer war aus dickem Gestein und nur hüfthoch. Man brauchte nur einen winzigen Moment nicht aufzupassen, und der Sturz in die Tiefe war sicher.

Dr. Tod kämpfte verbissen. Er wußte, wenn John erst einmal in den Besitz der Waffe gelangte, war sein Schicksal besiegelt. Im normalen Kampf hatte er noch eine Chance, denn kräftemäßig waren sie gleichwertig, wenn nicht Dr. Tod dem Geisterjäger sogar überlegen war.

John riß Dr. Tods rechten Arm hoch und schmetterte ihn dann mit aller Macht auf den Rand der Brüstung.

Doch schon vorher öffneten sich Dr. Tods Finger.

Ehe John den Schachzug erfaßt hatte, war die Pistole schon über die Brüstung gerutscht und trudelte der Erde entgegen.

Dr. Tods Hohngelächter drang John durch Mark und Bein. Mit einer blitzschnellen Bewegung befreite sich Dr. Tod aus Johns Griff. Schnell sprang er zwei Schritte zur Seite und streckte beide Arme aus.

»So, Geisterjäger, jetzt sind die Chancen wieder besser verteilt. Ich bin gespannt, wie lange du einen Kampf mit mir durchstehst. Ich habe Zeit. Unbegrenzt. Ich werde dich über die Brüstung stoßen und deine Leiche unten vermodern lassen.«

John wischte mit einer schnellen Bewegung den Schweiß aus der Stirn. Okay, er hatte eine Runde verloren, aber nicht den Kampf. Noch hatte er eine Waffe, von der Dr. Tod nichts wußte.

Der Silbernagel.

John trug ihn in einem kleinen, flachen Etui, das er sich in die rechte Hosentasche gesteckt hatte.

Mit einem blitzschnellen Griff holte er das Etui hervor, öffnete die Klappe und hielt im nächsten Atemzug den Silbernagel in der Hand.

Etwas Seltsames geschah.

Der Nagel begann plötzlich zu leuchten. Er strahlte ein Licht aus, das selbst John Sinclair blendete.

John mußte den Kopf drehen und hörte Dr. Tods mörderischen Schrei.

Der Menschenhasser hatte beide Arme hochgerissen und versuchte, sein Gesicht zu bedecken. Die Kraft dieses Silbernagels brachte ihn an den Rand der Verzweiflung. Gräßliche, kreischende Laute drangen aus Dr. Tods Mund. Der Menschenhasser wurde hin- und hergerissen. Er taumelte.

John Sinclair ging vor.

»Das ist dein Ende, Doktor Tod!« peitschte seine Stimme. »Diesmal werde ich dich endgültig vernichten. Auch Asmodis wird dir nicht mehr helfen können. Für dich wird es eine Fahrt in die tiefste Hölle!«

Der Menschenhasser winselte.

Er war in diesen Augenblicken völlig auf sich allein gestellt. Niemand kam ihm zu Hilfe. Verzweifelt versuchte er, seine letzten Reserven zu mobilisieren. Doch die Worte der Schwarzen Magie blieben ihm im Hals stecken.

Nichts konnte ihn mehr retten . . .

Ein letzter Schritt noch, und Dr. Tod hatte die Brüstung erreicht.

Er stieß mit den Beinen dagegen – und . . .

John Sinclair ahnte das Vorhaben des Menschenhassers in derselben Sekunde.

Er stürzte vorwärts, wollte Dr. Tod festhalten.

Es war zu spät.

Wie ein schwerer Stein raste der Menschenhasser in die gähnende Tiefe.

Noch im Flug stieß er ein grauenhaftes Triumphgelächter aus, das John bis in die letzten Spitzen seiner Nerven erschütterte.

Urplötzlich war auch das Licht erloschen.

John Sinclair stand allein in der Dunkelheit. Noch immer hielt er den silbernen Nagel umklammert.

Wieder war Dr. Tod entkommen. Denn er konnte nicht mehr sterben. Selbst ein Sturz aus dieser Höhe würde ihn nicht umbringen. Dr. Tod war kein Mensch mehr. Er war ein Dämon.

Der Inspektor spürte, wie sein Herz gegen die Rippen hämmerte. Glasklar wurde ihm bewußt, daß die drei Geiseln wieder in höchster Gefahr schwebten und mit ihnen sämtliche Gäste der Schreckensparty.

John Sinclair verlor nicht eine Sekunde. Wenn er tatsächlich noch etwas retten wollte, mußte er so schnell sein wie nie . . .

Es war eine Qual.

Mike Callahan schleppte sich mit dem schwerverletzten Ross Taylor ab, der immer nur kurz aus seiner Bewußtlosigkeit erwachte. Nadine half dem Regisseur, so gut sie konnte. Ein paarmal waren sie schon ausgerutscht und hatten sich nur mit Mühe wieder fangen können.

»Ich schaff es nicht!« keuchte Callahan. »Es ist zuviel. Ich . . .«

Nadine gab nicht auf. »Kommen Sie, nur noch ein paar Stufen, dann sind wir unten.«

»Das sagen Sie jedesmal.«

Nadine schwieg. Der Mann hatte ja recht. Sie hielt inzwischen die Fackel. Ihr Arm zitterte. Immer wieder dachte sie an John Sinclair. Ob er es schaffen würde?

Und weiter ging es.

Nadine kam der Rückweg doppelt so lang vor. Stufe für Stufe schleppten sie sich nach unten.

Und dann hatten sie es geschafft.

Die Schauspielerin weinte fast vor Freude. Dann sah sie den bewußtlosen Doug Pender am Boden liegen.

Sie zuckte zurück.

Callahan sah den Mann ebenfalls.

»Kennen Sie den?« fragte Nadine.

»Nein.« Der Regisseur schüttelte den Kopf. »Zu uns gehört er nicht. Außerdem ist es mir egal.«

Gemeinsam brachten Nadine Berger und Mike Callahan den Bewußtlosen nach draußen.

Sie legten ihn auf die Erde.

Da hörten sie das Gelächter und Sekunden später klatschte ein Körper neben ihnen zu Boden.

Nadine Berger starrte aus schreckgeweiteten Augen in das Gesicht von Dr. Tod.

John Sinclair brach sämtliche Rekorde.

Er flog förmlich die Stufen hinunter. Seine Lungen keuchten, das Herz hämmerte. In der linken Hand hielt John die Fackel, und mit der rechten klammerte er sich an dem rostigen Eisengeländer fest.

John wußte nicht mehr, wo links oder rechts war. Er sah nur noch Stufen und die vorbeirasenden Mauersteine.

Automatisch setzte John seine Füße. Er konnte sich nur wundern, daß er bisher noch nicht einmal ausgerutscht war.

Noch drei Kehren.

Die letzten Stufen sprang der Inspektor. Er flog durch die Luft, landete hart und kippte zur Seite.

Alles drehte sich vor seinen Augen, außerdem war ihm schlecht.

John ließ die Fackel los und atmete nur durch die Nase. Schon bald ging es ihm besser.

Der Inspektor quälte sich auf die Beine. Noch immer stand er wackelig und mußte sich abstützen, aber von Sekunde zu Sekunde fand er seinen Gleichgewichtssinn wieder.

Die Fackel brannte auf dem Boden weiter. Die Flamme wurde von der durch die offene Tür hereinströmenden Luft nach unten gedrückt, und John mußte aufpassen, daß seine Hosenbeine kein Feuer fingen.

Johns Blick flog suchend umher. Von den drei Partygästen war nichts zu sehen. Sie hatten hoffentlich die Gunst der Stunde genutzt und waren verschwunden.

Nur der Totengräber war da. Er lag immer noch bewußtlos in der Ecke. Das würde auch noch einige Zeit so bleiben. Johns Schlag hatte dafür gesorgt.

Aber wo war Dr. Tod?

Hatte er überhaupt den Sturz überstanden oder sein verruchtes Leben längst beendet?

John fürchtete sich einen Moment davor, nach draußen zu gehen, aber schließlich hatte er das ungute Gefühl überwunden. Sollte Dr. Tod tatsächlich noch am Leben sein, dann wollte er, John Sinclair, sich eben wieder zum Kampf stellen.

Mit angespannten Sinnen verließ John den Turm. Er wandte sich nach rechts, wo seiner groben Schätzung nach Dr. Tod auf den Boden geprallt sein mußte.

John ging ein halbes Dutzend Schritte.

Und dann sah er das dunkle Bündel im Gras liegen.

Augenblicklich hielt John wieder den Nagel in der Hand.

Langsam trat er näher, jeden Moment mit einem Angriff rechnend.

Es passierte nichts.

John Sinclair blieb neben dem Menschenhasser stehen. Seine Füße berührten fast den verbrannten Körper. Wieder begann der geweihte Silbernagel zu strahlen. John hatte die Faust um diese Waffe geklammert, und er spürte, wie seine Handflächen die Wärme aufnahmen.

Dr. Tod lebte noch!

Doch er bot einen grauenvollen Anblick. Aus dem Mund drang ein schreckliches Stöhnen.

Was war geschehen?

Noch hatte John keine Erklärung. Normalerweise hätte Dr. Tod als Untoter »normal« weiterleben müssen. Aber jetzt?

Der Inspektor spürte beinahe körperlich den Haß, der ihm entgegenströmte, und es stand für ihn fest, daß er diesmal *endgültig* gewonnen hatte.

Dr. Tod war in seiner Hand!

Und das spürte auch der Menschenhasser. Ohne daß er von John aufgefordert werden mußte, begann er zu reden.

»Du hast es geschafft, John Sinclair. Ich – ich kann mich nicht mehr rühren.« John merkte, wie das Sprechen dem Menschenhasser Mühe bereitete. Er stellte keine Fragen, sondern ließ Dr. Tod weiterreden.

»Der geweihte Nagel«, keuchte Dr. Tod, »er hat die Kraft aus meinem Körper gesaugt. Ich bin geschwächt, kann mich nicht einmal mehr erheben. Du hast gewonnen.«

Dr. Tod versuchte sich herumzuwälzen. Nicht einmal das schaffte er. Mit letzter Kraft wandte er John das verbrannte Gesicht zu.

»Gib mir den Nagel«, keuchte er. »Ich werde meinem Dasein selbst ein Ende bereiten. Los, John Sinclair, gib ihn mir!«

John zögerte. Konnte er dem Menschenhasser vertrauen?

»Es ist kein Trick, John Sinclair!« drang Dr. Tods Stimme in seine Gedanken.

John öffnete die Faust. Augenblicklich umgab ihn eine silbrig flimmernde Lichtaura.

Dr. Tod brüllte.

Er mußte rasende Schmerzen haben. Hier prallten zwei gegensätzliche Ströme aufeinander. Gut und Böse.

Und das Gute war stärker.

Der zerschmetterte Körper des Menschenhassers zitterte.

John Sinclair bückte sich und legte den geweihten Silbernagel in Dr. Tods Hand.

»Töte dich selbst!« sagte John.

Er erhob sich, ging ein paar Schritte zur Seite und wandte sich ab.

John wollte den Todeskampf dieses Menschenhassers nicht mitansehen. Irgendwie konnte er Dr. Tod sogar verstehen, daß er ihm den Triumph der Vernichtung nicht gönnen wollte.

Minutenlang hörte John hinter seinem Rücken ein schauriges Ächzen und Stöhnen. Es waren Laute, wie sie der Inspektor noch nie vernommen hatte. Dr. Tod mußte alle Qualen durchleiden, die man sich nur vorstellen konnte.

Der Todeskampf war gräßlich.

Die Geräusche wurden leiser, gingen in ein Röcheln und Wimmern über und verstummten.

John Sinclair wartete noch etwas, ehe er sich umdrehte.

Auch der abgeklärte und harte Inspektor mußte die Zähne zusammenbeißen, als er Dr. Tod sah.

Er war bereits zu Staub verfallen, den der Nachtwind vor sich hertrieb.

Ohne daß John es eigentlich wollte, legte sich ein befreites Lächeln um seine Lippen. Er hatte den Kampf gegen einen Dämonen gewonnen. Über Monate hatte sich diese Auseinandersetzung hingezogen. Mehr als einmal hatte John Sinclair am Abgrund des Todes gestanden.

John lächelte.

Unwillkürlich fuhr seine Hand zum Gesicht hoch. Er spürte mit den Fingerkuppen die viereckige Narbe. Sie würde ewig bleiben. Ein Andenken an Dr. Tod.

Dreißig Minuten später.

John Sinclair hatte alle Gäste zusammentrommeln lassen und gab einige Erklärungen ab.

Der magische Bann war gebrochen. Das Tor unten stand weit offen. Ein Arzt und ein Krankenwagen waren unterwegs – und der Leichenwagen.

John hatte noch in dieser Nacht seinen Chef, Superintendent Powell, angerufen. Selbst Powell beglückwünschte John auf das herzlichste. Und das war eine Auszeichnung, wie sie noch keinem seiner Leute zuteil geworden war. Der Superintendent versprach auch, in Johns Sinn alles mit den zuständigen Polizeibehörden zu regeln. Die Presseleute hatten die Vorgänge gar nicht richtig begriffen. Es gab sogar noch einige, die alles für einen Scherz hielten. Sollten sie. John war das mehr als recht.

Bill Conolly ging es den Umständen entsprechend. Er hockte bleich in seinem Sessel und trank ein Glas Whisky auf Johns Sieg.

Der Inspektor aber ging in den Garten. Er wollte allein sein mit seinen Gedanken.

Den silbernen Nagel übrigens hat John Sinclair sich zurückgeholt. Wer weiß, vielleicht konnte er ihn noch gebrauchen . . .

ENDE

20 Jahre JOHN SINCLAIR

BASTEI LÜBBE

Die 32 ersten JOHN SINCLAIR Romane
in vier Jubiläums-Bänden –
Überall im Buch- und Zeitschriften-Handel